JN496063

피터 럭크만의 주석서

로 마 서

피터 럭크만 지음

편 집 부 옮김

말씀보존학회

THE BIBLE BELIEVER'S COMMENTARY

THE BOOK OF ROME

By

Peter S. Ruckman, Ph.D.

Copyright © 1973 by Peter S. Ruckman

Bible Baptist Bookstore

Pensacola, Florida

2003 / Korean by Word of God Preservation Society

Seoul, Korea

피터 럭크만의 주석서

로마서

이 책을 내면서

로마서는 신약성도들을 위한 교리서이다. 로마서에는 인간이 왜 죄인이며, 죄인이 어떻게 하나님의 의를 얻어 구원받는가, 구원받은 성도들은 어떻게 날마다 죄와 싸워 승리해야 하며, 그리스도인으로서의 삶은 어떤 것인가 하는 문제들이 잘 제시되어 있다. 다시 말해서 구원과 성화에 관한 모든 신약적 교리가 잘 집약되어 있는 것이다. 특히 옛 성품과 새 성품의 갈등이라든지 성령 안에서 얻는 자유에 대해서는 영적 전쟁을 경험하고 있는 모든 성도들에게 실제적인 지침을 주고 있다. 또한 복음전파에 대해서도 필수적인 내용을 담고 있기에, 복음의 열정을 지닌 성도들에게 큰 사랑을 받고 있는 책이다.

그래서 그런지 로마서에 대해서는 많은 주석서들과 강해 설교집들이 있다. 또한 로마서를 강론하는 사람들도 꽤 많다. 그러나 로마서를 공부하고 또 가르치면서도 정작 로마서에서 말하는 믿음으로 얻는 의를 실제적으로 경험하지 못하며, 날마다 죄와 싸워 승리하지 못하고, 결국 성령 안에서 얻는 자유를 체험하지 못하는 것은 왜일까? 그것은 로마서를 신약 성도들의 실제적인 교리로 인식하지 못하기 때문이다.

로마서는 성경의 다른 책들과 차별된 책이다. 예를 들어 구약의 성경들은 율법의 경륜 가운데서 쓰여진 책들이며, 복음서들도 역시 아직은 구약적인 상황 가운데서 진행되는 내용들을 담고 있다. 또한 사도행전은 복음이 전파되는 과정을 다루는 일종의 역사서이기에 그 책으로는 신약 교회의 교리를 잡을 수 없고, 히브리서나 야고보서 같은 책들은 유대인적인 내용이 강하기 때문에, 역시 교회 시대의 교리를 잡는 데서는 약간 거리가 떨어져 있는 것이다. 그러나 바울 서신들은 교회가 완성되고 신약적 교회에 대한 내용들이 사도 바울에게 충분히 계시된 상태에서 기록된 책들이기에, 우리들에게 아주 적합한 내용들이다. 그 중 로마서는 특히 신약 교리에 충실하고도 체계적이다.

따라서 로마서를 공부하면서도 야고보서와의 사이에서 갈등한다든지, 행위냐 믿음이냐 사이에서 혼동하는 사람들은 로마서를 제대로 공부하거나 가르치는 사람이 아니다. 또한 구원만 받으면 모든 것이 완성된 것이기에 옛 성품과의 갈등도 무시하고 성령충만의 필요성을 느끼지 못하는 사람도 역시 로마서를 제대로 공부한 사람이 아니다. 구약과 신약을 혼동하는 사람들은 말할 것도 없다.

다시 말하거니와 로마서는 철저하게 신약적인 책이다. 따라서 본서도 역시 철저하게 신약적인 교리에 입각해서 쓰여졌다. 독자들은 로마서의 한 구절 한 구절을 읽어 가면서 이 시대를 향하신 하나님의 깊으신 뜻을 알 수 있을 것이다. 또한 피터 럭크만의 주석을 하나하나 읽어 가면서 로마서의 깊이를 더욱 풍성히 알게 될 것이다. 그의 주석에는 많은 특징들이 있지만, 무엇보다도 학자들의 견해에 따르지 않고 오직 하나님의 영감받은 말씀만을 존중하며, 성경 구절들을 하나하나 비교해가며 해석, 적용하기 때문에 더욱 깊이가 있다. 그래서 그의 주석을 읽은 사람들은 성경을 더욱 사랑하게 되는 것이다. 독자들은 이 주석서를 읽고 나서, 로마서를 다시금 몇 번이고 읽고 싶은 충동을 느낄 것이다.

본 주석서는 원래 책의 형태로 쓰여진 것이 아니라, 피터 럭크만 박사가 펜사콜라성경신학원(Pensacola Bible Institute)에서 강의한 내용을 테이프에서 직접 번역하여 책으로 낸 것이다. 이미 1997년에 초판을 낸 적이 있지만, 당시에는 테이프의 내용을 다소 요약한 내용이 많아서, 이번에 다시 원래의 강의에 충실하게 보완해 증보판을 내게 되었다. 이에 독자들이 더욱 생생한 그의 강의를 지면으로나마 대할 수 있게 되어 기쁘다. 아무쪼록 이 책으로 진리를 사랑하는 모든 성도들이 하나님의 말씀의 깊이를 더욱 깨달아, 그분의 성도들로서 온전한 삶을 살게 되기를 바란다.

2003년 4월
편 집 인

들어가는 말

로마서는 신약에서 중요한 위치를 점하고 있는 책 가운데 하나이고 신·구약 전체로 보아도 가장 위대한 책들 가운데 하나이며, 신약적 구원 계획을 집중적으로 다루는 교리서가 특히 로마서인데, 바로 이 점 때문에 이 시대의 설교자들이 도리어 로마서를 기피하게 되었다. 이 시대에 살면서 이 시대를 위한 구원 계획을 싫어하는 사람들이 설교자들 가운데도 있다는 것은 참으로 기이한 일이다. 그들은 구원을 설교했다 하면 으레 로마서를 외면하고 사도행전에서만 맴돈다. 요즘 아침저녁으로 라디오를 틀기만 하면 기독교 선교방송 채널에서 하고많은 날 반복적으로 귀 따갑게 흘러나오는 말이 "사도행전 몇 장 몇 절, 사도행전 몇 장 몇 절" 하는 소리다. 왜 그런지 아는가? 사도행전은 신약의 구원 교리를 다루는 책이 아니기 때문에 신약 시대에 사는 설교자들이 구원을 설교하면서 사도행전만 뇌까린다는 것은 대단히 역설적인 현상이지만, 모든 게 거꾸로 돌아가는 세상이고 보면 기독교 방송인들도 예외가 아니다.

이 시대의 구원 계획에 관한 교리서라면 누가 뭐라 해도 로마서다.

"믿음으로 의롭게 됨," 이것이 로마서의 핵심 주제다. 마틴 루터가 성경

책들 가운데서 유달리 좋아했던 책이 로마서와 갈라디아서 두 서신서였던 까닭이 여기에 있었다. 로마서와 갈라디아서, 바로 이 두 서신서가 마틴 루터를 움직여 종교개혁을 일으키게 했다는 말이 있다. 그가 오죽이나 이 두 서신서를 사랑했으면 이런 말까지 나왔겠느냐마는, 루터는 갈라디아서를 일컬어 "사랑하는 케이"라고 불렀다고 전한다. "케이"는 그의 아내 카타리나의 애칭이었다. 마틴 루터는 갈라디아서를 자기 아내로 여길 만큼 사랑했던 것이다. "믿음으로 의롭게 됨," 마틴 루터는 여기에 주목했고, 그가 이것을 강조하고 담대하게 역설하고 나선 데서부터 종교개혁은 비롯되었다.

사람이 구원받는 데에는 믿음으로 말미암는 하나님의 은혜만이 필요할 뿐, 다른 어떤 것도 여기에 덧붙여질 필요가 없다고 가르치는 책이 로마서라면, 구원받은 사람이 영원히 구원받은 사람으로 지탱되는 것은 오직 믿음 때문이요 여기에 다른 어떤 것도 덧붙여질 필요가 없다고 가르치는 책이 또 갈라디아서다. 바로 이런 이유 때문에 이 시대에 로마서와 갈라디아서를 설교하는 사람들이 많지 않게 된 것이다. 예컨대, 캠벨주의자들은 로마서 6장을 싫어하는데, 그 이유인즉 로마서 6장에서 "침례" 이야기를 하고 있으면서도 "물침례"는 거론하지 않기 때문이다. 저들은 갈라디아서 3장도 싫어하는데, 이 역시 같은 이유에서다. 갈라디아서 3장은 "침례" 이야기를 하고 있으면서도 "물침례" 이야기는 한마디도 꺼내지 않는다.

어떤 사람들은 로마서를 크게 다섯 부분으로 나누기도 하고 그 외에 몇 부분으로 장들의 내용을 세분하기도 하는 등, 그 개요의 윤곽을 정리하는 데 꽤나 신경을 쓰지만, 그런 식의 개요 구분이 그렇게 중요한 것은 아니다. 문제는 그런 데 있는 것이 아니다. 사람들이 이 책에서 언급되는 "이방인"의 의미를 제대로 파악하지 못해 예컨대 1장의 "이방인"이 누구를 말하는지 갈피를 못잡고 우왕좌왕한다든지, "유대인"이 과연 누구를 말하는지 몰라 엄벙덤벙 헤매다가 결국 수렁에 빠져 좀처럼 빠져나오지 못한다든지 하는 점들이 오히려 문제라면 문제다. 로마서가 유대인과 구원받은 이방인들, 그리고 구원받지 못한 이방인들까지 모두 상대하고 있다는 것을 그들이 제대로 파악하지 못하는 것이야 더 말할 것도 없지만, 그 전에 구원받은 이방인과 그렇지 못한 이방인, 그리고 구원받은 유대인과 그렇지 못한 유대인 사이의 차이점도 제대로 알지 못해 쩔쩔 매고 있는 것을 내가 늘 보기 때문에 하는 말이다.

바울은 로마, 고린도, 갈라디아, 에베소, 빌립보, 골로새, 그리고 데살로니가에 있는 교회들에게 편지를 보냈다. 나도 어떤 중대한 의미가 있는지는 모르겠지만, 사도 바울은 둘과 넷과 하나의 순으로(2-4-1) 편지를 보냈으며, 이는 『한 때와 두 때와 반 때』와 일맥상통한다. 즉 로마와 고린도가 처음 둘이며, 다음 네 곳이 갈라디아와 에베소와 빌립보와 골로새로 한 그룹을 이루고, 마지막으로 데살로니가 교회에게 보낸 서신이 나온다. 결국 정리해 보면 이러한 배열 방식은 둘, 넷, 하나의 순으로(2-4-1) 전개되며, 이는 둘(2)은 『한 때(a time)』와 둘 곱하기 둘인 넷(2×2=4)은 『두 때(times)』와 하나(1)는 『반 때(an half)』와 짝을 이루게 된다.

로마서는 모두 16장 433절로 구성돼 있고 영어 〈킹제임스성경〉의 경우 총 9,477개의 단어로 기록되었는데, 이 책의 기록 연대에 대해서는 대부분의 학자들이 A.D. 58년으로 잡는 게 보통이다. 원래 바울 서신서들의 기록 연대를 정확하게 짚는다는 것은 거의 불가능한 일이지만, 로마서의 경우 한 가지 분명한 것은 사도행전 25장 이전의 어느 시점, 즉 바울이 아직 로마를 방문하기 이전에 이 편지를 썼다는 사실이다. 이것은 로마서를 읽어 보면 분명하게 알 수 있다. 바울은 이 편지에서 로마에 한번 꼭 가고 싶다는 심경을 토로하면서 『**어떻게 해서든지 이제는 내가 언제라도 하나님의 뜻에 따라 너희에게 나아갈 형통한 여정을 갖게 되기를 간구하노라.**』(롬 1:10)고 쓰고 있다. 이러하던 그가 드디어 로마로 떠날 수 있는 계기가 사도행전 25장에서 마련되는데, 유대인들에게 고소당했던 바울이 예루살렘의 법정에 서기보다는 로마의 법정에서 재판 받기 위해 로마의 아우구스토에게 상소함으로써 로마로 이송될 수 있는 빌미를 만든다. 이렇게 볼 때, 바울이 로마서를 기록한 시점은 사도행전 25장 이전의 20장이나 21장 또는 22장 언저리였을 것이 분명해지는데, 그렇기에 대부분의 학자들이 A.D. 58년경으로 그 기록 연대를 추정하고 있는 것이다. C. I. 스코필드는 〈스코필드 주석성경〉 난외주에 이보다 훨씬 늦은 A.D. 60년으로 기록 연대를 명기해 놓았는데, 설사 이때로 기록 연대를 잡더라도 사도행전 25장은 물론 24장보다도 이전인 것은 변함이 없다.

로마서의 기록 연대를 될 수 있는 한 정확하게 밝혀낸다는 것은 대단히 중요하다. 왜냐하면, 로마서에서 "몸의 신비"가 계시되기 때문이다. 바울은 로마서 16장 끝 부분에서 이에 대해 언급하고 있다. 『**이제는 이 신비의 계시대로 나의 복음과 예수 그리스도를 전파함에 따라 너희를 견고케 하실 능력 있는 그분께, 이 신비의 계시는 세상이 시작된 이래로 감추어졌다가 이제 나타났으며 영원하신 하나님의 명령에 따라 선지자들의 성경을 통하여 믿음으로 순종하게 하고자 모든 민족에게 알려진 것이니**』(롬 16:25,26). 이로 미루어 바울은 아무리 늦어도 사도행전 28장 훨씬 이전부터 이미 "몸의 신비"에 대해 알고 있었음이 분명하다. 바울이 "몸의 신비"에 대해 쓴 것은 어쩌면 사도행전 20장 이전이었는지도 모른다. 따라서 코넬리우스 스탬이나 베이커, 오헤어 등 "드라이 클리너"(극단적 세대주의) 일파가 사도행전 28장 이전에는 그리스도의 몸이 없었다고 믿도록 어떻게든 당신을 설득하려 했지만, 바울이 벌써 사도행전 22장 이전에 이에 대해 기술하고 있는 것을 보면, 저들은 자신들이 무슨 말을 지껄이고 있는지조차 모르고 계속 근거 없는 소리를 중얼거리고 있었던 것이다.

로마서를 읽다 보면 우리는 아주 중요한 핵심 어구 하나를 자주 접하게 되는데, "하나님의..."(of God)라는 표현이 바로 그것으로서, 예를들면, "하나님의 의"라든가, "하나님의 믿음," "하나님의 진리," "하나님의 구원," "하나님의 복음,", "하나님의 능력," "하나님의 사랑," 그리고 "하나님의 진노," "하나님의 심판" 등과 같은 서술들이 다 그런 예에 속한다. 성경의 다른 책에 비하여 유난히 로마서에서 이런 어구가 빈번하게 등장하는데, 1장만해도 『**하나님의 사랑**』(7절), 『**하나님의 뜻**』(10절), 『**하나님의 능력**』(16절), 『**하나님의 의**』(17절), 『**하나님의 진노**』(18절), 『**하나님의 진리**』(25절), 『**하나님의 심판**』(32절) 등의 어구들이 나오고 있고, 2장에서는 『**하나님의 선하심**』(4절), 『**하나님의 의로운 심판**』(5절), 『**하나님을 자랑**』(17절), 『**하나님의 이름**』(24절) 등이 서술되는가 하면, 3장에서는 『**하나님의 말씀**』(2절), 『**하나님의 신실하심**』(3절), 『**하나님을 두려워함**』("fear of God," 18절), 『**하나님의 영광**』(23절) 등이, 그리고 15장에서도 이런 식으로 7,8,16, 19절에서 이런 표현들이 나오고 있다. 로마서 전체를 통틀어 어림잡아도 이런 형식의 어구가 최소한 스물다섯 번 이상은 족히 될 것이다.

로마서는 로마에 있는 사람들, 즉 로마제국의 시민권을 가진 로마제국 사람들에게 써 보낸 서신서인데, 이 사실 자체만으로도 매우 중요한 의미를 갖는다. 왜냐하면, 바울이 이 서신서를 쓰던 당시에는 이탈리아뿐만 아니라 스페인과 프랑스도 로마제국에 포함돼 있어 이들 나라들이 오늘날까지도 로마의 언어였던 라틴어 계열 언어를 사용하게 된 연유가 되었고, 그밖에도 스위스라든가, 유고슬라비아, 불가리아, 오스트리아는 물론

서부 독일과 심지어 잉글랜드 지방 및 일부 아일랜드 지역까지도 로마제국의 영토였다. 그 결과 튜턴족과 게르만족이 사용하던 북방 언어들 가운데에도 상당수의 라틴 계열 언어가 유입되었는데, 아무튼 현재 우리가 알고 있는 서부 유럽의 거의 모든 지역과 일부 동유럽까지도 로마제국의 영토였다.

바울은 바로 이러한 이방인들을 위한 사도였다. 로마서 15장에 보면 이 사실을 명백하게 천명하고 있는 구절이 나온다. 『**이는 나로 이방인들을 위한 예수 그리스도의 일꾼이 되게 하시어 하나님의 복음을 수행하게 하심으로써 이방인들을 제물로 드리는 일이 성령으로 거룩하게 되어 받으실 수 있도록 하심이라.**』(롬 15:16)는 말씀이 바로 그것이다. 바울은 『**이방인들을 위한 예수 그리스도의 일꾼**』이었다. 그는 분명히 그리스도의 일꾼이었으되, 『**이방인들을 위한**』 일꾼이었다는 점에서 예수 그리스도의 사역과 대등한 위치에서 대조를 이룬다. 8절을 보라. 『**이제 내가 말하노니 예수 그리스도께서는 하나님의 진리를 위하여 할례의 일꾼이 되셨으니**』라고 천명한다. 그리하여 할례자들을 위해 사역하셨던 그리스도와 이방인들을 위해 사역하도록 부르심을 받은 사도로서의 자신을 대조하고 있다.

로마서를 읽으면서 또 한 가지 유의해 두어야 할 것은 이 책에서 이방인들을 거론할 때, 우리가 바로 그 이방인들이었다는 점이다. 물론 우리는 이미 구원받았기 때문에 더 이상 이방인이 아니라 그리스도인이 되었다. 그래서 우리가 로마서를 읽으면서 "이방인" 이야기가 나오면, 그것이 구원받고 그리스도의 몸 안으로 들어온 이방인 그리스도인을 지칭하는 것인지, 아니면 구원받지 못한 순수한 이방인을 지칭하는 것인지 잘 분간해서 읽어야 한다. 이것은 비단 로마서뿐만 아니라 신약성경 어느 책의 경우에도 마찬가지이다. 하나님께서는 모든 인류를 유대인과 그리스도인,

그리고 구원받지 못한 이방인의 세 부류로 나누어서 상대하신다. 이방인이 구원받으면 더 이상 이방인이 아니라 그리스도인이 된다. 유대인도 구원받으면 더 이상 유대인이 아니라 그리스도의 몸 안으로 들어온 그리스도인으로 그 신분이 바뀐다. 반면 이방인이 구원받지 않은 채 그대로 있으면 그냥 이방인이다. 유대인도 복음에 순종하고 구원받지 않으면 그냥 그대로 유대인으로 남는다. 그래서 유대인과 그리스도인(교회)과 이방인, 성경에서는 이 세 부류 외에는 그 누구도 다른 데 속하는 사람은 없기 때문에 누구를 막론하고 이 셋 중 한 가지에 속하도록 되어 있다.

자, 그럼 로마서 1장 1절부터 공부를 시작하자.

차 례

이 책에 인용된 성경 구절은 〈한글킹제임스성경〉입니다.

로마서 1장

1:1 예수 그리스도의 종 바울은 사도로 부르심을 받아 하나님의 복음을
위하여 성별된 바,
2 (이는 그분께서 자기의 신지자들을 통하여 성경에 미리 약속하신 것
이라.)
3 이 복음은 그의 아들 예수 그리스도 우리 주에 관한 것으로 그는 육
신으로는 다윗의 씨에서 나셨으며
4 거룩의 영으로는 죽은 자들로부터 부활하여 능력으로 하나님의 아들
로 선포되셨으니
5 그를 통하여 우리가 은혜와 사도의 직분을 받아 그의 이름을 위하
여 모든 민족 가운데서 믿음으로 순종케 하나니
6 그들 가운데서 너희도 예수 그리스도의 부르심을 받은 자들이니라.
7 하나님의 사랑을 받고 성도로 부르심을 받은 로마에 있는 모든 사람
에게 *편지하노니*, 하나님 우리 아버지와 주 예수 그리스도로부터 은혜와
평강이 너희에게 있을지어다.

『**예수 그리스도의 종 바울은 사도로 부르심을 받아 하나님의 복음을 위하여 성별된 바,**』(1절).

『**예수 그리스도의 종 바울**』, 이것은 바울이 자신을 스스로 지칭할 때 가장 즐겨 쓰는 말이다. 그는 자기가 하나님께로부터 "사도"로 부르심을 받았다는 사실을 수차에 걸쳐 역설하면서 자신의 "사도됨"을 강조하고 일부 서신서에서 "사도로 부르심을 받은 바울"(고전 1:1)이라든가, "사도된 바울"(고후 1:1, 갈 1:1, 엡 1:1, 골 1:1, 딤전 1:1, 딤후 1:1)이라는 말로 서두의 운을 떼고는 하지만, 그러면서도 스스로에 대해 가장 즐겨 붙이는 신분 명은 역시 『**종**』이다.

바울은 자신뿐만 아니라 모든 하나님의 자녀들 역시 "종들"이라고 부른다. 이것은 그리스도인들이 "사람"을 섬기는 게 아니라 "주 예수 그리스도"를 섬기는 사람들임을 그가 강조하고 있다는 뜻이다. 그는 이와 관련하여 갈라디아서 1:10에서 『**내가 이제 사람들에게 호감을 사랴? 아니면 하나님께 사랴? 아니면 내가 사람들을 기쁘게 하려고 하겠느냐? 내가 아직도 사람들을 기쁘게 하려고 한다면 나는 그리스도의 종이 아니니라.**』고 단호히 말한다. 바울은 "예수 그리스도의 종"이었다. 당신도 구원받고 그리스도인이 되었다면, "예수 그리스도의 종"이다. 『**너희는 값을 치르고 산 것이니 그러므로 하나님의 것**』(고전 6:20)이라고 성경은 분명하게 말씀한다. 성경은 또 『**너희는 값을 치르고 산 것이니 사람들의 종이 되지 말라.**』(고전 7:23)고 명령한다. 이것이 무슨 뜻인지 아는가? "종"은 "종"이되, 노예시장에서 낙찰된 "노예"라는 뜻이다. 당신은 팔려고 노예시장 경매에 내어 놓인 노예였다. 그런 당신을 예수 그리스도께서 사들이셨다. 값을 치르고 말이다. 그분께서 값을 치르고 사셨으므로 당신은 이제 그분의 것이 되었다. 그래서 당신의 주인은 예수 그리스도, 바로 그분이시다. 그러므로 당신은 그분 말고 "사람"을 섬겨서는 안된다. 당신의 목숨은 그 자체가 이제 더 이상 당신 자신의 것이 아니다. 『**또한, 너희 몸은 너희가 하나님으로부터 받은 바 너희 안에 계신 성령의 전인 것을 알지 못하느냐? 너희는 너희 자신의 것이 아니니라. 너희는 값을 치르고 산 것이니 그러므로 하나님의 것인 너희 몸과 너희 영으로 하나님께 영광을 돌리라**』(고전 6:19,20). 무엇이나 당신이 좋아하는 것이 있다면, 그것은 반드시 하나님께서 좋아하시는 것이어야만 한다. 만약 당신이 무엇인가를 싫어한다면 그것은 하나님께서 그것을 싫어하시기 때문이어야 한다.

『**예수 그리스도의 종 바울**』, 이것이 여기 1절에서 바울이 운을 떼고 있는 첫마디 말이다. 여기에 이어 두 번째로 하고 있는 말이 자기가 무엇으로 『**부르심**』을 받았는지에 대한 언급인데, 바울은 자기가 『**사도**』로 부르심을 받았다고 천명한다. 모든 그리스도인들은 하나님께로부터 부르심을 받은 사람들이다. 그렇다고 해서 다 목사가 되라고 부르심을 받았다는 말은 아니다. 어떤 목사들은 하나님의 "부르심"을 받은 게 아니라 "직업상" 목사 노릇을 하는 사람들도 수두룩하다. 그런 사람들은 입으로는 부르심을 받았다고 말하지만, 실은 그들 스스로가 목사라는 직업을 택한 것이다.

사도로 부르심을 받은 바울은 1절 마지막에서 『**하나님의 복음을 위하여 성별**』되었다고 말한다. 즉 부르심을 받았다는 것은 성별된 상황에 놓이게 되었다는 것이다. 『**성별**』되었다는 것은 문자 그대로 "거룩하게 구별되었다."는 뜻이다. 그러나 우리가 그리스도인으로 거듭난 순간 거룩하게 구별되었으되, 그것이 "무엇으로부터" 차단되기만 한 것이 아니라는 것을 알아야 한다. 성경은 우리에게 "...으로" 성별해야 함을 강조한다. 사람들은 『**성별**』이라는 말을 하면서 으레 "세상으로부터" 분리되었다는 말만을 한다. 물론 세상으로부터 구별된 것도 사실이다. 그러나 성경은 『**성별**』이 무엇으로 "부터"("from") 구별되었다기보다는 무엇 "에게로"("unto") 구별되었음을 강조한다. 절간에서 목탁만 두드리고 앉아 있는 사람도 속세로 "부터" 등을 돌린 사람이니 세상 "으로부터" 구별된 사람인 셈이다. 그러나 중요한 것은 무엇으로부터 떨어져 나온 사람이 무엇에게로 구별되었느냐 하는 점이지, 단순히 무엇을 끊었느냐 하는 게 아니다. 성경은 "세상으로부터" 나와 "하나님께로" 성별해야 함을 강조한다. 특별히 사도 바울은 여기에서 "하나님의 복음에로의 성별"을 했다. 하나님의 복음에게로, 곧 하나님의 복음을 위하여 성별된 것이다.

『**(이는 그분께서 자기의 선지자들을 통하여 성경에 미리 약속하신 것이라.)**』(2절).

주님께서는 예컨대 『**하나님의 복음**』(1절)을 약속하셨다. 그러나 하나님의 어떤 약속들은 『**선지자들을 통하여**』 분명히 기록되었으되, 선지자들 스스로에게 마저 그 전모가 다 명료하게 밝혀졌던 것도 아니고 어떤 것은 선지자들 특유의 진술 스타일 때문에 후세 사람들이 그 전모를 명료하게 찾아낼 수 없었던 것들도 없지 않다. 주님께서는 언젠가 이 땅에 오시겠다고 선지자들을 통하여 성경에 약속하셨고 우리는 그들의 진술 속에서 이 약속을 찾아내고 있다. 주님께서는 언젠가 오셔서 우리에게 부활과 영생을 주시겠다고 약속해 주셨고 우리는 선지자들의 진술을 통하여 이 약속을 성경에서 찾아낸다. 그러나 주님께서는 이 땅에 오셔서 죽으시고 장사지낸 바 되셨다가 죽은 자들로부터 다시 살아나셨는데, 이것은 이미 선지자들을 통해 성경에 약속하셨던 일이었지만, 선지자들이 이 약속을 충분히 이해했던 것도 아니고 그것을 사실적으로 명료하게 서술해 놓았던 것도 아니기 때문에 우리마저 이 약속을 그들의 진술 가운데서 모두 명료하게 찾아내기란 그리 쉽지가 않다. 이처럼 주님의 약속들에 대한 선지자들의 진술 중 일부는 우리가 단지 그 윤곽만을 더듬어 볼 수 있는 것들도 있다.

『**이 복음은 그의** 아들 **예수 그리스도 우리 주에 관한 것으로 그는 육신으로는 다윗의 씨에서 나셨으며**』(3절).

여기서 『**육신으로는**』이라고 언급한 말은 예수 그리스도께서 이 땅에 초림하셨을 때, 울기도 하셨고 고난도 당하셨으며 또 십자가에 달려 피흘리시고 죽으셨던 순전히 육신적 관련 부분을 말하는 것으로, 이런 점에서의 주님의 육신은 『**다윗**』의 계보에 따른 것이었다. 이 구절에서 『**그는 육신으로는 다윗의 씨에서 나셨으며**』라고 진술하고 있지만, 그렇다고 이것이 예수 그리스도께서 육신적으로는 "다윗의 씨이셨다."는 말은 아니다. 그분께서는 『**다윗의 씨**』가 아니셨다. 『**다윗의 씨**』는 여코냐왕 때 이미 저주를 받았기 때문이다. 예레미야 22장에서 여고냐가 왕위에 오르자 하나님께서는 그가 자식도 없고 평생에 번성치 못할 것으로 저주하셨을 뿐만 아니라 『**그의 씨에서는... 다윗의 보좌에 앉아 유다를 다스릴 자가 더 이상 없을 것**』(렘 22:30)임을 선포해 두셨었다. 그렇기 때문에 주님께서는 육신에 관한 한 "처녀"의 몸에서 나셔야만 했다. 바울은 이 사실을 다음 절에서 명백하게 밝히고 있다. 다음 4절에서 주님께서 영으로는 누구의 아들로 선포되셨다고 천명하고 있는가? 『**거룩의 영으로는... 하나님의 아들로 선포되셨으니**』라고 언급하고 있지 않은가? 그렇기 때문에 예수 그리스도께서는 문자 그대로의 『**다윗의 씨**』가 아니셨고, 다만 육신적으로는 『**다윗의 씨**』의 계보인 "처녀"의 몸에서 나실 수밖에 없었으며, 그 처녀가 바로 마리아였고 마리아는 다윗의 계보 출신이었다. 마리아가 다윗의 계보에 속한다는 사실은 누가복음 3장에서 분명하게 밝힌다.

누가복음 3장 23절부터 읽어 보라. 여기를 언뜻 보면 표면상으로는 마치 요셉의 계보인 것처럼 보인다. 그러나 23절에서 『**요셉은 헬리의 아들이요**』라고 언급하지만, 실은 요셉이 헬리의 "아들"이 아니라 "사위"였다는 점에서 헬리는 요셉의 아내 마리아의 아버지였고 요셉의 장인이었다. 따라서 누가복음 3:23부터 시작되는 계보는 요셉이 아니라 사실상 마리아 쪽 집안의 계보인 것이다. 성경에서 이따금 "아들"이라는 어휘 때문에 혼동을 일으키고 해당 구절들을 "문제 구절들"로 분류하기도 하지만, 이것은 성경에서 "아들"이라고 해서 반드시 "직계 아들"만을 의미하는 게 아니라는 점을 간과한데서 비롯된 혼란일 뿐이다. 가령, 예수 그리스도께서 "다윗의 아들"로 서술되기도 하고 "아브라함의 아들"로 기술되기도 하지만 (마 1:1), 이들이 아들의 아들의 아들들의 자손이라는 점에서 "아들"이라고 표현했을 뿐 사실은 수십 대 후손들이다. 그리고 또 여기 누가복음 3:23에서는 예수 그리스도께서 『**요셉의 아들로 (알려졌던 바)**』라고 기술하고 있지만, 호적상으로만 요셉의 아들이셨을 뿐 실제로는 요셉이 낳은 친아들이 아니라 구태여 말한다면, 요셉의 "의붓아들"이신 셈이었다. 요셉의 계보는 마태복음 1장에 나온다. 그것은 다윗으로부터 요셉까지 내려오는 "왕의 계보"이다.

『**거룩의 영으로는 죽은 자들로부터 부활하여 능력으로 하나님의 아들로 선포되셨으니**』(4절).

예수 그리스도께서는 『**거룩의 영으로는**』 "다윗의 아들"로 선포되신 게 아니라 『**하나님의 아들**』로 선포되셨다. 어떻게 말인가? 『**능력으로**』 선포되셨다. 어떤 능력 말인가? 『**거룩의 영으로**』 『**죽은 자들로부터 부활**』하심에 따라 그 『**능력으로**』 그렇게 선포되셨던 것이다.

그런즉, 『**부활**』이야말로 예수 그리스도의 동정녀 탄생을 뒷받침하는 강력한 증거다. 그분께서 죽은 자들로부터 일으켜지셨을 때, 그분께서는 요셉의 아들로 나타나신 것도 아니요, 문자 그대로의 다윗의 씨로 오신 것도 아니었다. 예수 그리스도께서 인간 아버지의 씨로 태어나셨다면 부활도 있을 수가 없었을 것이다. 베드로도 사도행전 2장에서 행한 설교 가운데서 이에 대해 이렇게 언급했다. 『**형제 여러분, 내가 족장 다윗에 관하여 너희에게 자유로이 말할 수 있는 것은, 그가 죽어 장사되어서 그의 묘가 오늘까지 우리 가운데 있음이라. 그러므로 그가 선지자가 되어 육신을 따라 그의 후손 중에서 그리스도를 일으키시어 그의 보좌에 앉게 하신다는 맹세를 하나님께서 자기에게 하신 것을 알고 그가 미리 앞을 내다봄으로 그리스도의 부활에 관하여 말한 것은, 주의 혼이 지옥에 버려지지 아니하였으며, 또 주의 육신도 썩어짐을 보지 아니하였다는 것이라**』(행 2:29-31).

이처럼 부활은 예수 그리스도의 동정녀 탄생을 입증하는 명백한 증거가 된다. 이 사실이 중요한 것은 예수 그리스도의 부활은 믿되 그분의 동정녀 탄생은 믿을 수가 없다고 말하는 현대주의자들이 있기 때문이다. 그런가 하면 또, 동정녀 탄생에 관해 마태가 이야기했고 누가가 이야기했을지언정 바울은 이런 이야기를 한 적이 없다고 주장하는 사람들도 있다. 그러나 바울은 여기 4절에서 그분께서 요셉의 아들이 아니라 하나님의 아들이심을 그분의 부활이 증거한다고 분명히 밝히고 있다. 그분께서 만약 요셉의 아들이셨다면 벌써 예루살렘 밖 무덤에서 흙으로 돌아가 사라지고 마셨을 것이다. 그분께서 요셉의 아들이셨다면, 그분께서는 일으켜지지도 못하셨을 것이다. 사람의 자식으로 태어난 자가 죽었다가 그런 식으로 다시 살아 일어난 사람은 아무도 없기 때문이다. 사람의 자식으로 태어나 휴거되지 않는 한 누구나 예외 없이 한 번은 죽게 되어 있고, 예수 그리스도께서 재림하시기 전에는 그 누구도 죽었다가 부활하여 무덤에서 다시 살아 일어날 수가 없다. 따라서 예수 그리스도의 부활은 그분의 동정녀 탄생을 증거하고 동시에 그분의 동정녀 탄생은 그분의 부활을 증거한다. 예수 그리스도의 동정녀 탄생과 부활은 이처럼 상호 증거 관계를 갖는 사건들이다.

당신이 불교 신자로서 만약 석가모니의 유골을 발견하게 되더라도(아닌 게 아니라 그들은 무슨 "사리"인가 뭔가 하는 것이 석가모니의 유골이라고 믿는다만), 당신은 여전히 독실한 불교 신자 노릇을 할 수 있을 테고, 당신이 만약 이슬람교도로서 어디선가 모하멧의 무덤을 발견하고 거기서 그의 유골을 발굴하게 되었다 할지라도 당신은 여전히 독실한 정통 회교도로 간주되겠지만, 당신이 만약 그리스도인으로서 예수 그리스도의 뼈를 한 조각이라도 어디서 찾아내게 된다면, 당신은 그 순간부터 더 이상 그리스도인이 아니게 된다. 그리스도께서 무덤에 그냥 누워 계시다면, 당신은 절대로 그리스도인이 될 수가 없다.

『그를 통하여 우리가 은혜와 사도의 직분을 받아 그의 이름을 위하여 모든 민족 가운데서 믿음으로 순종케 하나니』(5절).

이 구절에서 **『믿음으로 순종케 하나니』**라는 말씀에 주목하여 **『믿음』**이 **『순종』**과 어떤 관계가 있고 **『순종』**이 **『믿음』**에 어떻게 연결되는지 잘 살펴볼 필요가 있다. 이 어구의 기본 의미는 "순종에서 믿음으로"("obedience to the faith"), 즉 "순종함으로써 믿음에 이르다."라는 뜻이다.

캠벨주의자들은 구원은 물침례에 있고, 물침례는 구원의 핵심 부분이라고 믿는다. 그래서 물침례를 받지 않고서는 누구도 구원받지 못한다고 주장한다. 이에 대해 일부 침례교인들은 물침례가 구원을 위한 필수 불가결한 핵심 요소인 것 같지는 않고 다만 물침례는 **『순종』**의 핵심 요소라고 말하기도 한다. 그러나 나는 그렇게까지도 생각하지 않는다. **『순종』**을 위해 필수 불가결한 핵심 사항으로 말한다면 여기에는 갖가지 다양한 것들을 다 손꼽을 수가 있을 것이기 때문이다. 『**순종**』에 필요한 핵심 요소들을 그런 식으로 말한다면, 가령, 성경을 읽는 것도 『**순종**』의 핵심 사항이랄 수 있고, 하다못해 『**순종**』하기 위해 마음속에 품게 되는 관대함마저도 『**순종**』으로 가는 필수 사항이랄 수 있을 것이다. 『**순종**』에 필요한 핵심 사항들을 이런 식으로 생각하는 데서 생기는 문제가 바로 캠벨주의자들이 주장하는 바대로 "물침례를 받는 것은 복음에 순종하는 일이다."라는 논리 전개의 길을 열어놓게 된다는 점이다.

과연 그러한가? 물침례는 과연 복음에 순종하는 행위인가? 이 문제를 여기서 한번 따져 보아야겠다. 먼저 로마서 10장을 보고 그 다음 로마서 16장을 보라. 그러면 물침례가 복음에 순종하는 일이 아니라는 것을 알게 될 것이다. 바꿔 말해서, 정말로 복음에 순종코자 한다면 물침례를 받는 것으로는 안 된다는 얘기다. 이 문제는 사도행전 2장에서 행한 베드로의 설교 내용과 함께 워낙 오랫동안 갑론을박의 대상이 되어왔던 터라 "그리스도의 몸" 안에 벌집을 쑤셔놓은 듯한 혼란을 가져온 논란거리였으며, 그 결과 복음에 순종하기 위해서는 물 속으로 뛰어들어야 한다는 생각이 "그리스도의 몸" 거의 전체를 한 덩어리로 지배하게 되기에 이르렀다. 물 속에 뛰어드는 것은 복음에 순종하는 것이 아니라 복음에 불순종하는 것이다. 로마서 10장을 보자. 로마서 10:16이 『**그러나 그들이 모두 복음에 순종한 것은 아니니라. 이사야가 말하기를...**』 "주여, 누가 침례를 받았나이까?"라고 되어 있는가? 이 구절은 결코 이렇게 말씀하지 않는다. 이 구절은 "우리가 전한 말을 누가 믿었느냐"고 되어 있다. 그 다음 17절을 보라. 『**그러므로 믿음은 들음에서 나오며 들음은 하나님의 말씀에 의해서니라.**』고 말씀한다. 분명하지 않은가? 복음에 순종해야 믿음을 갖게 된다, 이 믿음은 하나님의 말씀을 듣는 데서 나온다, 그러므로 하나님의 말씀을 듣는 것이 곧 복음에 순종하는 것이다, 바로 이런 말씀이 아닌가? 복음에 순종하는 것은 그 복음 안에서 믿음을 실행하는 것이지 물속으로 뛰어들어 믿음을 증명해 보이는 것이 아니라는 말이다.

이번에는 로마서 16장을 보자. 여기를 보면 물침례를 받는 것으로는 하늘에 올라갈 수가 없다는 것을 인정하는 것이 곧 복음에 순종하는 일임을 알게 될 것이다. 로마서 16:26을 보라. 『**이제 나타났으며 영원하신 하나님의 명령에 따라 선지자들의 성경을 통하여**』 "무엇으로 순종하게 하고자" 모든 민족에게 알려졌다고 말씀하는가? "침례로" 순종하게 하고자 했다고 말씀하는가? 그렇지 않다는 게 분명하지 않은가? 이 구절은 선지자들의 성경을 통하여 『**믿음으로 순종하게 하고자**』라고 분명하게 말씀하고 있다.

이번에는 사도행전 15장으로 가 보자. 사도행전 2장에서 "유대인들"에게 설교했던 시몬 베드로는 여러 해가 지난 뒤(적어도 15,6년이 지난 뒤) 사도행전 15:7-9에서 이렇게 설교한다. 『**많은 논의가 있은 후에 베드로가 일어나서 그들에게 말하기를 "형제 여러분, 당신들이 아는 대로** 하나님께**서 오래전부터 우리 가운데 택하시어 나의 입을 통하여 이방인들이 복음의 말씀을 듣고 믿게 하셨느니라. 마음을 아시는** 하나님께서는 **우리에게 행하신 것과 마찬가지로 그들에게도 증거하시어 성령을 주셨으며 우리와 그들 사이에 어떤 차이도 두지 아니하셨으니...**』, 그 다음 어떻게 이어지고 있는지 잘 보라. 『**믿음으로 그들의 마음을 정결케 하셨느니라.**』 무엇으로 그들의 마음을 정결케 하셨다고 했는가? "침례"로? 아니다. 『**믿음으로**』 이다! ("세례"가 아닌 것은 두말할 나위도 없다. 하물며 "물 뿌림" 따위는 말도 꺼낼 수가 없다!). 그런즉, 복음을 믿는 것이 곧 복음에 순종하는 것임이 여기서도 극명하게 드러난다.

문제는 여기 사도행전 15장에서 이 사실을 분명하게 밝히고 있는 베드로가 여러 해 전 사도행전 2장에서는 유대인들을 상대하느라고 "딴소리"를 했다는 사실이고, 이것을 사람들이 구별하지 못한 채 사도행전 2장에서 걸음을 딱 멈추고 있다는 것이다. 베드로는 사도행전 2장 38절, 39절 부분에서 유대인들에게 구원을 촉구하면서, 『**회개하라. 그리고 죄들을 사함받은 것으로 인하여 너희 각자는 예수 그리스도의 이름으로 침례를 받으라. 그리하면 너희가 성령의 선물을 받으리라. 이 약속은 너희와 너희 자녀에게 한 것이며, 또한 먼 곳에 있는 모든 사람, 즉 주 우리 하나님께서 부르실 모든 사람에게 하신 것이라.**』고 말했었다. 이 말은 마치 물속에 들어가야만 그게 바로 순종이고 믿는 자로 간주되어 구원받게 된다고 역설하는 것처럼 들린다. 그래서 신약 가운데서 사도행전 2장은 "세탁쟁이들"에 의하여 가장 많이 읽히는 부분이 되었고 일부 침례교인들마저 여기에 가담한다. 그러나 당신은 절대로 그래서는 안 된다. 만약 당신이 그렇게 한다면, 당신은 성령을 받지 못할 것이고, 당신은 지옥을 향해 내닫게 될 것이다. 예수 그리스도의 이름으로 침례를 받는다고 구원을 받는 게 절대로 아니다.

지금까지 성경을 제대로 알지도 못하는 자들이 사도행전 2:38을 어찌나 오랫동안 귀 따갑게 홍보해 왔던지 이제 성경을 믿는다는 사람들이면 너 나 할 것 없이 구원을 위한 금과옥조는 반드시 사도행전에서 찾아보아야 하는 것으로 믿게 되었다. 그러나 그렇지 않다. 베드로가 이 설교를 시작하고 있는 부분부터 읽어 보라. 그는 14절부터 『**너희 유대 사람들과 예루살렘에 거하는 모든 사람아... 내 말에 경청하라.**』는 말로 입을 열기 시작한다. 그리고는 15절, 16절, 17절... 이렇게 주욱 설교를 이어가고 있는데, 39절까지 한번 계속해서 읽어 내려가 보라. 그리고 그 어디에 죄에 대한 "피의 속죄"("blood atonement") 이야기가 한마디라도 언급되고 있는지 눈을 씻고 찾아 보라. 성경은 『**피흘림이 없이는 죄사함이 없느니라.**

』(히 9:22)고 선언한다. 도대체 예수 그리스도께서 피흘려 죽으신 까닭이 어디에 있었던가? 그러나 사도행전 2장에서의 베드로의 설교 가운데에는 피흘림에 대해서는 한마디도 내비치지 않는다. 그래서 사도행전 2장을 붙잡고 있다가는 그 누구도 지옥행을 면할 길이 없다. 그런데도 여기에 머물고 있는 바람에 지옥으로 달려갈 사람들이 앞으로도 수없이 많을 것이다. 사도행전 2장에는 "피의 속죄"가 나오지 않는다. 여기서 유대인들에게 설교하고 있는 베드로는 아직 "피의 속죄"에 대해서는 알지 못한 상태였다. 베드로는 사도행전 9장에 가서야 비로소 "피의 속죄"에 대해 알게 된다. 그런데 어찌된 영문으로 구원 관련 구절로 너도나도 사도행전 2:38을 들먹거린단 말인가?

자, 복음에 순종한다는 것은 무엇을 말하는가? 이에 대해 주님께서는 이렇게 말씀하신다. "너희 죄들을 위해 내 아들이 죽었고 성경대로 장사 지낸 바 되었다가 성경대로 죽은 자들로부터 다시 일어났다. 이제 그를 믿고 너의 구주로 영접하라. 그러면 지옥 걱정은 할 필요가 없다. 지옥이 걱정되거든 내 아들에게 의지하라. 내 아들을 믿고 그를 너의 구주로 영접하는 한 너는 절대로 지옥에는 가지 않을 것이다." 이것이 성경에 기록돼 있는 복음의 개요다. 나는 이에 순종했다. 내가 이에 순종하기 위해 한 일이 무엇인지 아는가? 주 예수 그리스도께 의지한 것이다. 지옥으로부터 나를 지켜 달라고 그분께 의탁한 것이다. 바로 이것이 내가 복음 안에서 나의 믿음을 실행한 것이다. 나는 복음 위에 내 혼을 올려놓고 안식을 취한다. 이것이 내가 지옥에 가지 않는 유일한 방법이다. 만일 당신이 "침례"만을 의지한다면 당신은 복음에 대해 순종한 것이 아니라 불순종한 것이다. 순종의 필수 요소는 복음을 듣고 받아들이는 일 뿐이다.

『하나님의 사랑을 받고 성도로 부르심을 받은 로마에 있는 모든 사람

에게 *편지하노니...』*(7절)

하나님의 사람들은 성도로 "부르심을 받은" 사람들이요, 그렇기 때문에 성도라 불리는 사람들이다.

1:8 먼저 너희 모두로 인하여 예수 그리스도를 통하여 나의 하나님께 감사드리는 것은 너희 믿음이 온 세상에 전해짐이라.

9 내가 그의 아들의 복음 안에서 나의 영으로 섬기는 하나님께서 나의 증인이시니 나의 기도에 쉬지 않고 항상 너희를 말하며

10 어떻게 해서든지 이제는 내가 언제라도 하나님의 뜻에 따라 너희에게 나아갈 형통한 여정을 갖게 되기를 간구하노라.

11 내가 너희를 보고 싶어하는 것은 내가 어떤 영적 은사를 너희에게 나누어 주어 너희를 굳게 세우게 하려 함이니

12 이는 곧 내가 너희와 함께 있어 너희와 나의 믿음으로 인하여 서로 위로를 받으려 함이라.

바울은 이 서신서를 사실상 "믿음"이라는 말로 서두를 열고 있다. 그리고 여기 1장에서만도 5절에 이어 8절과 12절, 그리고 17절에서도 보듯이 이 "믿음"이라는 단어가 빈번하게 등장한다. 이 "믿음"(faith)이라는 단어가 구약에서는 전체를 통틀어도 단 두 번밖에 나오지 않는다는 것을 알고 있는가? 당신은 "믿음으로" 아벨이 카인보다 더 나은 제사를 드렸다든지, "믿음으로" 에녹은 죽음을 보지 않고 옮겨졌다든지, "믿음으로" 노아가 방주를 예비했다든지, 아브라함은 "믿음으로" 어디로 가야하는지도 모르면서 떠났다든지, 수태할 나이가 지난 사라가 "믿음으로" 씨를 잉태하는 힘을 받아 아이를 출산했다든지, "믿음으로" 아브라함이 이삭을 제물로 드렸다든지, 모세가 "믿음으로" 이집트를 떠났고, "믿음으로" 유월절과 피 뿌리는 예를 지켰다든지, 그가 인도하는 유대인들이 "믿음으로" 마른 땅을 건너가듯 홍해를 건넜다든지, 하다못해 창녀 라합도 "믿음으로" 이스라엘 정탐꾼들을 숨겨주었다든지 하는 등등의 구약 시대 이야기를 많이 들어 보았을 터인즉, "믿음"이란 단어는 이처럼 원체 귀익은 말이어서 구약에서도 여러 곳에서 아주 빈번하게 나올 법하다고 생각하겠지만, 실은 당신이 이런 이야기들을 모두 히브리서 11장에서 많이 읽어둔 탓이다. 이 단어는 구약 중 신명기 32:20에서 나오는데 이것도 하필이면 『**이는 그들이 매우 비뚤어진 세대며, 믿음이 없는 자녀임이라.**』는 말씀 가운데 끼여서 나온다. 구약 중 또 한 군데는 하박국 2:4에서 『**그러나 의인은 자기 믿음으로 말미암아 살리라.**』는 말씀 가운데서 나오고 있다. 그리고는 구약에서 더 이상 "믿음"이란 단어는 나오지 않는다. 이것은 구약이 신약의 다른 점들 가운데 눈에 띄는 대목 중 하나다. 신약에서는 "믿음"이라는 단어가 245회나 나온다.

『**먼저 너희 모두로 인하여 예수 그리스도를 통하여 나의 하나님께 감사드리는 것은 너희 믿음이 온 세상에 전해짐이라**』(8절).

여기서 그들의 믿음이 『**온 세상에**』 널리 알려졌다고 말하는데, 물론 이것은 그 당시 아메리칸 인디언들에게까지 그들의 믿음이 알려졌다는 말은 아닐 것이다. 우리는 성경을 읽을 때, "모든"이라든지, "온"이라든지 또는 "누구든지"와 같은 단어들을 주의해서 읽어야 한다. 예를 들어 "모든"(all)이라는 단어는 성경에서 때로 "구별 없이 모두," 또는 "이것저것 가리지 않고 모두"("without distinction")란 뜻이 되기도 하고, 또 어떤 때는 "예외 없이 모두," 또는 "누구 하나 제외됨 없이"("without exception")란 뜻으로 쓰이기도 한다. 가령, 요한복음 3:16 말씀의 경우 『**하나님**

께서 세상을 이처럼 사랑하셔서 그의 독생자를 주셨으니, 이는 그를 믿는 사람은 누구든지 멸망하지 않고 영생을 얻게 하려 하심이니라.』에서 『**누구든지**』는 "예외 없이 모두," 즉 "누구 한 사람도 제외되지 않고"라는 의미의 『**누구든지**』이다. 이것은 글자 그대로 "그를 믿는 사람이면 누구나 다 예외 없이 모두 멸망하지 않고..."라는 말씀인 것이다.

이야기가 나온 김에 이 말씀과 관련하여 한 가지 주의를 환기시켜야겠다. 이 구절은 분명히 『**그를 믿는 사람은 누구든지 멸망하지 않고 영생을 얻게**』 된다고 말씀한다. 그렇다면 믿고 자시고 할만큼 충분히 자라기도 전에 세상을 떠난 갓난아기는 어쩌란 말인가? 이 갓난아기는 믿을 기회도 잡지 못하고 애석하게 죽는 바람에 『**믿는 사람은 누구든지**』에 포함될 찬스가 없었다. 엄마 등에 업혀 주일날 교회 예배에 한두 번 나온 적이 있는지는 모르겠지만 그렇다고 구원으로의 초청 시간에 제 발로 걸어 나온다는 것은 도저히 기대할 수 없는 젖먹이였다. 이런 경우 이 아기는 멸망하지 않고 영생을 얻었는가, 아니면 멸망하고 말았는가? 성경에는 이런 경우에 대한 직접적인 언급이 없다(이에 대해서는 뒤에서 살펴볼 기회가 여러 차례 나오므로 뒤로 미룬다). 이처럼 성경에 직접적으로 일일이 기술되지 않은 채 공백으로 되어 있는 부분에 대해서는 대단히 주의하지 않으면 안 된다.

코네티컷 주에 로렌조 다우라는 훌륭한 목사가 한 사람 있었는데, 그는 칼빈주의 5대 강령을 신봉하는 자들을 일컬어 "전체를 한 부분만 보는 자들"("whole-part men")이라고 불렀다. 이 말은 성경에서 "모든"("whole")이라고 말씀하고 있는데도 유달리 "한 부분"("part")이라고 고쳐 읽는 칼빈주의자들을 빈정댄 말이다. 다시 말해서, 성경이 『**하나님께서 세상을 이처럼 사랑하셔서 그의 독생자를 주셨으니, 이는 그를 믿는 사람은 누구든지 멸망하지 않고 영생을 얻게 하려 하심이니라.**』고 말씀하는 것을 칼빈주의자들은 "하나님께서 세상에서 '일부' 택함받은 이방인들을 이처럼 사랑하셔서 그의 독생자를 주셨으니, 이는 그를 믿는 사람 중 '일부' 택함받은 사람은 멸망하지 않고..."라고 읽는다는 말인데, 여간 적절한 풍자가 아닐 수 없다. "예외 없이 모두"란 뜻의 "누구든지"를 주의해서 읽지 않으면 이처럼 어처구니없는 일이 벌어지기 마련이고 그 결과 성경을 믿지 못할 책으로 전락시키고 말기 때문에 대단히 주의해야 한다.

그런가 하면 또, "모두"를 문자 그대로 받아들였다가 큰 낭패를 당하기도 하므로 주의해야 한다. 가령, "오늘 온 집안을 구석구석 청소하라."는 지시를 받은 가정부가 이 말을 글자 그대로 받아들였다가는 기가 막혀 빗자루도 들기 전에 그 자리에 주저앉고 말 것이다. "온 집안을 구석구석" 이라니, 아니 그럼, 굴뚝 검댕도 긁어내야겠고, 지붕 기와에 낀 흙먼지까지도 닦아내야겠고, 물 내려가는 세면대 U파이프 속까지도 분해해서 닦아내야 한다는 말인가? 설마 그런 뜻으로 한 말은 아니잖는가? 가정부는 안방만 청소하지 말고 건넌방도 정리하고 마루도 쓸고 닦으라는 지시를 받은 게 아니던가? 말하자면, 여기서 "온 집안"이란 이 방 저 방 "가리지 말고" "구별 없이 모두"란 뜻으로 한 말이다. 이런 예로 에베소서 6:21을 보자. 『**이제 너희는 내가 하고 있는 일과 나에 관한 것을 알게 되리니 사랑하는 형제요, 주 안에서 신실한 일꾼인 투기고가 모든 것을 너희에게 알게 하리라.**』 투기고가 아무리 "주 안에서 신실한 일꾼"이기로서니 어떻게 『**모든 것**』("all things")을 알려줄 수 있단 말인가? 그가 바울의 머리카락 숫자까지도 알려줄 수 있단 말인가? 그런 뜻이 아니지 않는가? 이런 경우 『**모든 것**』이란 어느 특정한 것 한두 가지만이 아니라 여러 가지 일들을 두루두루 "구별 없이 모두"란 뜻이다. 더구나 여기서는 문맥상 바울에 관한 것들, 그리고 그가 하고 있는 일들에 관한 것들 갖가지를 "이것저것 가리지 않고 고루고루"란 뜻으로 한 말이다.

그런즉, 바울이 여기 8절에서 『**온 세상**』이라고 말한 것은 "세상에 두루 두루 널리"란 뜻으로서의 "without distinction"이지, "세상 모든 나라 한 군데도 예외 없이"란 뜻으로서의 "without exception"은 아닌 것이다. 로마에 있던 그리스도인들의 믿음이 비록 대서양 건너 카리브해 지역에까지는 알려지지 않았을지라도 최소한 로마 제국 영토 내에 사는 사람들에게는 널리 알려졌을 터였다. 앞에서도 말했듯이 그 당시 로마 제국은 고울 지방(독일 지역)이라든가, 영국의 브리튼 섬과 아일랜드라든가, 프랑스 등등 유럽의 거의 모든 지역과 아프리카 일부까지 영토로 하고 있었으므로 바울이 여기서 『**온 세상**』이라고 언급한 그 "온 세상"은 아마도 그 당시로서는 사람들에게 알려져 있던 전 세계 거의 모든 지역들을 포함해서 한 말일 것이다.

"예외 없이 모두"란 의미를 강력하게 내포하고 있는 성경 구절의 대표적인 예를 하나 들자면, 가령, 『**그가 모든 사람을 위하여 자신을 몸값으로 내어주셨으니 때가 이르면 증거되리라.**』(딤전 2:6)와 같은 말씀이다. 예수 그리스도께서는 이 지구상의 어느 누구 한 사람의 예외도 없이 그야말로 『**모든 사람**』을 위한 몸값으로 자신을 내어주셨다.

『**내가 그의 아들의 복음 안에서 나의 영으로 섬기는 하나님께서 나의 증인이시니 나의 기도에 쉬지 않고 항상 너희를 말하며**』(9절).

바울은 예수 그리스도의 복음 안에서 하나님을 섬기되 『**나의 영으로**』 섬긴다고 말한다. 『**나의 영**』이라면 사람의 영이지 하나님의 영, 곧 성령이 아니다. 사람은 누구나 자신만의 "사람의 영"을 갖고 있다. 구원받은 사람은 여기에 또 성령을 갖고 있다. 구원받은 사람과 그렇지 못한 사람의 차이는 전자의 경우 사람의 영이 살아 있게 되었다는 것이고 또 성령을 몸 안에 갖고 있게 된 데 반하여, 후자의 경우는 사람의 영을 갖고는 있으되 그 영마저 죽어 있다는 사실이고 더더구나 성령을 갖고 있지 못하다는 점이다. 영이 죽어 있는 구원받지 못한 사람은 그래서 동물과 마찬가지다.

『**나의 기도에 쉬지 않고 항상 너희를 말하며**』.

여기서도 앞에서 말한 바와 같이, 『**항상**』이란 "한 순간도 예외 없이"라는 뜻이 아니라 "때를 가리지 않고 기회만 있으면 늘"이라는 뜻이다. 성경은 『**쉬지 말고 기도하라.**』(살전 5:17)고 명령하기도 하지만, 이 역시 기도하는 일에서 손을 떼거나 게을리 하는 일이 없도록 하라는 명령이지, 식음을 전폐하고 3일 동안 기도만 하라는 것도 아니요, 한 달 내내 기도만 하고 앉아 있으라는 것도 아니다.

『**어떻게 해서든지 이제는 내가 언제라도 하나님의 뜻에 따라 너희에게 나아갈 형통한 여정을 갖게 되기를 간구하노라**』(10절).

바울이 이 편지를 쓰고 있을 당시 로마에는 구원받고 거듭난 상당수의 그리스도인들이 있었는데, 그가 로마에 가서 이들을 만나보고 교제할 수 있는 기회를 갖고자 오랫동안 열망했던 심경을 토로하고 있다. 그러나 바울은 그토록 열망하면서도 『**하나님의 뜻에 따라**』 그렇게 되기를 간구했지 자기 뜻에 따라 기회가 만들어지도록 꾀하지는 않았다.

『**내가 너희를 보고 싶어하는 것은 내가 어떤 영적 은사를 너희에게 나누어 주어 너희를 굳게 세우게 하려 함이니**』(11절).

바울은 사도로 부르심을 받았던 터였기 때문에 "사도적" 『**영적 은사**』를 갖고 있었고, 이것을 로마의 성도들과 함께 나누고 싶었다. 그는 유대인 사도였다. 따라서 바울이 받았던 사도적 은사들 역시 유대인 사도들에게 따랐던 사도적 표적으로서의 은사들이었다.

『**너희를 굳게 세우려함이니**』에서 "굳게 세운다"는 말은 정신적으로 확고히 한다는 뜻이다. 사람들은 "지옥에 가지 않게 되었다."라는 의미로 "굳게 섰다."라고 말하는 경우가 보통이지만, 정신적으로 땅속에 깊게 뿌리내렸다는 의미로 "굳게 섰다."고 말할 때는 정신적으로 흔들리지 않고 안정돼 있다는 뜻이다.

『**내가 어떤 영적 은사를 너희에게 나누어 주어...**』 "성령 운동"을 한다는 오순절파 은사주의자들은 소위 "은혜의 두 번째 역사"("second work of grace")에 대한 근거 구절로 이 구절을 이용한다. 로마에 있던 성도들이 영적 은사를 아직 받지 못했기 때문에 바울이 오기를 고대하고 있었고, 바울 역시 하루 빨리 로마로 가서 자기가 갖고 있던 영적 은사를 그곳 성도들에게 나누어주고 싶어했다는 것이 은사주의자들의 생각인 것이다. 이것이 어떤 면에서 아주 틀린 생각은 아닐 수도 있다. 왜냐하면, 여기서 바울이 언급하는 은사는 단지 『**영적 은사**』이기 때문이다. 그러나 문제는 은사주의자들이 이 정도 선에서 물러나지 않는다는 데 있다. 그들은 이곳저곳 다른 구절들을 더듬고 다니면서 아주 이상한 교리를 이끌어낸다. 그것이 바로 "은혜의 두 번째 역사"라는 교리다. 그들은 고린도후서 1:15을 읽다가 『**그리하여 나는 이러한 확신을 가지고 전에 너희에게 가려고 하였으니 이는 너희로 두 번째 은혜를 얻게 하려 함이**』라는 바울의 언급 가운데 나오는 『**두 번째 은혜**』라는 말에 눈독을 들인다. 그리고 이것을 『**어떤 영적 은사를 너희에게 나누어 주어**』라는 로마서 1:11과 한데 묶어서 "은혜의 두 번째 역사"라는 그 괴상한 교리를 엮어냈던 것이다. 그들은 이 "은혜의 두 번째 역사"를 다른 한편으로는 "성령강림의 두 번째 축복"이라고도 부른다. 구원의 은혜가 하나님께서 베푸신 "첫 번째" 은혜라면, 성령을 주시는 은혜는 그 첫 번째 은혜에 뒤따라 베풀어지는 "두 번째" 은혜라는 것이다.

그들은 이 "두 번째 축복"에 대한 성경적 근거를 보완하기 위해 이번에는 또 고린도후서 8:6로 달려간다. 『**그러므로 우리가 디도에게 권하였던 것은 그가 전에 시작하였던 바와 같이 이 은혜를 너희 안에서도 완성시키라는 것이었느니라.**』 그들은 이 구절을 읽으면서 구원의 첫 번째 은혜에 성령을 받는 두 번째 은혜까지 더해질 때 비로소 『**은혜를... 완성**』하게 된다고 생각한다. 그러나 이 구절에서 언급하는 『**은혜**』는 그들이 말하는 소위 "성령강림의 은혜"와는 그 성격이 전혀 다른 은혜다. 이 구절에 앞서 2절, 3절, 4절, 5절을 차례로 읽어 보면, 『**풍부한 연보**』(2절), 『**능력에 따라... 또 능력 이상으로 자원하여**』(3절), 『**우리가 은혜를 받을 것과 성도들을 섬기는 일...**』(4절), 『**먼저 자신들을 주께 드리고...**』 그 다음에 『**우리에게 이 은혜를...**』(5절)로 문단이 이어진다. 이만하면 여기서 언급되는 "은혜"가 다름 아닌 "연보"를 의미한다는 것쯤은 조금도 어렵지 않게 알 수 있을 것이다. 그러나 은사주의자들은 이런 문맥의 흐름 따위는 전혀 무시해버린 채 오로지 6절 한 절에만 시선을 고정시키고 거기서 『**은혜를... 완성시키라는 것**』이라는 말만 살짝 뽑아다 쓴다.

자, 이번에는 고린도후서 1:15로 되돌아가 은사주의자들의 "은혜의 두 번째 역사," 또는 "성령을 받는 두 번째 축복" 따위와 같은 터무니없는 교리의 토대가 되고 있는 『**두 번째 은혜**』의 실체가 무엇인지 살펴보자. 15절에 앞서 먼저 11절을 읽어 보면 이렇다. 『**너희도 우리를 위하여 기도로 협력하라. 이는 많은 사람으로 인해 우리에게 내린 은사에 대하여 우리를 대신하여 많은 사람이 감사하게 하려 함이라.**』 바울은 지금 "우리에게 보내준 『**은사**』에 대하여 많은 사람들이 우리 대신 감사를 표해주기 바란다."고 말하고 있다. 다시 말해서, 성도들이 보내준 재정적 지원에 대해 감사하고 있는데, 이 감사한 마음을 많은 사람들이 함께 표명해 주기를 기대하고 있는 것이다. 그런즉, 이 구절에서의 『**은사**』란 우리가 흔히 말하는 "영적 은사"가 아니라 단순히 "헌금"을 의미한다는 것을 이해하기는 어렵지 않다. 그렇다면, 문맥의 흐름으로 보아 15절에서의 『**은혜**』라는 단어 역시 성도들이 보내준 물질적 성원을 의미한다는 것은 자명하다. 그런데도 이런 단어나 어구들을 "은혜의 두 번째 역사"니, "성령강림의 두 번째 축복"이니 하는, 말도 되지 않는 교리를 정립하는 데에 써먹는 것이다.

은사주의자들은 "이차적 회심 체험"(subsequent conversion experience)이니, "성령 체험"이니, "성령의 증거 체험"이니, "성령 세례"니, "성령 충만 체험"이니 하면서 무슨 "체험"을 하는 것을 중히 여기지만, 그런 것들 대부분은 사실 구원과는 아무런 상관도 없이 나타난다. 설사 구원받은 사람에게서 이런 현상이 나타난다 할지라도 그것은 구원받기 전의 "옛 사람"에 의한 것이다. 물론 구원받은 후에 어떤 느낌이 올 수도 있고, 감정의 변화가 올 수도 있지만, 그리스도인은 그런 감정을 신뢰하지 않는다. 우리가 신뢰해야 할 것은 오직 하나님의 말씀뿐이다.

『**이는 곧 내가 너희와 함께 있어 너희와 나의 믿음으로 인하여 서로 위로를 받으려 함이라**』(12절).

이런 말은 사실 11절의 말과 견주어 바울의 사람됨을 적나라하게 드러낸다. 나는 바울의 이런 인간미가 참 마음에 든다. 11절의 경우는 마치 바울이 높은 데 앉아서 밑에 있는 그들을 도와주려는 것처럼 보이지만, 12절의 경우는 "실은 말이오... 실은, 당신들과 교제하면서 믿음의 간증을 나누는 가운데 당신들도 위로를 받고 나도 위로를 받고 싶다는 게 지금의 내 심정이라오."라고 하는 것이다. 이게 바로 바울의 인간미 넘치는 모습이다. 고린도후서를 읽어 보면 바울이 얼마나 인간미가 있는 사람인지 더 생생히 알 수 있다. 고린도후서에서 그는 마치 사적인 편지라도 쓰듯이 붓을 옮기고 있다. 거기에는 무슨 교리 같은 것을 끄집어내 어려운 문제를 생각하게 한다거나 하지 않고 이것저것 친구에게 이야기하듯 현실적인 이야기들만 기술되고 있다.

1:13 형제들아, 이제 나는 너희가 모르는 것을 원치 아니하노니 내가 다른 이방인들 가운데서와 마찬가지로 너희 가운데서도 다소 열매를 거둘까 하여 여러 번 너희에게 가려고 시도하였으나 (지금까지 방해를 받았느니라.)

14 헬라인들이나 야만인들이나 지혜 있는 자들이나 어리석은 자들에게나 내가 다 빚진 자로다.

15 그러므로 나로서는 로마에 있는 너희에게도 복음을 전할 준비가 되어 있노라.

16 내가 그리스도의 복음을 부끄러워하지 아니하노니 이는 이 복음이 믿는 모든 사람을 구원에 이르게 하는 하나님의 능력이 됨이라. 첫째는 유대인에게요, 또한 헬라인에게로다.

『**형제들아, 이제 나는 너희가 모르는 것을 원치 아니하노니 내가 다른 이방인들 가운데서와 마찬가지로 너희 가운데서도 다소 열매를 거둘까 하여 여러 번 너희에게 가려고 시도하였으나 (지금까지 방해를 받았느니라.)**』(13절).

여기서 『**너희**』란 비단 "성도들"만을 지칭하는 게 아니다. 바울이 여기서 『**너희**』라고 부르고 있는 사람들 가운데에는 구원받지 못한 이방인들까지 포함돼 있다. 이는 15절에서 더 분명히 드러난다. 『**그러므로 나로서**

는 로마에 있는 너희에게도 복음을 전할 준비가 되어 있노라.』 그는 이들 이방인들을 대상으로 하여 그들의 혼을 예수 그리스도께로 이겨오기를 기대하고 있는 중이다. 따라서 로마서는 로마에 있는 "성도들"만을 대상으로 해서 쓰여진 편지가 아니다. 앞서 6절에서처럼 『**예수 그리스도의 부르심을 받은 자들**』뿐만 아니라 7절에서처럼 『**로마에 있는 모든 사람에게**』 써 보낸 편지가 이 서신서다. 그래서 이 책 이름을 "로마인들에게 보낸 사도 바울의 편지"("The Epistle of Paul the Apostle to the Romans") 라고 붙인 것이다. 바울은 이 편지를 쓰면서 로마에 있는 성도들을 만나보고 싶은 심정뿐만 아니라 그들 주변에 있는 구원받지 못한 혼들도 생각하면서 구령의 열정에 불타고 있었음이 분명하다.

『**헬라인들이나 야만인들이나 지혜 있는 자들이나 어리석은 자들에게나 내가 다 빚진 자로다**』(14절).

사실 이것은 비단 바울뿐만 아니라 모든 그리스도인들에게 해당되는 말씀이다. 그리스도인들은 국적, 인종, 신분, 사회 계급, 어느 것 하나 가릴 것 없이 모든 사람들에게 『**빚진 자**』들이다. 모든 그리스도인들은 구원받는 순간 도저히 갚을 수 없는 큰 빚을 지게 된 사람들이다. 당신이 구원받았다고 해서 다른 사람보다도 더 지혜가 뛰어났기 때문이라거나, 다른 사람이 구원받지 못했다고 해서 그가 당신보다 더 멍청했기 때문이라는 증거는 되지 못한다. 당신이 다른 사람보다 나을 것이 하나도 없는데도 주님께서는 그냥 당신에게 선을 베풀어주시고 당신에게 그런 특권을 주셨던 것이다. 그래서 당신은 주님께 큰 빚을 지게 되었고, 그 빚을 조금이라도 갚기 위해서라면 헬라인들에게도 복음을, 야만인들에게도 복음을, 지혜 있는 자들에게도 복음을, 어리석은 자들에게도 복음을, 누구 가릴 것 없이 모든 사람들에게 복음을 전하는 일밖에는 없다. 당신은 이 빚을 갚아야 한다.

『**내가 그리스도의 복음을 부끄러워하지 아니하노니 이는 이 복음이 믿는 모든 사람을 구원에 이르게 하는 하나님의 능력이 됨이라. 첫째는 유대인에게요, 또한 헬라인에게로다**』(16절).

반드시 암송해 두어야 할 위대한 구절이다. 당신을 구원에 이르게 했던 하나님의 능력은 예수 그리스도께서 당신의 죄들을 위해 죽으시고 장사지낸 바 되셨다가 사흘 만에 죽은 자들로부터 다시 일으켜지셨다는 데에 있다. 구원받은 당신에게 있어서 이것은 곧 하나님의 능력이었다. 구원에 이르게 하는 하나님의 능력은 성령이 아니라 복음이다.

『**첫째는 유대인에게요, 또한 헬라인에게로다.**』 가튼 하우스와 막스, 그리고 리버만을 위시한 일부 유대인 출신 복음 전도자들은 이방인들을 대상으로 한 선교활동 지원에 앞서 유대인들을 대상으로 한 선교활동 지원이 우선되어야 한다는 자신들의 주장을 뒷받침하기 위하여 이 구절을 증거 구절로 내세운다. 이 주장 자체가 잘못은 아닐지라도, 이 구절을 그런 식으로 적용하는 것은 잘못이다. 왜냐하면, 이 구절은 복음이 먼저 유대인들에게 전해졌다가 후에 유대인들에게 거부되고 이방인들에게로 옮겨갔다는 것을 말하는 것이기 때문이다. 사도행전을 보면 그러한 과정을 잘 알 수 있다.

유대인들은 사도행전 2장에서 복음을 들었고, 3장에서도 들었으며, 4장에서도 들었으되 박해했고, 5장에서도 박해했으며, 6장에서도 박해하더니 7장에 이르러서는 스테판이 죽임을 당하는 사태로까지 발전했고, 8,9,10,11,12장을 거쳐 13장에서는 성령으로 충만하여 복음을 전파하던 바울의 설교를 듣고 난 뒤 그를 반박하고 모독함으로써 성령을 모독하기에 이르렸고, 14,15,16,17장, 그리고 18장에서는 끝내 박차버렸으며, 19장, 20장, 21장..., 그리고 마지막 28장에 와서는 그들이 어찌 되었는지 아는가? 완전히 시야에서 사라지고 없다. 대신 복음이 있는 곳에는 언제나 이방인들이 자리잡게 되었는데, 8장에서는 에디오피아 내시가 구원받았고, 10장에서는 코넬료가 구원받았고, 11장부터 12장, 13장에서 바울의 복음 전파 활동이 시작되었으며, 15장부터는 믿음으로 말미암아 하나님의 은혜로 구원받는다는 사실이 이방인들에게 전파되기 시작하여 28장 끝까지 진행되는 동안 어느새 이방인들이 전면에 나서 있고 유대인들은 뒤쳐지고 만다. 이러한 사태 추이가 바로 『**첫째는 유대인에게요, 또한 헬라인에게로다.**』라는 말씀의 바른 뜻이다.

자, 그럼 마지막 때를 향해 치닫고 있는 지금 이 시대는 어찌 되었는가? 유대인과 이방인의 위아래가 완전히 역전되고 말았다. 로마서 11장에서 우리는 이런 말씀을 읽는다. 『**형제들아, 너희가 스스로 지혜 있는 체하지 않게 하기 위하여 이 신비를 너희가 모르기를 내가 원치 아니하노니 이는 이방인들의 충만함이 차기까지는 이스라엘의 일부가 완고하게 된 것이라. 그리하여 온 이스라엘이 구원을 받으리라. 기록된 바 "구원자가 시온에서 와서 야곱에게서 경건치 아니한 것을 제거하리라. 이는 내가 그들의 죄들을 없앨 때 그들에 대한 나의 언약이 이것임이니라." 함과 같으니라**』(롬 11:25-27).

지금 이 시대는 이방인들이 꼭대기에 올라앉아 있고 유대인들은 바닥을 기게 된 것이다. 그런데 1918년이 되자 유대인들이 자신들의 땅으로 되돌아왔고 1948년에는 국가로 재건되었으며, 이 마지막 시대를 거쳐 대환란 기간을 통과한 뒤 천년왕국에 가서는 다시 꼭대기에 올라앉아 있게 될 것이다.

『**내가 그리스도의 복음을 부끄러워하지 아니하노니**』. 당신은 어떤가? 당신은 "아뇨!" 하고 크게 외칠 것이다. 그렇고말고! 부끄러워하지 말고 복음을 전파해야 한다. 비록 부끄러움을 잘 타는 여자라 할지라도 복음을 부끄러워하지 말고 전파해야 한다. 그렇다고 해서 여성도 "목사 안수"를 받고 설교 사역자로 나설 수 있다는 뜻이 아니다. 성경에 나오는 사역자들은 모두가 남자들이다. 집사도 남자요, 장로도 남자며, 감독도 남자이고, 사도도 남자이다. 그러나 여자도 예수 그리스도를 증거하고 복음을 전파해야 한다. 여자가 자신의 구원에 대해 간증하는 것도 훌륭한 복음 전파 활동에 해당한다.

1:17 이 복음 안에는 믿음에서 믿음에 이르게 하는 하나님의 의가 계시되었으니 기록된 바 "의인은 믿음으로 말미암아 살리라." 함과 같으니라.

18 하나님의 진노가 불의 가운데서 진리를 붙잡는 사람들의 모든 불경건과 불의에 대하여 하늘로부터 계시되거니와

19 이는 하나님을 알 만한 것이 그들 속에 나타나 있기 때문이니 하나님께서 그것을 그들에게 보이셨음이라.

『**이 복음 안에는 믿음에서 믿음에 이르게 하는 하나님의 의가 계시되었으니 기록된 바 "의인은 믿음으로 말미암아 살리라." 함과 같으니라**』(17절).

하나님의 의는 복음 안에 계시되었다. 하나님의 의는 믿음에서 믿음으로 복음 안에 계시되었다. 먼저 구약에서 구약적 믿음으로 계시되었고 그 다음 신약에서 신약적 믿음으로 계시되었다. 구약에 기록된 이 말씀은 하박국 2:4을 인용한 것이다. 그런데 거기에 보면 『**그러나 의인은 자기 믿음으로 말미암아 살리라.**』고 되어 있다. 단순히 "믿음으로 말미암아"가 아니라 "자기 믿음으로 말미암아"이다. 그런데 바울은 이 구절을 인용하면서 "자기"라는 말을 옮겨놓지 않았다. 그 이유는 구약의 믿음과 신약의 믿음이 다르다는 것을 보여주기 위함이다. 어떻게 다른가?

신약적 구원에 필요한 믿음은 복음을 믿는 모든 자들에게 주시는 하나님의 선물이다. 구약에서는 율법에 순종만 한다고 해서 하나님께서 그 사람에게 믿음을 하사해 주시는 게 아니다. 구약적 구원에 필요한 "행위와 믿음"이라는 틀은 행위 속에 믿음이 뒷받침되고 믿음이 행위에 반영되어 있기를 요구한다. 그렇기 때문에 그 믿음은 하나님의 선물이 아니라 "자기" 것이요, 행위 역시 "자기"의 믿음이 반영된 행위이므로 "자기" 행위다. 그러나 신약에서는 "믿음으로 말미암아 하나님의 은혜로" 구원받는다. 그렇기 때문에 예수 그리스도를 믿는 믿음도 하나님의 선물이요, 구원도 하나님의 선물이다. 신약에서는 구원의 요건 중 어느 것 하나 당신 자신으로부터 나오는 것이 없다. 이것은 구원에 관한 한 그 누구도 자기의 행위를 자랑할 수 없도록 하기 위함이다(엡 2:9).

믿음이 있음에 대하여, 다른 것은 몰라도 예수 그리스도를 믿는 이 믿음만은 당신 자신에게서 나온 믿음이 아니냐고 의아해 할지 모르지만, 몰라서 하는 말이다. 이 세상 모든 사람은 날 때부터 복음을 믿는 "믿음"을 갖추고 태어났다는 것이 성경의 가르침이다. 로마서 10장을 보라. 그리고 복음을 믿는 믿음을 당신도 과연 갖추고 있는지 확인해 보라. 로마서 10:8,9은 로마의 이방인들에게 쓴 말이다. 『**그러나 그것이 무엇을 말하느냐? "말씀이 네게 가까워 네 입에 있으며 네 마음에 있노라." 하였으니 곧 우리가 전파하는 믿음의 말씀이라. 네가 네 입으로 주 예수를 시인하고...**』 아직 구원받지 못했다 하더라도 모든 사람들은 그들의 혀끝에 『**믿음의**

말씀』을 달고 있다는 말씀이다. 당신은 이제 그 혀를 움직여서 거기에 달려 있는 『**믿음의 말씀**』을 입 밖으로 발설하기만 하면 된다. 당신은 『**믿음의 말씀**』이 잘 이해되지 않는다고 변명할 텐가? 그러나 이해할 필요가 없다. 그저 믿기만 하면 된다.

『**하나님의 진노가 불의 가운데서 진리를 붙잡는 사람들의 모든 불경건과 불의에 대하여 하늘로부터 계시되거니와**』(18절).

바로 위 17절에서는 『**하나님의 의**』가 언급되었다. 그리고 또 바로 앞 16절에서는 『**하나님의 능력**』이 언급되었었다. 그리고 여기 18절에 와서는 『**하나님의 진노**』가 언급되고 있다. 로마서는 이처럼 도처에서 "하나님의 무엇"인가에 대한 언급으로 가득 차 있는 책이다.

자, 『**하나님의 진노가... 하늘로부터 계시**』되고 있다고 말씀한다. 무엇에 대한 진노인가? 『**모든 불경건과 불의**』에 대하여 말이다. 그런데 이것을 주목하라. 하나님의 진노가 모든 불경건과 불의에 대하여 하늘로부터 계시되거니와 『**불의 가운데서 진리를 붙잡는 사람들의 모든 불경건과 불의**』에 대하여 계시되고 있다고 말씀한다. 1884년 이래로 나온 그 어떤 변개된 역본들도 이 구절을 그대로 옮겨놓은 역본은 찾아볼 수 없다. 왜인지 아는가? 모든 변개된 역본들은 한결같이 『**진리를 붙잡는 사람들**』에 의해 번역된 것이었기 때문이다. 진리를 붙잡되 『**불의 가운데서**』 진리를 붙잡는 자들이 성경을 함부로 뜯어고쳤던 것이다.

성경의 어느 구절에서나 성령께서 자기네들을 겨냥해서 말씀하시는 곳이면 그들은 예외 없이 반대로 뜯어고쳐 놓았다. 당장 이 18절이 그 한 예이다. 어느 현대판 역본들에서나 그들은 이 구절을 "진리를 막는," 또는 "진리를 방해하는"으로 고쳐 놓았다(〈한글개역성경〉에도 "불의로 진리를 막는 사람들"로 고쳐놓았다. - 역자 주).

『**불의 가운데서 진리를 붙잡는 사람들**』이란 성경에 계시되어 있는 진리를 붙잡기는 하되 불의 가운데서, 즉 옳지 못한 악의를 품고 그 진리를 붙잡는 자들을 말한다. 현대판 역본들을 만들어낸 모든 성경 변개자들이 진리를 붙잡는 이유는 그 진리를 붙잡아야만 그것을 억누르고 방해할 수 있기 때문이다. 그들은 진리를 붙잡은 다음 그것을 진리가 아닌 것으로 변개해 놓는다. 그래서 그들이 『**불의 가운데서 진리를 붙잡는**』 자들인 것이다. 만약 그들이 불의가 아니라 의 가운데서 진리를 붙잡는 자들이었다면 감히 성경 구절들을 뜯어고쳐 놓지는 않았을 것이다. 그들이 진리를 바꾸어놓은 다음 늘어놓는 변명이 "우리는 진리를 억누르거나 방해한 적이 없다. 그러므로 하나님의 진노가 우리에게는 퍼부어질 수가 없다."는 것이다. 그러나 성경은 분명히 하나님의 진노가 불의 가운데서 『**진리를 붙잡는 사람들**』에게 퍼부어질 것을 계시하고 있다고 말씀한다. 요컨대, 성경 변개자들 위에 하나님의 진노가 퍼부어지리라는 말씀인 것이다.

로마서 1장은 하나님의 진노를 모면할 수 없는 네 가지 경우를 예시한다. 첫째, 당신이 만약 『**불의 가운데서 진리를 붙잡는 사람**』이라면 당신의 그 『**모든 불경건과 불의**』에 대하여 하나님께서는 당신에게 진노를 퍼부으실 것이다(18절). 그 다음 21절에서, 당신이 만약 『**하나님께 합당한 영광을 돌리지 아니하고 감사치도 아니하**』는 자들 축에 끼여 있다면 당신은 하나님의 진노를 피하지 못할 것이다. 셋째는 그 다음 25절에서, 당신이 만약 『**하나님의 진리를 거짓말로 바꾸**』는 자들 가운데 하나이거나 그런 자들을 추종하고 그런 자들이 바꾸어 놓은 거짓말에 호응한다면, 하나님께서는 반드시 진노로 당신에게 개입하시고 손을 쓰실 것이다. 그리고 28절의 언급처럼 넷째, 당신이 자신의 『**지식 가운데**』, "마음 가운데"가 아니라 당신의 『**지식 가운데 하나님 두기를 싫어**』한다면 이 역시 하나님의 진노를 각오해야 한다. (〈한글개역성경〉은 28절을 "마음에 하나님

두기를 싫어하매"로 옮겨, 원래 의미를 변질시켜 놓았다. - 역자 주).

『**이는 하나님을 알 만한 것이 그들 속에 나타나 있기 때문이니 하나님께서 그것을 그들에게 보이셨음이라**』(19절).

하나님께서는 눈앞에 보이는 모든 피조물을 통하여 자신을 계시하시고 또 사람의 내면에서도 자신을 계시하신다. 하나님을 알만한 것이 그들 속에 나타나 있다는 말씀은 이것을 뜻한다. 인간은 하나님께서 지으신 피조물들을 눈으로만 보는 게 아니라 마음으로도 본다. 눈으로 보이는 것을 당신이 이해하게 될 때, 눈으로 보이는 것 이상 무엇인가를 당신의 마음은 읽게 된다. 이 구절은 하나님께서 『**그것을**』 사람들에게 보이셨다고 말씀한다. 그것이 무엇인가? 다음 20절에서 이것을 밝힌다.

1:20 세상의 창조 때부터 그분에 속한 보이지 않는 것들이 분명히 보여졌고 심지어는 그분의 영원한 능력과 신격까지도 만들어진 것들에 의해 알려졌으므로 그들이 변명하지 못하느니라.

21 이는 하나님을 알되 하나님께 합당한 영광을 돌리지 아니하고 감사치도 아니하며 도리어 그들의 상상들이 허망하여지고 그들의 어리석은 마음이 어두워졌기 때문이니

22 그들은 스스로 현명하다고 말하나 우둔하게 되었고

23 썩지 아니하는 하나님의 영광을 썩어질 사람의 형상과 새들과 네 발 달린 짐승들과 기어다니는 것들과 같은 형상으로 바꾸었도다.

『**세상의 창조 때부터 그분에 속한 보이지 않는 것들이 분명히 보여졌고 심지어는 그분의 영원한 능력과 신격까지도 만들어진 것들에 의해 알**

려졌으므로 그들이 변명하지 못하느니라』(20절).

당신은 세상의 창조 때부터 하나님께서 지으신 것들을 눈으로 볼 수 있다. 이것들은 자신들만을 나타내는 게 아니라 그분께 속한 『**보이지 않는 것들**』까지도 드러낸다. 그래서 하나님께 속한 보이지 않는 것들이 이제 당신에게 『**분명히 보여졌고**』라고 말씀한다. 어떻게 해서 『**보이지 않는 것들**』이 분명히 보일 수 있게 되었는가? 지어진 것들을 보고, 보이지 않는 것들을 이해하게 됨으로써다. 무슨 말인가? 예를 들어 보자.

가령, 솔로몬의 노래 6:10에 『**달**』이 나오는데, 이것은 그리스도의 몸을 나타내는 그림이다. 그러므로 당신이 달만 보고도 그리스도의 몸에 대해 이해할 수 있다. 어떻게 말인가? 달은 태양을 따른다. 그리스도의 몸이 그리스도를 따르는 것은 달이 태양을 따르는 것과 같다. 태양은 주 예수 그리스도를 나타내는 그림이다. 시편 19편을 보거나 말라키 4장을 보더라도 그분은 태양으로 불려진다. 태양과 달은 지구와 반대 방향으로 움직이고 지구는 태양이나 달과 반대로 움직인다. 그러므로 당신이 그리스도의 몸 안에 들어가 예수 그리스도와 함께 한다면, 당신(달)은 필연적으로 지구(세상)와는 반대로 움직이게 된다. 당신이 그리스도의 몸이 어느 방향으로 움직이는 것이 마땅한 행로인지 눈으로는 볼 수 없다 할지라도, 눈으로 볼 수 있는 달을 보고 그것을 이해하고 볼 수가 있는 것이다.

또한, 당신이 만약 그리스도인으로서 죄인들의 혼을 그리스도께로 이겨오는 구령활동에 열심이라면, 하나님께서는 당신을 영원토록 빛나는 존재로 간주하신다. 그것을 어떻게 아느냐 묻고 싶다면 창공에 빛나는 별들을 본다. 다니엘 12장에 보면 『**별들**』에 대한 언급이 나온다. 성경에서 별들은 "혼을 이겨오는 구령자들"의 예표다(단 12:3).

그렇다면 하나님의 『**신격**』은 어떻게 보고 이해할 수 있는가? 태양을 보고 알 수 있다. 태양은 세 가지의 광선을 방사한다. 가시광선은 우리가 볼 수 있는 빛인데, 바로 볼 수 있게 오신 예수 그리스도를 상징한다. 또 적외선이라는 열선은 볼 수는 없되 느낄 수는 있는데, 성령 하나님께서 바로 그러하시다. 그 다음에 자외선이라는 화학선은 우리 몸에 강력한 영향을 미치되 우리는 그것을 볼 수도 없고 느낄 수도 없는데, 바로 아버지 하나님께서 그러하시다.

또한 태양이 질 때 보면 붉게 물들어 있다. 그리고 이튿날 아침에 다시 떠오를 때 보면 태양은 다시 붉게 물들어 있다. 이것은 무엇을 보여주는가? 질 때 붉게 물들어 있는 것은 우리의 죄들로 인하여 죽으실 때 흘리신 그분의 피를 보여준다. 또한 뜰 때 붉게 물드는 것은, 주님께서 다시 오시는 날 아침에도 그분께서는 피에 적신 옷을 입고 계실 것이라는 사실을 보여준다. 재림에 대해서 말할 때 성경은 『**진노함 속에서 그들을 짓밟으리니 그러면 그들의 피가 내 옷에 튀어서 내가 내 의복을 모두 얼룩지게 할 것이라.**』(사 63:3)고 말씀하셨다.

시편 19편을 보라. 그리고 『**그분에 속한 보이지 않는 것들이 분명히 보여졌고 심지어는 그분의 영원한 능력과 신격까지도 만들어진 것들에 의해 알려졌으므로 그들이 변명하지 못하느니라.**』(롬 1:20)는 말씀이 사실인지 아닌지 확인해 보라. 시편 19편은 이방인들에게 창조주 하나님에 대하여 언급한다. 『**하늘들이 하나님의 영광을 선포하고**』(1절), 하늘들이 하나님의 영광에 대하여 당신에게 이야기를 들려준다. 『**창공이 그의 손으로 하신 일을 나타내는도다**』(1절). 창공만 바라다보아도 하나님께서 행하신 창조의 대역사를 알 수가 있다. 『**낮은 낮에게 말하고 밤은 밤에게 지식을 보여 주니**』(2절), 뜨는 해, 지는 해가 말하고, 밤하늘의 달과 별들이 지식을 전해준다. 『**말도 없고 언어도 없으며 그들의 음성도 들리지 않으나**』(3절) 그들은 말하고 당신에게 설교한다. 당신은 그것을 듣는다. 당신의 언어가 아닌 다른 언어로 말하고 있는데도 말이다. 『**그들의 선율은 온 땅을**

질러 뻗어 나가고 그들의 말들은 세상의 끝까지 다다랐으니...』(4절), 그들의 말은 세상 끝까지 전파되고 있다.

당신은 하나님께서 예수 그리스도를 위해 지으신 세계 안에 살고 있다. 그런데도 그분을 모른다고 말할 텐가? 사람들은 모른다고 변명하지만, 사실은 그 지식을 거부하고 있는 것이다. 구원받지 못한 죄인은 들나귀와 같다(욥 11:12). 구원받지 못한 남자는 개와 같고 구원받지 못한 여자는 돼지와 같다(벧후 2:22). 사역자들은 곡식을 밟아 떠는 소와 같고(고전 9:9), 기도의 용사는 날개로 치솟아 오르는 독수리와도 같아 달려도 피곤치 않고 걸어도 곤비치 않는다(사 40:31). 그리고 예수 그리스도께서는 초림하셨을 때 어린 양이셨고 재림하실 때에는 사자로 오신다. 마귀는 뱀으로 불리고, 바리새인들은 독사들의 세대라 불리며(마 3:7), 거짓 교사인 삯꾼 목자는 이리라 불린다(요 10:12). 이처럼 당신은 주변을 돌아보기만 해도 눈으로 볼 수 없는 것들을 볼 수 있고 이해할 수 있도록 되어 있는 것이다.

욥기 12장을 보라. 『**그러나 이제 짐승들에게 물어 보라. 그들이 너를 가르치리라**』(7절). 무엇인가 알고 싶은가? 옆에 앉아 있는 개에게 물어 보라. 개가 당신에게 가르쳐 줄 것이다. 개가 없거든 소에게 물어 보라. 소가 가르쳐 줄 것이다. 『**공중의 새들에게 물어 보라. 그들이 너에게 말해 주리라**』(7절). 무엇인가 모르는 게 있는가? 앵무새도 좋고, 까마귀도 좋고, 참새도 좋으니 새들에게 물어 보라. 그들이 가르쳐 줄 것이다. 『**아니면 땅에게 고하라. 그리하면 그것이 네게 가르쳐 주리라**』(8절). 삽을 들고 뒷마당에 나가 땅을 파 보라. 고생대가 어쩌고 신생대가 저쩌고 하는 지질학자들이 얼마나 멍청한 자들인지를 가르쳐 줄 것이다. 『**또 바다의 고기들도 네게 선포하리라**』(8절). 물고기가 양서류로 진화했느니, 포유동물로 진화했느니 하고 떠벌리는 진화론자들의 말이 사실인지 알고 싶다면 물고기한테 직접 물어 보라. 진화론자들이 얼마나 얼간이 거짓말쟁이들인지를 물고기들이 낱낱이 이야기해 줄 것이다. 『**이것들 중 그 어느 것이 주의 손이 이 일을 이루신 줄 알지 못하겠느냐? 모든 생물의 혼과 모든 인류의 호흡이 그의 손 안에 있느니라**』(9,10절). 이처럼 인간은 자연을 공부하면 많은 것을 배울 수 있다. 하나님께서는 이처럼 자신이 지으신 모든 것들을 통하여 자신에 관한 보이지 않는 것들까지도 보여주신다. 그런즉, 누구라도 자기는 주님을 알지 못하였노라고 변명할 수가 없게 되어 있는 것이다.

『**이는 하나님을 알되 하나님께 합당한 영광을 돌리지 아니하고 감사치도 아니하며 도리어 그들의 상상들이 허망하여지고 그들의 어리석은 마음이 어두워졌기 때문이니**』(21절).

다음에 이어지는(24-31절) 모든 죄들은 바로 여기 21절이 원인이 되어 생긴 현상들이다. 본문에 따르면 모든 배교 행위들과 진리에 거역하는 모든 악한 행위들과 모든 죄악들은 최초의 두 걸음을 잘못 내딛는 데서 출발하는데, 그 첫걸음은 『**하나님을 알되 하나님께 합당한 영광을 돌리지 아니**』하는 것이고, 그 다음 걸음은 『**하나님을 알되... 감사치도 아니**』하는 것이다.

『**그들은 스스로 현명하다고 말하나 우둔하게 되었고**』(22절).

어떻게 우둔하게 되었는가? 그들은 진화론이라는 것을 만들어냈다. 『**썩지 아니하는 하나님의 영광을 썩어질 사람의 형상과 새들과 네 발 달린 짐승들과 기어다니는 것들과 같은 형상으로 바꾸었도다**』(23절). 진화론자들은 하나님의 영광을 먼저 사람의 형상으로 바꾸었고, 그 다음에는 새들의 형상으로, 또 그 다음에는 네 발 달리 짐승의 형상으로, 그리고 마지막에는 기어다니는 것들의 형상으로 바꾸었다. 이것이 바로 진화론적 척도로 세상을 퇴화시켜 가는 순서다. 그들은 하나님의 영광을 종국적으로는 『**기어다니는 것들**』, 즉 파충류의 수준으로까지 끌어내리는 것이다.

1:24 그러므로 하나님께서도 그들을 자기들의 마음의 정욕에 따른 더러움에 내버려 두시어 그들의 몸을 서로 욕되게 하도록 하셨으니

25 이는 그들이 하나님의 진리를 거짓말로 바꾸어 피조물을 창조주보다 더 경배하고 섬겼음이라. 하나님은 영원토록 찬양받으실 분이로다. 아멘.

26 이로 인하여 하나님께서 그들을 수치스러운 욕정에 내버려 두셨으니 심지어 그들의 여자들까지도 본래대로 쓰는 것에서 본성을 거역하는 것으로 바꾸었음이라.

27 마찬가지로 남자들도 여자들을 본래대로 쓰는 것에서 벗어나 서로 음욕이 불일 듯하니 남자들이 남자들과 더불어 부끄러운 일을 행하여 그들의 그릇됨에 상당한 보응을 자기 자신들에게 받았느니라.

28 뿐만 아니라 그들은 자기들의 지식 가운데 하나님 두기를 싫어하니 하나님께서 그들을 버림받은 마음에 내버려 두시어 온당치 아니한 일을 하게 하셨도다.

『**그러므로 하나님께서도 그들을 자기들의 마음의 정욕에 따른 더러움에 내버려두시어 그들의 몸을 서로 욕되게 하도록 하셨으니**』(24절).

하나님의 영광을 인간의 형상으로 바꾸어 놓은(23,25절) 인간에 대해 하나님께서 취하신 첫 번째 조치는 "내버려 두신" 것이다. 내버려 두었다는 말은 "포기했다"는 뜻이다. 다시 말해서 손을 떼셨다는 말이다. 하나님께서 인간에 대하여 취하신 두 번째 조치 역시 "내버려 두신" 것이고(26절), 세 번째 조치도 "내버려 두신" 것이다(28절). 내버려 두셨다는 말씀을 이렇게 세 번에 걸쳐 말씀하시는 데에는 그만한 까닭이 있다. 하나님께서는 먼저 사람의 "몸"을 내버리셨다. 그 다음 하나님께서는 사람의 "혼"을 내버려 두셨다. 그리고 마지막으로 인간의 "영"을 내버려 두셨다. 여기 24절에서는 인간의 몸을 내버려 두신 것을 말하고 있다.

『**이로 인하여 하나님께서 그들을 수치스러운 욕정에 내버려 두셨으니 심지어 그들의 여자들까지도 본래대로 쓰는 것에서 본성을 거역하는 것으로 바꾸었음이라**』(26절).

『**수치스러운 욕정**』은 감정적인 것이므로 혼에 속한다. 하나님의 말씀에 따르면 인간의 욕정이란 수치스러운 것이다. 성경은, 『**마음은 만물보다 거짓되고 심히 악하니**』(렘 17:9)라고 말씀한다. 현대인들은 선과 악도 구별하지 못한다. 선악뿐만 아니라 하늘나라와 지옥도 분간하지 못하고, 어두움과 빛도 구별하지 못하며, 높고 낮은 것도 구분하지 못한다. 심지어는 남녀도 구별하지 못하게 되었는데, 오늘날 동성연애자들을 보면 알 수 있다. 우리는 이미 더러워질 대로 더러워진 인간 세상에 살고 있다. 성경은 더러운 것들을 더럽다고 말씀하고, 무엇이 더러운지도 낱낱이 열거한다. 그러나 이 세상은 전혀 그렇지 않다. 가령, 잡지에 실린 도색 사진들이 너무 지나쳐 외설물 배포 죄나 미성년자 보호법 위반죄로 법원에 고소해 보라. 대법원은 그것을 "예술" 및 "표현의 자유"라고 말할 것이다.

성경은 무엇인가 우리 주변의 어떤 것들에 대해 더럽다("filthy")고 말씀한다. 그리고 『**하나님을 두려워함으로 거룩함을 온전히 이루어 육과 영의 모든 더러움에서 우리 자신을 깨끗하게 하자.**』(고후 7:1)고 촉구한다. 무엇이건 성경에서 더럽다고 말씀하면 그것이 당신의 영을 더럽히고 당신의 몸을 더럽히기 때문에 그렇다고 말씀하는 것이다. 주님께서는 또 『**사람 몸 밖에서 그 안으로 들어가는 것은 아무것도 그 사람을 더럽힐 수 없으나, 사람 안에서 밖으로 나오는 것들은 그 사람을 더럽히느니라.**』(막 7:15)고 말씀하셨다. 즉 사람의 입에서 나오는 것은 마음으로부터 나오고, 마음에서 나오는 이것들이 더럽고 또 사람을 더럽힌다는 것이다.

『**마찬가지로 남자들도 여자들을 본래대로 쓰는 것에서 벗어나 서로 음욕이 불일 듯하니 남자들이 남자들과 더불어 부끄러운 일을 행하여 그들의 그릇됨에 상당한 보응을 자기 자신들에게 받았느니라**』(27절).

동성연애자들에 대한 문제는 인권이나 정치적 문제가 아니라 도덕적 문제다. 그것은 어느 사회에서나 도덕적 부패가 낳은 성도덕 타락 현상이다. 즉 동성연애자들은 성 범죄자들이고 성도덕이 문란해진 자들이다. 왜냐하면 그들은 동성연애가 그릇된 게 아니라 옳은 일이라고 생각하고 동성연애를 행하기 때문이다. 그들은 죄를 죄라고 생각하지 않는다.

『**뿐만 아니라 그들은 자기들의 지식 가운데 하나님 두기를 싫어하니 하나님께서 그들을 버림받은 마음에 내버려 두시어 온당치 아니한 일을 하게 하셨도다**』(28절). 이 구절에서 『**마음**』("mind")은 곧 사람의 영을 뜻한다. 자, 하나님께서 인간에 대하여 마지막 세 번째 조치로 인간의 "영"에서 손을 떼신다. 이로써 하나님께서는 인간에게서 완전히 손을 떼신 것이다. 『**오 땅아, 들으라. 보라, 내가 이 백성에게 재앙을 가져오리니, 곧 그들의 생각의 열매라**』(렘 6:19).

인간을 제멋대로 하도록 내버려 두시는 일이야말로 하나님께서 인간에게 내리시는 가장 혹독한 심판이다. 하나님께서 당신을 내버려 두신다면 그것은 가장 가혹한 심판인 것이다. 그래서 성경은 『**주께서 징계하시며 주**

의 법으로 가르침을 받는 사람은 복이 있나니』(시 94:12)라고 말씀한다. 『**훈계의 책망은 생명의 길**』이다(잠 6:23). 이에 대해 하나님께 감사하라.

칼빈주의자들은 이 『**버림받은**』(롬 1:8)이라는 말을 잘못 이해하여, "구원받지 못한 자"라고 생각한다. 그들은 소위 칼빈주의 5대 강령 가운데서 첫 번째와 두 번째 강령인 인간의 "전적 타락"(total depravity)과 하나님의 "무조건적 선택"(unconditional election)이라는 교리를 통해, 인간의 전적 타락으로 인하여 "영벌"(永罰, reprobation)에 처해진 사람들과 전적 타락에도 불구하고 하나님의 무조건적 선택에 의해 "택함받은"(elect) 사람들이 따로 있다고 주장하고, 여기 28절의 『**버림받은**』 사람들이 바로 그런 사람들인 것처럼 설명한다. 그리하여 하나님께로부터 버림받은 사람은 하나님의 영원한 저주로 인하여 영원히 구원받을 수 없다는 것이다. 물론 이것은 틀린 말이다.

여기 28절뿐만 아니라 문단 전체에서 언급되는 사람들은 전체 "이방인들"을 집단적으로 묶어 일컫는 말이다. 21절에서도 이들을 "그들"이라 지칭하고 있고 24절에서도 "그들"이며, 26절에서도, 28절에서도 "그들"이라 지칭하여, 전체 이방인들의 역사를 밝히듯 서술하고 있다. 여기서 지칭되는 이방인들은 『**버림받은 마음**』에도 불구하고 구원받은 사람들이 있을 것이다. 다시 말해서, 『**버림받은 마음**』을 갖고 있다고 해서 칼빈주의자들의 말대로 하나님의 영원한 형벌에 처해져 영원토록 구원받지 못할 처지에 있는 게 아니라는 말이다.

『**버림받은 마음**』이란 마땅히 지키고 있어야 할 자리를 지키지 않고 있는 마음의 상태를 뜻할 뿐이다. 여기 28절에서 "버림받은"이라는 뜻의 "reprobate"란 단어는 원래 "보호관찰"(probation) 하에 있으라는 명령을 어기고 "보호관찰권"("probation") 밖으로 뛰쳐나간다는 뜻이다. "보호관찰"의 대상이 된다는 것 자체가 이미 잘못을 저질렀기 때문에 취해진 조치지만, 그러고 나서도 "또다시" 죄를 짓고 "또다시" 보호관찰 하에 처해지는 것이 곧 "reprobate," 즉 "재보호관찰"이다. 이것을 "버림받음"("reprobation")이라고 말한다. 내가 생각하기로는 수많은 그리스도인들이 구원을 받은 후 백 번도 더 넘게 "보호관찰" 명령을 어기고 "재보호관찰"에 처해졌을 것이다. 모든 그리스도인은 하나님의 자녀로서 마땅히 지키고 있어야할 자리가 있고 거기서 벗어나서는 안 되도록 규제되어 있다. 이 자리를 지키지 않고 거기서 벗어날 때, 그 그리스도인은 『**버림받은 마음**』을 지니고 있는 것이고, 그 『**버림받은 마음**』에 사로잡혀 제자리를 지키지 못하고 궤도를 벗어나는 것이다. 사실은 예수 그리스도의 초림 이후 오늘까지 이방인들의 역사 전체가 이것으로 점철돼 있다. 이것은 개인적으로 보더라도 마찬가지다. 당신도 지난 몇 년간을 되돌아볼 때, 이런 적이 한두 번이 아니었음을 알 것이다.

이들이 잘못을 깨닫고 죄를 자백할 때, 그들은 얼마든지 다시 제자리로 돌아와 『**버림받은 마음**』을 청산할 수가 있다. 그렇기 때문에 이 구절의 『**버림받은 마음**』을 칼빈주의 이단 교리에 입각하여 영원히 구원받지 못할 저주 하에 놓인 죄인들로 해석해서는 안 된다. 이 부분의 문단 어디를 보아도 "지옥" 이야기는 없다.

버림받은 사람이란 죄로 인해 하나님께서 상대해 주시지 않는 사람을 말한다. 그리스도인도 죄를 짓고 자백하지 않으면 하나님께서 상대해 주지 않으신다. "내버려 둔다."는 말은 바로 이것을 뜻한다. 따라서 하나님과의 지속적인 교제를 유지하기 원한다면 죄를 짓더라도 당장 그 죄를 자백하고 그리스도의 보혈로 깨끗이 씻어야 한다.

1:29 그들은 모든 불의, 음행, 사악, 탐욕, 악의로 가득 찼으며, 시기, 살인, 분쟁, 사기, 악독이 가득하며, 수군거리는 자들이요,

30 비방하는 자들이요, 하나님을 미워하는 자들이요, 모욕을 주며, 교만하며, 자기 자랑만 하며, 악한 일들을 꾀하는 자들이요, 부모를 거역하며,

31 몰지각하며, 약속을 저버리며, 무정하며, 화해하지 아니하며, 무자비한 자들이라.

32 그들은 이 같은 일을 행하는 자들이 마땅히 죽음에 처해져야 한다는 하나님의 심판을 알면서도 이 같은 일을 행할 뿐만 아니라 이런 일을 행하는 자들을 좋게 여기느니라.

하나님께서 정욕에 따른 더러움에 내버려 두시고 수치스러운 욕정에 내버려 두시며, 버림받은 마음에 내버려 두시는 자들의 온갖 더러운 죄악들이 낱낱이 여기에 나열되기 시작한다. 이 죄악들은 지구상 오대양 육대주에 사는 모든 사람들의 죄악상에 대한 서술이다.

『**불의**』, 모든 죄는 불의에서 파생된다. 예수 그리스도의 의가 아니면 불의에서 벗어날 수 있는 사람은 없다. 『**불의한 자는 하나님의 나라를 상속받지 못한다는 것을 너희가 알지 못하느냐?**』(고전 6:9)

『**음행**』, 당신은 음행하지는 않을지도 모른다. 그러나 모든 유형의 우상숭배 행위가 다 음행이다(대하 21:11).

『**사악**』, 하나님께 속한 하나님의 자녀가 아직도 세상에 한 다리를 걸치고 있다면, 그는 여전히 사악함에서 떠나지 못하고 있는 것이다. 『**온 세상은 악함 속에 놓여 있다는 것이라**』(요일 5:19).

『**탐욕**』, 성경은 『**탐심은 우상 숭배니라.**』(골 3:5)고 말씀한다. 모든 거짓 교사들이 거짓말을 지어내는 것은 그들이 『**탐욕**』을 품고 있기 때문이다(벧후 2:1-3).

『**악의**』, 비록 행동으로 옮기지는 않았더라도 남에게 해를 끼지려는 생각을 한 번쯤은 해보았을 것이다.

『**시기**』, 이것은 더 말할 나위도 없다.

『**살인**』, 이것은 아무나 저지르는 범죄가 아니다. 그러나 사람은 누구나 살인 본능을 갖고 있다고 한다.

『**분쟁**』, 국가적, 사회적으로는 말할 것도 없고 개인적으로도 사람들은 끊임없는 분쟁을 일으킨다.

『**사기**』, 모든 거짓말이 사기에 속한다. 기만은 악을 꾀하는 마음속에 있다고 성경은 말씀한다(잠 12:20). 어리석은 자가 미련한 까닭은 그가 속이기 때문이다(잠 14:8). 속이고 취한 음식이 달콤하게 느껴지지만, 먹고 난 다음 그 입에는 자갈로 가득 찬다(잠 20:17). 하나님 알기를 거부하는 것도 실은 "속임수" 때문이다(렘 9:6).

『**악독**』, 모든 고약한 태도가 다 악독에 속한다. 나쁜 성격도 악독에 속한다.

『**수군거리는 자들**』, 투덜대고 두런거리는 것은 누구에게서나 엿보이는 현상이다.

『**비방하는 자들**』, 남을 욕하고 헐뜯기 좋아하는 사람들을 말한다.

『**하나님을 미워하는 자들**』, 감히 하나님을 미워한다고 드러내놓고 말하지는 않을지라도 두 주인을 섬기려고 하는 것이 곧 하나님을 미워하는 것이다(마 6:24).

『**모욕**』, 『**교만**』, 『**자기 자랑**』, 『**악한 일들**』, 하나님께서 가장 미워하시는 것이 교만이다. 마귀가 하나님께 대적하게 된 것도 이 교만 때문이었다. 교만 뒤에는 반드시 수치가 따르며(잠 11:2), 멸망이 따른다(잠 16:18).

『**부모를 거역하며**』, 부모를 거역하는 사람도 하나님께서 버림받은 마음에 내버려두시는 사람들 속에 포함된다는 것을 망각하지 말아야 한다.

『**몰지각하며**』, 이해하지 못하고 깨닫지 못하는 것이 다 몰지각한 것이다. 당신은 성경 말씀들을 다 이해하고 있는가? 그렇지 않다면 당신은 여전히 몰지각한 사람이다.

『**약속을 저버리며**』, 아무도 이 죄와 무관하다고 말하지 못할 것이다.

『**무정하며**』, 이것은 순리에서 벗어난 애정이라고 말할 수 있는데, 24,25,26절 등은 모두 순리에서 벗어난 애정에서 비롯된 죄들이다.

『**화해하지 아니하며**』, 용서할 줄 모르고, 다른 사람의 사과를 흔쾌히 받아들이지 않은 적은 없는가?

『**무자비한 자들**』, 이것은 이기심이 많은 사람에게서 발견되는 속성이다.

로마서 2장

2:1 그러므로 이 사람아, 판단하는 네가 누구일지라도 변명하지 못할 것
은 네가 다른 사람을 판단하는 것으로 네 스스로를 정죄함이니, 이
는 판단하는 네가 똑같은 일들을 하기 때문이라.
2 이런 일을 행하는 자들에게 진리대로 하나님의 심판이 있는 것을 우
리가 확신하노라.
3 이런 일을 행하는 자들을 판단하면서도 같은 일을 행하는 이 사람
아, 네가 하나님의 심판을 피할 줄로 생각하느냐?
4 아니면 네가 그분의 선하심이 너를 회개하도록 인도하심을 알지 못
하고 하나님의 선하심과 관용과 오래 참으심의 풍성함을 무시하는
것이냐?
5 다만 너의 완고함과 회개하지 아니하는 마음을 따라 진노의 날과
하나님의 의로운 심판이 계시될 그 날에 임할 진노를 네게 쌓을 뿐
이로다.

『그러므로 이 사람아, 판단하는 네가 누구일지라도 변명하지 못할 것은 네가 다른 사람을 판단하는 것으로 네 스스로를 정죄함이니, 이는 판단하는 네가 똑같은 일들을 하기 때문이라』(1절).

이 구절은 이방인들한테 하는 말씀이다. 구원도 받지 못한 사람이 다른 사람의 죄를 들먹거리며 함부로 단죄하는 것을 야단치고 있는 말씀이다. 구원받지 못한 이방인들에 대한 정죄는 이미 완료된 일이고, 앞서 1장에서 보았듯이 이방인들은 너무나 엄청나게 잘못되어 나갔다. 그래서 여기서 언급하고 있는 것은 이방인들에 관한 한, 그 누구도 그런 상황에 대해 변명할 수가 없다는 것이다.

어떤 사람들은 이런 내용의 성경 구절들을 빙자해서, 예컨대 "남을 판단하지 말라. 네가 판단 받지 않으려면 네가 먼저 남을 판단하지 말라." 따위의 말을 하면서, 그리스도인이 다른 사람더러 죄인이니 뭐니 판단할 권리는 없다고 주장한다. 하지만 이 말씀은 전혀 그런 뜻이 아니다.

그리스도인이 무엇이 옳은가를 역설하고 다닐 때, 그것은 다른 어떤 "사람"을 판단하고 있는 게 아니라, 그 사람이 행한 어떤 "것"을 판단하고 있는 것이다. 그리스도인은 사람 자체를 판단하지 않고 모든 "것들"을 판단한다. 사실 우리는 구원받지 않은 "사람들"을 판단할 필요가 없다. 왜냐하면 구원받지 못한 사람들은 우리가 판단하지 않더라도 그들 스스로가 이미 판단(심판)을 받아 놓았다. **『믿지 않는 사람은 이미 정죄를 받은 것이라. 이는 그 사람이 하나님의 독생자의 이름을 믿지 않았기 때문이라』**(요 3:18).

그리스도인들은 열매를 조사하는 검사관들이다. 고린도전서 2:15을 보라. **『영적인 사람은 모든 것들을 판단하나 자신은 아무에게도 판단을 받지 아니하느니라.』** 그리스도인은 하나님의 영을 지닌 영적인 사람으로서 "모든 것"을 판단한다는 것이다. 그러면서도 그리스도인은 "아무에게도"

사람에게는 판단을 받지 않는다. 그러나 그 "무엇"을 마땅히 판단해야될 때에 판단하지 않는 그리스도인들이 많다. 이것은 옳지 않다. 그리스도인은 칼을 찬 용사다. 칼을 찬 사람이 할 일이 무엇인가? 누룩이 퍼지는 것을 막고 순수한 말씀을 순수하게 보존하며 하나님의 말씀을 자신에게 맡겨진 그대로 말하는 것이 바로 그리스도인의 본분인 것이다. 누구라도 누룩을 퍼뜨려 하나님의 말씀을 더럽힌다면 우리는 말씀의 칼로 그것을 쳐야 한다. 우리 그리스도인들은 누구를 판단하고 있는 게 아니라 우리에게 맡겨진 진리를 수호하고 하나님의 말씀을 지키며 그 말씀을 선포하고 있는 사람들이다.

『이런 일을 행하는 자들을 판단하면서도 같은 일을 행하는 이 사람아, 네가 하나님의 심판을 피할 줄로 생각하느냐?』(3절)

바울은 여기서 누구에겐가 『**이 사람아**』 하고 부르고 있다. 이것으로 미루어 이 구절은 구원받지 못한 이방인들을 향한 언급인 것이 분명하다. 바울이 여기서 "사람"이라고 말할 때, 이것은 곧 이방인을 지칭해서 하는 말이다. 이것은 다음 3절에서도 그렇고, 6절, 9절, 10절 등에서도 다 마찬가지다.

『아니면 네가 그분의 선하심이 너를 회개하도록 인도하심을 알지 못하고 하나님의 선하심과 관용과 오래 참으심의 풍성함을 무시하는 것이냐?』(4절)

그러니까 죄인들이 심판받는 것은 무슨 짓을 "하기" 때문이 아니라 무슨 일을 "하지 않기" 때문이다. 즉 그리스도인 같으면 결코 행하지 않을 어떤 행동들을 "행하기" 때문에 지옥에 가는 것이 아니라, 마땅히 해야 할 한 가지 일, 즉 회개하고 예수 그리스도를 구주로 영접하는 그 일을

"하지 않기" 때문에 지옥에 가는 것이다. 그러나 세상의 죄인들은 이것을 알지 못한다. 그들은 자기네들이 그리스도인들보다 더 선한 일들을 많이 한다고 생각하는 것이다.

『다만 너의 완고함과 회개하지 아니하는 마음을 따라 진노의 날과 하나님의 의로운 심판이 계시될 그 날에 임할 진노를 네게 쌓을 뿐이로다』(5절).

하나님께서 죄인들을 회개로 인도하시고 구원받아 지옥에 가지 않도록 오래 참으심과 관용으로 기회를 만들어 주시건만, 끝내 완고함을 굽히지 않고 회개하지 않는다면 하나님께서도 하는 수 없이 『**진노의 날**』『**의로운 심판**』을 통하여 그를 지옥에 보내실 수밖에 없게 된다. 이것은 하나님의 자비로우심이 부족해서가 아니라 『**하나님의 선하심과 관용과 오래 참으심의 풍성함을 무시**』한 죄인에게 전적으로 그 책임이 있다. 하나님의 진노는 사람이 스스로 쌓아 올리는 것이지 하나님께서 몸소 쌓아 두시는 게 아니다.

2:6 그분께서는 각 사람이 행한 대로 갚아 주시리니
7 참고 선을 행하여, 영광과 존귀와 썩지 아니함을 구하는 자들에게는
영원한 생명으로 하시고
8 다투고 진리에 복종하지 아니하며 불의에 복종하는 자들에게는 분
개와 진노로 하시리라.
9 악을 행하는 각 사람의 혼에게 환란과 곤고가 있으리니 첫째는 유
대인에게요, 또한 이방인에게며
10 선을 행하는 각 사람에게 영광과 존귀와 평강이 있으리니 첫째는

유대인에게요, 또한 이방인에게라.
11 **이는 하나님께서 사람을 외모로 보지 않으시기 때문이라.**

『**그분께서는 각 사람이 행한 대로 갚아 주시리니**』(6절).

여기서부터는 "행위 구원"에 관련되던 시대 상황이 개진된다. "행위"와 관련하여 이방인들이 어떤 상황에 처해 있었던가에 대한 언급인 것이다. 노아의 때로부터 그리스도의 때까지 주님께서는 이방인 민족들의 행위를 주의 깊게 관찰하셨다. 이 기간 동안에는 주님께서 이방인들에게 그들이 행한 행위에 따라 그에 상응하는 보응으로 갚아주시던 상황이 전개되고 있었다. 이 구절에서도 『**각 사람**』이란 이방인을 지칭하고 있는 말이다.

『**참고 선을 행하여, 영광과 존귀와 썩지 아니함을 구하는 자들에게는 영원한 생명으로 하시고**』(7절).

계속 참으면서 선을 행하는 것은 곧 "행위 구원"에 이르는 길목이었다. 그리스도께서 초림하셨던 당시만 해도 이방인들은 선한 행위를 『**행하여**』, 『**영광과 존귀와 썩지 아니함**』을 구해야만 영생을 얻을 수 있었다.

신약에서 이에 대한 좋은 예가 되는 곳 한 군데가 사도행전 13:48이다. 『**이방인들이 이 말을 듣자 기뻐하며 주의 말씀을 찬양하였고 영원한 생명을 얻기로 정해진 자들은 다 믿더라.**』 극단적 칼빈주의자들은 자기네가 내세우는 구원 예정설의 정당성을 입증하려고 이 구절을 이용한다. 하지만 이 구절에서 『**영원한 생명을 얻기로 정해진 자들**』이란 "행위 구원"이라는 틀 속에서 영원한 생명을 얻기로 정해진 자들이다.

이 구절의 『**이방인들**』이 『**영원한 생명을 얻기로 정해진**』 까닭은 로마서 2:7에서 그 이유가 언급된다. 그들은 『**참고 선을 행하여, 영광과 존귀와 썩지 아니함을 구하는 자들**』(롬 2:7)이었기 때문이다. 다시 말해서 이들은 "행위," 순전히 "행위"에 의하여, 그야말로 『**행한 대로**』(롬 2:6) 구원 받을 수 있는 사람들이었다. 이들은 『**하나님 앞에서는 율법을 듣는 자들이 의인이 아니요, 율법을 행하는 자들만이 의롭다 하심...**』(13절)을 받는다고 말씀하는 바로 그 『**행하는 자들**』인 것이다. 그렇기 때문에 이들은 칼빈주의자들이 생각하는 것처럼 "택함 받은" 자들과는 아무 상관도 없는 자들이다.

이러한 사례를 우리는 사도행전 10장에서 찾아볼 수 있다. 『**카이사랴에 코넬료라는 어떤 사람이 있었는데 이탈리아 부대라고 하는 부대의 백부장이더라.**』(행 10:1) 여기서 보듯이 코넬료는 명백한 이방인이었다. 그런 그가 『**경건한 사람으로 온 집안과 더불어 하나님을 두려워하고 백성을 많이 구제하며...**』(행 10:2)라고 또 언급한다. 이것은 이방인이었던 코넬료의 선한 "행위"에 대해 언급하는 대목이다. 그리고 또, 『**하나님께 항상 기도하더라.**』(행 10:2)고 말씀한다. 이 말씀에서 그가 끈기 있게 계속 참아낸 사람임을 우리는 알 수 있다. 이 역시 코넬료의 "행위"에 대해 언급하는 대목이다. 이때 베드로를 통하여 코넬료에게 복음이 전해진다. 그리고 그는 마침내 영생을 얻는다.

이방인들이 무엇에 의하여 이런 "행위"를 하기까지에 이를 수 있을까? 그들이 양심을 따를 때 여기에 이르게 된다. 이방인들이 양심에 따라 선을 행하는 가운데 영광과 존귀와 썩지 아니함을 구할 때, 그 양심이 결국 예수 그리스도께로 그들의 발걸음을 인도하게 되는 것이다. 그들이 이와는 반대로 양심에 항거하고 양심을 더럽히며 양심에 반하여 죄를 짓는다면, 그들이 갈 곳은 오직 지옥뿐이다. 그렇기 때문에 이교도들은 "버림받은" 자들인 것이다. 이교도들은 복음이 전해질 때 자신들의 양심에 따르지 않았기 때문에 이교도가 된 것이고, 그렇기 때문에 버림받은 것이기도 하며, 양심에 따르지 않기 때문에 그들에게 복음이 전해질 수 없게 되어 또 버림받은 상태에서 벗어나지 못한다.

『**다투고 진리에 복종하지 아니하며 불의에 복종하는 자들에게는 분개와 진노로 하시리라**』(8절).

진리에 복종하지 않고 불의에 복종하는 이방인들은 무엇보다 먼저 양심에 따르지 않는 이방인들인지라, 이런 사람들이 『**참고 선을 행하여, 영광과 존귀와 썩지 아니함**』을 구한다는 것은 기대할 수 없는 일이다. 그들은 양심에 순응하지 않기 때문에 다투고 진리에 복종하지 않으며 불의에 복종하는 것이다. 그 결과 그들에게 돌아오는 것이 무엇인가? 그것은 하나님의 『**분개와 진노**』뿐이다. 그리고 다음 9절에서 보듯이 『**환란과 곤고**』뿐이다. 하나님께서는 모든 사람들을 개별적으로 일일이 다 파악하고 계신다.

『**악을 행하는 각 사람의 혼에게 환란과 곤고가 있으리니 첫째는 유대인에게요, 또한 이방인에게며**』(9절).

유대인은 율법에 따르지 않기 때문에 하나님의 진노에 처해질 것이요, 이방인은 양심에 따르지 않기 때문에 환란과 곤고를 피할 수 없게 된다. 잠시 뒤 17절부터는 율법에 따르지 않는 유대인에게로 이야기의 초점이 전환된다. 유대인은 먼저 율법에 따라야 그리스도께로 인도될 수 있으되, 이때 그리스도를 거부하면 지옥에 가게 된다. 이방인들은 먼저 양심에 따를 때 그 양심이 그를 그리스도께로 인도하고, 이때 그리스도를 거부하면 마찬가지로 지옥에 가게 된다.

이 사실을 이해하기만 해도 많은 사람들이 제기하는 숱한 의문들에 대하여 올바른 해답을 얻을 수 있다. 예를 들어 한 번도 복음을 들어 보지 못한 사람은 어떻게 되느냐 라는 식의 질문을 하지만, 그에 대한 해답은 분명하다. 즉 그 사람이 양심에 따라 행하기만 했다면, 어떤 방법으로든 그들에게도 복음이 전해졌을 것이고, 그 복음에 순종하여 주 예수 그리스도를 믿고 그분을 자신의 구주로 영접할 기회가 어떤 형태로든 주어졌을 것이라는 것이다. 아프리카 정글지대에 있는 나라든, 아시아의 인도라든지 중국이라든지, 아무튼 모든 이교도 국가에 사는 이방인들도 다 마찬가지다. 이 시대에 그리스도의 복음이 전해지지 않고 있는 이방 나라는 사실상 한 군데도 없다.

이들 이방 나라에 사는 사람들과 관련하여 한 가지 간과하고 있는 중대한 사실 하나가 아프리카에서는 4명 중 한 사람이 만 한 살 이전에 죽고, 인도에서는 8명 중 한 사람이, 중국에서는 10명 중 한 사람이 한 살 이전에 목숨을 잃는다는 사실이다. 복음이 자유롭게 전파되는 나라들에 비해 볼 때 이러한 영아 사망률은 비교할 수 없을 만큼 높은 수치다. 이에 대해 가난과 질병과 문명의 빈곤 때문이라고 해명한다면 이것은 지극히 피상적인 사태 분석에 지나지 않는다. 한번 시각을 달리 해서 생각해 보라. 하늘 나라 인구는 이들 이교도 나라 출신 아기들이 상당 부분을 차지할 게 분명하지 않은가? 이들 이교도 국가에서 태어나 미처 자라기도 전에 죽는 아기들이 많으니까 말이다. 이것은 하나님께서 이들 나라에서 어린 혼들을 하늘로 많이 데려 가고 계시다는 말 아닌가?

그 다음 간과하고 있는 중대한 사실은 복음에 대해서 한 번도 들어본 바 없고 알려진 바도 없다고 믿어지는 이들 이교도 나라에도 사실은 성경을 통하여 그리스도에 대한 증거가 전해지고 있고, 이들 이방 나라 사람들 가운데에도 복음을 듣고 구원받는 사람들이 실은 수월찮게 많다는 사실이다. 한 가지 좋은 예로서 나는 수년 전 아프리카 차드에서 보낸 한 장의 편지를 받은 적이 있다. 아주 서툰 영어로 쓰여진 그 편지는 대강 이런 내용이었다. “친애하는 예수 사람에게, 나 예수 사람 정글에서 당신 예수 사람의 사진'이가' 있는 당신'이가' 쓴 종이 한 장 주었어. '나'가 그것을 읽고 예수'가' 믿고 구원'이가' 받았수. 또 당신'이가' 성경 이야기 많이 했어. 그것'이가' 예수 책인가? 지금 '나'가 그 '성경'이가 필요해. 나한테 좀 보내주면 고맙겠수. 와마뭄바감바 올림." 이만하면 당신도 무슨 소린지 알아들을 것이다. 어떤 경로로 내가 만든 전도지가 아프리카 정글 속에까지 날아갔는지 알 수 없지만(우리는 이때까지 아프리카에 선교사를 보낸 일이 없으니까), 어쨌든 우리 교회가 만든 전도지를 "와마뭄바감바" 인가 뭔가 하는 "부시맨" 한 사람이 정글 속에서 우연히 주워 읽은 다음 주 예수 그리스도를 영접하고 구원받았다는 것이고, 하나님의 말씀을 공부하고 싶으니 성경인가 뭔가 하는 "예수 책"올 좀 보내달라는 부탁이었다. 이런 일이 도대체 어떻게 일어날 수 있었을까? 우리 교회 전도지를 다른 데서 입수해서 갖고 다니던 어떤 사람이 아프리카 정글지대에 여행 갔다가 무심코 버렸는지, 혹시 비행기에서 뿌렸는지, 나로서는 알 수가 없으나, 아무튼 그것이 영어를 좀 아는 부시맨에게까지 전달되어 그를 구령했던 것만은 분명하다. 주님께서는 무엇인가 오묘한 방법으로 부시맨 "와마뭄바감바"의 발걸음을 거기로 인도하셨고, 그로 하여금 전도지를 주어 읽고 주 예수 그리스도를 영접할 수 있는 기회를 잡도록 환경을 조성해 주셨던 것이다.

또 다른 예도 있다. 며칠 전 우리 신학원에 이런 편지가 한 통 날아들었다. "사랑하는 펜사콜라 성경 신학원 형제 귀하, 저는 프렌치 쿼터 마을 언저리 길바닥에서 한 장의 낡은 전도지를 주어 읽었습니다. 여기 동봉한 전도지가 바로 그것입니다. 저에게 이런 전도지를 좀 더 보내주셨으면 합니다. 다른 종류의 전도지도 있으면 좀 보내주십시오. 여기 5달러를 헌금으로 동봉하오니 스페인어로 된 전도지도 있으면 좀 보내주십시오." 누군가 읽고 버렸는지, 아니면 읽지도 않고 버렸는지, 그것은 알 수 없지만,

어쨌든 길거리에 버려진 전도지 한 장이 한 사람의 손에 들어가 복음을 전했고, 그 사람을 또 복음의 중요성에 눈뜨게 하여 또 한 사람의 복음 전도자를 낳게 했던 것이다.

그러므로 전파하라. 문제는 복음을 전파하는 사람들이다. "참고 선을 행하며" 복음을 받아들일 준비가 되어 있는 사람들은 많다. 코넬료가 그랬었다. 그러나 베드로는 처음에 거절했었다. 당신은 어떻게 할 텐가?

『**선을 행하는 각 사람에게 영광과 존귀와 평강이 있으리니 첫째는 유대인에게요, 또한 이방인에게라**』(10절).

앞에서 이미 언급했듯이 이방인은 양심에 따라 선을 행하고 유대인은 율법에 따라 선을 행할 때 그들에게 복음이 전해지고 구원의 길이 열려 『**영광과 존귀와 평강**』의 영원한 생명을 얻게 된다. 여전히 무엇인가를 『**행하는**』 "행위 구원"의 틀이 적용되고 있는 구절이다.

『**이는 하나님께서 사람을 외모로 보지 않으시기 때문이라**』(11절).

개인적인 구원과 관련하여 하나님께서 그 사람의 외모를 보시는 일은 결코 없다. 하나님께서 사람을 외모로 보지 않으신다는 말씀이 나올 때마다 이 말씀은 어느 경우에나 문맥상으로 하나님과의 관계에서 다분히 한 개인의 "행위"가 밀접하게 결부된다는 점에 주목하라. 골로새서 3장에서도 상황은 마찬가지다. 『**그러나 악을 행하는 자는 자기가 행한 악에 대하여 받으리니 거기에는 사람을 외모로 취하심이 없느니라.**』(골 3:25). 사람을 외모로 보지 않으시는 하나님께서는 그 사람의 마음속을 보시는 것으로 흔히들 생각하고 넘어가지만, 사실은 『**행하는**』 행위와 『**행한**』 행동을 보신다. 에베소서 6장에도 이런 말씀이 나온다. 『**또 주인들아, 너희도 그들에게 동일하게 행하고 위협을 그치라. 이는 너희의 주인도 하늘에 계시**

며 그분은 사람을 외모로 판단하지 않으심을 너희가 알기 때문이라』(엡 6:9). 이 구절에서도 역시 『**행하고**』가 강조되고 있다. 베드로전서 1:17에서도 이렇게 언급되고 있다. 『**또 외모로 보지 않으시고 각 사람의 행위에 따라 판단하시는 분을 너희가** 아버지라 **부른다면 너희의 이곳 나그네 시절을 두려움 속에서 지내라.**』

하나님께서 사람을 보실 때 그들의 외모를 보시지 않는다는 말씀들이 나올 때마다 이처럼 어떤 행위가 결부되는 까닭은 마음으로부터의 순종(롬 6:17)과 마음으로 믿는 믿음(롬 10:9,10), 그리고 하나님의 영광을 아는 빛을 받은 마음속의 빛(고후 4:6), 이 마음속의 모든 것들을 하나님께서는 중시하시되 이것들은 반드시 진실한 행동으로 반영되어 나와야 한다는 것을 강조하기 위함이다.

2:12 율법 없이 죄를 지은 사람들은 모두 율법 없이 멸망할 것이요, 율법 안에서 죄를 지은 사람들은 모두 율법에 의하여 심판받게 되리니

13 (하나님 **앞에서는 율법을 듣는 자들이 의인이 아니요, 율법을 행하는 자들만이 의롭다 하심을 받으리라.**

14 율법이 없는 이방인들이 본성으로 율법에 있는 일들을 행할 때에는 율법이 없어도 이것들이 스스로에게 율법이 되나니

15 그들의 양심도 증거하고 그들의 이성이 송사하거나 서로 변명하여 그들의 마음에 기록된 율법의 행위를 보여 주느니라.)

16 이런 일은 하나님께서 **나의 복음대로** 예수 그리스도를 **통하여 사람들의 은밀한 것들을 심판하실 그 날에 있으리라.**

『율법 없이 죄를 지은 사람들은 모두 율법 없이 멸망할 것이요, 율법 안에서 죄를 지은 사람들은 모두 율법에 의하여 심판받게 되리니』(12절).

"율법 없이 죄를 지은 사람들"이란 이방인들을 일컫는다. 죄를 지은 이방인들을 멸망시키는 데에는 모세의 율법이 있을 필요가 없다. 어차피 그들에게는 율법이 없었고, 따라서 죄를 지은 것도 율법을 어겨서 지은 죄가 아니기 때문에 그들을 벌하는 데에도 모세의 율법은 필요가 없다.

"율법 안에서 죄를 지은 사람들"이란 물론 유대인을 일컫는다. 유대인들에게는 율법과 십계명이 주어졌으되, 그 자체로 구원받는 것은 물론 아니다. 유대인들은 율법을 갖고 있기 때문에 죄를 지었다면 그것은 곧 이 율법을 어긴 것인즉, 이에 따라 심판을 받게 되는 것은 당연하다.

『하나님 **앞에서는 율법을 듣는 자들이 의인이 아니요, 율법을 행하는 자들만이 의롭다 하심을 받으리라』**(13절).

율법은 행하라고 있는 것이지 들으라고 있는 것이 아니다. 그러므로 율법을 듣는다고 의인이 되는 것이 아닌 것은 당연하다. 율법은 행하라고 있는 것이기에 행하는 자들만이 의롭다고 인정받는다. 당신은 율법에 대해 들었다. 그러나 그 율법을 행하지 않았다면 들은 것만으로는 의롭다 하심을 받지 못한다. 이에 대해 야고보서 1장에서는 이렇게 말씀한다. **『그러나 너희는 말씀을 행하는 자가 되고, 단순히 듣기만 하는 자가 되어 자기자신을 속이지 말라. 누구든지 말씀을 듣기만 하는 자가 되고 행하는 자가 되지 아니하면, 그는 거울로 자기의 타고난 얼굴을 보는 사람과 같으니...』**(약 1:22,23) 그래서 율법은 들었다고 해서 의인이 되는 게 아니라 행하는 자들만이 의롭다고 인정된다. 그럼 율법을 받지 못한 이방인들은 어찌 되는가? 행하려도 행할 율법이 없지 않은가? 이에 대해서는 다음에 설명된다.

『**율법이 없는 이방인들이 본성으로 율법에 있는 일들을 행할 때에는 율법이 없어도 이것들이 스스로에게 율법이 되나니**』(14절).

자, 이방인들에게는 율법도 없고 십계명도 없으며 구약도 없다. 그러나 그들은 율법에 있는 것과 같은 일들을 행해야 한다는 것을 『**본성으로**』 알고 이것을 기초로 그들 나름대로의 법을 만들고 『**본성으로**』 그것을 지킨다. 그들에게는 이것이 곧 율법이다. 예를 들면, 아프리카 내륙 오지에 들어가더라도 거기 사는 토인들에게도 일정한 규칙이 있어 가령, 처음 도둑질한 사람은 초범일 경우 오른 손목을 자르도록 돼 있다든지, 두 번째 도둑질하다가 잡히면 왼손이 잘린다든지, 세 번째 도둑질하다가 잡히면 목이 잘린다든지 하도록 돼 있다. 그들은 어떻게 해서 이런 규칙을 만들 수 있었을까? 또한 이 세상 어느 구석을 뒤져보아도 간통한 자를 처벌하는 법률이 없는 종족은 없다. 왜 그런 줄 아는가? 이 지구상의 그 누구도 『**너는 간음하지 말지니라.**』(출 20:14)는 계명을 모르는 자가 없기 때문이다. 이러한 계명들은 그들의 마음속에 새겨져 있는 본성적인 규범인 것이다.

창세기 20장에서 아브라함이 남쪽으로 이동 중 그랄에 잠시 머물게 되었을 때, 자기 아내 사라를 누이라고 속이는 바람에 그랄 왕 아비멜렉이 사라를 데려갔다. 하나님께서 꿈에서 아비멜렉에게 나타나 사라를 범하지 않도록 경고하셨을 때 아비멜렉이 무어라고 말하는가? 『**그가 '그녀는 나의 누이라.'고 나에게 말하지 않았나이까? 그녀 자신도 말하기를 '그는 나의 오라비라.' 하였나이다. 나는 마음의 온전함과 내 손의 무죄함으로 이렇게 하였나이다**』(창 20:5). 말하자면, 사라가 남의 아내란 것을 알았다면 데려오지 않았으리라는 것이 아비멜렉의 대답이었다. 그는 간음이 죄라는 것을 알고 있었던 것이다. 율법이고 뭐고 아무것도 없었던 시절인 데다가 이교도들인 그들이 어떻게 이런 것까지 알고 있었단 말인가? 그렇다면 간음을 아무렇지 않게 생각하는 "교양 있는" 미국인들은 어찌된 영문인가? 그들은 이것을 모르고 있단 말인가? 모르긴 왜 모르겠는가? "배운 사람들"은 알면서도 법을 무시하고 무식한 이교도들은 아무것도 모르는 것 같지만 사실은 규범을 마음속에 새기고 그것을 지킬 줄 안다.

『그들의 양심도 증거하고 그들의 이성이 송사하거나 서로 변명하여 그들의 마음에 기록된 율법의 행위를 보여 주느니라』(15절).

만약 이방인들의 양심이 화인을 맞아 마비되고(딤전 4:2) 마음과 양심이 다 더럽혀져 버리는 바람에(딛 1:15) 증거 능력을 상실하고 말았다면 몰라도, 양심이 생생하게 살아있는 한 그 양심은 당신에게 끊임없이 경고를 보내고 옳지 못한 행동을 제어토록 촉구하고 불법과 범죄와 타락을 막는다.

또한 인간에게는 이성이라는 것이 있어 다른 사람이 무슨 잘못된 일을 저지르는 것을 보기라도 하면, "이 사람이 그랬다." "저 사람도 그랬다." 하고 손가락질하며 『**송사**』하고 일러바친다. 그런가 하면 또, 자기가 무슨 일인가 잘못된 짓을 하고 있다가 남에게 들키기라도 하면, "나만 그랬나? 다른 사람들도 다 그러는 데 뭘." "해칠 생각은 없었어." "그게 뭐 그리 해로운 건 아니잖아?" 등 『**변명**』을 늘어놓고 발뺌하기 바쁘다.

그럼에도 불구하고 인간의 이성이 어쨌든 나쁜 것을 나쁜 줄 알고, 옳지 않은 것을 옳지 않다고 지적할 줄 안다면, 이것은 인간 이성의 좋은 점이다. 문제는 양심이 더러워지고 마비되어 인간의 이성마저 나쁜 것을 나쁜 줄 모르고, 옳지 않은 것을 옳다고 우기게 되었다는 데 있다. 인간의 이성이 설사 나쁜 것을 나쁜 줄 안다 해도 아는 대로 말하고 아는 대로 행동하기는 싫어하게 되었다는 것이 이 시대 사람들이 안고 있는 최대 문제다.

현대인들은 참으로 이상한 규칙을 만들어 놓고 산다. 그러나 그리스도인으로 거듭난 사람의 새 삶은 그래서는 안된다. 그리스도인이 따라야 할 삶의 규범은 어떠해야 하는가? 그것은 다음의 질문에 대해 "예스"라고 대답할 수 있는 것이어야 한다.

"옳은 일인가?"

"남을 세워 주는 일인가?"

"하나님께서 복 주시도록 요청할 만한 일인가?"

"하나님께 영광을 돌려드리는 일인가?"

"주님께서 다시 오실 때 보시고 기뻐 칭찬해주실 만한 일인가?"

그리스도인의 삶의 규범은 그 틀부터가 이 세상 사람들의 것과는 전혀 다르다.

『**이런 일은 하나님께서 나의 복음대로 예수 그리스도를 통하여 사람들의 은밀한 것들을 심판하실 그 날에 있으리라**』(16절).

이 구절에 이르기까지 13절, 14절, 15절은 삽입 구절들이었고, 여기 16절은 12절의 종결 구절이다.

이 구절에서 그냥 『**사람들**』이라고 말한 것은 구원받지 못한 이방인들을 지칭하는 말이다. 이들 이방인들은 율법이 없더라도 『**본성으로 율법에 있는 일들을**』(14절) 행할 때 그것이 곧 율법이 된다. 이교도들은 이것을 양심의 증거를 통해서 안다. 또한 그들이 양심에 따른다면 그들에게 전해지는 하나님의 말씀을 반드시 받아들이게 된다. 그들이 하나님의 말씀을 받아들이지 않는 것은 양심의 소리에 따르지 않기 때문이요, 양심에 따르지 않기 때문에 그들은 정죄된다. 따라서 이들은 율법이 있는 유대인들과 마찬가지로 『**그 날**』에 심판을 받게 되는 것이다.

『**그 날**』이 언제인가? 『**하나님께서 심판하실 그 날**』이다.

무엇을 심판하시는가? 『**사람들의 은밀한 것들을**』 심판하신다.

누구를 통하여 심판하시는가? 『**예수 그리스도를 통하여**』이다.

무엇에 따라 심판하시는가? 바울이 전한 『**복음대로**』이다.

그런즉, 심판의 그 날, 당신이 도저히 다 상상할 수 없는 별의별 것들이 다 기소되어 불거져 나올 것이다. 당신만 알고 다른 사람은 아무도 모를 줄 알았던 모든 은밀한 죄악들이 낱낱이 들춰지고 그 하나하나에 대해 아주 타당한 심판이 떨어질 것이다. 그 심판에서 모든 죄악들이 과연 "타당하게" 재판될지에 대해서는 조금도 걱정할 필요가 없다. 걱정하려면 오히려 심판이 너무 타당하고 공평하리라는 점을 걱정하고 있는 편이 타당할 것이다.

2:17 보라, 유대인이라 불리는 네가 율법을 의지하고 하나님을 **자랑하며**
18 그의 뜻을 알고 또 율법으로 가르침을 받아 더 훌륭한 것들을 인정하여
19 네 스스로 율법에 있는 지식과 진리의 형식을 갖춘 사람으로서 보지 못하는 사람들의 안내자요, 어두움 속에 있는 자들의 빛이요,
20 어리석은 자들의 교사요, 어린 아기들의 선생이라고 자신하니
21 그렇다면 다른 사람을 가르치는 네가 네 자신은 가르치지 아니하느냐? 도둑질하지 말라고 선포하는 네가 도둑질하느냐?
22 간음하지 말라고 말하는 네가 간음하느냐? 우상들을 미워하는 네가 신당 물건을 훔치느냐?
23 율법을 자랑하는 네가 율법을 위반함으로써 하나님을 **욕되게 하느냐?**

여기 17절부터는 초점이 유대인에게로 옮겨진다. 유대인들은 하나님께로부터 율법을 받았다. 그들은 이것을 내세워 하나님을 자랑한다. 바울은 지금 그 유대인들을 책망하고 있는 것이다.

유대인들에게는 율법이 있었고 성경을 통하여 그 율법을 안다. 그들은 또 이 성경을 통하여 하나님의 『**뜻**』도 안다. 그러므로 유대인들이 그 율법을 제대로 배우고 또 배운 대로 생각할 줄만 안다면, 그들이 가장 훌륭한 것으로 인정하는 그것이 참으로 가장 훌륭한 것이 되는 것이다(18절).

그러나 바울은 지금 유대인을 칭찬하고 있는 것이 아니라, 율법을 지키지 않으므로 이방인들과 마찬가지로 잘못 가고 있다고 책망하는 것이다. 유대인들은 율법으로 가르침을 받는다고 자랑하면서 그 율법 지식으로 진리의 틀을 갖추고 있으므로, 이방인들의 『**안내자**』요 『**빛**』이며 『**교사**』요 『**선생**』이라고 스스로 자부한다(19,20절). 하지만 그들은 그 훌륭한 율법을 지키지 않았다는 것이다. 『**도둑질하지 말라고 선포하는 네가 도둑질하느냐?**』(21절) 『**간음하지 말라고 말하는 네가 간음하느냐? 우상들을 미워하는 네가 신당 물건을 훔치느냐?**』(22절) 『**율법을 자랑하는 네가 율법을 위반함으로써 하나님을 욕되게 하느냐?**(23절) 결국 유대인들은 이방인보다 나을 것이 없는 것이다. 오히려 율법을 자랑하는 유대인들 자신이 율법을 위반하기 때문에 이런 유대인들을 보고 이방인들이 하나님의 이름을 욕되게 하는 신성모독이 퍼지게 된 것이다. 『**그러면 어떠하냐? 우리가 그들보다 더 나은 것이냐? 결코 그렇지 아니하도다. 유대인들이나 이방인들이나 다 죄 아래 있다고 우리가 이미 증거하였느니라**』(3:9). 사실상 이것이 유대인들과 이방인들에 관련된 이 문제에 있어서 결론인 것이다.

2:24 기록된 바와 같이 하나님의 이름이 너희로 인하여 이방인들 가운데

서 모독을 당하는도다.

25 네가 율법을 지킨다면 할례가 정녕 유익하지만 네가 율법을 위반 하는 자가 되면 네 할례가 무할례로 되느니라.

26 그러므로 만일 무할례자가 율법의 의를 지킨다면 그의 무할례를 할례로 여길 것이 아니냐?

27 또 본래 무할례자가 율법을 온전히 지키면 법문과 할례로써 율법 을 범하는 너를 판단하지 않겠느냐?

28 표면적 유대인이 유대인이 아니요, 표면적 육체의 할례가 할례가 아니라

29 내면적 유대인이 유대인이요, 할례는 마음의 할례이니 영에 있고 법문에 있지 않은 것이라. 그들의 찬사는 사람들에게서가 아니라 하나님에게서니라.

24절 말씀은 이사야를 인용한 것이다. 『**그러므로 주가 말하노라. 내 백성이 값없이 잡혀갔으니 이제 내가 여기서 무엇을 가질까? 주가 말하노라. 그들을 다스리는 자들이 그들로 하여금 울부짖게 하며, 내 이름이 매일 계속해서 모독을 당하는도다**』(사 52:5).

하나님의 말씀이 어떻게 모독을 당하는가? 율법을 받은 유대인들이 율법을 어길 때 그렇게 된다. 유대인들이 율법을 어길 때 그 율법은 아무 쓸모가 없을 뿐만 아니라 그것을 보고 이방인들이 하나님을 우습게 여기게 된다는 것이다. 유대인들에게 진리의 말씀이 주어졌고 하나님의 계시를 이방인들이 가진 것보다 더 많이 갖고 있다고 해서 그것만으로 유대인들이 이방인보다 더 낫다는 증거는 되지 못한다. 유대인들이 율법을 지키지 않으면 그 형편없는 처지가 양심을 따르지 않는 이방인들과 하나도 다를 바 없는 것이다. 그래서 25절에서는 그들이 『**율법을 지킨다면**』 할례가 유익하지만, 율법을 지키지 않는다면 할례가 무할례가 된다고 말하는 것이다.

반면 이방인들이 율법도 받지 못하고 하나님의 언약의 말씀도 받지 못했으며 할례도 받지 않았다 할지라도 이들이 양심에 순응한다면 실질적으로『**율법의 의**』를 지킨 것이므로, 하나님께서 보실 때 유대인들이나 마찬가지인즉, 그런 이방인들의 무할례를 할례로 여기시는 하나님께는 아무 문제가 없으시다(26절).

『**또 본래 무할례자가 율법을 온전히 지키면 법문과 할례로써 율법을 범하는 너를 판단하지 않겠느냐?**』(27절)

『**본래**』부터 할례자로 태어나는 사람은 아무도 없다. 사람은 누구나 무할례자로 태어난다. 이렇게 볼 때, 비록 유대인으로 출생하지 않은 이방인 무할례자라 할지라도 율법을 지키면 그 이방인이 도리어 율법을 범하는 유대인 할례자를 심판하게 된다. 예수 그리스도께서도 장차 무할례자가 유대인들을 심판할 날이 있으리라고 말씀하신 적이 있다. 마태복음 12:41,42을 보라.『**심판 때에 니느웨 사람들이 이 세대와 함께 일어나서 이 세대를 정죄하리니, 이는 그들이 요나의 전파로 회개하였기 때문이라. 그러나, 보라, 요나보다 더 위대한 이가 여기 있느니라. 심판 때에 남방의 여왕이 이 세대와 함께 일어나서 이 세대를 정죄하리니, 이는 그 여인이 솔로몬의 지혜를 들으려고 땅의 맨 끝에서 왔음이라. 그러나, 보라, 솔로몬보다 더 위대한 이가 여기 있느니라.**』

『**표면적 유대인이 유대인이 아니요, 표면적 육체의 할례가 할례가 아니라 내면적 유대인이 유대인이요, 할례는 마음의 할례이니 영에 있고 법문에 있지 않은 것이라. 그들의 찬사는 사람들에게서가 아니라 하나님에**

게서니라』(28,29절).

이른바 “영적 유대인”에 대한 정의를 내리고 있는 구절이다. 이 구절은 구약에서 유대인에게 주어진 모든 약속들이 신약 시대의 그리스도인들에게 옮겨졌다고 가르치는 전 세계 모든 이단들이 자기네 주장을 뒷받침하는 근거로 악용하는 구절이다. 그러나 여기에만 시선을 고정시키고 있는 그들에게 당신이 손가락으로 가리킬 곳은 그 다음 3:1이다. 『**그렇다면 유대인의 나은 점이 무엇이며 할례의 유익이 무엇이냐?**』 보다시피 명백하게 실제적인 유대인이요, 실제로 할례받은 유대인을 언급하고 있지 “영적” 유대인을 언급하고 있는 게 아니다. 다음 2절도 마찬가지다. 『**모든 면에서 많으니 무엇보다도 그들에게 하나님의 말씀들이 맡겨졌음이니라.**』 이 구절에 “영적” 유대인에 대한 언급은 없다. 하나님의 말씀들은 “영적” 유대인이 아니라 실제적인 유대인에게 맡겨졌다.

이 세상 모든 인류는 유대인 아니면 이방인이요, 그것도 아니면 교회에 속해 있다. 당신이 그리스도인이라면 당신은 그리스도 안에 있으므로 유대인도 아니요, 이방인도 아니다. 바울이 로마서 3:2에서 언급하고 있는 유대인은 실제적인 유대인이다. 반면 로마서 2:29에서는 『**내면적 유대인**』을 말하고 있다. 이들은 『**마음의 할례**』, 즉 『**내면적**』으로 할례를 받은 사람들을 말한다. 골로새서 2장을 보라. 여기에서도 할례를 말하고 있지만, 그 할례는 영적인 할례이다. 『**또한 너희가 그의 안에서 손으로 하지 아니한 할례를 받았으니 곧 그리스도의 할례로 육신의 죄들의 몸을 벗어 버린 것이라**』(골 2:11).

율법을 받고도 지키지 않기에 양심을 저버린 이방인이나 다를 바 없는 유대인들은 분명 이러한 “내면적 유대인”이 될 수는 없다. 내면적 유대인은 육체가 아니라 마음에 할례를 받은 사람, 손으로 하는 외형적인 할례가 아니라 손으로 하지 않은 내면적인 할례를 받은 사람이다. 이것이 곧 "영적" 유대인인 것이다.

로마서 3장

3:1 그렇다면 유대인의 나은 점이 무엇이며 할례의 유익이 무엇이냐?
2 모든 면에서 많으니 무엇보다도 그들에게 하나님의 말씀들이 맡겨졌음이니라.
3 어떤 자들이 믿지 아니하였다면 어찌하겠느냐? 그들의 믿지 아니함이 하나님의 신실하심을 무효화시키겠느냐?
4 결코 그럴 수 없느니라. 실로, 하나님은 참되시나 사람은 모두 거짓말쟁이라. 기록된 바 "이는 주께서 주의 말씀에 의롭다 함을 얻으시고 판단받으실 때에 이기려 하심이라."고 함과 같으니라.

『**그렇다면 유대인의 나은 점이 무엇이며 할례의 유익이 무엇이냐?**』(1절)

유대인이 이방인보다 더 유리한 입장에 놓인 이점("advantage")을 한마디로 집약해서 말한다면, 그들이 하나님께로부터 선택된 백성이라는 사실이다. 모세는 이스라엘 민족의 성별을 명령하면서 『**이는 네가 주 너의**

하나님께 거룩한 백성임이니, 주 너의 하나님께서 땅 위에 있는 모든 백성 위에 너를 택하시어 자신의 특별한 백성이 되게 하셨음이라.』(신 7:6)고 언급했고, 『**주께서는 오직 네 조상을 기뻐하시고 그들을 사랑하시어 그들의 씨인 너희를 모든 백성 가운데서 택하신 것**』(신 10:15)이라고 말했다. 유대 민족이 하나님께서 택하신 "하나님의 백성"이라는 사실이야말로 그들이 갖고 있는 모든 이점을 대변한다. 그러나 이스라엘 민족이 하나님의 특별한 백성으로 선택된 것은 그들이 다른 민족보다 수가 많아서가 아니라 오히려 『**모든 민족 중에서 가장 적기 때문**』이라고 성경은 말씀한다(신 7:7). 그러나 하나님께서는 그들을 사랑하셨고 그들을 자신의 백성으로 택하셨으며 그들에게 특별한 언약을 주셨다. 바울도 로마서 9:4,5에서 『**그들에게는 양자 됨과 영광과 언약들과 율법을 주심과 하나님을 섬김과 약속들이 있고... 육신으로는 그리스도께서 그들에게서 나셨으니**』라고 언급한다. 베드로는 사도행전에서 유대인들을 향한 설교에서 복음이 유대인에게 먼저 전해졌음을 강조한다. 『**하나님께서 그의 아들 예수를 일으키사 너희를 복 주시려고 먼저 너희에게 보내어 너희 각자가 자기의 악한 행실로부터 돌아서게 하셨느니라**』(행 3:26).

『**할례의 유익**』이란 할례 자체의 특권적 의미보다는 할례를 받는 유대인으로서의 이점이란 뜻으로 서술된 말이다. 할례는 하나님의 언약의 백성이라는 징표일 뿐 자랑거리는 되지 못한다. 할례를 자랑하는 것은 『**육신을 자랑하게 하려는 것이라.**』고 바울은 못박는다(갈 6:13).

『**모든 면에서 많으니 무엇보다도 그들에게 하나님의 말씀들이 맡겨졌음이니라**』(2절).

유대인들의 가장 두드러진 특권은 뭐니 뭐니 해도 그들에게 『**하나님의**

말씀들』이 맡겨졌다는 사실이다. 하나님께서 입으로 발설하신 모든 말씀들이 오직 이스라엘 민족에게만 주어졌던 것이다. 성경 전체의 4분의 3은 확실히 유대인들에게 주어졌던 게 사실이다. 이방인들을 위한 사도였던 바울 자신도 분명 유대인이었다. 성경 기록자들은 모두가 유대인들이다. 물론 하나님의 말씀들이 "주어졌다."는 말은 말씀의 기록을 유대인에게만 맡기셨다는 뜻은 아니지만 말이다. 말씀들이 "주어졌다."는 것은 하나님께서 그들에게 "말씀하셨다."는 뜻이다.

앞서 2장 끝에서 언급했듯이 사도 바울은 표면적 할례가 아니라 마음의 할례가 중요하며, 표면적 유대인이 아니라 내면적 유대인이 중요하다고 말했었다. 그런데 이 "마음의 할례"에 대해서는 신약에서 갑자기 등장한 것이 아니라, 구약에서 일찍이 모세를 통하여 강조되었던 바다. 『**그러므로 너희 마음의 포피를 할례하고 더 이상 목을 굳게 하지 말라**』(신 10:16). 『**주 너의 하나님께서는 네 마음과 네 자손의 마음에 할례를 베푸시어 네 마음을 다하고 네 혼을 다하여 주 너의 하나님을 사랑하게 하시어 너로 살게 하실 것이요**』(신 30:6). 이것은 그 뒤 800년도 훨씬 더 지난 뒤 예레미야 선지자의 입을 통해서도 유대인들에게 역설되고 있었다. 『**너희 유다의 사람들과 예루살렘의 거민들아, 너희 자신들을 할례하여 주께 속하고 네 마음의 포피를 베어 내라. 그리하여 너희의 행위의 악함으로 인하여 나의 진노가 불같이 나와서 사르지 않게 하라**』(렘 4:4).

유대인들이 만약 진작부터 이런 말씀에 순종하여 그 명령대로 마음의 포피를 할례 하였더라면, 그들은 표면적으로 실제 유대인으로서 뿐만이 아니라 동시에 "영적" 유대인으로서의 지위도 확보할 수 있었을 것이다. 만약 유대인들이 이렇게만 되었더라면 그들이야말로 하나님의 선택된 민족으로서, 그들을 향한 찬사가 터져 나왔을 것이다. 그것이 2:29에서 바울이 말하고 있는 『**그들의 찬사는 사람들에게서가 아니라 하나님에게서니**

라.』는 언급이다. 그러나 그들은 불행히도 "영에 있는 마음의 할례"를 무시하고 "법문"에 있는 외형상의 할례만을 중시했다. 그랬기 때문에 유대인들은 표면적 유대인으로 머물러 있을 수밖에 없었다.

그러나 그들은 여전히 하나님께로부터 선택된 특별한 백성이었다. 그래서 하나님께서는 친히 자신의 입으로 말씀하신 말씀들을 유독 그들에게만 맡기셨던 것이다. 본문에서 말씀하는 바, 하나님의 말씀이 맡겨졌던 것은 "영적 유대인"에게가 아니라 육신적 유대인에게이다. 그렇기 때문에 이런 구절을 근거로 내세워 하나님께서 자신의 백성인 유대인에게 주신 모든 언약들과 복들이 "영적 이스라엘"인 이 시대의 교회로 몽땅 옮겨졌다고 주장하는 것은 전혀 타당치 않은 것이다.

『**어떤 자들이 믿지 아니하였다면 어찌하겠느냐? 그들의 믿지 아니함이 하나님의 신실하심을 무효화시키겠느냐?**』(3절)

다시 말해서 유대인들이 이처럼 하나님의 말씀들을 받았음에도 불구하고 그 말씀들을 믿지 않았다고 해서 하나님의 신실하심이 무효가 되는 것은 아니라는 말이다.

『**실로, 하나님은 참되시나 사람은 모두 거짓말쟁이라**』(4절).

참으로 위대한 구절이다. 이 구절이야말로 당신이 남은 인생을 살아가는 동안 평생을 두고 기억하고 있어야 할 말씀이다. 사람은 모두가 거짓말쟁이다. 그러나 하나님께서는 참되시다. 참되신 분은 오직 하나님이시다.

『**이는 주께서 주의 말씀에 의롭다 함을 얻으시고 판단받으실 때에 이기려 하심이라**』(4절).

이 말씀 하나로 모든 것이 명백해진다. 하나님께서 어떤 말씀을 하셨으면 그 말씀만이 의로울 뿐, 이에 반하는 다른 말은 여하한 말도 의롭지 않고 잘못된 말이다. 이것은 대단히 중요하다. 아무리 그럴듯한 말을 하더라도 그 말이 하나님의 말씀과 일치하지 않으면 거짓말이다.

빌리 선데이가 언젠가 이런 말을 했다. "성경은 이렇다고 말씀하고 있는데 신학자들이 저렇다고 딴소리를 한다면 그들은 틀림없이 마귀에게 노략질당한 자들이다." 이것이 바로 내가 고수하고 있는 입장이다. 중요한 것은 성경이 무어라고 말씀하고 있느냐 하는 것이지 학자들이 어떤 견해를 갖고 있느냐가 아니다.

이 말씀은 시편 51편을 인용하고 있는 말씀이다. 『**주께서 말씀하실 때에 의롭게 되시고 주께서 판단하실 때에 순전하시리이다**』(시 51:4). 하나님께서 무어라고 말씀하시든 그분께서 입을 여시면 그 말씀이 의롭고, 하나님께서 어떻게 판단하시든, 그 판단만이 명백하게 옳은 판단이라는 것이 그의 고백이다. 하나님께서는 무슨 말씀을 하시더라도 그 말씀으로 의를 선포하신다. 그렇기 때문에 하나님의 말씀 속에는 일말의 잘못도 있을 수가 없다.

그런데, 다윗이 『**주께서 판단하실 때에...**』라고 말한 부분을 사도 바울은 『**주께서... 판단받으실 때에...**』라고 수동태로 바꾸어 인용하고 있다. 이것은 주님께서 누군가에게 판단받으실 때가 있다는 것인데, 그 일은 백보좌 심판 때에 있을 것이다. 심판석에 끌려나온 자들을 심판하실 때, 그 죄인들이 오히려 주님을 판단한다면, 주님께서는 그들에게 "기록되기를..." 하시면서 『**하나님의 말씀들**』(롬 3:2)을 펼쳐 보이시고 "거기 무어라고 쓰여 있느냐?"라고 응수하실 것이다. 백보좌 심판에 끌려나온 자들은 하나님과 따지면서 자기들이 옳고 하나님께서 그르다는 것을 입증해 보이려고 애쓸 테지만, 이때 하나님께서는 그들더러 성경을 펼쳐보라고 요구하실 것이다. 그리고 결국 하나님의 판단이 옳았음이 증명될 것이다. 『**주께서... 판단받으실 때에 이기려 하심이라.**』

『**...판단받으실 때에 이기려 하심이라.**』는 구절을 혹시라도 그리스도인이 판단 받을 때에 이기려함이라는 말로 오해하지 않도록 주의하라. 이렇게 잘못 해석하는 사람들도 더러 있기 때문에 주의를 환기시키려고 하는 말이다. 당신이 그리스도인이라면 당신은 이미 예수 그리스도 안에서 모든 판단을 이겼고 세상을 이긴 사람이다. 성경은 이에 대해 요한일서 5:4,5에서 이렇게 말씀한다. 『**이는 하나님께로부터 태어난 자는 누구든지 세상을 이기기 때문이라. 세상을 이기는 승리는 이것이니, 곧 우리의 믿음이라. 예수께서 하나님의 아들이심을 믿는 자 외에 세상을 이기는 자가 누구냐?**』

3:5 그러나 만일 우리의 불의가 하나님의 의를 드러나게 한다면 우리가 무슨 말을 하리요? (내가 사람의 방식대로 말하노니) 응징하시는 하나님께서 불의하시냐?

6 결코 그럴 수 없느니라. 만일 그렇다면 하나님께서 어떻게 세상을 심판하시겠느냐?

7 만일 나의 거짓말로 인하여 하나님의 진리가 더욱 풍성하여져서 그의 영광이 되었다면 어찌하여 내가 죄인으로서 여전히 심판을 받으리요?

8 차라리 (우리가 비방을 받고 또 어떤 자들이 우리가 말하는 것으로 확증하는 것처럼) 악을 행하여 선이 이루어지게 하자고 하지 아니하였겠느냐? 그런 자들의 정죄는 당연하니라.

내가 비행과 범죄를 저지르고 나쁜 짓을 자행함으로써 상대적으로 하나님의 의가 그만큼 더 돋보이고 그분의 의로우심이 더 확실하게 과시될 수 있다고 칠 때, 그 공로로 나의 불의가 정당화되고 내가 하나님의 응징에서 벗어날 수 있겠는가? 만일 그런데도 하나님께서 내게 응징하신다면 그것은 하나님께서 잘못하시는 일이라고 주장할 수 있겠는가? 바울은 지금 이렇게 묻고 있는 것이다(5,7절). 하지만 시편 51:4에서 다윗이 말한 바를 기억한다면, 죄인을 심판하시는 하나님이야말로 의로우시고 그 판단이 명료하시다고 인정하지 않을 수 없다. 하나님께서는 세상을 심판하시는 분이시고(6절), 그렇기 때문에 그분의 응징은 항상 옳다.

칼빈주의자들은 우리가 아무리 악하고 나쁜 짓을 하더라도 하나님께서는 오히려 그것을 통하여 영광을 받으신다고 생각하는 경향이 있다. 그렇기 때문에 당신이 만약 불의한 짓을 그만두더라도 하나님께서는 다른 사람들의 불의를 통하여 자신의 영광을 계속 드러내실 것인즉, 인간은 어차피 지옥에 가더라도 하나님의 영광만은 드러나게 돼 있다는 것이다.

그러나 설사 그들의 생각이 옳다 하더라도 최소한 여기서는 그런 의미가 절대로 아니다. 여기 7절 근처 성경 여백 어디에 이렇게 써 놓기를 당신에게 권고한다. "우리는 하나님께 영광을 돌리되, 불순종이 아니라 순종함으로써 하나님께 영광을 돌려야 한다." 사람이 악하고 더러울수록 이에 대조되는 하나님의 선하심과 거룩하심이 그만큼 더 선명하게 돋보이는 것은 사실이다. 그러나 그런다고 해서 당신의 악함과 더러움이 선하고 깨끗해지고 정당화되는 것은 아니다. 아무리 하나님의 의로우심이 대조적으로 확대돼 보이고 더 선명하게 과시된다 할지라도 당신은 여전히 악하고 더럽기 때문에 하나님의 심판과 응징은 피할 수가 없는 것이다.

하나님께서 자신의 의로우심을 더욱 선명하게 돋보이도록 해주었다는 공로로 당신의 죄악과 악행을 행여라도 눈감아주실 것 같은가? 『**결코 그**

럴 수 없느니라.』고 성경은 말씀한다! 이것을 잊지 않도록 하라. 만약 하나님께서 그러신다면 그런 하나님은 하나님도 아니다. 『**결코 그럴 수 없느니라. 만일 그렇다면 하나님께서 어떻게 세상을 심판하시겠느냐?**』(6절) 성경은 이렇게 강력하게 천명한다. 하나님께서는 그런 식으로 영광 받으시는 것을 절대로 원치 않으신다. 하나님께서는 죄에 대해서는 이유 여하를 막론하고 반드시 『**응징**』하신다! 하나님께서 당신에게 원하시는 것은 순종이다. 하나님께서는 당신의 순종을 통해서만 영광 받기를 원하시고 당신이 순종을 통해서 그분의 영광을 드러내고자 할 때 당신이 하는 바를 모두 용납하신다.

『**차라리 (우리가 비방을 받고 또 어떤 자들이 우리가 말하는 것으로 확증하는 것처럼) 악을 행하여 선이 이루어지게 하자고 하지 아니하였겠느냐? 그런 자들의 정죄는 당연하니라**』(8절).

악을 행함으로써 하나님의 선하심이 더욱 드러나고 그분의 의로우심이 그만큼 더 대조적으로 과시될 수 있다는 이유로 만약 하나님께서 그 악을 응징하지도, 심판하지도 않으신다면 사람들은 너도나도 『**악을 행하여 선이 이루어지게 하자**』!고 외치며 악을 자행하는 바람에 세상은 온통 아수라장이 되고 말 것이다. 게다가 그들은 우리가 마치 그들에게 그렇게 가르쳤고 그렇게 하도록 촉구하기라도 한 것처럼 떠벌리면서 턱없이 우리를 중상하고 다닐 것이 아니냐고 바울은 말한다. 『**우리가 비방을 받고 또 어떤 자들이 우리가 말하는 것으로 확증하는 것처럼**』이라는 말은 바로 이런 뜻으로 하고 있는 말이다. 아무리 광기에 사로잡혀 있기로서니 뉘라서 감히 『**악을 행하여 선이 이루어지게 하자.**』고 가르칠 수 있단 말인가? 그런 자들이야말로 정죄받아 마땅하다.

그런데 그런 자들이 있다. 그들은 자기들 교리의 "숭고한" 의도와 목적을 위해서는 거짓말을 하든, 악을 행하든, 폭력을 휘두르든, 사기를 치든, 그 어떤 악한 짓을 자행하더라도 전적으로 정당화될 수 있다고 가르친다. 그들은 죄인들을 회심시켜 자기네 교회로 강제로라도 끌고 오기 위해서라면 칼을 휘두르고 총 뿌리를 들이대도 전적으로 타당한 행위라고 실제로 가르친다. 그들은 교회가 살아남기 위해서라면 그 어떤 것을 수용하더라도 전혀 문제될 게 없고 그 어떤 자들과 타협해도 조금도 문제될 게 없다고 회원들에게 교시를 내린다. 그 어떤 무법적, 탈법적, 반도덕적, 반인륜적, 반사회적 행위와 조치들도 그들에게 있어서만은 완벽하게 합법적이다. 당신은 이런 교회 집단에 대해 들어본 일이 없는가?

바로 "예수회"(Jesuit)라 불리는 로마카톨릭 내 특수 집단이다. 교회사를 공부해보면 알겠지만, 이 집단에서는 하나님의 영광을 위해서라면 여하한 허위, 폭력, 사취, 살인 행위도 정당하다고 가르쳐왔다. 그들의 이러한 사상이 가장 극적으로 불거져 나왔던 사례가 제2차 세계대전이었다. 아돌프 히틀러가 유고슬라비아를 치고 발칸 지역을 짓밟고 오스트리아 국민들을 살상하고 집단 강제수용소를 곳곳에 설치하고 유대인들을 위시하여 모든 반나치 인사들을 구금, 학살하는가하면, 이탈리아의 무솔리니 독재집단과 손을 잡은 다음 오스트리아에서 로마카톨릭 교황을 만나 교황청과 강화조약을 맺었을 때, 로마 제국 재건의 기회가 왔다고 생각하고 유럽 대륙을 한 손에 거머쥐려는 야망에 불타고 있던 교황과 악수하고 있던 자리에서 "우리는 이 거룩한 제2의 십자군 전쟁의 위업을 달성함으로써 세계평화의 위대한 성취를 이룩할 수 있기를 기원하며..." 운운하는 기도를 올렸는데, 그 자리에는 유고슬라비아의 모든 카톨릭 사제들과 주교들이 배석하고 있었다. 유고슬로비아 내에는 로마카톨릭 계열의 크로아티아족과 희랍정교 계열의 세르비아족 양대 세력이 오랜 동안 대립해 오고 있었는데, 히틀러와 이탈리아 간의 동맹조약이 체결된 후 파시스트들과 손을 잡은 크로아티아족은 히틀러의 나치 세력에 저항하던 세르비아족을 닥치는 대로 학살하기 시작했다. 그들은 손에 칼과 몽둥이와 총검을 들고 떼로 몰려다니면서 로마카톨릭을 반대하는 20만 명 이상의 세르비아 희랍정교 신자들을 손으로 쳐죽였고, 어린이들을 납치하여 강제로 수도원으로 끌고 갔으며, 그들의 재산을 강제로 수용했는가하면, 거주지에서 추방했으며, 나머지는 강제로 로마카톨릭 "영세"를 받고 카톨릭 신자가 되도록 종용했다. 이런 이야기들은 모두가 아브로 맨해튼이 쓴 〈20세기 바티칸 제국주의, *Vatican's Imperialism of 20th Century*〉란 책의 "차후의 붕괴"("*Next Collapse*")라는 제목의 한 장에 기록된 사실들이다. 저자는 이런 사실들을 뒷받침하기 위해 로마에서 흘러나온 비밀 기록 문서들을 이 책에서 명백한 증거 자료로 제시하고 있다.

3:9 그러면 어떠하냐? 우리가 그들보다 더 나은 것이냐? 결코 그렇지 아니하도다. 유대인들이나 이방인들이나 다 죄 아래 있다고 우리가 이미 증거하였느니라.

10 기록된 바와 같으니 "의인은 없나니 없도다, 한 사람도 없도다.

11 깨닫는 자도 없고 하나님을 찾는 자도 없도다.

12 모두가 탈선하여 함께 무익하게 되었으며 선을 행하는 자가 없으니 없도다, 한 사람도 없도다.

이쯤 되면 유대인들("우리")이 이방인들("그들")보다 나은 것이 없다. 왜냐하면 유대인이고 이방인이고 할 것 없이 모두가 죄 아래 있기 때문이다(9절). 이는 앞에서 이미 증명했다. 1장에서는 이방인들이 죄 아래 있음을 분명하게 증거했고, 2장에서는 유대인들이 그러하다는 것을 확실히 입증했다.

『**기록된 바와 같으니 "의인은 없나니 없도다, 한 사람도 없도다**』(10절).

이것은 지구상의 인류 전체를 고발하는 기소장이다. 이 준엄한 기소장에 의하면 모든 사람이 죄인이요, 모든 사람이 유죄이되, 단 한 사람도 예외가 없다. 다음 12절에서 언급하듯이 모든 사람이 탈선하여 쓸모없게 되었고 선을 행하는 자가 한 사람도 없다는 것이 이 기소장의 논고다. 어느 누구도 예외가 될 수 없다. 성경은 이처럼 더럽고 악하며 무가치한 인간의 상태에 대하여 『**가장 좋은 상태에 있는 모든 사람도 다 헛될 뿐이니이다.**』(시 39:5)라고 서술하고 있으며, 또 인간이 제아무리 의롭다 해도 사람의 『**모든 의는 더러운 걸레**』와 같다(사 64:6)고 규정해 버린다. 이것은 아브라함 링컨도, 드와이트 무디도, 빌리 선데이도, 바울도, 베드로도, 야고보도, 요한도, 조지 워싱턴도, 그 어떤 훌륭한 인물들, 그것도 이들이 인간으로서 최선, 최상의 인격적, 도덕적 상태를 견지하고 있던 최절정의 위대한 순간에도, 이들은 모두 무가치한 인간들에 불과했다는 뜻이다. 이것이 바로 인간을 보는 성경의 시각이요, 인간관이다. 한마디로, 어떤 삶을 살았더라도 인간은 결국 누구를 막론하고 다 쓰레기와 같다는 것이다.

심지어 당신이 구원받았고, 구원받았음을 마음속으로 항상 기억하고 있다할지라도 당신은 여전히 기본적으로 "악하다."는 것이 성경의 시각이다. 주님께서는 당신이 악함에도 불구하고 구원해 주셨지만, 주님께서 구원해 주셨다고 해서 당신이 갑자기 "좋은 사람"으로 표변한 것은 아니라는 말이다. 당신은 구원받았는가? 그렇다면, 당신은 단지 구원받았을 뿐이다. 그저 그뿐이다. 구원받았다고 해서 자기가 "선하다."고 생각하려고 억지로 애쓰는 것 자체가 이상하다. 당신이 그리스도인으로 거듭났다 해도 당신은 여전히 기본적으로 "악하다." 이 사실을 사실로 인정하고 받아들여라. 당신이 항상 할 수 있는 말은 "나는 여전히 썩어빠졌다. 나는 여전히 불의하고 악하다. 오, 그러나 나는 하나님을 찬양한다. 나는 구원받았다!" 바로 이것이다. 이것이 당신에게 주신 하나님의 복이다. 이것이 하나님께 대한 당신의 진정한 감사요, 찬양이다.

어떤 사람들은 그래도 여전히 의아해한다. 세상에는 다른 사람들을 위해 자신의 목숨까지 버린 숭고한 사람들이 있지 않는가? 지금도 헐벗고 가난한 사람들을 위하여 모든 것을 희생해 가며 몸 바쳐 돕고 있는 훌륭한 사람들이 있지 않는가? 이들이 선량한 사람들이 아니란 말인가? 이런 사람들더러 악하고 더럽고 무가치하다고 말할 수 있단 말인가? 그러나 『**의인은 없나니 없도다, 한 사람도 없도다.**』라고 바울이 말할 때, 그는 오직 "하나님과의 관계"를 언급하고 있는 것이다. 구원받지 못했든, 구원받았든, "하나님과의 관계"가 배제된 채 행해지는 여하한 일도 하나님과는 관계가 없고, 따라서 영적인 의미에서 의롭지가 못하다.

설사 당신이 그리스도인으로 거듭난 사람으로서 인류를 위해 어떤 숭고한 봉사를 하고자 한다고 치자. 대단히 좋은 일이고 선한 생각이며 의로운 행위다. 그러나 아무리 그렇다 하더라도 거기에 영적인 의미에서 의로운 동기를 부여하시는 분은 오직 주님이시라는 것을 잊지 말라. 주님께서 동기를 부여하지 않으신 일이라면 그것이 제아무리 숭고할지라도 주님과는 전혀 무관하다. 다시 말해서, 그리스도인이 행하는 선행일지라도 주님께서 부여하신 동기가 아니라 개인적, 육신적 동기에서 나온 선행이라면, 그것은 주님과는 아무 상관없는 일이다.

『**깨닫는 자도 없고 하나님을 찾는 자도 없도다**』(11절).

깨닫는 자가 없다는 것은 물론 영적인 일들을 깨닫는 자가 없다는 말이다. 그리고 제 딴에는 하나님을 찾는답시고 길을 나서는가 싶지만, 정작 성경이 계시하는 진리의 하나님을 찾아 나서는 것은 아니다. 사람들은 엉뚱한 곳에서 엉뚱한 하나님을 찾아내려고 길을 나선다. 자신의 온갖 고약한 소행을 보고도 지그시 눈감아줄 "좋으신" 하나님을 찾아내려고 한다. 자기가 무엇을 어떻게 믿든, 자기가 믿는 바를 정당화시켜줄 하나님을 하나, 또는 둘, 어떤 때는 셋, 넷까지도 골라잡는 것이다. 이런 자들에게 잘못을 지적해주고 성경이 무어라고 말씀하는지를 읽어주면서 그들의 낯빛을 한번 유심히 관찰해 보라. 성경 말씀을 들으면서도 그들의 얼굴에는 도무지 부끄러운 기색이 없을 것이다. 자신들이 믿는 것과 성경이 말씀하는 것이 상반될 경우, 그들은 조금도 머뭇거리지 않고 자신들이 믿는 바를 선뜻 채택하기 때문이다.

하나님께 아예 관심이 없기 때문에 하나님을 찾지 않는 사람은 거의 없다. 인간은 누구나 하나님을 찾고자 하는 본성을 갖는다. 문제는 하나님을 찾되 엉뚱한 하나님을 찾아 나선다는 것이고, 설사 올바른 하나님을 찾아 나섰다 해도 자기도 모르는 사이에 가짜 하나님을 찾느라 온 산을 헤매기에 바쁘다는 데 있다.

이런 식으로 인간이 제멋대로 "갖고 노는" 하나님이라면, 그게 어디 온전한 하나님이겠는가! 이런 식으로 잘못된 하나님을 찾고 잘못된 하나님을 섬기는 자들에게 돌아오는 것은 결국 파멸뿐이다. 사람으로 하여금 얼토당토않은 것을 다 믿고 의지하게 만든 다음 결국은 인간을 배신하고 마는 것이 마귀의 점괘다. 마귀는 잘못된 하나님을 찾아 나선 당신을 양팔을 벌려 가슴으로 맞아준다. 그리고는 당신을 한참 동안 골탕 먹인 다음 결국 당신을 무참하게 죽이고 끝없이 깊은 구렁으로 던져 넣는 게 마귀란 말이다.

『모두가 탈선하여 함께 무익하게 되었으며 선을 행하는 자가 없으니 없도다, 한 사람도 없도다』(12절).

이 구절에도 밑줄을 그어 두라. 성경은 인간에 대해서 어디 한 군데 "긍정적"으로 평가하는 데가 없다. 성경은 인간에 대해서 언제나 이처럼 부정적이다. 그것도 아주 철저하게 부정적이다. 마귀는 인간에 대해서 "예스, 예스!"라고 말하면서 접근해 오지만, 성경은 "노우, 노우!"(No, no.!)라고 계속 야단만 친다. 성경은 총체적으로 인류를 정죄한다.

혹자는 성경에 아브라함이나 욥처럼 "의인"으로 지칭되는 사람이 있고, 신약에서도 어떤 회당장처럼 주님께서 사랑하신 사람들도 있는가하면, 바나바처럼 성령충만하고 선한 사람으로 서술되는 사람들도 있지 않느냐고 의문을 품을지 모른다. 하지만 잘 읽어 보면 이들은 모두가 예수 그리스도께서 죽으시기 이전의 구약적인 개념에 기초한 언급이거나, 아니면 바나바의 경우처럼 이미 구원받은 사람에 대한 서술이라는 것을 알게 될 것이고, 이것을 유념하면 그런 의문은 가실 것이다.

3:13 그들의 목구멍은 열린 무덤이요, 그들이 자기 혀로는 속였으며 그들의 입술 아래는 독사의 독이 있고
14 그들의 입은 저주와 독설로 가득 차고
15 그들의 발은 피흘리는 데 빠른지라
16 파멸과 비참함이 그들의 길에 있고
17 그들은 평강의 길을 알지 못했으며
18 그들의 눈 앞에는 하나님을 두려워함이 없도다."라고 하였느니라.
19 이제 율법이 말하는 것은 무엇이나 율법 아래 있는 사람들에게 말하는 것인 줄 우리가 아노니 이는 모든 입을 막고 온 세상이 하나

님 앞에 죄가 있게 하려 함이니라.

20 그러므로 율법의 행위로는 그분 앞에 의롭게 될 육체가 없나니 이는 율법을 통해서는 죄의 깨달음이 있음이니라.

자, 이제 성경은 사람의 몸 각 부분들을 구석구석 해부하고 진찰한 다음 정밀한 진단서를 써 내려간다. 성경은 사람의 몸 역시 어느 부분을 막론하고 다 썩었다고 진단한다. 사람의 입에는 신실함이 없고 심중은 심히 악하며 그 목구멍은 열린 무덤이요, 혀는 아첨밖에 할 줄 모른다고 성경은 말씀한다(시 5:9). 무덤 속에 무엇을 넣는가? 죽은 시체를 넣는다. 사람의 목구멍이 열린 무덤인 것은 그 속으로 집어넣는 것들이 죽은 시체들뿐이니까 당연하다. 무덤이되 항상 입을 벌리고 있으니 『**열린 무덤**』이다. 『**그들이 자기들의 혀를 뱀처럼 날카롭게 하였으며 그들의 입술 아래에는 독사의 독이 있나이다. 셀라**』(시 140:3). 『**그의 입에 저주와 기만과 사기가 가득하고 그의 혀 아래에는 해악과 허영이 있나이다**』(시 10:7).

또한 『**피흘리는 데 빠른**』 발(15절)이 내닫는 길이니, 그 『**길**』인들 온전할 리 없다(16절). 사람은 그 걷는 길도 『**파멸과 비참함**』으로 인도하는 아주 악한 길이다. 사람은 싸우고 다투고 죽일 줄만 알았지 도무지 『**평강**』을 모른다. 『**그들의 발은 악으로 달려가고, 그들은 무죄한 피를 흘리기에 급하니... 그들의 길에는 황폐함과 멸망이 있도다**』(사 59:7).

무엇보다 그들은 하나님을 두려워하지 않는다. 『**그들의 눈 앞에는 하나님을 두려워함이 없도다**』(18절). 그들은 눈 앞에 하나님도 알아보지 못한다. 사람이 하나님을 두려워한다면, 다른 사람들이 자기를 어떻게 대하건 전혀 걱정할 필요가 없다. 당신이 하나님을 두려워한다면, 하나님께서 당신을 어떻게 다루시겠다고 말씀하셨는지 그 약속들을 알고 있기 때문이요, 그분의 다루심을 주의 깊게 관찰해볼 수 있는 눈을 갖고 있기 때문이다. 그러나 사람은 그 입도 악하고 혀도 악하고 입술도, 목구멍도 악하다. 그리고 그 발도 악하고 이제는 그 눈마저도 악하다고 진단을 받는다.

그러나 이것으로 끝나는 게 아니다. 성경은 또 그 귀도 나쁘다고 판정한다.『**이 백성의 마음이 무디어지고, 그들의 귀는 듣는 데 둔하고...**』(행 28:27) 손도 악하다. 인간의 손은 하나님께서 내어주신 예수 그리스도까지 붙잡아 "악한 손으로"("by wicked hands") 십자가에 못박아 죽였다(행 2:23).『**...그들의 손 안에는 폭력의 행위가 있도다**』(사 59:6). 양심도 악하다.『**...그들의 마음과 양심이 다 더럽혀져 있느니라**』(딛 1:15). 생각도 악하다.『**그들의 생각은 죄악의 생각이요...**』(사 59:7) 하나님께서는『**사람의 사악함이 세상에 창대해짐과 그 마음의 생각의 모든 상상이 계속해서 악할 뿐임**』(창 6:5)을 보신다. 성경은 사람의 마음의 상상이『**어려서부터 악함이라.**』(창 8:21)고 정죄한다.

그런즉, 인간의 몸이 갖고 있는 모든 "기구들"은 난파선의 잔해들이요, 교통사고로 완전히 고철이 돼버린 폐차에 불과하다. 인간은 하나님의 말씀들을 듣고 보고 이해할 능력을 이미 상실했고, 배운 것들을 배운 대로 움직일 수 있는 사지가 다 못쓰게 되고 말았다.

우리는 지금 인간의 "전적 타락"에 대해 이야기하고 있는 중이다. 그러나 우리가 여기서 이야기하는 인간의 "전적 타락"이란 인간의 의지(will)까지 포함해서 하는 말이 아니다. "의지"는 인간의 몸에 달린 "기구들"("equipments") 중 하나가 아니기 때문이다. 성경 어디를 보아도 인간의 의지가 더럽혀져 있다거나 녹슨 쇠처럼 못쓰게 되었다거나 독소가 완전히 퍼져 있다고 언급하는 곳은 없다. 그러나 다른 모든 "기구들"은 다 썩었고 더럽혀져 있고 악하고 독으로 오염돼 있어 쓸모없게 되었다고 성경은 말씀한다.

『이제 율법이 말하는 것은 무엇이나 율법 아래 있는 사람들에게 말하는 것인 줄 우리가 아노니 이는 모든 입을 막고 온 세상이 하나님 앞에 죄가 있게 하려 함이니라』(19절).

『율법 아래 있는 사람들』이란 두말할 것도 없이 유대인을 가리킨다. 그러나 **『모든 입』**은 이방들뿐만 아니라 유대인들까지 포함하여 문자 그대로 모든 사람들의 입을 말한다.

그러니까, 이방인들이건, 유대인들이건, 사람은 모두가 유죄다. 율법 아래에서 하나님 앞에 무죄한 사람이 없고 양심의 거울 앞에서 하나님께 결백한 사람은 하나도 없다. 그러므로 **『온 세상이 하나님 앞에 죄가 있게』** 되었다고 한들, 모든 입이 막혀버려 누구하나 이의를 제기할 수가 없다.

『그러므로 율법의 행위로는 그분 앞에 의롭게 될 육체가 없나니 이는 율법을 통해서는 죄의 깨달음이 있음이니라』(20절).

이것이 결론이다. 율법은 죄가 무엇인지를 모든 사람이 다 알게 하려고 주어진 것이요, 누구나 다 하나님 앞에서 죄인들임을 깨닫게 하는 것이다. **『그리하여 율법이 우리를 그리스도에게로 인도하는 우리의 지도교사가 되었으니 이는 우리를 믿음으로 의롭게 하려 함이라』**(갈 3:24). 육체를 통하여 율법의 행위를 아무리 훌륭하게 행한다 해도 육체로는 하나님 앞에 의롭게 될 사람이 없다. 율법은 이것을 깨달으라고 주어진 것이다.

3:21 그러나 이제는 율법 없이 하나님의 의가 나타났으니 율법과 선지서들을 통해 증거된 것이니라.

22 곧 하나님의 의는 예수 그리스도를 믿음으로 인한 것으로 모든 자와 믿는 모든 자에게 미치나니 차별이 없느니라.

23 이는 모든 사람이 죄를 지었으므로 하나님의 영광에 이르지 못하다가

24 그리스도 예수 안에 있는 구속을 통하여 그의 은혜로 값없이 의롭게 되었음이라.

25 하나님께서는 그의 피를 믿는 믿음을 통하여 그를 화목제물로 세우셨으니 이는 하나님의 오래 참으심 가운데서 이전에 지은 죄들을 사하심으로 인하여 그의 의를 선포하려 하심이요,

26 곧 이때에 자기의 의를 선포하심은 자신도 의롭게 되시고 또한 예수를 믿는 자도 의롭다 하려 하심이니라.

『**그러나 이제는 율법 없이 하나님의 의가 나타났으니 율법과 선지서들을 통해 증거된 것이니라**』(21절).

예수 그리스도의 초림에 대한 언급이 시작된다.

이 말씀은 바울 서신서가 전하는 가장 위대한 말씀이다. 『**이제는**』이라는 말에서 우리는 『**하나님의 의**』가 예수 그리스도께서 오시기 이전에는 나타나지 않았다는 것을 알 수 있다. 주님께서 이 땅에 오시기 이전에는 성경이 다만 그분의 오심과 하나님의 의가 나타날 것을 증거하고 있었다. 그리스도의 초림 이전에는 하나님의 의가 아직 나타나지 않았다는 말은, 그러나 하나님께서 의롭지 않으셨다는 뜻이 절대 아니다. 하나님의 의가 나타났다든지 나타나지 않았다는 말은 하나님의 의가 이 땅에 선포되었다든지 선포되지 않았다는 뜻이다. 하나님의 의는 예수 그리스도께서 오셔서 화목제물이 되심으로써 선포되었다(롬 3:25,26).

『**곧 하나님의 의는 예수 그리스도를 믿음으로 인한 것으로 모든 자와 믿는 모든 자에게 미치나니 차별이 없느니라**』(22절).

감리교 목사 다이버트 테네시라는 사람이 언젠가 이런 말을 했다. "사람마다 개인적 배경이 다르기 때문에 그리스도는 모든 사람의 필요를 동일하게 충족해 주지는 못한다." 이거야말로 사탄적 발상에서 나온 사탄적 속임수가 아닐 수 없다. 내가 확실히 말하건대, 하나님께서 보실 때 모든 사람이 갖고 있는 개인적 배경은 다 똑같다. 모든 사람들이 다 죄인이라는 배경을 갖고 있기 때문이다. 따라서 사람마다 개인적 배경이 다르기 때문에 어쩌고 운운하는 것은 말도 되지 않는 소리다. 모든 사람의 개인적 배경은 아담이다.

『**이는 모든 사람이 죄를 지었으므로 하나님의 영광에 이르지 못하다가**』(23절). 이 말씀에 따르면 모든 사람이 죄를 지었기 때문에 하나님의 영광에는 미치지 못한다. 어떤 사람이 쏜 화살은 60미터를 날아갔고, 어떤 사람은 61미터를 날아갔으며, 또 어떤 사람의 화살은 62미터를 날아갔지만, 『**하나님의 영광**』이라는 과녁에는 누구도 미치지 못했다는 말씀이다. 화살이 과녁에까지 "거의" 다 날아갔더라도 단 1센티미터, 아니 1밀리미터만 모자랐어도 과녁에 맞히지 못한 것은 발밑에 떨어진 화살이나 마찬가지로 0점이다.

여기 음식 쓰레기를 담는 깡통 두 개가 있다. 두 개의 깡통 모두 먹다 남은 음식 찌꺼기며, 계란 껍질이며, 곰팡이 난 빵 조각이며, 햄 조각에 과일 껍질에 온갖 지저분한 쓰레기들로 가득 차 있다. 두 깡통의 차이가 있다면, 하나는 녹이 뻘겋게 슨 헌 깡통이고 다른 하나는 새 깡통이라 번쩍번쩍 광택이 아직 그대로 있다는 것뿐이다. 그러나 두 깡통 모두 음식 쓰레기로 가득 차 있다는 점에는 차이가 없다. 그러니 새 깡통이 헌 깡통보다 나을 게 뭐란 말인가?

바로 이것이다. 『**모든 사람이 죄를 지었으므로 하나님의 영광에 이르지**

못하다가』! 이 구절을 반드시 암송해 두도록 하라. 제아무리 고등교육을 받은 교양 있고 존경받는 높으신 분이라 해도 쓰레기 깡통은 쓰레기 깡통이란 말이다. 양복을 입었건 캐주얼을 입었건, 넥타이를 맸건 티셔츠 차림이건, 코트를 입었건 점퍼를 걸쳤건, 머리를 단정히 빗었건 헝클어졌건, 수염이 더부룩하건 말끔히 깎았건, 구두를 반짝반짝 닦아 신었건 다 떨어진 운동화를 찍찍 끌고 다니건, 양말을 신었건 맨발이건, 그런 것은 조금도 문제가 안 된다. 도대체 무슨 차이가 있단 말인가? 아무 차이가 없다. 『**모든 사람이 죄를 지었으므로 하나님의 영광에 이르지 못하다가**』! 위에서 내려다보시는 하나님의 눈에는 당신이나 나나 똑같을 뿐이다.

하나님께서 보실 때, 구태여 차이를 둔다면 모든 사람들이 두 부류로 나뉘어 보일 수가 있는데, 하나는 그리스도 안에 들어와 있는 죄인으로 보이고, 다른 한 부류는 그리스도 밖에 있는 죄인으로 보인다는 점이다. 그러나 두 부류가 다 같이 죄인이라는 사실에는 차이가 없다. 그리스도 밖에 있는 죄인들은 유대인과 이방인들이고 그리스도 안에 있는 죄인들은 구원받은 "교회"다. 그리스도 밖에 있는 유대인들과 이방인들은 앞서 9절에서 이미 언급되었듯이 다같이 죄인이란 점에서는 아무 차이가 없고 그 경중에도 아무 차이가 없다.

『**그리스도 예수 안에 있는 구속을 통하여 그의 은혜로 값없이 의롭게 되었음이라**』(24절).

이 구절 역시 밑줄을 긋고 반드시 암송해둘 구절이다. 특히 『**값없이**』("freely")란 단어 밑에는 두 줄로 밑줄을 그어두라. 『**값없이**』, 그러니까 "마음대로" 가져도 되고 "마음대로" 먹어도 되고 "마음대로" 입어도 되고 "마음대로" 호주머니에 가득 채워 넣어도 좋다. 『**값없이**』, 즉 "마음대로," 이 단어가 바로 이브가 빠뜨렸던 단어였다. 하나님께서는 아담에게 선과 악의 지식의 나무에서 나는 것을 제외하고는 동산의 모든 나무에서 나는 것을 네가 『**마음대로**』(“freely”)먹을 수 있다고 말씀하셨다(창 2:16,17). 그러나 이브가 이 말씀을 마귀에게 인용해 말했을 때는 『**마음대로**』를 빠뜨린 채 『**우리가 동산 나무들의 열매는 먹을 수 있으나...**』(창 3:2)라고 말했다. 아담이 『**마음대로**』 먹을 수 있었던 나무 열매들 중에는 『**생명나무의 과실**』(창 3:22)도 포함돼 있었다. 이렇게 마음대로 먹을 수 있도록 허용돼 있었음에도 불구하고 선과 악의 지식의 나무에서 나는 것을 금하신 단 한 가지 금지가 이브에게는 무척이나 불만이었던 모양이다. 그래서 『**마음대로**』를 슬쩍 생략해 버렸고, 마귀는 이브의 이러한 속내를 재빠르게 눈치 채고 그녀의 마음속으로 교묘히 파고들었다. 성경에서 “생략”은 이처럼 무서운 결과를 낳는 법이다.

요한계시록 22:17에서 무어라고 말씀하는가? 『**원하는 자는 누구든지 생명수를 값없이 마시게 할지어다.**』라고 말씀한다. “원하는 자”는, “누구든지,” “값없이” 생명을 얻을 수 있다.

『**하나님께서는 그의 피를 믿는 믿음을 통하여 그를 화목제물로 세우셨으니 이는 하나님의 오래 참으심 가운데서 이전에 지은 죄들을 사하심으로 인하여 그의 의를 선포하려 하심이요**』(25절).

이 구절에서 『**화목제물**』이란 단어를 잘 주목하고 기억해 두라. 이와 연관해서 잠시 “구원”과 연관된 용어들을 몇 가지 살펴보기로 하자. 요즘 행해지는 설교들이 성경적인 설교가 되지 못하는 까닭은 바로 다음과 같은 단어들이 설교에 등장하지 않기 때문이다. 이 단어들은 특수한 의미를 제각기 나타내면서 성경적 구원으로 연결시켜주는 단어들이다. 함축된 의미가 제각기 다르면서도 구원받는 데 절대 필요한 요소들이기 때문에 구원 설교에 대단히 유용한 용어들이다. 사실상 “구원”(“Salvation”)이라는 용어는 이들 각 용어들이 갖고 있는 의미들을 모두 포괄하고 있는 다의적(多義的)인 의미의 함축어이다.

1. 화목제물(Propitiation)

이 용어는 어떤 값의 지불 요구에 응하지 않으면 함께 해 줄 것을 승낙하지 않는 사람의 지불 요구를 충족시키기 위해 치러진 값을 말한다. 여기서 지불되는 값은 어떤 원한을 해소하는 데 필요한 지불 요구를 충족시키기 위한 것이다. 이에 반해 "속죄"란 의미를 갖는 "Expiation"이란 단어는 벌을 받는다든지, 또는 어떤 일이 행해짐으로써 모든 죄들이 불태워져 버리듯 말끔히 일소된다는 뜻이다("속죄"의 뜻을 갖는 "Expiation"이란 단어는 성경에 나오는 용어는 아니다. - 역자 주).

2. 화해(Reconciliation)

이것은 서로 갈라서 있던 두 당사자를 한 자리에 데려다 놓고 갈라서기 이전의 상태에서 상호관계를 다시 복원하고 함께 사이좋게 지내도록 하는 행위를 말한다.

3. 의롭게 하심(Justification)

이것은 의롭지 않은 자를 의롭다고 선언하는 것을 말한다. 의롭지 못한 자가 제 스스로 의로워져서가 아니라 상대방이 일방적으로 의롭다고 인정해 주는 선언이다. 이로써 하나님께서는 죄인을 세상에서 따로 떼어 자신에게로 받아들여 주시고 자신의 가족으로 맞아들이심으로써 더 이상 "타국인"이나 "생소한 사람"이 아니라 하나님의 아들들이 되게 하신다. 이것은 하나님께서 죄인의 죄들을 그리스도께 씌우고 죄인에게는 대신 그리스도의 의를 전가해 주심으로써 가능해진다. 죄인이 이처럼 의롭게 여김을 받는 것은 그들이 행함이 없어도 주 예수 그리스도를 믿음으로써 그 믿음이 의로 여겨지기 때문이다(롬 4:5,6). 이것은 성령께서 사람의 안으로 들어오셔서 거듭날 수 있도록 해주시는 실제적인 작용 그 자체를 말한다. 우리의 범죄함으로 인하여 드려지신 예수 그리스도께서는 우리의 『**의롭게 하심**』을 위하여 다시 일으켜지셨다(롬 4:25).

4. 구속(Redemption)

이것은 실제로 값을 지불하는 것을 말한다. 이것은 마치 전당포에 맡겨 놓은 저당물을 돈을 치르고 도로 찾아오는 것과 같다. 죄인은 전당포에 저당 잡혀 있는 신세다. 예수 그리스도께서는 자신의 피로 값을 지불하시고 그 죄인을 되찾아 오신다(엡 1:7, 골 1:14).

5. 영광스럽게 하심(Glorification)

이것은 주님께서 재림하실 때 모든 그리스도인들에게 약속된 모든 영광들을 누리게 될 것을 말한다(롬 8:18,23, 골 3:4).

성경에 나오는 이상의 용어들이 모두 구원에 직결되는 요소들이다. 이러한 용어들이 설교에서 일체 사용되지 않는다는 점에서 라디오 선교 방송이 되었건, TV 선교가 되었건, 오늘날 미국에서는 어떤 곳에서도 구원에 관한 진짜 복음의 메시지를 전하고 있는 곳이 없다. 복음 전파 현장에서뿐만 아니라 구원의 복음이 논의되는 여하한 자리에서도 위의 다섯 가지 사항들이 진지하게 논의되는 것을 일 년 내내 들어 보지 못하게 되었다. 당신이 구원받게 된 것은 다만 죄인은 지옥에 가게 된다는 것 한 가지만을 알고 예수 그리스도를 믿고 그분을 당신의 구주로 영접함으로써 된 일이었지만, 사실은 그 과정에서 위의 모든 일들이 실제로 일어났던 것이다. 나도 구원받았을 때 이런 것들을 모르고 있었다. 그러나 사실은 내게도 위의 일들이 실제로 일어났기 때문에 구원받게 된 것이다.

『**하나님께서는 그의 피를 믿는 믿음을 통하여 그를 화목제물로 세우셨으니...**』라고 말씀한다. 하나님께서는 당신과 화목하시기 위해 아들이신 예수 그리스도를 화목제물로 세우셨다. 하나님께서는 의로운 분이시기에 자신의 공의가 타당하게 충족될 수 있는 값이 지불되지 않고서는 절대로 당신과 화목하실 수가 없으시다. 그러나 당신으로서는 그 값을 지불하고 하나님의 공의를 타당하게 충족시킬 도리가 없다. 그래서 하나님께서는 아들이신 예수 그리스도로 하여금 당신을 위해 대신 화목제물이 되게 하신 것이다. 이것은 사실상 하나님 자신이 친히 화목제물이 되신 것이었다. 그러나 당신이 예수 그리스도의 피를 믿지 않으면 그 화목제물은 당신에게 아무런 효력이 없다. 예수 그리스도께서 하나님의 요구를 충족시키기 위해 지불하신 값은 당신이 그분의 피를 믿을 때 비로소 그 효과가 나타나게 되는 것이다. 그분께서 당신을 위해 화목제물로 세워지신 것은 당신이 『**그의 피를 믿는 믿음을 통하여**』 된 것이다.

『**...이는 하나님의 오래 참으심 가운데서 이전에 지은 죄들을 사하심으로 인하여 그의 의를 선포하려 하심이요,**』

이 구절에서 『**죄들을 사하심으로 인하여**』라는 말씀에 주의해야 한다. "이전에 지은 죄들을 사하셨다"는 서술로 미루어 『**죄들을 사하심**』은 "과거"의 일이었음이 분명하다. 다시 말해서, 영어로 "for the remission of sins"라고 표기되었다고 해서 이것을 "죄사함을 위하여"라든지, "죄들을 사함 받기 위하여" 식으로 해석해서는 안 된다는 얘기다. 이것은 성경 어느 곳에서나 마찬가지다. 〈킹제임스성경〉에서 "for the remission of sins"라는 표현이 나오는 곳은 모두 다섯 군데이지만(실제적인 장면으로는 네 군데), 어느 곳에서나 "*because they have been remitted,*" 즉 "그들이 이미 죄사함을 받았으므로"라는 뜻이다.

성경에서 이 표현이 맨 처음 나온 곳은 침례인 요한이 유대인들에게 회개의 침례를 전파하는 장면에서였다. 『**요한이 광야에서 침례를 주고, 죄들을 사함받은 것으로 인하여 회개의 침례를 전파하니**』(막 1:4), 『**그가 요단 강 주변에 있는 온 지방에 가서 죄들을 사함받은 것으로 인하여 회개의 침례를 전파하니**』(눅 3:3).

그 다음에는 주 예수 그리스도께서 최후의 만찬에서 새 언약의 피에 대해 언급하셨을 때 이 표현이 나온다. 『**이는 이것이 죄들을 사하심으로 인하여 많은 사람을 위해 흘리는 나의 새 언약의 피이기 때문이라**』(마 26:28).

그리고 또 한 군데는 베드로가 유대인들에게 회개를 촉구하면서 이에 대해 언급한다. 『**회개하라. 그리고 죄들을 사함받은 것으로 인하여 너희 각자는 예수 그리스도의 이름으로 침례를 받으라**』(행 2:38).

그리고 나머지 한 군데가 지금 우리가 읽고 있는 로마서 3:25인데, 그 어느 곳에서도 『**인하여**』("for")는 "~하였으므로"라는 뜻이지 "~하기 위하여"가 아니다. 따라서 "죄들을 사함받은 것으로 인하여," 또는 "죄들을 사하심으로 인하여"라는 표현은 죄들을 사함받는 문제가 이미 과거에 해결되었고 과거에 처리되었음을 말한다.

그럼에도 불구하고 사람들이 이 표현을 "죄들을 사함받기 위해서"라는 뜻인 것처럼 자꾸만 잘못 이해하는 것은 히브리서 9:22의 『**피흘림이 없이는 죄사함이 없느니라.**』는 말씀을 잘못 이해하고 있기 때문이다. 설교자들이 보통 이 구절을 마치 개인적 구원을 위한 교리적 진리로 착각하고 자주 인용하고 있는데, 사실 이 구절에서의 "피"는 소와 염소의 피이지 그리스도의 피가 아니다. 구약을 보면 죄 용서하심을 받기 위해 시종일관 소와 염소의 피를 흘리는 것을 우리는 본다. 구약 시대에는 하나님께서 죄들을 사하실 때마다 언제나 황소와 염소의 피흘림을 요구하셨다.

그러나 예수 그리스도께서 오셔서 십자가에 처형되셨을 때 피 흘리심으로써 이 피가 첫 언약 때에 범죄한 것들을 구속하셨다(히 9:15). 다시 말해서, 예수 그리스도께서 피를 흘리신 것은 먼저 그들의 죄들이 사해졌기 때문이었다. 침례인 요한이 그들에게 침례를 행한 것도 하나님께서 이미 그들의 죄들을 사하셨기 때문이었다. 예수 그리스도께서 피 흘리신 것도 마찬가지로 하나님께서 사람들의 죄들을 이미 사해주셨기 때문이었고, 이로써 용서된 죄들을 구속하시고 죄인들을 구원하기 위함이셨다. 사도행전 2:38에서도 하나님께서 죄들을 사해주셨기 때문에 유대인들이 예수 그리스도의 이름으로 회개의 침례를 받았다. 그리고 지금 읽고 있는 로마서 3:25에서도 당신에 대한 죄들의 용서를 가능케 했던 바로 그 죄사하심의 근거를 하나님께서 확보하시기 위해 흘려진 그리스도의 피에 대해 언급하고 있는 것이다.

하나님의 죄사하심은 그리스도께서 피 흘리시기 이전에도 이미 이루어져왔다. 아담도 죄가 용서되었고 노아도 죄가 용서되었으며 이삭도, 야곱도, 다윗도 그러했고 여호사밧도 죄가 용서되었다. 그러나 이들에 대한 죄의 용서는 그리스도의 피가 흘려지기 이전이었기 때문에 이들의 죄들이 "구속"되었던 것은 아니었다. 다시 말해서, 구약 시대에는 죄들이 "용서"는 될 수 있었으되, 죄들이 "제거"될 수는 없었던 것이다. 짐승의 피로는 죄들이 용서될 수는 있었지만 결코 죄들을 깨끗이 할 수는 없었다. 죄들을 제거하고 깨끗이 할 수 있는 것은 오직 예수 그리스도의 피뿐이다. 그래서 예수 그리스도께서 오셨고 "죄들을 사함받은 것으로 인하여" 구속을 이루셨던 것이다. 이처럼 하나님께서 죄들을 사하신 것이 과거의 일인 것을 극명하게 서술하고 있는 구절이 여기 로마서 3:25이다. 『**이전에 지은 죄들을 사하심으로 인하여**』라고 분명하게 언급하고 있기 때문이다.

히브리서 9장으로 가 보도록 하자. 『**이런 연유로 그는 새 언약의 중보자이시니, 이는 첫 언약 때에 범죄한 것들을 구속하시려고 죽으심으로써 부르심을 받은 자들로 그 영원한 유업의 약속을 받게 하시려는 것이라**』(히 9:15).

얼마나 분명한가! 예수 그리스도께서는 첫 언약 때에 범죄한 것들을 『**구속하시려고**』 죽으셨지 "죄들을 용서하시려고" 죽으신 게 아니다. 그리스도께서 오셔서 죽으시고 피를 흘리신 것은 죄들을 용서하기 위해서가 아니라 죄들을 『**구속**』하기 위한 수단을 마련하기 위해서였던 것이다. 그들의 범죄는 이미 용서돼 있었다. 예수 그리스도께서 십자가에 달리셨을 때도 그분께서는 『**아버지시여, 저들을 용서해 주옵소서. 그들은 자기들이 하는 것을 알지 못하나이다.**』(눅 23:34)라고 기도하셨고, 하나님께서는 그들의 죄를 용서하셨다. 그들은 무지하였다. 베드로도 오순절 설교에서 『**너희가 너희 관원들이 그리한 것과 마찬가지로 무지하여 그렇게 행한 줄을 내가 아노라.**』(행 3:17)고 말했다.

따라서 히브리서 9:22에서 『**율법에 따르면 거의 모든 것이 피로써 정결케 되나니, 피흘림이 없이는 죄사함이 없느니라.**』고 표현된 언급은 예수 그리스도의 피에 대한 참조 구절이 될 수 없다. 이 구절은 짐승의 피에 관한 참조 구절이다. 앞의 21절을 읽어 보라. 그 앞의 20절도 읽어 보라. 또 그 앞의 19절을 읽어 보라. 그러면 모든 것이 분명하게 드러난다. 『**모세가 율법대로 모든 계명을 온 백성에게 말한 후에...**』로 시작된 문맥이 『**송아지와 염소의 피와 물과 주홍색 양털과 우슬초를 가져다가 그 책과 온 백성에게 뿌리며 말하기를...**』로 이어지고, 『**"이것은 하나님께서 너**

희에게 명하신 언약의 피라." 하였느니라. 더 나아가 그는 피를 가지고...』 라고 언급한다. 무슨 피를 가지고 말인가? 『**송아지와 염소의 피**』, 즉 짐승의 피를 가지고 말이다. 이 구절은 이처럼 구약 시대의 짐승의 피를 언급하고 있다. 예수 그리스도의 피가 아닌 것이다. 하나님께서는 구약 시대에 짐승의 희생 제물을 근거로 죄들을 용서하셨다. 이것은 확실한 사실이다. 그러나 결코 죄들을 구속하셨던 것은 아니다. 출애굽기 34장을 보라. 구약적 희생 제물이 죄를 용서하나 결코 죄를 깨끗게 하지는 못한다는 사실이 그때 이미 선언돼 있음을 보게 될 것이다. 『**자비를 수천 대까지 간직하며 죄악과 허물과 죄를 용서하나 범법자가 결코 깨끗게 되지는 아니하리니...**』(출 34:7)

이번에는 골로새서 1:14로 가보라. 그리고 〈킹제임스성경〉이 아니고서는 그 어떤 역본들도 당신이 결코 신뢰해서는 안 되는 이유를 잘 주목해 보라. 『**그 안에서 우리가 그의 보혈을 통하여 구속, 곧 죄들의 용서함을 받았느니라.**』

그런데 모든 현대 역본들은 이 구절에서 『**그의 보혈을 통하여**』를 빼버렸다. (〈한글개역성경〉도 마찬가지다.) 이 구절은 구속이 예수 그리스도의 보혈을 통해서만 이루어진다는 것을 강력하게 말하는 구절이다. 예수 그리스도의 보혈이 없이는 결코 구속이 있을 수 없다. 예수 그리스도의 보혈만이 구속을 완성한다. 이것은 앞으로도 영원히 변함이 없다.

『**곧 이때에 자기의 의를 선포하심은 자신도 의롭게 되시고 또한 예수를 믿는 자도 의롭다 하려 하심이니라**』(26절).

이 구절은 예수 그리스도께서 오시기 전까지는 하나님의 의가 나타나지 않았음을 천명한다. 『**곧 이때에 자기의 의를 선포하심은...**』이라고 이 구절은 서술하고 있기 때문이다. "구속"은 예수 그리스도의 오심과 함께 이루어진 신약적인 사건이었고 주 예수 그리스도의 보혈을 통한 구속이 성취됨으로써 마침내 하나님의 의가 나타났던 것이다.

이렇게 하나님의 의가 구현됨으로써 『**자신도 의롭게**』 되실 수가 있었고, 『**또한 예수를 믿는 자도 의롭다**』고 하실 수가 있게 되었다. 이렇게 됨으로써 하나님께서 갖고 계셨던 "문제"가 말끔히 해소될 수 있었던 것이다. 죄로 얼룩진 인간들을 어떻게 하면 의롭다고 할 수 있을까? 의롭지 못한 자들을 심판에 처하지 않을 수는 없지 않은가? 그러나 이 문제는 예수 그리스도의 보혈을 통하여 모두 해소되었다.

주님께서는 도저히 가능하지 않을 것 같던 문제를 해결하셨다. 그분께서는 이 세상에 내려오셔서 스스로 인간의 처지에 놓이셨고 죄가 없으신 그분께서 인간의 죄들을 혼자 감당하시고 스스로 죄가 되셨으며, 그 대신 자신의 의를 인간에게 전가해 주셨던 것이다. 이렇게 하여 결코 의롭지 못한 죄인이 죄와 죽음과 지옥이라는 인간 최대의 문제를 해결하고 완전한 생명을 가질 수 있도록 하신 것이다. 이것이 하나님 자신의 문제를 해결하기 위해 그분께서 채택하신 완벽하게 정당하고도 유일하게 합법적인 방식이었다.

3:27 그러므로 자랑할 데가 어디 있느냐? 있을 수 없느니라. 무슨 법으로냐? 행위의 법으로냐? 아니라. 오직 믿음의 법에 의해서니라.

28 그러므로 우리는 사람이 율법의 행위들이 없이 믿음으로 의롭게 된다고 단정하노라.

29 하나님은 유대인들만의 하나님이시고 이방인들의 하나님은 아니시냐? 물론 이방인들의 하나님도 되시느니라.

30 정녕 할례자도 믿음으로 인하여 의롭게 하고 무할례자도 믿음으로

의롭게 하실 분은 하나님 한 분이시니라.

31 그렇다면 우리가 믿음으로 율법을 폐하느냐? 결코 그럴 수 없느니
라. 오히려 우리가 율법을 굳게 세우느니라.

『**그러므로 자랑할 데가 어디 있느냐? 있을 수 없느니라. 무슨 법으로냐? 행위의 법으로냐? 아니라. 오직 믿음의 법에 의해서니라**』(27절).

당신은 자랑할 데가 없다. 당신이 자랑할 수 있는 것은 완전히 배제되었다. 사실은 그것이 철저히 배제되었기 때문에 당신이 구원받을 수 있었다. "나는 회개했다. 나는 '고해성사'를 통해 항상 죄를 자백했다. 나는 열심히 교회에 다녔다. 나는 '성사'에 빠짐없이 참여했다. 나는 식구들을 보살피고 먹여 살렸다. 나는 날아드는 고지서들을 빠짐없이 지불했다. 나는 남에게 욕하지도 않았고 악행을 저지르지도 않았다. 나는 이웃을 도왔다. 나는 열심히 봉사했다." 하고 아무리 자랑해보았자 아무 소용이 없다. 그런 자랑은 모두가 『**있을 수 없느니라.**』고 성경은 잘라 말씀한다. 당신의 구원은 행위의 법으로 된 것이 아니다. 당신은 『**오직 믿음의 법에 의해서**』 구원받았다.

『**그러므로 우리는 사람이 율법의 행위들이 없이 믿음으로 의롭게 된다고 단정하노라**』(28절).

당신을 위한 하나님의 구원 계획이 어떻게 이루어지는가에 대한 결론이다. 도저히 의롭다고 할 수 없는 사람이 의롭게 된다. 방법은 이 한 가지다. 여기에는 『**율법의 행위들**』이 단 한 가지도 필요치가 않다. 당신에게 필요한 것은 오직 믿음뿐이다.

사도행전 13:38,39로 가서 이에 관련되는 말씀을 더 살펴보자.

『**그러므로 형제들아, 너희가 알 것은 이분을 통하여 너희에게 죄들의**

사함이 선포되었으며...』, 앞에서도 언급했듯이 죄들의 사함은 이미 과거의 일이다. 그러나 이것을 선포하신 분은 예수 그리스도이시다. 그분께서는 이것을 전파하셨을 뿐만 아니라 스스로 십자가에서 피를 흘리심으로써 사해졌던 죄들에 대한 구속을 이루셨고 이 구속으로 『**죄들의 사함**』이 선포되었던 것이다.

『**너희가 모세의 율법으로는 의롭게 되지 못하였던 그 모든 일에 있어서도 믿는 자는 모두 그분을 통하여 의롭게 된다는 것이니라.**』 율법으로는 절대로 의롭게 될 수 없었다. 오직 『**그분을 통하여**』 의롭게 된다. 누가 말인가? 『**믿는 자는 모두**』 그렇게 된다.

로마서 4:5을 또 보라. 당신이 의롭게 되는 데에는 그 어떤 행위로도 되는 것이 아님을 성경은 누누이 강조한다. 당신의 구원은 여하한 율법의 행위도 뛰어넘는다. 그러므로 율법의 행위로 되는 여하한 종류의 "행함"도 당신을 의롭게 하지 못한다. 『**행함이 없어도 불경건한 자를 의롭다 하시는 그분을 믿는 사람에게는 그의 믿음이 의로 여겨지느니라.**』 얼마나 분명하게 강조되고 있는가! 『**행함이 없어도... 그분을 믿는 사람**』! 이 사람이 의로운 사람이다. 주님께서는 예수 그리스도를 믿는 사람의 그 믿음을 의로 여기시는 것이다. 이 믿음이 있는 자는 더 이상 『**불경건한 자**』로 간주되지 않는다.

『**그렇다면 우리가 믿음으로 율법을 폐하느냐? 결코 그럴 수 없느니라. 오히려 우리가 율법을 굳게 세우느니라**』(31절).

자, 우리는 오직 믿음으로 의롭게 된다고 여태까지 강조해왔다. 그럼 율법은 어떻게 되는 것일까? 믿음이 율법을 폐하는 것일까? 믿음 때문에 율법이 무효화되고 철폐되는 것일까? 그러나 『**결코 그럴 수 없느니라.**』는 것이 성경의 단호한 대답이다. 율법은 율법대로 건재하다는 것이 성경의 입장인 것이다. 문제는 율법이 건재하기는 하되 우리가 지킬 수 없다는 데에 있지 율법 자체에 문제가 있는 것은 아니다. 율법은 여전히 정당하고 그렇기 때문에 여전히 존재한다.

로마서 4장

4:1 그러면 우리의 조상 아브라함이 육신에 관하여 무엇을 얻었다고 말할 수 있으리요?

2 만일 아브라함이 행위로써 의롭게 되었다면 그에게 자랑할 것이 있겠지만 하나님 앞에서는 없느니라.

3 성경이 무엇이라고 말하고 있느냐? 아브라함이 하나님을 믿었더니 그것이 그에게 의로 여겨졌느니라.

4 이제 일하는 사람에게는 그 보수가 은혜로 여겨지지 않고 빚으로 여겨지지만,

5 행함이 없어도 불경건한 자를 의롭다 하시는 그분을 믿는 사람에게는 그의 믿음이 의로 여겨지느니라.

로마서 4장은 아브라함이 육신의 행위로 과연 무엇을 얻었다고 말할 수 있겠느냐는 질문으로 시작된다. 뒤에서 자세히 살펴보게 되겠지만, 아브라함은 육신의 행위로 의롭게 되었으되, 육신의 행위 그 자체만으로 의롭게 된 것이 아니라, 그가 먼저 가졌던 "믿음"이 나중에 행위로 입증됨으로써 의롭게 되었다. 그가 만약 육신의 행위만으로 의롭게 되었다면 그것이 그 자신에게는 자랑스럽겠지만 『**하나님 앞에서는**』 자랑할 것이 없다고 바울은 잘라 말한다. 이것이 무슨 뜻인가? 하나님께서는 아브라함의 믿음을 중시하셨지 행위를 중시하셨던 게 아니라는 말이다. 비록 아브라함이 행위로 의롭게 되었지만, 그것은 어디까지나 행위로써 그의 믿음을 증명해 보였다는 데에 의미가 있었을 뿐, 그 자체만으로 의롭게 될 수 있는 절대적 요건은 아니었다.

그러나 야고보서 2장에서는 어떤가? 바울은 지금 로마서 4장에서 『**만일 아브라함이 행위로써 의롭게 되었다면...**』이라고 말하고 있는데, 야고보는 바울의 말을 가로채며 "그렇다. 아브라함은 행위로써 의롭게 되었다."고 야고보서 2장에서 말하고 있는 셈이다. 『**우리의 조상 아브라함이... 행함으로 말미암아 의롭게 되지 아니하였느냐?**』(약 2:21) 바울은 아브라함이 행위로써 의롭게 된 것이 아니라고 말하는데 야고보는 그렇다고 말하고 있으니 어찌된 영문인가? 다음 3절을 마저 읽어 보자.

『**성경이 무엇이라고 말하고 있느냐? 아브라함이 하나님을 믿었더니 그것이 그에게 의로 여겨졌느니라**』(3절).

여기서 바울은 창세기 15:6을 인용하고 있다. 『**아브람이 주를 믿으니 주께서 그것을 그에게 의로 여기셨더라.**』

자, 바울은 "아브라함이 하나님을 믿었더니" 의롭게 되었다고 말한다. 이에 야고보는 "아브라함이 행함으로 말미암아 의롭게 되지 아니하였느냐?"라고 묻는다(약 2:21). 다시 바울은 "만일 아브라함이 행위로써 의롭게 되었다면"이라고 말한다(롬 4:2). 그러자 야고보가 "'아브라함이 자기 아들 이삭을 제단에 드렸을 때'(약 2:21)도 그가 행함으로 의롭게 된 것이 아니란 말이냐?"라고 다시 묻는다.

바로 이것이다. 분명 아브라함이 아들 이삭을 제단에 드렸을 때(창 22장) 그가 의롭게 된 것은 사실이다. 그리고 그것은 명백하게 "행함"이었다. 그러나 바울은 이 장면에 대해서는 언급하지 않았다. 로마서 4장 그 어디에도 아브라함이 자기 아들 이삭을 제단에 드렸다는 이야기는 없다. 바울이 로마서 4장에서 이야기하고 있는 것은 어느 날 밤 하나님께서 아브라함을 밖으로 불러내시더니 하늘의 별들을 올려다보라고 말씀하시고, 그의 씨가 저 하늘의 별들처럼 수를 헤아릴 수 없을 만큼 많이 번성하게 되리라고 말씀하셨을 때, 그 하나님의 약속을 아브라함이 믿었으며, 하나님께서 그 믿음을 의로 여겨주셨던 창세기 15장의 장면이다(창 15:1-6). 그가 자기 아들 이삭을 제단에 드렸던 사건은 그로부터 여러 해 뒤 창세기 22장에서의 일이었다.

자, 아브라함이 창세기 15장에서 하나님께로부터 그러한 약속을 받은지 여러 해가 지났다. 그리고 이삭이 출생했다. 그러고도 또 여러 해가 지난 뒤 하나님의 명령에 복종하여 아들 이삭을 제단에 드린다. 『**...아브라함은 그곳에서 제단을 쌓고 나무를 가지런히 놓고 그의 아들 이삭을 묶어서 제단의 나무 위에 올려 놓고 아브라함이 그의 손을 내밀어 칼을 잡고 그의 아들을 죽이려 하는데**』(창 22:9,10). 아브라함은 아들 이삭을 제단에 드림으로써 행위로 하나님의 명령에 순종했다. 야고보는 지금 바로 이 장면을 연상하면서 이야기하고 있는 중이다. 그러면서 그는 『**나는 이제 네가 하나님을 두려워하는 줄을 아노라.**』(창 22:12)는 하나님의 말씀에 근거하여 아브라함이 행위로써 의롭게 되었다고 역설하고 있는 것이다. 즉 바울이 보고 있는 장면은 창세기 15장이고, 야고보가 보고 있는 장면은 창세기 22장인 것이다.

그러나 미리 말해두지만, 만약 야고보가 읽고 있는 창세기 22장을 지금 이 교회 시대의 신약적 구원 계획에 연결해서 생각하면 심각한 문제에 부딪히게 된다. 왜냐하면 신약적 구원 계획의 틀 안에서 당신이 예수 그리스도를 "믿을 때" 그 믿음이 당신에게 의로 여겨지게 된다는 것을 보면, 당신의 구원은 창세기 15장과 맥을 같이하는 것이지 창세기 22장과는 아무런 관계가 없기 때문이다.

이 시대에 살고 있는 당신으로서는 예수 그리스도를 믿을 때 그 믿음이 당신에게 의로 "여겨진다." 뿐만 아니라 당신이 예수 그리스도를 믿으면 당신은 "의롭게까지 된다." 바로 이 점에서 당신은 창세기 15장에서의 아브라함과는 전혀 다른 상황에 놓여 있는 것이다. 아브라함은 비록 하나님을 믿었지만, 그가 얻은 것은 그 믿음이 의로 여겨졌다는 것("imputed")뿐이었지 그 믿음으로 의롭게("justified")까지는 되지 못했던 것이다. 왜 그랬을까? 그 이유를 낱낱이 대자면 다음과 같다.

즉 창세기 15장에서는 아직,

① 피의 대속이 완성되지 않았고,

② 성령의 개입이 없었으며,

③ 거듭남을 통한 새로운 출생이 이루어지지 않았고,

④ 영적 할례가 이루어지지 않았으며,

⑤ 그리스도의 몸이 형성되지 않았고,

⑥ 구속이 없었다.

당신은 확실히 하나님의 경륜상 아브라함과는 전혀 다른 시대에 살고 있다. 아브라함은 하나님의 구약적 경륜 하에 살았는데 반하여 당신은 신약적 경륜 하에 살고 있기 때문이다. 당신과 아브라함은 다른 세대인 만큼 하나님의 경륜에 따라 적용되는 세대적 진리가 다르고, 따라서 하나님의 구원 계획도 서로 다르다. 당신은 이른바 "은혜의 시대"(또는 "교회 시대")에 살고 있기 때문에 주 예수 그리스도를 믿으면 그 믿음이 의로 여겨질 뿐만 아니라("imputed for righteousness") 그 믿음으로 말미암아 곧바로 의롭게("justified")까지 되는 혜택을 누린다. 그러나 아브라함은 하나님을 믿었으되 그 믿음이 그에게 의로 여겨지기만 했을 뿐("counted to him for righteousness") 동시적으로 의롭게까지는 되지 못했다. 그의 믿음이 그에게 의로 여겨진 다음 그가 의롭게까지 되기 위해서는 다른 무엇인가가 추가로 더 필요했던 것이다. 그것이 바로 행함이었다. 바로 이 점이 당신의 경우와 아브라함의 경우가 근본적으로 다른 점이다.

그럼 아브라함은 언제 의롭게("justified") 되었는가? 그것은 야고보가 말하고 있는 창세기 22장에서였다. 『**우리의 조상 아브라함이 자기 아들 이삭을 제단에 드렸을 때, 그가 행함으로 말미암아 의롭게 되지 아니하였느냐?**』(약 2:21) 아브라함은 창세기 15장에서 그의 믿음이 의로 "여겨졌고"("counted" 또는 "imputed") 그 후로 여러 해가 흐른 창세기 22장에서 추가로 행해진 그의 행위로 말미암아 "의롭게" 되었던 것이다. 아브라함은 그러한 경륜 하에서 살고 있었다. 그러나 당신은 전혀 다른 경륜 속에 살고 있다. 당신은 믿음이 의로 여겨진 다음 그 믿음이 또 행위로 나타나 별도로 의롭게 될 필요가 없다. 당신에게는 행위가 추가되지 않아도 믿음만으로 이 두 가지가 동시적으로 한꺼번에 이루어진다. 이것이 바로 신약적 구원 계획을 우리가 말할 때 "믿음으로 말미암아 하나님의 은혜로"라고 말하는 까닭이다.

아브라함은 그러한 하나님의 은혜가 베풀어지지 않던 시대에 살았다. 그는 믿음에 행위가 추가되어야만 의롭게 되는 시대에 살았다. 이에 대해 야고보는 『**믿음이 어떻게 그 행함과 더불어 작용하였으며, 믿음이 행함으로 온전케 되었음을 네가 보았느냐?**』(약 2:22)고 확인 질문을 던진다. 야고보는 아브라함이 살았던 시대에 아브라함이 의롭게 되었던 경로를 언급하고 있는 것이지 당신이 살고 있는 이 시대에 당신이 의롭게 되는 요건을 설명하고 있는 것이 아니다. 이것이 바로 구약적 구원 계획의 틀이다. 야고보서는 『**널리 흩어져 있는 열두 지파**』(약 1:1), 즉 유대인에게 보낸 편지이지 이 시대의 이방인들에게 쓴 글이 아니다. 그래서 야고보는 지금 유대인을 상대로 유대인에게 적용되던 구약 개념의 구원 계획에 대해 가르치고 있는 중이다.

그 반면에 바울은 유대인이건, 이방인이건 오직 믿음으로만 의롭게 될 수 있는 신약적 구원 계획에 대해 언급하고 있는 중이다. 바울은 당신이 갈보리 이후 지금 이 은혜 시대에 살고 있기 때문에 아브라함처럼 『**믿음이 행함으로 온전케**』(약 2:22) 되지 않아도 믿음 그 자체만으로 의롭게 될 수 있다고 역설하고 있는 것이다. 그렇기 때문에 바울은 창세기 22장의 장면에 관심을 가질 필요가 추호도 없다. 바울은 창세기 15장의 장면을 거론하는 것으로 충분하다.

그렇다면, 야고보는 어째서 신약 시대에 들어와서 구약 시대의 구원 계획에 대해서 부질없이 거론하고 있는 것일까? 우리는 지금 유대인이건, 이방인들이건 행위 없이도 오직 믿음만으로 하나님의 은혜로 구원받지 않는가?

물론이다! 『**예수 우리 주를 죽은 자들로부터 살리신 그분을 믿는 자들**』(롬 4:24)이 그 믿음으로 말미암아 의롭게 되어 구원받고 이를 위하여 『**예수께서는 우리의 범죄함을 인하여 드려지셨고 우리의 의롭게 하심을 위하여 다시 일으켜지셨느니라.**』(롬 4:25)고 성경은 분명하게 말씀한다. 그런데 왜 야고보는 딴 소리를 한단 말인가? 유대인이라고 해서 지금 그들이 구약 시대에 살고 있는 것은 결코 아니지 않는가?

물론 아니다. 그들도 지금 분명히 이 신약 시대에 살고 있다. 그들은 이방인들이나 마찬가지로 엄연히 갈보리 이후의 신약 시대에 살고 있다. 그렇다면, 유대인들만은 이방인들과 달리 지금도 여전히 믿음에 행위가 추가되어야만 구원받는다는 말인가? 이 시대에도 그들의 믿음은 행위로 온전케 되어야만 그 믿음이 의로 여겨지는 것일까?

천만에, 절대로 그럴 수야 없다!

그렇다면 야고보는 어째서 행위로써 의롭게 된다고 말하는가? 그것은, 야고보는 지금 다른 경륜을 말하고 있기 때문이다. 야고보는 유대인들을 향해 대환란 시대의 유대인들을 위한 구원 계획에 대해 언급하고 있는 것이다.

야고보의 말은 모두가 옳다. 바울의 말이 모두 진리이듯 야고보의 말도 모두가 진리이다. 이 두 사람은 단지 서로 다른 경륜을 다루고 있을 뿐이다. 바울은 은혜의 경륜을, 야고보는 대환란 시대의 경륜을 다루고 있는 것이다. 그들이 바라보고 있는 시각은 그 초점이 전적으로 다르다.

대환란 시대의 구원 계획은 구약 개념의 구원 계획으로 회귀한다. 유대인들은 대환란 시대에 믿음과 행위, 이 두 가지 요건이 다 갖추어져야만 구원을 받게 된다. 이 기간에는 믿음만으로는 안 된다. 믿음이 반드시 행위로 이어져 온전케 되어야만 한다. 그래서 야고보의 말대로 『**행함이 없는 믿음은 죽은 것**』(약 2:20)이다. 행위만으로도 안 된다. 행위는 반드시 믿음으로 뒷받침돼 있지 않으면 안 된다. 행위는 믿음을 반영하고 있어야 한다. 믿음은 행위로 온전케 되고 행위는 믿음이 온전케 되었을 때 나타나는 결과다. 행위는 믿음을 확증하는 역할을 한다. 이것이 대환란 시대의 구원 계획인 것이다. 오직 믿음으로 의롭게 되고 믿음으로 말미암아 하나님의 은혜로 구원받을 수 있는 것은 지금 이 신약 시대뿐이다.

그렇다면, 지금 이 시대에서 “행위”란 전혀 무용지물인가? 그렇지는 않다. 그렇다면, 이 시대에 행위가 차지하는 위치는 무엇인가?

구원에 관한 한 행위는 아무것도 아니다. 이 시대에 당신이 구원받는

데에는 행위는 전적으로 무가치하다. 주 예수 그리스도께서 당신의 죄들을 위해서 죽으셨고 장사지낸 바 되셨다가 사흘 만에 죽은 자들로부터 다시 일으켜지셨다는 사실을 믿고 그분을 당신의 구주로 영접하는 그 믿음만으로 당신은 의롭게 되고 구원을 받게 된다. 여기에 행위가 끼어들 자리는 어디에도 없다.

구원받은 후 그 구원을 유지하기 위해서라도 행위는 무가치하다. 구원은 어떤 행위로 유지되는 게 아니다. 구원받은 당신은 그리스도의 몸 안으로 들어간다. 그러므로 당신의 구원은 그리스도의 몸 안에서 유지된다. 그래서 당신이 한번 구원받으면 그 구원은 영원히 보장된다. 당신이 심지어 타락하고 배교하더라도 구원만은 받아 둔 것이 확실하다면 그 구원은 결코 취소되지 않는다. 구원의 확신이 있는 사람이 타락하고 배교하게 된다는 것부터가 해괴한 일이지만, 말인즉 그렇다는 것이다. 그러나 만약 구원받고 거듭난 그리스도인이 죄를 범하고 악한 행위를 자행하게 된다면, 비록 지옥에는 가지 않는 것이 확실하지만, 그에게는 이 세상에서의 복과 안전이 보장되지도 않으려니와, 다음 세상에서의 약속된 유업들도 잃게 된다. 당신이 구원받은 후 계속 죄를 범하고도 그리스도의 보혈의 공로에 의지하여 죄를 자백하지 않으면 하나님과 당신의 교제는 단절되고 만다. 당신과 하나님과의 관계가 단절되었다는 것은 하나님께서 당신을 마귀에게 넘겨주셨다는 뜻이다. 마귀에게 넘겨진 당신은 죽을병에 걸릴 수도 있고, 엄청난 재산상의 손실을 맛볼 수도 있으며, 갖가지 비극적인 불행에 직면하기도 하고 심지어 목숨을 잃을 수도 있다. 당신이 거듭난 그리스도인으로서 세상으로부터 성별되고 하나님 보시기에 선한 일들을 행하는 것은 이런 일들을 당하지 않기 위해서 필요하다.

이처럼 당신은 구원받기 위해서 행위가 필요한 것도 아니요, 구원을 유지하기 위해서도 행위가 필요한 것도 아니다. 그리스도인은 구원받았기 때문에 그리스도인답게 행한다. 당신은 믿음으로 구원에 이르고 구원으로 영원한 생명에 이르며 영원한 생명을 가진 자로서의 내적 믿음이 성장함에 따라 필연적으로 외적 행위의 열매를 맺게 된다. 이 시대에 행위가 차지하고 있는 위치란 바로 이런 것이다.

구원과 관련하여 그 유일한 핵심적 요건으로서의 믿음을 강조한 나머지 마틴 루터는 "아무런 행위도 낳지 않는 믿음만이 가장 훌륭한 믿음이다."라고 말했다만, 이것은 위대한 구원의 진리와 관련하여 지나치게 행위를 두려워한 마틴 루터의 소심한 행위 과민증에서 나온 생각이다. 마틴 루터의 이런 말을 그대로 수용한다면, 가령, 사랑을 낳는 믿음은 좋지 않은 믿음이 된다는 말인가? 이상하지 않은가? 마음과 생각과 혼과 힘을 다해서 하나님을 사랑하는 행위를 낳는 믿음도 안 좋다는 말인가? 이웃을 내 몸과 같이 사랑하는 행위를 낳는 믿음도 좋지 않다는 말인가? 행위는 얼마든지 믿음에 뒤따라 올 수가 있다. 그리스도인으로서의 간증은 사실상 행위로 나타나는 게 아니겠는가? 성령의 열매와 관련하여 행위가 차지하는 비중이 얼마나 큰가? 야고보서가 비록 유대인을 위한 책이고 대환란 시대의 구원 교리를 가르치고 있다고는 하지만, 가령 『**행함이 없는 믿음은 죽은 것**』이라는 말씀을 교리를 떠나 오늘의 그리스도인들에게 영적으로 적용해 볼 때, 설교로서 얼마나 강력한 메시지가 되겠는가! 중요한 점은 반드시 행위가 뒤따르는 믿음이어야만 구원받을 수 있는 게 아니라는 사실이요, 행위로 구원이 유지되는 것이 절대 아니라는 사실이다.

『**이제 일하는 사람에게는 그 보수가 은혜로 여겨지지 않고 빚으로 여겨지지만**』(4절).

『**일하는 사람에게는**』, 무슨 일 말인가? 하늘에 가기 위해 하는 일 말이다. 만약 행위로써 의롭게 된다면, 율법과 계명에 순종하고 하나님을 믿는 믿음을 행위로 나타내지 않으면 안 된다. 그러자면 일해야 한다. 믿기만 하고 가만히 앉아 있다가는 하늘에 오르지 못한다. 그래서 일한다. 의롭게 되기 위한 행위를 해야 한다. 그래서 아브라함처럼 일하고, 그 대가를 보수로 받았다 치자. 이때 받은 보수는 "은혜"로 여겨지지 않는다. 이것은 당연히 받아야 할 "빚"일 뿐이다. 하나님께서는 행위를 한 사람에 대해 그를 의롭게 해줄 의무가 있으시기 때문에, 말하자면 빚을 지신 셈이다. 그렇기 때문에 하나님께서 행위의 대가로 의롭게 해주시는 것은 은혜로 간주되지 않고 당연히 받아내야 할 빚으로 간주될 수밖에 없다.

『행함이 없어도 불경건한 자를 의롭다 하시는 그분을 믿는 사람에게는 그의 믿음이 의로 여겨지느니라』(5절).

그러나 나는 행하지도 아니했을 뿐더러 죄와 허물로 물들어 있어 하나님께 불경건했다. 그렇기는 하지만, 주님을 믿기만 하면 나를 의롭게 해주고 구원해 주신다는 복음을 듣자 나는 선뜻 그분을 믿기로 작정했고 믿었고 그분을 나의 구주로 영접했다. 그랬더니 나의 그 믿음이 『**의**』로 여겨졌다(의로 여겨졌을 뿐만 아니라 또 의롭게 되었다). 아무리 생각해도 이것은 내게 과분한 은혜가 아닐 수 없다. 내가 단지 믿었을 뿐 일한 것이 아무것도 없었으므로 당연한 보수를 받을 권리도 없었고 불경건했기 때문에 도저히 의롭다고 여겨질 자격이 없는 존재였다. 그럼에도 불구하고 주님께서는 나의 믿음을 의롭게 여겨주셨고 나를 의롭게 해주셨으며 나를 지옥으로부터 구원해 주셨고 영생을 주셨다. 이것은 분명 하나님의 은혜요 선물일 수밖에 없다. 이것은 하나님의 은혜이지 빚이 아니다.

4:6 행함이 없어도 하나님께서 의롭다고 여기시는 사람의 복에 관하여

다윗도 말하였으니

7 말하기를 "죄악들이 용서받고 죄들이 가려진 사람들은 복이 있고

8 주께서 죄를 인정하지 아니하실 사람은 복이 있도다."라고 하였느니
라.

『**행함이 없어도**』(6절). 여기에 두 줄로 밑줄을 그어 두라. 이 말씀은 매우 중요하다. 『**행함이 없어도**』, 바로 이것 때문에 "전가"("imputation")라는 말이 가능한 것이다. 『**행함이 없어도**』, 바로 이것 때문에 당신에 대한 하나님의 "의롭다고 여기심"이란 말을 할 수가 있는 것이다. 하나님께서는 의로운 행위를 전혀 하지 않은 어떤 사람들을 의롭다고 여겨주신다. 오직 믿음, 그 믿음만을 보시고 말이다. 당신과 내가 구원받을 수 있었던 것은 이 때문이다. 『**행함이 없어도**』가 없었더라면, 당신이나 내가 어떻게 구원받았겠는가?

본문은 사람들에게 죄가 없다고 말씀하지 않는다. 사람들에게는 죄가 있으나, 그럼에도 불구하고 주님께서는 그 죄를 묻지 않으시겠다는 것이다. 여호와의 증인들을 만나거든 이렇게 한번 물어 보라. "하나님께서는 어떤 사람을 정죄하지 않으시죠?" 그러면 그들은 그런 사람이 세상에 어디 있느냐고 펄쩍 뛸 것이다. 그러면 그들에게 이 구절들을 읽어주라. 『**죄과들을 용서받고 죄가 가려진 사람은 복이 있도다. 주께서 정죄하지 않으시고 그 영에 간사함이 없는 자는 복이 있도다**』(시 32:1,2). 이 말씀으로 미루어, 죄과들이 용서되고 죄들이 가려져 하나님께로부터 정죄되지 않을 사람들이 누구인가 분명 있을 것이 틀림없다. 하나님께서 정죄하지 않으실 사람은 모든 죄과들이 용서되었고 모든 죄들이 하나님에 의해 가려질 터인즉, 구태여 자기가 나서서 간교하게 결백한 척하려고 애쓸 필요가 없다. 그러니까 이런 사람은 『**그 영에 간사함**』이 있을 필요가 없다. 이런 사람은 복이 있다고 성경은 말씀한다. 누가 이런 사람일까?

과연 어떤 사람이 죄과들을 용서받고 죄가 죄로 인정되지 않고 하나님께 의롭다고 여겨지며, 죄를 범했어도 죄로 여겨지지 않는 것일까? 그 사례를 구약에서 한번 살펴보고 이 시대의 우리에게 어떤 관계가 있나 생각해보기로 하자.

먼저 미카 6:5을 보자. 『**오 내 백성아, 이제 모압 왕 발락이 의논한 것과 브올의 아들 발라암이 싯팀에서 길갈에 이르기까지 그에게 대답하였던 것을 기억하라. 그러면 너희가 주의 의를 알리라.**』 무엇인가를 요구한 모압 왕 발락에게 브올의 아들 발라암은 무어라고 대답했던가? 그것을 먼저 알아야 『**주의 의를 알리라.**』고 이 구절은 말씀한다. 바울이 언급하는 하나님의 의가 바로 여기서 말씀하는 『**주의 의**』인즉, 이 "하나님의 의"가 과연 어떤 것인지 알려면 먼저 발락의 요청이 무엇이었고 발라암의 대답이 무엇이었는지 알아야겠다. 민수기 23장으로 가 보자.

어떻게 해서든 이스라엘 백성을 저주해줄 것을 요구했던 모압 왕 발락이 초조한 마음을 감추지 못하면서 발라암에게 묻는다. 『**주께서 무엇이라고 말씀하시더냐?**』(민 23:17) 그러자 발라암이 대답한다. 『**하나님은 사람이 아니시니 거짓말하지 않으시며 또 사람의 아들이 아니시니 후회가 없으시도다. 그분이 말씀하신 것을 행하지 않으시랴? 또한 이르신 것을 이루지 않으시랴? 보라, 내가 축복하라는 명령을 받았으니, 그가 복 주신 것을 내가 바꿀 수 없도다. 주께서는 야곱의 죄악을 보지 않으시며 또 이스라엘의 패역을 보지 않으셨도다**』(민 23:19-21).

하나님께서는 이스라엘 백성의 죄악과 패역을 보지 않으신다고 발라암이 말한다. 발락으로서는 도저히 믿을 수 없는 엉뚱한 대답이다. 앞서 민수기 21장에서 어떤 일이 있었던가? 이스라엘 백성이 하나님과 모세를 거역하여 투덜대면서 『**어찌하여 당신들은 우리를 이집트에서 데리고 나와 광야에서 죽게 하나이까?**』(민 21:5) 하고 원망이 대단했다. 그러자 하나님께서는 이스라엘 백성 가운데로 불뱀들을 보내시어 그들을 물어 죽이게 만드셨다(민 21:6). 레위 지파의 코라와 그에게 부화뇌동한 일부 이스라엘 고관들이 모세와 아론에게 반기를 들고일어나자 하나님께서는 땅이 입을 벌려 코라 일당과 그들에게 속한 모든 것들을 삼키게 만드시고 산 채로 구렁에 떨어지게 하신 다음 땅을 닫아 버리셨고 그 결과 그 일족이 회중 가운데서 멸망하고 말았는가하면(민 16:31-33), 또 어떤 경우에는 하루에 3천 명이 쓰러져 죽게도 만드셨다. 이것을 잘 알고 있던 발락이 그와 같은 징벌이 이스라엘에게 또 임하도록 저주해 주도록 발라암에게 요청했던 터였다. 그런 발락에게 발라암은 엉뚱한 말을 하면서 그 요구에 불응하고 나온 것이다. 화가 난 발락이 발라암에게 그 이유를 추궁한다.

"어째서 이스라엘을 저주하지 못하겠다는 거요?" 그러자 발라암이 대답한다.

"하나님께서 나더러 그들을 축복하라고 명령하셨기 때문이오."

이 말을 듣고 발락이 펄펄 뛴다.

"도대체 무슨 소리를 하는 거요? 저들은 악당들이란 말이오! 저들은 말할 수 없이 악한 백성이란 말이오! 하나님께서도 저 악한 자들을 파리 잡아 죽이듯 죽이신 것을 당신도 똑똑히 보지 않았소? 저들은 더럽고 불경건한 백성이라 저주받아 마땅하단 말이오!" 그러나 발라암은 딴청을 부린다.

"아니오. 하나님께서는 저들이 죄가 없다고 말씀하셨소."

"뭐, 뭐, 뭐요?" 발락은 기가 딱 막힌다. 저 악하고 불경건한 백성을 보고 하나님께서 죄가 없다고 말씀하셨다니 보통 놀랄 일이 아니다. 그러나 발라암은 하나님께서 그렇게 말씀하셨다는 것이다.

"하나님께서 죄가 없다고 말씀하시니 저들은 죄가 없다 이 말이오." 발락이 아무리 펄펄 뛰어도 발라암은 꿈쩍도 않는다.

"그대가 미쳤구려!"

그러자 발라암이 말한다. 『**주께서는 야곱의 죄악을 보지 않으시며 또 이스라엘의 패역을 보지 않으셨도다.**』

이것은 마귀가 하나님의 보좌 앞에서 그리스도인들에 대한 저주를 요구하는 장면을 묘사하는 그림이다.

마귀가 하나님 앞에 그리스도인을 끌고 나와 고소한다.

"자, 이 놈을 저주하십시오."

그러자 하나님께서 대답하신다.

"아니다. 나는 그를 저주할 수가 없노라. 내 아들이 이미 그를 위해 저주를 받았느니라."

이에 대해 마귀가 눈이 휘둥그레진다. "이 놈이 한 짓을 하나님께서도 방금 보지 않으셨습니까? 이놈이 무슨 생각을 했는지, 지금도 무슨 맘을 먹고 있는지, 하나님께서는 다 알고 계시지 않습니까? 지금 당장 이 놈이 하고 있는 짓을 한번 보시란 말입니다. 그게 보이지 않습니까? 이놈이 지금 지껄이고 있는 말은 또 어떻고요?"

하나님께서 대답하신다. "그러나 나는 그에게서 아무 잘못도 보지 못하노라."

"예?" 마귀가 소스라치게 놀란다. "아니, 하나님께서는 이 같은 녀석을 방금 전에도 죽이지 않으셨습니까?"

"글쎄, 그랬는지도 모르지. 하지만 나는 야곱의 죄악을 보지 않고 이스라엘의 패역을 보지 않노라."

알겠는가? 이것이 "하나님의 의"라는 것이다.

형제여, 그대가 주 예수 그리스도 안에 들어가 있으면 그분께서 온전하심 같이 그대 또한 이 세상에서 그분처럼 온전하다네! 하나님께서는 지금 그대를 보고 계신 게 아니라 그분의 아들을 보고 계신다네! 우리의 옛 사람이 죄를 범하고 우리가 죄로 잔뜩 물들어 있다 해도 하나님의 눈에는 시체들만 보일 뿐이라네.

나는 죽었다. 당신도 죽었다. 나와 당신은 다 죽었고 지금 우리는 그 생명이 예수 그리스도 안에 들어가 있다. 그런즉, 나나 당신이 행하는 죄는 나나 당신의 시체가 자행하는 짓이다. 그러나 하나님의 관점에서 볼 때, 나나 당신의 시체는 이미 땅에 묻혔다. 그러므로 나나 당신의 죄는 하나님의 눈에 들어오지도 않고 보려고도 하지 않으신다. 아, 이 얼마나 위대한 진리인가! 당신은 이 하나님의 의를 굳게 붙잡고 있어야 한다. 당신이 이 진리를 이해하고 하나님께서 주신 의를 꼭 붙잡고 있는 한 당신은 자신의 구원 사실에 대해 일말의 의심도 갖지 않게 되고 그 위대함을 절대로 경시하지도 않게 된다. 당신에게 어떤 죄를 범하게 되었을 때, 그것을 숨기거나 스스로 화를 내지 말라. 당신은 죄 지었을 때마다 하나님께 자백하고 그리스도의 피로 씻어라. 그러면 하나님께서는 그 죄를 보지 않으신다. 당신이 죄를 짓고 나서 스스로에게 화를 내면, 마귀는 얼른 눈치채고 당신에게 들어와 당신의 구원을 의심부터 하게 만든다. 당신이 자신의 구원을 의심할 때마다 마귀는 더욱더 당신으로 하여금 하나님께로부터 멀어지게 만든다. 당신은 위대하신 하나님의 의를 굳게 잡고 있어야 한다.

하나님의 의에 대해 설명하기 위해 위에서처럼 민수기 23장을 예로 들었다만, 이때 하나님께서 이스라엘 백성에게 주신 하나님의 의는 유대인

개개인이 아니라 이스라엘 전체를 하나의 민족 단위로 보시고 그 민족에게 주신 것이다. 구약에서 이스라엘에 주신 하나님의 의를 이야기할 때, 신약적인 개념과 혼동해서는 안 된다. 신약에서는 하나님의 의가 각 개인에게 개별적으로 주어져 각 개인이 구원받고 하나님의 자녀가 되어 그리스도 안에서 죄 없이 온전한 위치에 놓여 있게 되지만, 구약 유대인들에게는 이런 일이 일어나지 않았다. 출애굽기 4:22,23을 보라. 『**"너는 파라오에게 말하기를 '주가 이같이 말하노라. 이스라엘은 내 아들이요, 내 첫태생이니라. 내가 네게 말하노니 내 아들을 가게 해서 그로 나를 섬기게 하라. 만일 네가 그를 보내기를 거절하면, 보라, 내가 네 아들, 네 첫태생을 죽이리라.' 하라." 하시니라.**』 여기서 보듯이 하나님께서는 유대인들을 한 사람 한 사람 개별적으로 "아들"이라 칭하지 않으시고 이스라엘 전체를 한 단위로 묶어 『**내 아들**』로 칭하셨다. 이로써 우리는 하나님께서 이스라엘을 한 민족 단위로 묶으시고 그 백성에게 하나님의 의를 주셨다는 것을 알 수 있다. 그러나 신약 시대에서는 교회가 하나님의 아들이 아니라 교회에 속한 각 개인 하나하나가 모두 하나님의 아들들이다.

『**주께서 죄를 인정하지 아니하실 사람은 복이 있도다**』(롬 4:8). 어린 아기가 죽으면 어떻게 될까? 아기가 죽으면 어찌 될지 조금도 걱정할 필요가 없다. 주님께서는 결코 아기들에게 죄를 죄로 여기지 않으신다. 15절을 보라. 『**율법은 진노를 일으키나니 율법이 없는 곳에는 범법도 없느니라.**』고 말씀한다. 아기들은 율법을 모른다. 그러므로 아기들에게는 율법이 적용되지 않는다. 아기들에게는 율법이 없는 것이다. 그런즉, 아기들에게 범법도 있을 수가 없다. 죄가 있더라도 율법이 없으면 하나님께서는 죄를 죄로 여기지 않으신다. 로마서 5:13은 이에 대해 한결 더 강력하게 증거한다. 『**율법이 있기 전에도 죄가 세상에 있었으나 율법이 없을 때에**

는 죄를 죄로 여기지 아니하였느니라.』 이것은 지진아라든지, 저능아라든지, 몽골증 환자 같은 선천적 저지능인의 경우에도 마찬가지다. 이들은 율법을 알지 못하므로 죄가 죄로 여겨지지 않고 젖먹이 아기나 신생아처럼 죽더라도 지옥 염려는 할 필요가 없다. 신생아에게 죄를 씻는다는 구실로 "성수"를 뿌리는 짓은 실로 부질없고 우스꽝스러운 짓이다. 이것은 카톨릭이 만들어낸 일종의 이교도적 설화에 지나지 않는다. 그들에게 하나님께서는 절대로 죄를 죄로 여기지 않으신다. 로마카톨릭에서는 신생아에게 "성수"를 뿌려야만 죽더라도 "림보"에 가게 된다고 가르친다만, 이거야말로 성경 말씀에 정면으로 배치되는 썩어빠지고, 섬뜩하고도 더럽고, 불경건하고 가증스럽고 저주받을 신성모독적 신화요 이교도적 설화가 아닐 수 없다. 하나님께서는 결코 아기들에게 죄를 묻지 않으신다.

신명기 1:39에 보면 이런 말씀이 있다. 『**또한 너희가 먹이가 되겠다고 말했던 너희의 어린 것들과 그 날에 선악 간에 지식이 없었던 너희 자녀들은 그리로 들어갈 것이니 내가 그 땅을 그들에게 주어 그들로 그것을 소유하게 하리라.**』 이 말씀을 로마서 5:13에서 언급하는 『**율법이 있기 전에도 죄가 세상에 있었으나 율법이 없을 때에는 죄를 죄로 여기지 아니하였느니라.**』는 말씀이나 4:15에서 언급하는 『**율법이 없는 곳에는 범법도 없느니라.**』는 말씀과 관련지어 생각해 보면 여기 8절의 『**주께서 죄를 인정하지 아니하실 사람은 복이 있도다.**』라는 말씀과 함께 어린 아기들에게 죄를 죄로 여기지 않으시는 까닭을 충분히 이해할 수 있을 것이다.

그러나 우리 어른들은 죄를 지을 때마다 그것이 죄인 것을 알고 그것이 하나님께 죄가 된다는 것을 안다. 그렇기 때문에 죄가 죄라는 것을 알 만한 나이에 이르면 그 죄에 대해 책임도 져야 한다. 하나님께서는 분명 우리에게 죄를 추궁하신다. 그러나 누구든지 자신의 죄에 대해 일단 책임을 지고 그 죄가 처리되고 나면 다시는 그 죄가 재론되지 않는다. 물론 나는 내 죄에 대해 나 자신이 책임을 진 바가 없다. 내 죄는 예수 그리스도께서 책임을 지셨던 것이다. 그분께서 내 죄에 대해 책임을 지셨기 때문에 내 죄는 법적으로 완벽하게 처리되었다. 그리고 그 누구도 내 죄에 대해 재론할 수가 없게 되었다. 이에 대해 이렇게 한번 예화로 설명해 보겠다.

여기 두 권의 회계장부가 있다. 말하자면 일종의 "외상 장부"다. 하나는 겉장에 "피터 럭크만"이라고 내 이름이 크게 쓰여 있다. 이것은 피터 럭크만으로부터 받아내야 할 외상 장부인 것이다. 이 회계장부를 펼쳐보니 거기에는 피터 럭크만의 삶 전체가 일대기로 기록돼 있고 태어날 때부터 죄 안에서 출생한 피터 럭크만의 죄로부터 시작하여 그가 자행한 온갖 범죄들과 죄악들 수백 수천 가지 항목들이 "외상란"에 일일이 기재돼 있다. 여기에 기재돼 있는 숱한 항목들이 모두 피터 럭크만이 청산해야 할 채무들이다.

다른 하나는 표지에 예수 그리스도의 이름이 선명하게 쓰여 있다. 그러니까 이 책은 죄 없으신 하나님의 아들 예수 그리스도의 그 온전하고도 순전한 삶을 서술하고 있는 주 예수 그리스도, 그분의 회계장부다. 이 회계장부를 펼쳐보니 거기에는 온전하시고 순전하신 예수 그리스도의 삶이 일대기로 기록되어 있으되, "외상란"에는 변제해야 될 채무 항목이라고는 단 한 건도 기재돼 있지 않은 그야말로 깨끗한 백지 상태다.

자, 그런데 어느 순간 나 피터 럭크만이 주 예수 그리스도를 믿더니 그분을 자신의 구주로 영접하고 그리스도인으로 새롭게 거듭난다. 바로 이 순간이다. 바로 이 순간 하나님께서 어떤 일을 하시는지 아는가? 하나님께서 피터 럭크만의 회계장부를 집어드시더니 표지에 쓰여진 피터 럭크만의 이름을 지워 버리시고 대신 거기에 예수 그리스도의 이름을 크게 써넣으신다. 그리고 말씀하신다. "이것이 내 아들 예수 그리스도의 삶을 기록한 회계장부다!" 이로써 거기에 기재돼 있던 피터 럭크만의 모든 채무 항목들이 고스란히 예수 그리스도께로 떠안겨지고 만다!

그러신 다음 하나님께서는 예수 그리스도의 회계장부를 집어드시더니 겉장에 쓰여진 예수 그리스도의 이름을 지우시고 거기에 피터 럭크만의 이름을 떡 하니 써넣으신다. 그리고 말씀하신다. "이것이 피터 럭크만의 삶을 기록한 회계장부다." 선하시고 의로우신 예수 그리스도의 그 온전하심 전체가 기록되었으되 "외상란"만은 깨끗한 백지 상태 그대로인 그리스도의 회계장부가 럭크만의 것으로 순식간에 바꿔치기 되고 만 것이다!

이로써 그분의 영원하신 생명이 나의 영원한 생명이 된 것이다. 내가 구원받는 순간 여태까지 내가 어떤 삶을 살아왔고 얼마나 많은 빚을 졌던가는 전혀 문제가 안 된다. 내가 구원받는 순간 나의 삶 전체가 몽땅 예수 그리스도의 삶이었던 것으로 바뀌어버리는 바람에 나의 모든 채무도 말끔히 사라지고 만 것이다. 그리고 그 삶은 지금 그리스도와 함께 십자가에 못박혀 있다. 그리고 그분의 삶이 곧 나의 삶으로 대체돼 있는 것이다. 이로써 나 피터 럭크만의 삶은 피터 럭크만이 사는 것이 아니라 그리스도께서 사시는 삶이다. 이에 대해 성경이 서술하고 있는 바울의 그 아름다운 고백이 바로 갈라디아서 2:20이다. 『**내가 그리스도와 함께 십자가에 못박혀 있으나 그럼에도 나는 살아 있노라. 그러나 내가 사는 것이 아니요, 그리스도께서 내 안에 사시는 것이라. 내가 이제 육신 안에서 사는 삶은 나를 사랑하시어 나를 위해 자신을 주신 하나님의 아들을 믿는 믿음으로 사는 것이라.**』

4:9 그러면 이러한 복이 할례자들에게만이냐? 아니면 무할례자에게도냐? 이는 우리가 말하기를 "아브라함에게는 믿음이 의로 여겨졌노라."고

했음이라.

10 그렇다면 그것이 어떻게 여겨졌느냐? 그가 할례 때였느냐? 아니면
무할례 때였느냐? 할례 때가 아니라 무할례 때였느니라.
11 그가 할례의 표적을 받은 것은 무할례 때에 믿음으로 된 의를 인친
것이니 이는 할례를 받지 아니하고서 믿는 모든 자의 아비가 되게
하려 함이요, 그들도 의롭게 여김을 받게 하려 함이며
12 또 할례자의 아비이니 할례받은 자들뿐만 아니라 우리의 아비 아브
라함이 할례를 받지 아니하였을 때 가진 믿음의 발자취를 밟는 자들
에게도니라.

이러한 복은 유대인들뿐 아니라 이방인들에게도 동일하게 주어진다. 이 사실을 바울은 아브라함의 예를 들어 설명하고 있다. 아브라함이 믿음으로 의롭게 여겨진 것(창 15장)은 할례받기(창 17장) 이전, 즉 아직 이방인이었을 때였다는 것이다.

『**그가 할례의 표적을 받은 것은 무할례 때에 믿음으로 된 의를 인친 것이니 이는 할례를 받지 아니하고서 믿는 모든 자의 아비가 되게 하려 함이요, 그들도 의롭게 여김을 받게 하려 함이며**』(11절).

아브라함이 무할례자 히브리인으로 이방인이었을 때 그의 믿음으로 인하여 의롭게 여겨지고 『**할례의 표적**』을 받게 되었다. 할례는 표적이었던 것이다. 표적을 구하는 사람들이 누구인가? 유대인들이다. 『**유대인들은 표적을 구하고...**』(고전 1:22)라고 바울은 언급한다. 할례는 유대인들의 표적인 것이다.

하나님께서는 유대인들에게 또 다른 표적을 주셨다. 그것이 안식일이다. 안식일은 표적이었다. 『“**너는 또한 이스라엘 자손에게 고하여 말하기**

를 '너희는 나의 안식일들을 지킬지니 이는 그것이 너희 대대에 걸쳐 나와 너희 사이에 표적임이라. 이로써 내가 너희를 거룩케 하는 주임을 너희로 알게 하려는 것이라』(출 31:13).

할례와 안식일, 이 두 가지는 유대인들에게 주어진 표적들이었다. 제칠일예수재림교(안식교) 사람들은 지금도 안식일을 지켜야 한다고 주장하지만, 그들은 엉뚱한 곳에서 그 근거를 찾고 있는 것이다. 안식일은 하나의 표적이었고, 그 표적은 유대인들에게 주어진 것이었기 때문이다. 유대인들에게는 이것들 말고도 다른 표적들도 주어졌는데, 예를 들면 레위기 19:27에 의해 유대인들은 머리를 길게 길러야만 했다. 이것은 본성을 거스르는 것이 아닌가? 그렇다. 머리를 길게 기르는 것은 본성을 거스르는 것이다. 『**또 남자가 긴 머리를 하고 있다면 그것이 자신에게 수치가 된다는 것을 본성 그 자체까지도 너희에게 가르치고 있지 아니하느냐?**』(고전 11:14)고 바울은 말한다. 따라서 이러한 것들은 모두 표적들이었고, 표적들은 모두 유대인에게 주어졌던 것이지 이방인들이나 그리스도인들에게 주어진 게 아니었다.

한편, 여기서 표적들과 관련하여 우리가 분명하게 해두어야 할 일은 물침례가 표적이라는 언급은 성경 어디에도 나오지 않는다는 사실이다. 내가 이것을 강조하는 까닭은 물침례가 오직 이스라엘에만 관련된다고 주장하고 그리스도의 몸이 사도행전 19장 이후에 비롯되었기 때문에 물침례는 이 시대와는 아무 관련이 없다 운운하는 오헤어, 벌링거, 베이커, 스탬 등과 같은 "드라이클리너" 일당의 허튼 소리를 경계하도록 촉구하기 위함이다. 그들이 이런 터무니없는 주장을 늘어놓는 것은 침례가 결코 표적이 아니라는 사실을 간과한데서 나온 실수다. 침례는 표적이 아니라 "모형"이다. 베드로전서 3:21을 보라. 『**물은 예수 그리스도의 부활하심으로 인하여 이제 우리를 구원하는 모형이니, 곧 침례라. (이것은 육체의 더러**

움을 제거하는 것이 아니라 하나님을 향한 선한 양심의 응답이라.)』고 분명하게 말하지 않는가? 표적 같으면 우리와는 상관이 없지만 모형이라면 우리와 무관하다고 할 수가 없다. 내가 "드라이클리너"들이라고 부르는 이들 극단적인 세대주의자들은 침례가 이스라엘만을 위한 것이라고 주장하고 이것이 침례인 요한으로부터 시작되었기 때문이라고 그 이유를 대지만, 이것은 명백한 거짓말이다. 침례는 표적이 아니다.

한때는 아닌게아니라 침례가 표적이었던 적이 있었다. 그게 언제였는지 아는가? 유대인이 할례를 통해서 언약의 자녀가 되어 언약 백성의 일원이 되듯 이 시대 사람도 침례("세례")를 받으면 언약의 자녀가 되어 언약 백성의 일원이 될 수 있다고 미시간 할렘학파가 가르쳤던 때였다. 이것이 소위 "미시간 할렘학파의 언약 신학"이라는 것이다. 이 언약 신학에서는 젖먹이 어린 아기에게 물을 뿌려 "세례"를 주면 그 아기가 그리스도인 언약 백성의 일원으로 입적되기 때문에 하나님께서도 어쩔 수 없이 그 아기를 자녀로 "선택"해 주지 않을 수 없게 된다고 가르친다. 이처럼 물뿌림 받은 아기가 언약 속으로 들어오게 되었기 때문에 "세례"는 할례를 대신한 것이라고 이 언약 신학에서는 가르치는 것이다. 형제들이여, 이런 속임수로 사람들을 혼란에 빠뜨려 놓으면 어떤 효과를 거둘 수 있는지 아는가? 사람들이 〈킹제임스성경〉을 읽으면서 혼란에 빠져 허우적거리도록 만드는 효과를 거둔다. 〈킹제임스성경〉은 여기 로마서 4:11에서 할례는 "표적"이라고 분명하게 언급한다. 그렇기 때문에 〈킹제임스성경〉에 따르면 할례는 침례(그 자들은 침례 대신 물을 뿌려주고 "세례"라고 부르지만)로 대체될 수가 없다. 〈킹제임스성경〉 어디를 보아도 침례가 표적이라고 언급하는 구절은 찾아볼 수가 없기 때문이다. 마가복음 16장에서도 『**믿고 침례를 받는 자는 구원을 받을 것이나 믿지 않는 자는 정죄함을 받으리라.**』(막 16:16)고 일단 말씀한 다음 그 뒤를 이어 『**믿는 자들에게는 이**

러한 표적들이 따르리니...』(막 16:17)라고 말씀한다. 그러니까 침례가 표적이라고 말씀하고 있는 것은 아니다. 그렇기 때문에 침례가 할례를 대신한다는 가르침은 그 자체가 성경에 위배되는 이단 교리일 뿐만 아니라 구원받은 사람을 유대인으로 입적시키는 결과를 초래한다는 점에서 또 이단 교리다. 침례는 당신을 언약 백성 안으로 집어넣는 게 아니라 당신을 물속으로 집어넣을 뿐이다.

침례가 만약 할례를 대신한다면, 여자들의 경우는 또 어쩌란 말인가? 여자들이 침례를 받는 것은 결국 여자들도 할례를 받는다는 뜻이 아닌가? 도대체 여자들이 어떻게 할례를 받는다는 말인가? 침례가 할례를 대신한 것이라면 이것은 남자들에게만 행할 수 있는 수단에 불과하지 않은가?

또, 유대인이 언제 할례를 행하는지 아는가? 생후 8일 만에 행하도록 돼 있다. 그러니까 그들 말대로 침례가 할례를 대신한다면 침례는 생후 8일째 되는 사내 아기에게만 행해야 한다는 얘기가 된다. 그래서 그 자들은 생후 8일밖에 안 되는 사내 아기를 잠시 동안 물속에 "수장"(水葬)시켜야 하는 것이다.

『**그가 할례의 표적을 받은 것은 무할례 때에 믿음으로 된 의를 인친 것이니...**』(롬 4:11)

이 구절에서 『**인친 것**』이라는 말에 주목하라. 할례는 표적이었을 뿐만 아니라 거기에 또 한 가지 의미가 추가된다는 점을 유념하라. 할례는 표적이었고 또 "인침"이었다. 침례는 결코 표적이 아니었다. 그리고 침례는 결코 "인침"도 아니다. 침례는 "모형"일 뿐이다. 그리고 또 우리는 『**그가 할례의 표적을 받은 것은 무할례 때에 믿음으로 된 의를 인친 것**』이라는 말씀에서 할례는 무엇인가를 이미 갖고 있는 사람에게 주어진 것임을 알 수 있다. 이런 점에서 보면, 할례는 침례와 "유사한" 일면을 갖고 있다고는 말할 수 있다. 침례는 이미 의를 가진 사람에게 행해지는 것이라는 점에서 아브라함이 먼저 믿음으로 갖게 된 의에 대한 인침으로 할례의 표적을 받았던 것과 유사성을 갖기 때문이다. 그러나 할례는 어디까지나 할례이고 침례는 침례인지라 이 양자가 동일한 것이라고 말할 수는 없다. 당신이 하나님의 의를 먼저 받았기 때문에 그것을 나타내는 하나의 모형으로 침례를 받게 되는 것이다. 당신이 구원받았다는 것은 당신이 예수 그리스도와 함께 죽고 묻히고 부활하였음을 말한다. 침례는 이 사실을 나타내는 하나의 모사(模寫)인 것이다. 당신이 주 예수 그리스도를 믿고 그분을 당신의 구주로 영접함으로써 당신은 그분의 의를 갖게 되었다. 당신이 그분을 믿었을 때 당신은 그분과 함께 죽었고 그분과 함께 장사지낸 바 되었으며, 또 그분과 함께 다시 일으켜졌다. 이로써 당신은 그분의 생명으로 다시 태어나게 되었음을 이성적으로 명확하게 인식하였고 이것을 간증함으로 하나님을 향한 선한 양심의 응답을 하려고 물로 나아가 물속에 잠겼다가 다시 일으켜짐으로써 그리스도와 함께 죽고 장사되었다가 다시 부활하였음을 모사로 재현해 보인다. 이것이 침례다. 그러므로 침례는 당신이 침례를 받기 이전에 벌써 받았던 예수 그리스도의 의를 보여주는 그림이다. 당신은 그 의를 침례받을 때 받는 것이 아니란 말이다. 그러므로 당신이 만약 그리스도의 의를 받지 못했다면 침례도 받을 수가 없다. 로마카톨릭이나 거의 모든 개신교에서 "영세"나 "세례"를 통해서 구원받는다고 가르치는 것은 그래서 이단인 것이다.

『**그가 할례의 표적을 받은 것은 무할례 때에 믿음으로 된 의를 인친 것이니 이는 할례를 받지 아니하고서 믿는 모든 자의 아비가 되게 하려 함이요...**』 아브라함은 『**무할례 때**』, 즉 할례받기 이전에 믿었고, 그 믿음으로 의롭게 여겨졌으며, 이로써 그 의에 대한 인침을 위해 할례의 표적을 받았다. 아브라함이 이처럼 『**무할례 때에 믿음으로 된 의를 인친 것**』은 유대인이든 이방인이든 『**할례를 받지 아니하고서 믿는 모든 자**』의 최초 표본이 되기 위함이었고, 이것은 『**그들도 의롭게 여김을 받게 하려 함이며**』, 즉 이방인들도 "할례"라는 행위가 없이도 의롭게 여김을 받게 하려는 것이었다.

『**또 할례자의 아비이니 할례받은 자들뿐만 아니라 우리의 아비 아브라함이 할례를 받지 아니하였을 때 가진 믿음의 발자취를 밟는 자들에게도니라**』(12절).

이로써 아브라함은 『**할례자**』, 즉 유대인의 아비가 되기도 하고, 『**아브라함이 할례를 받지 아니하였을 때 가진 믿음의 발자취를 밟는**』 이 시대의 우리 이방인들의 아비가 되기도 한다.

4:13 아브라함이 세상의 상속자가 되리라고 하신 약속은 아브라함이나 그의 씨에게 율법을 통하여 하신 것이 아니요, 믿음의 의를 통하여 하신 것이니라.

14 만일 율법에 속한 자들이 상속자라면 믿음은 헛되게 되고 그 약속은 무효가 되느니라.

15 율법은 진노를 일으키나니 율법이 없는 곳에는 범법도 없느니라.

16 그러므로 상속자가 되는 것이 은혜를 따라 되기 위해서는 믿음으로 되거니와 마침내 그 약속을 모든 씨에게 확고히 하려 함이며 율법에 속한 자들뿐만 아니라 아브라함의 믿음에 속한 자들에게도니라. 그는 우리 모두의 아비라.

『**아브라함이 세상의 상속자가 되리라고 하신 약속은 아브라함이나 그의 씨에게 율법을 통하여 하신 것이 아니요, 믿음의 의를 통하여 하신 것이니라**』(13절).

이 구절을 주의해서 잘 읽어야 한다. 구약을 읽으면서 우리가 아는 것은 이스라엘에 주어진 약속들이 보통은 팔레스타인 땅과 관련된 약속들이었다는 사실이다. 그러나 여기 13절에서는 아브라함에게 주어진 약속은 팔레스타인 땅이 아닌 『**세상의 상속자가 되리라고 한 약속**』이라고 언급한다.

창세기 17장으로 가 보자. 창세기 17:4부터 시작되는 이른바 "아브라함의 언약"을 읽으면서 당신은 아브라함에게서 유대인과 "교회" 및 이방인이라는 세 갈래의 민족들이 파생되고 이들 가운데 한 민족이 『**세상**』을 받게 되리라는 것을 예견하게 될 것이며, 그들이 결코 우리 그리스도인들(교회)은 아니리라는 것을 읽게 될 것이다. 우리는 유대인도 아니요, 이방인도 아니기 때문이다. 『**"보라, 내가 너와 더불어 내 언약을 세우노니, 너는 많은 민족들의 아비가 되리라. 네 이름을 더 이상 아브람이라 부르지 않고, 네 이름을 아브라함이라 하리니, 이는 내가 너를 많은 민족들의 아비가 되게 하였음이라. 내가 너를 심히 다산하게 하리니, 내가 네게서 민족들을 이루며, 네게서 왕들이 나오게 하리라... 내가 너와 네 뒤에 올 네 씨에게 네가 타국인으로 있는 땅, 즉 카나안의 모든 땅을 주어...**』라고 말씀한 다음 『**영원한 소유가 되게 하며**』(창 17:4-8)라고 말씀한다. 이 『**영원한 소유가 되게**』 하시겠다는 말씀에 주목하고 여기에 밑줄을 그어 두라.

『**영원한 소유**』란 무엇을 말하는가? 이것을 설명하겠다.

영원 시대에는 "새 하늘"이 있고 "새 땅"이 있다. 그리고 "새 예루살렘"이 하나님께로부터 하늘에서 내려온다(계 21:1,2). 영원 시대에 이 세 가지가 있다는 것은 곧 그 시대에 세 부류의 사람들이 있으리라는 것을 의미한다. 그 세 부류가 유대인과 교회 및 이방인이다. 그런데 교회는 그리스도의 신부이다. 그리스도의 신부는 유대인도 아니고 이방인도 아니다. 그리스도의 신부는 "교회"이기 때문에 유대인일 수도 없고 이방인일 수도 없는 것이다. 이 "교회"가 바로 "새 예루살렘"이다. 왜냐하면 성경은 "새 예루살렘"을 가리켜 『**신부가 자기 남편을 위하여 단장한 것같이 예비되었더라.**』(계 21:2)고 묘사하고 있고 또, 그 『"**이리 오라, 내가 너에게 신부인** 어린양의 **아내를 보여 주리라.**"』(9절)면서 영 안에서 사도 요한을 이끌고 크고 높은 산으로 가서 큰 도성 거룩한 예루살렘이 하나님께로부터 하늘에서 내려가는 것을 보여 주고 있기 때문이다(계 21:9,10). 그러고 보면 예수 그리스도께서는 일부다처주의자가 아니신 것이 분명하다. 그분께서는 한 사람의 아내만 취하시는 일부일처주의자시다. 그분께서는 구약의 유대인도 아니요 신약의 유대인도 아닌 한 사람의 아내, 즉 유대인이든 이방인이든 구원받은 사람들이 한 몸을 이룬 "교회"라는 한 사람의 아내만 갖고 계신 분이다. 그 한 사람의 아내인 교회가 영원 시대에 "새 예루살렘"을 받게 된다. 그 반면에 아브라함과 그의 씨가 『**영원한 소유**』로 약속받은 『**세상**』이 곧 "새 땅"이다. 이것을 로마서 4:13에서는 『**아브라함이 세상의 상속자가 되리라고 하신 약속**』이라고 언급하고 있는 것이다. 이리하여 유대인들은 이 지구상에 있게 될 것이요 이 땅이 온 우주의 수도가 될 것이고, 그들은 카나안 땅과 함께 지구의 영원한 소유자가 될 것이다. 그렇다면, 나머지 한 가지 "새 하늘"은 이방인들의 몫이 될 것이다.

자, 그리스도의 신부인 교회, 즉 이 시대의 그리스도인들은 영원 시대가 열리면서 어린 양의 아내로서 새 예루살렘으로 들어가 그리스도와 함께 살게 된다. 유대인들은 "새 땅"으로 변한 이 지구를 영원한 소유로 받아 지상에 살게 된다. 그리고 이방인들은 새 하늘에서 살게 된다. 그런데,

요한계시록 21:11에 보면 새 예루살렘에는 또 동서남북에 각기 세 개씩 열두 대문이 있고 그 문에는 열두 천사와 이스라엘 자손 열두 지파의 이름이 있고, 그 도성의 성벽에 열두 기초석이 있으며 그 기초석에 어린 양의 열두 사도의 이름이 있다. 새 예루살렘에 열두 대문이 있는 것은 그리스도인들이 그리로 들어가는 것은 아니다. 요한계시록 21장에 보면 그리스도인들은 대문을 통과해 들어갈 필요도 없이 이미 그 안에 들어가 있다. 이 열두 대문들은 지상의 열두 민족이 새 예루살렘으로 자기 『**민족들의 영광과 존귀**』를 가져옴으로써(계 21:26) 그 도성으로 들어올 때 통과하게 될 문들이다. 지상의 민족들이 그 도성으로 들어오려면 『**무엇이든지 더럽게 하는 것이나 가증한 일을 행하는 자나 거짓말하는 자**』가 아니어야만 하고, 『어린양**의 생명의 책에 기록된 자들**』이어야만 한다(계 21:27). 이들은 새 예루살렘 도성의 한가운데와 생명수의 정결한 강 양편에 서 있는 생명 나무(계 22:1,2)를 먹을 권리를 갖는다. 『**그의 계명들을 행하는 자들은 복이 있나니, 이는 그들이 생명 나무에 대한 권리를 가지며 또 그 문들을 통하여 도성 안으로 들어가게 하려 함이니라**』(계 22:14). 이들 열두 민족들은 도성 안으로 들어와 이처럼 생명 나무를 먹고 새 예루살렘과 함께 우주 공간으로 비행하여 열두 성단을 각기 차지하게 될 것이며 거기에서 영원히 살게 될 것이다. 이방인들이 "새 하늘"을 차지하게 되리라는 것은 여기에 근거하고 있는 것이다. 이 지구는 결코 이방인들의 소유가 아니다. 이 땅은 유대인들의 영원한 소유다. 이방인들은 이 지구를 떠나야만 한다. 그것도 요한계시록 21:27이나 22:14에서 언급하듯 무엇이나 더럽히지 않고 가증한 일을 행하지 않으며 거짓말하지 않고 계명들을 행함으로써 생명 나무에 대한 권리를 갖고 어린 양의 생명 책에 기록된 자들만이 그러하다. 그렇지 않은 자들은 지상에도 있지 못하고 모두 불못에 던져지게 될 것이다. 『**그러나 개들과 마술사들과 음행자들과 살인**

자들과 우상 숭배자들과 누구든지 거짓말을 즐겨 행하는 자는 모두 다 바깥에 있으리라.』(계 22:15)고 성경은 말씀한다. 이방인들은 어떻게든 지상에 남고 싶어 하지만, 이 땅은 유대인들의 몫이다. 그렇기 때문에 이방인들이 유대인들을 그토록 싫어하는 것이다. "프로디갈"이라든지, "케이살"이라든지, "일루미나티" 같은 지구상에 현존하는 모든 비밀 음모 조직들과 미국의 CFR(외교위원회) 같은 단체들이 반유대인 운동을 위한 음모들을 꾸미는 까닭이 모두 여기에 있다. 이들은 이 땅뿐만 아니라 지구상의 모든 사물들이 유대인의 소유가 되리라는 것을 알고 있기 때문에 유대인들을 어떻게든 지상에서 말살하려고 획책한다. 유대인들은 "새 땅"으로서의 이 지구 전체를 영원토록 소유하게 될 문자 그대로 실질적이고도 현실적이며 가시적인 상속자로 부르심을 받은 민족이다. 당신이 그리스도인이라면 당신은 지금 눈으로 볼 수 없는 어떤 것, 바로 "새 예루살렘"을 받게 될 상속자로 부르심을 받아둔 사람이다("새 하늘"과 "새 땅," 그리고 "새 예루살렘"에 관해서 좀더 상세한 정보를 얻고 싶다면 저자의 〈요한계시록〉 주석 21,22장을 참조하기 바람).

『**만일 율법에 속한 자들이 상속자라면 믿음은 헛되게 되고 그 약속은 무효가 되느니라**』(14절).

하나님의 본래 약속은 율법 이전에 주어진 것이었다. 만약 하나님의 본래 약속들이 율법 하에 있던 모세에게 주어졌더라면, 믿음은 헛되게 되고 약속은 효력을 갖지 못하게 된다고 이 구절은 말씀한다. 그리고 그 이유를 다음 15절부터 설명해 내려간다.

『**율법은 진노를 일으키나니 율법이 없는 곳에는 범법도 없느니라**』(15절).

이 구절은 위대한 말씀이지만, 억설을 늘어놓는 자들이 또 잘 써먹는 구절이기도 하므로 주의를 요한다. 예컨대, 데이브 가너를 위시한 일부 사람들이 이 구절을 그렇게 써먹는다. 이들은 범법 행위를 없애자면 법을 없애면 된다고 생각한다. 이들은 인간의 죄를 제거하기 위한 최선의 방책은 곧 율법의 제거라고 억설을 늘어놓는다. 이 구절에 왜곡된 논리를 적용하면 그들의 말이 그럴 듯하게 들린다. 율법이 있기 때문에 범법이 있고 범법이 있기 때문에 하나님의 진노를 일으키지 않느냐, 『**율법이 없는 곳에는 범법도 없느니라.**』고 성경도 말씀하지 않느냐, 그들은 이렇게 주장하는 것이다. 그러나 이러한 논리는 "율법의 제거"를 전제로 했을 때만 성립되는 억설이다. 그러나 "율법의 제거" 자체가 불가능하다면 어떻게 하겠는가? 당신은 이 세상에서 법이 제거될 수 있다고 생각하는가? 한번 이런 상황을 가정해 보라. 미국 전역의 모든 도로에서 자동차 주행 제한 최고 속도인 "시속 55마일"이니, "시속 45마일"이니 하는 속도 제한 경고판을 하나도 남기지 않고 일소해 버린다. 뿐만 아니라 신호등이라는 신호등을 모두 제거해 버린다. 그리고 도로에서 차선도 말짱 지워 버리고 중앙선도 없애버리며 주행 금지 구역임을 알리는 모든 페인트칠을 지워 버린다. 그뿐만이 아니다. 미국에 현존하는 그 숱한 법령들을 모두 폐기해 버림으로써 미국에는 단 한 건의 법률도 남아 있지 않게 만든다. 자, 만약 이렇게 된다면 어떻게 될까? 별다른 일이 벌어지지 않는다. 왜냐하면 금방 새로운 법령과 규칙들이 생겨날 것이기 때문이다. 내 말은, 하나님께서는 질서의 하나님시요, 그분께서 질서와 법의 하나님이신 한, 법이 사라지는 순간 새로운 법이 즉시 그 뒤를 나오게 되어 있고 이 새로운 법령들과 규칙들이 무법천지를 다스려서 곧 질서를 회복하게 된다는 얘기다. 예를 들면, 하다못해 "정글의 법칙"이라도 등장하여 이 무법천지를 접수하게 될 것이다. 인류가 지상에 존속하는 한 어떤 유형이든 거기에는 법이 있기 마련이다. 누가 뭐라고 해도 개는 개인즉 개가 사람의 자리에 올라 설 수는 없다는 얘기다. 그렇기 때문에 세상에서 법을 제거한다는 것은 실질적으로 도저히 불가능한 일이다. 그렇기 때문에 법이 없으면 범법도 없지 않겠느냐는 주장은 옳고 그름에 대한 해명 근거가 없을 때에는 범법으로 간주할 수가 없는 경우를 부질없이 확대 해석한 궤변에 불과하다.

『**율법은 진노를 일으키나니 율법이 없는 곳에는 범법도 없느니라.**』 이 구절이 위대한 까닭은 다른 데 그 이유가 있다. 지진아라든가, 선천적 저능아라든가, 몽고증 같은 선천성 지능 저하증을 앓는 아기라든가, 사산한 아기라든가, 출산 후 절명한 아기라든가, 젖먹이 때 죽은 아기들의 경우 그들이 어떻게 되는가를 설명해 준다는 점에서 이 구절은 위대한 말씀인 것이다. 5:13도 이와 맥을 같이 한다. 『**(율법이 있기 전에도 죄가 세상에 있었으나 율법이 없을 때에는 죄를 죄로 여기지 아니하였느니라.**』 로마서 4:15 옆에 "(롬 5:13)"이라고 써 놓아라. 그리고 이 구절을 읽을 때마다 참조 구절로 삼아라. 그리고 율법이 들어오지 않음으로써 죄에 대한 지식이 없는 곳에서 어떤 일이 생기는가 하는 의문을 푸는 열쇠로 이 두 구절을 이용하라.

그러나 사람이 자라면 율법을 피할 도리가 없다. 왜 그런지에 대해서는 앞서 2장에서 이미 공부했다. 로마서 2장을 다시 보자. 로마서 2:15에 보면 "마음에 기록된 율법"이라는 것이 사람의 마음속에 있음을 극명하게 밝힌다. 『**그들의 양심도 증거하고 그들의 이성이 송사하거나 서로 변명하여 그들의 마음에 기록된 율법의 행위를 보여 주느니라.)**』 그렇기 때문에 율법을 받지 못한 이교도들이라 해도 그들의 죄를 변명할 수가 없게 돼 있다. 그들도 옳고 그름을 알기 때문이다. 그들이 알고 있는 옳고 그름이 바로 그들에게 주어진 율법인 것이다. 사람이 선과 악을 알게 되는 순간 그는 이 율법을 받은 것이다. 신명기 1장을 보라. 사람이 선과 악을 알기 전에는 죄로부터 안전하다. 이것은 창세기 2장과 3장에서도 선과 악의 지식의 나무와 관련하여 천명되고 있는 사실이다. 창세기 3장에서 이브와 아담이 선과 악을 알게 하는 나무 열매를 따먹은 즉시 그 결과가 어찌 되었는가? 『**...너희의 어린 것들과 그 날에 선악 간에 지식이 없었던 너희 자녀들은 그리로 들어갈 것이니 내가 그 땅을 그들에게 주어 그들로 그것을 소유하게 하리라**』(신 1:39). 이 구절은 아기가 몇 살 때부터 선악간에 지식을 갖게 되는지에 대해서는 언급하지 않는다. 다만 이 구절은 『**어린 것들과... 선악 간에 지식이 없었던 너희 자녀들**』이라고만 말씀한다. 그렇기 때문에 우리는 아기가 몇 살 때부터 "법"을 알고 죄를 인식하게 되는지는 알 수가 없다. 우리가 말할 수 있는 것은 단지 사내아이든 여자아이든, 아기가 1살이든 두 살이든, 아니, 다섯, 여섯, 일곱, 여덟, 아홉 살이든, 어쨌든 아이가 정직히 말해서 하나님의 율법을 어기는 것이 곧 죄임을 알지 못하고 또 범법이 악하다는 것을 알지 못한다면, 그들은 이런 것을 알게 될 때까지는 안전하다는 사실이다.

어린아기들이 아직 선악 간의 지식을 갖지 못한 것을 무엇으로 알 수 있는지 아는가? 그들을 벌거벗겨 보면 안다. 아기들이 벌거벗고도 아무렇지 않게 생각하면 그들은 아직 선악 간에 지식이 없는 것이다. 아담과 이브 역시 벌거벗은 것을 의식한 것은 선악의 지식의 나무를 먹고 난 직후였다. 그러나 아기가 몇 살부터 선과 악을 알게 되느냐고 내게 묻는다면 "나는 모른다."가 내 대답이다. 내가 다만 말할 수 있는 것은 아기가 몇 살이 되었건 벌거벗기를 조금이라도 부끄러워한다든지 하면서 옳고 그름을 조금이나마 알게 된 직후부터가 아닐까 하는 것이다.

『**그러므로 상속자가 되는 것이 은혜를 따라 되기 위해서는 믿음으로**

되거니와 마침내 그 약속을 모든 씨에게 확고히 하려 함이며 율법에 속한 자들뿐만 아니라 아브라함의 믿음에 속한 자들에게도니라. 그는 우리 모두의 아비라』(16절).

앞서 13절에서 『**아브라함이 세상의 상속자가 되리라고 하신 약속은... 믿음의 의를 통하여 하신 것**』이라고 말씀했다. 이렇게 상속자가 되는 것이 하나님의 은혜를 따라 되기 위해서는 율법의 행위가 아니라 믿음으로 되는 것임을 다시 한 번 더 강조하고 있는 이 구절은 더 나아가 하나님께서 왜 그렇게 해놓으셨는지 그 목적을 설명한다. 아브라함에게 하신 그 약속을 율법에 속한 유대인뿐만 아니라 『**아브라함의 믿음에 속한 자들**』, 즉 이방인들까지 포함하여 『**모든 씨**』에게 확고히 하기 위함이 바로 그 목적인 것이다. 그런즉 아브라함은 『**우리 모두의 아비**』다. 『**우리**』란 이방인들을 말한다. 로마서는 로마의 이방인들에게 쓰고 있는 편지다. 아브라함은 모든 구원받은 유대인들의 조상일 뿐만 아니라 모든 구원받은 이방인들의 영적 조상이다.

4:17 (기록된 바 "내가 너를 많은 민족들의 아비가 되게 하였노라." 함과 같으니) 그가 믿은 그분, 곧 죽은 자들을 살리시며 없는 것들을 있는 것처럼 부르시는 하나님 앞에서니라.

18 그가 소망이 없는데도 소망 가운데서 믿었으니 "네 씨가 그렇게 되리라."고 말씀하신 대로 많은 민족들의 아비가 되게 하려 하심이라.

19 그가 믿음이 약해지지 아니하여 약 백 살이 되고서도 자기 몸이 이제 죽은 것으로 생각지 아니하고 또 사라의 태도 죽은 것으로 생각지 아니하였느니라.

20 그는 믿음 없음으로 인하여 하나님의 약속을 의심하지 아니하였고
오히려 믿음에 견고하여져서 하나님께 영광을 돌리며
21 약속하신 그것을 또한 이루실 것이라고 확신하였느니라.

『**(기록된 바 "내가 너를 많은 민족들의 아비가 되게 하였노라." 함과 같으니) 그가 믿은 그분, 곧 죽은 자들을 살리시며 없는 것들을 있는 것처럼 부르시는 하나님 앞에서니라**』(17절).

아브라함이 『**많은 민족들의 아비**』가 된 것은 물론 영적인 면에서 그렇다. 당신의 "아버지"는 카톨릭 신부가 아니라 진작부터 아브라함이었다. 당신의 "아버지"는 따로 있는데 엉뚱한 사람이 나타나 자기가 당신의 아비라고 하니 기막힌 일이 아닌가?(카톨릭 신부를 영어로 "father"라고 부르는 것을 두고 하는 말임.)

『**그가 믿은 그분, 곧 죽은 자들을 살리시며...**』 이 경우 "죽은 자"는 아브라함이었다. 아브라함은 자식을 낳을 수 있는 생식능력이라는 점에서 볼 때 육체적으로는 이미 『**죽은 자**』였다. 그의 나이가 이미 100세였고 그의 아내는 90세가 넘었으니 그럴 수밖에 없었다. 그러나 하나님께서는 그를 살리셨다. 100살 나이에 아이를 낳을 수 있게 해주셨다면, 정말이지 이것은 육체적으로 죽은 사람을 살려놓으신 것과 다름이 없다.

『**그가 소망이 없는데도 소망 가운데서 믿었으니 "네 씨가 그렇게 되리라."고 말씀하신 대로 많은 민족들의 아비가 되게 하려 하심이라**』(18절).

이 구절을 시발점으로 해서 아브라함의 믿음이 어떻게 점진적으로 견고하게 진전돼 갔는지를 주의 깊게 눈여겨볼 필요가 있다. 아브라함의 믿음은 그 첫 단계가 『**소망이 없는데도 소망 가운데서**』 시작된 믿음이었다. 이것은 당신의 경우도 마찬가지다. 당신이 처음 믿었을 때, 당신은 자신이 믿는지 안 믿는지도 알지 못한 채 믿음의 첫걸음을 내디뎠던 것이다. "나는 그렇게 되기를 바랍니다. 그러나 나는 그런 소망을 가질 권리가 없습니다. 그러나 어쨌든 그런 소망을 갖겠습니다." 당신의 믿음의 첫 단계는 이런 식으로 시작되었다. 소망을 가질 자격조차 없으므로 소망이 없는데도 소망을 가져본 것이다. 아브라함이 『**소망이 없는데도 소망 가운데서 믿었으니**』라는 말씀은 바로 이런 뜻이다. 마가복음 9장에 보면, 어떤 사람이 벙어리 영이 들어와 미쳐 버린 아들을 예수님께 데리고 와서 『**주께서 무엇인가를 하실 수 있다면, 우리를 가엾게 여겨 도와주소서.**』(막 9:22) 하고 간청한다. 이에 대해 주님께서는 『**네가 믿을 수만 있다면, 믿는 사람에게는 모든 것이 가능하니라.**』(막 9:23)고 대답하신다. 그러자 그 사람은 울부짖으며 눈물로 말씀드리기를 『**주여, 내가 믿나이다. 나의 믿음 없음을 도와주소서.**』(막 9:24) 하고 말씀드리는 장면이 나온다. 이것은 주님을 믿는다는 고백임과 동시에 자신의 믿음 없음에 대한 자백이다. 이것은 아브라함이 소망이 없는데도 소망 가운데서 믿었던 것과 똑같은 맥락이다. "소망을 갖겠습니다. 그러나 소망을 가질 만한 정당한 자격이 저에게는 없습니다. 주께서 도와주십시오." 아브라함이 『**소망이 없는데도 소망 가운데서 믿었으니**』라는 언급은 바로 이런 맥락에서 서술하고 있는 말씀이다. 마가복음 9장에서도 "주님, 제가 믿습니다. 하지만 저에게 믿을 수 있는 정당한 자격이 없습니다. 그러니 주님께서 저를 도와주십시오." 하고 고백하고 있는 장면이다. 그렇기 때문에 믿음의 첫 걸음을 내디딜 때에는 그 믿음이 매우 허약한 상태다. 그러나 그렇게 허약한 상태에서 시작된 믿음이 성장의 단계로 접어들게 된다. 다음 구절부터 그것을 잘 살펴보자

『**그가 믿음이 약해지지 아니하여...**』(19절)

아브라함은 여전히 그 믿음이 견고하지 못한 것은 위 18절의 상태나

마찬가지다. 그러나 그러면서도 그 허약한 믿음이 더 『**약해지지**』는 않았다고 말씀한다. 다시 말해서, 믿음이 견고하지는 못했지만, 그렇다고 약해진 것도 아니었다. 말하자면, 중간 상태에 놓여 있었던 것이다. 이것이 바로 믿음이 자라기 시작하는 성장의 첫 단계다. 믿음은 여전히 허약하여 결코 아직 견고하지는 않지만, 그렇다고 거기서 후퇴하여 약해지지도 않는 상태, 이 상태에서 당신의 믿음은 자라기 시작한다.

『**...약 백 살이 되고서도 자기 몸이 이제 죽은 것으로 생각지 아니하고 또 사라의 태도 죽은 것으로 생각지 아니하였느니라**』(19절). 나이가 약 백 살이면 생식능력이라는 관점에서 볼 때, 그 몸이 이미 『**죽은 것**』이나 다름없고, 사라 역시 나이가 아흔 살이나 되었다면 아이를 밸 수 있는 여자로서는 그 태가 사실상 『**죽은 것**』이다. 그러므로 아브라함이 "하지만 나는 아직 살았다. 나는 아이를 낳을 수 있다. 사라도 그 태가 아직은 아이를 밸 수 있다."라고 소망을 갖기에는 이미 자격 미달이다. 그 나이에 아이를 낳을 수 있다고 믿는 것은 터무니없는 욕심이었다. 그런데도 그는 소망을 가졌다. 자기에게 그럴 만한 자격이 있어서가 아니라 하나님께서 말씀하신 약속이기 때문이었다. 그는 하나님의 이 약속을 믿기가 어려웠을 터였고, 그렇기 때문에 그 믿음이 견고한 믿음일 수는 없는 터였지만, 그래도 하나님의 약속이므로 그 믿음을 스스로 약화시킬 수도 없었다. 바로 이러한 상황에서 아브라함의 믿음은 성장의 발돋움을 시작했던 것이다. 다음 20절을 보라.

『**그는 믿음 없음으로 인하여 하나님의 약속을 의심하지 아니하였고 오히려 믿음에 견고하여져서 하나님께 영광을 돌리며**』(20절).

이제 믿음이 자라기 시작하는 찰나에 있다. 아브라함은 아직도 하나님을 확고하게 믿고 있는 것은 아니다. 『**그는 믿음 없음으로 인하여...**』라고 말씀한다. 그는 『**믿음이 약해지지**』는 않았지만(19절) 그렇다고 확고한 믿음이 있었던 것은 아니다. 그러면서도 그는 『**믿음 없음**』의 상태에 머물러 있기만 한 것은 또 아니었다. 아직은 믿음이 없었으되, 믿음이 없다고 해서 『**하나님의 약속을 의심하지 아니하였고**』라고 말씀한다. 확고하게 믿는 것은 아니었지만, 그렇다고 하나님의 약속을 의심한 것도 아니라는 것이다. 그러니까, 아브라함은 여기까지는 여전히 중간 상태에 있는 셈이다. 그러나 그의 『**믿음 없음**』이 『**의심**』으로 기울지 않고 오히려 『**의심하지 아니**』하는 쪽으로 힘이 쏠려 있었다. 이것이 대단히 중요하다. 믿음이 없으되 하나님을 의심하는 것도 아닌 중간 상태의 분기점에서 그는 『**오히려 믿음에 견고하여**』지는 쪽으로 기울었던 것이다. 믿음의 퇴보가 아니라 성장이었던 것이다. 그리하여 마침내 하나님께 영광을 돌릴 수가 있게 되었다. 소망을 가질 자격도 없으므로 소망이 있을 수 없다. 그러나 소망이 없으면서도 소망을 가졌다. 믿을 자격이 없으므로 확고히 믿을 수 없다. 그러나 믿음이 없으면서도 믿었다. 믿음이 없으면서도 믿은 믿음이었으므로 그 믿음은 약할 수밖에 없다. 그러나 그는 그나마 믿음이 약해지지 않고 하나님을 의심하지 않았던 것이다. 그러자 결국 믿음이 견고해졌고 하나님께 영광을 돌릴 수 있게 되었던 것이다. 이처럼 분기점에서 힘이 앞으로 쏠리느냐 뒤로 쏠리느냐에 따라 당신의 믿음이 성장하느냐 후퇴하고 주저앉게 되느냐가 결정되는 것이다. 아브라함은 여전히 『**믿음 없음**』의 상태에 있었지만, 그럼에도 불구하고 하나님의 약속을 의심하지 않고 『**오히려**』 믿는 쪽으로 힘이 쏠려 있었기 때문에 결국 그는 믿음에 견고해지고 하나님께 영광을 돌릴 수가 있을 만큼 성장했던 것이다. 그리고 이렇게 자라난 믿음은 결국 "확신"으로 자리 잡게 되었던 것이다. 다음 21절이 이것을 말씀한다.

『**약속하신 그것을 또한 이루실 것이라고 확신하였느니라**』(21절).

보라, 아브라함의 믿음은 완전한 『**확신**』으로 자리 잡게 되었다. 소망을 가질 수도 없고 따라서 믿음을 가질 수도 없는 상태였지만 소망 가운데서 믿음을 가졌고, 그 믿음이 약해지지 않음으로써 하나님을 의심하지 않았더니 그 믿음이 오히려 점점 견고하게 성장하여 마침내 흔들리지 않는 확신으로 바뀌게 된 것이다.

우리는 위에서 아브라함을 통하여 하나님의 약속에 대한 믿음의 점진적 성장 단계를 고찰해 보았다. 그리고 첫 걸음은 믿을 자격도 없었지만 믿지 않을 수 없는 상황에서 믿음의 첫걸음을 내딛게 된다. 소망을 가져볼 자격이 없는데도 소망을 가질 수밖에 없어 소망을 갖고 믿은 것이다. 이것이 믿음의 성장 제1단계다. 그 다음 2단계는 여전히 확고한 믿음이 자리잡지 않았어도 거기서 믿음이 더 약해지지는 않는 상태를 유지하는 단계다. 믿음은 여전히 약하지만 하나님의 약속을 의심하지는 않는 단계인 것이다. 하나님의 약속이 이루어지리라는 것을 의심하지 않으면 그 약속은 이루어질 가능성이 커지는 법이다. 반대로 하나님의 약속을 의심하면 그 가능성은 점점 더 희박해지기 마련이다. 하나님의 약속을 의심하지 않고 그 약속이 이행되리라는 기대를 버리지 않으면 아닌 게 아니라 그 약속 이행의 가능성이 눈에 보이기 시작하고 따라서 그 약속에 대한 믿음은 점점 더 견고하게 자란다. 그리고 마침내 그 믿음은 결코 흔들리지 않는 확신으로 자리잡는다.

4:22 그러므로 그에게는 믿음이 의로 여겨졌느니라.

23 이제 그에게 *의로* **여겨졌다고 기록된 것은 아브라함만을 위한 것이**

아니요,

24 의롭다고 여김을 받을 우리들 때문이기도 하니 곧 예수 우리 주를
죽은 자들로부터 살리신 그분을 믿는 자들이라.
25 예수께서는 우리의 범죄함을 인하여 드려지셨고 우리의 의롭게 하
심을 위하여 다시 일으켜지셨느니라.

『**그러므로 그에게는 믿음이 의로 여겨졌느니라**』(22절).

위에서 말한 것처럼 여기서 말하는 『**믿음**』이란 창세기 15장에서 아브라함이 가졌던 믿음을 말한다.

『**이제 그에게 *의로* 여겨졌다고 기록된 것은 아브라함만을 위한 것이 아니요, 의롭다고 여김을 받을 우리들 때문이기도 하니 곧 예수 우리 주를 죽은 자들로부터 살리신 그분을 믿는 자들이라**』(23,24절).

창세기 15:6에 『**아브람이 주를 믿으니 주께서 그것을 그에게 의로 여기셨더라.**』고 기록한 것은 비단 아브라함 한 사람에게만 적용되도록 적어놓은 기록이 아니라 그 기록을 통하여 배우는 우리들, 그리하여 하나님을 믿고 그 믿음으로 인하여 의롭다고 여김을 받는 우리들에게도 똑같이 적용되라고 써 놓은 기록이라고 바울은 말한다. 우리가 믿는 것은 『**예수 우리 주를 죽은 자들로부터 살리신 그분을 믿는**』 믿음이되, 하나님에 대한 믿음이라는 점에서 아브라함의 믿음이나 차이가 없는즉, 우리에게 그리스도의 의가 주어졌고, 그 순간 우리들은 의롭다고 선포되었을 뿐만 아니라 동시에 또 의롭게 되기에 이른 것이다. 그러므로 우리들은 아브라함처럼 의롭다고 여기심을 받은 뒤에 또 행위를 행함으로써 믿음을 입증하여 의롭게 되기를 또 기다릴 필요가 없는 것이다. 우리의 행함은 믿음을 구성하는 요건과는 전혀 무관하고 믿음을 온전케 하기 위하여 행함이 뒷받침되어야 하는 것이 결코 아니다. 그야말로 믿음과 함께 모든 것이 단번에 다 해결되는 것이다.

『**예수께서는 우리의 범죄함을 인하여 드려지셨고 우리의 의롭게 하심을 위하여 다시 일으켜지셨느니라**』(25절).

실로 위대한 구절이다. 우리는 이것을 믿고 의롭다 하심을 받아 구원받게 된다. 당신이 주 예수 그리스도를 믿는다는 것은 곧 그분께서 당신의 죄들과 범죄함 때문에 대신 죽으셨고 장사지낸 바 되셨다가 사흘 만에 죽은 자들로부터 다시 일으켜지심으로써 하나님의 의와 당신의 의가 동시에 선포되게 하신 하나님을 믿는다는 뜻이다. 당신이 의롭게 되었기에 당신은 구원받고 영원한 생명으로 거듭나게 되었으며 하나님의 자녀가 되어 예수 그리스도와 함께 영광스러운 공동 상속자가 되기에 이른 것이다. 오직 믿음으로 말미암아 하나님의 은혜로 말이다.

로마서 5장

**5:1 그러므로 우리가 믿음으로 의롭게 되었으니 우리 주 예수 그리스도를
통하여 하나님과 화평을 갖느니라.**
**2 또 그분으로 인하여 우리가 서 있는 이 은혜 안에 믿음으로 나아가
며 하나님의 영광의 소망 안에서 즐거워하느니라.**
**3 이뿐만 아니라 우리가 환난 중에서도 즐거워하나니 환난은 인내를
이루고**
4 인내는 연단을, 연단은 소망을 이루는 줄 앎이라.
**5 소망이 부끄럽지 않은 것은 우리에게 주신 성령에 의하여 하나님의
사랑이 우리 마음속에 부어졌기 때문이라.**

『**그러므로 우리가 믿음으로 의롭게 되었으니 우리 주 예수 그리스도를 통하여 하나님과 화평을 갖느니라**』(1절).

우리들은 『**믿음으로**』 단번에 "의롭게 되었다." 그러므로 우리가 의롭게 된 것은 아브라함의 경우와는 그 경로가 사뭇 다르다. 아브라함은 창세기

15장에서 믿음으로 의롭게 "여겨졌고"(counted) 창세기 22장에서 이삭을 제단에 드리는 행위로 그 믿음이 입증되고 나서야 비로소 의롭게 "되었다." 요컨대, 아브라함의 믿음은 행위로 완성되었던 것이다. 그러나 우리는 『**믿음으로**』 모든 것이 한꺼번에 이루어졌다. 당신이 예수 그리스도를 믿는 순간 하나님께서는 당신을 의롭다고 여기셨을 뿐만 아니라 그분의 의를 당신에게 주신 다음 당신을 의롭다고 선포하셨던 것이다. 의롭게 "여겨짐"과 의롭게 "됨"이 우리의 믿음과 함께 동시적으로 이루어졌던 것이다. 우리는 아브라함처럼 먼저 믿음으로 의롭게 여겨진 다음(창 15장) 행위로 그 믿음을 충분히 입증함으로써(창 22장) 마침내 의롭게 된 것이 아니라는 말이다.

이처럼 『**믿음으로**』 의롭게 "된" 당신은 『**주 예수 그리스도를 통하여 하나님과 화평을 갖느니라**.』고 이 구절은 말씀한다. 모든 그리스도인이 각기 개인적 삶의 양상이 다를지라도 한 가지 공통점이 있다면 그것은 바로 예수 그리스도 안에서 하나님과 화평한 관계를 유지한다는 이 한 가지 점이다. 그리스도인들은 저마다의 생활 가운데서 제 나름대로의 각기 다른 다양한 문제들을 안고 있고 그 문제들로 인해서 삶의 안정이 위협받고 평화가 깨지기도 하지만, 적어도 구원만은 받아 두었기 때문에 하나님과는 예수 그리스도를 통하여 화평을 누리고 있는지라, 이 점에 있어서는 아무것도 걱정할 게 없는 사람들이다. 이것이 모든 그리스도인들이 갖는 공통점이다. 어떤 그리스도인은 자녀를 잃고 슬픔에 빠지기도 하고 어떤 그리스도인은 질병으로 고난을 당하며, 또 어떤 그리스도인은 사업에 실패하여 실의에 빠지고 어떤 그리스도인은 돈이 없어 가난에 시달리며 배를 곯는다. 그러나 그럼에도 불구하고 이들은 모두 그리스도 안에서 하나님과 화평하다. 그렇기 때문에 그리스도인들은 이 세상을 살아가는 삶에서 겪는 문제들은 비록 서로 다를지언정 어디에서 어떤 처지에 놓여 있든 하나님과 화평을 갖는다는 점에서는 모든 그리스도인들이 동일하다. 집에 화재가 나 하루밤 사이에 모든 것을 잃은 사람은 세상에서 말할 수 없는 고난을 당하나 그리스도 안에서 평강을 누린다. 자동차 사고로 한 다리를 잃은 사람이 세상에서는 환난에 처하나 그리스도 안에서 평화를 찾는다. 아내와 사별한 사람이 세상에서 슬픔을 당하나 그리스도 안에서 위로를 받는다. 모두가 세상에서는 이처럼 제각기 별의별 고난과 고통에 시달리지만 일단 그곳을 떠나 그리스도 안에 들어오면 이 사람이나 저 사람이나 다 똑같은 화평 속에 안식하게 된다. 우리 주 예수 그리스도는 이처럼 평강과 화평을 누릴 수 있는 그리스도인 모두의 공동의 장(場)이다.

당신이 세상에서 어떤 고난에 시달리고 있는지 나로서는 알 수 없지만, 아무튼 어떤 고통에 시달리고 있을 것이다. 그러나 세상이 그럴 테면 그러라고 하라. 당신은 그리스도 안에서 평강을 누리므로 문제가 없다. 전쟁이 온 세상을 뒤엎어 그 참혹함이 말할 수 없는가? 세상이 그럴 테면 그러라고 하라. 하나님께서는 당신을 그리스도 안에서 보호하시고 안식하게 하신다. 핵전쟁이 터져 지구가 산산조각 난다 해도 그럴 테면 그러라고 하라. 하나님께서는 우리를 위해서 필요하다면 산산조각 난 땅 덩어리라도 얼마든지 다시 꿰어 맞춰놓으실 것이다. 원자탄이 터져서 온 세상이 지옥으로 변한다 해도 그럴 테면 그러라고 하라. 주님께서는 우리를 하늘로 옮겨다 놓으실 것이다. 어차피 세상은 우리가 영원히 살 곳도 아니며, 지구는 영원히 존속할 세상도 아니다.

당신이 구원받아 그리스도인으로 거듭남으로써 『**주 예수 그리스도를 통하여 하나님과 화평**』을 갖는다는 것은 당신이 이 세상 안에 살면서 세상 일들이 술술 잘 풀리고 이 세상에서 행복하게 살게 된다는 그런 소극적이고 협소한 의미에서 하는 말씀이 아니다. 당신이 구원받아 영원한 생명을 얻게 되었고 하나님과 화평할 수 있게 되었다는 것은 당신이 비록 이 세상에서 어떤 고난을 당할지라도 당신에게는 영원토록 평강을 누릴 수 있는 전혀 다른 세계가 준비돼 있으므로 아무 걱정을 할 필요가 없다는 적극적이고도 폭넓은 의미에서 하는 말씀이다. 이것을 생각하면 지금 이 세상에서 겪는 환난쯤이야 아무것도 아니다. 그렇다고 해서 그리스도인이 이 세상에서는 무조건 환난에 처하게 되리라는 그런 의미가 아니다.

『**또 그분으로 인하여 우리가 서 있는 이 은혜 안에 믿음으로 나아가며 하나님의 영광의 소망 안에서 즐거워하느니라**』(2절).

『**우리가 서 있는 이 은혜**』, 우리가 믿음으로 말미암아 하나님의 은혜로 구원받게 된 그 『**은혜**』, 우리가 주 예수 그리스도를 믿었더니 하나님께서 우리에게 베풀어주신 그 『**은혜**』, 우리의 믿음을 통해서 들어가 있게 된 하나님의 그 『**은혜**』, 이 『**은혜**』야말로 구원받은 우리의 모든 것이다. 이 『**은혜**』가 거듭난 우리의 모든 것이기에 그 안에서는 여하한 것들도 모두 폐해지고 오직 하나님의 『**은혜**』 그 자체만이 충만하다. 그것이 곧 『**우리가 서 있는 이 은혜**』이다.

『**이 은혜 안에 믿음으로 나아가며**』라고 말씀한다. 우리의 『**믿음**』은 하나님의 이 『**은혜**』 안으로 들어가는 수단이었고 방편이었으며 유일한 통로였던 것이다. 주 예수 그리스도를 믿는 믿음의 길에 우리가 들어섰을 때 하나님께서는 우리를 그분의 『**은혜**』 안으로 이끌어 들이셨다. 그리하여 우리는 지금 그분의 『**이 은혜**』 안에 들어와 있게 된 것이다. 이것이 우리의 현재 입지(立地)요, 우리의 지위("standing")다. 그리스도 안에 들어와 있는 우리의 입지는 "무죄"하고, 그 은혜 안에 들어오는 순간 우리는 "죄 없는" 지위에 올라서게 되었다. 하나님의 은혜 안에서 우리는 완전무결하게 무죄한 지위를 확보하고 있는 것이다. 우리가 구원받은 후 우리의 현 상태가 실제로는 여하하다 할지라도 우리의 지위만은 죄 없는 무죄의 신분을 갖고 있는 상태인 것이다.

『**이 은혜 안에 믿음으로 나아가며 하나님의 영광의 소망 안에서 즐거워하느니라.**』고 또 말씀한다. 믿음으로 하나님의 은혜 안에 들어오게 된 우리에게는 또 『**소망**』이 있고 이 『**소망**』 안에서 즐거워한다. 그런데, 여기서 우리의 『**소망**』이 예수 그리스도의 재림에 연결되고 있음에 주목하라. 이 구절은 우리의 『**소망**』이 『**하나님의 영광의 소망**』이라고 말씀한다. 성경에서 『**하나님의 영광**』의 궁극적 결말이 언제 어떻게 이루어지게 돼 있는가? 예수 그리스도께서 재림하심으로써 이루어진다. 성경에서 주님의 재림은 언제나 『**영광**』과 함께 서술된다. 예수 그리스도께서는 『**영광**』 중에 다시 오신다. 그리고 『**영광**』의 보좌에 앉으실 것이다. 『**인자가 그의 영광 중에 오고, 또 모든 거룩한 천사들이 그와 함께 오면 그때에 그가 그의 영광의 보좌에 앉으리니**』(마 25:31)라고 주님께서는 분명하게 말씀하신다. 이것이 하나님의 은혜 안에 들어와 있는 우리들 그리스도인들의 『**소망**』이요, 우리는 이 『**소망**』 안에서 그분의 『**영광**』의 재림을 기다리며 즐거워한다.

『**이뿐만 아니라 우리가 환난 중에서도 즐거워하나니 환난은 인내를 이루고**』(3절). 반드시 외우고 있어야 할 위대한 구절이다. 아직 외우지 못했다면 지금 당장 외우도록 하라. 암송하고 나서 이 말씀을 두고두고 곱씹어볼 때마다 과연 위대한 진리인 것을 당신은 시시각각으로 터득하고 인식하게 될 것이다.

『**환난은 인내를 이루고**』, 환난은 당신을 지쳐 떨어지게 만들지도 모른다. 그러나 당신이 그리스도인이라면, 당신은 믿음으로 말미암아 하나님의 은혜 안으로 들어오게 되었고, 이 은혜 안에서 주 예수 그리스도의 재림을 기다리며 그 소망 안에서 즐거워하는 사람인즉, 아무리 견디기 어려운 『**환난**』일지라도 그것이 당신을 쓰러지게 만들지는 못한다. 그 『**환난**』이 극심하면 할수록 오히려 그것은 당신에게 더욱 강인한 『**인내**』를 이루게 할 뿐이라고 이 구절은 말씀한다.

만약 환난이 인내를 이루기는커녕, 오히려 지쳐 떨어져 좌절하게 만든다면 당신은 그 이유가 어디에 있는지 아는가? 당신이 너무 성급하게 즉각적인 문제 해결을 기대한다는 데에 그 이유가 있다. 『**인내**』가 무엇인가? 문제 해결을 기다리며 참는 것이 곧 『**인내**』가 아닌가? 그런 터에 당신이 당장 문제가 해결되기를 성급하게 바란다면 인내고 뭐고 할 필요도 없고 할 겨를도 없지 않은가? 어려운 문제에 봉착할 때마다 우리가 늘 체험하고 배우게 되는 것은 그 문제 해결이 즉각적으로 이루어지는 경우는 매우 드물다는 사실이다. 사실상 『**환난**』을 통하여 우리가 실제로 배우게 되는 것은 무슨 일에 있어서나 하나님께서는 결코 서두르는 법이 없으시다는 사실이다. 그리고 우리가 서두르면 서두를수록 문제 해결이 오히려 더 지연되거나 아니면, 해결은커녕 오히려 더 문제가 복잡하게 꼬이고 악화되는 수가 많다는 것을 우리는 배운다.

『**환난은 인내를 이루고**』. 특히 젊은이들은 이것을 마음에 꼭 새겨두어야 한다. 『**환난**』이 닥쳤을 때 "내게 인내하는 법을 배우라고 이것이 닥쳤구나." 하고 깨달을 수 있는 젊은이라면 그는 『**환난**』의 참된 의미와 가치를 인식할 줄 아는 훌륭한 사람이다. 이런 사람이라면 기도를 해도 참된 기도를 할 줄 알고, 하나님을 신뢰해도 흔들림 없이 신뢰할 줄 아는 사람이며, 이런 사람이라면 문제 해결을 위한 하나님의 도우시는 손길을 기다려도 확신을 갖고 침착하게 기다릴 수 있는 사람이다. 이것이 『**환난**』에 현명하게 대처하는 최선의 방법이다. 『**환난**』은 이것을 배우라고 당신에게 닥쳐온다.

『**인내는 연단을, 연단은 소망을 이루는 줄 앎이라**』(4절).

『**인내**』한다는 것은 길건 짧건 『**환난**』이 상당 기간 계속된다는 것을 의미한다. 문제가 금방 해결된다면 『**인내**』할 필요도 없을 테니까 말이다. 『**환난**』은 그 어려움에 있어서 뿐만 아니라 그 시간적 지속성에 있어서도 견디기가 어렵기 때문에 『**환난**』이고, 그렇기 때문에 『**인내**』를 요한다.

『**인내**』는 『**환난**』에 현명하게 대처한다는 것을 의미한다. 어려운 문제가 터졌을 때 그에 대해 현명하게 대처하며 그 문제를 해결해 주시는 하나님의 손길을 기다릴 줄 모르는 사람이라면 『**인내**』하기 전에 먼저 절망하고 파멸의 길로 곤두박질치게 되는 법이다.

『**환난**』은 여하한 것이라도 당신에게 『**연단**』을 요구한다. 『**연단**』이 뒤따르지 않는다면 그것은 『**환난**』도 아니며 『**환난**』의 원래 목적에서도 빗나간 것이다. 『**환난**』을 위한 『**환난**』이란 없는 법이다. 『**환난**』은 이처럼 『**연단**』을 요구하기 때문에 『**인내**』가 필요하고, 『**인내**』로 『**연단**』을 감수한다. 『**인내**』하지 않는다면 『**연단**』이고 뭐고가 있을 턱이 없다. 이러하기 때문에 『**환난은 인내를**』, 그리고 『**인내는 연단을**』 필연적으로 수반하게 된다.

『**연단**』이란 사실상 "경험"을 뜻한다. "경험"이란 곧 어려운 문제에 직면한다는 것을 의미하기 때문이다. 그러고 보니 나도 지금까지 수많은 일들을 많이 "경험"해 왔지만, 그 "경험"들은 모두가 난관의 연속이었다. "경험"이 소중한 까닭이 바로 여기에 있다. "경험"은 곧 『**연단**』이기 때문에 가치가 있고 소중하다.

성경은 『**연단**』을 "경험"이라고 말씀한다. 『**연단**』은 『**환난**』이 가져온다. 『**환난**』을 『**인내**』로 견뎌낸 사람이 『**연단**』을 쌓게 된다. 어떤 어려운 문제에 봉착하여도 결코 좌절하지 않고 견뎌내면서 문제 해결을 위한 하나님의 손길을 침착하게 기다리며 기도하고 현명하게 대처하는 훈련을 쌓는 것, 이것이 "경험"이고 곧 『**연단**』이다.

『**소망이 부끄럽지 않은 것은 우리에게 주신 성령에 의하여** 하나님의 **사랑이 우리 마음속에 부어졌기 때문이라**』(5절).

『**소망이 부끄럽지 않은 것**』은 그것이 아무짝에도 쓸모없는 『**소망**』이 아니기 때문이다. 이 『**소망**』은 세상 죄인들이 갖고 있는 소망들과는 그 종류가 다르다. 이 『**소망**』은 우리들 같은 그리스도인들만이 지니고 있는 소망이다. 우리들이 어떤 사람들인가? 하나님께로부터 『**성령**』을 받은 사람들이 아닌가! 그리고 『하나님의 **사랑**』이 그 『**성령에 의하여**』 마음속에 부어진 사람들이 아닌가! 이런 우리들이 지니고 있는 『**소망**』이라면, 이것은 결코 무가치하고 부끄러운 것일 수가 없다. 이 『**소망**』은 하나님께서 우리를 사랑하시기 때문에 우리 마음속에 넣어주신 『**사랑**』이요, 『**소망**』이다.

우리는 『**소망 안에서 즐거워**』할 뿐만 아니라 그 『**소망**』을 『**마음속에**』 또 받았다. 따라서 그리스도인들은 안팎으로 소망이 충만한 사람들이다. 우리가 예수 그리스도의 재림을 기다릴 수 있는 것은 주님께서 바로 이 5절의 일을 우리에게 해주셨기 때문이다. 우리가 환난에 처하여 인내하며 연단을 쌓으며 소망이 이루어지기를 기다릴 수 있는 것은 『**우리에게 주신 성령에 의하여** 하나님의 **사랑이 우리 마음속에 부어졌기 때문**』이다. 우리는 주님의 재림에 대한 『**소망**』을 갖고 있기 때문에 환난 중에 인내를 이루고 인내로써 연단을 쌓는 일이 가능한 것이다.

이 말씀은 또, 모든 그리스도인들이 다른 사람들에게 나누어줄 수 있는 『**사랑**』을 각기 그 마음속에 가득히 담고 있음을 시사한다. 『**하나님의 사랑이 우리 마음속에 부어졌**』다고 이 구절은 말씀한다. 그럼에도 불구하고 당신은 누군가 다른 사람을 사랑하기가 아주 힘든 경우가 있을 것이다. 말은 사랑한다고 할지 모르지만 진정으로 사랑한다는 것은 실제로 불가능한 경우 말이다. 이런 경우에 그 사람을 진짜로 사랑할 수 있는 아주 좋은 방법 하나를 가르쳐 주겠다. 주님께 기도하라. 기도하되 이렇게 기도하라. "주님, 저는 아무리해도 그를 사랑할 수가 없습니다. 주님께서도 아시다시피 그건 사실상 불가능합니다. 그러므로 내 대신 주님께서 그를 사랑해 주시기 바랍니다." 당신이 그리스도인이라면 이렇게 기도하기는 어렵지 않을 것이다. 이렇게 두세 번 기도하다보면, 어느새 당신의 기도는 이렇게 변해가고 있을 것이다. "주님, 여러 번 말씀드렸듯이 제가 그를 사랑한다는 것은 현실적으로 불가능합니다. 그래서 주님께서 내 대신 그를 사랑해 달라고 기도해 왔던 겁니다. 주님, 그를 사랑해 주십시오. 그런데 기왕이면 저를 통해서 그를 사랑해 주셨으면 좋겠습니다." 당신이 사랑하기는 싫지만, 주님께서 당신 대신 사랑해주신다면 얼마나 좋은가? 그리고 기왕이면 주님께서 그를 사랑하시되 당신을 통해서 사랑해주신다면 더더욱 좋지 않겠는가? 이것은 대단히 현명한 방법이 아닐 수 없다. 이런 방식이라면, 당신이 사랑하지 않는 사람이라도 얼마든지 사랑할 수 있게 될 것이다.

5:6 우리가 아직 연약하였을 때 그리스도께서 때가 되어 경건치 아니한 자들을 위하여 죽으셨느니라.

7 의인을 위하여 죽으려는 사람이 거의 없고 선한 사람을 위하여 죽

음을 무릅쓰는 사람이 간혹 있을지 모르지만

8 우리가 아직 죄인이었을 때 그리스도께서 우리를 위하여 죽으심으로
써 하나님께서는 우리를 향한 그의 사랑을 나타내셨느니라.

『**우리가 아직 연약하였을 때 그리스도께서 때가 되어 경건치 아니한 자들을 위하여 죽으셨느니라**』(6절).

역시 위대한 절이다. 나나 당신이 구원받아 그리스도인이 되었다고는 하지만, 나나 당신은 기본적으로 『**경건치 아니한 자들**』에 불과하다. 이런 이야기를 들으면 당신은 펄쩍 뛰겠지만, 당신 말고도 펄쩍 뛸 사람들이 한둘이 아니다. 언젠가 내가 한번은 누군가에게 "당신은 불경건하오."라고 말했더니 그는 "원 세상에! 나야말로 불경건하지는 않소!" 하고 펄쩍 뛰는 것이었다. 그래서 내가 그의 코앞에 이 구절을 들이댔더니 그는 더 이상 아무 소리도 하지 못했다. 그래서 내가 그에게 말해주었다. "당신이 불경건하지 않다면, 당신이 정말로 불경건하지 않아서가 아니라 바로 이 구절이 보장해주기 때문에 불경건한 것이 아니라오."

그리스도인들은 거듭나는 순간 그리스도의 몸 안으로 들어가고 성령께서 그 사람 안으로 들어오시기 때문에 영적으로는 결코 불경건하다고 말할 수 없지만, 육신적으로는 여전히 불경건한 채 그대로다. 그리스도인들은 구원받아 하나님의 자녀가 되었기 때문에 그분의 은혜와 능력 안에서 영적으로는 더 이상 연약하다고 말할 수는 없다. 그러나 육신적으로는 여전히 연약한 게 사실이다. 대부분의 그리스도인들이 이것만은 다 서슴지 않고 시인한다. 이게 아주 흥미로운 점이다. 그리스도인들은 대부분 자기가 연약하다고 고백하는 일은 어렵지 않게 생각한다. 그러나 그러면서도 자신들이 불경건하다고 고백하는 일만은 매우 꺼린다. 당신이 연약하다면 당신은 불경건한 것이다. 연약하기 때문에 육신적인 것에 쉽게 굴복하게 되고 그렇기 때문에 불경건해지는 것이다. 그러나 우리가 그리스도인으로서 명실상부하게 그리스도 안에 들어가 있다면 더 이상 연약하지 아니하고 따라서 불경건하지 않을 수가 있다. 예수 그리스도께서는 이를 위해 죽으셨다고 이 구절은 말씀한다. 지난날 나나 당신은 육신뿐만 아니라 영적으로도 연약했고 생각이나 의지나 감정이 모두 형편없이 연약했다. 그랬기 때문에 주 예수 그리스도께서 당신이나 나를 위해 죽으셨고 당신과 내가 그분 안에서 더 이상 영적으로 연약하지 않도록 해주셨고 영적으로 불경건하지 않도록 해주셨던 것이다.

『의인을 위하여 죽으려는 사람이 거의 없고 선한 사람을 위하여 죽음을 무릅쓰는 사람이 간혹 있을지 모르지만』(7절).

누가 『**선한 사람**』이라면 간혹 그를 위해 죽음도 불사하는 사람이 있을지 모르지만 그가 만약 『**의인**』이라면 누구도 그를 위해 목숨 바쳐 줄 사람이 없다고 이 구절은 말씀한다. 왜 그런지 아는가? 『**의인**』은 흔히 외면적으로 나타나고 외면적인 파급 효과가 있지만, 『**선한 사람**』은 내면적으로 나타나고 내면적인 파급 효과가 있기 때문이다. 다시 말해서, 『**선한 사람**』은 대개 본성적으로 선한 사람이어서 다른 사람에게 미치는 영향이 내면적으로 깊다. 성경은 『**의인은 없나니 없도다, 한 사람도 없도다.**』(롬 3:10)라고 말씀한다. 그런즉 세상에서 누가 "의롭다."고 말하는 것은 세상 사람의 관점에서 그렇다는 말이지 하나님의 관점에서 그런 것은 아니다. 이것은 누가 "선하다."고 말할 때도 마찬가지다. 말이야 바른 말이지, 세상에 본성적으로 선한 사람이 어디 있는가? 세상에서 누가 "선하다."고 할 때, 이것은 그 사람이 단지 도덕적으로만 의롭다는 뜻이 아니라 친절하다든지, 관대하다든지, 인심이 좋다든지 하는 뜻으로 하는 말이다. 그러니까, 의로운 사람이라면 그를 위해서 목숨을 바칠 사람은 없더라도 친절하고 관대하며 남에게 도움을 많이 준 사람이라면 그로부터 혜택을 받았던 사람이 그를 위해 목숨을 바칠 수도 있다는 것은 사실이다. 이런 일은 우리 주변에서도 심심찮게 일어나고 있는 일이다. 자신에게 많은 혜택을 베풀고 현실적으로 골치 아픈 문제들을 해결하는 데 큰 도움을 준 사람이 어쩌다가 본의 아니게 살해될 위기에 처하게 되었을 때, 자신이 대신 나서서 그를 위해 목숨을 바치는 일 따위 말이다. 이런 일은 하다못해 폭력배 이야기를 담은 영화에서도 흔히 보는 일들이다. 이런 점에서 세상에서 누가 "선하다."고 말할 때, 이것은 다분히 개인적이고 주관적인 관점에서 하는 말이다. 당신에게는 "선한 사람"이지만, 다른 사람에게는 "악한 사람"일 수도 있다는 말이다. 그렇기 때문에 하나님의 관점에서 이 세상에 진짜 『**의인**』이요, 진짜 『**선한 사람**』이란 있을 수가 없고 모두가 죄인들이다. 바로 우리가 그러했다. 그러했기 때문에 우리를 위해 죽어줄 사람은 한 사람도 없었다. 그러나 누군가가 우리를 위해 죽으셨다. 다음 8절을 보라.

『**우리가 아직 죄인이었을 때 그리스도께서 우리를 위하여 죽으심으로써 하나님께서는 우리를 향한 그의 사랑을 나타내셨느니라**』(8절).

참으로 위대한 절이 아닐 수 없다. 반드시 외워두도록 하라. 우리가 죄인이었을 때 그 죄들을 해결해 주시기 위해 주님께서 친히 죽으셨고 이로써 우리를 향한 하나님의 극진한 사랑을 나타내셨던 것이다. 우리를 향하신 주님의 이 사랑은 세상에서 누가 『**선한 사람**』이기에 그를 위해 목숨을 내어놓는 것과 같은 그런 차원과는 비교도 되지 않는 숭고한 사랑이다. 하나님의 사랑을 올바로 이해하기 위하여 그 사랑이 갖는 요소들을 하나하나 짚어볼 필요가 있겠다. 예컨대 이런 요소를 한번 생각해 보라. 당신 같으면 원수를 위해 죽을 텐가? "글쎄요. 그게 꼭 필요하다면 뭐 그럴 수도 있겠지요." 당신은 이렇게 말할 텐가? 좋다. 그렇다면 이런 요소를 한번 생각해 보라. 당신의 원수는 당신을 없애버리는 일 말고는 다른 어떤 일에도 관심이 없다. 그는 당신을 죽여 버리는 일에만 존재 이유가 있을 뿐 그 외에는 어떤 일에도 쓸모가 없는 존재다. 그런 원수인데도 그를 위해서 당신은 대신 죽어줄 수가 있겠는가? 당신이 대단히 숭고한 정신을 가진 사람이어서 이런 원수라도 그를 위해 죽어줄 수도 있다고 치자. 그렇다면 이번에는 또 이런 요소를 생각해 보라. 당신이 그 원수를 위해 죽되, 벌거벗겨져 손발에 못이 박혀진 채 나무에 매달려 끔찍한 고통을 당하며 서서히 죽어줄 수 있겠는가? 이번에는 이런 요소를 한번 생각해 보라. 원수를 위해서 당신의 아들을 내놓을 수 있겠는가? 그것도 하나밖에 없는 아들이다. 당신의 원수가 당신의 외아들을 벌거벗기고 나무에 매달아 손발에 못을 박고 죽이도록 할 만큼 당신은 그 원수를 사랑할 수 있단 말인가? 당신은 정말이지 그럴 만큼 당신의 원수를 사랑한단 말인가? 어림도 없는 소리하지도 말라. 그러나 하나님께서는 그렇게 하셨다. 『**우리가 아직 죄인이었을 때 그리스도께서 우리를 위하여 죽으심으로써 하나님께서는 우리를 향한 그의 사랑을 나타내셨느니라.**』 이것이 당신을 향한 하나님의 사랑이었다. 당신이 이 세상에서 아무리 그 누구를 위하여 목숨을 내어놓을 만큼 사랑한다 할지라도 그 사랑은 하나님의 이 사랑에는 도저히 미치지 못한다. 더구나 그리스도께서는 당신이 선한 사람이었을 때 당신을 위해 죽으셨던 게 아니다. 그리스도께서는 당신이 악한 죄인이었을 때 당신을 위해 죽으셨다. 『**우리가 아직 죄인이었을 때...**』, 이것이 이 구절에서 말씀하는 바다. 당신을 향하신 하나님의 사랑은 이런 것이었다.

5:9 그러므로 이제 그의 피로 의롭게 되었으니 더욱더 우리가 그를 통하

여 진노로부터 구원받게 되리라.
10 **우리가 원수 되었을 때에도 그의** 아들의 **죽음으로 인하여** 하나님과
화해하게 되었으니 더욱더 화해하게 된 우리는 그의 생명으로 인하
여 구원받게 되리라.
11 **그뿐 아니라 이제 우리로 속죄를 얻게 하신 우리 주** 예수 그리스도를
통하여, 하나님 **안에서 또한 즐거워하느니라.**

『**그러므로 이제 그의 피로 의롭게 되었으니 더욱더 우리가 그를 통하여 진노로부터 구원받게 되리라**』(9절).

우리가 무엇으로 『**의롭게**』 되었다고 말씀하는가? 『**그의 피로**』 의롭게 되었다고 말씀한다. 앞서 1절에서는 우리가 『**믿음으로**』 의롭게 되었다고 말씀했었다. 우리 그리스도인들은 『**믿음**』으로 의롭게 되었고 그리스도의 『**피**』로 의롭게 되었다. 그런즉, "물로" 의롭게 되었다는 말씀이 어디에 있는지 단 한 군데라도 가르쳐달라고 캠벨주의자에게 한번 요구해보라. 그들은 아마도 당신은 『**믿음**』으로 구원받고 그리스도의 『**피**』로 구원받았을지 모르지만, 자기네들만은 "물"로 구원받았다고 대답할지도 모른다. 그리고 베드로전서 3:20을 펼쳐 보이면서 『**방주에서 물로 말미암아 구원을 받은 사람이 몇 명**』 있지 않았느냐고 억지를 부릴 것이다. 그러면서도 그들은 바로 그 다음 절 앞에서는 얼른 성경을 닫고 말 것이다. 『**물은** 예수 그리스도의 **부활하심으로 인하여 이제 우리를 구원하는 모형이니, 곧 침례라. (이것은 육체의 더러움을 제거하는 것이 아니라** 하나님을 **향한 선한 양심의 응답이라.)**』(벧전 3:21).

성경에서 "구원"이라고 말씀할 때 이 단어는 주 예수 그리스도를 믿고 그분을 구주로 영접함으로써 하나님의 은혜로 받게 되는 "구원" 외에도 종종 다른 의미를 함축하는 경우가 있음을 그들에게 지적해 주도록 하라.

이를테면, 사역자가 자신이 수행하는 사역을 통하여 "자신을 구원한다"("save thyself")고도 성경은 말씀하고, 여자가 정숙한 가운데 믿음을 간직하고 거룩함을 잃지 않음으로써 속아서 범죄한 것으로부터도 "구원받는다"("be saved")고 성경은 표현한다. 『**네 자신과 교리에 주의하고 이 일들을 계속하라. 이것을 행함으로써 네 자신과 네 말을 듣는 사람들을 구원하리라**』(딤전 4:16). 『**또 아담이 속은 것이 아니라, 여자가 속아 범죄하였음이라. 그러나 그들이 정숙함으로 믿음과 사랑과 거룩함에 계속 거하면 여자가 자녀를 낳을 때 구원을 받으리라**』(딤전 2:14,15).

이런 경우 "구원하다"(save)라는 단어는 믿음으로 말미암아 하나님의 은혜로 구원받는다고 할 때의 "구원"과는 의미가 다르다. 예수님의 제자들이 배를 타고 바다를 건널 때 큰 폭풍우가 일어나 파도가 배를 덮치고 빠져죽게 되자 『**주여, 우리를 구하여 주옵소서. 우리가 죽게 되었나이다.**』(마 8:25) 하고 주님께 "구원"을 요청했는가하면, 물 위로 걸어오시는 주님을 보고 자기도 물 위로 저벅저벅 걸어가던 베드로가 바람이 사나워지는 것을 보고 두려운 생각이 들자 그만 물에 빠지기 시작했을 때 주님께 부르짖은 말도 『**주여, 나를 구해 주소서.**』(마 14:30)라는 "구원" 요청이었다. 이처럼 "구원"에도 여러 가지가 있다. 목사가 사역의 어려움을 극복하는 구원도 있고, 여자가 남편에 대하여 정숙한 자세로 거룩함에 계속 거함으로, 속임을 당한 것으로부터 벗어나는 구원도 있는가하면, 물에 빠져 익사하는 것으로부터의 구원도 있다.

그러나 의롭게 되는 구원이라면 이런 것들과는 내용이 사뭇 다르다. 이런 구원은 『**믿음**』과 『**피**』가 아니면 다른 어떤 것으로도 안 된다. 성경은 『**믿음**』과 『**피**』로 의롭게 된다고 말씀하지 "물"로 의롭게 된다고는 결코 말씀하지 않는다. "물"은 복음과는 아무 상관이 없다. 물침례 구원을 가르치는 이단들은 허고 많은 날 사도행전 2:38에만 매달리고 있지만, 사도행전 2장에서 유대인들을 향해 행했던 베드로의 설교는 신약 복음이 아니었다. 거기서 행한 베드로의 설교 가운데 고린도전서 15:1-5에서와 같은 복음이 한마디라도 들어 있는지 확인해 보라. 사도행전 2:38대로 하는 것은 사실상 복음에 대한 불순종이다. 사도행전 2장의 설교 가운데서 베드로가 유대인들에게 전한 복음은 구원에 대한 하나님의 은혜가 계시되기 이전에 유대인들에게 적용되던 유대인들을 위한 복음이었다. 당신이 만약 사도행전 2:38 말씀에 따랐다가는 복음에 불순종하는 결과를 낳게 된다. 캠벨주의 교리가 이단인 것은 이 까닭에서다.

『**그러므로 이제 그의 피로 의롭게 되었으니 더욱더 우리가 그를 통하여 진노로부터 구원받게 되리라.**』 여기서 말씀하는 『**진노**』는 예수 그리스도의 재림이거나 백보좌 심판 중 한 가지를 일컫는데, 여기서는 백보좌 심판을 말씀하고 있을 가능성이 높다.

이 구절에서도 우리가 읽듯이 성경에서는 세 가지 각기 다른 시제로 "구원"에 대해 서술한다는 사실에 주목하라. 당신은 이미 구원 "받았고," 지금 구원을 "받고 있으며," 여기 9절에서 읽는 것처럼 장차 또 구원 "받을 것,"이다. 당신의 구원은 과거와 현재와 미래에 걸쳐 있는 것이다. 당신은 주 예수 그리스도께서 갈보리 십자가에 달려 처형되어 죽으셨을 때 그것을 믿고 구원받았다. 이때의 구원은 과거의 일이다. 과거 그리스도께서 죽으셨을 때 당신은 구원받았을 뿐만 아니라 또 "거룩하게 되었다." 히브리서 10장을 보라. 『**그 뜻에 따라 한 번 예수 그리스도의 몸을 드리심으로 우리가 거룩하게 된 것이라... 이는 그가 한 번의 제사로써 거룩하게 된 자들을 영원히 온전케 하셨기 때문이라**』(히 10:10,14). 그러므로 예수 그리스도를 믿는 자들에 대한 거룩하게 하심은 과거의 일이었다. 그런가 하면 또 당신은 현재에도 구원을 받고 또 거룩하게 하심을 받는다. 이를 위해 주님께서는 『**아버지의 진리로 그들을 거룩하게 하여 주옵소서. 아버지의 말씀은 진리니이다.**』(요 17:17)라고 기도하셨다. 그리고 또 당신은 온전한 "거룩하게 하심"을 또 받게 될 텐데, 이것은 당신이 미래에 구원받게 될 때 이뤄질 일이다. 데살로니가전서 5:23을 보라. 『**화평의 하나님 바로 그분께서 너희를 온전히 거룩하게 하시고 너희의 온 영과 혼과 몸이 우리 주 예수 그리스도께서 오실 때까지 책망할 것이 없게 보존되기를 하나님께 기도하노라.**』

그런즉, 당신은 과거 주 예수 그리스도를 믿었을 때, 갈보리에서 죄의 형벌로부터 구원받았고("from the punishment of sin"), 지금 죄의 권세로부터 매일매일 구원받고 있으며("from the power of sin"), 장차 하늘에 올라 죄의 임재로부터 또 구원받게 될 것이다("from the presence of sin"). 이와 같이 당신을 위한 구원은 성경에서 세 가지 시제로 서술된다. 당신이 과거에 예수 그리스도를 믿는 순간 구원받았을 때는 하나님의 징벌로부터 구원받은 것이요, 따라서 지옥 문제는 과거에 해결을 보았고, 현재 구원받고 있는 것은 하루하루 살아가면서 죄의 권세를 이기고 승리할 수 있다는 점에서 구원받고 있는 것이요, 따라서 이것만으로도 모든 그리스도인들은 구원받지 못한 사람들보다 유리한 조건에 놓여 있는 것이다. 믿기 어렵겠지만 그리스도인들은 구원받은 뒤에도 그렇지 못한 사람들보다 더 많은 죄를 짓고 타락하는 수가 얼마든지 있다. 그러나 그럼에도 불구하고 구원받은 사람은 그릇된 것을 바로잡아 주는 부활의 능력 가운데 들어와 있기 때문에 하나님께서는 그를 죽이시든, 손목을 잘라버리시든, 잘못을 뉘우치고 바로잡도록 고난을 겪게 하시든, 어쨌든 그가 더 이상 죄를 범할 수 없는 처지로 몰아넣으신다. 그래서 그리스도인은 잘못을 저지르더라도 조만간 바로잡아지게 된다. 만약 기다릴 만큼 기다려도 바로잡지 못할 경우 하나님께서는 그를 아예 "집"으로 데려가신다.

이런 점에서도 구원받은 사람들은 구원받지 못한 사람들이 갖고 있지 못한 유리한 이점을 갖고 있는 것이다. 그리고 이러한 이점은 모든 그리스도인들이 똑같이 누리고 있는 혜택이다. 그리스도인들은 구원받지 못한 사람들보다 잘못된 길에 들어섰을 때 내면에 지니고 있는 양심이 훨씬 더 강력하게 작용하여 그 양심이 앞을 가로막으며, 그럼에도 불구하고 죄를 감행했을 경우 구원받지 못한 사람들보다 훨씬 더 뼈아프게 참담함을 통감하게 되고, 문제에 봉착했을 때 당신으로 하여금 자동적으로 무릎을 꿇고 기도하게 만들어준다. 기도야말로 그리스도인들에게 있어 마치 자동 스위치처럼 민첩하게 작동한다. 그리고 죄를 범할 때마다 그 동안 읽어두었던 성경 말씀들이 시시각각으로 머리에 떠올라 주님의 음성을 듣고 고개를 숙이게 된다. 성경 말씀이 생각나지 않으면 하다못해 찬송가 가사라도 기억해내며 혼자 눈물을 글썽이게 되거니와, 이것 역시 자동 스위치다. 이런 것들은 모든 그리스도인들이 다 공통적으로 갖고 있는 속성이되, 구원받지 못한 사람들은 결코 누리지 못하는 이점이다. 그래서 그리스도인은 아무리 뭐가 잘못되어도 자신이 갖고 있는 이점을 활용하기만 하면 구원받지 못한 사람들보다는 훨씬 더 양질의 삶을 영위할 수 있게 돼 있다. 만약 그 이점들을 전혀 활용하지 못한다면 이야기는 다르지만 말이다. 그러나 그리스도인들은 정도의 차이는 있을지언정 모두다 자신에게 부여된 이점들을 많든 적든 활용할 수 있는 능력을 갖는다. 여하한 그리스도인도 자기에게는 그런 이점이 없다거나 그런 이점들을 활용할 능력이 없다고 변명할 수가 없다. 이것은 모든 그리스도인들이 매일 매일의 삶에서 죄의 권세로부터 현재적으로 구원받고 있기 때문이다.

그리스도인이 미래에 죄의 임재로부터 구원받게 된다는 것은 죄가 감히 접근하지도 못하고 당신이 죄에 접근한다는 것도 절대 불가능한 어떤 장소에 가 있게 된다는 점에서 장차 받게 될 구원을 말한다. 이 장소가 어디인지는 더 말하지 않아도 알 것이다. 이처럼 우리는 과거에 구원받았고 현재 구원받고 있으며 미래에 또 구원받게 될 것이다. 이런 진리를 어찌 캠벨주의자들 따위 젖먹이들이 이해할 수 있으랴! 나는 구원받았고 지금도 구원받고 있으되, 아직 완전히 구원받은 게 아니다. 나의 몸은 미래에 구원받게 될 것이다. 나는 이미 구원받았으므로 지옥에 갈 염려가 없다. 이것은 나의 혼이 그러하다. 나는 매일 매일 구원받으므로 이미 천상에 들어가 살고 있다. 이것은 나의 영이 그런 것이다. 나의 영은 현재 거룩한 하늘에 올라가 있는 것이다. 장차 내가 영원히 구속받은 몸을 입고 주님이 계신 그곳에 실질적으로 가 있게 될 때, 그곳에는 죄를 지으려고 해도 죄가 존재하지 않는다.

『**우리가 원수 되었을 때에도 그의 아들의 죽음으로 인하여 하나님과 화해하게 되었으니 더욱더 화해하게 된 우리는 그의 생명으로 인하여 구원받게 되리라**』(10절). 우리가 죄인이었을 때 우리는 하나님과 원수였다. 그러나 하나님의 아들이신 주 예수 그리스도의 죽으심으로 인하여 우리는 그분을 믿고 하나님과의 원수 관계를 해소하게 되었다. 이것은 과거의 일이다. 『**그의 아들의 죽음으로 인하여 하나님과 화해하게 되었으니**』라고 과거시제로 표기돼 있다. 그리고 그 이후로 지금 『**더욱더 화해하게 된 우리**』들이다. 이것은 현재 진행되고 있는 일이다. 그것으로 끝난 게 아니다. 『**우리는 그의 생명으로 인하여 구원받게 되리라.**』고 명백하게 미래시제로 표기하고 있다. 주 예수 그리스도의 죽으심으로 인하여 우리가 그분을 믿고 구원받음으로써 하나님과 과거에 화해했고 지금은 『**더욱더**』 하나님과 화해하고 있으며, 장차 또 우리의 몸이 그리스도의 『**생명으로 인하여**』 구원받게 될 것이다. 얼마나 논리 정연하고 명료한 진리인가!

미래의 이 구원은 『**그의 생명으로 인하여**』 받게 되는 것인즉, 이 『**생**

명』은 지금 현재 우리가 이미 누리고 있는 그 『**생명**』이다. 그리스도께서는 지금 현재 우리 안에 들어와 사신다. 그리스도께서는 갈보리에서 죽으시고 그것으로 끝난 게 아니다. 그분께서는 죽으셨으나 장사한지 사흘 만에 죽은 자들로부터 다시 일으켜지셨고 우리가 그분을 믿고 영접하는 순간 성령으로 우리 안에 들어오셨으며 우리는 지금 그분의 『**생명**』으로 살고 있는 것이다. 『**내가 그리스도와 함께 십자가에 못박혀 있으나 그럼에도 나는 살아 있노라. 그러나 내가 사는 것이 아니요, 그리스도께서 내 안에 사시는 것이라. 내가 이제 육신 안에서 사는 삶은 나를 사랑하시어 나를 위해 자신을 주신 하나님의 아들을 믿는 믿음으로 사는 것이라**』(갈 2:20). 내가 주 예수 그리스도를 믿고 영접하는 순간 받았던 과거의 구원은 그분의 생명으로 말미암아 현재의 구원으로 이어지고 또 미래의 구원으로까지 연속되는 것이다.

『**그뿐 아니라 이제 우리로 속죄를 얻게 하신 우리 주 예수 그리스도를 통하여, 하나님 안에서 또한 즐거워하느니라**』(11절).

하나님과 이미 화해하였고 지금도 화해하고 있으며 장차 또 그렇게 될 터인즉, 이것은 오직 예수 그리스도를 통하여 우리가 속죄를 얻었기 때문이요, 우리는 이 사실로 토대로 또 예수 그리스도를 통하여 하나님 안에서 즐거워한다. 이 구절에서 『**속죄**』의 의미로 "atonement"라는 영어 단어가 사용되고 있거니와 이 단어를 분해하면 "at onement"가 된다. 어떤 값을 치르자 둘로 분리돼 있던 것들이 "하나로 결합"된("at onement") 결과가 "atonement," 즉 『**속죄**』다. 예수 그리스도께서 속죄 제물로 드려지심으로써 우리의 죄 값을 치르셨고, 그 결과 하나님과 우리는 따로 분리돼 있다가 다시 하나로 연합할 수 있게 되었던 것이다.

**5:12 이런 연유로 한 사람에 의하여 죄가 세상으로 들어오고 그 죄에 의
하여 사망이 왔으니 그리하여 모든 사람이 죄를 지었으므로 사망이
모든 사람에게 전달되었느니라.**
**13 (율법이 있기 전에도 죄가 세상에 있었으나 율법이 없을 때에는 죄
를 죄로 여기지 아니하였느니라.**
**14 그러나 아담으로부터 모세까지 아담의 범죄와 같은 죄를 짓지 아니
한 자들 위에도 사망이 군림하였으니 아담은 오실 분의 모형이라.**

우리는 지금 로마서 5장을 공부하고 있는 중이다. 그 5장 가운데서 이제 우리는 아담과 그리스도에 관련된 위대한 진리를 공부할 참이다. 당신은 성경에서 "다섯"이라는 숫자가 "죽음"을 나타내는 수라는 것을 잘 알 것이다. "다섯"이라는 수가 "은혜"의 숫자라고 주장하는 사람들도 있지만, 성경을 제대로 안 읽고 하는 소리다. 로마서 5장은 성경에서도 "죽음"을 다루는 위대한 장이다. 당신이 만약 "다섯"이라는 수가 "은혜"를 나타내는 숫자라고 주장하고 있는 어떤 책을 읽었다면, 당신은 이 지구상에 존재했다가 죽었던 150억 명의 사람들 가운데 어떤 한 사람의 죽음에 해당하는 대단히 희귀한 죽음에 대한 이야기를 읽은 셈이다. 이 지구상에 살다가 죽은 사람들은 모두가 "다섯"이라는 수와 관련되어 죽었는데, 그 가운데서 "은혜"를 나타내는 숫자로서의 "다섯"과 관련되어 죽은 사람은 단 한 사람뿐이다. 이 사람이 죽을 때 입고 있던 옷은 모두 "다섯" 조각으로 나뉘어졌는데, 겉옷이 네 조각으로 찢겨 나뉘었고 속옷은 통으로 짠 것이어서 찢기지 않은 채 제비를 뽑아 한 사람이 가져감으로써 모두 다섯 조각으로 나뉘었던 것이다(요 19:23,24). 어쨌든 "다섯"은 죽음의 숫자다. 최초의 인간 아담은 창세기 5:5에서 죽는다. 그 죽음을 여기 로마서 5장에서 다룬다.

『**이런 연유로 한 사람에 의하여 죄가 세상에 들어오고 그 죄에 의하여 사망이 왔으니**』(12절). 지구 최초의 사람 아담에 의하여 죄가 세상에 들어왔고 그 죄에 의하여 사망이 옴으로써 모든 사람이 죄를 짓게 되었고 죽음도 모든 사람에게 전달되었다. 이 지구상에서 사람에게서 출생한 최초의 인물이었던 카인은 인류 최초의 살인자였다.

『**...그리하여 모든 사람이 죄를 지었으므로 사망이 모든 사람에게 전달되었느니라**』(12절). 아담이 불순종으로 범죄하였듯이 그 이후로 모든 사람들이 아담처럼 또 죄를 행하게 되었다. 당신은 아담의 죄를 물려받은 죄인일 뿐만 아니라 당신 스스로가 죄를 짓기 때문에라도 또 죄인이다. 그래서 모든 사람이 또 아담처럼 죽을 수밖에 없게 되었다. 구원과 관련하여 "죄"라고 말할 때, 흔히들 "원죄" 운운하면서 아담으로부터 물려받은 죄의 본성에 대해서만 뭐라고 이야기하기 좋아하지만, 자기가 지은 죄에 대해서는 이야기하기를 꺼려하는 게 보통이다. 그러나 이 구절은 『**모든 사람이 죄를 지었으므로**』라고 분명히 말씀한다.

『**(율법이 있기 전에도 죄가 세상에 있었으나 율법이 없을 때에는 죄를 죄로 여기지 아니하였느니라**』(13절).

죄가 최초에는 아담 한 사람에 의하여 세상에 들어왔고, 사람들이 모두 또 죄를 범하였으므로 율법이 있기 전에도 세상에는 죄가 있었다. 『**율법이 있기 전**』이라면 모세가 등장하기 전이라는 얘기다. 모세가 시내 산에서 하나님께로부터 율법을 받기 전에는 이 세상에 율법이라고는 없었다. 그러나 죄는 벌써 일찌감치 세상에 들어와 있었다.

그러나 『**율법이 없을 때에는 죄를 죄로 여기지 아니하였느니라.**』고 말씀한다. 이에 대해서는 앞에서 충분히 다루었다. 로마서 2장에서처럼 마음속에 율법에 대한 지식이 없을 경우, 즉 양심이나 선악을 아는 지식이 없을 경우, 그리고 출애굽기 20장에서처럼 돌판에 새겨진 율법이 없을 경우에는 사람이 태어나 죄 가운데서 죽게 되더라도(죽음은 여하한 경우에도 죄로 인한 것이다.), 그 『**죄를 죄로 여기지 아니하였느니라.**』는 것이다.

『**그러나 아담으로부터 모세까지 아담의 범죄와 같은 죄를 짓지 아니한 자들 위에도 사망이 군림하였으니...**』(14절)

이것은 영아들의 죽음이 좋은 예가 된다. 아기들은 『**아담의 범죄**』가 무엇인지도 모르고 또 『**아담의 범죄와 같은 죄**』를 짓지도 않았지만, 그래도 그들은 『**아담의 범죄**』로 인해 죽었다. 그러나 하나님께서는 이런 아기들에게 『**죄를 죄로 여기지**』 않으신다.

『**아담은 오실 분의 모형이라**』(14절).

"오실 분"이 누구신가? 예수 그리스도이시다. 그런즉 아담은 『**오실 분의 모형**』, 즉 예수 그리스도의 예표라고 이 구절은 말씀한다. 불순종의 죄를 범한 아담이 어떻게 예수 그리스도의 모형이 될 수 있을까? 이것은 다음 15절부터 19절에 이르기까지 불순종과 순종, 범죄와 값없는 선물, 죽음과 은혜, 정죄와 의롭다 하심 등등 서로 정반대되는 것들이 어떻게 비교되고 있는지 잘 살펴보면 쉽게 이해할 수 있을 것이다. 아담은 불순종이라는 자신의 죄로 인해 죽게 되었다. 예수 그리스도께서는 그 죄를 대속하시기 위해 죽으셨다. 목적과 결과 모두 정반대였지만 두 사람 모두 죄로 인해 죽었다는 사실만은 공통적이었다. 그뿐 아니라 어떤 상황의 시작을 가져왔다는 점, 그리고 그 시작이 모든 사람에게 전면적으로 영향을 끼치게 되었다는 점에서 아담과 예수 그리스도는 공통적이었다.

아담은 불순종했지만 그리스도께서는 순종하셨다. 아담은 세상에 죄가 들어오게 했지만, 그리스도께서는 그 죄를 제거하셨다. 아담은 모든 사람을 정죄의 심판으로 몰아넣었지만 그리스도께서는 모든 사람들을 의롭게 하셨다. 아담은 모든 사람에게 죽음을 초래했지만, 그리스도께서는 모든 사람에게 생명을 초래하셨다. 아담을 통하여 모든 사람이 받는 "선물"은 "선물" 아닌 죽음이지만, 예수 그리스도를 통하여 받은 선물은 영원한 생명이다. 아담은 자기 한 사람의 죄로 인해 자기 한 사람뿐만 아니라 모든 사람을 죄인으로 만들었고 모든 사람을 죽게 만들었지만, 예수 그리스도께서는 그분 한 사람의 죽으심으로 모든 사람들을 의롭게 하셨고 모든 사람을 죽음에서 건져내셨다. 모든 사람은 아담 한 사람 때문에 죽게 되었지만, 모든 사람은 또 예수 그리스도 한 분으로 말미암아 살 수 있게 된 것이다. 이렇게 볼 때, 그 목적과 결과는 정반대이되, 죄로 말미암아 죽은 것과, 죽음으로 인해 새로운 상황 전개가 시작되게 했으며 그것이 모든 사람에게 총체적으로 영향을 끼치게 되었다는 점에서 아담은 분명 예수 그리스도의 모형이다.

아담이 그리스도의 예표라면 그의 신부는 결국 그리스도의 신부의 예표가 된다는 얘기다. 그래서 아담이 그리스도의 예표라면 그의 신부 이브는 "교회"의 예표인 것이다.

5:15 그 범죄와는 다르지만 그 값없는 선물도 그러하도다. 만일 한 사람의 범죄로 인하여 많은 사람이 죽었다면 더욱더 하나님의 은혜와 한 사람 예수 그리스도로 인한 은혜로 말미암은 선물이 많은 사람에게 풍성하였느니라.

16 또 그것이 범죄한 한 사람으로 인한 것과는 다르지만 그 선물도 그러하도다. 이는 심판은 한 사람으로 말미암아 정죄에 이르렀지만

값없는 선물은 많은 범죄로 인해 의롭다 하심에 이르기 때문이라.
17 한 사람의 범죄로 말미암아 사망이 그 한 사람으로 인하여 군림하
였다면 더욱더 은혜의 풍성함과 의의 선물을 넘치도록 받는 사람들
이 한 사람 예수 그리스도로 **인하여 생명 안에서 군림할 것이니라.**)

『**그 범죄와는 다르지만 그 값없는 선물도 그러하도다. 만일 한 사람의 범죄로 인하여 많은 사람이 죽었다면 더욱더** 하나님의 **은혜와 한 사람** 예수 그리스도로 **인한 은혜로 말미암은 선물이 많은 사람에게 풍성하였느니라**』(15절).

이 구절에서 『**그 범죄와... 그 값없는 선물...**』이라든지, 『**많은 사람이 죽었다면...** 하나님의 **은혜**』라는 말씀 등에서 『**범죄**』와 『**값없는 선물**』, "죽음"과 『**하나님의 은혜**』가 불평등 비교법으로 대비되고 있음에 주목하라. 『**범죄**』와 『**선물**』, 『**사망**』과 『**은혜**』, 이 양자는 결코 동등하지가 않다. 어떻게 다른가? 『**사망**』은 "벌어들인 것"이었지만, 『**선물**』은 "거저"("free")로 받는다는 점이 다르다. 아담은 "불순종"이라는 『**범죄**』로 대가를 지불하고 죽음을 "샀다." 그래서 카톨릭이나 캠벨주의자들, 그리고 여호와의 증인들 같은 자들은 아담처럼 불순종이라는 범죄가 아니라 "순종"이라는 "선한 행위"로 값을 지불하고 구원을 사들여야 한다고 엉뚱한 생각을 하게 되었다. 그러나 우리는 구원을 돈 주고 "살" 필요가 없다. 구원은 "벌어들이는" 것이 아니다. 구원은 『**값없은 선물**』이기에 당신에게 공짜로 주어지는 것이다. 그래서 구원이 예수 그리스도로 인한 『**하나님의 은혜**』인 것이다.

하기야 당신이 죽기 위해 어떤 대가를 따로 지불할 필요가 있는 것은 아니다. 당신은 죽기 위해 돈을 내지는 않으니까 말이다. 당신은 가만히 있어도 저절로 죽는다. 죽음은 공짜다. 아담이 이미 불순종의 범죄로 당

〈한글킹제임스성경〉으로 가르치는

정통 신학의 요람

킹제임스성경신학교

KJBC

바른 성경 정착, 바른 교리 정립, 능력 있는 일꾼 양성

하나님께서는 모든 사람이 구원을 받고 진리의 지식에 이르기를 원하시느니라.

- 디모데전서 2:4 -

www.kjbc.org

KJBC

킹제임스성경신학교는 피터 럭크만 박사가 미국 플로리다주 펜사콜라시에 설립한 Pensacola Bible Institute (PBI)에 기반을 두고 있습니다. 미국 Pensacola Bible Institute는 1965년 9월 개강한 이래로 지금까지 미국 내 정통 신학 교육의 요람으로서, 미국 내 유수한 근본주의 침례교 신학교들을 압도하고 성경대로 믿는 그리스도인들의 산실이 되고 있습니다. 자유주의와 현대주의를 배격하는 가운데 정통 교리의 수준 높은 신학 교육은 물론이요, 능력 있는 설교자 양성을 위한 강도 높은 훈련으로도 단연 으뜸입니다. 이처럼 본 신학교도 1991년에 세워진 이래로 이 땅에 바른 성경적 지식을 정착하고 신실한 하나님의 일꾼을 양성하는 데 총력을 기울여 오고 있습니다.

기존 신학교는 하나님의 말씀보다는 교단 신학과 학문으로서의 신학에 중점을 두어 가르치고 있습니다. 또한 편협한 교단 교리에 하나님의 말씀을 억지로 끼워 맞춰 가르치고 있기 때문에 이제는 하나님의 말씀에 근거한 신학을 제대로 가르치는 곳이 절대적으로 필요합니다. 이런 절실한 필요에 의해 본 신학교는 모든 교과 과정을 교단 신학이 아닌 하나님의 말씀으로 채움으로써 하나님의 말씀에 대한 올바른 지식을 터득할 수 있도록 구성하고 있습니다. 이렇게 구성된 모든 교과 과정은 성경 각 책에 대한 깊이 있는 수업과 설교의 실전 연습, 제반 목회 생활에 관한 실제적인 수업들로 이루어져 있으며, 무엇보다도 균형 있고 올바른 성경적 지식으로 무장할 수 있는 많은 수업들이 제공되고 있습니다.

킹제임스성경신학교는 설교자와 목회자, 성경 교사, 선교사를 양성하기 위한 곳으로, 3년의 모든 과정을 착실히 이수한 모든 학생들이 각자 하나님의 부르심에 따라 언제 어디서나 전담 사역자로서 사역할 수 있도록 양육받을 수 있는 국내 유일의 온·오프라인 정통 신학교입니다.

입학요강

	신학사(B.D.)	킹제임스성경신학원 신학석사(Th.M.)
수업연한	3년 (6학기)	2년 (4학기)
자 격	• 거듭난 그리스도인으로서 하나님께 쓰임받기 원하는 사람 • 고등학교 졸업자 및 졸업 예정자 또는 동등 이상의 학력이 인정되는 자(연령 제한 없음)	• 본교를 졸업한 신학사 학위 소지자로서 진리의 지식으로 효과적인 사역을 이루려는 분
선 발	서류전형(입학원서, 구원간증, 자기 소개서), 면접(서류 전형 합격자에게 개별 통보)	
학사일정	오프라인 봄 학기 매년 3월초 가을 학기 9월초 개강(총 16주) 월,화,목,금(오후 6:30 - 9:20) 온 라 인 수시접수 가능(한 학기 총 16주 / 100% 동영상 강의)	한 학기당 16주 과정 (화요일 오후 6:30 - 9:20)
원서교부	킹제임스성경신학교 교무처 / 인터넷 접수	

킹제임스성경신학교학장 10122 경기도 김포시 고촌읍 장곡로 39
전화 (02) 2665-3303, 팩스 (02) 2665-3302

신을 위해 죽음을 사놓았기 때문이다. 그래서 당신이 죽는 것은 근원적으로 아담의 불순종 때문이다. (물론 당신 자신의 죄도 있다. 그러나 그 죄 역시 아담 때문에 세상에 들어온 것이다). 그러므로 당신은 가만히 있어도 죽는다. 마찬가지로 당신은 구원받기 위해 어떤 대가를 따로 지불할 필요가 없다. 구원이야말로 벌어들이는 것이 아니기 때문이다. 예수 그리스도께서 이미 순종으로 당신을 위해 구원을 사놓으셨기 때문이다. 구원이 값없는 선물로 당신에게 주어지는 것은 예수 그리스도 한 분의 순종 때문이다. 당신은 주 예수 그리스도를 믿고 그분께서 당신을 위해 확보해 놓으신 그 값없는 선물을 받기만 하면 된다. 구원은 선물이기 때문에 공짜다. 죽음도 공짜이고 구원도 공짜이기는 마찬가지지만, 그러나 문제는 어느 쪽 공짜가 영원한 생명으로 이어지느냐 하는 점이다. 구원은 죽더라도 영원한 생명으로 이어진다. 그러나 구원이 없는 죽음은 지옥이라는 영원한 죽음으로 이어진다. 결국 아담 한 사람의 불순종으로 인하여 많은 사람이 죽게 되었지만 예수 그리스도 한 분의 순종으로 인하여 많은 사람이 살게 되었던 것이다. 아담으로 인하여 죽음이 풍성해졌듯이 그리스도 한 분으로 인하여 영생의 선물이 풍성해진 것이다. 당신이 죽음에서 벗어나 영원한 생명으로 옮겨가자면, 당신은 아담에게서 예수 그리스도에게로 옮겨와야 한다. 이것이 구원이요 거듭남이며 사망에서 생명으로의 옮겨감이다.

『**예수 그리스도로 인한 은혜로 말미암은 선물이 많은 사람에게 풍성하였느니라.**』 예수 그리스도를 통하여 하나님의 은혜로 받는 선물이 많은 사람에게 『**풍성하였느니라.**』고 말씀한다. 당신 한 사람을 위해서만 『**풍성**』한 것이 아니라 다른 모든 사람들에게 넘치도록 다 돌아갈 만큼 『**풍성**』하다는 말씀이다. 예수 그리스도께서는 죄를 위해 대속의 죽음을 죽으셨으되, 그 대속은 아담 한 사람의 죄에 대해서만 치러진 죄값이 아니었다. 예수 그리스도께서는 아담뿐만 아니라 인류 전체의 죄들을 위해 죽으셨다. 당신에게는 아담으로부터 물려받은 죄뿐만 아니라 당신 스스로가 지은 무수한 죄들이 또 있다. 당신이 설사 아담이 지은 것과 같은 죄를 짓지 않았다 할지라도 당신 스스로가 또 죄를 지었다. 이것은 당신뿐만 아니라 모든 사람이 마찬가지다. 그러나 주님께서는 순종하심으로 아담의 죄뿐만 아니라 다른 모든 사람들의 죄들까지도 그 죄값을 다 치르셨다. 그분의 순종하심과 죽으심은 인류 전체의 죄들에 대한 죄값을 전액을 치르는 총체적이고 보편적인 대속이었던 것이다. 그렇기 때문에 하나님께서 예수 그리스도를 통하여 은혜로 주시는 『**값없는 선물**』은 결코 특정한 일부에게만 국한되는 제한적인 은혜가 아니라 전 인류에게 보편적으로 무제한 베풀어지는 『**풍성**』한 것일 수밖에 없다. 예수 그리스도를 통하여 하나님의 은혜로 말미암는 『**값없는 선물**』은 지상의 60억 전체 인류에게 다 똑같이 넘치도록 돌아가고도 남을 만큼 『**풍성**』하다. 이토록 풍성한 하나님의 선물을 칼빈주의자들은 자기네들만 독차지하려고 기도한다. 그들은 아마 60억 전체 인류에게 다 나누어주기에는 하나님께서 준비하신 선물이 모자란다고 생각하거나, 60억 전체에게 다 나누어주다가는 자기네에게 돌아올 몫이 형편없이 줄어들 것이라고 걱정하는 모양이지만, 당신은 이런 쓸데없는 걱정을 조금도 할 필요가 없다. 하나님의 선물은 『**풍성**』하게 마련돼 있다. 예수 그리스도께서 모든 값을 이미 치러 놓으셨기 때문이다. 현재의 60억 인구뿐만 아니라 앞으로 주님께서 다시 오실 때까지 태어날 미래의 모든 사람들까지도 다 하나님의 『**값없는 선물**』을 받을 수 있을 만큼 그분께서 지불해 놓으신 죄값은 실로 엄청난 것이었다.

『또 그것이 범죄한 한 사람으로 인한 것과는 다르지만 그 선물도 그러

하도다. 이는 심판은 한 사람으로 말미암아 정죄에 이르렀지만 값없는 선물은 많은 범죄로 인해 의롭다 하심에 이르기 때문이라』(16절).

『**심판**』은 범죄한 아담 한 사람에게 떨어졌지만, 그로 말미암은 『**정죄**』는 모든 사람에게 떨어졌다. 그러나 『**값없는 선물**』은 순종한 한 사람에게만 내려진 것이 아니라 자동적으로 모든 사람들이 순종한 것으로 여겨지게 만들었고 그 결과 모든 사람들에게 베풀어지게 되었다. 『**값없는 선물**』은 예수 그리스도를 영접함으로써 복음에 순종하고자 하는 모든 사람에게 주어지기 위해 내려왔던 것이다.

더 쉽게 말해보자. 자, 여기 아담이 있다. 이 아담이 모든 일을 그르쳐 놓았다. 그 바람에 그 뒤를 이은 아담의 모든 씨들이 다 그르쳐지고 말았다. 그런데 여기 그리스도께서 오셨다. 그리고 모든 사람들의 모든 그르쳐진 것들을 바로잡아 놓으셨다. 그래서 누구든지 그리스도 편으로 와서 서는 사람들은 그리스도처럼 되어 그르쳐진 것 없이 올바르게 된다. 그러나 누구라도 그리스도 편에 서지 않는다면, 그는 그리스도처럼 올바로 될 수가 없다. 아담 편에 그냥 서 있으면 아담과 마찬가지로 잘못된 상태를 모면하지 못하고, 거기서 벗어나 그리스도 편으로 옮겨오면 그리스도와 마찬가지로 올바른 상태로 바뀐다는 얘기다. 아담 편에 그냥 주저앉아 있다가 받는 죽음과 그리스도 편으로 옮겨와 받는 생명의 선물, 이 둘이 같을 수야 없지 않은가? 영원한 생명의 선물을 어찌 죽음과 비교하랴! 그런즉, 당신 같으면 아담 편에서 아담을 상대할 텐가, 아니면 아담과 손을 끊고 그리스도 편으로 옮겨와 그리스도를 상대할 텐가? 그리스도께로 옮겨오기만 하면 당신은 『**값없는 선물**』을 자동적으로 받는다.

15절의 『**값없는 선물**』, 16절의 『**값없는 선물**』, 그리고 18절의 『**값없는 선물**』, 여기에 모두 밑줄을 그어두어라. 하나님께서는 무엇인가를 주는 분이시되, 여느 "수여자"와는 질적으로 다르다. 그분께서는 값없이 주는 분이시다. 캠벨주의 집단과 카톨릭 집단은 영생이 하나님의 선물인 것을 믿기는 하되, 그것이 『**값없는 선물**』이라고는 믿으려고 하지 않는다. 그들은 영생의 선물을 노력해서 "벌어들이는" 것으로 가르친다. 그러나 하나님께서는 당신에게 영생을 "거저" 주신다. 당신은 하나님의 『**값없는 선물**』을 거저 받고 그 값을 보답해야 한다. 당신은 그 선물을 받고 나서 절대로 시치미를 떼고 가만히 앉아있을 수 없다. 당신은 밖으로 뛰어나가 "여러분, 나는 하나님께로부터 『**값없는 선물**』을 받았습니다! 이 선물은 실로 『**값없는 선물**』입니다!" 하고 사람들에게 외쳐야 한다. 당신은 이렇게 사람들에게 외침으로써 그 『**값없는 선물**』에 대해 하나님께 보답하게 된다. "이 『**값없는 선물**』을 손에 넣기 위해 당신은 땀 한 방울도 흘릴 필요가 없습니다!" 당신은 이렇게 사람들에게 가르쳐줄 것이다. 그리하여 그들도 한 사람 빠짐없이 이 『**값없는 선물**』을 모두 받도록 열심히 촉구하게 된다. 이것으로 당신은 하나님의 은혜에 보답하는 것이다.

『**한 사람의 범죄로 말미암아 사망이 그 한 사람으로 인하여 군림하였다면 더욱더 은혜의 풍성함과 의의 선물을 넘치도록 받는 사람들이 한 사람 예수 그리스도로 인하여 생명 안에서 군림할 것이니라**』(17절).

아담 한 사람의 범죄로 인해서 그 한 사람 때문에 『**사망**』이 모든 사람에게 『**군림**』했다고 말씀한다. 당신이 좋건 싫건 『**사망**』은 당신 위에 군림한다. 당신은 아무리 죽기 싫어도 『**사망**』을 피할 도리가 없다. 『**사망**』은 당신을 지배하되, 당신은 『**사망**』을 지배할 수 없기 때문이다.

그러나 예수 그리스도 그 한 분으로 인하여 『**은혜의 풍성함과 의의 선물**』이 당신에게 전달되었다. 이제 당신이 이 은혜의 선물을 받기만 하면 『**사망**』과 당신의 지배 체계가 역전되어 이번에는 당신이 『**생명 안에서 군림할 것**』이라고 이 구절은 다짐한다. 이번에는 생명 안에 들어와 있는 당신이 그 생명 안에서 거꾸로 『**사망**』을 지배하게 된다는 것이다. 당신이 주 예수 그리스도를 통하여 하나님께서 넘치는 은혜로 주시는 『**값없는 선물**』을 받기만 하면 이제부터는 『**사망**』이 더 이상 당신을 지배하지 못하고 거꾸로 당신이 『**사망**』을 통치하게 된다는 말이다.

그 『**은혜의 풍성함과 의의 선물을 넘치도록**』 받기 위해 당신이 특별히 할 일은 아무것도 없다. 당신은 그저 그 선물을 "받기만" 하면 된다. 이 선물을 받는 것은 마치 당신에게 배달된 편지를 당신이 "수령"("receive") 하는 것만큼이나 쉽고도 자동적이다. 당신에게 편지가 배달되어 당신 집 우편함에 들어와 있는 편지는 당신이 싫건 좋건 사실상 이미 "수령"되었다. 당신은 이제 그것을 꺼내다가 개봉해보기만 하면 된다. 얼마나 쉬운가! 편지가 배달되어 엄연히 우편함 속에 들어와 있는 것을 뻔히 알면서도 그것을 우편함 속에 그냥 쳐 박아둔다면, 그것이 오히려 더 꺼림칙하고 신경 거슬리는 일일 것이다. 당신이 가령 갓 태어난 아기여서 아무것도 모른다고 치자. 그런 당신에게 편지가 한 통 배달되었다. 그러나 당신은 갓난아기여서 아무것도 모르기 때문에 그것을 우편함에서 꺼내올 줄도 모르려니와 우편함이 어디 있는지조차도 모를 것이다. 그러나 아무튼 그것은 당신에게 이미 배달되었다. 당신이 알건 모르건, 싫건 좋건, 당신은 자동적으로 편지를 받은 것이다. 그러니까, 갓난아기는 그 편지를 우편함에서 미쳐 꺼내 읽지 못한 채 병으로 죽는다 하더라도 지옥 걱정은 안 해도 된다. 아무것도 몰랐으니까 말이다. 그러나 당신이 철이 들고 이것저것 옳고 그른 것을 알만큼 나이가 들었다면 배달된 편지를 우편함에서 꺼내다가 봉투를 열고 속에 든 편지를 읽어야 한다는 것을 충분히 알고 있다. 그러니까, 당신이 할 일은 그것을 우편함에서 꺼내다가 겉봉을 뜯고 속에 든 편지를 읽는 일이다. 당신은 그것을 모른 척 내버려둘 수가 없다. 당신은 모르는 게 아니라 "알기" 때문이다. 당신에게는 옳고 그른 것을 가릴 줄 아는 지식이 들어와 있는 것이다. 그렇기 때문에 아는 바 지식대로 하기만 하면 된다. 그저 그뿐이다. 하나님의 『**값없는 선물**』이란 이런 것이다.

만약 당신 집 우편함에 편지가 배달돼 있는데도 그것을 언제까지고 그냥 그대로 내버려둔다고 치자. 그렇다면 당신은 사실상 죽은 사람이다. 그렇지 않고서야 배달된 편지가 편지함 속에서 그냥 썩고 있을 리가 없지 않은가? 이것은 하나님의 선물의 경우도 마찬가지다. 하나님의 『**값없는 선물**』이 당신에게 배달되어 자동적으로 당신에게 전해졌으되, 당신은 그것을 뜯어보지도 않은 채 그냥 방치해둔다면, 당신은 그 선물에 대해 사실상 죽은 사람이나 같다. 당신에게는 『**사망**』이 군림하고 있는 것이다. 어떤가? 당신은 정말 그냥 그대로 『**사망**』이 군림하는 가운데 그냥 죽어 있을 작정인가? 하나님께서는 당신이 『**값없는 선물**』을 기꺼이 받기를 바라신다. 당신이 지옥에 가는 것을 주님께서는 결코 원치 않으신다. 이제라도 당신은 하나님의 『**값없는 선물**』을 받아야 한다. 다시 말하거니와, 당신은 아무것도 특별히 할 필요가 없다. 받기만 하면 된다. 주 예수 그리스도께서 당신의 죄들을 위해 죽으셨고 또 살아나심으로써 당신의 죄 문제를 다 해결해 놓으셨다는 사실을 당신이 믿기만 하면 된다는 말이다.

5:18 그러므로 한 사람의 범죄로 말미암아 심판이 모든 사람에게 임하여
정죄에 이른 것같이 한 사람의 의로 말미암아 값없는 선물이 모든
사람에게 임하여 생명의 의롭다 하심에 이르렀느니라.
19 한 사람의 불순종으로 인하여 많은 사람이 죄인이 된 것같이 한 사
람의 순종으로 인하여 많은 사람이 의인이 되리라.
20 율법이 들어온 것은 범죄가 많아지게 하려는 것이라. 그러나 죄가

많아진 곳에 은혜가 더욱 넘쳤나니
21 죄가 군림하여 사망에 이른 것같이 은혜도 의를 통하여 군림하여
예수 그리스도 우리 주로 인해 영원한 생명에 이르게 하려는 것이니
라.

『**그러므로 한 사람의 범죄로 말미암아 심판이 모든 사람에게 임하여 정죄에 이른 것같이 한 사람의 의로 말미암아 값없는 선물이 모든 사람에게 임하여 생명의 의롭다 하심에 이르렀느니라**』(18절).

앞에서 이미 말한 것처럼 아담 한 사람의 범죄로 인해서 모든 사람이 심판 받아 정죄되었지만, 주 예수 그리스도 한 분의 의로 말미암아 모든 사람에게 하나님의 『**값없는 선물**』이 전달되어 『**생명의 의롭다 하심**』을 받게 되었다. 당신이 할 일은 다만 그 선물을 고맙게 받는 것뿐이다. 선물을 받기 위해 특별히 할 일이 따로 있는 게 아니다. 그저 고맙게 받기만 하면 그것으로 충분하다.

『**한 사람의 불순종으로 인하여 많은 사람이 죄인이 된 것같이 한 사람의 순종으로 인하여 많은 사람이 의인이 되리라**』(19절).

아담 한 사람이 불순종하는 바람에 모든 사람들이 다 죄인이 되었을 뿐만 아니라, 거기에 또 모든 사람들이 또 실제로 죄를 짓는다. 당신은 설사 죄를 짓지 않는다 해도 아담으로 인하여 이미 죄의 본성을 타고난 죄인인데다가 당신 스스로가 또 실제로 죄를 짓는 죄인이다. 그러나 이와는 반대로 주 예수 그리스도의 순종으로 인하여 모든 사람들이 다 의인이 될 수 있게 되었지만, 그렇다고 모든 사람들이 각기 실제로 의를 행하는 것도 아니요 의인인 것도 아니다. “죄”의 경우는 한 사람으로 인하여 모두 죄인이 되었을 뿐만 아니라 모든 사람이 또 죄를 짓기 때문에, 당신의 죄는 아담의 것이면서 또 당신 자신의 것이다. 그러나 "의"의 경우는 그렇지가 않다. 예수 그리스도 한 사람으로 인하여 모든 사람이 의롭게 되었으되, 모든 사람이 실제로 의를 행하는 게 아니기 때문에, 당신의 의는 그리스도를 통한 하나님의 의일 뿐 당신 자신의 의가 아니다. 다시 말해서, 하나님의 『**의**』가 예수 그리스도를 통하여 당신에게 "전가"된 것이지 당신이 원래 의인이어서 스스로 의를 지니고 있는 것은 아니라는 말이다. 설사 당신이 그리스도께로부터 전가 받은 의 말고도 당신 스스로가 독자적으로 의로운 일을 행한다 할지라도 하나님께서는 오직 그리스도의 의 외에는 관심이 없으시다. 당신은 주 예수 그리스도, 그분의 의로 말미암아 "의롭다고 여겨졌고" 또 "의롭게 된 것"이지 당신 스스로가 실제로 의로워서 그런 것도 아니요, 당신의 의를 보시고 당신을 의롭다고 여기신 것도 아니며 또 의롭게 된 것도 아니라는 말이다. 주님께서 당신을 구원하셨기 때문에 당신은 "무죄한" 본성을 가질 수밖에 없게 되었다는 말이다. 주 예수 그리스도께서 당신에게 자동적으로 "무죄"가 선고되게 하시려고 당신의 죄들을 몸소 짊어지고 십자가에 달려 죽으셨고 그것으로 당신의 죄값을 치르셨으며, 다시 살아 일어나심으로 당신에게 그분의 의가 전가되도록 하신 것이다. 아담이 범죄하였기 때문에 당신도 자동적으로 죄인이 되었고 또 실제로 범죄하게 되었지만, 당신은 자신의 죄들을 모두 예수 그리스도께 전가해 버리고 대신 그분의 의를 전가 받아서 무죄한 사람이 되었던 것이다. 예수 그리스도의 의를 전가 받았기 때문에 당신은 온전한 의, 온전한 거룩함, 온전한 성결, 온전한 지위를 얻게 된 것이다. 당신은 땀 한 방울 흘리지 않고도 이 모든 온전한 것들을 얻은 것이다. 그것은 『**값없는 선물**』이었다.

『율법이 들어온 것은 범죄가 많아지게 하려는 것이라. 그러나 죄가 많

아진 곳에 은혜가 더욱 넘쳤나니』(20절).

율법이 생긴 것은 세상에 얼마나 범죄가 많은가를 가르쳐 주기 위함이었다.

『**그러나 죄가 많아진 곳에...**』 아닌 게 아니라 그러나 세상에는 죄가 많아졌다. 그러자 어찌 되었는가? 『**은혜가 더욱 넘쳤나니**』라고 말씀한다. 율법 아래에서도 하나님의 은혜가 넘치고 있었음을 우리는 성경에서 본다. 율법이 죄를 보여주고 죄를 묻지만, 그렇다고 하나님의 은혜가 율법 때문에 베풀어지지 않는다고 생각하면 큰 착각이다. 율법만 있고 하나님의 은혜가 없었다면 지금까지 살아남은 사람은 하나도 없었을 것이다.

예를 들면, 유대인들은 출생 8일째 되는 날 할례를 받도록 율법으로 정해져 있었지만 출애굽 이후 광야생활 40년 동안 광야에서 태어난 모든 백성은 할례를 받지 못했다(수 5:3-8). 이것은 명백하게 율법을 어긴 것이었지만, 그러나 하나님께서는 이것을 용서하시고 벌하지 않으셨다.

안식일만 해도 그렇다. 안식일을 기억하고 거룩하게 지키며 엿새 동안 일한 뒤 일곱째 날은 아무 일도 하지 않도록 율법은 요구하고 있었다(출 20:8-11). 그리고 만약 이 율법을 어기고 안식일을 더럽힐 경우에는 모두 반드시 죽임을 당하고 이날 일하는 사람은 백성 가운데서 끊어지리라고 경고되고 있었다(출 31:14-17). 그러나 그들은 여리고 성을 칠 일째 되는 날에도 돌았고 이날에는 다른 날과 달리 오히려 일곱 번이나 도는 바람에 안식일을 범하고 말았다(수 6:3-15). 그러나 하나님께서는 그들을 죽이거나 백성들로부터 끊어지게 하지 않으셨다.

삼손의 경우는 또 어떠했던가? 제사장이나 재판관이 죽은 사람의 시체를 만졌을 경우 성별의 물을 뿌려 스스로를 정결케 하지 않으면 성소를 더럽힌 것이 되어 회중 가운데서 끊어지도록 율법은 경고하고 있었다(민 19:13-20). 그러나 삼손은 율법대로 하지 않았음에도 불구하고 이로 인해 죽임을 당하지는 않았다.

이처럼 어느 경륜 세대를 막론하고 하나님의 은혜는 넘치고 있었다. 나는 하나님의 은혜가 중단되었던 경륜 세대가 있었다는 이야기를 한 번도 들어 보지 못했다. 구원을 위하여 어떤 세대에는 행위가 요구되고 어떤 세대에는 믿음이 요구되며, 또 어떤 경륜기에는 믿음과 행위가 다 같이 요구되는 등 세대마다 구원 계획의 틀이 다르지만, 하나님의 은혜만큼은 어느 경륜 세대를 막론하고 처음부터 끝까지 줄곧 베풀어진다. 하나님께서 만약 은혜를 거두신다면 세대 여하를 불문하고 모두가 지옥에 갈 수밖에 없다.

은혜가 무엇인가? 나는 은혜를 설명해주는 가장 좋은 예화들 가운데 하나로 뉴욕 시장을 지낸 바 있는 라과디아 씨 이야기를 꼽는다. 과거 뉴욕 시장이 되기 직전 판사로 있을 당시 라과디아 씨는 식구들에게 먹이기 위해 빵을 훔친 한 가난한 도둑을 재판한 적이 있었다.

"피고는 정말 빵을 훔쳤소?" 라과디아 판사가 피고에게 물었다.

"예, 사실입니다. 제가 빵을 훔쳤습니다."

빵 도둑이 솔직하게 죄를 시인했다. 그래서 라과디아 판사는 그 빵 도둑에게 10달러의 벌금형을 선고했다. 그리고 자기 호주머니에서 10달러를 꺼내 그 도둑을 위해 자기가 대신 벌금을 내주었다. 그리고 라과디아 판사는 그 사람이 빵을 훔칠 수밖에 없는 처지로 몰아넣은 그 마을 사람들에게 책임을 물어 50달러의 "벌금"을 매겼다. 그뿐 아니라 공판정 안에서 즉석 모금운동을 펼쳐 47달러 50센트의 성금을 거둬들였다. 그리하여 빵 도둑은 97달러 50센트의 돈을 손에 쥐고 법정을 나설 수가 있었다. 이게 다 무엇인지 아는가? 바로 이런 것을 나는 "은혜"라고 부른다.

이렇게 한번 생각해보라. 당신이 죄인으로 법정에 끌려나와 재판을 받는다. "너는 죄가 있다고 생각하느냐, 없다고 생각하느냐?" 재판관이 당신에게 묻는다.

"나는 죄인이올시다." 당신이 솔직하게 시인한다.

"좋다. 너는 유죄다. 그러므로 사형에 처한다."

재판관이 당신에게 사형선고를 내린다. 그리고 법정 안에서 당신을 위해 성금을 모아 2만 5천 달러나 되는 거금을 거둬준다. 그리고는 재판관이 자리에서 일어나 자기가 당신을 위해 대신 죽기 위해 전기의자로 옮겨가 앉는다. 당신은 이런 것을 상상이나 할 수 있겠는가? 그러나 주 예수 그리스도께서 당신을 위해 하신 일이 바로 이런 것이었다. 주님의 "은혜"란 바로 이런 것이다. 이런 이야기를 캠벨주의자들에게 한번 들려줘 보라. 아마 빨간 신호등이 갑자기 파란 색으로 변한 것만큼이나 그들은 안색이 돌변하면서 붉으락푸르락 할 것이다.

『**죄가 군림하여 사망에 이른 것같이 은혜도 의를 통하여 군림하여 예수 그리스도 우리 주로 인해 영원한 생명에 이르게 하려는 것이니라**』(21절).

이 구절을 잘 보라. 죄가 군림하여 사망에 "이른 것"이라고 말씀한다. 즉 그것은 과거의 사건이다. 그러나 은혜에 대해서는 영원한 생명에 "이르게 하려는 것"이라고 말씀하여, 이것을 미래의 일로 나타내고 있다. 이것은 우리의 의가 아직은 완성된 것이 아니라, 현재 의가 전가되었으되, 그것이 사실상 완성되는 것은 장래의 일임을 뜻한다. 다시 말해서, 당신이 실질적으로 그리스도의 본성을 갖게 되는 것은 장래의 일이요, 지금은 실질적으로 아담의 본성을 지니고 있다는 말씀이다. 현재로서는 당신이 그리스도의 본성을 "영적으로" 지니고 있는 것이고, 장차 언제인가 당신은 그분의 본성을 "실제로" 갖게 될 것이다. 그날 당신은 그분의 살과 뼈를 실제로 갖게 될 것이요, 그 후로는 그분과 일치한 몸으로 영원토록 죄가 없는 온전한 존재가 될 것이다.

로마서 6장

6:1 그런즉 우리가 무슨 말을 하리요? 은혜가 넘치게 하려고 죄에 거하
겠느냐?
2 결코 그럴 수 없느니라. 죄에게 죽은 우리가 어떻게 더 이상 그 가
운데 살겠느냐?
3 예수 그리스도 안으로 침례받은 우리가 그의 죽으심 안으로 침례받
은 것을 알지 못하느냐?
4 그러므로 우리가 죽음 안으로 침례를 받아 그와 함께 장사되었으니
이는 아버지의 영광으로 인하여 그리스도께서 죽은 자들로부터 일으
켜지심과 같이 우리도 또한 생명의 새로움 가운데서 행하게 하려 함
이니라.
5 만일 우리가 그의 죽으심의 모양으로 함께 심겨졌다면 또한 그의
부활하심의 모양과 같이 되리라.

『**은혜가 넘치게 하려고 죄에 거하겠느냐?**』(1절)

앞서 5:20에서 『**죄가 많아진 곳에 은혜가 더욱 넘쳤나니**』라고 말씀했다. 이것을 곡해하여 "옳지, 죄를 많이 지었더니 은혜가 더욱 넘치는구나."라고 생각하고 죄 가운데 그냥 머물러 있다면, 이보다 어리석은 짓이 또 없다. 5:17에서 『**은혜의 풍성함과 의의 선물을 넘치도록 받는 사람들이... 예수 그리스도로 인하여 생명 안에서 군림할 것이니라.**』고 말씀했던 것을 기억한다면, 이것이 얼마나 바보 같은 생각인가를 금방 깨달을 것이다. 성경은 죄가 군림하는 곳에서 벗어나 예수 그리스도께로 와 그분만을 붙잡고 있어야만 『**은혜의 풍성함과 의의 선물을 넘치도록**』 받을 수 있고 사망이 군림하는 곳에서 벗어나 예수 그리스도께로 와야만 그분을 통하여 『**생명 안에서 군림**』할 수가 있다고 분명하게 말씀하고 있음을 잊지 말라. 그래서 당신은 예수 그리스도를 믿고 구원받아 풍성한 은혜를 누리며 생명 안에서 군림할 수 있게 되었다.

『**그런즉 우리가 무슨 말을 하리요?**』 의의 선물을 넘치도록 받고 풍성한 은혜 가운데 들어와 살게 되었으니 하나님께로부터 이토록 과분한 대우를 받으면서도 지난날 구원받지 못했던 시절처럼 마귀에게 붙어 살아갈 수야 없지 않은가? 당신이 구원받아 거듭난 사람이라면 그러고 싶어도 사실상 불가능하다. 어째서 그런지 아는가? 다음을 보라.

『**결코 그럴 수 없느니라. 죄에게 죽은 우리가 어떻게 더 이상 그 가운데 살겠느냐?**』(2절)

결코 그럴 수야 없다고 말씀한다. 이것을 〈킹제임스성경〉은 "하나님께서 금하신다."라는 뜻으로 "God forbid."라고 표기하고 있다. 하나님께서 금하시니 절대로 불가능하다는 뜻인데, 즉 예수 그리스도 안으로 들어왔으면, 죄에 거한다는 것이 사실상 불가능하다는 것이 성경의 입장이다. 예수 그리스도를 믿고 구원받은 사람은 이미 『**죄에게 죽은**』 사람이기 때문에 죄와는 완전히 인연을 끊은 사람이다. 어떤 목사가 그리스도인들을 대상으로 설교하면서 "우리는 죄 가운데 산다."고 말하는 것을 이따금씩 듣는다만, 이것은 옳지 않은 서술이다. 여기 2절에서 우리는 『**죄에게 죽은**』 사람이라고 분명히 말씀하기 때문이다. 『**죄에게 죽은 사람**』이라면 절대로 죄 가운데 살고 있는 게 아니다. 『**죄에게 죽은**』 사람은 무슨 짓을 한다 해도 그리스도 안에 살고 있는 것이지 결코 죄 가운데 살고 있는 것이 아니다. 우리 그리스도인들은 『**죄에게 죽은**』 사람들이다. 우리가 죽었다는 것을 어떻게 아는가? 7절에서도 우리가 『**죽은 자**』라고 말씀한다. 8절에서도 우리가 죽었다고 말씀한다. 11절에서도 우리가 『**정녕 죄에게는 죽은 자**』라고 말씀한다. 그런데 어찌 우리가 죄 가운데 산다고 말할 수 있단 말인가? 그리스도인들은 그리스도 안에 살고 있기 때문에 그리스도인들이다.

물론 당신은 여전히 "죄를 짓고 범죄할 수는" 있다. 그러나 "죄 가운데 살지는" 못한다. 당신은 죄에 대해서는 이미 죽었기 때문이다. 거기서 죽은 사람이 어떻게 거기에 여전히 산단 말인가? 당신은 이제 그리스도 안에 들어와 살고 있다. 『**죄에게 죽은 우리가 어떻게 더 이상 그 가운데 살겠느냐?**』 죄에게 죽은 사람은 죄 가운데 살려고 해도 불가능하다. 그런데 어찌 그 가운데 살려고 마음먹을 수 있겠느냐고 이 구절은 말씀하고 있는 것이다. 만일에 그리스도인이 여전히 죄 가운데 살고 있다면 그 사람은 사실인즉 그리스도인이 아니다. 그리스도인이 아니면서도 그리스도인인 척했거나 아니면 그리스도인인 줄 착각하고 있는 것이다. 만약 그것도 아니라면 자기가 여전히 죄 가운데 살고 있다고 마귀에게 속고 있기 때문이다. 아닌 게 아니라 마귀는 이렇게 그리스도인들을 속이기도 한다. 왜 그런지 아는가? 당신으로 하여금 구원을 의심하게 하고 불안하게 만들기 위해서다. 그리고 어떤 "선한 행위"로 그 불안을 떨쳐버리도록 유도하기 위해서다. 이에 대해서는 뒤에서 더 설명하겠다.

『예수 그리스도 안으로 침례받은 우리가 그의 죽으심 안으로 침례받은 것을 알지 못하느냐?』(3절)

대부분의 침례교 사람들은 이 구절이 "물침례"를 말하는 것으로 받아들인다. 여기 3절뿐만 아니라 4절, 5절이 다 그런 것으로 그들은 생각한다. 그러나 나는 그렇게 생각하지 않는다. 그 이유는 여기뿐만 아니라 로마서 전체를 통틀어 나는 "물" 이야기를 발견할 수 없기 때문이다. 여기 3절에서 **『예수 그리스도 안으로 침례받은 우리』**라고 읽으면서 나는 결코 누구를 "물" 속에 집어넣는 장면을 연상하지 않는다. 왜냐하면 여기에 "물" 이야기는 전혀 비치지도 않기 때문이다. 그런데도 캠벨주의자들이나 로마카톨릭에서는 이 구절을 자신들의 이단 교리인 물침례 구원설을 뒷받침하는 데 이용한다. 그러나 이 구절은 아무리 다시 읽어 보아도 **『예수 그리스도 안으로 침례』** 받았다고 말씀하지 "물" 안으로 침례 받았다고는 말씀하지 않는다. 그들은 침례 의식이 "물"로 행해진다는 것을 이유로 "침례"라는 단어만 나오면 무조건 "물"을 연상하고 "물"과 결부시켜 생각하는 아주 못된 습관을 갖고 있다. 그들은 **『예수 그리스도 안으로』** 침례 받는다는 말을 놓고 "어떻게 사람이 예수 그리스도 안으로 푹 잠긴다는 말이냐?"고 어리둥절해한다. 저들에게는 이만한 영적 이해력조차도 없는 것이다. 그들 말대로 "물"로 침례 받아야만 구원받을 수 있다는 말이 옳다면 우리는 너도나도 시청 수도과 사람들과 긴밀한 관계를 맺고 있어야 할 판이다.

『예수 그리스도 안으로 침례받은 우리가 그의 죽으심 안으로 침례받은』 다음에 여기 6장에서 뒤를 잇는 것은 그리스도인의 죄에 대한 승리에 대한 언급이다. 당신이 그리스도인이라면 로마서 6장과 7장을 거치는 동안

"승리"를 발견하게 될 것이다. 그러므로 여기서 말씀하고 있는 진리들을 계속해서 실제 삶에 적용하기만 하면 당신은 계속해서 승리를 얻는다. 문제는 어떻게 하면 이 진리들을 계속적으로 삶에 적용하느냐 하는 것이 관건이다.

『그러므로 우리가 죽음 안으로 침례를 받아 그와 함께 장사되었으니 이는 아버지의 영광으로 인하여 그리스도께서 죽은 자들로부터 일으켜지심과 같이 우리도 또한 생명의 새로움 가운데서 행하게 하려 함이니라』 (4절).

구원받고 그리스도 안에 들어가 있게 된 당신은 세 가지 묘한 입장에 처하게 되었음이 이 부분의 문단에서 천명되고 있다. 어떤 입장들인가? 무엇보다 첫째로 당신은 그리스도와 함께 십자가에 처형되었다. 이것은 다음 6절에서도 『**우리 옛 사람이 그와 함께 십자가에 못박힌 것은...**』이라는 말씀으로 확실하게 천명되고 있다. 둘째로 당신은 예수 그리스도 안으로 침례 받음으로써 그분의 『**죽으심 안으로**』 침례 받았다. 이것은 위 3절에서 분명하게 천명되고 있는 사실이고 여기 4절에서도 『**우리가 죽음 안으로 침례를 받아 그와 함께 장사되었으니**』라는 말씀으로 재확인되고 있다. 이것이 당신이 처한 두 번째 입장이다. 그 다음 세 번째로 당신은 『**생명의 새로움 가운데서 행하게**』 되었다. 이것이 당신이 처하게 된 세 번째 입장이다. 이렇게 볼 때, 그리스도인이야말로 정말 수수께끼 같은 존재요, 대단히 기묘한 입장에 놓여 있는 존재다. 알고 보면 그리스도인은 네 가지, 다섯 가지 상이한 삶을 사는 사람이다.

그는 죽었으되 마치 살아 있는 것처럼 왔다갔다 걸어 다니는 몸을 갖고 있다. 그러나 이게 그 사람 자신이냐 하면 결코 그런 게 아니다. 그리스도인은 또 다른 사람 하나를 이 몸 안에 갖고 있는데, 이것은 내면적인 새 사람으로 이른바 "속 사람"이라는 것이 이것이다. 그런가 하면 또 장사되어 땅에 묻혔으되 여전히 십자가에 매달려 고통을 받고 있는 사람이 그에게는 또 있다. 이 사람은 분명 십자가에 처형되었으되 아직 생명이 붙어 있어 고통을 겪고 있는 존재다. 도대체 이런 일들이 어떻게 가능할까? 그 이유는 이렇다. 현재 실제 몸으로 표면상 나타나고 있는 당신의 육신은 그리스도와 함께 십자가에 달려 있다. 그래서 당신의 몸은 현재 질질 끄는 죽음의 고통 가운데서 천천히 죽어가고 있는 중이다. 그러나 육신으로 나타나 있는 이 사람은 하나님께서 보시기에는 이미 죽어서 장사되어 땅에 묻혀 있다. 당신의 눈에는 이 사람이 보이지만 하나님께서는 당신의 육신을 알아보려고도 하지 않으신다. 하나님의 관점에서는 예수 그리스도를 믿고 구원받은 당신은 그 육신이 이미 죽었고 장사지내졌으며 땅에 묻혀 썩어 없어졌고 그것으로 이미 끝났다. 그렇기 때문에 당신이 현재 육신적으로 활동하면서 현실적으로 소비하고 있는 시간들은 순전히 시간을 낭비하고 있는 것에 지나지 않는다. 당신의 육신은 하나님께는 이미 존재하지도 않기 때문에 그 육신으로 행하는 여하한 것도, 육신이 소비하고 있는 여하한 시간도, 하나님께는 존재하지 않는 것들이다. 따라서 당신이 육신으로 행하는 그 어떤 내용들도 하나님의 컴퓨터에는 전혀 입력될 리가 없고 그럴 필요도 없다. 그 육신은 이미 죽은 사람이기 때문이다.

그런데, 이렇게 걸어 다니는 당신의 그 죽은 몸 안에는 새 사람이 또 떡 하니 들어와 있다. 이 사람과 이 사람의 삶에 대해 바울은 이렇게 언급한다. 『**내가 그리스도와 함께 십자가에 못박혀 있으나 그럼에도 나는 살아 있노라. 그러나 내가 사는 것이 아니요, 그리스도께서 내 안에 사시는 것이라. 내가 이제 육신 안에서 사는 삶은 나를 사랑하시어 나를 위해 자신을 주신** 하나님의 아들을 **믿는 믿음으로 사는 것이라**』(갈 2:20).

여기까지만 해도 당신은 벌써 세 가지 상이한 삶을 살고 있는 것을 확인해본 셈이다. 당신이 주 예수 그리스도를 믿고 그분을 당신의 구주로 영접할 때, 당신은 그분의 생명 안으로 들어가고, 그분의 생명은 열린 무덤에서 나와 십자가로 되돌아가 매달린다. 이것은 실로 정말 엄청난 바꿔치기가 아닐 수 없지만 당신이 구원받는 순간 실제로 일어나는 놀라운 영적 교류다. 요즘 구원받는 사람들은 좀처럼 이런 이야기를 들을 기회가 없기 때문에 이런 신비스런 이야기를 듣고 의아해한다는 것을 나도 잘 안다. 요즘 라디오 선교방송을 틀기만 하면 그들의 귀에 밤낮 들려오는 소리는 "그리스도께서 내 삶 가운데 들어오셨던 그 날을 내 어찌 잊으리요!" 따위 유행가 가사 같은 말뿐이다. 자신의 "생활 속에" 그리스도를 모시고 사는 사람들은 마귀의 삶 가운데 들어가 살고 있는 사람이다. 요즘 그리스도인이라 자처하는 사람들이 흔히 쓰는 사탄적인 말 가운데 대표적인 표현 두 가지가 무엇인지 아는가? "나의 간증, 나의 체험을 당신과 나누어 갖고 싶다."는 것이 그 하나이고, "나의 삶 가운데 그리스도를 맞아들였다."는 것이 다른 하나다. 그리스도께서 당신의 삶 가운데 들어와 계시다면, 그것은 아무 의미도 없고 그거야말로 한 푼어치의 가치도 없다. 그리스도께서 당신 몸 안으로 들어오지 않으셨다면 당신은 지옥에 가야 한다. 그리스도께서 당신의 삶(생활) 속에 들어와 계시다면, 그분께서는 최소한 일주일 걸러 한 번씩은 들랑날랑 하실 것이다.

당신이 정말로 구원받은 그리스도인이라면 그리스도께서는 당신의 생활 속에 들어와 계신 것이 아니라 바로 당신의 "몸 안에" 들어와 계신다. 그분께서 당신 몸 안에 들어와 계셔야만 그분께서는 당신에게 『**영광의 소망**』이 되신다(골 1:27). "몸"을 "삶"(또는 "생활")이라는 단어로 대체해 버리면 당신은 궤도에서 이탈하여 탈선하게 된다. "나의 삶 가운데" 그리스도께서 들어오셨다니! 내가 자신 있게 말하건대, 주님께서는 마귀의 삶 가운데도 깊숙이 파고들어 가신다. 마귀는 이것이 싫어서 몸부림을 치고 질색을 하지만 말이다. 내가 또 자신 있게 말하건대, 그리스도께서는 구원받지 못한 사람의 삶 가운데도 심심찮게 파고들어 가셔서 그들이 나쁜 짓을 하고자 할 때 발로 걷어차 혼내주기도 하신다. 그리스도께서 당신의 삶 속에 들어와 계신다는 것은 정말이지 아무것도 아니다. 그러므로 누가 당신더러 "주님을 당신의 삶 속에 맞아들이십시오." 어쩌고 하더라도 당신은 콧방귀도 뀔 필요가 없다.

당신이 구원받으면 그리스도께서는 당신의 몸 안으로 들어오신다. 몸 안으로 들어오시는 것이나 삶 가운데 들어오시는 것이나 다 마찬가지 아니냐고 생각할는지 모르지만, 천만의 말씀! 이것은 전혀 다르다. 어떻게 다른지 아는가? 그분께서 당신의 삶 가운데 들어오셨다면 당신이 할 일은 지옥에 가는 것뿐이기 때문에 달라도 아주 다르다. 그러므로 그분께서는 당신의 몸 안으로 들어오셔야만 한다.

『**만일 우리가 그의 죽으심의 모양으로 함께 심겨졌다면 또한 그의 부활하심의 모양과 같이 되리라**』(5절).

우리 그리스도인들은 이미 과거에 예수 그리스도의 『**죽으심의 모양으로 함께 심겨졌다**』. 그런즉, 이제 장차 『**그의 부활하심의 모양과 같이**』 되는 일만 남았다. 이것은 사실 그대로 물리적, 신체적으로 이루어질 미래의 실제 사건이다. 우리는 그리스도와 함께 십자가에 처형되었고 그분의 죽으심 안으로 침례 받아 그분과 함께 장사되었기 때문에 그 죽음의 모양이 그분의 『**죽으심의 모양**』 그대로였다. 그러므로 우리의 부활 또한 그 모양이 그분의 『**부활하심의 모양**』과 똑같을 것이다. 심기를 똑같이 심었으니 살아 나오는 것 또한 똑같을 수밖에 없는 것이다. 우리는 이미 그리스도의 『**죽으심의 모양**』 그대로 심겨졌다. 이것은 과거의 일이다. 이것이 확실한 일이었다면, 이제 우리가 장차 그리스도의 『**부활하심의 모양**』으로 부활하게 될 것 역시 확실한 일이다.

6:6 우리가 이것을 아나니 곧 우리 옛 사람이 그와 함께 십자가에 못박힌 것은 죄의 몸을 멸하여 더 이상 우리가 죄에게 종 노릇 하지 않게 하기 위함이니라.
7 이는 죽은 자가 죄로부터 자유롭게 되었기 때문이라.
8 이제 우리가 그리스도와 함께 죽었으면 또한 그와 함께 살 줄을 믿으며
9 그리스도께서 죽은 자들로부터 일으켜지셔서 다시는 죽지 아니하시고 사망이 더 이상 그를 주관하지 못하는 줄 우리가 아노라.
10 그가 죽으신은 죄에게 단번에 죽으심이요, 그가 사심은 하나님께 사심이라.

『**우리가 이것을 아나니 곧 우리 옛 사람이 그와 함께 십자가에 못박힌 것은 죄의 몸을 멸하여 더 이상 우리가 죄에게 종 노릇 하지 않게 하기 위함이라**』(6절).

우리의 옛 사람이 그리스도와 함께 십자가에 못박힌 것, 이것이 우리에게 일어났던 사건의 시작이었다. 그 결과 우리는 『**더 이상... 죄에게 종 노릇 하지 않게**』 되었다. 어째서 그런가? "죄의 몸이 멸하여졌으니" 당연한 귀결이 아닌가? 죄의 몸이 멸하여 더 이상 존재하지도 않는데 어떻게 계속해서 죄에게 종 노릇을 할 수 있겠는가? 다음 7절을 보라.

『**이는 죽은 자가 죄로부터 자유롭게 되었기 때문이라**』(7절).

죽은 사람은 죽었기 때문에 더 이상 죄를 지으려고 해도 지을 수가 없다. 죽어서 공동묘지에 묻힌 사람이 해가 가고 세월이 지나도 죄를 짓는 것을 나는 보지 못했다. 아무리 극악한 죄인이라도 일단 죽고 땅에 묻히면 그만인 것은 얼마든지 보아왔지만 말이다. 그래서 죽은 사람의 죄의 몸은 죄로부터 완전 해방된다.

『**이제 우리가 그리스도와 함께 죽었으면 또한 그와 함께 살 줄을 믿으며**』(8절).

우리야말로 『**그리스도와 함께 죽었으면**』이 아니라 정말로 그리스도와 함께 죽었다. 그러나 우리는 그것으로 끝난 게 아니다. 『**또한 그와 함께 살 줄을**』 믿으라고 말씀하기 때문이다. 우리는 반드시 그렇게 될 것이다. 우리는 생물학적으로, 물리적으로, 신체적으로, 현실적으로 정말 살아 일어나게 될 것이다. 그리스도의 『**부활하심의 모양**』(5절) 그대로 말이다.

『**그리스도께서 죽은 자들로부터 일으켜지셔서 다시는 죽지 아니하시고 사망이 더 이상 그를 주관하지 못하는 줄 우리가 아노라**』(9절).

이것이 바로 우리가 장차 뒤따르게 될 그리스도의 『**부활하심의 모양**』이다. 그분께서는 죽은 자들로부터 다시 살아 일으켜지셨고, 사망이 더 이상 그분께 영향력을 행사하지 못하게 되었으며, 따라서 그분께서는 다시는 죽지 아니하시고 영원히 살아 계신다. 우리는 이 사실을 알고 있을 뿐만 아니라 우리도 장차 그렇게 되리라는 것 또한 분명하게 알고 있다. 우리가 그것을 어떻게 아는가? 성경이 여기서 그렇게 말씀하고 있기 때문이다. 『**이제 우리가 그리스도와 함께 죽었으면 또한 그와 함께 살 줄을 믿으며**』(8절), 『**그의 부활하심의 모양과 같이 되리라.**』(5절)고 성경은 확실히 약속한다.

『**그가 죽으심은 죄에게 단번에 죽으심이요, 그가 사심은 하나님께 사심이라**』(10절).

죄를 알지도 못하는 예수 그리스도이셨다. 그러나 우리를 위하여 죄로 삼으신 바 되셨고 또 죽으셨다(고후 5:21). 따라서 그분의 죽으심은 『**죄에게 단번에 죽으심**』이 되는 죽으심이었다고 이 구절은 말씀한다. 몸소 죄 그 자체가 되셨고 또 죽으셨기 때문에 이것으로 죄와의 관계를 일시에 모두 청산해 버리셨던 것이다. 그리하여 죄의 문제가 단번에 해소되고 말았다. 그렇기 때문에 부활하신 그분의 『**사심**』은 죄와는 전혀 무관한 『**사심**』이요, 죄와 무관한 『**사심**』이기에 그것은 『**하나님께 사심**』이 된다.

중요한 사실은 그분의 죽으심과 사심이 그러하듯이 그분의 죽으심의 모양대로 죽었던 우리 또한 『**죄의 몸을 멸하여**』(6절) 『**죄로부터 자유롭게**』(7절) 되었기에 죄에 대해서는 죽은 것이요, 하나님께는 영원히 산 것이 되었다는 사실이다. 이것을 아는 것이 매우 중요하다. 다음 11절은 이 점을 역설하고 있다.

6:11 이와 같이 너희도 너희 자신을 정녕 죄에게는 죽은 자요, 예수 그리스도 우리 주로 말미암아 하나님께는 산 자로 여기라.
12 그러므로 너희는 죄가 너희 죽을 몸 안에서 군림하지 못하게 하여 몸의 정욕 가운데 죄에게 순종하지 말고
13 또 너희 지체를 불의의 병기로 죄에게 내어주지 말고 다만 너희 자신을 죽은 자들로부터 살아난 자들처럼 하나님께 드리며 너희 지체를 의의 병기로 하나님께 드리라.

『**이와 같이 너희도 너희 자신을 정녕 죄에게는 죽은 자요, 예수 그리스**

도 우리 주로 말미암아 하나님께는 산 자로 여기라』(11절).

『**이와 같이**』. 무엇과 같이 말인가? 앞서 9절과 10절과 같이 말이다. 예수 그리스도께서 죽으셨고 죽은 자들로부터 일으켜지셨으며 사망이 더 이상 그분을 주관하지 못하게 됨으로써 다시는 죽지 아니하신다는 사실, 죽으심으로 모든 죄를 단번에 청산해버리셨고(당신과 나의 모든 죄들을 포함하여) 따라서 다시 사신 그분의 사심은 죄가 주관하지 못하는 사심이기에 하나님께 사시는 것이 되었다는 사실, 이것이 9절과 10절의 말씀이었다.

『**이와 같이**』, 즉 그리스도께서 그러하신 것처럼, 구원받고 그리스도인이 된 우리들도 『**이와 같이**』, 『**죄에게는 죽은 자**』가 되었다. 예수 그리스도, 그분으로 말미암아 당신은 『**정녕 죄에게는 죽은 자**』다. 죄로부터 완전히 해방된 것이다. 그러므로 이제는 더 이상 죄가 당신을 주관하지 못한다. 당신은 죄로부터 자유롭게 된 것이다. 그 대신에 당신은 『**하나님께는 산 자**』로 선포되었다.

이 선포가 당신에게 실질적인 것이 되기를 원하는가? 그리고 그것을 실감하면서 현실적인 삶에 적용되기를 바라는가? 그렇다면 이렇게 하면 된다. 그렇다고 『**여기라.**』 이것이 성경의 명령이다. "여긴다"("reckon")는 것은 그렇다고 "계산한다"는 뜻이다. 당신은 『**죄에게는 죽은 자**』이다. 그러므로 죄에 관한 한 당신은 죽은 사람으로 계산하면 된다. 죄에게 죽은 당신을 계산 장부에서 아예 지워 버려라. 당신은 그 대신 『**하나님께는 산 자**』이다. 그러므로 하나님에 관한 한 당신은 산 사람으로 계산하면 된다. 당신의 치부책에 이 『**산 자**』를 올려놓아라.

당신에게는 두 사람이 있다. 하나는 죄에게는 죽은 사람이요 시체이고, 다른 하나는 하나님께 산 사람이다. 이런 점에서 그리스도인은 모두가 죽었으되 살아 있는 "좀비"(zombie)들이다. 당신의 "죽은 자"는 시체이다.

그 시체 속에 당신의 "산 자"가 들어 있다. "현대" 교육에서 인간에 대해 아주 엉터리로 가르쳐 놓는 바람에 인간은 엉터리가 되고 말았다. "현대" 교육에서는 당신으로 하여금 당신의 몸이 당신 자신이라고 줄곧 생각하도록 만든다. 그러나 성경은 그렇게 가르치지 않는다. 성경에 따르면 당신의 몸 안에 들어 있는 사람이 진짜 당신이다. 당신의 몸은 이미 죽은 시체일 뿐이다. 각급 학교에서는 소위 "레크리에이션"이라는 것을 학생들에게 가르친다. "레크리에이션"(recreation)이 무엇인가? 흔히들 기분전환을 위한 오락이나 휴양 정도로 이해하지만, 이것은 원래 "재창조," 즉 "새로 태어남"을 의미하는 말이다. 그러니까, "레크리에이션"이란 "중생"을 흉내낸 가짜 새로 태어남이다. "레크리에이션"은 몸을 위한 것이다. 시체 말이다. 당신은 그 시체가 아니라 그 시체 안에 들어 있는 사람이 진짜 당신이다. 그러므로 "레크리에이션"은 당신을 위한 것이 아니라 당신의 시체를 갖고 노는 우스꽝스러운 시체 놀음이다. 이것을 학교에서 학생들에게 가르치고 시행함으로써 어렸을 적부터 몸이 곧 자기 자신인 양 생각하도록 만들고 있는 것이다. 그래서 현대인들은 자나 깨나 죽은 시체만 만지작거리기를 좋아한다.

당신이 거듭난 후 점점 성숙한 그리스도인으로 성장해 가면서 무엇보다도 두드러지게 달라지는 점은 하나님의 은혜를 더욱더 깨달으면 깨달을수록 자신도 모르게 육신적 욕구와 만족의 추구가 계속 줄어들어 간다는 사실이다. 나는 이것을 원한다, 나는 저것이 필요하다, 나는 그것을 가져야만 한다, 나는 이렇게 했으면 좋겠다, 나는 저렇게 하고 싶다, 나는 아직 더 가져야 한다, 나는 이것으로는 안 된다, 나는 최소한 저 정도는 되어야 한다, 이런 너절한 욕망이 하나씩 둘씩 사라지기 시작하면 그 사람은 그리스도인으로서의 성숙의 길에 들어선 사람이다. 그의 육신은 이미 죽어서 땅에 묻혔고, 살아 있으되 그리스도와 함께 십자가에 걸려 있는지라, 육신의 탐욕은 당연히 사라져야만 하고 사라질 수밖에 없는 것이다. 당신이 만약 거듭난 그리스도인이면서 아직도 이것저것 갖고 싶은 게 많고 그것을 가지려고 안간힘을 쓰고 있다면 당신은 형편없는 갓난아기이거나 아니면 가짜로 거듭난 사람이거나 그것도 아니라면 단단히 마귀에게 속고 있어 아주 문제가 많은 사람이다. 그리스도인이 무엇인가를 갖고 싶다는 육신적 욕망에 사로잡혀 있다는 것은 그 육신이 죽지 않고 여전히 살아 있다는 증거인즉, 육신이 그렇게 팔팔하게 살아 있고서야 어찌 거듭났다고 할 수 있는가?

『**그러므로 너희는 죄가 너희 죽을 몸 안에서 군림하지 못하게 하여 몸의 정욕 가운데 죄에게 순종하지 말고**』(12절).

이 구절은 죄의 문제로 시달리고 있는 그리스도인에게 해답을 제시한다. 『**죄**』는 분명히 『**군림**』하고 있다. 이것은 명백한 사실이다. 그리스도인이라고 해서 죄 없이 죽는다는 것은 불가능하다. 이 사실은 다음 7장에서도 명백하게 천명된다. 그러나 당신은 이것을 분명히 알아야 한다. 그리스도인이 비록 죄 없는 삶을 살지는 못할지언정 죄 아래에 들어가 살지는 말아야 한다는 사실 말이다. 그리스도인은 설사 죄를 짓더라도 죄 "위에서" 살고 있는 사람이어야 한다. 그렇기 때문에 이 구절에서 당신에게 『**죄가 너희 죽을 몸 안에서 군림하지 못하게**』 하라고 명령하고 있는 것이다. 죄가 당신에게 군림하게 놔두면 당신은 죄 "아래"에 들어가 죄의 지배를 받게 된다. 그러므로 당신은 죄 "위에" 올라가 있어야 한다. 당신이 오히려 죄 위에 군림하는 것이다. 당신이 죄를 지배하라는 말이다. 어떻게 하면 그렇게 할 수 있는가? 『**몸의 정욕 가운데 죄에게 순종하지**』 않으면 그렇게 될 수 있다. 당신이 자동차를 운전하는 것이지 자동차가 당신을 운전하게 내버려 둘 수야 없지 않은가? 당신이 『**몸**』을 운전해야지 『**몸**』이 당신을 끌고 다니도록 내버려 둘 수야 없지 않은가? 당신이 『**정욕**』을 다스려야지 『**정욕**』이 당신을 좌지우지해서야 되겠는가? 이렇게 할 때 당신은 『**죄**』 위에 군림하게 된다. 이렇게 할 때 『**죄**』가 당신 위에 군림하지 못한다. 이것이 당신이 비록 죄 가운데 살더라도 죄 위에 군림하여 죄를 다스리면서 살 수 있는 방법이다. 바로 이것이 그리스도인이 갖고 있는 죄의 문제에 대한 명쾌한 해법이다. 이것이 바로 그리스도인이 매일 매일의 삶에서 승리를 거두며 살 수 있는 방법이다.

『**또 너희 지체를 불의의 병기로 죄에게 내어주지 말고 다만 너희 자신을 죽은 자들로부터 살아난 자들처럼 하나님께 드리며 너희 지체를 의의 병기로 하나님께 드리라**』(13절).

『**지체**』란 물론 몸의 각 부분들을 말한다. 우리 몸에는 일곱 『**지체**』가 있다. 그런데, 그리스도인은 몸을 죽은 것으로 여긴다(11절). 그렇기 때문에 그 『**지체**』들 역시 죽은 것이다. 그러나 그럼에도 불구하고 몸은 사실상 살아 있다. 그런즉 그 지체들 역시 사실상 살아 있다. 이 육신이 죄가 군림하는 가운데 죄 아래에 놓여 있으면 죄가 마음대로 지배하고 사용하기 때문에 당신의 지체는 불가불 『**불의의 병기**』가 될 수밖에 없다. 그러나 당신이 죄 위에 군림하여 죄를 지배하고 다스리면 당신의 육신은 『**죽은 자들로부터 살아난 자들처럼**』 되어 하나님께 드려질 수 있고 따라서 그 지체는 하나님께서 사용하시는 『**의의 병기**』가 된다.

『**의의 병기**』, 이것은 그리스도인에게 제3의 위치를 제공한다. "겉 사람," "속 사람," 그리고 자신의 지체를 『**의의 병기**』로 하나님께 드린 사람, 이렇게 해서 당신은 그리스도인으로서 세 번째 위치를 점하게 된다. 이것은 『**죽은 자들로부터 살아난 자**』가 다시는 『**불의의 병기**』로 자신을 죄에게 내어주지 않을 수 있는 가장 적극적인 방책을 제공한다.

6:14 죄가 너희를 주관하지 못하리니 이는 너희가 율법 아래 있지 아니하고 은혜 아래 있기 때문이라.

15 그런즉 어떻게 하리요? 우리가 율법 아래 있지 아니하고 은혜 아래 있으니 죄를 지어도 된다는 말이냐? 결코 그럴 수 없느니라.

16 너희가 자신을 종으로 드려 누구에게 순종하든지 너희가 순종하는 자의 종이 되어 죄의 종으로 사망에 이르든지 혹은 순종의 종으로 의에 이르는 줄 알지 못하느냐?

17 하나님께 감사드리는 것은 너희가 죄의 종이었으나 너희에게 전하여 준 교리의 본을 마음으로부터 순종하여

18 죄에서 해방되어 의의 종이 되었음이라.

『**죄가 너희를 주관하지 못하리니 이는 너희가 율법 아래 있지 아니하고 은혜 아래 있기 때문이라**』(14절).

죄가 죽을 몸 안에서 군림하면 그 몸을 죄가 『**주관**』한다. 반대로 당신이 죄 위에 군림하면 당연히 죄는 더 이상 당신을 주관하지 못한다. 주님께서는 당신을 구원하셨다. 따라서 당신은 이제 『**율법 아래 있지 아니하고 은혜 아래 있기 때문**』에 죄가 더 이상 당신을 주관할 수 없는 위치에 서게 된 것이다. 단, 죄가 당신을 주관하는 것을 당신이 원하지만 않는다면 그렇다. 당신이 원하지만 않는다면 당신은 결코 죄의 종노릇을 하지 않아도 된다는 얘기다. 당신이 죄에게 종노릇하기를 원치 않는다면 죄는 당신에게 절대로 주인 행세를 못하도록 돼 있는 위치에 당신은 지금 놓여 있다는 얘기다. 그러나 만약 죄가 당신을 마음대로 부려먹기를 당신이 바란다면 얘기는 사뭇 다르다. 문제는 당신의 의지에 달려 있다. 주님께서 당신으로 하여금 죄의 종노릇을 하지 않아도 되게끔 해주셨지만 당신이 여전히 구원받기 전의 상태로 돌아가기를 고집한다면, 당신은 여전히 죄의 종이다.

만약 당신이 그것을 바라지 않는데도 죄가 당신에게 군림하여 여전히 당신을 종으로 부린다면 당신에게 뭔가 잘못돼도 크게 잘못된 게 있기 때문이다. 그게 무엇일까? 하긴 수많은 그리스도인들이 이런 상황에 처해 있는 게 사실이다. 실은 바울도 그러했다. 우리는 이것을 7장에서 본다. 바울은 이렇게 고백한다. 『**내가 행하는 것을 내가 알지 못하노니 이는 내가 원하는 것은 행하지 아니하고 오히려 내가 미워하는 것을 행함이라**』(롬 7:15). 이처럼 바울은 구원받고 나서도 죄의 문제로 고심하고 있었던 게 분명하다. 그는 어째서 자신이 바라는 것은 행하지 않고 오히려 미워하는 것을 행하게 되는지 생각해 보았다. 그리고 그 이유를 7:17에서 알아냈다. 『**그것을 행하는 것은 더 이상 내가 아니요, 내 속에 거하는 죄니라.**』 바울은 바라지 않는데도 그것을 자꾸 행하는 자가 자기 자신이 아니라 자기 속에 거하는 『**죄**』라고 단정지었다. 바울에게 있어 "나"는 물론 "겉 사람"이 아니라 "속 사람," 예수 그리스도로 말미암아 하나님께 『**산 자**』(롬 6:11), 즉 거듭난 새 사람을 말한다. 그 "나"를 움직이고 가동하시는 분은 물론 주님이시다. 당신이 그리스도인이라면 당신의 진짜 "나"를 다스리시는 분은 주님이시다. 그럼에도 불구하고 죄가 당신의 육신 위에 군림하도록 놔두면 죄는 당신의 육신을 여전히 움직이고 지배한다. 당신이 결코 바라지 않더라도 말이다. 그렇기 때문에 당신의 "속 사람"은 죄가 당신의 『**죽을 몸 안에서 군림하지 못하게**』(12절) 당신의 몸을 단단히 단속하지 않으면 안 된다. 그러려면 『**몸의 정욕 가운데**』 있지 말아야 하고 정욕 가운데서 죄에게 순종하지 말아야 한다는 것이 12절의 말씀이었고 당신의 지체를 『**의의 병기**』로 하나님께 드리라는 것이 13절의 말씀이었다.

어떻게 그렇게 할 수 있단 말인가? 이때 바로 당신의 의지가 필요한 것이다. 당신의 의지만이 육신과 죄를 지배할 수 있다. 육신과 죄는 알고 보면 당신의 의지에 굴복할 준비가 돼 있다는 것을 잊지 말라. 왜 그런가? 당신은 이미 구원받은 사람이기 때문이다. 주님께서 당신을 그런 위치에 놓아주셨다. 이것이 14절에서 언급한 대로 당신에게 제공된 제3의 위치다. 당신은 더 이상 율법 아래에 있는 게 아니다. 당신은 하나님의 은혜 아래에 들어와 있다. 당신의 의지만 견고하다면 하나님의 은혜 아래에 들어 있는 당신에 대해 『**죄가 너희를 주관하지 못하리니**』라고 분명하게 말씀하고 있음을 명심하라. 죄는 율법 아래에서나 행세하지 은혜 아래에서는 맥도 추지 못한다. 문제는 당신의 의지다.

『**그런즉 어떻게 하리요? 우리가 율법 아래 있지 아니하고 은혜 아래 있으니 죄를 지어도 된다는 말이냐? 결코 그럴 수 없느니라**』(15절).

당신이 구원받아 은혜 아래에 들어와 있으므로 아무리 죄를 지은들 우리의 구원만은 안전할 것인즉, 『**죄를 지어도 된다**』는 말인가? 이 구절은 『**결코 그럴 수 없느니라.**』고 단호히 말씀한다. 이것이 우리 침례교의 확고한 입장이다. 침례교에서 당신더러 『**은혜 아래 있으니 죄를 지어도 된다**』고 가르치는 사람은 아무도 없다. 로마카톨릭, 감리교, 장로교, 그리스도의 교회 측 사람들은 "당신 네 침례교에서는 한번 구원받으면 그 구원이 영원히 보장된다고 생각하기 때문에 그걸 믿고 제멋대로 행동한다."고 침례교를 비난하지만, 웃기지 말라. 침례교에서 행여라도 그렇게 생각하는 사람이 있다면 어디 한번 구체적인 실례를 대봐라. 그것은 저들이 제멋대로 상상으로 꾸며 낸 거짓 혐의에 지나지 않는다. 『**우리가 율법 아래**

있지 아니하고 은혜 아래 있으니』, 한번 구원받으면 그 구원이 영원히 보장된다는 것이야 성경이 가르치는 엄연한 진리다. 그러나 그렇다고 『**죄를 지어도 된다는 말이냐?**』고 날카롭게 추궁하기를 잊지 않는 것이 성경이요, 『**결코 그럴 수 없느니라.**』고 확고하게 못 박아 버리는 것 역시 우리의 성경이다. 이것이 바로 우리 침례교가 견지하고 있는 요지부동한 입장이다.

우리가 "의로운 행위"를 행하는 것은 저들과는 그 동기부터가 다르다. 저들은 구원받고 나서도 잘못하면 지옥에 가게 될까봐 쓸데없이 걱정하고 제풀에 불안감을 조성해 놓고는 이것저것 "의로운 행위"라고 여겨질 만한 일들을 행하면서 하나님의 눈치를 살핀다. 저들은 하나님의 신실하심을 온전히 믿지 못한다. 저들은 예수 그리스도께서 흘리신 피의 영원한 능력과 가치를 의심한다. 저들은 구원이 하나님의 은혜로 값없이 받는 선물이라는 것을 알지 못한다. 저들은 구원에 관련된 하나님의 약속들을 신뢰하지 않는다.

그러나 침례교인들이 의롭고 선한 일을 행하는 것은 그래야만 하는 타당한 동기가 있기 때문이다. 우리의 동기는 저들과 같은 그런 터무니없는 동기가 아니다. 우리의 동기는 "사랑"이다. 우리는 저들처럼 구원이 취소되고 지옥에 가게 될까봐 겁이 나서 하는 게 아니다. 우리는 무엇보다 하나님을 사랑하기 때문에 의롭고 선한 일을 행하고자 하며 또 실제로 행한다. 이것은 주님께서 우리에게 주신 계명이다. 『**너는 네 마음을 다하고, 혼을 다하고, 생각을 다하여 주 너의 하나님을 사랑하라. 이것이 첫째며, 큰 계명이니라. 둘째는 이와 같으니, 네 이웃을 네 자신과 같이 사랑하라**』(마 22:37-39, 눅 10:27). 이 계명에 순종하고자 하는 것이 우리가 행하는 모든 행위의 동기다. 구원받은 우리가 죄를 짓지 않으려고 애쓰는 것은 지옥에 갈까 두려워해서가 아니라 주님을 향한 우리의 사랑에서 우러난

것이요, 그 사랑이 순종으로 나타난 것이 우리의 행동 동기이다. 우리는 주님께 순종하기 때문에 행동한다. 우리는 주님께 순종하는 모습을 보여드리고 싶기 때문에 행동한다. 우리가 그릇된 일을 행하고 죄 짓는 것을 두려워하는 것은 우리를 위해 죽기까지 하셨던 주님께 우리의 사랑을 보여드리지 못한 것을 스스로 깨달았을 때 그것이 괴롭기 때문이다. 우리는 주님께 순종하지 못하여 주님을 향한 우리의 사랑을 보여드리지 못했을 때 그것이 얼마나 괴로운가를 너무나 잘 알고 있기 때문에 순종하고자 노력한다. 이것이 우리가 의로운 행위를 행하고자 하는 유일한 동기다. 당신이 정말로 하나님의 은혜 아래에 있다면, 당신에게는 이처럼 위대한 행동 동기가 항상 준비돼 있게 된다. 그래서 침례교인들은 이 위대한 행동 동기에서 나온 삶을 영위하고자 하는 사람들이다.

『**너희가 자신을 종으로 드려 누구에게 순종하든지 너희가 순종하는 자의 종이 되어 죄의 종으로 사망에 이르든지 혹은 순종의 종으로 의에 이르는 줄 알지 못하느냐?**』(16절)

이 구절에서 『**죄**』가 어떤 "사실"이 아니라 『**누구**』라는 "사람"으로 의인화된 것을 우리는 눈여겨보게 된다.

『**순종**』은 『**종**』에게 요구되는 모든 것이다. 종이 순종할 줄 모른다면 그것은 종이 아니다. 따라서 당신이 누구에게 순종하느냐에 따라 당신은 그 사람의 종이 된다. 당신이 『**죄**』에 순종하면 『**죄의 종**』이고, 진리에 순종하면 하나님께 대한 『**순종의 종**』이 된다. 당신이 죄에 순종하여 죄의 종이 되면 『**사망**』에 이르는 것이 그 결말이다. 그러나 진리에 순종하여 하나님께 대한 순종의 종이 되면 그 결과는 『**의**』에 이르는 것이다. 그렇다면, 당신이 『**죄의 종**』이 되어야 할지, 『**순종의 종**』이 되어야 할지는 더 물을 필요도 없다. 『**알지 못하느냐?**』고 성경은 묻는다. 당신도 잘 알고 있지 않느냐는 확인인 것이다.

『하나님께 감사드리는 것은 너희가 죄의 종이었으나 너희에게 전하여 준 교리의 본을 마음으로부터 순종하여』(17절).

구원받기 전 당신은 『**죄의 종**』이었다. 당신이 구원받기 전 당신 위에 군림하여 당신을 다스리고 지배하고 부려먹던 주인은 『**죄**』였던 것이다. 그러나 이제 구원받은 당신은 더 이상 『**죄의 종**』이 아니다. 『**죄**』가 당신을 더 이상 지배하고 부려먹지 못하게 된 것이다.

어떻게 그렇게 되었는가? 당신이 『**마음으로부터**』 복음에 순종했기 때문이다. 『**마음으로부터 순종**』, 여기에 밑줄을 그어두고 항상 기억하도록 하라. 당신은 복음에 억지로 순종한 것도 아니며 다른 어떤 것으로도 순종한 것이 아니라 오직 『**마음으로부터 순종**』했다. 그래서 구원받았다. 캠벨주의자들은 이 점을 알지 못한다. 그들은 『**마음으로부터**』 복음에 순종하지 않고 "행동으로" 물침례에 순종해야 구원받는 것으로 "머리로" 생각한다. 그러나 성경은 『**너희에게 전하여 준 교리의 본을 마음으로부터 순종하여**』 구원받는다고 말씀한다.

『**교리의 본**』이 당신에게 묻는다. "그대는 죄인인가?" 당신이 대답한다. "예."

『**교리의 본**』이 또 말한다. "그대가 구원받고 거듭나지 않으면 지옥에 간다."

당신의 『**마음**』이 이것을 수긍한다. "예. 그렇습니다."

『**교리의 본**』이 또 말한다. "그대는 주 예수 그리스도를 믿고 그분을 그대의 구주로 영접하지 않으면 안 된다."

당신의 『**마음**』이 대답한다. "예, 그렇게 하겠습니다."

『**교리의 본**』이 당신에게 말한다. "그대가 주 예수 그리스도를 믿고 구주로 영접하면 하나님의 은혜로 그분의 의가 전가되어 그대가 의롭게 된다."

당신의 『**마음**』이 말한다. "예, 좋습니다. 저는 그분을 믿고 그분을 나의 구주로 영접하여 하나님의 의를 전가 받겠습니다!"

바로 이것이 당신이 『**마음으로부터 순종**』하는 모습이다. 이것은 물침례와 아무 상관이 없고 그 밖의 어떤 것과도 관계가 없다. 『**마음으로부터 순종**』하지 않는 사람은 버림받은 사람이다. 캠벨주의자들의 그리스도의 교회에서 "물침례 성사"만 거치고 구원받았다고 생각하는 사람들은 총알만큼이나 재빠르게 지옥을 향해 달려가는 사람들이다. 그들은 마음으로부터 복음에 순종한 것이 아니기 때문이다.

"머리"로 순종해도 결과는 마찬가지다. 사람이 순종해야겠다고 "머리"로 생각하고 "마음"이 꿈쩍도 하지 않는다면 그것은 복음에 순종한 것이 아니다. 이 역시 캠벨주의자들의 그리스도의 교회라는 집단 사람들이 범하는 전형적인 잘못이다. 주 예수 그리스도는 "마음"으로 믿어야지 "머리"로 믿는 게 아니다. 그들더러 어떻게 구원받았느냐고 물으면 한결같이 "그리스도의 법"에 따라 구원받았다고 대답한다. "그리스도의 법"이 무어냐고 물으면, 규칙 제1조, 회개할 것, 규칙 제2조, 침례 받을 것, 규칙 제3조, 신앙 고백할 것, 규칙 제4조, 믿을 것, 이런 식이다. "당신은 이 규칙 네 가지를 모두 행했소?" 하고 물으면 그들은 "예." 하고 대답한다. "그리고 구원받았소?" 하고 또 물으면, 그들은 "예, 그런 것 같습니다." 하고 대답한다. 그들은 모두가 이런 식이다. 그들은 마음으로 믿고 마음으로 복음에 순종하는 일은 단 한 가지도 거치지 않고도 구원받았다고 생각한다. 더 엄밀히 말한다면, "구원받은 것 같다."고 생각한다. 더 엄밀히 말한다면 "구원받은 것이었으면 좋겠다."고 생각한다. 도무지 구원받았다는 확신이 서지 않는 것이다. 그렇기 때문에 그들은 계속해서 지옥 걱정을 한다.

또 그렇기 때문에 그들은 그 알량한 구원을 놓치지 않으려고 계속해서 무슨 일인가 선하고 의로운 일을 좀 해야겠다는 불안에서 벗어나지 못하는 것이다. 마음으로 믿지 않으면 이 지경이 되기 마련이다. 『**네가 네 입으로 주 예수를 시인하고 또 하나님께서 그를 죽은 자들로부터 살리신 것을 네 마음에 믿으면 구원을 받으리라. 이는 사람이 마음으로 믿어 의에 이르고 입으로 고백하여 구원에 이르기 때문이라.**』(롬 10:9,10)고 바울은 분명하게 말한다.

무엇을 보고 머리로 믿지 않고 마음으로 믿는 것을 알 수 있는가? 의지하고 맡기는 것을 보고 알 수 있다. 머리로 믿고 돈을 맡기는 것은 도박이다. 마음으로 믿고 돈을 거는 것은 신탁이다. 마음으로 믿고 신탁한 사람은 불안해하지 않는다. 도박으로 돈을 건 사람은 마음이 놓이지 않아 불안하고 초조하다. 당신이 탁자에 물건을 올려놓는 것은 그 탁자가 끄떡없이 받쳐 주리라는 것을 마음으로 믿고 있기 때문이다. 당신은 탁자에 물건을 얹어 놓더라도 그 탁자가 주저앉아 버리지 않으리라는 것을 안다. 여기까지는 머리로 믿은 것이다. 그 다음 당신은 그 탁자가 당신이 알고 있는 대로 주저앉지 않는다고 믿고 그 위에 물건을 놓는다. 이것은 마음으로 믿기 때문에 가능한 일이다.

『**죄에서 해방되어 의의 종이 되었음이라**』(18절).

구원받기 전 당신의 주인은 죄였고, 당신은 죄의 종이었다. 그러나 당신은 복음을 통하여 전하여 준 교리의 본을 『**마음으로부터**』 믿고 순종하여 구원받았다. 그리하여 이제는 죄에서 해방되어 『**의의 종**』이 되었다. 바울은 이것이 하나님께 감사하다고 윗 절에서 말한다. 『**의의 종**』이 되었다는 것은 곧 주님의 종이 되었다는 뜻이다. 『**의의 종**』은 『**죄의 종**』과는 원수지간이다. 거듭난 당신의 속 사람은 구원받지 못했던 시절의 당신의 육신과 항상 싸울 준비가 돼 있고 또 항상 피 터지게 싸우고 있는 사람이다. 『**의의 종**』은 결코 『**죄의 종**』과 평화협정을 맺고 타협해 버리지 않는다. 그래서 『**의의 종**』은 자신의 지체를 『**의의 병기**』라고 부르기를 좋아한다.

6:19 너희의 육신이 연약하므로 내가 사람의 방식대로 말하노니 전에는
너희가 너희 지체를 부정과 불법의 종으로 내어주어 불법에 이른
것같이 이제는 너희 지체를 의의 종으로 드려 거룩함에 이르라.
20 너희가 죄의 종이었을 때에는 의로부터는 자유로웠느니라.
21 그런즉 너희가 지금 부끄럽게 여기는 그 일들에서 그때에 무슨 열
매를 얻었느냐? 그런 일들의 끝은 사망이니라.
22 그러나 이제는 너희가 죄로부터 자유롭게 되고 하나님의 종이 되어
거룩함에 이르는 열매를 얻었으니 그 끝은 영생이니라.
23 이는 죄의 삯은 사망이요, 하나님의 선물은 예수 그리스도 우리 주로
말미암은 영원한 생명이기 때문이라.

『**너희의 육신이 연약하므로 내가 사람의 방식대로 말하노니 전에는 너희가 너희 지체를 부정과 불법의 종으로 내어주어 불법에 이른 것같이 이제는 너희 지체를 의의 종으로 드려 거룩함에 이르라**』(19절).

사람의 육신은 연약하다. 그런 연약한 육신을 가진 사람이 이해하기 쉽게 사람의 방식대로 설명하겠노라는 바울의 말인즉, 우리가 구원받기 전에는 우리의 지체가 『**부정과 불법의 종**』 노릇을 하였기 때문에 아무리 애써보았자 해놓은 일이라고는 결국 『**불법**』 외에는 아무것도 아니었다는 것이다. 그러나 이제 구원받았으므로 우리의 지체를 『**의의 종**』으로 내어

드려서 『**의**』이신 주님께서 거룩하신 것처럼 우리도 거룩해지라는 것이다. 구원받지 못했을 때는 마귀의 종이었으니 어쩔 수없이 마귀의 짓을 했을 망정, 이제는 구원받고 하나님의 자녀가 되었으니 하나님처럼 거룩하게 되는 것이 마땅하지 않느냐는 것이다. 이제는 입장이 정반대로 바뀌었으니 바뀐 입장에 합당하게 처신하는 것이야 당연하다. 마귀에게 매여 있을 적에는 당신의 몸이 마귀가 시키는 대로 할 수밖에 없었지만, 이제는 주님께 매였으므로 당신의 몸을 주님께 내어드리는 것은 지극히 당연하다. 주인이 바뀌었는데도 옛 주인에게 매여서 옛날처럼 마귀가 시키는 대로 부정과 불법을 행한다면 그게 어디 말이나 되는 소린가? 마귀에게 내어주었던 당신의 몸은 죽었다. 당신의 몸은 이제 주님께로 새롭게 태어난 새 사람이 들어있는 몸이다. 그런즉 그 몸은 이제 주님의 소유가 되었다. 당신의 몸은 이제 주님께 내어드려야 마땅하다.

『**너희가 죄의 종이었을 때에는 의로부터는 자유로웠느니라**』(20절).

이것은 말인즉 절대로 옳은 말이지만 듣고 보니 좀 우습다. 구원받지 못한 자도 『**자유로웠느니라.**』고 말씀하니 말이다. 당신이 『**의로부터**』 자유롭고 싶으면 구원받지 않으면 된다. 그러나 정말로 자유로운가? 천만에! 『**의로부터**』 자유로우면 "불의"로부터 자유롭지 못하다는 것을 알라. 어느 쪽이든 자유롭지 못한 것은 매한가지다. 구원받지 않으면 『**죄의 종**』 신세를 면치 못하고, 구원받으면 『**의의 종**』 신세를 면치 못한다. 『**죄의 종**』이면 죄를 행할 수밖에 없고 『**의의 종**』이면 의를 행할 수밖에 없다. 『**죄의 종**』이 옳은 일을 행한다는 것은 원천적으로 불가능하다. 『**의의 종**』이 불의를 행한다는 것 역시 원천적으로 불가능하다. 자, 당신은 어느 쪽이 좋은가?

『그런즉 너희가 지금 부끄럽게 여기는 그 일들에서 그때에 무슨 열매를 얻었느냐? 그런 일들의 끝은 사망이니라』(21절).

당신이 과거 구원받기 전에 『**죄의 종**』으로 마귀가 시키는 대로 부정과 불법을 행했던 것을 생각하면 부끄럽기 한량없다. 그 부끄러운 일을 통해서 당신이 걷을 수 있었던 열매가 무엇이었던가? 그것은 죽음이었다. 당신이 구원받은 지 만약 5년이 되었다고 치자. 만약 당신이 지난 5년 동안 구원받지 못한 채 지금까지 마귀에게 종노릇만 하며 살아왔다면, 지금쯤 당신은 어떻게 되었을 것 같은가? 그것이 나였더라면 나는 지금쯤 죽어서 지옥에 가 있을 게 분명하다. 설사 그렇게 되지 않았다 할지라도, 나는 계속 술에 절어 있었을 테고 하고많은 날 사고만 치고 돌아다니는 부랑자가 되어 있을 것이다.

『그러나 이제는 너희가 죄로부터 자유롭게 되고 하나님의 종이 되어 거룩함에 이르는 열매를 얻었으니 그 끝은 영생이니라』(22절).

자, 그러나 이제 당신은 구원받았다. 그리고 『**죄로부터 자유롭게**』 되었다. 『**의로부터**』 자유로웠던 당신이 이제는 그 입장이 역전되어 불의로부터 자유롭게 된 것이다. 이제는 불의를 행하지 않아도 좋게 되었고 그 결과 죽음의 열매를 거두지 않아도 되게 되었다. 이제 당신은 『**하나님의 종**』이다. 그런즉 당신도 하나님처럼 『**거룩함에 이르는 열매**』를 거둘 수 있게 되었고 그 결과 영원한 생명을 갖게 되었다.

『이는 죄의 삯은 사망이요, 하나님의 선물은 예수 그리스도 우리 주로 말미암은 영원한 생명이기 때문이라』(23절).

이 유명한 구절은 주로 구원받지 못한 사람들에게 들려주는 구절로 사용되지만, 사실은 구원받지 못한 사람들이 아니라 구원받은 그리스도인들을 겨냥한 말씀이다. 이 문맥은 『**율법 아래 있지 아니하고 은혜 아래**』 있는 사람들(14절), 자신들에게 전해진 『**교리의 본을 마음으로부터 순종하여 죄에서 해방되어 의의 종**』이 된 사람들(17, 18절)을 향한 말씀으로 시작하여 계속 이어지고 있는 중이다.

개인이 행하는 "선한 행위"라고 해서 그것이 반드시 『**교리의 본**』에 따른 것이냐 하면 결코 그렇지 않다. 『**교리의 본**』이 반드시 개인의 선한 행위에만 관련되는 것은 아니다. 그렇기 때문에 나는 이 구절을 구원받은 그리스도인에게 적용하기를 조금도 주저하지 않는다. 이 부분의 문맥은 그리스도인의 신체적 죽음을 다루고 있다. 사실상 6장 전체가 잘못된 열매를 거두는 그리스도인과 올바른 열매를 거두는 그리스도인을 언급하고 있다.

거듭난 그리스도인이 죄를 범하면 그 목숨이 보장받지 못한다. 『**이는 죄의 삯은 사망**』이기 때문이다. 앞에서도 어디선가 말했듯이 죄를 짓는 바람에 일찍 죽는 것도 실은 그리스도인이기 때문에 누리는 이점이다. 하나님께서는 자신의 자녀가 자꾸만 죄를 지을 때, 더 이상 죄를 짓지 못하도록 하시기 위해서라도 그를 일찍 집으로 데려가신다. 오히려 천만다행 아닌가?

앞으로 공부하면 알게 되겠지만, 로마서 12장은 구원받은 그리스도인이 처음 해야 될 일들을 주로 다루고 있다면, 여기 로마서 6장은 그 다음에 그리스도인들이 매일 매일의 삶에 적용할 일들을 다루고 있다.

로마서 7장

7:1 형제들아, (내가 율법을 아는 자들에게 말하노니) 율법은 그가 살아
있는 동안에만 그 사람을 주관하는 것을 알지 못하느냐?
2 남편이 있는 여인은 그 남편이 살아 있는 한 그에게 법으로 매여
있으나 남편이 죽으면 그녀는 그 남편의 법에서 벗어나느니라.
3 그러므로 남편이 살아 있는 동안에 다른 남자와 혼인하면 간음한
여인이라 불리지만 그녀의 남편이 죽으면 그 법에서 해방되므로 다
른 남자와 혼인하더라도 간음한 여인이 아니니라.

『**형제들아, (내가 율법을 아는 자들에게 말하노니) 율법은 그가 살아 있는 동안에만 그 사람을 주관하는 것을 알지 못하느냐?**』(1절)

7장의 첫 부분 1-3절을 한번 로마카톨릭식으로 읽어 보겠다. "현대" 침례교 일각에서도 이 부분을 로마카톨릭 방식으로 읽기를 좋아한다. 이것은 성경대로 믿는 그리스도인들이 읽는 방식과는 다르기 때문에 주의를 요한다.

"형제들아, (내가 '은혜 아래에 있는' 자들에게 말하노니)..."

로마카톨릭이나 "현대" 침례교 일각에서 읽는 방식이 처음부터 이런 식으로 나간다. 물론 본문은 "은혜 아래에 있는"이 아니라 『**(내가 율법을 아는 자들에게 말하노니)...**』이다. 바울이 지금 이야기를 들려 주고자 하는 상대는 은혜 아래에 있느냐 여부가 초점이 아니라 어디까지나 율법을 알고 있느냐 여부에 초점이 모아진다. 그러니까, 만약 당신이 율법을 "모르는 자"라면 이 부분의 문단에서 바울이 들려 주고자 하는 이야기의 상대가 못 된다. 바울이 『**형제들아,**』 하고 부르고 있다는 점에서 유대인이든 이방인이든 구원받은 그리스도인들에게 말을 꺼내고 있음이 분명하다. 그리스도인이라면 유대인 출신이든 이방인 출신이든 『**율법을 아는 자들**』이다. 이것을 로마카톨릭 측에서 "은혜 아래에 있는 자들"로 구태여 바꾸어 읽는 데에는 그만한 이유가 있는데, 갈보리에서 율법이 완전히 폐해졌다는 자신들의 주장을 뒷받침하려는 저의가 그것이다. 그러나 『**율법을 아는 자들에게 말하노니**』라는 바울의 말 속에는 율법이 여전히 유효하다는 뜻이 함축돼 있다. 로마카톨릭은 이것이 못마땅한 것이다.

자, 그런 로마카톨릭식으로 계속 읽어 보겠다.

"형제들아, (내가 '은혜 아래에 있는' 자들에게 말하노니) 율법은 그가 살아 있는 동안에만 그 사람을 주관하는 것을 알지 못하느냐?" 우선 여기까지 이렇게 읽고 난 뒤 그들이 다음 2절을 또 어떻게 읽어 내려가는지 보자.

『**남편이 있는 여인은 그 남편이 살아 있는 한 그에게 법으로 매여 있으나 남편이 죽으면 그녀는 그 남편의 법에서 벗어나느니라**』(2절).

"남편이 있는 여인은 그 남편이 살아 있는 한 그에게 법으로 매여 있으나..." 여기까지는 본문 그대로 읽는다. 그러나 그 다음 부분부터 또 교묘히 다르게 읽는다. "...그러나 '그녀와 결혼했던 남자'가 죽으면 그녀는 그 '남자'의 법에서 벗어나느니라." 이 구절 후반부에서 『**남편**』을 이처럼 "그녀와 결혼했던 남자"라든지 "그 남자" 등으로 바꾸어 읽는 이유는 또 무엇일까? 이에 대해서는 잠시 뒤에 살펴보게 될 것이다.

다음 3절은 또 어떻게 읽는지 보자.

『**그러므로 남편이 살아 있는 동안에 다른 남자와 혼인하면 간음한 여인이라 불리지만 그녀의 남편이 죽으면 그 법에서 해방되므로 다른 남자와 혼인하더라도 간음한 여인이 아니니라**』(3절).

"그러므로 '그녀가 지난날 결혼했던 남자가 아직 어딘가에 살아 있는데도' 다른 남자와 재혼하면 그녀는 간음한 여인이라 불리지만..." 이런 식이다. 로마카톨릭과 일부 침례교에서는 3절을 이런 식으로 읽는다. 여기서도 저들은 『**남편**』을 "그녀가 지난날 결혼했던 남자"로 바꾸어 읽고 『**살아 있는**』을 구태여 "아직 어딘가에 살아 있는"으로 읽는다.

그러나 성경의 본문은 어떤지 1절부터 다시 읽어 보자.

『**형제들아**』. "구원받은 유대인과 구원받은 이방인 형제들아." 하고 바울은 그리스도인들을 부른다.

『**(내가 율법을 아는 자들에게 말하노니)**』. 구원받은 유대인 출신 그리스도인들은 율법을 알고 있다. 구원받은 이방인 출신 그리스도인들도 유대인 출신 기록자들이 써 놓은 서신서들을 통해서 율법이 무엇이며 현재 율법의 위치가 어떤 것인지를 이해하고 있다. 율법은 갈보리에서 무효화된 게 결코 아니다. 율법은 예수 그리스도를 믿고 구원받은 사람에게만 효력을 잃을 뿐이다. 그러나 구원받지 못한 사람들, 죄 아래에 있는 사람들, 구원받았더라도 그에게 남아 있는 "옛 사람"(또는 "겉 사람"), 곧 죄인들에게는 여전히 유효하다. 이것이 율법의 현재 위치다. 그리스도인들은 이것을 알고 있다. 이것을 아는 그리스도인들에게 바울은 지금 입을 열고 있는 중이다. 그러니까, 이 말은 "너희 그리스도인들도 알다시피 지금도 죄인들에게는 여전히 유효한 율법은..."이라 말하고 있는 것이나 마찬가지다.

『**율법은 그가 살아 있는 동안에만 그 사람을 주관하는 것을 알지 못하느냐?**』 사실이다. 예를 들어 보자. 그 예가 바로 다음 2절과 3절에서 언급된다. 먼저 2절부터 보자.

『**남편이 있는 여인은...**』 남편이 과거에 "있었던" 여인 말고 현재 남편이 "있는"("hath") 여인이라고 현재 시제로 언급한다. 지금 현재 남편이 있는 여인은 『**그 남편이 살아 있는 한 그에게 법으로 매여 있으나 남편이 죽으면 그녀는 그 남편의 법에서 벗어나느니라.**』고 2절은 말씀한다. 이것은 상식적으로도 당연한 얘기다. 적어도 성경의 율법으로는 그러하다. 그 다음 3절을 보자.

『**그러므로 남편이 살아 있는 동안에...**』 역시 명백하게 "현재" 시제다. 결혼식이야 물론 과거에 올렸겠지만, 그때 결혼했던 그 남편이 현재도 "남편으로" 살아 있다("liveth"). 그런 처지에 『**다른 남자와 혼인하면 간음한 여인이라 불리지만**』, 왜? 현재 남편이 엄연히 있는데도 다른 남자와 또 혼인했으니 이것은 당연히 간음이다. 이 여인은 실질적으로 보면 일처다부주의자이다. 그러니까 성경적으로는 당연히 간음한 여인이다. 그러나 만약 『**그녀의 남편이 죽으면 그 법에서 해방되므로 다른 남자와 혼인하더라도 간음한 여인이 아니니라.**』고 성경은 말씀한다. 남편이 죽으면 그 여인이 다른 남자와 혼인해도 간음으로 간주하지 않는 것이 율법이다. "과거에 결혼했던 남자"가 죽은 게 아니라 『**남편**』이 죽으면 그렇다는 말이다.

당신은 여기 3절에서도 실제 성경 본문과 로마카톨릭이나 일부 현대 침례교 사람들이 왜곡해서 읽는 방식이 어떻게 다른지 그 차이점을 알게 되었을 것이다. 한 여인의 "남편"과 한 여인이 "결혼했던 남자," 이 양자는 엄연히 다르다. 여인이 과거에 "결혼했던 남자"와 그 후 과거 언젠가 이혼했다면 현재로서는 그 여인의 "남편"이 아니기 때문이다. 이만하면 그들이 어째서 이것을 구태여 "과거에 결혼했던 남자"로 바꾸어 읽는지 그 이유를 짐작할 수 있을 것이다. 그들은 율법이 갈보리에서 이미 죽었다고 여전히 주장하고 싶은 것이다. 그들은 오늘 당신이 구원받고 거듭났다면 율법이 오늘 당신에 대하여 죽는 게 아니라 그 이전에 벌써 죽었다고 계속 주장하고자 오늘까지 함께 살던 남편을 "과거에 결혼했던 남자"로 바꾸어 읽는 것이다. 그들은 자신들이 꾸며 낸 주장을 뒷받침하는 일에는 이처럼 교묘하다.

7:4 나의 형제들아, 이런 연유로 너희도 그리스도의 몸으로 인하여 율법에는 죽었나니 이는 너희로 다른 사람, 즉 죽은 자들로부터 일으켜지신 그와 혼인하게 하려는 것이요, 그리하여 우리로 하나님께 열매를 맺게 하려는 것이니라.
5 이는 우리가 육신 안에 있었을 때에는 죄들의 정욕이 율법을 통하여 우리의 지체 속에서 역사하여 사망에 이르는 열매를 맺었으나
6 이제는 우리가 붙잡혔던 것에서 죽었으므로 율법에서부터 구제되었음이니 우리가 영의 새로움으로 섬길 것이요, 법문의 낡은 것으로 섬기지 아니할 것이라.

『나의 형제들아, 이런 연유로 너희도 그리스도의 몸으로 인하여 율법에는 죽었나니 이는 너희로 다른 사람, 즉 죽은 자들로부터 일으켜지신 그와 혼인하게 하려는 것이요, 그리하여 우리로 하나님께 열매를 맺게 하려

는 것이니라』(4절).

바울이 앞서 1절에서 어떤 사람에게 율법이 효력을 갖는 기간에 대해 운을 뗀 다음 2,3절에서 혼인관계를 둘러싼 간음 여부를 예로 들어 설명했던 의도가 여기 4절에서부터 밝혀진다.

『**이런 연유로 너희도 그리스도의 몸으로 인하여 율법에는 죽었나니**』. 그러니까 사실상 『**율법**』이 죽은 것이 아니다. 죽은 것은 당신이다. 『**율법**』은 살아 있는데 당신이 예수 그리스도께로 옮겨가 『**그리스도의 몸**』이 되자 그것이 당신을 죽이고 만 것이다. 그리하여 과거의 당신은 죽었다. 당신을 죽인 것은 당신으로 하여금 『**다른 사람, 즉 죽은 자들로부터 일으켜지신 그와 혼인하게 하려는 것**』이 이유였고, 그리하여 당신이 『**하나님께 열매를 맺게 하려는 것**』이 그 목적이었다. 그러니까 지금 당신은 "살아 있는 사자(死者)"인 셈이다. 구원받고 거듭난 당신에게는 죽은 자와 산 자가 공존하고 있는 셈이다. 당신의 어떤 부분은 죽었고 어떤 부분은 살아 있는 것이다.

도대체 어떤 일이 일어난 것일까? 율법은 지난날 당신의 몸을 장악하고 있었다. 과거 구원받기 전까지는 율법이 당신에게 군림하여 당신의 육신을 주관하고 있었다. 그리고 당신은 율법의 저주 하에 있었다. 그러던 당신이 예수 그리스도를 믿게 되었다. 그러자 그리스도께서 당신 안으로 들어오셔서 당신의 혼을 도려내 몸으로부터 떼어 놓으셨다. 그리고 당신의 몸을 죽여 버리셨다. 로마서 6:7,8에서 『**이는 죽은 자가 죄로부터 자유롭게 되었기 때문이라. 이제 우리가 그리스도와 함께 죽었으면 또한 그와 함께 살 줄을 믿으며**』라고 언급했던 내용이 바로 이것이었고, 로마서 6:2에서 『**죄에게 죽은 우리가 어떻게 더 이상 그 가운데 살겠느냐?**』고 했던 언급도 마찬가지 맥락이었다. 그리스도께서 당신의 몸 안으로 들어오셔서 당신의 혼을 몸으로부터 도려내시자 당신의 몸은 그리스도와 함께 십자가에 못박혀 버렸으며 이로써 당신의 육신은 이제 죽었다. 죽은 육신은 당신의 과거 남편이었고 당신의 혼은 그의 과거 아내였다. 그러므로 당신이 구원받기 전에는 육신과 혼이 한 몸이었기 때문에 하나님께서 결합시켜 주신 것을 사람이 나누지 못하였었다(마 19:6). 그러나 이제 당신이 구원받음과 동시에 육신은 그리스도에 의해 죽임 당해 버림으로써 남편은 죽은 셈이 되었고, 아내인 혼만 살아남게 되었으며, 그 혼은 이제 독신으로 자유롭게 되어 『**다른 사람, 즉 죽은 자들로부터 일으켜지신 그**』, 곧 예수 그리스도와 혼인할 수 있게 되었다. 그리하여 우리는 주 예수 그리스도와 합하여 그분과 한 영이 되었다. 성경은 『**육신으로 난 것은 육이요, 또 성령으로 난 것은 영이니라.**』(요 3:6)고 말씀하고 있고 또, 『**주와 합하는 자는 한 영이니라.**』(고전 6:17)고 말씀한다. 그리스도께서 당신의 몸 안으로 들어오셔서 당신의 몸을 그냥 살려 둔 채로 당신의 혼을 몸으로부터 도려내고 당신과 혼인하셨다면 그분께서는 간음하신 꼴이 되었을 것이다. 그렇기 때문에 그분께서 당신의 몸 안으로 들어오시는 순간 당신의 몸은 그 자리에서 죽임을 당하고 말았던 것이다. 결혼관계에 있었던 당신의 몸과 혼은 "사람"이 갈라놓은 것이 아니라 주님께서 갈라놓으셨다. 하나님께서 결합시켜 놓은 것을 사람은 갈라놓지 못한다(마 19:6). 그리하여 그분께서는 당신의 혼으로 하여금 자유롭게 그분과 혼인할 수 있도록 법적으로 완벽한 조치를 취해 놓으셨던 것이다.

이상에서 살펴본 바와 같이 2절과 3절에서 언급되었던 『**남편**』이란 당신의 몸을 일컫는 것이었고, 『**여인**』은 당신의 혼을 지칭한 것이었다. 그러므로 당신이 구원받은 것은 전 남편이었던 육신이 죽고 아내였던 당신의 혼이 주님과 "재혼"한 것이었다.

『이는 우리가 육신 안에 있었을 때에는 죄들의 정욕이 율법을 통하여

우리의 지체 속에서 역사하여 사망에 이르는 열매를 맺었으나』(5절).

주님께서 우리 몸 안으로 들어오셔서 우리가 그분과 결합하기 전에는 『**우리가 육신 안에 있었을 때**』였다. 그때는 『**죄들의 정욕이 율법을 통하여 우리의 지체 속에서 역사**』하였다고 이 구절은 말씀한다. 우리가 구원받기 전 우리가 아직 육신 안에 있었을 때에는 율법이 그 육신을 관장하고 있는 가운데 『**죄들의 정욕**』이 활동하며 우리 육신을 부리고 있었다. 그리고 그 결과는 『**사망에 이르는 열매**』였다. 죄는 필연적으로 사망을 가져오게 돼 있다. 이것은 앞서 6:21에서도 언급했던 바다. 『**그런즉 너희가 지금 부끄럽게 여기는 그 일들에서 그때에 무슨 열매를 얻었느냐? 그런 일들의 끝은 사망이니라.**』

『**이제는 우리가 붙잡혔던 것에서 죽었으므로 율법에서부터 구제되었음이니 우리가 영의 새로움으로 섬길 것이요, 법문의 낡은 것으로 섬기지 아니할 것이라**』(6절).

그러나 구원받은 우리는 그 몸이 죽었으므로 우리를 붙잡고 있던 그 몸에서 벗어났고 그 몸을 관장하고 있던 율법도 우리에게 아무 권한을 행사하거나 위세를 떨치지 못하게 되었다. 율법에서 해방된 것이다. 그리고 그리스도께서 우리 몸 안으로 들어오심으로써 죽었던 영이 살아났으며, 우리는 이제 그 『**영의 새로움**』으로 그리스도를 섬기게 되었으니 이 섬김은 『**법문의 낡은 것**』으로 섬기는 것이 아니라 『**영의 새로움**』으로 섬기는 것이다. 몸은 죽었고 영은 살아났으며 혼은 죽은 몸에서 분리되어 구원받은 것이다.

7:7 그런즉 우리가 무슨 말을 하리요? 율법이 죄냐? 결코 그럴 수 없느

니라. 율법에 의하지 아니하고서는 내가 죄를 알지 못하였으니 곧 율법이 '너는 탐내지 말지니라.' 하지 아니하였더라면 내가 정욕을 알지 못하였으리라.

8 그러나 죄가 계명을 통하여 기회를 잡아 내 안에서 온갖 색욕을 일으켰느니라. 이는 율법이 없으면 죄는 죽은 것임이라.

9 내가 전에는 율법 없이 살았으나 계명이 오자 죄는 살아나고 나는 죽었느니라.

10 생명에 이르게 하는 그 계명이 도리어 나를 사망에 이르게 하는 것으로 판명되었도다.

11 죄가 계명을 통하여 기회를 잡아 나를 속이고 또 그것으로 나를 죽였느니라.

『**그런즉 우리가 무슨 말을 하리요? 율법이 죄냐? 결코 그럴 수 없느니라. 율법에 의하지 아니하고서는 내가 죄를 알지 못하였으니 곧 율법이 '너는 탐내지 말지니라.' 하지 아니하였더라면 내가 정욕을 알지 못하였으리라**』(7절).

우리가 구원받기 전에는 율법이 우리 몸을 관장하는 가운데 그 몸이 죄로 말미암아 불의를 행하였다. 그렇다면, 율법이 죄라고 할 수 있을까? 율법이 우리 몸을 관장하는 가운데 육신의 정욕이 그 안에서 역사하여 사망의 열매를 맺게 되었다고 해서 율법이 죄라고 할 수 있을까? 그러나 여기 7절은 『**결코 그럴 수 없느니라.**』고 단호하게 부인한다.

어째서 결코 그럴 수 없는 것일까? 그 이유가 곧이어 설명된다. 『**율법에 의하지 아니하고서는 내가 죄를 알지 못하였으니**』, 즉 율법 덕분에 내가 죄를 알게 되었기 때문에 율법이 죄라고는 결코 말할 수 없다는 것이다. 예컨대, 『**너는 탐내지 말지니라.**』는 율법이 있었기에 탐내는 것이 죄라는 것을 우리는 알 수 있었다. 이 율법이 없었더라면 탐욕에서 나온 『**정욕**』이 죄인 줄도 몰랐을 것이다. 이처럼 율법은 죄가 죄인 것을 일일이 가르쳐 준다. 율법은 당신이 죄 가운데 처해 있는 상황을 어김없이 가르쳐 준다. 이것은 자동적이다.

그러므로 『**율법에 의하지 아니하고서는 내가 죄를 알지 못하였**』을 것이다. 다시 말해서, 율법이 없었더라면 엄연히 죄가 있는데도 그 죄가 죄로 여겨지지도 않았을 것이다. 이것이 앞서 5:13에서 언급했던 내용이다. 『**(율법이 있기 전에도 죄가 세상에 있었으나 율법이 없을 때에는 죄를 죄로 여기지 아니하였느니라.**』 이것은 4:15도 마찬가지였다. 『**율법은 진노를 일으키나니 율법이 없는 곳에는 범법도 없느니라.**』 이 모든 구절들이 말씀하는 내용들은 다 같은 맥락이다.

『**율법이 '너는 탐내지 말지니라.' 하지 아니하였더라면 내가 정욕을 알지 못하였으리라.**』 『**정욕**』이란 비단 "간음"이나 "음행"뿐만이 아니다. 『**정욕**』이란 모든 육신적 욕구들을 포괄해서 일컫는 말이다. 무엇이든 탐낸다면 그것이 곧 『**정욕**』이다. 당신은 다른 사람이 새로 구입한 차를 보고 부러워한다. 당신도 그런 차를 갖고 싶다는 욕망이 생기는 것이다. 이것이 당신이 그 차를 탐내는 것이고, 이것이 『**정욕**』이다. 당신은 다른 사람의 저택을 보고 나도 저런 집에서 살아 보았으면 하고 탐을 낸다. 그러나 율법은 이런 것들을 탐내지 말라고 명령한다. 『**너는 네 이웃의 집을 탐내지 말며, 너는 네 이웃의 아내나 그의 남종이나 그의 여종이나 그의 소나 그의 나귀나 네 이웃의 소유 중 아무것도 탐내지 말지니라**』(출 20:17). 『**정욕**』을 품지 말라는 것이다. 『**정욕**』이라는 죄를 『**탐내지 말지니라.**』는 율법이 있기 때문에 알게 되었다. 그런데 어찌 율법이 죄라고 말할 수 있겠는가?

사람은 누구나 다른 사람이 더 좋은 것을 갖고 있는 것을 보면 자기도 그것을 갖고 싶어한다. 이것은 자연스러운 현상이다. 그러나 율법은 이것이 죄라고 단죄한다. 갖고 싶다는 생각만 품어도 율법은 그것이 죄라고 기소한다. 그러니 세상에 죄를 짓지 않는 사람이 어디 한 사람이라도 있을 수 있겠는가? 무엇인가 더 좋은 것을 갖고 싶다는 생각만 품어도 즉각 율법이 달려들어 "너는 그러하지 말지니라."고 쓰인 법문을 코앞에 들이대고는 당신을 죄인으로 낙인찍어 버리는 판국이니 당신은 무슨 욕구만 느껴도 자동적으로 죄인이 될 수밖에 없다. 율법은 이처럼 당신을 죄인으로 규정하되 자동적이고 즉각적으로 규정한다. 율법이 없다면 이런 것은 죄로 여겨지지도 않고 당신도 죄인으로 단죄되지 않는다.

율법이 당신을 죄인으로 정죄하되, 죄짓는 순간 단 1초도 지체하지 않고 즉각적으로 정죄해 오는 것은 마치 거울과 같아서 당신이 거울 앞에 다가서는 순간 이미 그 거울 속에 당신의 얼굴이 나타나 있는 것만큼이나 즉각적이다. 율법에 "너는 ~하지 말지니라."라고 써 있는 법문은 거울만큼이나 즉각적이고도 자동적으로 당신의 죄를 그 자리에서 죄로 정죄해 버린다. 당신의 얼굴에 묻어 있는 티가 거울을 들여다보는 순간 즉각 그 티가 거울에 적나라하게 내비치는 것이다. 당신이 마음속으로 "나는 저것을 갖고 싶다."는 생각을 품는 순간 율법은 자동적으로 "그래서는 안되느니라." 하고 당신의 "정욕"을 즉각 지적해 오는 것이다. 당신의 죄와 율법의 정죄는 이처럼 동시적이고 자동적이어서 죄가 죄인지 생각해 보고 따져 보고 심의해 보는 전 과정이 전광석화처럼 신속하다.

율법의 행위로 구원받고자 애쓰는 사람은 항상 거울 앞에 서 있는 사람과 같다. 자기 행위를 항상 율법의 거울에 비춰 보아야 하기 때문이다. 행위로 구원받으려고 시도하는 사람은 하고많은 날 거울 앞에 서서 들여다보고 또 들여다보면서 얼굴에 조금이라도 허물이나 더러운 티가 묻어 있지 않은지 늘 점검해 보아야 한다. 그러나 그렇다고 티가 없는 것은 아니다. 다시 말해서, 거울 앞에 서 있다고 해서 율법을 어기지 않는 것은 아니라는 얘기다. 율법을 어기지 않는 사람이 세상에 어디 있는가? 생각만 품어도 율법은 고소를 제기한다. 그런데, 율법은 거울인지라 율법을 어긴다는 것은 곧 거울을 깨뜨리는 짓이다. 그렇기 때문에 율법의 행위로 구원받고자 하는 사람은 항상 깨진 거울 앞에 서 있을 수밖에 없다. 그래서 이 사람은 딱하게도 깨진 거울 조각만큼이나 여러 개의 얼굴을 들여다보고 있어야 한다. 거울이 깨져 열 조각이 났으면 얼굴도 거기에 열 개로 나타나니까 말이다. 얼굴에 더러운 티라도 하나 묻어 있으면 열 조각 깨진 거울에 열 개의 티 묻은 얼굴로 내비친다. 그 참상이 이루 말할 수 없어 죽고 싶을 뿐이다. 그렇다고 거울이 티를 씻어 주는 것은 물론 아니다. 거울은 그저 있는 대로 내비치라고 거기 있는 것이지 얼굴의 티를 제거해 주라고 거기 걸려 있는 게 아니다. 그러나 율법의 행위로 구원받고자 하는 사람은 그 티를 거울에서 지워 버리려고 애쓰는 사람이다. 이 사람은 제 얼굴에 묻은 티를 닦아낼 줄 모르고 어리석게도 거울 속에 비친 티를 거울 속에서 닦아내 보려고 애를 쓴다. 그럴 수밖에 없는 것이 이 사람은 행위로 구원받고자 하기 때문에 율법에 의존할 수밖에 없다. 그러나 거울은 절대로 더러움을 깨끗이 씻어 주지 못한다. 율법은 죄를 보여줄 뿐 깨끗하게 하지는 못한다. 그래서 율법의 행위로 구원받고자 하는 사람은 쓸데없이 헛수고만 하는 사람이다. 그러자니 여간 고달픈 게 아니다. 더구나 깨진 거울은 그 사람을 천 조각 만 조각으로 찢어 놓고 참상을 드러내 보여 준다.

율법은 또 당신을 예수 그리스도께로 안내하는 학교 선생님과 같다. 거울은 당신이 깨끗이 씻을 필요가 있다는 것을 가르쳐 준다. 그러나 거울이 닦아내 주지는 않는다. 마찬가지로 학교 선생님도 당신더러 얼굴이 더럽다고 지적만 해줄 뿐 자기가 손수 당신 얼굴을 닦아 주지는 않는다. 그런데도 율법의 행위로 구원받으려고 애쓰는 사람은 율법이 자기 얼굴을 닦아 주기만을 기대한다. 그러면서 맨 날 지적만 당하고 서 있을 뿐 정작 씻김을 받지는 못한다. 그래서 율법의 행위로 구원받고자 하는 사람은 바보다. 율법은 죄가 있다고만 가르쳐 줄 뿐 결코 죄를 깨끗이 씻어 주지는 않는다. 죄는 예수 그리스도의 피가 아니면 그 어느 것으로도 깨끗이 씻을 수가 없다는 것이 성경의 가르침이다. 그런데도 그들은 율법만 쳐다보고 서 있다. 그들은 멍텅구리들이다. 당신은 깨진 거울에서 물러나 더러운 얼굴을 들고 예수 그리스도께로 나와야 한다. 그리고 그분의 피로 깨끗이 씻김을 받아야 한다. 예수 그리스도께서는 당신이 얼굴을 깨끗이 닦고 나오기를 바라시지 않는다. 그분께서는 당신이 더러운 그대로 자기에게 나아오기를 기대하신다.

『**그러나 죄가 계명을 통하여 기회를 잡아 내 안에서 온갖 색욕을 일으켰느니라. 이는 율법이 없으면 죄는 죽은 것임이라**』(8절).

여기서 『**색욕**』이라는 것은 온갖 악한 욕망들을 포괄적으로 일컫는 말인데, 크게 악한 욕망들보다는 주로 사소한 욕망들, 그렇지만 더럽고 고약한 욕망들을 일컫는 말이다. 일상생활 중 시시각각으로 사람의 마음속에 떠오르는 잡다하고 더러운 생각들이 다 이런 것들이다.

온갖 잡다하고 사소하지만 악하고 더러운 욕망들이야 일상의 삶 가운데 항상 고개를 쳐들기 마련이지만, 이것들이 더럽고 악하다는 것은 계명을 통해 볼 때 비로소 그렇다는 것을 알게 된 것이지, 계명이 아니었다면 그런 욕망들이 더럽고 악한 죄라는 생각은 아예 하지도 못했을 것이다. 이 구절에서 『**죄가 계명을 통하여 기회를 잡아 내 안에서 온갖 색욕을 일으켰느니라.**』는 것은 바로 이런 뜻에서 한 말씀이다. 이처럼 계명은 죄를 지적해 주고 죄가 죄인 것을 가르쳐 주고 죄는 이것을 기회로 기회 있을 때마다 그 계명을 통하여 자기 존재를 과시하며 당신에게 군림해 온다. 이 말을 뒤집어서 생각해 보면, 계명이 없었더라면 죄는 자기가 존재한다는 것조차 알리지 못했을 것이라는 얘기다. 『**율법이 없으면 죄는 죽은 것임이라.**』는 것은 바로 이런 뜻으로 한 말씀이다. 율법이 없으면 죄가 분명히 거기 있는데도 그 존재가 드러나지 않으므로 죽은 것이나 마찬가지인즉, 죄 가운데서 태어난 것들 역시 모두가 죽어 있는 것이나 마찬가지여서 전혀 위세를 떨치지 못한다. 그러나 율법이라는 것이 있어 그것이 죄가 거기 있는 것을 냉큼 알아보고 "여기 죄가 있다!" 하고 가르쳐 주기 때문에 죄는 비로소 자신의 존재를 드러내 보일 수 있을 뿐만 아니라 기회가 왔다는 듯 벌떡 일어나 즉시 활동을 개시한다. 죄는 이런 점에서 율법에게 톡톡히 덕을 보고 있는 셈이다. 율법이 없으면 죄는 죄로 여겨지기조차 하지 못한다는 것은 바로 이런 맥락에서 하는 말이다. 죄는 율법 때문에 그 존재를 과시할 수 있다. 율법이 없으면 죄는 숨도 크게 못 쉰다. 율법이 없으면 죄는 있더라도 없는 것이나 마찬가지다. 그래서 율법이 없으면 죄도 없다.

『**내가 전에는 율법 없이 살았으나 계명이 오자 죄는 살아나고 나는 죽었느니라**』(9절). "전에는 율법 없이 살았다."는 것은 "과거에는 율법이 없었으므로 나는 살았다."는 뜻으로 한 말이다. 과거에는 율법이 없었으므로 죄가 활동하지 못하였기 때문에 내가 죽더라도 내 죄가 죄로 여겨질 수 없었고 따라서 나는 죽은 것이 아니었다. 죄가 없으면 사망도 없기 때문이다. 내가 죄로부터 자유로우면 나는 영생을 누리게 된다(롬 6:22).

그러나 계명이 주어지고 율법이 들어왔다. 그러자 상황은 돌변하고 말았다. 율법이 등장하자 수많은 죄들이 이 율법에 의해 죄들로 낱낱이 계산되지 않을 수 없게 된 것이다. 그리고 그 죄들을 죽음으로 청산해야만 하게 된 것이다. 그런즉, 계명이 오자 죄는 살아나고 반대로 나는 죽은 것이다.

『**생명에 이르게 하는 그 계명이 도리어 나를 사망에 이르게 하는 것으로 판명되었도다**』(10절).

『**계명**』은 반드시 지키라고 있는 것이다. 계명을 지키지 않으면 죽는다. "~하지 말지니라."고 계명이 말씀하면 반드시 하지 말아야 살 수 있고, "~할지니라."고 계명이 말씀하면 반드시 그렇게 해야만 나는 살 수 있다. 이런 계명을 하나라도 어기면 죄를 짓는 것이요, 한 번이라도 계명대로 따르지 않으면 죄인이 된다. 죄가 죄로 여겨져 내가 죄인이 되는 날에는 죽음이 그 뒤를 잇는 것은 필연적이다. 죄의 결말은 사망이기 때문이다(롬 6:21). 그런데, 모든 사람이 죄를 지었으므로 모든 사람이 죄인이요, 그런즉 모든 사람이 죽지 않으면 안 된다는 것이 성경의 판단이다. 따라서 당신이 이것을 모면하기 위해서는 부득불 구원받지 않으면 안 되게 되었다. 이제는 더 이상 자동적으로 의롭게 여겨질 수가 없게 된 것이다. 원래 계명이 주어진 목적은 죄를 짓지 말고 사망에 이르지 않도록 하는 것이었다. 그러나 사람이 계명을 지키지 못하므로 그것은 결과적으로 『**사망에 이르게 하는 것으로 판명**』되고 말았다. 당신으로 하여금 죄를 짓지 않게 하고 죽음에 이르지 않도록 하려고 계명이 주어졌건만, 그 계명은 오히려 당신을 죽음으로 몰아넣는 것이 되고 만 것이다. 왜? 당신이 그 계명을 100% 다 지킨다는 것은 불가능하기 때문이다. 그러나 어쨌든 잘못은 당신에게 있는 것이지 계명에 잘못이 있는 것은 아니다. 잘못은 어디까지나 계명을 어긴 죄에게 있고 죄에게 굴복한 당신에게 있는 것이다. 당신은 율법이나 계명을 원망할 수가 없다. 그것을 못 지킨 당신에게 잘못이 있기 때문이다. 율법은 당신에게 죄를 죄라고 가르쳐 주었을 뿐이다. 당신은 율법을 통하여 죄가 죄라는 것을 알 수 있지만, 번번이 죄에 속아 죄를 범한다. 앞서 7절에서 『**그런즉 우리가 무슨 말을 하리요? 율법이 죄냐? 결코 그럴 수 없느니라. 율법에 의하지 아니하고서는 내가 죄를 알지 못하였으니…**』라는 말씀은 이런 맥락에서 한 말씀이었다.

『**죄가 계명을 통하여 기회를 잡아 나를 속이고 또 그것으로 나를 죽였느니라**』(11절).

여기서도 『**죄**』가 "사람"으로 의인화되고 있음에 주목해 두라.

죄가 율법으로 인하여 살아나 자기 존재를 과시하더니 그것으로 끝나는 것이 아니라 기회 있을 때마다 사람을 속이는 일로 활동을 개시한다. 사람을 속이는 것은 죄의 본성이다. 그리고 죄에게 쉽게 속는 것 역시 인간 육신의 본성이다. 죄가 사람을 속이는 목적은 사람을 죽이려는 죄의 본래적인 속성에서 기인한 것이다. 사람이 죄에게 쉽게 속아 사망에 이르는 것은 인간 육신의 본래적인 속성에서 기인한 결과다. 이처럼 죄와 인간의 육신은 본성적으로 서로 맥이 통한다. 죄와 육신이 갖고 있는 이 본래적인 속성이 서로 부응하여 상호 작용을 일으키는 것을 막지 않으면 사람은 필연적으로 죽게 돼 있다. 죄와 인간 육신의 본래적인 속성을 무력화시키려면 구원받고 육신을 죽여 없애는 것 말고는 다른 방법이 없다

7:12 그러므로 율법도 거룩하며 계명도 거룩하고 의로우며 선하도다.

13 그러면 선한 것이 나에게 사망이 되었느냐? 결코 그럴 수 없느니라. 다만 죄가 죄로 드러나기 위해 선한 그것으로 인하여 나에게 사망을 이루었으니 이는 계명에 의한 죄가 심히 죄 많게 되게 하려

는 것이라.

『**그러므로 율법도 거룩하며 계명도 거룩하고 의로우며 선하도다**』(12절).

이 구절을 외워 두고 항상 기억하기를 권한다. 우리는 비록 율법을 지킬 수가 없고 또 구원받았기 때문에 율법 아래에 있는 것도 아니지만, 이와 상관없이 율법은 여전히 거룩하며 계명도 거룩하고 의롭고 선하다. 비록 『**생명에 이르게 하는 그 계명이 도리어 나를 사망에 이르게 하는 것으로 판명**』되었지만(롬 7:10), 이것은 결과적으로 그런 것이지 계명이 잘못되어 그런 것이 아니다. 잘못은 어디까지나 나를 속이는 죄 그 자체에 있고, 그 죄에게 속아 넘어간 나 자신에게 책임이 있다. 그렇기 때문에 우리는 『**율법도 거룩하며 계명도 거룩하고 의로우며 선하도다.**』는 말씀에 절대로 승복하지 않을 수가 없다.

『**그러면 선한 것이 나에게 사망이 되었느냐? 결코 그럴 수 없느니라. 다만 죄가 죄로 드러나기 위해 선한 그것으로 인하여 나에게 사망을 이루었으니 이는 계명에 의한 죄가 심히 죄 많게 되게 하려는 것이라**』(13절).

쉽게 말해서, 율법은 죄인에게 구원주가 필요하다는 것을 가르쳐 주기 위해서 왔던 것이다. 율법은 나에게 있는 죄가 얼마나 악하고 그 죄로 인해 내가 얼마나 악한가를 보여 준다. 그리고 그 악한 죄로 인해 죽을 수밖에 없다는 것을 분명하게 말해 주기 위해 왔다. 『**선한 것**』이란 『**계명**』을 말한다. 위 12절에서 『**율법도 거룩하며 계명도 거룩하고 의로우며 선하도다.**』라고 말씀했었다.

7:14 우리는 율법이 영적인 것인 줄 알고 있노라. 그러나 나는 육신적이어서 죄 아래 팔렸도다.
15 내가 행하는 것을 내가 알지 못하노니 이는 내가 원하는 것은 행하지 아니하고 오히려 내가 미워하는 것을 행함이라.
16 그러므로 만일 내가 원치 않는 것을 행하면 내가 율법이 선하다는 것에 동의하노라.

『**우리는 율법이 영적인 것인 줄 알고 있노라. 그러나 나는 육신적이어서 죄 아래 팔렸도다**』(14절).

잘 주목해 보라. 앞서 12절에서 율법은 거룩하며 계명도 거룩하고 의로우며 선하다고 천명했었다. 그리고 여기 14절에서는 이 율법이 『**영적**』이라고 말씀한다. 그런즉, 율법은 갈보리에서 철폐된 것이 아니다. 율법은 갈보리의 주 예수 그리스도를 믿고 구원받은 그리스도인들에 대해 철폐된 것이지 갈보리 그 자체에 의해 철폐된 것이 아니었다. 율법은 갈보리에서 중단된 것이 아니었다는 얘기다. 바울은 『**율법으로 의롭게 된 너희는 누구든지 그리스도가 무용하게 되고 은혜로부터는 떨어져 나갔느니라.**』(갈 5:4)고 말했지 율법이 무효화되었다고는 말하지 않았다. 누구든지 그리스도 없이 구원받고자 하는 사람들은 여전히 율법 아래에 있는 자들이다. 그런즉 율법은 그런 사람들에게는 여전히 시퍼렇게 살아 있는 것이다. 그리스도를 무시하고 은혜를 거부하는 자들에게 있어 율법은 『**영적**』으로 계속 유효하다. 그들은 그리스도 대신 율법으로 의롭게 되고자 시도한다.

『**내가 행하는 것을 내가 알지 못하노니 이는 내가 원하는 것은 행하지 아니하고 오히려 내가 미워하는 것을 행함이라**』(15절).

우리는 여기서 또 하나의 위대한 말씀이 이어지는 문단으로 발을 들여 놓는다.

『**내가 행하는 것을**』, 즉 내가 과거에 행했던 일이 아니라 "지금" 행하고 있는 것을 알지 못하겠다고 언급한다. 그러니까, 어떤 일을 지금 행하면서 "이래서는 안 되는데..."라고 생각하면서도 그 일을 행하고 있다는 것이다. 바로 이것이 인간이다. 왜 그럴까? 인간은 이것을 알지 못한다. 나쁜 줄을 뻔히 알면서도 나쁜 짓을 하는 것이 사람이다. 그러면서 사람은 "내가 왜 이러는 거지?" 하고 스스로에게 물으며 고개를 갸웃거린다.

『**내가 원하는 것은 행하지 아니하고...**』 사람은 나쁜 줄 알면서도 나쁜 일을 행하지만 그 반면에 옳은 줄 알면서도 그 옳은 일은 또 행하지 않는 것이 또 인간이다. 예컨대, "나는 성경을 읽어야 해." 하고 생각하면서도 성경을 읽지 않는다. "나는 기도해야 돼."라고 믿고 있으면서도 이상하게도 기도하지 않는다. "나는 예수 그리스도를 증거해야 해."라고 생각하면서도 여간해서 복음을 증거하지 않는 것이다. 사람이란 참 이상한 존재다. 옳다고 생각하고 좋은 일이라 여겨져 기꺼이 하고 싶은데도 정작 그 일을 행하지 않고, 옳지 않은 일이라 생각하고 나쁜 일이라 여겨져 하고 싶지 않으면서도 그 일을 행한다. 사람이란 정말이지 묘한 존재다. 『**오히려 내가 미워하는 것을 행함이라.**』 시기, 질투, 교만, 성냄, 쑥덕거림, 탐욕, 게으름 등등, 이 얼마나 미운 짓들인가! 그러면서도 나는 시기하고 질투하고 교만하고 성내기 잘하고 뒤에서 쑥덕거리며 남을 헐뜯고 욕심내고 게으름을 피운다. 내가 대체 왜 이러는 것일까? 이런 고백은 두 가지 본성에 이끌리며 갈등 속에서 삶을 영위하는 그리스도인들이 자주 토로하는 진솔한 체험담이기도 하다.

사람들은 그리스도 안에서 승리를 쟁취했다는 데에만 매료된 나머지 여기 로마서 7장 전체를 무시하고 넘어가 버린다. 그들은 로마서 7장의 맨 마지막 25절에서 곧바로 "승리"를 거둔 뒤 자신들이 이제는 더 이상 죄 없이 성결하게 되었다고 만세를 부르고 나서는 다시는 로마서 7장으로 되돌아와 여기서 언급되고 있는 심오한 문제들을 가지고 더 이상 머리를 싸매려고 하지 않는다. 로마서 7:25로써 그리스도인으로 완전한 "승리"를 거두었다고 생각하는 것은 물론 말도 되지 않는다. 25절이 어떻게 말씀하고 있는지 먼저 보자. 『**예수 그리스도 우리 주를 통하여 하나님께 감사하노라. 그러므로 내 자신이 생각으로는 하나님의 법을 섬기지만 육신으로는 죄의 법을 섬기노라.**』 이것은 명백하게 구원받은 그리스도인의 체험담이다. 구원받지 못한 사람은 생각으로도 하나님의 법을 섬기지 않는 법이다. 구원받지 못한 사람의 육신적인 생각은 하나님의 법에 오히려 대적한다. 그들은 하나님의 법에 굴복하려고도 하지 않으며 굴복할 수도 없다. 그러나 구원받은 사람은 『**생각으로는**』 하나님의 법을 섬긴다. 그러나 『**육신으로는**』 여전히 죄의 법을 섬긴다. 그리스도인의 실제적인 삶은 생각으로는 하나님의 법칙에 따르지만 육신으로는 죄의 법칙에서 벗어나지 못하고 있다. 그런데 『**예수 그리스도 우리 주를 통하여 하나님께 감사**』 하는 까닭은 무엇일까? 내가 구원받는 순간 그리스도께서 내 안에 들어오셔서 죄의 법칙에서 벗어나지 못하고 있는 육신으로부터 나의 혼을 도려내 분리시켜 주셨고 육신을 죽여 버리고 마셨기 때문이다. 그리하여 나의 거듭난 새 사람은 영적으로는 이미 죄와 무관하게 되었다. 그리고 하나님께서는 장차 주 예수 그리스도를 통하여 이 죄와 사망의 몸에서 나를 실질적으로 구해 내실 것이다. 이 얼마나 감사한 일인가!

구원받기 전에는 몸이 살아 있었다. 그러나 율법이 들어오자 죄가 군림하게 되었고 몸은 죄에게 인도되어 죽음으로 결말을 짓게 되었다. 그러자 주님께서 오셨고 죄의 문제를 해소하셨으며 주님을 믿고 주님께로 오는 사람들의 혼을 몸에서 도려내시고 몸은 죽게 되었다.

『**그러므로 만일 내가 원치 않는 것을 행하면 내가 율법이 선하다는 것에 동의하노라**』(16절).

나쁜 일을 하기 『**원치 않는**』 "나"는 나의 육신이 아니라 거듭난 진짜 "나"로서의 새로운 사람이다. 내가 원치 않는 것, 즉 나쁜 일을 행하면, 이것이 나쁜 일이라는 것을 진짜 "나"인 새 사람이 알고 그것을 원치 않는다. 그런데 이것을 아는 것은 진짜 "나"뿐만 아니라 율법도 그것을 안다. 따라서 율법과 진짜 나는 옳지 않은 것을 옳지 않다고 여긴다는 점에서 생각이 똑같다. 『**내가 율법이 선하다는 것에 동의**』하는 이유가 여기에 있다. 나의 새 사람이 볼 때, 아무리 생각해도 율법은 절대로 옳고 나 자신도 그것을 원치 않는다는 점에서 율법과 전적으로 동감이다. 거듭난 새 사람의 입장은 이처럼 율법이 선하다는 사실에 동의할 수 있는 입장이다. 내가 거듭나지 않았더라면, 내가 원치 않는 것을 행할 때, 그것이 나쁜 일이라고 지적해 주는 율법이 선하다고 동의하기가 어려웠을 것이다.

7:17 그러나 이제는 그것을 행하는 것은 더 이상 내가 아니요, 내 속에 거하는 죄니라.

18 내 안에 (곧 내 육신 안에는,) 선한 것이 거하지 않는 줄을 내가 아노니 원함은 내게 있으나 선한 것을 어떻게 행하는 것인지는 알지 못하노라.

19 내가 원하는 선은 행하지 않고 원치 않는 악을 행하는도다.

20 이제 만일 내가 원치 않는 것을 행하면 그것을 행하는 것은 더 이상 내가 아니요, 내 속에 거하는 죄니라.

『**그러나 이제는 그것을 행하는 것은 더 이상 내가 아니요, 내 속에 거**

하는 죄니라』(17절).

옳지 않은 일을 할 때마다 그것이 옳지 않다는 것을 나는 알고 있고 또 내 입으로 옳지 않다고 말까지 하면서도 여전히 그 옳지 않은 일을 하게 되는 까닭에 대해 바울은 그 행동의 주범이 『**내가 아니요, 내 속에 거하는 죄**』라고 단정한다. 진짜 나는 옳지 않은 일을 결코 행하고 싶지 않다는 것을 보면 이것을 알 수 있다. "그것은 옳지 않다. 그것은 잘못이다. 그것은 악하다. 그것을 자행해서는 안 된다." 하고 진짜 나는 계속 경고를 보내고 있지만, 내 속에 있는 『**죄**』는 들은 척도 않고 딴 전을 피는 것이다. 물론 그렇다고 해서 내가 책임을 모면할 수 있는 것은 아니다. 당신이 무슨 일인가 옳지 않은 일을 자행했을 때, 나는 그것이 당신 속에 있는 『**죄**』가 자행한 것임을 알고 있다. 그러나 그렇다고 해서 당신더러 "괜찮다. 당신 잘못이 아니다. 그것은 당신 속에 있는 죄가 잘못한 짓이다."라고는 결코 말할 수가 없다. 나는 서슴지 않고 "당신 잘못이다!"라고 말한다. 왜냐하면 그 『**죄**』 역시 당신 몸속에 들어 있는 당신의 일부이기 때문이다. 이 『**죄**』는 당신 속에서 살아 활동하고 있다. 성경에서 『**죄**』를 "사람"으로 의인화해서 서술한다는 것을 주목해 두라고 나는 늘 충고해왔다. 이 『**죄**』는 분명 당신 자신이 아니라 별도의 존재이지만 문제는 그것이 당신 속에 살고 있는 자라는 점이다.

『**내 안에 (곧 내 육신 안에는,) 선한 것이 거하지 않는 줄을 내가 아노니 원함은 내게 있으나 선한 것을 어떻게 행하는 것인지는 알지 못하노라**』(18절).

바울은 『**내 안에... 선한 것이 거하지 않는**』다고 언급한다. 그러나 이런 말을 하는 데에는 주의를 요한다. 『**내 안에**』는 그리스도께서도 들어와 사시기 때문이다. 그래서 바울은 『**(곧 내 육신 안에는,)**』 하고 즉시 부연 설명을 달아 놓는 주의를 잊지 않는다.

『**내 안에**』. 나의 어떤 안에 말인가? 『**곧 내 육신 안에**』. 옳지! 문제는 바로 이것이다. 죄가 바로 당신의 육신 안에 거하고 있다. 죄는 당신 자신이 아니지만, 당신의 『**육신 안에**』 거하면서 거기서 활동하며 당신의 육신을 관장하고 있다. 그런즉 『**내 안에 (곧 내 육신 안에는,) 선한 것**』은 거하지 않는다.

인간이란 그 안에 선한 것이 거하지 않는 존재다. 이것이 성경의 인간관이다. 『**내 안에 (곧 내 육신 안에는,) 선한 것이 거하지 않는 줄을 내가 아노니**』. 이것은 인간의 육신이 단지 "좋지 않다."는 평가를 넘어서 인간의 육신 안에 선한 요소라고는 단 한 가지도 들어 있지 않다고 보는 전면적 인간 부정이다. 인간에 대하여 철저하게 부정적인 시각으로 바라보는 것이 성경의 인간관이다. 그리하여 그리스도인은 인간의 육신에 대하여, 그러한 육신을 갖고 있는 인간에 대하여, 성경과 마찬가지로 부정적일 수밖에 없다. 아무리 좋게 보려고 해도 그 안에 선한 것이라고는 단 한 가지도 없으니 긍정적으로 볼래야 볼 수가 없는 것이다. 아무리 들여다보아도 육신 안에 있는 것이라고는 단지 죄뿐이다. 그 육신이 죽지 않고 살아 있다면, 그런 육신을 지닌 인간을 도저히 긍정적으로 대할 수는 없지 않느냐는 것이 그리스도인의 대인관(對人觀)이다.

『**원함은 내게 있으나...**』 선을 행하고 싶어하는 의지는 분명 나에게 있다. "그러나," 이 "그러나"에 문제가 있다. "그러나" 『**선한 것을 어떻게 행하는 것인지는 알지 못하노라.**』 바로 이것이 문제인 것이다. 당신의 마음은 선한 것을 행하기 원하지만, 당신의 육신 속에 들어 있는 죄는 그것을 원하지 않기 때문에 당신은 갈팡질팡할 뿐 선한 것을 어떻게 행하는 것인지 알지 못하는 것이다. 예수님께서 이에 대해 이렇게 말씀하셨다. 『**참**

으로 영은 원하지만 육신이 연약하도다』(마 26:41). 당신 속에는 이처럼 갈등하는 두 요소가 공존하고 있다. 하나는 진짜 당신이고 다른 하나는 가짜 당신이다. 세상 사람들은 가짜 당신이 바로 당신 자신이라고 가르치고 진짜 당신을 무시하도록 유도하지만 그것은 거짓말이다. 여기에 속지 말라. 어떻게 하면 속지 않는가? 위에서 인용한 것처럼 주님께서 『**참으로 영은 원하지만 육신이 연약하도다.**』라고 말씀하시기에 앞서 같은 절에서 무어라고 명령하시는지를 잘 들어 보라. 『**너희가 시험에 들지 않도록 깨어 기도하라**』(마 26:41).

『**내가 원하는 선은 행하지 않고 원치 않는 악을 행하는도다**』(19절).

당신은 평소에 갖가지 선한 일들을 하고자 늘 의도하는 게 사실이다. 그럼에도 불구하고 그것을 실행하지 못하는 것도 사실이다. 당신은 삶 가운데서 어떻게든 악한 것을 행하지 않고자 늘 의도한다. 그러나 결과는 『**원치 않는 악**』을 행하고 만다. 『**원치 않는 악**』을 행하고 나서 다시는 이런 짓을 하지 않겠다고 다짐하지만, 당신은 그것을 또 행한다.

『**이제 만일 내가 원치 않는 것을 행하면 그것을 행하는 것은 더 이상 내가 아니요, 내 속에 거하는 죄니라**』(20절).

내가 원치 않는 것을 하고 싶지 않은데도 그것을 행하는 것은 위에서 언급한 것처럼 내 안에 갈등하는 두 요소가 공존하기 때문이요, 그 중 하나가 죄에게 종노릇하는 가짜 나이기 때문이다. 그래서 이 구절은 『**그것을 행하는 것은 더 이상 내가 아니요, 내 속에 거하는 죄니라.**』고 규정한다. 『**원치 않는 것**』을 놓고 진짜 나는 그것을 행하고자 하지 않는다. 『**원치 않는 것**』 자체가 진짜 내가 원치 않는 것이기 때문에 진짜 나는 정말이지 그것을 반대한다. 그것을 행하는 것은 내 안에 거하는 『**죄**』다. 이것은 진짜 내가 아니라 가짜다.

7:21 그리하여 내가 한 법을 발견하노니 그것은 내가 선을 행하고자 할 때 악이 나와 함께 있다는 것이라.
22 내가 속 사람을 따라 하나님의 법을 즐거워하나
23 내 지체들 속에 있는 또 하나의 법이 내 생각의 법과 싸워 나를 내 지체들 속에 있는 죄의 법에게로 사로잡아오는 것을 보는도다.
24 오, 나는 비참한 사람이로다! 누가 이 사망의 몸에서 나를 구해 낼 것인가?
25 예수 그리스도 우리 주를 통하여 하나님께 감사하노라. 그러므로 내 자신이 생각으로는 하나님의 법을 섬기지만 육신으로는 죄의 법을 섬기노라.

『**그리하여 내가 한 법을 발견하노니 그것은 내가 선을 행하고자 할 때 악이 나와 함께 있다는 것이라**』(21절).

바울이 여기서 발견하고 있는 『**법**』은 중력의 법칙과 같은 그런 『**법**』이다. 이것은 십계명이나 율법 같은 그런 것이 아니라 자연적으로 작용하는 물리학적 법칙과 같은 그런 법을 말한다. 바울이 발견한 이 법칙은 『**선을 행하고자 할 때 악이 나와 함께 있다는**』 법칙이다. 이것은 당신도 잘 알고 있는 법칙이다. 당신이 선을 행하고자 할 때 그러한 당신에게는 악도 함께 있음을 당신은 잘 알고 있다. 당신이 기도하는 동안에도 악은 당신과 함께 있다. "무릎 꿇고 기도하는 연약한 성도 앞에서 마귀는 두려워 몸을 떠는도다."라는 옛 노래 가사가 있지만, 이것은 사실과 다르다. 기도하고 있는 당신에게는 "인간"이 그 곁에 꼭 붙어 있다. 마귀는 이 "인간"

속에 버젓이 웅크리고 앉아 있다. 심지어 성경을 읽고 있는 동안에도 당신에게는 여전히 더러운 생각이 함께하고 있다. 악은 항상 당신 곁을 떠나지 않고 당신과 함께 있다. 악은 제 스스로 물러나지 않는다. 악은 당신이 쫓아내야 한다. 제 스스로 알아서 악이 물러나 주기를 바란다면 당신은 부질없이 허송세월만 하는 것이다.

악은 얼마나 끈덕지던지 사실은 당신 자신도 그 악을 쫓아낼 수가 없다. 그래서 당신은 주님의 능력에 의존하지 않으면 안 된다. 악을 쫓아내려면 "먼저" 그리스도의 힘의 능력에 기대야만 한다. 그래서 성경은 『**주 안에서와 그의 힘의 능력 안에서 강건하라.**』(엡 6:10)고 명령한다. 내가 신학원 수업시간에 기도로 강의를 시작하면서 "나를 성령으로 충만케 하시어 내가 주께 굴복하도록 해주십시오."라고 자주 기도하는 이유가 여기에 있다. 내가 먼저 주님께 굴복할 테니 "그 다음에" 주님의 영으로 나를 채워 달라고 기도해 보았자 아무 소용이 없다는 것을 알기 때문이다. 침례인 요한이 『**그분은 융성해야만 하나 나는 쇠잔해야만 하리라.**』(요 3:30)고 했던 것도 같은 맥락이었다. 그분께서 "먼저" 융성하셔야만 "그 다음에" 내가 쇠잔할 수 있는 것이다. 그리스도의 영이 내 안에 먼저 충만해야만 그 다음에 내가 주님께 굴복할 수가 있다는 말이다. 주님께서 내 안에 융성하시기 전에 내가 먼저 쇠잔하는 것이 가능하다고 나는 결코 생각지 않는다. 왜냐하면, 『**내가 선을 행하고자 할 때 악이 나와 함께 있다는 것**』을 알기 때문이다. 『**내가 원하는 선은 행하지 않고 원치 않는 악을 행하는**』 것을 알기 때문에 나는 주님의 도우심이 먼저 필요한 것이다. 『**원함은 내게 있으나 선한 것을 어떻게 행하는 것인지는 알지**』 못하기 때문에 나는 주님의 도우심이 절대로 "먼저" 필요하다. 그래서 나는 먼저 주님의 영이 나를 충만케 채워 주셔서 내가 원하는 선을 행하고 원치 않는 악을 행하지 않도록 도와 달라고 기도한다.

『그리하여 내가 한 법을 발견하노니 그것은 내가 선을 행하고자 할 때 악이 나와 함께 있다는 것이라.』 언젠가도 말했지만, 어느 위대한 목사님 한 분이 이렇게 고백한 것을 당신도 기억할 것이다. "내가 기도하면서도 죄를 짓고 내가 복음을 전파하면서도 죄를 범하며, 바로 나의 회개에도 회개가 필요하고, 내가 흘리는 눈물조차 그리스도의 피로 씻기지 않으면 안 된다." 이것이 무슨 뜻인가? 우리가 지극히 거룩하고 성결한 그 순간에도 우리 안에는 여전히 마귀가 들어 있다는 말이다. 내 말은, 과거의 "나"는 내게서 떠나지 않고 늘 내 안에 함께 있다는 얘기다. 나는 정말이지 이 과거의 "나"와 싸우느라 지쳐 버렸다. 나는 거울에 비친 자신의 얼굴을 쳐다볼 때마다 "이 못된 악당아!" 하고 속으로 고함치지 않을 수가 없다. "옳지, 바로 너다. 바로 네가 골치 덩어리다! 말썽꾸러기는 바로 너란 말야!" 하고 나는 그를 향해 주먹을 내두르지 않을 수가 없다. 당신도 이렇기는 마찬가지일 것이다. 당신이 지극히 거룩하고 성결한 상태에 놓여 있는 순간인데도 바로 거기에 당신과 함께 있는 당신의 엉뚱한 자아를 느낄 수 있을 것이다. 그것도 아주 강렬하게 말이다. 가령, 아기가 죽거나 어머니가 죽거나 아버지가 죽었을 때 당신은 큰 슬픔을 느낀다. 그러나 그 슬픈 감정은 대부분 당신 자신에 대한 연민으로 뒤범벅이 되어 있기 마련이다. 당신이 여하한 일을 놓고 기도하더라도 그 기도는 당신의 자기 연민으로 뒤범벅되어 있음을 알 것이다. 우리는 삶 가운데서 종종 말할 수 없는 고뇌와 슬픔으로 가슴을 쥐어뜯으며 자신의 추악한 자아에 대해 성토하고 질책하며 회한에 젖는 수가 많다. 그러나 바로 그런 순간에 주의 깊게 당신 자신을 들여다보라. 거기 여전히 당신의 옛 자아가 도사리고 앉아 있을 것이다. 도저히 용납할 수 없고 도저히 곱게 볼 수 없는 그 뻔뻔스러운 과거의 나, 아무리 좋게 보아 주려고 해도 퇴짜 놓을 수밖에 없는 옛 자아가 말이다. 당신은 여하한 상황에 처해 있더라도 거기에 살아 숨쉬고 있는 당신의 내면을 깊이 통찰해 볼 때, 그 속에 버티고 앉아 있는 옛 자아를 발견하고 혀를 내두르게 될 것이다. 솔로몬은 이것을 발견하고 "내가 알았도다," "내가 내 마음에 말하기를..." 하고 전도서에 고백해 놓았다. 『**"어리석은 자에게 일어나는 일이 내게도 일어나는도다. 어찌하여 그때 내가 더 현명했던가?" 하였고 그리하여 내가 마음속에 말하기를 "이것 역시 헛되도다." 하였도다... 그러므로 내가 삶을 미워하였나니, 이는 해 아래서 행해지는 일이 내게 슬픔이기 때문이라. 모든 것이 헛되고 영의 고통이라**』(전 2:15-17). 도처에서 "나," "나," "나"가 활개를 치는 것이 나의 삶이다. 그 "나"는 죽은 게 아니라 도리어 활발히 움직이면서 나의 돈벌이에 지대한 영향을 미치고 나의 복지에 영향을 미치며 믿음에 대해서도 이러쿵 제멋대로 의견을 말하고, 나 자신의 생각에 대해 저러쿵 신념을 털어놓는가 하면, 심지어 하나님께서 이러저러하셨으므로 다른 사람들이야 그래야 마땅하겠지만 나는 마귀처럼 살 테야 하고 생각하기까지도 한다. 범죄가 따로 있는 게 아니다. 내게 문제가 있다면 바로 그것이 문제다. 나는 다른 어떤 문제도 없다. 이것이 나의 골칫거리다. 바울은 자신에 대하여 이것을 알았기에 주님께서 죄인들을 구원하시려고 세상에 오셨다는 것을 자기로서는 참으로 받아들일 수밖에 없다고 고백한다. 『**그리스도 예수께서 죄인들을 구원하시려고 세상에 오셨다는 이 말씀은 신실하며, 온전히 받아들이기에 합당하도다. 죄인들 중에서 내가 우두머리라**』(딤전 1:15). 이것을 아는 것은 내 안에 있는 거듭난 새 사람이다. 거듭나지 않으면 악이 함께 있다는 것조차 인식할 수 있는 실체가 내 안에 형성조차 되지 않는다. 그것이 『**속 사람**』이다.

『**내가 속 사람을 따라 하나님의 법을 즐거워하나**』(22절).

『**속 사람**』은 곧 거듭난 사람이다. 이 『**속 사람**』은 『**하나님의 법**』이 좋다고 여긴다. "도둑질하지 말라."는 하나님의 법을 보고 내 속 사람은 "멋진 계명이야!" 하고 생각한다. "살인하지 말라, 간음하지 말라, 거짓 증거하지 말라, 탐내지 말라."는 하나님의 법에 대하여 거듭난 나는 "훌륭해! 정말 위대한 계명들이야!" 하고 즐거이 호응하며 거기에 갈채를 보낸다. 나는 정말이지 이 계명들에 따라 살고 싶다. 그렇게 살려고 철저히 노력했고 또 성공을 거둔 사람들도 적지 않다. 미국에 사는 모든 사람들이 만약 미키 카터 목사나 휴 파일 목사, 레이 베르더만 목사, 잭 하일즈 목사 같은 사람들처럼 산다면 밤에 대문을 걸어 잠글 필요도 없을 것이요, 도난 감지기 따위를 설치할 필요가 없을 것이며 자동차 문을 걸지 않고도 아무 걱정을 할 필요가 없게 될 것이다. 그렇지만 오늘날은 어떠한가? 오늘날에도 옛날의 청교도 정신을 이어받았다고 떠벌리는 교회들이 여기저기 즐비하고 근본주의 기독교인이라고 근엄한 척하는 사람들이 미국에는 도처에 널려 있지만 그 어느 도시에 가나 밤에 현관문을 걸어 잠그지 않은 채 두 다리 쭉 뻗고 자는 사람들은 찾아볼 수가 없다. 왜 그런가? 미국에는 종교는 있으되 아무에게도 추천할 수 없는 종교만 있기 때문이다. 예전에 이 땅에 살았던 그 위대한 하나님의 사람들을 본으로 따르는 전통은 미국에는 더 이상 존재하지 않는다. 왜 그런가? 하나님의 법을 즐거워하는 속 사람을 가진 사람들이 별로 없고 말짱 육신을 숭배하며 육신대로 살기를 좋아하는 겉 사람들만 이 땅에 우글대기 때문이다.

『**내가 속 사람을 따라 하나님의 법을 즐거워하나**』. 미국에서 야기되는 갖가지 문제들은 똑바로 사는 사람들 때문이 아니라 잘못된 삶을 사는 사람들 때문에 생기는 문제들이다. 가령, 미국 사람들이 다 래리 헤니거 목사만 같다면 누구라도 은행에 가서 얼마든지 무담보 대출을 받을 수 있을 것이다. 그 양반은 은행에서 꾼 돈을 갚는 데뿐만 아니라 여하한 빚을 갚는 데도 제 날짜를 어겨 본 적이 한 번도 없었고 하다못해 집으로 날라 온 각종 고지서들까지도 꼬박 제 날짜에 갖다 갚은 것으로 유명하다.

『**내 지체들 속에 있는 또 하나의 법이 내 생각의 법과 싸워 나를 내 지체들 속에 있는 죄의 법에게로 사로잡아오는 것을 보는도다**』(23절).

『**내 생각의 법**』이란 선을 행하고자 하는 마음의 법칙을 말한다. 이 법은 하나님의 법을 즐거워하는 속 사람의 법칙이다. 바울은 이 법 말고 또 다른 법을 자기 안에서 보는데, 그것은 지체들 속에 있는 법칙이다. 팔다리 같은 몸의 지체들 속에 또 법이 있어 이것은 생각의 법과 싸우고 갈등을 일으킨다. 몸의 지체들 속에 도사리고 있는 이 법칙 또한 자동적이고 자연적이어서 내 생각의 법이 악을 행하지 않으려고 할 때 그 생각을 억누르고 억지로 악을 행하도록 생각의 법과 싸워 어떻게든 나를 『**죄의 법**』으로 사로잡아와 그 앞에 무릎 꿇고 그 법칙에 따르도록 강요한다.

이처럼 법에도 서로 상충하는 두 가지 법이 있다. 8:2을 보라. 여기에 보면 『**생명의 성령의 법**』이란 것이 있다. 같은 절에 또 『**죄와 사망의 법**』이란 게 있다. 캠벨주의자들은 바로 이 구절에 근거하여 복음으로부터 하나의 움직일 수 없는 교권적(敎權的) 법률 체계를 수립했다. 그들은 성경을 기반으로 하여 "그리스도의 법"이라는 명문화된 법률을 제정하고 『**생명의 성령의 법**』 제1조: 회개할 것, 제2조: 침례 받을 것, 제3조: 신앙고백을 할 것, 제4조: 믿을 것, 제5조: 끝까지 견딜 것, 이렇게 법조문들을 만들어 놓았다. 그리하여 그들은 당신을 엉뚱한 실정법으로 꽁꽁 묶어 놓는다.

그러나 여기서 언급하는 『**생각의 법**』 또는 『**생명의 성령의 법**』, 그리고 『**지체들 속에 있는 또 하나의 법**』, 즉 『**죄와 사망의 법**』은 어떤 법조문으로 제정돼 있는 법률 체계들을 말하는 것이 아니다. 이 법들은 명문화된 어떤 실정법을 말하는 게 아니라 "인력의 법칙"이니, "기압의 법칙"이니, "우주의 법칙"이니, "열역학 제2법칙"이니 하는 자동적으로 작용하는 자연의 "법칙" 같은 것들을 말한다. 이에 반하여 22절에서 언급된 『**하나님의 법**』은 율법이나 계명 내지 규례들처럼 명문화된 법률 조항들을 말한다. 그러나 여기 23절에서 언급하는 『**죄의 법**』, 즉 8:2에서 언급하는 『**죄와 사망의 법**』은 그리스도인의 지체 속에서 작용하는 어떤 법칙을 말한다. 그리고 역시 8:2의 『**생명의 성령의 법**』 또한 자연적으로 작용하는 법칙을 의미하되 거듭난 그리스도인의 생각 속에 자리 잡고 있는 법칙이라는 점에서 『**죄와 사망의 법**』과 상반된다. 그러니까, 『**법**』에도 법조문으로 명문화된 법과 법칙으로서의 법, 이렇게 두 가지가 있고, 법칙으로서의 법은 또 『**생명의 성령의 법**』과 『**죄와 사망의 법**』, 이렇게 두 가지가 있다.

23절의 『**죄의 법**』은 사망에 이르게 하는 법칙이기 때문에 8:2에서 『**죄와 사망의 법**』이라 불리고 있고, 역시 23절의 『**생각의 법**』은 성령으로 거듭난 속 사람을 생명으로 인도하는 법칙이라는 점에서 8:2에서 『**생명의 성령의 법**』이라 지칭되고 있다. 성경에서 명문화된 법률 체계는 "율법," "계명," "규례," "명령" 등으로 불리는데, 이것이 곧 『**하나님의 법**』이다. 성령으로 거듭난 속 사람은 이 『**하나님의 법**』을 즐거워한다(22절). 속 사람에게는 이런 "법칙"이 작용하고 있는 것이다. 이 "법칙"을 『**생각의 법**』, 또는 『**생명의 성령의 법**』이라고 부른다. 그러나 지체 속에 죄를 갖고 있는 겉 사람은 『**하나님의 법**』을 미워한다. 겉 사람에게는 이런 "법칙"이 작용하는 것이다. 이런 "법칙"을 『**죄의 법**』, 또는 『**죄와 사망의 법**』이라고 부른다. 다시 말해서, 『**하나님의 법**』을 즐거워하는 『**생명의 성령의 법**』칙이 "속 사람의 법칙"이라고 바꾸어 말한다면, 『**하나님의 법**』을 미워하는 『**죄와 사망의 법**』칙은 "겉 사람의 법칙"이라고 바꾸어 말할 수 있겠다.

거듭난 그리스도인에게 구원받기 전의 옛 사람이 육신과 함께 존재하고 그 내면에 거듭난 새 사람이 따로 있어 이 두 존재가 각기 다른 법칙에 따라 움직인다는 사실은 성경에서 유독 로마서 6장과 7장에서 집중적으로 다루어지고 있다는 점에서 이 두 장은 성경에서 대단히 위대한 진리를 밝히는 장들이다. 그런데도 요즘 이 두 장을 놓고 강론하는 설교를 좀처럼 듣기 힘들다는 것은 정말 이상한 일이다. 나는 근년에 들어와 펜사콜라 시의 기독교 방송 두 채널을 통해서 설교 방송을 규칙적으로 듣고 있는 중인데, 한 채널은 지금까지 5년째 듣고 있고 다른 한 채널은 2년째 듣고 있지만, 로마서 6장이나 7장을 놓고 강론하는 설교는 단 한 번도 들어 보지 못했다.

『**오, 나는 비참한 사람이로다! 누가 이 사망의 몸에서 나를 구해 낼 것인가?**』(24절) 누가 그렇게 비참하단 말인가? 우리들 그리스도인들이 그렇게 비참하다고 탄식한다. 『**하나님의 영광의 소망 안에서 즐거워**』(롬 5:2) 하는 것이 그리스도인이 아니던가? 『**영 안에서 하나님을 경배하며 그리스도 예수 안에서 기뻐**』(빌 3:3)하는 것이 우리들 그리스도인들이 아닌가? 『**주 안에서 항상 기뻐하라. 내가 다시 말하노니 기뻐하라.**』(빌 4:4)고 바울은 거듭거듭 당부하고 있지 않은가? 『**항상 기뻐하라**』(살전 5:16). 이것은 우리 그리스도인들을 향한 성경의 명령이다. 그런데 어찌 『**오, 나는 비참한 사람이로다!**』 하고 탄식할 수 있단 말인가? 이것이 우리들 그리스도인들이다. 우리에게는 두 개의 모순된 본성이 자리잡고 있는 것이다. 그리고 이 두 개의 대립된 본성이 끊임없이 갈등을 일으킨다. 영광의 소망 안에서 즐거워하고 그리스도 예수 안에서 기뻐하는 우리가 그 자리에서 몸을 돌리기가 무섭게 또 보는 것은 지체 속에 들어 있는 죄의 법이요, 우리와 늘 함께 있는 악이며 사망의 몸이다. 그리스도인들은 누구나 이처럼 괴짜들이다. 하나의 본성은 영 안에서 하나님께 경배하며 주님을 찬양하고 영광을 돌려드리며 기쁨으로 열광하는가 싶더니 어느 새 또 하나의 본성은 이것이 하고 싶고, 저것을 갖고 싶으며, 이렇게 해 달라 주님께 떼를 쓰고, 저렇게 해 달라 하나님께 울부짖으며 또, 죄의 법 안에서 죽음을 두려워하고 육신의 고통을 불안해하면서 밤을 지새우고 몸부림친다. 『**오, 나는 비참한 사람이로다! 누가 이 사망의 몸에서 나를 구해 낼 것인가?**』

우리들 그리스도인들이 당면하고 있는 문제는 우리가 뒤집어쓰고 있는 "송장" 때문이다. 내적으로는 우리가 그것으로부터 도려내져 육신과 분리돼 있지만, "지리적"으로는 우리가 여전히 그 속에 위치하고 있다. 몸속에 들어 있는 우리의 혼은 성령에 의하여 육신으로부터 말끔히 도려내져서 마치 냉장고의 얼음 그릇에 들어 있는 사각 얼음 조각과 같이 그릇에 눌러 붙어 있지는 않지만 여전히 그 그릇 속에 담겨 있다. 우리의 혼은 더 이상 육신에 눌러 붙어 있지는 않는다. 그러나 여전히 육신의 그릇 속에 담겨 있다. 그리하여 우리는 『**몸에 있는 집에 거할 때 주로부터 멀리 떨어져 있다는**』(고후 5:6) 지리적 위치를 알고 그것이 싫어 『**정녕 몸에서 떠나 주와 함께 있는 것**』(고후 5:8)을 더 원하고 있다. 우리는 『**육신 안에서 행하지만 육신을 따라 싸우지는 아니함이니**』(고후 10:3), 우리 하나님의 자녀들은 모두 영적으로는 그리스도 안에 있고 셋째 하늘에 올라가 있지만 실제적으로는 아직도 육신 속에 머무르고 있다. 그리고 이 육신은 썩고 있는 송장인데도 마음대로 벗어날 수가 없다. 이 육신은 하나의 감옥이요, 우리는 이 감옥에서 마음대로 나갈 수가 없는 것이다.

바울은 한때 이 감옥을 벗어났었다. 그리고 주님께서 그를 데려다가 셋째 하늘을 구경시켜 주셨다. 그러나 주님께서는 그를 다시 이 지긋지긋한 감옥으로 돌려보내셨다. 아마 나 같으면 미쳐 죽었을 것이다. 이 비참한 육신의 감옥을 벗어나 주님께서 계시는 그 찬란하고 아름다운 셋째 하늘까지 올라가 새 예루살렘의 영광스러운 거리를 거닐어 보고 그룹들과 스랍들을 만나 보았으며 하나님의 임재 속으로 들어가 보기까지 하고 나서 다시 여기 더러운 육신으로 되돌아와 도처에 피 묻은 십자가들만 즐비하게 늘어서 있는 가운데 썩은 냄새가 진동하는 더러운 길거리를 이리저리 허둥대고 돌아다니면서 몽둥이로 매 맞고 돌로 매 맞아야 했으며 온갖 위험 속에서 배고프고 목마르고 춥고 헐벗어야만 했다니!

그러나 우리 그리스도인들 모두가 육신 속에 갇혀 있는 죄수들이요, 죽을 때까지는 결코 벗어날 수 없는 감옥에 갇힌 종신형 죄수들이다. 나는 이것을 생각할 때마다 탈옥수들을 생각하고 때로는 그들을 존경하기까지 한다. 아닌 게 아니라 나는 탈옥수들을 다룬 책들을 여러 권 읽었다. 내가 읽은 것 중에서 가장 위대한 탈옥수 이야기는 제2차 세계 대전 중 독일의 한 감옥에 갇혀 있던 영국인 죄수 이야기였는데, 그는 무려 열 번이나 탈옥을 감행했고 열 번이나 다시 체포되어 감옥에 재수감된 인물이었다. 그가 처음 탈옥했을 때는 감옥에서 도망쳐 독일 국경을 넘어 루마니아까지 맨발로 걸어갔다. 달랑 숟가락 한 개로 감방 밑바닥을 후벼 파고는 흙을 한 줌씩 눈에 안 띄게 변기통에 쏟아 붓기를 5년 동안 계속한 끝에 탈옥에 성공할 수 있었는데, 안타깝게도 2주 만에 체포되어 감옥으로 압송돼 돌아왔다. 이렇게 하기를 열 번이라니, 감옥이 얼마나 지긋지긋했으면 그랬겠는가? 세계 대전이 끝나고 그 감옥을 개방하였을 때 보니까 그는 독방에 여전히 갇혀 있었는데, 이때도 숟가락 한 개로 감방 밑바닥을 계속 후벼 파고 있었다고 한다. 그러나 우리 그리스도인들은 탈옥할 수도 없다. 육신은 죽어야만 벗어날 수 있는 지독한 감옥이다. 죽기 전에는 싫더라도 그 안에 갇혀 살아야 하는 것이 우리의 몸이다.

그런즉, 기왕이면 조금이라도 덜 비참하게 몸을 가꾸는 편이 나을지도 모른다. 어차피 거기서 나오지 못할 바에는 기왕이면 청소도 깨끗이 하고 냄새도 덜 나도록 부지런히 걸레로 훔치고 먼지도 닦아내 조금이라도 더 쾌적하게 유지하는 편이 더 낫지 않겠는가? 더구나 우리는 6:13에서 우리의 지체를 불의의 병기로 죄에게 내어주지 말고 의의 병기로 하나님께 드리라고 촉구했던 바울의 충고를 기억하고 있다. 지난날에는 우리가 우리의 지체를 부정과 불법의 종으로 내어주어 불법에 이르렀지만, 이제는 구원받았으니 우리의 지체를 의의 종으로 드려서 거룩함에 이르자고 바울은 거듭 촉구했었다(6:19). 언젠가 나는 나이 70에 이른 어떤 노인이 자기가 육신 안에 갇혀 살아갈 날도 얼마 남지 않았은즉 몸을 잘 가꾸어서 무엇하겠느냐고 말하는 것을 들었다. 과연 그럴까? 한번 생각해 볼 일이다.

이런 이야기가 있다. 어떤 노인이 젊은 건축가를 사위로 맞아들이게 되었다. 노인은 자기 딸과 약혼한 이 젊은 건축가에게 자기에게 집 한 채를 지어 달라고 요구했다. 일생 동안 곱게 기른 딸을 내어주는 자기에게 그만한 것쯤은 해줄 수 있지 않겠느냐는 것이었다. 젊은 건축가는 그렇게 하마고 응낙했지만 장인이 될 사람의 요구가 지나쳤다고 생각했던지 집 한 채를 가급적 돈 안들이고 대강대강 날림으로 지어 주었다. 드디어 집이 완공되던 날 사위에게서 현관 열쇠를 건네받은 노인이 사위에게 말했다. "고맙네. 정말 수고가 많았네. 이 집을 결혼 기념으로 자네에게 선물함세." 그리고 현관 열쇠를 사위 손에 꼭 쥐어 주었다.

그런즉 기왕 집을 지을 바에는 정성껏 잘 지을 일이다. 우리의 몸도 그렇다. 기왕 의의 병기로 주님께 내어드릴 몸이라면 튼튼하고 온전하게 잘 가꾸어서 든든하고 강건한 병기로 내어드릴 일이다. 다리 한 짝 잘려나간 외다리보다는 두 다리를 온전하게 갖춘 것이 병기로서는 더 낫고 팔 한 짝 잘려나간 머슴보다는 두 팔 다 가진 종이 더 쓸모가 있지 않겠는가?

심장병에 폐병에 위장병을 앓는 허약하기 짝없는 육신보다는 건강한 육신이 주님께 더 유용하게 쓰일 것이다. 만약 다리가 하나 없거나 팔이 하나 없거나, 혹은 무슨 병을 앓고 있는 허약한 육신이라면 남보다 좋은 눈이나 좋은 두뇌나 좋은 목소리로 주님께 드리는 게 더 낫지 않겠는가?

그러나 여기서 주의할 것은 육신은 어디까지나 육신에 불과하다는 점을 잊지 말아야 한다는 점이다. 육신을 의의 병기로 주님께 드리고자 건강하게 잘 가꾸는 것이야 잘하는 일이지만, 그 육신을 가꾸고 위한답시고 육신 위에 군림하는 죄에게 자칫 굴복하지 않도록 주의하지 않으면 안 된다. 주님께 몸을 드리고자 마음먹는 것은 당신의 속 사람이지 육신 그 자체가 마음먹은 것이 아니다. 육신은 하나님의 법을 싫어한다는 것을 잊지 말라. 육신은 자동적으로 당신의 속 사람에게 대적한다는 사실을 망각해서는 안 된다. 육신은 거듭난 진짜 당신에게 항상 싸움을 걸어오고 당신을 죄의 법에게로 사로잡아가려고 항상 눈을 부릅뜨고 기회를 엿보고 있다는 것을 잊지 말라. 그러나 무엇보다도 잊지 말아야 할 것은 당신의 육신은 지금 썩고 있는 송장에 불과한지라 그 육신에 대해 무엇 하나라도 전적으로 믿고 기대할 수가 없다는 점이다. 오죽하면 바울이 『**오, 나는 비참한 사람이로다! 누가 이 사망의 몸에서 나를 구해 낼 것인가?**』 하고 고뇌했겠는가?

『**예수 그리스도 우리 주를 통하여 하나님께 감사하노라. 그러므로 내 자신이 생각으로는 하나님의 법을 섬기지만 육신으로는 죄의 법을 섬기노라**』(25절).

앞 절에서 바울은 『**누가 이 사망의 몸에서 나를 구해 낼 것인가?**』 하고 처절한 질문을 던지고 있었다. 여기 25절에서 그 질문에 대답한다. 『**예수 그리스도 우리 주를 통하여 하나님께 감사하노라.**』 오직 그분만이 나를 사망의 몸에서 구해 내실 수가 있다! 비록 미래의 일이지만, 오직 하나님께서만 주 예수 그리스도를 통하여 당신을 사망의 몸에서 구해 내실 것이다.

『**그러므로 내 자신이 생각으로는 하나님의 법을 섬기지만 육신으로는 죄의 법을 섬기노라.**』 거듭남을 통하여 새로 태어난 속 사람, 즉 나의 진짜 "자아"는 『**하나님의 법**』을 즐거워하고(22절) 섬긴다. 그러나 육신은 『**죄의 법**』에 따라 죽고 썩어가고 있으며 그러면서 하나님의 법에 대적하고 있다. 아직은 그러하다. 그러나 장차 나는 이 사망의 몸에서 구해 냄을 받을 것을 알고 있다. 그러므로 나는 『**예수 그리스도 우리 주를 통하여 하나님께 감사하노라.**』

로마서 8장

로마서 8장 역시 성경에서 가장 위대한 장들 가운데 한 장이다. 성경에 시 위대하지 않은 장이 어디 있으랴마는, 내가 매 장마다 위대하다고 언급하기보다는 어떤 장에 이르러 위대하다고 특별히 지적하는 까닭은 그 장이 다른 장들에 비해 한결 중요하고 풍부한 내용들을 함축하고 있어 그만큼 성경에서 차지하는 비중이 더 크기 때문이다. 성경의 각 책들마다 그 속에는 이처럼 다른 장들에 비해 특별히 비중이 큰 장으로 꼽히는 장이 한둘 있기 마련인데, 로마서에서는 여기 8장이 그러한 장으로서 전체 로마서에서 가장 중요하고도 풍부한 내용이 담겨 있는 장이다. 그렇기 때문에 로마서에서 중요한 곳 한 장만 꼽으라고 한다면 나는 8장을 꼽게 되는데, 이것은 고린도전서 중에서 그런 곳 한 장을 고르라고 할 때 15장으로 가게 되는 것과 마찬가지다. 가령, 요한복음 같으면 아마 3장이 여기에 해당될 것이고, 그 다음 또 17장이 그런 장에 해당하지 않을까 생각된다.

이것은 성경 전체를 놓고 볼 때도 마찬가지여서 만약 성경 66권의 전체 책들 중에서 한 책만 고르라고 할 때 우리는 뭐니 뭐니 해도 창세기에 손이 가지 않을 수가 없을 터인즉, 그 주된 이유는 창세기라는 성경책 속에 전체 성경을 통틀어 가장 풍부한 내용들이 가득 담겨 있는 창세기 3장과 4장이 들어 있기 때문이다. 창세기 3장과 4장으로 말한다면, 단 두 장에 불과하지만 40개 장으로 된 출애굽기 한 권 전체보다 훨씬 더 방대한 내용들이 잔뜩 압축돼 있다. 그래서 창세기 3장과 4장을 공부하려면 웬만한 책 한 권 전체를 공부하는 데 걸리는 시간보다 더 긴 시간이 소요되는 게 보통이다.

로마서 8장에는 구원에 관한 교리가 총괄적으로 개진되고 있다는 점에서 성경 전체를 통틀어 가장 위대한 장이다. 전체 신약 중에서 구원의 영원한 보장에 대한 가장 위대한 약속을 담고 있는 부분 역시 바로 이 로마서 8장으로서 28절부터 마지막 39절까지에 걸쳐 무려 열 구절 이상을 여기에 집중 할애하고 있을 뿐만 아니라 1절부터 처음 열네 절에 걸쳐서는 그리스도인의 두 가지 성품에 관해 다루고 있는가 하면 또, 예수 그리스도의 재림까지도 언급하고 있는 등, 그 비중이 대단히 큰 내용을 담고 있는 장이다.

이에 앞서 우리가 공부했던 두 장의 내용을 간략하게 개괄해 볼 때, 6장에서는 그리스도의 죽으심과 그리스도인과의 관계를 살펴봄으로써 죄의 몸을 멸하여 우리가 죄에게 종노릇하지 않게 하신 그리스도와 함께 우리도 죽고, 또한 죽은 자들로부터 다시 일으켜지신 그리스도와 함께 우리가 그리스도인으로 새롭게 태어나게 된다는 사실을 알게 되었고, 7장에서는 율법과 그리스도인의 죽음과의 관계를 살펴보았다.

그리고 이제 우리는 여기 8장에서 그리스도인의 죽음과 미래의 삶과의 관계를 공부하게 된다. 여기서 내가 말하는 "그리스도인의 죽음"이란 물론 그리스도 안에서의 죽음, 즉 죄에 대하여 죽은 죽음이라는 뜻으로 하는 말이다. 이에 대해서는 6장에서 상세히 살펴보았다. 그리고 7장에서는 그리스도 안에서 죽은 그리스도인이 율법에 대하여 어떤 위치에 있는가를 살펴보았다. 그리고 우리는 이제 여기 8장에서 그리스도 안에서 죽은 우리 그리스도인의 죽음이 미래와 어떻게 관련되는지에 대해 자세히 살펴보게 될 것이다.

자, 그리스도 안에서 죽었던 우리 그리스도인이 어떻게 다시 일으켜져 영원한 생명을 누리게 되는지 공부해 보자.

8:1 그러므로 이제 그리스도 예수 안에 있는 자들에게는 결코 정죄함이 없나니, 그들은 육신을 따라 행하지 아니하고 성령을 따라 행하느니라.

2 이는 그리스도 예수 안에 있는 생명의 성령의 법이 죄와 사망의 법에서 나를 해방시켰기 때문이라.

3 율법이 육신을 통하여서는 연약하여 할 수 없는 것이므로 하나님께서 죄 때문에 자신의 아들을 죄 있는 육신의 모양으로 보내 그 육신에 죄를 선고하셨으니

4 이는 율법의 의가 우리 안에서 이루어지게 하려 함이라. 우리는 육신을 따라 행하지 않고 성령을 따라 행하는 자들이라.

『**그러므로 이제 그리스도 예수 안에 있는 자들에게는 결코 정죄함이 없나니, 그들은 육신을 따라 행하지 아니하고 성령을 따라 행하느니라**』(1절).

다른 번역본들, 예컨대 NASV나 NIV 등 변개된 역본들에서는 1절의 후반부, 즉 『**그들은 육신을 따라 행하지 아니하고 성령을 따라 행하느니**

라.』가 삭제되어 있다.

이 부분을 삭제한 나름대로의 이유는 "구원의 영원한 보장"의 문제가 그 동기였다. 다시 말해서, 이들은 여기 1절에서의 『**정죄함**』이 "영원한 정죄"를 의미하는 것으로 오해했던 것이다. 〈킹제임스성경〉의 로마서 8:1에서 언급하는 『**그리스도 예수 안에 있는 자들에게는 결코 정죄함이 없나니**』까지는 문제가 없지만, 후반부의 『**그들은 육신을 따라 행하지 아니하고 성령을 따라 행하느니라.**』는 언급이 마치 "그리스도인들도 성령을 따라 행하지 않고 육신을 따라 행하면 구원을 잃어버린다."처럼 그들의 귀에는 들렸던 것이다. 마치 구원의 영원한 보장에 대한 부정적 의미를 함축하고 있는 것처럼 그들은 오해했던 것이다.

이들은 1절의 『**정죄함**』이 갖는 의미를 크게 오해하고 무엇인가를 혼동하고 있는데, 예컨대 그들 중 어떤 사람들은 이 로마서 8:1을 요한복음 5:24의 『**진실로 진실로 내가 너희에게 말하노니 내 말을 듣고, 또 나를 보내신 분을 믿는 자는 영생을 얻고, 정죄에 이르지 아니할 것이며, 사망에서 생명으로 옮겨지느니라.**』는 말씀에 관련지어 생각한다. 말하자면, 그들은 로마서 8:1에서 "영원한 정죄"를 언급하고 있는 것으로 착각하고 있는 것이다. 물론 이것이 터무니없다는 것은 두말할 나위도 없다.

8:1이 문단의 전환이 없이 앞의 7장 마지막 부분에서 계속되고 있음은 누구라도 알 수 있거니와, 7장 마지막 부분에서 8장 초반부에 걸친 문단 전체를 볼 때, 어느 구절도 "영원한 정죄"와 같은 저주와는 아무 상관이 없다. 여기 8:1이 시작되기 직전 앞의 열 구절에서 당신은 어떤 내용을 읽었는가? 7:15부터 마지막 25절까지 다시 한 번 읽어 보라. 구원받은 사람 안에 공존하고 있는 두 성품 간의 갈등에 대해 언급하고 있지 않은가? 어디를 보아도 구원 계획을 언급하고 있는 요한복음 5:24에 연결될 만한 언급은 찾아볼 수가 없다.

그리고 이어서 문단의 전환 없이 이야기의 맥락이 여기 8:1로 그대로 이어져 『**그러므로 이제 그리스도 예수 안에 있는 자들에게는 결코 정죄함이 없나니, 그들은 육신을 따라 행하지 아니하고 성령을 따라 행하느니라.**』고 언급되고 있는 것이다. 이어서 2절도 거듭난 그리스도인이요, 3절도 마찬가지며, 4절도 역시 구원받고 거듭난 그리스도인에 관련된 이야기로 계속된다.

자, 1절은 『**결코 정죄함이 없나니**』라고 명백하게 말씀한다. 하지만, 만약 그리스도인이 성령을 따라 행하지 않고 육신을 따라 행한다고 할 때는 어떤가? 그래도 정죄함이 없는가? 물론 정죄함이 있다. 다음 13절을 보라. 『**너희가 육신을 따라 살면 죽을 것이나 성령을 통하여 몸의 행실을 죽이면 살리라.**』 이처럼 그리스도인도 성령을 통하여 몸의 행실을 죽이면 살되, 육신을 따라 살면 죽는다는 것이 이 문단에서 말씀하는 바다.

결국 이 구절에서 말씀하고 있는 "정죄"는 영원한 정죄가 아니라, "일시적인 정죄"인 것이다. 그리스도인도 일시적인 정죄는 받을 수 있다. 예컨대, 로마서 14:23로 가 보자. 『**그러나 의심하는 자는 그가 먹을지라도 정죄되었나니 이는 믿음으로 먹지 아니하였기 때문이라. 믿음으로 아니하는 모든 것이 죄니라.**』 이 구절은 두말할 것도 없이 그리스도인에게 하는 말씀이다.

일시적인 정죄를 달리 표현하자면, 이 세상에 사는 동안 받게 될 "현세적인 징계"라고 말할 수 있는데, 말하자면 그리스도인이 죄를 지으면 그 징계로 병이 들거나 죽임을 당할 수도 있는 그러한 정죄란 뜻이다. 로마서 14:22을 보자. 『**네게 믿음이 있느냐? 그 믿음을 하나님 앞에서 스스로 가지고 있으라. 자신이 승인하는 일로 자신을 정죄하지 아니하는 자는 복이 있도다.**』 여기서도 "정죄"라는 말이 등장한다. 누구에게 하는 말씀인가?

이번에는 고린도전서 11:29로 가 보자. 『**이는 주의 몸을 분별하지 못하고 합당치 않게 먹고 마시는 자는 자신의 저주를 먹고 마시는 것이기 때문이라.**』 여기서도 “저주”는 그리스도인이 당하는 “현세적인 정죄”를 의미한다. 이것은 그 다음 30절에서 명백하게 드러난다. 『**이 때문에 너희 가운데 많은 사람이 약하고 병들었으며 상당수가 잠들었느니라.**』

그런가 하면 성경은 영원한 정죄를 말하는 구절들도 있다. 마가복음 16:16의 『**믿고 침례를 받는 자는 구원을 받을 것이나 믿지 않는 자는 정죄함을 받으리라.**』에서 『**정죄함**』은 “영원한 정죄”를 의미하는 대표적인 예에 속한다. 위에서 인용했던 요한복음 5:24 역시 『**정죄**』라는 단어가 “영원한 정죄”를 의미한다. “영원한 정죄”란 무엇인가? 이것은 지옥의 저주를 말한다. 지옥의 심판을 받아 옆으로 제껴져 버린 바 된 상태 말이다.

자, 그러나 여기 로마서 8:1에서의 “정죄함”은 일시적인, 현세적인 정죄이다. 그리스도인도 성령을 따라 행하지 않으면 징계를 받는다. 그러므로 8:1의 후반절은 반드시 있어야 한다.

『**이는 그리스도 예수 안에 있는 생명의 성령의 법이 죄와 사망의 법에서 나를 해방시켰기 때문이라**』(2절).

이 구절의 『**그리스도 예수 안에 있는 생명의 성령의 법**』이란 앞서 7장을 공부할 때 살펴본 것처럼 일종의 자연법칙과도 같이 자동적으로 작용하는 법칙으로서의 “법”이다. 따라서 성령께서 들어오심과 함께 자동적으로 생명이 들어옴으로써 『**죄와 사망의 법**』이라는 자연법칙에 의해 자동적으로 영향을 받고 있던 내가 마침내 거기서 벗어나게 되었다. 당신이 구원받는 순간 성령께서 당신 몸 안으로 들어오시면 즉각 당신의 혼을 당신의 육신으로부터 도려내어 몸과 분리시켜 놓으시는데, 이것이 곧 “영적 할례"라는 것으로서 골로새서 2장에서는 이에 대해 이렇게 말씀한다. 『**또한 너희가 그의 안에서 손으로 하지 아니한 할례를 받았으니 곧 그리스도의 할례로 육신의 죄들의 몸을 벗어 버린 것이라**』(골 2:11). 그리하여 당신은 죄로부터 자유롭게 되어 그리스도 안으로 들어가게 되었고 성령으로 새로이 태어난 영이 되었으며(요 3:6), 이로써 당신은 그리스도와 한 영 안에서 하나가 되었으므로 『**죄와 사망의 법에서**』 해방되었다.

그러나 그렇다고 해서 『**죄와 사망의 법**』이 당신에게서 완전히 사라진 것은 아니다. 이것은 당신의 지체들 속에 여전히 들어 있다. 어떻게 이것을 아는가? 우리가 앞서 7:23에서 공부한 내용이 이것이었기 때문에 그것을 안다. 7:23은 『**내 지체들 속에 있는 또 하나의 법이 내 생각의 법과 싸워 나를 내 지체들 속에 있는 죄의 법에게로 사로잡아오는 것을 보는도다.**』라고 언급했다. 『**죄의 법**』, 또는 『**죄와 사망의 법**』은 하나의 자연적인 "법칙"으로서 당신의 지체들에게 작용하고 영향을 미치며 활동하고 있다. 그리하여 당신은 지금도 『**육신으로는 죄의 법**』(25절)을 섬기고 있다. 즉, 당신의 육신은 여전히 죄의 법칙이 작용하는 가운데 그 법칙에 굴복하고 있다. 그렇기 때문에 당신이 구원받은 후에도 육신만은 죄에게 굴종하고 있고 그 결과 육신에게는 사망이 뒤따를 수밖에 없는 것이다. 그러나 내면적으로는 당신의 혼이 그 육신으로부터 분리되었고 새로운 생명으로 거듭났기 때문에 당신의 내적 자아, 즉 진짜 당신의 "나"는 죄와 사망의 법으로부터 자유롭게 되어 그 법칙이 작용하는 영향권 밖으로 나오게 되었다. 그 대신 당신의 내적 자아는 『**생명의 성령의 법**』이 작용하는 영향권 안에 들어가게 되었다. 이제 당신의 진짜 "나"에게는 완전히 새로운 법칙이 작용하게 된 것이다. 그것은 생명의 법칙이기 때문에 죽음과는 상관이 없다. 그것은 성령의 법칙이기 때문에 죄와 사망이 당신에게 더 이상 상관할 수가 없게 되었다.

『율법이 육신을 통하여서는 연약하여 할 수 없는 것이므로 하나님께서 죄 때문에 자신의 아들을 죄 있는 육신의 모양으로 보내 그 육신에 죄를 선고하셨으니』(3절).

『**율법**』, 이것은 물론 모세의 율법, 즉 구약의 율법을 일컫는다. 이것은 "법칙"이라기보다 법조문으로 명문화된 하나님의 법 체계다. 구원받고 거듭난 당신에게는 모두 세 가지 "법"이 효력을 갖고 있는데, 하나는 여기서 언급하는 『**율법**』으로서의 "법"으로 하나님께서 제정하시고 당신에게 주신 "법"이고, 또 하나는 "법칙"으로서의 "법"이되, 이것이 새 사람에게 작용하는 『**생명의 성령의 법**』과 옛 사람에게 작용하는 『**죄와 사망의 법**』이라는 두 가지 "법"으로 나뉘므로 결국 모두 세 가지 "법"이 당신에게 작용하고 있는 것이다.

『**육신을 통하여서는 연약하여 할 수 없는**』 사람들, 즉 구원받지 못하고 아직 육신 가운데 있어 거듭나지 못한 채 그 혼이 육신으로부터 도려냄을 받지도 못한 사람들, 이들에게 하나님께서는 『**율법**』을 주셨다. 그러나 『**죄의 법**』에 의해 장악돼 있던 육신으로서는 도저히 그 손아귀에서 벗어나 하나님의 『**율법**』을 지킬 수가 없었기 때문에 그 『**율법**』은 결과적으로 육신에 대해 아무 일도 할 수가 없었다. 그리하여 하나님께서는 그 죄를 처리하시기 위해 『**아들을 죄 있는 육신의 모양으로 보내**』셔서 그분의 『**육신에 죄를 선고**』하셨다. 다시 말해서, 하나님이신 하나님의 아들 예수 그리스도께서 당신과 나 모두의 죄로 더럽혀진 육신의 『**모양으로**』 이 땅에 오셨다. 예수 그리스도께서는 이 땅에 육신으로 오셨고 그 육신은 죄로 더럽혀진 우리들의 육신과 "같은 모양"("likeness")이었다. 우리들의 육신 그 자체와 동일한 육신은 아니었지만 죄로 물든 우리들의 육신 "처럼"("like") 생긴 육신을 입고 주님께서는 이 땅에 오셨던 것이다. 그리고 『**그 육신에 죄를 선고**』하셨다. 이에 대해 예수 그리스도께서는 요한복음 3:19에서 이렇게 말씀하셨다. 『**이것이 정죄라. 즉 빛이 세상에 왔으나 사람들이 빛보다는 오히려 어두움을 더 사랑하니 이는 그들의 행위가 악하기 때문이라.**』 그리고 요한복음 7:7에서는 『**세상이 너희는 미워할 수 없으나, 나는 미워하나니, 이는 내가 세상에 관하여 그 일들이 악하다고 증거하기 때문이라.**』고 말씀하셨다. 그리고 또 요한복음 15:22에서는 『**만일 내가 와서 그들에게 말해 주지 아니하였더라면 그들에게 죄가 없었을 것이나, 이제는 그들이 자기들의 죄에 대하여 변명할 것이 없도다.**』고 말씀하셨고, 15:24에서는 『**만일 내가 어느 누구도 하지 못한 일들을 그들 가운데서 행하지 아니하였더라면 그들에게는 죄가 없었을 터이나, 이제 그들이 그것들을 보았고 나와 나의 아버지를 둘 다 미워하였느니라.**』고 말씀하셨다. 이 말씀들이 모두 그리스도께서 이 땅에 오셔서 육신의 죄를 정죄하셨음을 증거하는 구절들이다.

육신의 죄에 대한 예수 그리스도의 유죄 선고는 두 가지 방식으로 처리되었는데, 하나는 부정적 처리 방식이었고 다른 하나는 긍정적 처리 방식이었다. 구원받지 못해 육신과 혼이 분리돼 있지 않은 상태에 있는 인간으로서는 죄의 법에 대적하여 죄를 정죄할 권리가 있을 수 없다. 따라서 인간은 누구나 죄 없이는 살 수가 없다. 주님께서는 이것을 증명해 보이셨다. 그리고 그분께서 몸소 육신에 대적하여 죄를 선고하시고 정죄하셨다. 이것은 인간으로서는 불가능한 일이다. 인간은 스스로 육신에서 벗어날 수가 없고 따라서 죄에서도 벗어날 수가 없기 때문이다. 그리스도께서는 이것을 입증하셨다. 이것이 주님께서 죄를 정죄하셨을 때 사용하셨던 부정적 처리 방식이었다.

한편, 우리 인간의 육신의 모양으로 오셨던 예수 그리스도께서는 지상에서 한 인간으로서의 실제 삶을 통하여 죄 없는 완벽한 삶을 사셨고 그것을 우리들에게 친히 과시하심으로써 우리 스스로가 그처럼 죄 없이 완벽한 삶을 살지 않아도 괜찮다는 것을 보여 주셨다. 이것이 주님께서 죄를 선고하셨을 때 사용하셨던 긍정적 처리 방식이었다. 주님께서는 인간이 육신을 입고 있는 한 죄 없이는 도저히 살아갈 수가 없다는 것을 입증하셨던 것이다. 우리는 이것을 위에서 인용했던 요한복음 3:19 말씀이나 7:7; 15:22,24 등을 통해 알 수 있다. 그분께서는 인간의 죄를 들춰내 보이셨고 그것을 정죄하셨다. 이것은 죄 없는 삶을 사는 체 행세하는 위선자들에게는 아주 난처한 소식이 아닐 수 없다. 자기들만은 철두철미 성결한 삶을 살기 때문에 절대로 죄가 없다고 자처하는 위선자들에게 주님께서는 인간이 죄 없이 산다는 것이 불가능하다는 것을 보여 주셨기 때문이다. 당신은 죄가 없을 수 없기 때문에 뭐라고 변명하더라도 받아들여질 수가 없다. 더구나 미국인들은 유·무죄를 가리기 위해 심리를 기다릴 필요도 없이 모두가 전기의자 감이다. 미국인들이라면 심리는 이미 끝났다. 그들에 대한 유죄 선고는 이미 끝났고 정죄는 완전히 마무리된 상태인지라 그들이 갈 곳이라곤 사형 집행장뿐이다. 그리스도께서 초림하셨을 때 이 세상의 통치자는 이미 심판을 받았다. 그리고 그분께서는 성령께서 오시면 『**죄에 대하여, 의에 대하여, 심판에 대하여 세상을 책망하시리라.**』(요 16:8)고 말씀하셨고, 『**죄에 대하여라 함은 그들이 나를 믿지 않기 때문**』(요 16:9)이라고 말씀하셨으며, 『**심판에 대하여라 함은 이 세상의 통치자가 심판을 받기 때문이라.**』(요 16:11)이라고 말씀하셨다. 그리스도께서 죄 없는 완벽한 삶을 사셨다는 사실은 당신이 죄짓지 않으려고 발버둥 칠 필요가 없음을 증명하신 것이었다. 그분께서 당신을 대신하여 죄를 짓지 않으셨기 때문이다. 그런즉, 당신이 죄를 짓지 않으려고 헛수고하지 말고 그분께 모든 것을 맡겨드리는 것이 아주 잘하는 일이다. 어떤 사람이 자기는 육신의 본성 때문에 죄를 지을 수밖에 없다고 변명을 한다. 그러면 주님께서는 "오, 그래? 네가 그것을 깨달았구나. 그렇다면 너의 구원주에게 맡기는 것이 어떠냐?" 하고 그에게 권고하신다. 그러면 또 이 사람은 교회에 위선자들이 들끓고 있는 것을 보고 자기는 그리스도인이 되어 교회에 다닐 생각이 없노라고 변명을 한다. 이것이 요즘의 세태다. 아닌 게 아니라 오늘날 교회는 위선자들로 만원인 것만은 사실이다. 그들은 입만 열면 무슨 "성사"를 어떻게 치러야 한다느니, 교회 회원이면 행실이 어떠해야 한다느니, 황금률이 어떠니, 이교도들이 어떤지 한번 보라느니, 울긋불긋 얼굴 화장하는 것은 어떻다느니 하지만, 자신들을 대신하여 필요한 일을 모두 해 놓으신 그 온전하신 분께 자신들을 맡기려고 하지는 않는다. 이런 사람들은 불가불 제 힘으로 모든 일을 이룩하지 않으면 안 될 저지에 있는지라 어깨가 여간 무거운 게 아니다. 그러나 그들은 절대로 제 힘으로는 그분께서 하신 일들을 할 수가 없다.

『**이는 율법의 의가 우리 안에서 이루어지게 하려 함이라. 우리는 육신을 따라 행하지 않고 성령을 따라 행하는 자들이라**』(4절).

주의해서 잘 들어 보라. 이 구절이 『**이는 율법의 의가**』 "우리에 의해서" 『**이루어지게 하려 함이라.**』고 말씀하는가? 결코 그렇지가 않다. "우리에 의해서"가 아니라 『**우리 안에서**』 율법의 의가 이루어지게 하려는 것이라고 말씀한다. 그러나 가령, 제칠일예수재림교(안식교) 같은 데서는 이 구절을 "우리에 의해서"라고 읽고 싶어 한다. 그들은 자기네들 자신이 스스로 십계명을 열심히 지켜 율법의 의가 이루어지게 하려고 애를 쓴다. 당신도 그러기를 원한다면, 당신은 필연적으로 모든 일을 그르치게 된다. 어째서 그런가? 그것은 불가능하기 때문이다. 그러므로 당신은 율법의 의가 당신 『**안에서**』 이루어지게 하려고 애쓸 일이다. 당신 안에 계시면서 율법의 의가 당신 안에서 이루어지게 하고자 하는 분이 누구이신가? 그리스도 안에 있는 자들 안에 계신 성령이시다. 1절을 보고 또 2절을 보라.

그분께서 당신으로 하여금 육신을 따라 행하지 아니하고 성령을 따라 행하도록 하신다. 그리스도인이 그리스도 예수 안에서 영적으로 행하는 가운데 주님께 순종하고 주님을 따를 때, 그에게는 결코 정죄함이 없다고 1절에 말씀했다. 그리고 그 이유가 여기 4절에서 언급된다. 우리 안에 내주하시는 성령께서 『**율법의 의가 우리 안에서 이루어지게 하려**』 하시고 그분께서 우리 안에서 율법의 의를 이루시기 때문이라는 것이다.

8:5 육신을 따르는 사람들은 육신의 일들을 생각하나 성령을 따르는 사람들은 성령의 일들을 생각하느니라.
6 육신적으로 생각하는 것은 사망이나 영적으로 생각하는 것은 생명과 화평이니라.
7 육신적인 생각은 하나님과 원수가 되나니 그것은 하나님의 법에 복종하지 않을 뿐만 아니라 실로 할 수도 없음이라.
8 그러므로 육신 안에 있는 자들은 하나님을 기쁘시게 할 수 없느니라.

『**육신을 따르는 사람들은 육신의 일들을 생각하나 성령을 따르는 사람들은 성령의 일들을 생각하느니라. 육신적으로 생각하는 것은 사망이나 영적으로 생각하는 것은 생명과 화평이니라**』(5,6절).

문맥상 6절에서 언급되는 『**생명**』은 그리스도인의 실제적인 삶을 말한다. 그리고 『**사망**』 역시 실제적인 죽음을 일컫는다.

언제 써 놓았는지 기억나지는 않지만 내 성경에 보니까 이 구절 근처 여백에 이런 메모가 적혀 있다. “속도 제한 표지판은 네가 잘못하고 있다고 가르쳐 줄 수는 있지만 네 대신 벌금을 물어줄 수는 없다.” 3절에서 우리는 율법이 잘못을 가르쳐 줄 수는 있지만 그 율법이 『**할 수 없는 것**』을 읽었다. 율법은 이와 같이 "시속 90km"라고 쓰인 속도 제한 표지판과 같다. 그것을 위반하면 딱지를 떼게 된다는 것을 당신은 그 표지판을 보고 알 수 있지만, 벌금은 당신이 갖다 물어야 한다. 그러나 당신이 그 딱지를 들고 주님께로 간다면, 그분께서 당신 대신 벌금을 물어주신다. 얼마나 멋진가!

『**육신적인 생각은 하나님과 원수가 되나니 그것은 하나님의 법에 복종하지 않을 뿐만 아니라 실로 할 수도 없음이라**』(7절).

『**육신적인 생각**』이란 중생하지 못한 자연인의 생각을 말한다. 이것은 하나님을 따르는 생각이 아니므로 하나님과 원수가 된다. 이런 생각으로는 하나님의 법에 복종하지도 복종할 수도 없다. 구원받지 못한 사람이 이렇다.

『**그러므로 육신 안에 있는 자들은 하나님을 기쁘시게 할 수 없느니라**』(8절).

구원받지 못한 사람은 그 혼이 여전히 육신에 밀착되어 있어 육신에서 벗어나지 못하고 그 안에 갇혀 있다. 이런 사람은 하나님을 기쁘시게 할 수가 없다. 구원받지 못한 자는 영 안에 들어와 있지 않기 때문에 하나님을 기쁘시게 하려고 해도 방법이 없는 것이다. 하나님을 기쁘시게 할 수 없다는 사실은 구원받지 못한 사람이 처해 있는 어쩔 수 없는 위치다.

구원받지 못한 사람도 하나님의 시선을 끌 수 있다는 것은 물론이다. 그는 하나님을 기쁘시게 할 수는 없지만 하나님께서는 그에게 관심을 가져주신다. 사도행전 10장의 코넬료는 그 대표적인 인물이었다. 이탈리아 부대의 백부장이었던 그는 구원받지 못한 사람이었으나 『**경건한 사람으**

로 온 집안과 더불어 하나님을 두려워하고 백성을 많이 구제하며 하나님**께 항상 기도**』(행 10:2)했고 그의 기도는 응답되어 하나님께로부터 구원받을 수 있는 기회를 받았다. 하나님께서는 자비로우셔서 의로운 자와 불의한 자 위에 다 같이 비를 내려주신다(마 5:45). 작년에 텍사스 지방은 유례없는 심한 가뭄으로 농사를 망치게 되었다. 그때 사람들은 하늘을 향하여 비를 내려 달라고 울부짖었다. 그랬더니 아닌 게 아니라 비를 내려 주셨는데 어찌나 많이 퍼부어 주셨는지 이번에는 홍수가 나고 말았다. 구원받지 못한 사람들이 드리는 "기우제"란 늘 이런 식으로 응답되는데, "하나님이시여, 비를 주소서! 우리가 모두 타죽게 되었나이다!" 하고 부르짖는 그들에게 "당신은 하나님을 믿소?" 하고 물어보면 "그야 이를 말이오? 선하신 하나님을 누가 믿지 않겠소? 그러니까 이렇게 '기우제'를 드리는 것 아니겠소?" 어쩌고 하면서 거드름을 핀다. "내 말은, 당신이 구원받았느냐는 거요." 하고 다그치면 그들은 또 "아, 그럼요!" 한다. "언제 구원받았소?" 하고 또 물으면 "그러니까 한 이삼 년 전부터 그저 마음속으로..." 하면서 말끝을 흐리다 말고 "좋은 일 많이 하고 착하게 살면 그게 구원받은 거 아니겠소?" 하고 역정 내기가 일쑤다. "내 말은 당신이 주 예수 그리스도를 믿고 그분을 당신의 구주로 영접했느냐 하는 거요!" 하고 또 재차 다그치면 "난 그런 복잡한 것은 잘 몰라요." 하고 손을 내저으며 얼른 자리를 피하고 싶어한다. 이것이 구원받지 못한 이교도들의 전형적인 태도다. 우리가 그들에게 "구원" 여부를 물을 때, 이것은 그들이 장차 지옥에 가지 않아도 될 자격을 확보해 두었느냐를 확인해 보려는 것이지 "기우제" 따위의 효과를 믿는지 여부를 알아보려는 것이 아니다. 우리는 그들이 구원받지 않으면 어디로 보내지는지를 알고 그것을 알려주려고 그들에게 "구원" 이야기를 꺼내는 것이다. 자기 의를 내세우는 자들은 우리의 이런 관심에 전혀 관심이 없고 도리어 귀찮아한다. 무엇인가로부터 구원받은 바가 없다면 구원받은 게 아니다. 수영이라곤 개헤엄으로도 단 1 미터도 못 가는 당신이 물에 빠졌는데 아무도 당신을 건져준 적이 없다면 당신이 구조되지 못한 것은 자명하다. 물에 빠졌는데 물에서 건져냄을 받지 못했다면 도대체 무엇으로부터 건져냄을 받았다는 말인가? 지옥으로부터 건져냄을 받은 적이 없다면 무엇으로부터 구원을 받았다는 말인가?

그러나 하나님께서는 자비로우셔서 구원받지 못한 자의 딱한 사정에도 귀를 기울이시고 자비를 베풀어 주신다. 하지만 구원받지 못한 자는 절대로 하나님을 기쁘시게 해 드릴 수는 없다. 그들이 『**육신 안에 있는**』 한 이것은 절대로 불가능하다. 그러나 구원받은 사람이라면 사정은 다르다. 당신이 구원받은 사람이라면 당신은 하나님을 기쁘시게 해 드릴 수가 있다. 다음에 이어지는 구절들을 보자.

8:9 그러나 하나님의 영이 너희 안에 거하시면 너희가 육신 안에 있지 아니하고 성령 안에 있나니 이제 누구든지 그리스도의 영이 없으면 그의 사람이 아니니라.

10 만일 그리스도께서 너희 안에 계시면 몸은 죄로 인하여 죽은 것이나 성령은 의로 인한 생명이니라.

11 예수를 죽은 자들로부터 살리신 분의 영이 너희 안에 거하시면 그리스도를 죽은 자들로부터 살리신 분이 너희 안에 거하시는 그분의 영에 의하여 너희의 죽을 몸도 살리시리라.

12 그러므로 형제들아, 우리가 빚진 자들이나 육신에 진 것이 아니니 육신을 따라 살 것이 아니니라.

13 너희가 육신을 따라 살면 죽을 것이나 성령을 통하여 몸의 행실을 죽이면 살리라.

『**그러나 하나님의 영이 너희 안에 거하시면 너희가 육신 안에 있지 아니하고 성령 안에 있나니 이제 누구든지 그리스도의 영이 없으면 그의 사람이 아니니라**』(9절). 당신이 구원받았다면 당신은 『**육신 안에 있지 아니하고 성령 안에**』 있다. 그런데, 당신이 "구원받았다."는 그 사실이 『**하나님의 영이 너희 안에 거하시면**』이라는 조건에 100% 맞아떨어지느냐가 중요하다. "만약"("if") 『**하나님의 영이 너희 안에 거하시면**』, 당신은 더 이상 『**육신 안에 있지 아니**』한다. 당신은 육신으로부터 도려내져 육신과 분리된 것이다. 물론 "지리적 위치"로는 육신 속에 머무르고 있으되, 앞에서도 말했듯이 사각 얼음 틀을 비틀어 거기서 떼어낸 얼음처럼 얼음 틀에 눌러 붙어 있지 않고 다만 그 틀 속에 담겨 있을 뿐이다. 구원받은 당신 안에는 성령이 거하시므로 당신은 더 이상 육신 안에 있지 않고 『**성령 안에**』 있게 되었다. 성령께서 당신 안에 거하시고 당신은 그분 안에 있게 된 것이다. 그리하여 당신은 그리스도의 영을 소유하게 되었고 이로써 그리스도의 사람이 되었다. 『**이제 누구든지 그리스도의 영이 없으면 그의 사람이 아니니라.**』 누구든지 『**그리스도의 영**』, 즉 『**성령**』을 소유하지 않았다면, 그는 "잃은 자"이다. 그리스도인이 아닌 것이다. 그는 하나님의 자녀가 아니란 말이다. "하나님은 모든 자의 아버지요, 인류는 모두가 한 형제다."라는 말은 국제 사회주의자들이 부르짖는 이교도적 정치 선전 문구다. 이런 구호는 성경과는 아무 관계가 없다.

『**만일 그리스도께서 너희 안에 계시면 몸은 죄로 인하여 죽은 것이나 성령은 의로 인한 생명이니라**』(10절).

자, 당신이 구원받았다면 당신은 성령 안에 있고 성령께서는 또 당신 안에 계신다. 당신은 그리스도의 영을 소유하게 된 것이다. 그리스도께서 당신 안에 계신 것이다. 이처럼 『**그리스도께서 너희 안에 계시면**』, 당신의 몸은 어찌되었다고 말씀하는가? 당신의 몸은 『**죄로 인하여 죽은 것**』이라고 말씀한다. 당신의 몸이 죄로 인하여 사형에 처해진 것이다. 그리하여 당신은 죄의 몸으로부터 벗어나 해방되었다. 앞서 2절 말씀대로인 것이다. 『**생명의 성령의 법**』이 작용하여 당신의 육신을 죽여 버렸기 때문에 당신은 더 이상 육신 안에 갇혀 있지 않게 되었고, 『**죄와 사망의 법**』은 효력이 정지되었으므로 당신은 그 『**죄와 사망의 법**』에서 해방된 것이다. 당신의 몸은 이제 죽은 시체에 불과하다.

이런 점에서 그리스도인은 세 가지 입장에 놓여 있게 된다. 그 하나는 서서히 죽어가고 있는 죽음을 죽어가고 있는 입장이고, 다른 하나는 이미 죽어 땅에 묻혀 있는 입장이며, 나머지 하나는 다시 일으켜진 입장이다. 그래서 그리스도인은 세 가지 상이한 삶을 살아가고 있는 사람이다. 하나님의 관점에서 보면 당신은 장사되어 무덤 속에 있다. 나 피터 럭크만은 죽고 장사까지 치렀다. 한편, 나의 관점에서 보면, 나는 지금 좀처럼 숨을 멈추지 않고 아주 서서히 죽어가고 있는 죽음을 죽어가고 있는 중이다. 그리고 나의 내면에 태어난 새 사람의 관점에서 보면 나는 다시 일으켜져서 그리스도 안에서 영원한 생명을 살아가고 있는 중이다. 바로 그렇기 때문에 그리스도인은 세 가지 상이한 삼중으로 된 복합적 삶이 공존하는 아주 복잡하고도 미묘한 상황을 살아가는 존재다. 그리스도께서 십자가에 처형되셨고, 당신도 세상에 대하여 십자가에 처형되었으며 또 세상도 당신에 대하여 십자가에 처형되었다. 그러니까, 당신을 둘러싸고 세 개의 십자가가 서 있는 셈이다. 한 십자가 위에는 당신을 위해 죽으신 그리스도께서 달려 있고, 한 십자가 위에는 세상에 대하여 죽은 당신이 달려 있으며, 나머지 한 십자가 위에는 당신에 대하여 죽은 세상이 매달려 있는 것이다.

『**만일 그리스도께서 너희 안에 계시면 몸은 죄로 인하여 죽은 것이나 성령은 의로 인한 생명이니라.**』 그러니까 지금 당신에게는 "죽은 시체"로서의 옛 본성과 "살아 있는 사람"으로서의 새로운 본성이 함께 공존하고 있다.

『**예수를 죽은 자들로부터 살리신 분의 영이 너희 안에 거하시면 그리스도를 죽은 자들로부터 살리신 분이 너희 안에 거하시는 그분의 영에 의하여 너희의 죽을 몸도 살리시리라**』(11절).

당신이 현재 지니고 있는 몸은 무슨 일이 있어도 『**죽을 몸**』, 즉 "죽을 수밖에 없는 몸"이다. 왜 그런가? 죄 때문에 그렇다! 그러나 그 몸은 『**죽을 몸**』이되, 그분께서 살리실 것이다. 그분이라니 누가 말인가? 『**그리스도를 죽은 자들로부터 살리신 분**』 말이다. 어째서 그분께서 당신의 『**죽을 몸**』을 살리실 것인가? 당신 안에 그분의 영이 거하시기 때문이다. 당신 안에 주 하나님의 영이 거하시는 궁극적인 목적이 이것이다. 당신이 구원받았으므로 당신은 이미 영적으로 영원한 생명을 소유하고 있다. 그러나 성령께서 당신 안에 거하시므로 당신의 몸까지 다시 소생되어 당신의 영적 생명은 이제 실제적 영생으로 구현될 것이다. 언제 말인가? 그것은 미래의 일이다. 장차 예수 그리스도의 공중 재림과 함께 당신이 휴거될 때 당신의 "죽을 수밖에 없는 몸"은 영원히 죽지 않아도 될 몸으로 변모될 것이다. 그걸 어떻게 아느냐고 머리를 갸웃거리지 말라. 당신이 지성인이라면, 당신이 하나님의 강력한 능력의 위대하심이 그야말로 지극히 위대하다는 것을 알 만한 지성을 갖고 있다면, 당신은 이것을 조금도 어렵지 않게 납득할 수 있을 것이다. 바울은 에베소 교회의 성도들에게 보낸 편지에서 이를 위해 간구했다. 에베소서 1:18부터 아주 주의 깊게 읽어 보라. 『**너희의 지성의 눈을 밝히셔서 너희로 하여금 그의 부르심의 소망이**

무엇이며 성도들 안에 있는 그의 유업의 영광의 풍성함이 무엇인지... 알게 하시기를 원하노라』(18,19절). 성령께서는 당신의 지성을 밝혀 주신다. 그리하여 하나님께서 당신을 불러내신 그 『**부르심의 소망**』이 무엇인지 알게 하신다. 뿐만 아니라 당신 안에 약속돼 있는 『**그의 유업의 영광**』이 얼마나 풍성한 것인지를 깨닫게 해주신다. 당신이 이것을 알고 깨달을 수밖에 없는 것은 『**그의 능력의 지극히 위대하심이 어떤 것인가**』(19절)를 알기에 충분한 지성을 갖게 되었기 때문이다. 바울은 성도들이 모두 그렇게 되기를 간구했다. 그는 하나님의 『**능력의 지극히 위대하심이 어떤 것인가를 너희로 알게 하시기를 원하노라.**』고 말한다. 그분의 강력한 능력이 과연 어떤 능력이기에 지극히 위대하다고 바울은 말하고 있는가? 그 다음 20,21절에서 이렇게 언급한다. 『**하나님께서 그 능력을 그리스도 안에서 역사하게 하사 그를 죽은 자들로부터 살리셨으며 천상에서 하나님의 오른편에 앉히사**』(20절), 즉 당신의 죄들을 대속하시기 위해 십자가에 처형되셨던 예수 그리스도를 다시 일으켜 세우시고 그분의 본향인 하늘로 승천케 하시어 하나님의 오른편에 앉히셨을 뿐만 아니라 『**모든 정사와 권세와 능력과 다스림과 이 세상뿐만 아니라 오는 세상에서도 이름지어진 모든 이름 위에 뛰어나게 하셨으며**』(21절)라고 성경은 말씀하는 것이다. 몸의 부활과 관련하여, 당신의 죽을 몸도 살리실 그분의 능력의 지극히 위대함을 설명하면서 이만큼 이해하기 평이한 설명을 하고 있는 바울의 말뜻을 그래도 알아듣지 못한다면, 당신은 지성의 눈을 열어 달라고 주님께 기도하며 한층 더 매달려야 한다. 당신 안에 성령이 들어와 계심으로써 하나님의 이러한 지극히 위대한 능력이 역사할 수 있다는 사실을 인식한다면 당신의 죽을 몸도 다시 살리시리라는 것을 믿기는 조금도 어렵지 않을 것이다.

『**그러므로 형제들아, 우리가 빚진 자들이나 육신에 진 것이 아니니 육신을 따라 살 것이 아니니라**』(12절).

만약 당신이 당신의 육신에 빚진 것이 있다고 여겨진다면 당장 그것을 무시해버려라. 육신에 진 빚은 아무것도 아니기 때문이다. 당신은 어차피 육신을 따라 살 것이 아니기 때문에 육신에 진 빚은 빚이 아니다. 당신은 육신에 대해 아무것도 빚진 것이 없다. 당신이 구원받는 순간 육신에 지고 있던 모든 빚은 소멸되었다. 만약 당신이 아직도 육신에 대해 정말로 빚지고 있다면 그것은 큰 문제다. 그것은 죽음으로써만 변상이 가능하기 때문이다. 그러나 당신은 구원받았기 때문에 죽을 수가 없다. 그렇기 때문에 당신이 구원받고도 육신에 대하여 빚이 남아 있다면 그것은 문제가 아닐 수 없다. 그러나 걱정할 필요가 없다. 구원받는 순간 육신에 대한 빚은 자연 소멸된다. 어떻게 말인가? 다음 구절을 읽어 보라. 구원받은 당신이 지금 빚이 있다면 그 빚은 성령에 대하여 지고 있는 빚이다.

『**너희가 육신을 따라 살면 죽을 것이나 성령을 통하여 몸의 행실을 죽이면 살리라**』(13절).

『**육신을 따라 살면 죽을 것**』이라고 말씀한다. 이 구절 말씀은 『**땅 위에 있는 너희의 지체를 죽이라.**』는 골로새서 3:5의 말씀이나 『**그리스도께 속한 사람들은 그 육신을 욕정과 정욕과 함께 십자가에 못박았느니라.**』는 갈라디아 5:24의 말씀 등과 함께 암흑시대 로마카톨릭에서 널리 이용되었던 구절인데, 4세기에 걸친 긴 암흑시대 동안 그들은 다른 모든 반성경적 관행들과 함께 육신에 대해 가혹행위를 가하는 것이 가장 영적인 것으로 간주하고 이것을 권장하는 데 이용했던 것이다. "성령을 통하여 몸의 행실을 죽이면 살리라."는 이 말씀을 "몸의 행실을 죽이면 영이 살아난다."로 해석한 그들은 이것을 몸소 실천하려고 애썼고 이것이 지나쳐 극도의 고행을 수행하려고 애쓴 결과 육신을 죽인 것이 아니라 반대로 고통을 견뎌 내며 육신을 자랑하고 육신을 내세우는 웃지 못할 아이러니를 연출했는데, 실은 카톨릭에서 행하는 이런 관행의 뿌리가 중세 암흑시대 훨씬 이전부터 싹트기 시작했다. 예컨대 2,3세기경의 오리겐 같은 사람도 몸소 이런 자학 행위를 통하여 자기 행위로 차원 높은 영적 수준에 도달해 보려고 애를 썼다. 카톨릭에서 미혼자가 당연히 기혼자보다 한결 수준 높은 영적 차원에 도달할 수 있다고 가르치면서 "성직자"의 독신주의를 표방하게 된 이유도 이런 발상에서 나온 것으로 고린도전서 7장에서 바울이 혼인에 대해 언급한 것을 근거로 한다지만, 그것은 바울의 언급을 곡해한데서 나온 것이다. 결혼하여 가족을 거느린 사람보다 독신으로 사는 사람이 아무래도 하나님의 일을 하는 데 그만큼 더 기회가 많고 시간 여유가 많다는 뜻에서 한 말이었지 독신으로 사는 것이 영적 삶에 더 도움이 된다는 뜻에서 한 말은 아니었다. 독신자가 가정을 거느린 사람보다 시간 여유가 더 많다는 것도 그 시간을 하나님을 섬기고 주님의 일을 하는 데 사용할 때나 그렇지, 그 시간과 기회를 사용하지 않는다면 아무 소용이 없다. 그 극단적인 사례로 중세 시대에 "주상고행주의파"(柱上苦行主義派: stylite)라는 인습적인 수행자(修行者)들이 있었다. 4세기 말에서 5세기 중엽까지 살았던 시리아의 시므온 스틸라이트라는 이름의 카톨릭 "성인"이 30년 동안 기둥 위에 올라가 살면서 설교를 했다고 전하는 이야기에 따라 밤이 되나 날이 새나, 비가 오나 눈이 오나, 하고많은 날 아무것도 하지 않은 채 높은 기둥 꼭대기에 올라앉아 고행을 계속하는 사람들이 나왔는데, 이들을 두고 주상고행주의파라고 일컫는다. 시므온 스틸라이트는 처음 12피트 높이의 기둥에 올라앉아 있다가 그 다음에는 15피트로 높이고 나중에는 20피트로 높였는데, 이렇게 함으로써 그만큼 더 하늘에 가까이 접근함으로써 선과 은혜를 더 누릴 수 있다고 여겼다는 것이다. 그는 마지막 기둥 위에 올라갔을 때 그 꼭대기에 사방 3피트 넓이의 널판자를 놓고 앉아 거기서 먹고 자고 싸기를 계속하며 20년을 보냈다. 목욕도 비가 와야만 그 빗물로 몸을 적시는 것이 고작이었고, 비바람 눈보라를 고스란히 다 맞고 내려 쬐는 직사광선과 밤이슬 찬 서리를 가릴 만한 덮을 것 하나 없이 살았으며, 스스로 그리스도인임을 자처한 그가 하던 일이라곤 죄를 회개하고 애통해 하면서 속죄하는 것이 전부였고 그러는 가운데 사람들에게 예수 그리스도를 믿어 구원받고 성경을 읽으라고 설교했다고 한다. 그는 이렇게 설교하면서도 구원받은 그리스도인이 마땅히 누려야 할 즐거움과 소망의 기쁨은 조금도 누리지 못한 아주 불쌍한 그리스도인이었다. 만약 당신이 경건주의나 "거룩주의"를 신봉하는 사람이라면 지금까지 지상에 살았던 인물들 중 당신에 대하여 이 사람만큼 거룩하게 여겨질 사람도 드물 것이다. 그러나 그는 거룩하기만 했던 게 아니라 또 광기에 사로잡혀 있었다. 그가 죽은 뒤 기둥 꼭대기를 보니까 긴 머리, 긴 수염으로 뒤덮인 더러운 몰골 위에 구더기와 파리떼만 우글대고 있었더란다. 그는 마약에 도취된 사람이나 다름없이 머리가 돈 사람이었다. 신약성경 어디에 이런 삶을 두고 거룩하다고 했는가? 예수님의 제자들이나 사도들 가운데 누가 이런 따위 미친 짓을 했던가? 사도들은 시장 거리를 누비고 다니거나, 집집마다 찾아다니거나 산을 넘고 바다를 건너고 황야를 넘어 먼 곳까지 찾아가 사람들을 부지런히 만나고 복음을 전하였으되, 혼자 구석방에 틀어박혀 오줌똥을 깔아뭉갠 채 도사리고 앉아 있었던 사람은 하나도 없다.

8:14 무릇 하나님의 영으로 인도함을 받는 이들은 곧 하나님의 아들들이니라.

15 **너희는 다시 두려워하는 종의 영을 받지 아니하였고 양자 되는** 영
을 받았으므로 그에 따라 우리가 "아바, 아버지."**라 부르짖느니라.**
16 **성령이 친히 우리의 영과 함께 우리가** 하나님의 **자녀임을 증거하시
거니와**
17 **자녀이면 또한 상속자들이니** 하나님의 **상속자들이요,** 그리스도**와 함
께한 공동 상속자들이니 우리가 그와 함께 고난을 받은 것은 함께
영광도 받게 하려 함이니라.**

『**무릇** 하나님의 **영으로 인도함을 받는 이들은 곧** 하나님의 **아들들이니 라**』(14절). 문맥과 상관없이 이 구절만 뚝 떼어서 인용하게 되면, 당신이 『**하나님의 영**』, 즉 성령의 인도하심을 받을 경우에만 『**하나님의 아들**』이고 성령께 인도되기를 멈추면 더 이상 『**하나님의 아들**』이 아니라는 식으로 왜곡하기 쉽기 때문에 주의해야 될 구절이다. 성결교에서는 이 구절을 요한복음 10:27의 『**내 양들은 내 음성을 들으며 나는 그들을 알고 그들은 나를 따르느니라.**』는 구절과 한데 묶어 당신이 매일 매일의 실제 생활에서 성령의 인도하심을 받지 않으면, 구원을 상실하게 된다고 가르치는 왜곡된 교리를 옹호하는 데에 이용한다. 그들 말대로 하자면, 당신은 구원의 상실을 매일같이 밥 먹듯 반복하지 않으면 안 될 판이다. 구원받은 그리스도인이라면 주님을 따르기 마련이므로 만약 누가 예수 그리스도를 따르지 않는다면 그 사람은 구원받았다고 할 수 없다는 것이 우리가 요한복음 10:27을 놓고 설교하는 실제 내용이다. 당신이 진정으로 구원받아 거듭난 그리스도인이라면 당신은 성령의 인도하심을 받는 하나님의 아들이다. 반대로 당신이 성령의 인도하심을 받는 사람이 아니라면 당신은 거듭난 사람으로서 하나님의 아들이라는 사실을 입증할 도리가 없게 된다. 이것은 논란의 여지가 없는 사실이다. 그러나 요한복음 10:27이나 여기

로마서 8:14을 놓고 예수 그리스도를 따르지 않거나 성령의 인도하심을 받지 않으면 더 이상 구원받은 그리스도인이라고 할 수 없다는 내용으로 해석하게 되면 그것은 문맥 전체의 내용에서 벗어나게 된다. 요한복음 10:27은 구원받은 사람은 "양"이요 따라서 주님을 따르게 되는 즉, 이것은 주님께서 "목자"이시기 때문이라고 말씀할 뿐이다. 그러나 양떼 가운데 어떤 양들이 목자를 따르다가 길을 잃고 곁길로 벗어나는 수가 얼마든지 있다는 것을 모르는 사람이 어디 있는가? 그리스도께서도 길 잃은 양에 대해 말씀하신다. 그리고 길 잃은 한 마리 양을 찾아 나서는 목자에 대해서 말씀하신다. 양이 길을 잃고 곁길로 벗어났다고 해서 더 이상 양이 아닌 것은 아니다. 양이 목자의 인도를 받는 양떼 안에 머물러 있지 않고 혼자 곁길로 빠졌다고 해서 늑대로 변하는 것은 아니다. 양은 여전히 양이다. 따라서 그리스도인이 항상 성령의 인도하심을 받지 않으면 하나님의 아들로서의 자격을 상실하게 된다고 가르치는 것은 이단 교리다. 예수 그리스도께서 100마리의 양들 중 한 마리 양이 길을 잃고 곁길로 빠지자 아흔아홉 마리의 양들을 놓아두고 그 한 마리 양을 찾아 나서는 목자에 대한 비유의 말씀을 제대로 이해한다면 함부로 구원의 상실을 운운할 수가 없을 것이다.

여기 로마서 8:14의 『**무릇 하나님의 영으로 인도함을 받는 이들은 곧 하나님의 아들들이니라.**』는 말씀에서 언급하는 "성령의 인도하심"은 거듭난 사람에게 자동적으로 일어나는 현상에 대한 언급일 뿐이다. 이것은 앞서 2절에서 언급되었던 『**그리스도 예수 안에 있는 생명의 성령의 법**』과 맥을 같이 한다. 당신이 거듭나는 순간 당신 안으로 들어와 계속 당신 안에 거하시면서 당신을 인도하고 안내하시며 결국에는 당신을 하늘의 본향으로 데리고 가시는 그러한 성령의 인도하심을 언급하고 있는 말씀인 것이다. 이러한 성령의 인도하심을 받기 때문에 당신의 최종 목적지는 이미 확정돼 있는 것이다. 29절을 보라. 『**그분께서는 미리 아신 자들을 자기 아들의 형상과 일치하게 하시려고 또한 예정하셨으니 이는 그를 많은 형제 가운데서 첫태생이 되게 하려 하심이니라.**』고 말씀한다. 따라서 여기서 말씀하는 성령의 인도하심은 강제적인 성격을 띤 것이지 당신이 인도하심을 받고 안 받고를 임의로 선택할 수 있는 게 아니다.

『**너희는 다시 두려워하는 종의 영을 받지 아니하였고 양자 되는 영을 받았으므로 그에 따라 우리가** "아바, 아버지."**라 부르짖느니라**』(15절).

구원받은 당신이 받은 영은 『**두려워하는 종의 영**』이 아니기 때문에 혹시 구원을 상실하지나 않을까, 내가 버림받지나 않을까, 내가 실족하지나 않을까, 온갖 것들이 두려워서 구원을 잘 유지해야 하겠다는 강박관념에 사로잡혀 있을 필요가 없다. 당신은 그런 두려워 떠는 영을 받은 게 아니라 하나님의 『**양자 되는 영**』을 받았다. 나도 두 아이를 양자로 입양했지만, 사회적으로도 양자에 관한 법률은 결혼에 관한 법률보다도 강력하다. 당신은 결혼을 파기할 수 있지만 양자는 한 번 입양 서약서에 서명하고 나면 다시는 그것을 파기할 수가 없게 돼 있다. 한 번 입양하면 그 자식에게 여하한 일이 있더라고 상속권이 보장되고 친자와의 차별이 절대로 허용되지 않는다. 이런 점에서 입양 관련 법률이 친자 관계 법률보다도 그 구속력이 더 강력하다고 할 수 있다. 입양한 양자는 친자나 다름없는 당신의 자녀인 것이다. 당신은 유산이 있어도 그 유산을 친자에게는 남겨주지 않을 수도 있지만 양자에게는 그럴 수가 없다. 양자의 유산 상속은 법으로 보장받는다. 한 집안의 친자와 양자 사이에 말다툼이 벌어졌을 때 양자가 친자에게 하는 말이 "내가 너보다 낫다!"고 주장했다. 친자가 왜 그러냐고 묻자 "너는 네 아버지 어머니가 싫건 좋건 어쩔 수 없이 자식으로 삼을 수밖에 없었지만, 나는 우리 아버지 어머니가 좋아서 자식으로 택했으니까 그렇지!" 하더란다. 많은 진리가 내포된 말이 아닐 수 없다.

입양한 양자를 둘러싸고 훗날 친부모와 양부모 간에 시비가 벌어지는 경우가 종종 있는데, 제 자식을 버렸다가 한참 세월이 지난 뒤 형편이 좋아지자 남의 집 양자가 되어 있는 자식을 도로 찾아가고자 할 때 이런 일이 종종 벌어진다. 이런 경우 법률은 친부모보다는 양부모 쪽을 더 보호하는 것이 통례로 돼 있다. 어떤 양부모가 느닷없이 나타나 자식을 도로 내달라고 요구하는 친부모에게 이렇게 말했다. "이 아이는 당신에 대해서보다 나에 대해서 갑절이나 귀한 존재올시다. 왜냐하면, 당신은 그 아이를 그냥 얻었지만, 나는 그 아이를 샀기 때문이오." 양부모의 이 말은 사실이다. 양자는 값을 치르고 사들인 자식이다. 설사 길에 버려진 아이를 주어다가 법적으로 양자 삼아 키웠다 하더라도 그것은 사실상 값을 주고 산 것이나 다름이 없다. 낳은 자식은 얻은 자식이지만, 주어온 자식은 희생을 각오하고 데려온 자식이기 때문이다. 당신을 양자 삼으신 주님이야말로 실로 엄청난 값을 치르고 당신을 사셨다. 그분께서 당신을 사기 위해 치르신 값은 그분의 생명이요 피였다. 당신이 아무리 귀하기로서니 누가 당신을 생명을 주고 사들인단 말인가? 그러나 주님께서는 그렇게 하셨다. 주님께서는 당신을 구원하시고 본향으로 데려가시려고 그 엄청난 값을 치르고 사들이셨다. 그렇기 때문에 당신이 구원받음과 동시에 하나님의 자녀로 입양되는 『**양자 되는 영**』을 받은 것은 실로 어마어마한 영이 아닐 수 없다. 당신은 창조주 하나님을 『**"아바, 아버지."**』라 부를 수가 있게 된 것이다. 당신은 우주만물을 소유하신 분의 상속자가 된 것이다. 당신이 하나님의 자녀로서 누리게 될 모든 유업은 당신이 싫더라도 거부할 수 없는 것으로 보장된 것이다. 당신은 이제 하나님과의 양자 관계에서 영원히 벗어날 수가 없다. 당신은 일부러 지옥에 가기 위해 별 짓을 다해도 아무 소용이 없다. 당신이 구원을 버리고 일부러 지옥에 떨어질 짓만 골라서 자행하더라도 이제는 때가 늦었다. 하나님께서 당신을 몇 대만 때리시면 당신은 아이고 날 살려 주십시오! 하고 제자리로 돌아올 수밖에 없게 되었다. 당신을 양자 삼으신 하나님의 입양 사실은 영원히 파기할 수 없는 확정 사실이 되고 말았다. 당신은 이미 하늘 나라행 비행기에 몸을 실었다. 당신이 비행기에서 뛰어내리려고 해 봤자 이미 출입문은 밀폐돼 버렸다. 당신이 몰라서 그렇지 이미 지상을 이륙한 비행기 안에 앉아 있는 것과 밖으로 뛰쳐나가 지상으로 추락하는 것 사이에 얼마나 큰 차이가 있는지 안다면 감히 비행기 밖으로 나갈 엄두도 내지 못할 것이다. 이것을 아는 그리스도인은 결코 거기에서 밖으로 나갈 생각을 하지 않는다. 이것을 모르는 철부지 그리스도인들이나 이따금씩 비행기 밖으로 나가보고 싶은 유혹을 느끼고 자기 좌석에서 몸을 일으킨다. 그러나 주님께서 회초리로 갈겨대시는 바람에 결국에는 제자리로 돌아와야 한다. 끝내 버티더라도 당신이 비행기 문을 연다는 것은 불가능하다.

『**너희는... 양자 되는 영을 받았으므로 그에 따라 우리가** "아바, 아버지." **라 부르짖느니라.**』 "아바"는 히브리어로 "아버지"란 뜻이다. 당신이 구원받으면 하나님을 히브리어로 "아바"라고 부르게 된다. 구원은 유대인에게서 나오기 때문이다(요 4:22). 당신이 거듭나서 성령을 받으면 하나님을 향하여 그야말로 히브리어 방언으로 "아바, 아버지."라고 부르짖게 되는 것이다. 당신은 지난날 속해 있지 않던 하나님의 가족 안으로 편입되는 것이다. 그리고 하나님의 언약의 백성 이스라엘에게 약속된 모든 것을 나누어 갖게 된다.

당신이 구원받고 하나님을 "우리 아버지"라 부르지 않고 "아바, 아버지."라 부르게 된다는 사실에 주목하라. "우리 아버지"란 이스라엘 복수 집단이 기도하며 하나님을 부를 때 사용하는 호칭 형식이다. 그러나 당신이 하나님께 기도할 때 당신은 자신의 개인적 "나의 아버지"께 말씀드리고 있는 것이다. 여기에는 큰 차이가 있다. 당신이 회중 기도를 드릴 때면 당신이 여러 사람을 대표하기 때문에 "우리를 구원하시고 자녀로 삼아 주신 우리 아버지 하나님이시여!"라고 말할 수 있지만, 당신 혼자 골방에 들어가 문을 걸어 잠그고 기도할 때는 "나의 아버지시여, 나는 이것이 필요합니다. 나는 저것이 필요합니다. 나를 도와주십시오." 하고 기도하게 된다. 당신의 하나님은 당신의 개별적인 아버지 하나님이시다.

일부 교회에서 예배 때마다 "하늘에 계신 우리 아버지, 아버지의 이름이 거룩하게 되옵시고 아버지의 왕국이 임하옵시며..." 하고 소위 "주기도문"이라는 것을 암송하는 것을 관행으로 삼고 있다. 그들은 이것이 예수 그리스도께서 『**너희는 이렇게 기도하라.**』(마 6:9)고 말씀하셨기 때문에 그렇게 기도한다고 주장하지만, 주님께서 『**너희**』라고 지칭하셨던 사람들이 민족 집단으로서의 유대인을 일컫는 것이었음을 도외시한 것이다. 예수 그리스도께서는 장차 대환란에 처해 있는 유대인들이 왕국을 기다리는 민족으로서 어떻게 기도할 것인가에 대해 가르쳐 주셨던 것이다. 따라서 이것은 "주의 기도"가 아니라 오히려 "제자들의 기도" 내지 "유대인의 기도"라고 해야 마땅할 것이다. 이것은 신약 시대의 개별적인 그리스도인으로서의 당신이 드려야할 기도가 결코 아니다.

『**성령이 친히 우리의 영과 함께 우리가 하나님의 자녀임을 증거하시거니와**』(16절).

영어 〈킹제임스성경〉에서는 『**성령이 친히**』를 "The Spirit itself"라고 표기하고 있는데, "성령"을 "itself"라는 중성 대명사로 받고 있는 것은 "Spirit"이라는 단어 자체가 중성 명사이기 때문에 적절한 조치다. 이 구절에서 "성령"은 신격의 제3위로서의 성령 하나님을 언급하고 있는 것이 아니라, 믿는 사람 안에 들어와 있는 증인으로서의 "영," 즉 믿는 사람 안에 공기처럼 채워져 있으면서 그가 하나님의 자녀임을 증거하고 있는 증인으로서의 "영"을 언급하고 있는 것이다.

『**자녀이면 또한 상속자들이니 하나님의 상속자들이요, 그리스도와 함께한 공동 상속자들이니 우리가 그와 함께 고난을 받은 것은 함께 영광도 받게 하려 함이니라**』(17절).

당신이 누구의 자녀라는 것은 당신의 부모 된 그 누구의 재산을 물려받을 상속자라는 뜻이다. 따라서 구원받고 하나님의 자녀가 된 당신은 당연히 『**하나님의 상속자**』다. 이제 장차 예수 그리스도께서 다시 오시면 당신은 그리스도와 함께 공동 상속자로서의 영광을 누리게 될 것이다. 하나님의 자녀로 입양된 이상 당신에게 하늘의 유업이 마련돼 있다는 것은 확실하다.

당신이 받게 될 유업에는 두 가지가 있다. 그 하나는 베드로전서에서 언급되는 새 예루살렘이나. 『**너희를 위하여 하늘에 썩지 않고 더럽지 않고 쇠잔하지 않는 유업을 간직해 두셨으니**』(벧전 1:4)라고 성경은 말씀한다. 이것은 천년왕국에서의 유업이 아니라 모든 그리스도인들이 들어가 살게 될 하늘로부터 내려오는 "새 예루살렘"이라는 유업을 말한다. 그러나 로마서 8:17에서 언급하는 것은 『**그리스도와 함께한 공동 상속자**』로서의 당신의 위치인즉, 이런 입장에서 당신이 받게 될 유업은 "새 예루살렘"이 아니라 그리스도와 함께 "통치"하는 자로서 받게 될 천년왕국에서의 유업을 일컫는다. 당신은 장차 이 땅에 천년왕국이 세워질 때 땅을 유업으로 받고 그리스도와 함께 공동 상속자로서 통치하게 될 것이다. 그런즉, 그분께서 오시기 전인 지금 이 땅에서 그분께서 당하셨던 고난을 당신도 함께 받아야 하는 것은 당연한 이치다. 예수 그리스도와 함께 하나님의 아들이 된 당신이 고난은 그분 혼자 당하시게 한 채 모른 척하고 있다가 하나님께로부터 물려받게 될 유산에 대해서만 눈독을 들인다면, 이게 어디 말이나 되겠는가? 당신이 그리스도와 함께 공동 상속자가 되는 것은 조건부적이다. 그리고 그 조건은 그리스도와 공동 상속자로서 그리스도와 함께 고난도 공동으로 당하는 것이다.

디모데후서 2장을 보자. 『**그러므로 내가 택함받은 자들을 위하여 모든 것을 참음은 그들도 그리스도 예수 안에 있는 구원을 영원한 영광과 함께 얻게 하려 함이라. 이 말씀은 신실하도다. 우리가 그와 함께 죽었으면 또한 그와 함께 살리라. 우리가 참으면 우리도 그와 함께 다스릴 것이요 우리가 그를 부인하면 그도 우리를 부인할 것이라**』(딤후 2:10-12). 이 말씀 중 12절에서 『**우리가 참으면**』이라는 것은 "우리가 고난을 당하면"("If we suffer")이라는 뜻과 같다. 그리고 『**우리가 그를 부인하면**』이라는 것은 결과적으로 "우리가 그리스도와 함께 고난당하기를 거부하면"이라는 뜻과 같다. 따라서 『**그도 우리를 부인할 것이라.**』는 말씀은 "그리스도께서도 우리와 함께 다스릴 것을 거부하실 것이라."는 뜻이 된다. 우리가 주님을 믿고 의지하지 않으면 우리는 그분께 신실하지 못한즉, 그분께서도 우리를 믿고 우리에게 무엇을 위탁하실 수가 없다. 우리가 믿음 때문에 고문을 당하게 되었다고 치자. 그분에 대한 우리의 믿음을 버리면 고문을 모면할 수 있는 상황에서 믿음을 버리고 고난당하기를 피하는 것은 결국 그분을 부인하는 것이 된다. 그런 우리를 주님께서 어찌 신뢰하고 공동 상속자로서 함께 다스리는 공동 통치자로 삼아 주실 수 있겠는가? 구원받아 하나님의 자녀가 되었으므로 양자가 된 당신의 법적 신분은 파기될 수가 없지만, 그리스도와 공동 상속자로서 받게 될 유업은 당신이 가만히 앉아서 받는 게 아니라 "벌어들여야" 한다. 그리스도와 함께 공동 상속자로서 당신이 받게 될 유업이나 그리스도와 함께 다스리게 될 공동 통치권은 당신이 지금 어떻게 하느냐에 달려 있는 것이다. 이것은 조건부이기 때문이다. 당신이 그리스도의 고난에 동참하는 것은 그분과 공동 상속자로서 천년왕국에서 유업을 받고 공동 통치자로서 그분과 함께 다스릴 수 있는 유일한 수단이다. 당신이 그리스도와 함께 고난을 당하는 것이 곧 그리스도를 섬기는 것이다. 당신이 그리스도를 섬기는 것은 당신이 유업이라는 "상을 타기" 위함이다. 결국, 당신이 고난당하는 것은 상을 타기 위한 과정이다.

어떤 사람들은 이를 두고도 성경 말씀을 제대로 이해하지 못해 쩔쩔매는 경우가 많다. 당신이 진정으로 주 예수 그리스도를 섬기고 있다면 당신은 고난을 피해 보려고 거짓말을 하고 그분을 부인하는 짓은 하지 않을 것이다. 그러나 박해자들은 인간의 연약함을 이용하여 거짓말을 하도록 강요해왔다. 성경대로 믿는 사람들에 대한 로마카톨릭의 박해자들이 그러했고, 공산주의 러시아가 그러했다. 러시아의 강제 수용소에서는 사람들에게 문서 한 장을 내밀고 거기에 서명하도록 강요했다. "나는 아래와 같은 사항들이 사실임을 인정하고 하나님의 이름으로 시약하는 바입니다."로 시작되는 그 문서에는 "나는 사회 기강의 문란을 조장했고 정부 전복을 기도했으며..., 누구누구를 살해했고..., 여차여차한 실수를 저질렀으며..." 등과 같이 서명자가 범하지도 않은 범행들이 죽 나열돼 있었다. 그러나 이 문서를 읽고 서명을 강요당했다. 목숨만을 살려 준다는 조건이었지만, 가짜 범죄 고백서에 서명하고 살아난 사람은 없었다. 자, 골로새서 3:24을 보자. 『**이는 너희가 유업의 상을 주께로부터 받을 줄 앎이니 너희가 주 그리스도를 섬기고 있음이라.**』고 분명하게 말씀하지 않는가? 여기서 언급하는 『**유업의 상**』이란 당신이 구원받고 얻은 영생을 의미하지 않는다. 영생은 거저 받는 "선물"이지 노력해서 손에 넣는 "상"이 아니다. 이것은 구원받은 사람이 하늘나라에 가게 된다는 말씀이 아니다. 이것은 당신이 천년왕국에서 그리스도와 함께 다스리게 될 땅의 유업을 말한다.

8:18 이는 현재의 고난들이 우리에게 나타나게 될 영광에 감히 비교되지 못한다고 내가 여기기 때문이라.

19 피조물이 간절한 기대를 가지고 하나님의 아들들이 나타날 것을 기다리고 있으니

20 피조물이 허무한 데 굴복하는 것은 자의가 아니요, 오직 소망 가운데 그것들을 굴복케 하시는 그분 때문이며

21 피조물 자체도 그 썩어짐의 속박으로부터 해방되어 하나님의 자녀의 영광스러운 자유에 이를 것이기 때문이라.

『이는 현재의 고난들이 우리에게 나타나게 될 영광에 감히 비교되지 못한다고 내가 여기기 때문이라』(18절).

이 구절은 당신이 큰 문제에 봉착하여 고통을 당하게 되었을 때 항상 마음에 떠올려야 할 위대한 말씀이다. 크고 작은 고난을 당할 때마다 "장차 내가 받게 될 상에 비하면 이 고난은 아무것도 아니다!"라고 말할 수 있는 사람은 행복한 사람이다. 이것은 믿음이 신실한 그리스도인만이 할 수 있는 실로 위대한 말이다. "내가 지금은 비참한 처지에 빠져 있지만, 나는 장차 이 땅에서 그리스도와 함께 다스리는 영광을 누리게 될 것인즉, 그 영광에 비하면 지금의 고생은 아무것도 아니다!"라고 외쳐 보라. 힘이 솟을 것이다. 이 말씀은 고린도후서 4:16,17 말씀과도 짝을 이루거니와, 이 두 곳의 말씀들이 모두 로마서 8장의 이 부분 말씀들과 함께 현재의 고난과 싸우는 그리스도인들에게 힘을 불어넣는다는 점에서 신약에서도 가장 위대한 구절들로 손꼽히게 되었다. **『이런 까닭에 우리가 낙심하지 아니하노라. 오히려 우리의 겉 사람이 썩어질지라도 우리의 속 사람은 날마다 새로워지나니 이는 우리가 잠시 받는 가벼운 환난이 우리를 위하여 훨씬 뛰어난 영원한 영광의 비중을 이루어 가기 때문이라』**(고후

4:16,17).

『피조물이 간절한 기대를 가지고 하나님의 아들들이 나타날 것을 기다리고 있으니』(19절).

19절부터 23절까지에 걸친 이 부분 문단에서 언급되는 『**피조물**』("creature")이란 두 가지 것을 의미하는 듯하다. 여기 19절에서의 『**피조물**』은 당신의 옛 성품을 의미하는 것으로 받아들이는 게 좋을 것이다. 20절에서의 『**피조물**』 역시 마찬가지다. 21절에서의 『**피조물**』도 당신의 옛 본성을 의미한다. 그러나 22절에서의 『**창조물**』(creation)은 다르다. 그리고 23절에서의 『**그들**』 역시 당신의 옛 본성을 말하는 게 아니다. 22절과 23절에서 언급하는 『**창조물**』 또는 『**그들**』은 산과 들과 강과 숲과 나무와 개와 고양이와 사자 같은 자연계의 모든 창조물들을 일컫는다.

『피조물이 간절한 기대를 가지고 하나님의 아들들이 나타날 것을 기다리고 있으니』. 사도 요한은 요한일서 3:2에서 이렇게 언급하고 있다. 『**사랑하는 자들아, 이제는 우리가 하나님의 아들들이라. 우리가 어떻게 될 것인지는 아직 나타나지 아니하였으나 그가 나타나시면 우리가 그와 같이 되리라는 것을 아노니, 이는 우리가 그분 그대로 그분을 볼 것이기 때문이라.**』 그의 오심을 기다리는 것은 비단 하나님의 아들들인 우리들뿐만이 아니다. 모든 피조물들이 주님의 재림을 기다리고 있다. 개나 고양이는 후천년주의자들이나 무천년주의자들보다 훨씬 더 명민한 감각을 지니고 있다.

그리스도인들은 대환란을 기다리고 있는 게 아니라 그에 앞서 나타날 적그리스도의 출현을 기다리고 있다. 대환란은 그리스도인이 통과할 수 있는 환란 기간이 아니기 때문에 우리에게 있어 대환란은 그리스도의 재림을 알리는 실질적 징표가 될 수 없다. 우리에게 그리스도의 재림을 알리는 가장 확실한 조짐은 적그리스도의 출현이다. 여호와의 증인들이나 대환란을 기다리고 있다. 그들이 대환란을 통과할 각오가 돼 있는 것을 보면 자기 분수만은 아는 사람들인 모양이다. 자기네가 구원받지 못했음을 스스로 알고 있으니 말이다. 이들에 비하면 땅 속 두더지가 훨씬 더 센스가 있다. 두더지는 우리들과 마찬가지로 하나님의 아들이 나타나시기를 기다리고 있다. 다음 22,23절을 보라. 『**모든 창조물이 이제까지 함께 신음하며 고통받는 것을 우리가 아노니**』(22절)라고 말씀한다. 우리가 "짐작"하는 것도 아니고 "예상"하는 것도 아니다. 우리가 『**아노니**』라고 언급함으로써 그 확실성을 확실하게 천명하는 서술로 돼 있다. 어떤 사람들은 이러한 성경의 서술 방식에 대해 "독단적"이라고 비난도 하지만, 아닌 게 아니라 성경은 그들이 느끼는 것 이상으로 독단적이다. 『**그들뿐만 아니라 성령의 첫열매들을 가진 우리까지도 속으로 신음하며 양자 되는 것, 곧 우리 몸의 구속을 기다리고 있느니라**』(23절). 모든 짐승들이나 우리 사람의 몸은 지금 저주 아래에 있다. 우리는 지금 죽어 버린 송장에 눌러 붙어 있다. 이 몸은 구속받아야만 온전해질 수가 있는 것이다. 그러려면 그분께서 오셔야만 한다. 그래서 우리는 그분을 애타게 기다리고 있다. 그러나 또한 그분의 오심이 결코 머지않았음을 우리는 또한 안다. 적그리스도의 출현과 함께 그리스도께서 먼저 공중 재림하시면 모든 그리스도인들은 먼저 죽어 땅에 묻혀 있던 그리스도인들과 함께 눈 깜짝할 사이에 들려 올라가게 될 것이다. 그리고 지상에는 7년 동안의 대환란 기간이 있게 되고 끝 무렵에 예수 그리스도께서 지상 재림하시면 모든 것을 평정하시고 새 시대를 여실 것이다. 그때까지 이 땅의 모든 피조물들은 저주 아래에 놓여 있다. 그러므로 우리들뿐만 아니라 모든 피조물들이 지금 그 저주 아래에서 신음하고 있는 것이다. 『**모든 창조물이 이제까지 함께 신**

음하며 고통받는 것을 우리가 아노니』(22절)라는 바울의 말은 이 사실을 확인해 주고 있는 진술이다. 언제까지 신음하고 있는가? 몸의 구속이 이루어질 때까지 기다리고 있다. 『**그들뿐만 아니라 성령의 첫열매들을 가진 우리까지도 속으로 신음하며 양자 되는 것, 곧 우리 몸의 구속을 기다리고 있느니라**』(23절). 대환란 끝에 예수 그리스도께서 지상에 재림하시고 천년왕국을 세우실 때 비로소 『**우리 몸의 구속**』이 이루어질 것이다. 우리가 비록 구원은 받았지만, 우리의 몸은 아직 저주 아래에 놓여 있는 것이다. 현재의 우리 몸은 죽은 송장에 불과하단 말이다. 앞서 7:24에서 『**오, 나는 비참한 사람이로다! 누가 이 사망의 몸에서 나를 구해 낼 것인가?**』 하고 바울이 탄식했던 이유가 여기에 있었다.

모든 피조물이 함께 신음하고 고통받으면서 속으로 신음하며 몸의 구속을 기다리고 있는 까닭은 주 예수 그리스도께서 다시 오셔야만 이 땅과 그 위의 모든 피조물들이 저주에서 벗어날 수 있기 때문이다. 이사야 11장을 보라. 『**또한 이리가 어린양과 함께 거하며 표범이 새끼 염소와 함께 누울 것이요, 송아지와 어린 사자와 살진 짐승이 함께하며 어린아이가 그들을 이끌리라**』(사 11:6). 이것은 다시 오신 그리스도께서 통치하시는 천년왕국을 묘사하는 말씀이다. 지금 이 세상 어느 곳에 이리가 어린 양과 함께 뛰놀고 표범과 새끼 염소가 함께 한가하게 누워 있으며, 어린아이가 늑대와 표범과 사자 같은 맹수들을 이끌고 있단 말인가? 이 세상이 저주 아래에 놓여 있는 동안에는 어림도 없는 소리다. 이것은 주님께서 재림하시고 천년왕국을 세우실 때 이 땅의 모든 피조물들이 저주에서 벗어나야만 가능해질 일이다. 『**암소와 곰이 함께 먹으며 그것들의 새끼들이 함께 누울 것이요, 사자가 소처럼 짚을 먹으리라**』(사 11:7). 천년왕국에서 피조물들이 저주에서 벗어나 그 몸이 구속되면 사자나 이리나 표범이나 치타 같은 맹수들이 모두 소처럼 풀이나 짚을 먹는 "채식" 생활을 하게 될 것이다. 지금은 어림도 없는 소리다. 이것이 믿어지지 않는다면, 언제 한번 시간을 내 동물원에 가서 사자나 호랑이 우리 안으로 손을 내밀고 맹수들이 당신의 팔뚝을 물어뜯는지 안 물어뜯는지 실험해 보라. 『**또 젖먹는 아이가 독사의 구멍에서 장난하며, 젖뗀 아이가 독사의 굴에 손을 넣으리라**』(사 11:8). 주님께서 다시 오시면, 이 땅은 아담이 죄를 짓기 이전의 창조 상태로 복귀하게 되는 것이다. 『**그들은 나의 모든 거룩한 산에서 해치거나 파괴시키지 않으리니 이는 마치 물들이 바다를 덮음같이 세상이 주의 지식으로 충만할 것임이니라**』(사 11:9). 다시 오신 주님께서는 이 지구를 구원하실 것이다. 그러면 자연은 모든 저주로부터 자유롭게 될 것이다. 그때의 광경이 과연 어떠할는지, 사실 나로서도 이루 상상하기가 어렵다. 그때는 아마 나무들이 보통 2,3백 피트 높이까지 자랄 것이고, 포도 한 알의 크기가 오렌지만큼 크게 열릴 것이다. 하기야 세상은 지금도 아름답다. "세상은 신랑을 기다리고 있는 신부처럼 아름답다."고 밥 존스 1세는 늘 말하곤 했다. 그러나 세상이 아무리 아름다워도 신랑은 아직 나타나지 않은 삭막한 상태인 것이다. 장차 신랑이 나타나면 세상은 비로소 제 모습을 갖추고 활기를 찾게 될 것이다. 신랑이 나타나기까지 세상은 아름답되 여전히 간절한 그리움으로 병들어 신음하고 있는 것이다. 나는 연기를 내뿜는 화산을 볼 때마다 그 장관이 눈에는 아름답기는 하되, 지구가 끙끙 병을 앓고 있다는 생각을 떨쳐 버리지 못한다. 그러나 주님께서 다시 오시면 이 지구는 모든 병을 회복하고 원상대로 복구될 것이다. 환경주의자들이 아무리 떠들어대고 환경보호운동 단체들이 아무리 캠페인을 벌이더라도 병든 지구를 고친다는 것은 절대로 불가능하다. 이것은 주님께서 다시 오셔야만 해결될 문제다.

『**피조물이 간절한 기대를 가지고 하나님의 아들들이 나타날 것을 기다**

리고 있으니』. 이 구절에서 『**하나님의 아들들**』은 구원받은 우리들 그리스도인들을 말한다. 『**그러나 누구든지 그를 영접한 사람들에게는 하나님의 아들들이 되는 권세를 주셨으니, 즉 그 이름을 믿는 사람들에게니라.**』(요 1:12)라는 말씀에서 보듯이 주 예수 그리스도를 믿고 거듭난 모든 그리스도인들이 『**하나님의 아들들이 되는 권세**』를 받는다.

당신이 거듭난 후 『**하나님의 아들들이 되는 권세**』를 받는다는 것은 천사들이 갖고 있다가 타락할 때 빼앗겼던 권세를 당신이 대신 양도받고, 그들의 위치를 당신이 점유하게 된다는 뜻이다. 성경 변개자들도 이것을 안다는 것은 분명해 보인다. 마태복음 22:30에서 『**부활 때에는 그들은 장가도 시집도 가지 아니하고 하늘에 있는 하나님의 천사들과 같으니라.**』고 명백하게 언급하고 있으니까 말이다. 요한일서 3:2 또한 이것을 분명하게 천명하고 있다. 『**사랑하는 자들아, 이제는 우리가 하나님의 아들들이라. 우리가 어떻게 될 것인지는 아직 나타나지 아니하였으나 그가 나타나시면 우리가 그와 같이 되리라는 것을 아노니**』라고 말이다. 거듭난 당신은 장차 어떻게 될 것인지는 아직 『**나타나지 아니하였으나**』 이미 지금 『**하나님의 아들들**』 중 하나임이 분명한즉, 그리스도께서 나타나시면 당신도 그분과 같이 되리라는 것을 알고 있다. 그리스도께서 나타나시면 당신은 한 점의 죄도 없이 순결한 33세의 남자 모습을 하고 있을 것이다. 이 말씀을 주의 깊게 귀 기울여 들어 두라. 이것은 아직 『**나타나지 아니하였으나**』 장차 주님께서 오시면 반드시 나타나게 될 일이다. 모든 피조물들이 이것을 알고 있기에 지금 간절한 마음으로 『**하나님의 아들들이 나타날 것을 기다리고**』 있는 중이다.

『**피조물이 허무한 데 굴복하는 것은 자의가 아니요, 오직 소망 가운데 그것들을 굴복케 하시는 그분 때문이며**』(20절).

당신은 지금 지니고 있는 몸을 당신이 요구해서 받은 것인가? 개는 자신의 몸을 자기가 갖고 싶어서 원했던 것인가? 모든 피조물들은 문제 덩어리인 육신을 자신이 원해서 받은 것이 아니다. 당신은 그냥 태어난 것이다. 당신은 태어나기 전 이렇게 문제가 많은 몸을 갖게 될 줄은 전혀 모르고 태어났다. 『**불티가 위로 날아가는 것과 같이 사람은 고생하려고 태어나느니라.**』(욥 5:7)고 성경은 말씀한다. 그러나 고생하려고 태어난 것은 당신의 자의가 아니요, 당신이 삶에서 고생하는 것 역시 당신이 자의로 선택한 것이 아니다. 당신이 자의로 선택해서 고생한다면, 그것은 진정한 의미의 "고생"이 아니다. 고통은 고통이 무엇인지 아시는 분께서 당신에게 보내신 것이다. 그래서 주 예수 그리스도께서는 고통의 의미를 잘 아신다. 그렇기 때문에 그분께서는 『**그는 사람들에게서 멸시받고 거부되었으며 슬픔의 사람이요 질고에 익숙한 사람**』이셨다(사 53:3). 그렇기 때문에 그분께서는 우리의 질고를 지고 우리의 슬픔을 지셨다. 그런데도 우리는 그분께서 형벌을 받아 하나님께 맞으며 고난 당한 줄로 잘못 생각한다고 성경은 지적한다(사 53:4). 그분께서는 우리의 고통을 아시기 때문에 우리의 허물로 인하여 상처를 입으셨고, 우리의 죄악으로 인하여 상하셨다. 우리의 화평을 이루기 위한 징계가 그분에게 내려졌고 그분께서 맞으신 채찍으로 우리가 치유된다(사 53:5). 적어도 인간의 고통에 관한 한, 이것은 구원받은 그리스도인이나 그렇지 못한 죄인들이나 다 마찬가지다. 바울을 보라. 그 위대한 그리스도인이 10년의 사역 기간 동안에 처했던 고난은 다른 사람이 평생토록 받는 고난보다 더 크고 가혹한 고난이었다. 고린도후서 11장을 보라. 인간의 고난에 대한 이러한 성경적 가르침에 대하여 사람들은 참 이상하다고 고개를 내저으며 못마땅해 하지만, 조금도 이상할 것이 없다. 성경만큼 합리적인 책이 어디 있단 말인가? 피조물이 허무한 데 굴복하는 것은 전혀 자의가 아니다. 그것은 당신과 상관없이 일어난 일이다. 그것은 하나님께서 정하신 일이요, 하나님께서 부여하신 일이다. 그래서 여기 20절은 『**오직 소망 가운데 그것들을 굴복케 하시는 그분 때문이며**』라고 말씀하고 있는 것이다. 하나님께서 당신을 문제가 많은 몸 속에 넣어 두신 것은 장차 그 문제가 해소될 것을 소망할 수 있도록 하기 위함이셨다. 주님께서는 당신의 몸이 갖고 있는 골치 아픈 문제들로부터 당신을 구해 내시고 문제를 해소해 주실 것이다.

주님께서 이렇게 하신 데에는 마음속으로 의도하신 목적이 있었기 때문이다. 당신이 주 예수 그리스도를 영접하고 구원받지 않으면, 당신은 주님께서 당신을 창조하실 때 세우셨던 이 목적을 거부하는 것이다. 그리하여 하나님의 영광을 거부하고 그분께서 기뻐하실 일을 방해하는 것이다. 웨스트민스터 신조 가운데 "인간의 최대 목표는 하나님을 영화롭게 해 드리고 그분의 영원하신 임재를 즐거워하는 일이다."라는 문구가 들어 있다. 나는 장로교인이 아니지만, 그들의 신조 가운데 들어 있는 이 문구는 아주 훌륭한 말이라고 믿는다.

『**피조물 자체도 그 썩어짐의 속박으로부터 해방되어 하나님의 자녀의 영광스러운 자유에 이를 것이기 때문이라**』(21절).

바울은 고린도후서 4:16에서 『**이런 까닭에 우리가 낙심하지 아니하노라. 오히려 우리의 겉 사람이 썩어질지라도 우리의 속 사람은 날마다 새로워지나니**』라고 언급하고 있다. 이 세상 사람들은 누구나 『**썩어짐의 속박**』에 묶여 있는 노예요, 감옥에 갇혀 있는 신세다. 따라서 그 속박으로부터 『**해방**』된다는 것은 곧 탈옥과도 같은 것이다. 이것을 다른 말로 빗대어 말한다면 이렇다. 당신은 옥에 갇혀 있는 죄수다. 발목에 차꼬가 채이고 100파운드가 넘는 무거운 쇠사슬로 단단히 묶인 채 결코 뚫고 나갈 수 없는 벽과 쇠창살 속에 갇혀 옴짝달싹도 할 수 없는 죄수 말이다. 그런데 어느 날 감방에 "밤도둑"이 든다. 성경은 주의 날이 밤에 도둑같이 오리라고 말씀한다(살전 5:2). 그런가 하면 또, 도둑이 어느 시간에 올 것인지 집주인이 안다면 자지 않고 깨어 있어 밤도둑이 자기 집을 뚫는 것을 허락하지 않는다고도 말씀한다(마 24:43). 이처럼 주님께서는 "밤도둑" 처럼 오신다. 바람처럼 감방에 들어온 이 "밤도둑"이 연장을 꺼내더니 당신의 발목에 채여 있는 차꼬를 부수어 버리고 쇠사슬을 끊어 버린다. 그리고는 "이보게, 자네는 이제 자유야! 자네가 원하기만 한다면, 저 창문으로 바람처럼 빠져나갈 수가 있어!" 하고 말한다. 당신은 물론 지금 그렇게 할 수 있는 게 아니다. 당신의 몸은 지금 여전히 감방에 갇혀 있다. 그러나 마음으로는 이미 바람처럼 창문을 통하여 밖으로 나가 자유롭다. 당신은 영적으로 자유의 몸이다. 몸은 비록 갇혀 있으되 영으로는 『**나의 하나님께서 그리스도 예수를 통하여 영광 가운데서 그의 풍요함을 따라 너희의 모든 필요를 채워 주실 것이라.**』(빌 4:19)고 노래하고 있는 것이다. 그러나 장차 언젠가 주님께서 다시 오실 때, 당신은 아닌 게 아니라 실제적으로 바람처럼 감방에서 빠져나가 자유를 성취하게 될 것이다. 모든 그리스도인들은 이 날을 고대하고 사는 사람들이다. 모든 피조물이 『**그 썩어짐의 속박으로부터 해방되어 하나님의 자녀의 영광스러운 자유에 이를 것**』을 간절히 소망하고 있는 것이다. 당신은 언젠가 탈옥수가 될 것이다. 그것도 유사 이래 최고, 최대의 탈옥수가 될 것이다. 주님께서 다시 오시면 온 세상 감옥 담장을 모두 허물어 버리시고 당신을 자유롭게 해방하실 것이다. 감옥에서 탈옥한 당신은 감쪽같이 사라져 지상 어디에서도 찾아낼 수가 없게 될 것이다. 일단 감옥에서 빠져나가 당신이 가 있게 될 곳에서는 당신은 더 이상 음식도 먹을 필요가 없는 초자연적인 새 몸을 입고 있을 것이다.

8:22 모든 창조물이 이제까지 함께 신음하며 고통받는 것을 우리가 아노니

23 그들뿐만 아니라 성령의 첫열매들을 가진 우리까지도 속으로 신음하며 양자 되는 것, 곧 우리 몸의 구속을 기다리고 있느니라.

24 이는 우리가 소망에 의하여 구원을 받았음이나 보이는 소망은 소망이 아니라. 사람이 보는 것을 왜 바라리요?

25 그러나 만일 우리가 보지 못하는 것을 바란다면 인내로 기다릴지니라.

『**모든 창조물이 이제까지 함께 신음하며 고통받는 것을 우리가 아노니**』(22절).

짐작하거나 느끼는 게 아니라 『**우리가 아노니**』라고 단언한다. 이것은 『**신음하며 고통받는 것**』을 지금 알고 있는 정도가 어째서 지금 신음하고 고통받고 있는지 그 이유까지도 확실히 알고 있는 수준이라는 말씀이다. 이것은 사실이다. 정글 세계에서는 "자비"나 "용서"의 법칙이 통하지 않는다. 그래서 사자 앞에서 사슴이 살려 달라고 싹싹 비는 법이 없고 일단 잡히면 순순히 목숨을 내놓는다. 자연은 결코 "용서"를 모른다. 자연은 이처럼 거칠기가 이루 말할 수 없다. 자연은 무엇인가 단단히 잘못돼 있는 것이다. 겉으로 보기에는 아름답게 보일지라도 자연은 서로 잡아먹는 약육강식의 처절한 세계인 것이다. 진화론자들은 이러한 질서를 통하여 세계가 발전하고 향상돼 간다고 가르친다. 그들은 자연 세계가 잘못돼 있다는 사실을 사실 그대로 받아들이려 하지 않는다. 그러나 정작 자연의 피조물들은 자신들에게 문제가 있다는 것을 다 알고 있다. 그래서 그들은 너 나 할 것 없이 『**함께 신음하며 고통받는 것**』을 알고 『**그 썩어짐의 속박으로부터 해방되어... 자유에 이를 것**』을 고대하면서 『**몸의 구속을 기**

다리고』 있는 것이다.

『**그들뿐만 아니라 성령의 첫열매들을 가진 우리까지도 속으로 신음하며 양자 되는 것, 곧 우리 몸의 구속을 기다리고 있느니라**』(23절).

자연과 자연에 속한 모든 피조물들뿐만 아니라 『**우리**』 그리스도인들도 지금은 신음하고 있다. 우리 그리스도인들은 성령으로 거듭난 사람들이다. 우리가 주 예수 그리스도를 믿고 그분을 구주로 영접할 때, 성령께서 우리들에게 행하시는 첫 번째 역사가 새로운 피조물로 태어나도록 하시는 일이다. 그래서 우리 그리스도인들은 『**성령의 첫열매들을 가진**』 사람들이다. 그런 우리들까지도 지금은 신음하고 있는 것이다. 때로는 신음하고 있는 줄을 모르면서 신음하고 때로는 알면서 신음한다. 우리는 이 땅에 살고 있는 동안 이렇게 신음하면서 『**양자 되는 것, 곧 우리 몸의 구속을 기다리고**』 있는 것이다. 우리가 구원받았을 때 이미 양자 되는 영을 받았고 구속받았거늘, 지금에 와서 또 기다리고 있다니, 이게 무슨 소린가? 앞서 14,15절에서 성경은 『**무릇 하나님의 영으로 인도함을 받는 이들은 곧 하나님의 아들들이니라. 너희는 다시 두려워하는 종의 영을 받지 아니하였고 양자 되는 영을 받았으므로 그에 따라 우리가** "아바, 아버지"**라 부르짖느니라.**』고 말씀하지 않았는가? 그러나 이것은 영적으로 그런 것이지 우리의 몸이 이미 그렇게 되었다는 말씀이 아니다. 우리의 몸은 아직 구속되지 않은 것이다. 따라서 우리의 몸은 아직 양자로서의 신분 획득이 완전히 이루어지지 않은 상태다. 이것은 주 예수 그리스도께서 다시 오셔야만 완성될 일이다. 이때까지는 그리스도인들도 썩어질 몸, 아직 구속받지 못한 몸, 그리하여 아직 양자 되지 못한 몸을 지니고 있어야 한다. 그리하여 우리 몸은 여전히 하나님의 아들이 나타나시기만 고대하고 있는 것이다. 우리의 혼은 이미 그 구속까지 완성되었으되, 우리 몸은 이미 그 죄 값이 치러졌고 주님에 의하여 사신 바가 되었지만, 그 구속은 아직 완성되지 않은 것이다. 몸의 구속은 주님께서 재림하셔야만 완성된다. 그때까지 우리의 몸은 부패에서 해방되지 못한 상태에 놓여 있다. 바울은 이에 대해 『**이런 까닭에 우리가 낙심하지 아니하노라. 오히려 우리의 겉 사람이 썩어질지라도 우리의 속 사람은 날마다 새로워지나니**』(고후 4:16)라고 언급한다. 우리 그리스도인들의 몸의 구속은 실제적으로는 이 땅이 저주에서 해방되기 이전에 먼저 이루어질 것이다. 이것은 그리스도의 지상 재림 이전, 대환란 직전에 있게 될 그리스도의 공중 재림 때 이루어질 것이기 때문이다.

『**이는 우리가 소망에 의하여 구원을 받았음이나 보이는 소망은 소망이 아니라. 사람이 보는 것을 왜 바라리요?**』(24절)

캠벨주의자들이 으레 그렇듯이 문맥 파악을 잘못하여 크게 왜곡하고 있는 구절 중 하나라는 점에서 이 구절을 주목해 둘 필요가 있다. 그들은 "피로 구원받는다."는 것도 성경적이요, "물침례로 구원받는다."는 것도 성경적이며, 이 구절을 근거로 "소망에 의하여 구원받는다."는 것도 성경적이라고 주장한다. 구원에 관한 그들의 가르침이 비성경적인 까닭은 우선 그들의 주장 가운데서 믿음과 관계없이 "물침례로 구원받는다."는 것이 엉터리 교리이기 때문일 뿐만 아니라 두 번째로는 이 구절에 근거한 "소망에 의하여 구원받는다."는 교리도 엉터리 가르침이기 때문이다.

이 구절은 결코 "혼의 구원"을 언급하고 있는 말씀이 아니다. 이 구절은 어디까지나 "몸의 구원"을 언급하고 있는 말씀이다. 이것은 문맥을 조금만 짚어보아도 쉽게 알 수 있는 내용이다. 바로 앞의 23절에서 무엇을 진술하고 있었던가? 『**...신음하며 양자 되는 것, 곧 우리 몸의 구속을 기다리고 있느니라.**』고 진술했다. 그리고 또 24절이 혼의 구원을 언급하고 있지 않다는 것은 『**...보이는 소망은 소망이 아니라. 사람이 보는 것을 왜 바라리요?**』라고 기술하고 있다는 사실 자체로 쉽게 설명된다.

가령, 당신더러 누가 묻는다.

"당신 구원받았소?" 이에 대해 당신이 대답한다.

"글쎄요. 그렇기를 소망합니다만..."

혹은 또 이렇게 대답한다. "그렇다고 생각합니다만..."

또는 이렇게 대답한다. "그렇다고 짐작됩니다만..."

도대체 구원받았다는 말인가, 구원받지 못했다는 말인가? 아니면, 구원받은 것도 같고 안 받은 것도 같다는 말인가? 당신이 과연 구원받았다면, 어째서 그걸 확실하게 모른단 말인가? 누가 당신더러 "결혼하셨소?"라고 묻는다면 당신은 "글쎄요. 그렇기를 희망합니다."라든지, "글쎄올시다. 그런 것 같소만..." 하고 대답할 텐가? 당신 자신이 결혼했는지 안 했는지도 확실히 모른단 말인가? 아무리 천치일망정 이렇게 대답할 수야 없지 않은가? 결혼했으면 한 것이고 안 했으면 확실히 안 한 것 아닌가? 마찬가지로 구원받았으면 확실히 구원받은 것이고, 구원받지 못했으면 확실히 구원받지 못한 것 아닌가? 어째서 그걸 모른단 말인가? 당신이 결혼했다면 당연히 남편이나 아내가 있을 것이고 가정이 있을 것이며, 또 결혼 사실을 입증할 만한 결혼증명서가 있을 것이다. 마찬가지로 당신이 구원받고 그리스도 안에 들어와 살고 있다면, 당신은 그것을 입증할 만한 확실한 문서를 제시하며 구원 사실을 간증할 수가 있다. 예컨대 요한복음 5:24 같은 말씀들 말이다. 『**진실로 진실로 내가 너희에게 말하노니, 내 말을 듣고, 또 나를 보내신 분을 믿는 자는 영생을 얻고, 정죄에 이르지 아니할 것이며, 사망에서 생명으로 옮겨지느니라.**』

『**이는 우리가 소망에 의하여 구원을 받았음이나...**』 우리는 아직 그걸 보지는 못했지만 몸의 구원이 보장돼 있다는 것을 확실히 알고 있고 그것을 소망하고 있기에 몸의 구원은 이미 받아 놓은 것이나 다름이 없다. 남은 것은 시간 문제지 사실 여부가 아니다.

『**보이는 소망은 소망이 아니라. 사람이 보는 것을 왜 바라리요?**』 당신이 그리스도인이라면 당신의 혼은 이미 구원받았고, 당신은 그것을 안다. 즉 그것을 "본다." 그런즉 당신이 바라는 것은 이제 혼의 구원이 아니라 몸의 구원이다. 몸의 구원은 아직 이루어지지 않았고 다만 이루어질 것을 내다보고 있기에 그것은 소망으로 간직돼 있다. 당신이 소망 가운데서 몸의 구속을 바라고 있는 것은 그것이 아직 눈에는 보이지 않기 때문이다. 그러나 당신의 혼의 구원만은 당신이 이미 분명하게 보고 있다. 당신이 확실히 알고 있으니까 말이다. 그런즉, 이미 이루어져 눈에 보이는 혼의 구원을 여전히 소망 가운데서 바라고 있다면 그것은 말도 되지 않는다. 당신이 구원받았다면, 그것은 이미 "사실"이지 "소망"이 아니다.

『**그러나 만일 우리가 보지 못하는 것을 바란다면 인내로 기다릴지니라**』(25절). 아직 이루어지지 않은 보이지 않는 몸의 구속을 바라고 있다면, 그것이 이루어질 때까지 인내로 기다려야 하는 것은 당연하다.

8:26 이와 같이 성령께서도 우리의 연약함을 도우시나니 이는 우리가 마땅히 기도해야 할 것을 알지 못하나 성령께서 친히 말할 수 없는 신음으로 우리를 위하여 중보하시기 때문이라.

27 마음을 살피시는 분이 성령의 생각이 무엇인지 아시나니 이는 그 분이 하나님의 뜻대로 성도들을 위하여 중보하시기 때문이라.

『**이와 같이 성령께서도 우리의 연약함을 도우시나니 이는 우리가 마땅히 기도해야 할 것을 알지 못하나 성령께서 친히 말할 수 없는 신음으로 우리를 위하여 중보하시기 때문이라**』(26절).

우리는 아직 구속받지 못한 몸을 입고 있기 때문에 여러 가지로 연약하다. 그래서 병에도 걸리고 어려움 앞에서 쉽게 좌절하기도 한다. 그러므로 성령님께서 연약한 우리들을 도우신다. 23절에서 당신은 신음하고 있다. 그리고 22절에서는 모든 창조물 역시 신음하고 있다. 설사 당신이 몸소 발설하지 못하는 신음이 있다 할지라도 성령께서는 그 신음까지도 당신을 위해 중보하시고 기도해 주신다. 그렇기 때문에 우리는 아무리 고통에 처하더라도 몸의 구속이 이루어지기까지 참고 인내하며 주님의 다시 오심을 기다릴 수가 있는 것이다.

여기 26절은 은사주의자들이 즐겨 인용하는 구절이다. 그들은 "방언"을 주절대면서 그것이 "영의 신음"이라고 말한다. 이것이 얼마나 우스꽝스런 난센스인가는 이 구절 자체가 설명해 주고 있는데, 여기서 신음은 우리가 『**말할 수 없는**』 신음이라고 말씀하고 있기 때문이다. 이 신음은 "which cannot be uttered" 즉, 우리가 입 밖으로 발설할 수 없는 신음이다. 그런데도 은사주의자들은 그것을 "방언"을 통하여 마구 발설해댄다. 은사주의자들은 성령의 도우심을 받을 필요도 없이 자기네들이 알아서 모든 것을 척척 "방언"으로 발설해내므로 성령의 중보는 애당초 필요 없는 자들인 셈이다.

『**성령께서 친히**』를, 16절과 마찬가지로 여기서도, 영어 〈킹제임스성경〉은 "the Spirit itself"라고 표기함으로써 중성 재귀대명사 "itself"를 사용하고 있다. 이 구절에서 "성령"은 신격으로서의 성령을 지칭하고 있는 게 아니라 그분의 "역사하심"을 지칭하고 있기 때문에 그것을 중성 대명사로 받고 있는 것이다. 23절에서도 성령의 역사하심을 가리키고 있고, 여기 26절과 다음 27절 역시 그분의 "일하심"을 논하고 있지 삼위일체이신 하나님의 신격으로서의 인격적 성령님을 논하고 있는 것이 아니다. 여기서 논하고 있는 것은 믿는 사람들 안에서 역사하시는 성령의 영향력이다.

『우리가 마땅히 기도해야 할 것을 알지 못하나 성령께서 친히... 중보』 하신다는 사실은 참으로 복된 일이 아닐 수 없다. 당신은 중보자를 두 분씩이나 모시고 있는 셈이다. 바로 당신 안에서 중보하시는 성령님이 그 한 분이시고, 셋째 하늘 하나님의 보좌 오른편에 앉아 계신 하나님의 아들 예수 그리스도께서 또 한 분 당신의 중보자이신 것이다.

성령께서는 이따금씩 우리를 절망 상태로 몰아넣으시고 우리가 어떻게 기도하는지 살펴보기도 하신다. 절망 상태에 빠졌으니 우리가 당연히 기도해야 마땅하건만, 기도해야 할 것을 우리가 알지 못할 때, 성령께서는 우리 대신 친히 신음하며 우리를 위해 중보해 주신다.

그런가 하면 또, 어떤 때는 우리가 비탄에 젖어 있으면서도 어떻게 기도해야 마땅한지를 알지 못하고 있을 때, 성령께서는 마치 전자 기기를 통하여 우리에게 신호를 보내듯 우리 입술에 기도의 말씀을 붙여주시기도 한다. 그러면 성령께서는 그 기도를 우리 입술에서 받아 하늘로 올려보내신다. 또 어떤 때는 우리가 기도해서는 안 되는 것을 부주의하게 기도할 경우에도 성령께서는 그 기도를 하나님께 중보해 주시기도 한다.

그리스도인들이 주님께 겸손케 해 달라든지, 인내심을 갖게 해 달라든지 하는 기도를 드릴 때가 종종 있는데, 기도하는 당사자는 몰라도 성령께서는 이런 기도가 얼마나 위험한 기도인가를 아시고 중보해 주시기도 하고, 또 그런 기도가 얼마나 위험한가를 기도하는 자에게 신호로 알려

주기도 하신다. 가령, 당신이 "주님, 지금 제가 돈이 없어서 고통을 겪고 있는데, 이 고통을 잘 견뎌 낼 수 있도록 해주십시오." 하고 기도한다고 치자. 성령께서는 당신의 이런 기도가 얼마나 위험한가를 즉각 아시고 당신으로 하여금 기도를 다른 식으로 바꾸어 올리도록 가르쳐 주시기도 하고, 그런데도 당신이 눈치 없이 성령님의 코치를 받아들이지 않을 경우 친히 신음하시며 당신을 위해 중보해 주신다. 겸손케 해 달라든지, 인내심을 기르도록 해 달라든지 하는 기도가 위험한 까닭은 하나님께서 당신의 이러한 기도에 응답하실 경우 그 응답이 가혹한 채찍으로 나타나기 때문이다. 돈이 필요하면 돈을 달라고 기도할 일이지 돈 없어도 잘 견디게 해 달라는 기도는 쓸데없는 모험이요 만용이다. 당신이 정말로 겸손하고 싶으면 그리스도인답게 겸손히 행하도록 노력할 일이지 겸손하게 해 달라고 기도하고 쓸데없이 하나님께 얻어터질 필요가 뭐 있단 말인가? 성경은 당신에게 스스로 겸손해지라고 가르친다. 그리고 하나님께서는 당신의 겸손에 대하여 적절히 보응해 주신다. 유다 왕 요시야는 여선지자 훌다를 통하여 이런 말씀을 듣는다. 『**...네 마음이 부드러워지고 네가 하나님 앞에서 겸손히 행하였으며, 내 앞에서 스스로 겸손하여져서 네 옷을 찢고 내 앞에서 울었으므로, 나도 네게 들었노라. 주가 말하노라**』(대하 34:27). 하나님께서는 당신 『**스스로 겸손하여져서**』 하나님 앞에서 울부짖기를 원하신다. 당신 스스로 겸손해지려고 하지 않고 하나님께 겸손하게 만들어 달라고 요청할 때, 하나님께서 당신의 기도에 응답하셔서 당신을 겸손케 만들기 위해 드시는 매가 얼마나 아픈 매인지 모르는가? 잘못하면 매를 맞다가 겸손해지기는커녕, 오히려 실족하고 하나님께 대들게 되는 수가 많다는 것을 알라. 성령께서는 그것을 잘 아신다. 그래서 당신이 이런 위험하고 어리석은 기도를 드리려고 할 때, 그것을 바로잡아 주시거나 중보로써 위험을 방어해 주기도 하시는 것이다. 이처럼 당신 안에 들어와 계신 성령께서는 여러 각도에서 사태를 파악하시고 당신을 도우신다. 당신이 겸손해지기를 정말 원하고 하나님께 기도하고 싶다면, 겸손해질 수 있는 방법과 수단과 기회를 달라고 기도할 일이다.

『**마음을 살피시는 분이 성령의 생각이 무엇인지 아시나니 이는 그분이 하나님의 뜻대로 성도들을 위하여 중보하시기 때문이라**』(27절).

하나님은 『**마음을 살피시는 분**』이시다. 주 하나님께서는 당신 안에 들어와 계신 『**성령의 생각이 무엇인지**』 일일이 파악하신다. 성령께서 당신을 위하여 항상 하나님의 뜻에 합당하게 중보하고 계시기 때문이다. 이것은 구원받고 거듭난 사람이 누리는 엄청난 은혜가 아닐 수 없다. 당신은 구원받는 순간 성령 안으로 침례를 받았기 때문에 이런 특별한 은혜 안에 들어와 있을 수 있는 것이다. "성령 침례"란 어떤 모호한 현상을 설명하는 모형적 그림이 아니라 당신 안에서 실제적으로 일어나는 사건이다. 그것은 당신의 혼을 당신의 몸으로부터 떼어내 분리시키는 일종의 외과수술과 같은 실질적 사건이다. 성령께서는 몸으로부터 완전히 분리돼 있는 당신의 혼을 위하여 늘 쉬지 않고 하나님께 중보의 기도를 하고 계신다. 그리고 하나님께서는 여기에 늘 귀를 기울이고 계신다.

8:28 우리가 알거니와 하나님을 사랑하는 자들, 곧 그분의 목적에 따라 부르심을 받은 자들에게는 모든 일이 합력하여 선을 이루느니라.

29 그분께서는 미리 아신 자들을 자기 아들의 형상과 일치하게 하시려고 또한 예정하셨으니 이는 그를 많은 형제 가운데서 첫태생이 되게 하려 하심이니라.

30 그리하여 예정하신 이들을 또한 부르시고 부르신 이들을 또한 의

롭게 하시고 의롭게 하신 이들을 또한 영화롭게 하셨느니라.

『**우리가 알거니와 하나님을 사랑하는 자들, 곧 그분의 목적에 따라 부르심을 받은 자들에게는 모든 일이 합력하여 선을 이루느니라**』(28절).

현대판 "새 성경"들은 이 구절을 "하나님께서 모든 일들을 합력하도록 하셔서 선을 이루신다는 것을 우리가 안다."거나 또는 "모든 일들 가운데서 하나님은 선을 행하신다."는 식으로 고쳐 놓았다. NASV나 NIV 역시 예외가 아닌데, NASV는 이 구절에 난외주를 달아 "어떤 고대 원문에는 『**모든 일이 합력하여 선을 이루느니라.**』로 되어 있는 것도 있다."고 해설을 덧붙여 〈킹제임스성경〉의 원문을 "고대 원문"이라고 은근히 깎아 내리는 신성 모독의 저의를 드러내고 있다. 현대판 새 역본들이 이런 식으로 변개해 놓은 것이 얼마나 우스꽝스러운 말인지는 누구라도 금방 알 수가 있는데, 그들이 변개해 놓은 말을 달리 표현하면, "하나님이 선을 행하신다는 것을 우리가 안다."가 되기 때문이다. 하나님께서 선을 이루신다는 것을 모르는 그리스도인이 세상에 어디 있단 말인가? 당신은 한 번이라도 하나님께서 선을 행하시지 않을까 봐서 마음을 졸이며 염려해 본 적이 있는가? 하나님께서 선을 행하신다는 것은 구원받지 못한 마귀의 자식들도 다 알고 있는 사실이 아닌가? 욥은 그렇게 처절한 상황에 빠지고도 하나님께서 선을 행하시지 않을까 봐서 걱정하지는 않았다. 욥은 자신이 처한 상황이 너무나 어처구니없이 비참했기 때문에 그것을 걱정했을망정 하나님께서 선을 행하시지 않을까 봐서 걱정한 적은 한 번도 없다. 하나님께서 선을 행하신다는 것쯤은 누구라도 다 알고 있기 때문에 더 말할 나위도 없는 사실이다. 우리 그리스도인들이 거듭나고 나서 알게 된 것은 겨우 이런 수준이 아니다. 우리들이 알게 된 것은 그 정도 수준이 아니라 하나님을 사랑하는 자들, 곧 그분의 목적에 따라 부르심을 받은 자들에게는 『**모든 일이**』 합력하여 선을 이룬다는 사실까지다. 우리는 구원받고 나서 하나님을 사랑하고 그분의 목적에 따라 부르심을 받은 그리스도인이 되었는데도 처음에는 혹시 『**모든 일이**』 합력하여 선을 이루지 않을까 봐서 걱정했던 게 사실이다. 그러나 하나님께서 선을 행하시지 않을까 봐서 염려해 본 적은 없다. 이것을 의심하고 염려한다면 그것은 하나님이 약속을 곧잘 깨뜨리는 믿지 못할 분으로 여긴다는 뜻이다. 그런즉, 현대판 새 역본을 만들어 이런 식으로 성경 구절들을 고쳐놓은 자들은 "약속의 하나님"을 조금도 신뢰하지 못하고 "하나님의 약속"에 조금도 기대를 걸지 못하는 참으로 가련한 자들이다. 우리들 참된 그리스도인들은 그리스도 안에 있으므로 모든 일들이 합력하여 우리에게 선을 이룬다는 사실을 알기에 『**모든 일이 합력하여 선을 이루느니라.**』는 말씀에 아멘으로 화답할 수가 있다.

『**모든 일들**』이란 과연 어떤 일들을 말하는 것일까? 이것은 아주 고약한 상황들을 일컫는다. 다음 35절에서 언급하는 『**환난**』, 『**곤경**』, 『**박해**』, 『**기근**』, 『**헐벗음**』, 『**위험**』, 『**칼**』 등 말이다. 이런 모든 어려운 상황들이 합력하여 선을 이룬다는 것을 우리 참된 그리스도인들은 안다고 여기 28절은 말씀하고 있는 것이다. 물론 여기서 말씀하는 『**선**』이란 우리들 인간의 관점에서 본 『**선**』이 아니라 하나님의 관점에서 본 『**선**』을 말한다. 욥의 경우, 그에게 일어난 환난은 욥이나 다른 사람들의 관점에서 보면 결코 『**선**』이라고 할 수는 없었으되, 하나님의 관점에서는 『**선**』이었던 것을 우리는 안다. 하나님의 뜻에 합당한 『**선**』은 이처럼 인간의 생각에 합당한 『**선**』과 반드시 일치하는 것이 아니라는 점을 우리 그리스도인들은 유의해 둘 일이다.

모든 일이 합력하여 선을 이루는 것이 『**하나님을 사랑하는 자들, 곧 그**

분의 목적에 따라 부르심을 받은 자들에게는』 그렇다고 말씀한다. 그러나 이 말씀이 하나님을 사랑하는 자들은 하나님의 약속 이행을 요구할 수 있고 하나님을 사랑하지 않는 자는 그럴 수 없다고 말씀하고 있는 것이 아니라는 데에 주목할 필요가 있다. 은사주의자들이 당신더러 하나님을 사랑하니까 그분의 약속에 대한 권리를 주장할 수 있다든지, 반대로 하나님을 사랑하지 않으므로 그분의 약속 이행도 기대할 자격이 없다고 말하지만, 이것은 으레 그렇듯 그들이 제멋대로 꾸며댄 자의적인 해석에 불과하다. 여기서 언급하는 그리스도인들의 하나님을 향한 『**사랑**』은 야고보서에서처럼 『**시련을 거친 후에 주께서 자기를 사랑하는 자들에게 약속하신 생명의 면류관을 받을 것**』(약 1:12)이라는 구절의 『**사랑**』과는 그 종류가 다르다. 야고보서에서 언급하는 하나님을 향한 『**사랑**』은 실제적인 것으로서 하나님과의 관계를 두고 하는 말이다. 이것은 『**만일 누구라도 하나님을 사랑한다면 그는 그분께 알려진 사람이라.**』는 고린도전서 8:3에서의 『**사랑**』처럼 실제적인 성격의 것이다. 그러나 여기 로마서 8:28에서의 『**사랑**』은 구원받은 모든 사람들에게 해당되는 광의의 사랑을 일컫는다. 이것은 28절 전체 문맥의 흐름으로 알 수 있다. 다시 한 번 읽어 보라. 『**하나님을 사랑하는 자들, 곧 그분의 목적에 따라 부르심을 받은 자들**』이라고 기술되어 있다. 말하자면 『**하나님을 사랑하는 자들**』 = 『**그분의 목적에 따라 부르심을 받은 자들**』의 등식으로 서술하고 있는 것이다.

『**그분의 목적에 따라 부르심을 받은 자들**』이란 구원받은 모든 사람들을 일컫는다. 이것은 30절을 보면 알 수 있다. 『**그분의 목적에 따라 부르심을 받은 자들**』은 하나님께서 『**예정하신 이들**』, 그리고 하나님께서 『**부르신 이들**』, 즉 구원하신 사람들을 뜻한다.

『**부르심을 받은 자들**』이 곧 구원받은 자들이라는 것은 29절, 30절, 31절, 32절에서 계속 확인된다. 31절에서는 『**하나님께서 우리를 위하신다면**』

이라는 서술로 확인하고 있고, 32절에서는 『**우리 모든 사람을 위하여**』라는 서술로 확인해 주고 있는 것이다. 33절도 역시 『**하나님께서 택하신 자들**』이라는 말씀으로 이것을 확인해 준다.

그런즉, 누구든지 구원받은 사람들은 『**하나님을 사랑하는 자들**』이요, 『**부르심을 받은 자들**』이며, 『**예정하신 이들**』이고 또 『**택하신 자들**』이며 하나님께서 위해 주시는 사람들이다. 이런 맥락에서 볼 때, 하나님의 구원 계획에 순종하여 그분의 아들을 구주로 믿고 구원받은 사람들은 모두가 하나님을 사랑하는 사람들이다.

『**그분의 목적에 따라 부르심을 받은 자들**』에서 하나님의 『**목적**』은 29절과 30절에서 개진되고 있다. 당신이 하나님을 사랑하고 그분의 계명을 지키며 그분께 순종하는 것은 좋은 일이지만 그것이 당신을 구원하신 목적은 아니며, 더구나 당신이 성령충만케 되어 방언을 지껄이도록 한다거나 하는 따위가 하나님께서 당신을 구원하신 목적이 아니라는 말이다.

『**그분께서는 미리 아신 자들을 자기 아들의 형상과 일치하게 하시려고 또한 예정하셨으니 이는 그를 많은 형제 가운데서 첫태생이 되게 하려 하심이니라**』(29절).

자, 하나님께서 당신을 구원하신 목적이 개진되고 있다. 이 구절은 신학적으로 말해서 구원의 순서(the order of salvation)를 개진하고 있는 유명한 구절이다. 기독교 신학에서 구원 체계를 올바르게 공부할 때 가장 적합한 곳이 로마서인데, 로마서야말로 바울이 "조직 신학"이라고 할 만한 것에 가장 가까이 접근한 책이기 때문이다. 바울 자신은 사실 그렇게 조직적인 사고를 할 줄 아는 인물은 아니었다. 그의 사고 체계는 매우 비조직적이어서 이 문으로 들어왔다가 저 문으로 나가기가 일쑤였는지라

한 가지 주제에서 말을 시작하고는 이런 얘기 저런 화제로 두서없이 왔다 갔다 하다가 끝에 가서는 다른 주제로 마무리하는 수가 많았다. 에베소서나 갈라디아서가 그런 예로서 처음 시작한 이야기를 다른 이야기로 끝맺음하고 있는 것을 알 수 있다. 그런 그였지만 신학 체계를 나름대로 가장 조직적으로 정리해 놓은 책이 로마서로서, 이제 우리가 읽는 이 부분에서 구원 순서 1, 2, 3이 전개된다.

자, 그 순서가 어떤지 보자.

『**미리 아신 자들을...**』

하나님의 "미리 아심"(foreknowledge)이 구원의 첫 순서다. "택하심"이니, "예정하심"이니, "무조건적 선택"이니 하는 따위에 앞서 "미리 아심"이 첫째요, 『**또한 예정하셨으니**』, 즉 "예정하심"은 그 다음 순서다. 이 구절의 진술에 따르면 하나님의 "미리 아심"이 없이는 "예정하심"이란 있을 수가 없다. 그러므로 칼빈주의자들이 "무조건적 선택"이니 "무조건적 예정"이니 하고 가르치는 것은 이단 교리에 불과하다.

『**그분께서는 미리 아신 자들을... 또한 예정하셨으니**』라고 언급한다. 무엇을 예정했다는 말인가? 구원을 예정했다고 언급하는가? 만약 이렇게 가르친다면, 이것 역시 이단 교리다. 당신은 구원을 위해서 사전에 예정돼 있었던 게 아니다. 당신은 구원받은 다음에 예정되었다. 구원받은 다음 무엇이 예정되었는가? 『**자기 아들의 형상과 일치하게 하시려고 또한 예정하셨으니**』라고 진술한다. 모든 것이 자명하지 않은가? 당신을 위해 하나님께서 예정해 놓으신 것은 당신이 구원받자 당신을 예수 그리스도의 형상과 일치하게 하시려는 것이었다. 당신에 대한 "예정"은 당신이 그리스도를 영접하였을 때 확정되었다는 얘기다.

당신이 예수 그리스도를 믿었을 때 두 가지가 확정되었다. 그 하나는 에베소서 1장에서 언급하듯 하나님의 아들로 입양되는 것, 그리고 다른 하나는 여기 로마서 8:29절에서 언급하듯 그리스도의 형상과 일치하게 되는 것이다.

『**이는 그를 많은 형제 가운데서 첫태생이 되게 하려 하심이니라.**』

당신은 구원받고 예수 그리스도의 형제가 되었다. 앞서 15절에서 언급되었듯이 당신이 구원받아 『**양자 되는 영을 받았으므로**』 하나님의 자녀가 되었고, 그런즉 하나님의 아들이신 그리스도의 형제가 되는 것은 당연하다. 그래서 당신은 하나님을 『**아바, 아버지**』라고 부를 수 있게 되었다. 그리스도께서는 당신을 포함하여 많은 형제들을 갖고 계신다. 그 형제들이 모두 그리스도로 말미암아 구원받았으므로 당연히 그분께서 『**첫태생**』이시다. 첫태생이신 그분께서 당신이 갖고 있지 못한 한 가지 특혜를 갖고 계시다면, 그것은 그분께서는 육신마저 성령으로 나셨다는 사실이다. 당신 역시 성령으로 거듭났지만, 당신의 육신은 아직 성령으로 태어나지 못한 상태다. 이런 점에서만 본다면, 암스트롱의 말이 옳다. 당신은 죽은 다음에 새로운 출생을 맞게 된다. 그러나 성경에 따르면 이 경우의 새로운 출생은 영의 출생이 아니라 몸의 새 출생을 말한다. 예수 그리스도께서는 영과 몸이 둘 다 모두 동시에 성령으로 나셨다. 그분께서는 생물학적으로 여자의 몸에서 출생하셨지만, 그 영과 몸이 모두 성령으로 잉태되시고 성령으로 출생하셨다. 그러나 당신의 경우에는 구원받았을 때 영은 새롭게 태어났으되, 몸은 그대로다. 그 몸까지 구속받아 새로 태어나는 것은 장래의 일이다.

『**그리하여 예정하신 이들을 또한 부르시고 부르신 이들을 또한 의롭게 하시고 의롭게 하신 이들을 또한 영화롭게 하셨느니라**』(30절).

그리스도인들이 얼마나 독특한 사람들인가를 잘 천명해 주는 말씀이다. 당신이 예수 그리스도를 믿고 거듭나면 하나님께서는 당신을 그리스도 안에서 택함받은 사람으로 간주하신다. 하나님께서는 누구든지 그리스도 안에서 새롭게 태어나기만 하면 그를 예정하시고 부르시고 의롭게 하시고 영화롭게 해주기로 마음속으로 결정해 놓으셨다. 하나님께서 이미 그렇게 하기로 확정해 놓으셨으므로 누구든지 그리스도 안에서 새롭게 거듭나면 자동적으로 하나님에 의해 예정하신 바가 되어 부르심을 받고 의롭게 되고 또 영화롭게 된다. 설사 당신 스스로가 생각해 볼 때, 자신이 구원은 받았으되 아직은 의롭게 되거나 영화롭게 된 것 같지 않다고 여겨질지라도 최소한 하나님의 관점에서 보면 당신은 이미 그렇게 되기로 된 예정이 확정된 것이므로 조금도 걱정할 필요가 없다. 이것은 하나님께서 그렇게 하시겠다고 확정해 놓으신 계획이기 때문에 누구도 예외가 될 수 없다. 당신이 주 예수 그리스도를 믿고 거듭난 것이 사실이라면, 당신은 하나님에 의하여 예정하신 바 안에 들어오게 되었고, 부르심 받은 바가 되었으며, 의롭게 되었고, 또 영화롭게 된 것인즉, 지금은 비록 실감이 나지 않을지라도 언젠가는 알게 될 것이다.

8:31 그렇다면 이런 일에 대하여 우리가 무슨 말을 하리요? 하나님께서 우리를 위하신다면 누가 우리를 대적하리요?

32 자기 아들을 아끼지 아니하시고 우리 모든 사람을 위하여 내어 주신 분이 어찌 그 아들과 함께 또한 모든 것을 우리에게 값없이 주시지 아니하겠느냐?

33 하나님께서 택하신 자들에게 누가 혐의를 씌우리요? 의롭다 하시는 분은 하나님이시니라.

34 누가 정죄하리요? 죽었다가 다시 살아나신 분은 그리스도시라. 그분은 또한 하나님의 오른편에 계셔서 우리를 위하여 중보하시느니라.

『그렇다면 이런 일에 대하여 우리가 무슨 말을 하리요? 하나님께서 우리를 위하신다면 누가 우리를 대적하리요?』(31절)

누가 당신을 대적할 것 같은가? 세상과 육신과 마귀가 당신을 대적한다. 그러나 하나님께서 당신을 위하시니 이것들이 아무리 당신을 대적한다 해도 당신을 어쩌지는 못한다.

『자기 아들을 아끼지 아니하시고 우리 모든 사람을 위하여 내어 주신 분이 어찌 그 아들과 함께 또한 모든 것을 우리에게 값없이 주시지 아니하겠느냐?』(32절)

이 말씀은 실로 위대한 약속이 아닐 수 없다. 하나님께서는 당신에게 『**자기 아들**』까지 주신 분이시다. 그런 마당에 당신에게 무엇인들 『**값없이 주시지**』 못하시겠는가? 하나님께서는 당신에게 내어 주실 수 있는 최후, 최상의 것을 『**아끼지 아니하시고**』 이미 주셨다. 그런즉, 당신이 무엇을 구한들 하나님께서 더 아까워하실 것은 하나도 없다.

하나님께서 당신에게 주시는 『**모든 것**』 가운데에는 35절에 나열되고 있는 『**환난이나 곤경이나 박해나 기근이나 헐벗음이나 위험이나 칼**』도 포함된다. 그러나 당신이 하나님께로부터 받는 그 『**모든 것**』이 어찌 이런 것들뿐이겠는가? 당신이 하나님께로부터 이미 받았고, 또 지금도 받고 있으며, 앞으로도 받게 될 그 모든 영적인 은혜와 물질적인 복을 한번 헤아려 보라.

『하나님께서 택하신 자들에게 누가 혐의를 씌우리요? 의롭다 하시는 분은 하나님이시니라』(33절).

마귀가 혐의를 씌우려고 획책한다. 그러나 결코 성공하지는 못한다. 어째서 성공하지 못하는가? 『**죽었다가 다시 살아나신 분은 그리스도**』이시기 때문이다. 그리고 또 『**그분은 또한 하나님의 오른편에 계셔서 우리를 위하여 중보**』하시기 때문이요, 그런즉, 『**의롭다 하시는 분**』은 결국 하나님 한 분뿐이시기 때문이다. 따라서 마귀는 구원받고 거듭난 당신에게 혐의를 씌우고 정죄하려고 아무리 발버둥쳐도 결국 아무 성과를 거둘 수가 없다.

『**누가 정죄하리요? 죽었다가 다시 살아나신 분은 그리스도시라. 그분은 또한 하나님의 오른편에 계셔서 우리를 위하여 중보하시느니라**』(34절).

마귀는 끊임없이 당신을 정죄하고 넘어뜨리려고 공격해 오고 있다. 그러나 그 자가 직면하는 상대는 당신이 아니라 그리스도시다. 당신은 그리스도 안에 들어가 있기 때문이다. 그렇기 때문에 그리스도께서는 당신을 정죄하려는 마귀에 대해 마치 스가랴 3장에서처럼 오히려 책망하시고 당신을 지켜 주신다.

그리스도께서 하나님의 오른편에 계셔서 당신을 중보하시는 데 반하여 마귀는 당신을 가로막으려고 당신의 오른편에 서 있다. 『**또 대제사장 여호수아가 주의 천사 앞에 서 있고 사탄이 그를 저지하려고 그의 오른편에 서 있는 것을 그가 내게 보여 주시니라. 그리고 주께서 사탄에게 말씀하시기를 "오 사탄아, 주가 너를 책망하노라. 예루살렘을 택한 주가 너를 책망하노라**』(슥 3:1,2).

8:35 누가 우리를 그리스도의 사랑에서 떼어 놓을 수 있으리요? 환난이
나 곤경이나 박해나 기근이나 헐벗음이나 위험이나 칼이랴?
36 기록된 바와 같으니 "우리가 주를 위하여 온종일 죽임을 당하였으
며 도살당할 양으로 여김을 받았나이다."라고 하였느니라.

37 그러나 이 모든 일에서 우리를 사랑하시는 그분으로 말미암아 우리가 이기는 자들보다 더 나으니라.

38 내가 확신하노니 사망이나 생명이나, 천사들이나 정사들이나 권세들이나 현재의 일들이나 다가올 일들이나,

39 높음이나 깊음이나, 어떤 다른 피조물이라도 우리를 그리스도 예수 우리 주 안에 있는 하나님의 사랑에서 떼어 놓을 수 없으리라.

『누가 우리를 그리스도의 사랑에서 떼어 놓을 수 있으리요? 환난이나 곤경이나 박해나 기근이나 헐벗음이나 위험이나 칼이랴?』(35절)

아무도 우리를 주 예수 그리스도의 사랑에서 떼어 놓을 수가 없을 뿐더러 그리스도의 사랑 안에 있는 자들 누구도 그분의 사랑에서 떼어 놓음을 당할 사람은 없다. 『**환난**』이 그럴 수 있는가? 어림도 없다. 『**곤경**』이 그럴 수 있겠는가? 어림도 없다. 『**박해**』? 이 역시 그리스도의 사랑에서 우리를 떼어 놓을 수는 없다. 『**기근이나 헐벗음**』? 역시 어림도 없다. 『**위험**』? 『**칼**』? 이것 역시 그리스도의 사랑 앞에서는 무력할 수밖에 없다.

교회사를 보면 말할 수 없는 환난과 곤경과 박해와 위험과 칼 앞에서도 굴하지 않고 그리스도의 사랑을 굳게 잡은 채 죽어간 숱한 사람들의 이야기를 접할 수 있거니와, 내가 지금 쓰고 있는 교회사를 오늘 아침에도 계속 집필하다가 잠시 펜을 놓고 〈폭스의 순교사〉를 읽어 보았는데 화형당하면서도 끝까지 믿음을 지킨 순교자들의 이야기를 통하여 참으로 그 어떤 것도 우리를 그리스도의 사랑에서 떼어 놓을 수 없다는 것을 증명해 주는 역사적 사실들이 넘쳐나고 있었다. 이런 역사적 사례들을 확인해 두기 위하여 〈폭스의 순교사〉를 반드시 한 번 읽으라고 나는 당신에게 권하는 바이다. 그렇게 처참하게 죽임을 당하면서도 비명 한마디 지르지 않은 채 오히려 불길 속에서 죽어가면서 담대하게 복음을 전하고 하나님의 사랑을 외치면서 죽어간 그 수많은 순교자들이야말로 하나님의 은혜와 사랑을 그 어떤 완력으로도 떼어놓을 수 없다는 것을 증거한 사람들이었다.

『**기록된 바와 같으니 "우리가 주를 위하여 온종일 죽임을 당하였으며 도살당할 양으로 여김을 받았나이다."라고 하였느니라**』(36절).

여기에 인용되고 있는 구절은 시편 44:22 말씀이거니와, 교리적으로 이것은 대환란 관련 구절로서 제단 위에서 죽임을 당하는 유대인들에 대한 서술이다. 유대인들은 대환란 기간 동안 마치 양처럼 죽임을 당하여 제단 위에서 양처럼 희생 제물로 드려지고 양처럼 먹히게 된다. 이런 처지는 고난당하는 모든 그리스도인들에게도 영적으로 적용될 수 있기 때문에 여기에 인용되고 있는 것이다.

『**그러나 이 모든 일에서 우리를 사랑하시는 그분으로 말미암아 우리가 이기는 자들보다 더 나으니라**』(37절).

그리스도의 사랑을 통하여 『**환난이나 곤경이나 박해나 기근이나 헐벗음이나 위협이나 칼**』을 이겨내는 그리스도인들은 『**이기는 자들**』, 요컨대 모든 환난과 고통을 극복해내는 "정복자들"이다. 아니, 그 정도가 아니라 그보다 『**더 나으니라.**』고 이 구절은 말씀한다. 다시 말해서, 정복자들 이상이라는 것이다.

『**내가 확신하노니 사망이나 생명이나, 천사들이나 정사들이나 권세들이나 현재의 일들이나 다가올 일들이나, 높음이나 깊음이나, 어떤 다른 피조물이라도 우리를 그리스도 예수 우리 주 안에 있는 하나님의 사랑에서 떼어 놓을 수 없으리라**』(38,39절).

로마서 8장의 이 마지막 두 구절은 구원의 영원한 보장에 관하여 언급하는 성경 구절들 중에서 가장 위대한 말씀으로 구원의 영원 보장성에 관한 한 나는 신약 가운데서 이만큼 훌륭한 말씀을 발견하지 못한다. 바울은 한 번 받은 구원이 여하한 상황에서도 상실되거나 취소되는 일이 없이 영원히 유지된다는 이 위대한 진리를 『**내가 확신하노니**』라고 단호하게 못박는다. 이것은 또한 나의 확신이요, 당신의 확신이기도 하다.

『**사망이나...**』 죽는다 한들 그 죽음이 우리 주 예수 그리스도 안에 있는 하나님의 사랑에서 우리를 떼어 놓을 수 있으랴?

『**생명이나...**』 죽음 앞에서 누가 생명을 주겠노라고 회유한들 그것이 우리를 하나님의 사랑에서 떼어 놓을 수 있으랴?

『**천사들이나...**』 선한 천사들이든, 악한 천사들이든, 그 누가 우리를 그리스도 안에 있는 하나님의 사랑에서 떼어 놓을 수 있으리요?

『**정사들이나 권세들이나...**』 악한 영적 존재들이나 UFO를 타고 나타나는 외계인들이라고 해서, 그리고 국가 권력이나 대통령이나 주지사나 시장이라고 해서 그럴 수 있겠는가?

『**현재의 일들이나 다가올 일들이나...**』 현재 지상에서 벌어지고 있는 여하한 일들이나 장차 벌어지게 될 그 어떤 일인들 하나님의 사랑에서 우리를 떼어 놓을 있으랴?

『**높음이나 깊음이나...**』 우주 로켓을 타고 도달할 수 있는 우주 높은 곳에 있는 그 어떤 것이나 바다 속 깊은 곳과 땅 속 깊은 곳에 있는 그 어떤 것인들 그럴 수 있겠는가?

실로 『**어떤 다른 피조물이라도 우리를 그리스도 예수 우리 주 안에 있는 하나님의 사랑에서 떼어 놓을 수**』는 없다.

그런즉, 구원받고 거듭난 당신은 여하한 경우에도, 여하한 상황에서도 그 구원은 안전하며, 그리스도 안에서 누리는 하나님의 사랑은 절대로 놓치지 않게끔 확정돼 있는 것이다.

그리스도인들의 구원이 이처럼 영원히 안전한 것은 다음과 같은 이유에서다.

무엇보다도 먼저 그리스도인들은 하나님 아버지의 택하심을 받았기 때문이다. 하나님께서는 구원받아 그리스도 안에 들어오게 된 사람은 누구든지 하늘 본향으로 들어가도록 선택해 놓으셨다. 이 하나님의 택하심은 이미 완성된 일이다. 그리스도 안에 들어 온 사람의 여정과 목적지는 이미 확정돼 있는 것이다.

두 번째 이유는 구원받은 사람이 그리스도와 결합되기 때문이다. 구원받은 사람이 절대로 지옥에 갈 수 없는 것은 그리스도의 어느 한 부분이라도 지옥에는 절대로 갈 수가 없기 때문이다. 그리스도와 연합되었다는 이 사실이야말로 구원의 영원한 안전을 보장하는 안전판이다.

세 번째 이유는 거듭난 그리스도인에게 선물로 주어지는 영생 때문이다. 이 선물은 그야말로 선물이기 때문에 하나님께서 도로 빼앗아가지 못하신다.

네 번째 이유는 그리스도의 중보 때문이다. 구원받고 거듭난 당신은 이 우주 내 전체를 통틀어 가장 위대한 기도의 용사를 중보자로 모시고 있는 것이다. 그리스도께서는 하나님의 오른편에 앉아 계시면서 당신을 위해 기도하시고 중보하신다. 하나님께서는 단 한 번도 아들의 기도를 물리치신 적이 없다. 주님께서는 『**아버지께서 항상 내게 들으시는 줄 내가 알았나이다.**』(요 11:42)라고 기도하셨다. 그분의 기도가 하나님께 항상 상달되고 응답된다는 것을 아셨기 때문에 그분께서는 당신의 죄들을 위하여 십자가에 달리셨다.

다섯 번째 이유는 당신이 하나님의 능력으로 보호받고 있기 때문이다. 베드로는 『**너희는 마지막 때에 나타내려고 예비하신 구원을 얻기 위하여**

믿음으로 말미암아 하나님의 능력으로 보호받고 있느니라.』(벧전 1:5)고 언급한다. 당신은 이 우주에서 가장 강력하신 분의 능력으로 보호받고 있는 것이다. 하나님의 능력이 과연 어떤 능력인지 상상이나 가는가? 수백억 개의 천체들로 구성된 은하계 수백억 개를 운행하시는 그 어마어마한 에너지가 어디서 나온다고 생각되는가? 하나님께서는 그 모든 힘의 원천이 아니신가? 그러하신 하나님의 능력으로 당신이 보호받고 있다는 것을 한번 생각해 보라. 그런 터에 당신에게서 구원을 빼앗아 갈 자가 과연 어디 있겠는가?

그 다음 여섯 번째 이유가 또 있다. 그것은 구원의 영원한 안전이 다른 누군가의 의에 기초하고 있기 때문이다. 그것이 예수 그리스도의 의라는 것을 모르는 사람은 없으리라. 당신의 구원이 그리스도의 의에 토대하고 있는 터에 어떻게 그것을 상실할 수 있단 말인가? 당신이 아무리 흉악한 죄를 범한다 해도 당신의 구원에 대해서만은 아무 영향을 미치지 못한다. 왜냐하면, 당신의 구원이 애당초 당신 자신의 의와는 아무 관계도 없이 이루어진 것이기 때문이다. 당신의 구원은 "그리스도의 의"라는 엄청난 토대에 기초하고 있는 것이다. 당신의 구원은 당신이 당신을 구원한 구원이 아니라 하나님께서 구원하신 주님의 구원인 것이다. 그러므로 당신은 그분의 구원을 항상 기뻐하고 있어야 한다. 『**주의 구원의 기쁨을 내게 회복시키시고...**』(시 51:12)라고 기도한 다윗의 말을 깊이 음미해 보라.

마지막 일곱 번째 이유는 하나님의 영원하신 목적 때문이다. 하나님의 영원하신 목적이 무엇이었던가? 에베소서 1장을 보라. 『**이는 때가 찬 경륜 안에서 하늘에 있는 것들이나 땅에 있는 것들이나 자신 안에 있는 것들까지도 만물을 그리스도 안에서 하나로 함께 모으려는 것이니라.**』(엡 1:10)고 말씀한다. 바울은 이것이 『**그의 기쁘심을 따라 자기 안에서 계획하신 바 그의 뜻**』(엡 1:9)이라고 언급한다. 그리스도 안에서 하나로 함께 모으시려는 그 『**만물**』 가운데 당신도 선택하셔서 그 안에 포함시키신 것이다. 당신은 그리스도 안에서 함께 모아질 그 모든 것들의 한 부분이다. 하나님께서 당신을 선택하셔서 그리스도 안에서 하나로 함께 모아지는 만물 가운데 포함시키신 까닭은 예수 그리스도께서 요한복음 17장에서 아버지 하나님께 드리신 기도에 대한 응답이기도 하다. 주님께서는 요한복음 17장에서 하나님 아버지께서 그리스도 안에 계시고 그리스도께서 아버지 안에 있는 것같이 당신도 그리스도 안에서 하나가 되게 하셔서 세상으로 하여금 아버지께서 아들을 보내신 것을 믿게 하여 주옵소서 하고 기도하셨다. 그리고 세상의 기초가 놓이기 전부터 아버지 하나님께서 그리스도께 주신 영광을 당신으로 하여금 보게 해 달라고 간구하셨다(요 17:21-24). 따라서 하나님께서 그리스도께 주신 영광을 당신이 보도록 하시는 것 역시 하나님의 영원하신 목적의 일환이다. 이 영원한 목적 때문에 당신의 구원은 영원할 수밖에 없는 것이다.

구원의 안전성이 영원히 보장되는 까닭에 대하여 위에 열거한 모든 이유들은 성경이 증거하고 있는 지극히 분명한 사실들이기에 성경대로 믿는 사람들로서는 놓칠래야 놓칠 수 없는 진리이다. 그럼에도 불구하고 카톨릭이나 은사주의자들은 말할 것도 없고 루터교, 장로교, 감리교 등 거의 모든 교파들이 이 진리를 보지 못하고 있다. 그들이 이것을 보지 못하는 까닭이 무엇인지 아는가? 대부분의 경우 그들은 구원을 소유하고 있지 않거나 구원의 영원한 안전을 믿지 않기 때문이다. 그리하여 그들은 당신의 구원이 언제라도 상실될 수 있다고 믿는다. 정말로 그렇게 믿어서 믿는 것인지, 아니면 당신을 협박하기 위하여 그렇다고 가르치는 것인지는 나도 알 수 없지만, 분명한 것은 그들이 구원의 영원한 보장을 부인한다는 사실이다. 그들은 성경이 밝히고 있는 진리들을 거부하고 있는 것이다. 그러나 당신이 정말로 구원받았다면 구원의 상실만은 이제 걱정하지 않아도 된다. 나는 구원받고 거듭난 그리스도인이지만, 걱정하지 않아도 될 일을 쓸데없이 걱정하는 경우가 한두 가지가 아니다. 그러나 한 가지만은 절대로 걱정하지 않는데, 그것은 내가 지옥에 가지나 않을까 하는 문제다. 다른 것은 몰라도 나는 정말이지 이것만은 절대로 의심하거나 걱정하지 않는다.

로마서 9장

9:1 내가 그리스도 안에서 진실을 말하고 거짓말을 하지 아니하노니 나
의 양심도 성령 안에서 나에게 증거하는 것은
2 내 마음에 큰 근심과 그치지 않는 슬픔이 있다는 것이라.
3 육신에 따른 내 형제들, 내 동족을 위해서라면 차라리 내 자신이 그
리스도로부터 저주받기를 바랐겠노라.
4 그들은 이스라엘인들이라. 그들에게는 양자 됨과 영광과 언약들과
율법을 주심과 하나님을 섬김과 약속들이 있고
5 조상들도 그들의 조상이며 육신으로는 그리스도께서 그들에게서 나
셨으니 그는 만물 위에 계셔서 영원히 송축받으실 하나님이시라. 아
멘.

『**내가 그리스도 안에서 진실을 말하고 거짓말을 하지 아니하노니 나의 양심도 성령 안에서 나에게 증거하는 것은**』(1절).

바울은 하나님 앞에서 자신의 양심을 더럽힌 일이 없는 사람이었고 따

라서 하나님 앞에서 양심의 거리낌이 없었으며, 그 자신이 이것을 도처에서 자신 있게 역설하는 등, 누구보다도 양심의 중요성을 강조한 사람이었다. 그가 예루살렘에 갔다가 유대인들에게 체포되어 로마 군대의 사령관에게 넘겨졌을 때, 산헤드린 공회원들을 향하여 입을 연 첫마디가 이러했다. 『**형제 여러분, 나는 이 날까지 하나님 앞에 온전히 선한 양심으로 살아 왔노라**』(행 23:1).

바울은 또 디모데후서 1:3에서 『**선조 때부터 순수한 양심으로 내가 섬겨 오는 하나님께 감사함은 나의 밤낮 기도하는 가운데 쉬지 않고 너를 기억함이며**』라는 인사말로 서신서의 서두를 장식하고 있고, 또 디도서 1:15에서는 『**정결한 사람들에게는 모든 것이 정결하나 더럽혀진 자들과 믿지 않는 자들에게는 아무것도 정결한 것이 없고, 도리어 그들의 마음과 양심이 다 더럽혀져 있느니라.**』고 언급하고 있다. 그리고 여기 로마서 9:1에서는 자기가 진실만을 말하고 자신의 양심이 성령 안에서 스스로에게 증거한다고 단언한다. 하나님 앞에서 바울의 양심이 매우 민감하게 작용하고 있었다는 것은 그의 서신서들 곳곳에서 드러나고 있는 사실이다.

구원받은 사람의 양심은 마치 두 겹으로 된 체와 같다. 구원받지 못한 사람은 옳고 그름을 가려내는 양심의 체가 육신에 눌어붙어 있는 "자아"에만 한 겹 척 걸쳐 있지만, 구원받은 사람은 양심의 체가 성령께서 들어와 계신 새 사람에게도 한 겹 더 생기기 때문에 모두 두 겹의 양심을 지니게 되고, 성령께서 그 사람의 양심을 또 증거해 주시도록 돼 있다. 구원받지 못한 사람의 양심은 그 자체가 더럽혀져 있으므로 옳고 그름을 가려내는 체로서의 구실을 제대로 하지 못한다. 구원받지 않은 사람들은 술 마시는 것이 뭐가 나쁘냐, 담배 피는 것이 뭐가 잘못이냐, 노름하는 것이 뭐가 그렇게 나쁘냐 하고 버젓이 항변한다. 그들의 양심은 육신에 눌어붙어 있는 한 겹짜리 양심인 데다가 그것마저 육신으로 더렵혀져 있기 때문에 옳고 그름을 가려낼 그물망으로서의 구실을 이미 상실하고 있는 것이다. 따라서 구원받은 사람은 이중으로 된 양심을 통하여 구원받지 못한 사람에게 무엇이 옳고 그른지를 두 번에 걸쳐 가려내 주지 않으면 안 된다. 다시 말해, 구원받지 못한 자들은 구원받은 사람에 의하여 자신들의 죄가 두 번에 걸쳐 체로 쳐져야만 하며, 구원받지 못한 사람은 구원받은 그리스도인의 말에 절대적으로 귀를 기울여야 하는 것이다.

『**내 마음에 큰 근심과 그치지 않는 슬픔이 있다는 것이라**』(2절).

이것은 그리스도인으로서의 삶이 갖고 있는 하나의 역설적인 측면이요 하나의 모순이다. 그리스도인의 삶 가운데에는 그치지 않는 기쁨이 넘친다. 그러나 또 한편으로는 마음속에 『**큰 근심과 그치지 않는 슬픔이 있다는 것**』이 사실이다. 이런 점에서 그리스도인들은 이중의 모습을 띤 삶을 살고 있는 사람들이다. 그리하여 그리스도인들은 흔히 생활 속에 나타나는 현상들이 한결같지 않아서 이것과 저것이 서로 모순되고 상치되어 갈등을 일으키는 삶을 살게 된다. 고린도후서 6장에서 바울은 그리스도와 함께 일하는 자들로서의 그리스도인들에게 하나님의 은혜를 헛되이 받지 말라고 간곡하게 충고하면서 자기도 하나님의 일꾼으로서 사역하는 동안 진리의 말씀과 하나님의 능력과 오른손과 왼손에 든 의의 병기로써 하나님의 일을 수행해 왔지만, 그러한 가운데 영광과 오욕, 그리고 악평과 호평이라는 서로 모순되는 요소들이 공존하고 있었음을 고백한다. 바울에 따르면, 그리스도인들은 속이는 자들 같으나 진실하며, 이름 없는 자 같으나 유명하고, 죽은 자 같으나 살아 있으며, 매를 맞았으나 죽지 아니하였고, 슬퍼하는 자 같으나 항상 기뻐하며, 가난한 자 같으나 많은 사람을 부요하게 하고, 아무것도 없는 것 같으나 모든 것을 가졌다고 천명한다

(고후 6:1-10). 바울의 이러한 말은 그리스도인들의 삶 가운데 내재하고 있는 역설적이고도 상반된 요소들의 갈등을 아주 극명하게 나타내고 있는 서술이 아닐 수 없다.

『**내 마음에 큰 근심과 그치지 않는 슬픔이 있다는 것이라.**』 이것은 그리스도인들이 구원받지 못한 죄인들에 대해 짊어지고 있는 하나의 짐을 천명하고 있는 말씀이기도 하다. 물론 여기 2절의 경우에는 바울이 구원받지 못한 유대인들에 대해 짊어지고 있는 특별한 부담감에 대한 서술이다. 바울이 부담을 느끼고 있는 이 무거운 짐에 대해 얼마나 강한 책임감을 느끼고 있었는지는 다음 3절에서 적나라하게 천명되고 있다.

『**육신에 따른 내 형제들, 내 동족을 위해서라면 차라리 내 자신이** 그리**스도로부터 저주받기를 바랐겠노라**』(3절).

『**육신에 따른 내 형제들**』, 즉 유대인들에 대해 바울이 이 얼마나 큰 책임을 느끼고 있었던가! 구원받지 못한 유대인들을 위해서라면 『**차라리 내 자신이 그리스도로부터 저주받기를 바랐겠노라.**』고 바울은 자신의 심경을 토로한다. 이것은 마치 세상 죄인들을 위하여 십자가에 달리신 주 예수 그리스도의 심경과도 같은 것이다.

그러나 이런 말을 하면서도 바울은 결코 『**내 동족을 위해서라면 차라리 내 자신이 그리스도로부터 저주**』"받겠다"도 아니고, "받았다."도 아니며, 저주받기를 "바란다."도 아니요, 저주받기를 "바랐노라."도 아닌 『**바랐겠노라.**』라고 서술하고 있음에 주목하라. 바울은 지금 "바랄 수 있기라도 했으면 얼마나 좋으랴?"("could wish")라고 그 안타까운 심경을 토로하고 있는 것이다.

이 세상에 뉘라서 과연 다른 사람을 위하여 스스로 『**저주받기를**』 자청

할 수 있겠는가? 뉘라서 그럴 만한 자격이 있겠는가 말이다. 죄인들을 위하여 저주받을 수 있는 분은 오직 한 분, 곧 주 예수 그리스도뿐이시다. 그분이 아니고서는 그 누구도 구원받지 못한 죄인들을 위하여 저주받을 자격도 없고 받을 수도 없다. 하나님의 아들이시요, 어린 양이신 주 예수 그리스도, 그분이 아니시고는 저주받기는커녕, 저주받기를 바랄 수조차도 없다. 그래서 바울은 그것을 자기가 "바랄 수 있기라도 했으면 얼마나 좋으랴!"라는 뜻으로 "가정법 과거"라는 서술 형식을 채택하여 "I could wish that..."이라고 말하고 있는 것이다.

이러한 안타까움 때문에 바울은 여러 번에 걸쳐 예루살렘을 방문했다. 주님께서는 예루살렘에 가지 말라고 그에게 거듭거듭 권고하셨지만, 바울은 그럼에도 불구하고 여러 번에 걸쳐 예루살렘으로 갔다. 이것은 순전히 바울이 느끼고 있던 유대인들의 구원에 대한 무거운 부담감 때문이었다.

『**그들은 이스라엘인들이라. 그들에게는 양자 됨과 영광과 언약들과 율법을 주심과 하나님을 섬김과 약속들이 있고**』(4절).

유대인들에게는 『**양자 됨**』의 특권이 부여돼 있다. 이것은 개별적인 특혜가 아니라 이스라엘이라는 민족 단위로서의 특혜이다.

유대인들에게는 또한 『**영광**』이 주어졌었다. 이것은 구약에서 하나님께서 그들에게 나타나 주심으로써 주어진 영광이었다. 하나님께서는 모세를 통하여 이스라엘에게 시내 산에서도 나타나셨고 성막에서도 나타나셨다.

유대인들에게는 또 하나님의 『**언약들**』이 주어졌다. 아브라함의 언약, 이삭의 언약, 야곱의 언약, 모세의 언약, 다윗의 언약 등이 그것이다.

유대인들에게는 또 시내 산에서 『**율법**』이 주어졌다. "율법"은 유대인들의 특성을 나타내는 가장 두드러진 용어이다.

그들에게는 또 『**하나님을 섬김**』이 있도록 하셨다. 레위인 제사장을 통하여 성막에서 하나님을 섬기도록 하셨던 것이다.

유대인들에게는 또 전체 구약 곳곳에서 개진되고 있는 갖가지 『**약속들**』이 주어졌다.

『**조상들도 그들의 조상이며 육신으로는 그리스도께서 그들에게서 나셨으니 그는 만물 위에 계셔서 영원히 송축받으실 하나님이시라. 아멘**』(5절).

아브라함과 이삭과 야곱은 이스라엘의 조상들이다. 인간적 관점으로 보면 마리아에게서 나셨으므로 그리스도께서는 육신적으로는 유대인에게서 나셨다.

『**그는 만물 위에 계셔서 영원히 송축받으실 하나님이시라. 아멘.**』 이 구절은 예수 그리스도의 신성을 선포하는 위대한 성경 구절들 가운데 하나다. 그리스도께서는 『**영원히 송축받으실 하나님**』이시다. 현대판 새 역본들은 이 구절에도 여지없이 메스를 가하여 예수 그리스도의 하나님이심을 천명하는 이 엄숙한 선포를 엉망으로 만들어 놓고 말았다. 『**그는 만물 위에 계셔서 영원히 송축받으실 하나님이시라.**』("...who is over all, God blessed for ever.")라는 성경 본래의 말씀을 "그는 만물 위에 계시니, 영원토록 하나님을 송축할지어다."("who is overall, let God be blessed forever.") 식으로 교묘하게 고쳐 놓은 것이다. 마치 "송축받으실 하나님은 따로 계시다."는 식의 뉘앙스를 풍기게 만들어 그리스도께서 하나님이심을 의도적으로 호도해 버렸던 것이다.

9:6 그러나 하나님의 말씀이 헛되지 아니하였으니 이는 이스라엘에서 난

사람이 다 이스라엘이 아니며
7 또 아브라함의 씨라 하여 다 자녀가 되는 것이 아니기 때문이라.
"오직 이삭에게서 난 자만이 너의 씨라 불리리라." 하였으니

『**그러나 하나님의 말씀이 헛되지 아니하였으니 이는 이스라엘에서 난 사람이 다 이스라엘이 아니며**』(6절).

이 구절은 이스라엘에서 난 사람, 즉 유대인이 모두 버림받은 바 된 것은 아님을 천명한다. 반면에 또, 『**이스라엘에서 난 사람이 다 이스라엘이 아니며**』라는 서술이 말하듯 육신적 혈통으로 유대인에 속하는 자들이 모두가 믿는 자들인 것은 아니라는 것이다. 말하자면, 이스라엘이라고 해서 『**다**』 이스라엘이 아니고, 이스라엘이 버림받았다고 해서 『**다**』 버림받은 것도 아니라는 것이다.

『**또 아브라함의 씨라 하여 다 자녀가 되는 것이 아니기 때문이라. "오직 이삭에게서 난 자만이 너의 씨라 불리리라." 하였으니**』(7절).

이스마엘 역시 아브라함의 씨인 것만은 분명하였으되, 그는 아브라함의 씨로 여겨지지 않았다. 그리고 오직 이삭과 이삭에게서 난 자들만이 아브라함의 씨로 여겨졌다.

이삭은 예수 그리스도의 모형이다. 따라서 『**오직 이삭에게서 난 자만이 너의 씨**』라는 말씀은 아브라함의 "영적" 자손들만이 그의 씨라는 것이다. 생물학적으로 아브라함의 혈통에 속한다고 모두가 그의 자손들이 아니라 영적으로 그의 씨에 속해야만 그의 자손들이라는 말이다.

9:8 이는 육신의 자녀가 하나님의 자녀가 아니요, 오직 약속의 자녀만이

씨로 여김을 받는다는 것이라.

9 약속의 말씀은 이것이니 "이때쯤에 내가 오리니 사라에게 아들이 있
으리라." 하신 것이라.

10 그뿐 아니라 리브카도 한 사람, 곧 우리 조상 이삭에 의하여 잉태하
였는데

11 (아직 자식들이 나지도 아니하였고 또한 무슨 선이나 악을 행하지도
아니하였을 때에 택하심을 따른 하나님의 목적이 행함에 의해서가
아니라 부르시는 그분에 의해서 있게 하시려고)

12 그녀에게 말씀하시기를 "형이 아우를 섬기리라."고 하셨으니

13 기록된 바 "내가 야곱은 사랑하였고 에서는 미워하였노라." 함과 같
으니라.

『**이는 육신의 자녀가 하나님의 자녀가 아니요, 오직 약속의 자녀만이 씨로 여김을 받는다는 것이라**』(8절).

주님께서 이 구절에서 말씀하시는 바는 육신의 자녀라고 해서 모두 하나님의 자녀가 될 수 있는 권리를 갖는 것이 아니라 오직 약속의 자녀, 즉 주님을 믿고 아브라함의 믿음을 따르는 자들만이 하나님의 자녀가 될 수 있는 특권을 주셨다는 것이다. 유대인들이 아브라함의 씨로 택함받았다는 주장을 내세울 때마다 주님께서는 그들이 약속의 자녀가 아님을 날카롭게 지적하시고 그들의 잘못된 생각을 현명하게 바로잡아 주셨다.

요한복음 8장을 보라.

『**우리는 아브라함의 씨요, 아직껏 아무에게도 노예가 되지 않았는데 어떻게 '너희가 자유롭게 되리라.'고 말하는가?**』(요 8:33) 유대인들이 그리스도께 물었다. 유대인들은 자기네들이 아브라함의 자손인즉, 자동적으로 약속의 자녀들이라고 믿고 주장했던 것이다. 그러자 주님께서 대답하신다.

『**너희가 아브라함의 씨인 것을 내가 아노라**』(요 8:37). 육신적으로는 유대인이 아브라함의 씨인 것을 주님께서도 시인하신다. 그러나 39절에서 유대인들이 『**아브라함은 우리의 조상이라.**』고 말하면서 자기네들이 약속의 자녀들임을 거듭 주장하자 주님께서 말씀하신다.

『**너희가 아브라함의 자손이었다면 아브라함의 일을 행하였으리라**』(요 8:39).

유대인이 육신적으로는 아브라함의 자손이되, 영적으로는 그의 자손이 아닌지라 아브라함과는 전혀 다른 일을 행한다고 지적하신 다음 그들에게 『**너희는 너희 아비의 일들을 행하는도다.**』라고 선언하신다(요 8:41). 그때 유대인들이 또 이렇게 큰 소리를 친다.

『**우리는 음행을 통하여 나지 아니하였으며, 우리에게는 한 분 아버지가 계시니, 곧 하나님이시라**』(요 8:41). 그러자 주님께서는 이들의 말을 다음과 같은 말씀으로 일축해 버리신다.

『**하나님이 너희의 아버지라면 너희는 나를 사랑하리라**』(요 8:42).

주님의 이러한 말씀들은 모두가 당신이 육신적으로는 아브라함의 자손이 될 수는 있어도 그렇다고 모두가 영적으로도 아브라함의 자손이 될 수 있는 것이 아님을 분명하게 증거하신 것이다.

『**약속의 말씀은 이것이니 "이때쯤에 내가 오리니 사라에게 아들이 있으리라." 하신 것이라. 그뿐 아니라 리브카도 한 사람, 곧 우리 조상 이삭에 의하여 잉태하였는데 (아직 자식들이 나지도 아니하였고 또한 무슨 선이나 악을 행하지도 아니하였을 때에 택하심을 따른 하나님의 목적이 행함에 의해서가 아니라 부르시는 그분에 의해서 있게 하시려고)**』(9-11절).

특히 11절은 칼빈주의자들이 하나님의 택하심이 영원 전부터였음을 증명하려는 데 이용하는 구절이다. 그들은 11절에서 『**아직 자식들이 나지도 아니하였고**』라는 부분을 내세워 자신들의 주장이 옳다고 생각하는 것이다. 칼빈주의자들의 이런 생각이 아주 우스꽝스러울 수밖에 없는 것은 하나님께서 지금 리브카에게 말씀하고 계신 시점이 이미 아기가 그녀 안에 잉태되고 있는 시점이기 때문이다. 10절을 보라. 『**리브카도... 잉태하였는데**』라고 언급하지 않는가? 『**아직 자식들이 나지도**』 않았지만, 리브카의 뱃속에는 이미 한 아기가 잉태돼 있는 상황에서 하나님께서는 그녀에게 『**형이 아우를 섬기리라.**』(12절)고 말씀하신다. 이러한 문맥 어디에 "영원 전부터의 택하심"이 언급되고 있단 말인가? 택하심은 이미 아기가 뱃속에 잉태된 다음이 아닌가? 이것이 어떻게 해서 창세기 1:1 이전의 일이란 말인가? 칼빈주의자들이 소위 "택하심"이라든지 "택함받은 자" 같은 이단 교리를 정당화하기 위해 성경 구절들을 근거로 내세울 때 보면 모두가 이처럼 불합리한 억지에 불과하다는 것을 알 수 있다.

『**그녀에게 말씀하시기를 "형이 아우를 섬기리라."고 하셨으니**』(12절).

하나님께서는 리브카의 뱃속에 들어 있는 에서와 야곱 중에서 동생인 야곱을 택하셨고 이들이 리브카의 뱃속에 이미 들어 있을 때 이것을 예고해 주신다. 따라서 11절의 『**택하심**』은 칼빈주의자들이 떠들어대는 영원 전부터의 택하심과는 아무 관계도 없는 일이다.

『**기록된 바 "내가 야곱은 사랑하였고 에서는 미워하였노라." 함과 같으니라**』(13절). 하나님께서 이 말을 하신 것은 리브카가 낳은 이삭의 두 아들 에서와 야곱이 죽은 지도 벌써 여러 해가 지난 뒤였다.

9:14 그렇다면 우리가 무슨 말을 하리요? 하나님께 불의가 있느냐? 결코 그럴 수 없느니라.

15 하나님께서 모세에게 말씀하시기를 "내가 자비를 베풀 자에게 자비를 베풀고 내가 가엾게 여길 자를 가엾게 여기리라." 하셨으니

16 그러므로 원하는 자에 의해서도 아니요, 달리는 자에 의해서도 아니며 오직 자비를 베푸시는 하나님에 의해서니라.

17 성경이 파라오에게 말하기를 "이 목적을 위하여 내가 너를 세웠으니 이는 내가 너에게 나의 능력을 보이고 또 내 이름이 온 땅에 선포되게 하려 함이라." 하셨으니

18 그러므로 그분께서는 자비를 베푸시고자 하는 자에게 자비를 베푸시고 또 원하시는 자를 완악하게 하시느니라.

『**그렇다면 우리가 무슨 말을 하리요? 하나님께 불의가 있느냐? 결코 그럴 수 없느니라**』(14절).

하나님께서 아우인 야곱을 사랑하시고 형인 에서를 미워하셨다고 해서 그분이 불의하시다고 감히 말할 수 있는 사람이 있을 수 있겠는가? 『**결코 그럴 수 없느니라.**』고 바울은 말한다. 우리가 성경을 통하여 한 가지 분명하게 아는 것은 하나님께서는 결코 불의하지 않으시며, 절대로 불의한 일을 하지 않으신다는 것이다.

『**하나님께서 모세에게 말씀하시기를 "내가 자비를 베풀 자에게 자비를 베풀고 내가 가엾게 여길 자를 가엾게 여기리라." 하셨으니 그러므로 원하는 자에 의해서도 아니요, 달리는 자에 의해서도 아니며 오직 자비를 베푸시는 하나님에 의해서니라**』(15,16절).

16절은 칼빈주의자들이 자기네들의 5대 강령을 뒷받침하는 데 사용하는 신약 가운데서 가장 강력한 근거 구절들 중 두 번째 것으로, 첫 번째는 에베소서 1:4이고 그 다음이 바로 여기 로마서 9:16이다. 칼빈주의자들은 이 구절을 다음과 같은 식으로 읽는다.

"하나님께서 모세에게 말씀하시기를 '내가 하늘로 데려오기로 예정해 놓은 자들을 하늘에 불러들일 것이요, 하늘을 내가 택한 자들의 출생 장소로 정할 것인즉, 죄인들이 그리스도를 영접하는 것은 그들의 능동적인 의지에 의해서도 아니요, 그의 행함에 의해서도 아니며, 하나님의 택하심을 받은 자들의 자유 의지에 의한 것이 아니라 순전히 하나님께서 그렇게 하도록 정해놓으신 바에 따른 것이니라.'고 하시니라."

칼빈주의자들이 갖고 있는 이러한 발상이 어디가 잘못되었는지 지적해 달라고 내게 요청해 온다면, 나는 30군데도 더 넘게 그 잘못을 지적할 수 있다. 무엇보다도 먼저 그들이 얼마나 잘못되었는지는 여기 15절부터 17절에 걸친 문맥상의 핵심 내용이 무엇인가를 고려해 보면 자명해진다. 자, 이 구절들이 다루고 있는 내용이 무엇인가? 그것은 예수 그리스도의 십자가 처형이 있기 전의 구약 이야기다. 앞서 10절, 11절, 12절, 13절, 14절이 모두 구약을 다루고 있듯이 15절도 그렇고, 16절도 그러하며, 또 17절도 마찬가지다. 그렇기 때문에 이 부분은 칼빈주의자들의 주장을 뒷받침하는 데에는 전혀 근거 구절들이 될 수가 없다. 왜냐하면, 구약에서는 아무도 그리스도 안에 들어와 있지 않았으니 말이다. 구약에서는 누구도 거듭나지 못했으며, 누구도 "저항할 수 없는 은혜로" 살리심을 받은 자가 없었다.

그 다음 또 고려해 보아야할 사항은 『**원하는 자에 의해서도 아니요**』라는 언급이다. 이 구절에서의 "원함"("willing")은 예수 그리스도를 영접하는 것과는 아무 상관이 없다. 이것은 하나님의 자비를 마음대로 선택할 수 없었던 구약 시대 이야기이기 때문에, 여기서의 "원함"은 하나님의 자비가 자신에게 베풀어지고 있는지 여부를 판별하는 데에 필요한 능동적인 의지일 따름임이 분명하다. 16절은 『**그러므로 원하는 자에 의해서도 아니요... 오직 자비를 베푸시는 하나님에 의해서니라.**』는 말씀은 앞서 15절의 『**자비를 베풀 자에게 자비를 베풀고 내가 가엾게 여길 자를 가엾게 여기리라.**』(15절)는 말씀에 이어진다. 그러므로 구약 시대에는 자신이 하나님께서 자비를 베풀어주시는 대상이요, 하나님께로부터 가엾게 여김을 받고 있는 상황에 놓여있는지 여부를 판단해야 하였고, 이것을 판단하고 결론에 도달하는 데에 자신의 "원함," 즉 의지가 이용될 수 있을 뿐이었다. 그러니까, 구약에서는 자신의 능동적인 의지로 하나님의 자비를 받고 가엾게 여김을 받을 수 있는 것이 아니었다. 그렇다고 자기 행위로 되는 것도 아니었다. 무엇보다도 중요한 것은 자기에게 하나님께서 자비를 베푸시느냐 여부였고, 이것을 아는 일이었다. 하나님께서는 『**자비를 베푸시고자 하는 자에게 자비를 베푸시고 또 원하시는 자를 완악하게**』 하기도 하시는 분이라고 다음 18절은 말씀한다. 어떤 사람에게 자비를 베푸실 것인가, 아니면 완악하게 만드실 것인가는 하나님께서 결정하신다. 그 반면에 하나님의 자비를 신약적으로 적용하면 어떠한가? 신약에서는 하나님께서 당신에게 자비를 베푸실 것인가 여부를 결정하실 때 뚜렷한 조건을 한 가지 갖고 계신다. 하나님께서는 당신이 예수 그리스도께로 나아와 그분을 믿으면 당신에게 자비를 베푸신다. 반대로 당신이 예수 그리스도께로 나아오려 하지 않을 때, 하나님께서는 당신을 완악한 대로 그냥 놓아두신다. 하나님께서 당신에게 자비를 베푸시느냐 여부는 당신이 예수 그리스도께로 나아와 그분을 믿고자 하는 당신의 "원함," 즉 당신의 의지에 여전히 달려 있다.

『**내가 자비를 베풀 자에게 자비를 베풀고 내가 가엾게 여길 자를 가엾**

게 여기리라.』는 말씀을 칼빈주의적 관점에서 본다면, "나는 하나님의 자비를 받도록 선택되었다."라고 말할 수 있는 사람과 "나는 하나님께로부터 가엾이 여김을 받지 못하도록 선택되었다."라는 말을 할 수 있는 사람이 따로 정해져 있다. 그러나 예수 그리스도께서는 이렇게 말씀하셨다. 『**나는 의인들을 부르러 온 것이 아니요, 죄인들을 불러 회개에 이르게 하려고 왔노라**』(마 9:13, 막 2:17, 눅 5:32). 그리고 또 『**나는 자비를 원하고 희생제를 원치 아니하느니라.**』(마 9:13)고 말씀하셨다. 그뿐 아니라 로마서 11:30-32에서도 『**너희가 지나간 때에는 하나님을 믿지 아니하더니 이제는 그들이 믿지 아니함으로 인하여 자비를 얻었느니라. 이와 같이 이제 이들이 믿지 아니한 것은 너희의 자비를 통하여 그들도 자비를 얻게 하려 함이라. 하나님께서 그들 모두를 믿지 않는 가운데 가두어 두심은 모든 사람에게 자비를 베풀려 하심이니라.**』며 주님의 이 자비가 모든 자들을 향한 것임을 말씀하고 있는데도 불구하고 칼빈 추종자들은 이것을 보지 못하고 있는 것이다.

『**성경이 파라오에게 말하기를 "이 목적을 위하여 내가 너를 세웠으니 이는 내가 너에게 나의 능력을 보이고 또 내 이름이 온 땅에 선포되게 하려 함이라." 하셨으니**』(17절).

앞서 16절에서 언급된 내용의 예가 여기 17절에서 기술되고 있다. 이것은 17절이 "For"라는 접속사로 시작함으로써 16절에서 연결된 문장임을 극명하게 나타낸다. 하나님께서 파라오를 세우셨던 것은 자비를 베푸셔서가 아니라 하나님의 『**능력을 보이고**』 또 하나님의 『**이름이 온 땅에 선포되게 하려**』는 목적에서였다.

『**그러므로 그분께서는 자비를 베푸시고자 하는 자에게 자비를 베푸시**

고 또 원하시는 자를 완악하게 하시느니라』(18절).

하나님께서는 파라오에게 자비를 베푸신 것이 아니라 오히려 그를 완악하게 하셨다. 그러나 처음부터 하나님께서 파라오를 완악하게 하시려고 손을 쓰셨던 것은 아니다. 하나님께서 그를 어떻게 완악하게 하셨는지 그 경과를 알기 위해 출애굽기 3:19로 가 보자. 하나님께서 파라오를 다루시기 전, 그러니까, 하나님께서 파라오를 완악하게 만드시기 전에는 단 한 번도 파라오와 접촉하신 일이 없다. 그리고 그의 완악함에 대하여 한 번이라도 언급하셨던 적이 없었다. 그런데도 하나님께서는 그가 얼마나 완악한 태도를 취할 것인지를 미리 알고 계셨다. 말하자면, "미리 아심"이 선행돼 있었던 것이다.

자, 출애굽기 3:19를 읽어 보자. 그리고 하나님의 "미리 아심"이 어떻게 서술되고 있는지 눈여겨보라.

『**내가 확실히 아노니, 어떤 능한 손으로도 이집트 왕이 너희를 결코 가게 하지 아니할 것이나**』.

이 부분에서 하나님께서는 파라오에게 아직 아무 일도 하지 않으셨다. 그런데도 하나님께서는 "미리 아심"에 따라 『**내가 확실히 아노니**』라고 말씀하신다. 그러니까, 파라오가 완악하게 되기 전에 먼저 하나님의 "미리 아심"이 선행되었던 것이다. 하나님께서는 출애굽기 5:1에서부터 비로소 파라오를 다루기 시작하신다. 그러나 하나님께서 파라오를 완악하게 만드시는 말씀은 단 한마디도 나오지 않는다. 그런데도 파라오는 이미 마음이 완악한 상태가 되어 있다. 출애굽기 5장 첫 부분을 보자.

『**그후에 모세와 아론이 파라오에게 들어가 말하기를 "이스라엘의 주 하나님께서 이같이 말씀하시나니 '내 백성을 가게 하여 그들로 광야에서 내게 명절을 지키게 하라.' 하시나이다." 하니 파라오가 말하기를 "주가 누구기에 내가 그의 말을 복종하고 이스라엘을 보내겠느냐? 나는 주를 알지**

못하며, 또한 이스라엘로 가게 하지도 아니하리라." 하더라』(출 5:1,2).

자, 파라오가 이렇게 완악한 태도를 보였지만, 하나님께서 사전에 그로 하여금 이렇게 되도록 건드리신 일은 결코 없었다. 그야말로 이것은 파라오의 "자유 의지"였다. 하나님께서 손도 대지 않으셨건만 파라오는 자기 의지를 능동적으로 움직여 완악한 태도를 보였던 것이다. 그러나 뒤에 가서 하나님께서는 그의 마음이 완악하게 되도록 예정하시는데, 그것도 파라오가 먼저 나타낸 반응 때문이었다.

이처럼 하나님의 "미리 아심"은 언제나 "예정"에 선행된다. 구원받지 못한 사람들이 하나님의 "예정"에 묶여서 구원받지 못한다는 것은 있을 수 없는 일이다.

9:19 그러면 네가 내게 "어찌하여 그분께서 여전히 잘못을 찾고 계시며 누가 그분의 뜻을 거역하였느냐?"라고 말하리라.

20 이 사람아, 네가 누구기에 하나님께 대꾸하느냐? 지음을 받은 것이 지은 이에게 "어찌하여 나를 이같이 만들었느냐?"고 말할 수 있겠느냐?

21 토기장이가 같은 진흙덩이로 하나는 귀히 쓸 그릇을, 하나는 천하게 쓸 그릇을 만들 권한이 없겠느냐?

22 하나님께서 그의 진노를 나타내시고 또 그의 능력을 알게 하시려고 멸하기에 합당한 진노의 그릇들을 심히 오래 참음으로 인내하시며

23 영광에 이르도록 예비된 자비의 그릇들에게 그의 영광의 풍요함을 알게 하고자 하셨다면 어찌하겠느냐?

24 곧 우리에게니 그가 우리를 부르셨으되 유대인들 중에서뿐만 아니라 이방인들 중에서도 부르셨느니라.

『그러면 네가 내게 "어찌하여 그분께서 여전히 잘못을 찾고 계시며 누가 그분의 뜻을 거역하였느냐?"라고 말하리라. 이 사람아, 네가 누구기에 하나님께 대꾸하느냐? 지음을 받은 것이 지은 이에게 "어찌하여 나를 이같이 만들었느냐?"고 말할 수 있겠느냐?』(19,20절)

하나님께서는 때로는 그릇을 지으실 때 어떤 특정한 목적으로 만드시지만, 중도에 다른 목적으로 바꾸기도 하시고, 끝에 가서는 전혀 다른 목적에 합당하도록 확정하기도 하시기 때문에 그릇의 사용 목적이 절대적인 것이 아닌 경우가 많다. 예레미야 18장을 보라. 하나님께서 때로는 진노로 깨뜨려 버려야 마땅할 그릇도 깨뜨리지 아니하시고 구원해 주시고 자비의 그릇이 되도록 하기도 하신다는 것을 알 것이다. **『그때 내가 토기장이의 집에 내려갔더니, 보라, 그가 물레들 위에서 한 작품을 만들었더라. 그가 진흙으로 만든 그 그릇이 그 토기장이의 손에서 손상을 입었으니 그 토기장이가 그것을 만들기에 좋게 보이는 대로 그것으로 다른 그릇을 다시 만들더라』**(렘 18:3,4).

이어서 6절을 보라. **『주가 말하노라. 오 이스라엘 집아, 내가 이 토기장이처럼 너희에게 할 수 없느냐? 보라, 오 이스라엘 집아, 진흙이 토기장이의 손 안에 있는 것같이 너희가 내 손 안에 있느니라.』**

이처럼 하나님께서는 나쁜 그릇도 내버리지 않으시고 좋은 그릇으로 바꾸어 놓기도 하신다. 또 어떤 경우에는 좋은 그릇을 더 좋은 그릇으로 바꾸어 놓기도 하신다. 그런가 하면, 또 어떤 경우에는 그릇을 다른 용도로 바꾸거나 더 좋은 그릇으로 만드는 대신 지옥으로 내던져 버리기도 하신다. 이에 대한 예가 예레미야 19장에 나온다.

『그때 너는 너와 함께 가는 사람들의 목전에서 그 병을 깨뜨리며 그들에게 말할지니 만군의 주가 이같이 말하노라. 사람이 토기장이의 그릇 한 개를 깨뜨리는 것과 같이 내가 이 백성과 이 성읍을 그렇게 깨뜨리리니

다시 온전하게 만들어질 수 없으리라. 매장할 자리가 없을 때까지 그들을 토펫에 묻으리라』(렘 19:10,11).

『토기장이가 같은 진흙덩이로 하나는 귀히 쓸 그릇을, 하나는 천하게 쓸 그릇을 만들 권한이 없겠느냐?』(21절)

주님께서는 당신을 귀하게도 하시고 천하게도 만드실 권한을 갖고 계신데, 문제는 당신이 어떻게 하느냐에 달려 있다. 하나님께서는 당신을 구원받은 사람으로 귀하게도 하시고 구원받지 못한 사람으로 천하게도 하실 수 있으며, 구원받은 사람으로 귀한 그릇이 될 경우, 당신은 금이나 은이나 보석 같은 귀한 것들을 담아 두는 그릇이 되게도 하시고 때로는 차 주전자나 찻잔이나 프라이팬처럼 유용한 기능을 가진 그릇이 되게도 하시며 이보다는 덜 귀한 용도와 기능을 가진 그릇이 되게도 하시지만, 예수 그리스도를 거부하고 구원받지 못한 천한 그릇이 될 경우에는 그대로 지옥 쓰레기장에 내던져 버리신다.

『하나님께서 그의 진노를 나타내시고 또 그의 능력을 알게 하시려고 멸하기에 합당한 진노의 그릇들을 심히 오래 참음으로 인내하시며 영광에 이르도록 예비된 자비의 그릇들에게 그의 영광의 풍요함을 알게 하고자 하셨다면 어찌하겠느냐? 곧 우리에게니 그가 우리를 부르셨으되 유대인들 중에서뿐만 아니라 이방인들 중에서도 부르셨느니라』(22-24절).

이들 세 구절은 비록 그 서두가 "~라면 어찌하겠느냐?"("What if?")의 가정 의문문 형식으로 시작되고 있지만, 위대한 진리를 담고 있다. 이들 구절들은 갖가지 속성들을 지니고 계신 하나님께서 그 속성들을 무엇에 쓰고자 하시는지 그 용도를 설명해 주고 있다. 하나님께서 누군가를 부르실 때, 그가 응답하는 즉시 데려다가 알맞은 자리에 그를 놓으시고 하나님의 속성들 가운데서 자비와 영광을 받아 누릴 준비를 갖추도록 하시고 또 하나님의 선하심과 사랑과 은총을 누리도록 하신다. 반면, 하나님께서 누군가를 부르실 때 그가 하나님의 부르심에 응하지 않을 경우, 하나님께서는 그에게 한두 가지 일을 하시게 되는데, 하나는 마음이 완악한 채 그냥 그렇게 지속되도록 내버려 두실 수도 있고, 그러다가 흔히는 나중에라도 회개할 수 있도록 새로운 기회를 주시는 수도 있으며, 그런데도 그가 예수 그리스도를 영접하기를 끝내 거부할 경우, 하나님께서는 그를 특수한 틀에 부어 아주 야릇한 그릇으로 빚어져 나오게 하시되, 하나님의 속성들 가운데서 하필이면 진노와 복수를 담아 두어야 할 그릇으로 빚어지게 만드신다.

온전하신 하나님, 거룩하신 하나님, 복수의 하나님, 진노의 하나님, 사랑의 하나님, 분노의 하나님, 증오의 하나님, 자비의 하나님, 선하신 하나님, 오래 참으시는 하나님 등등, 우리는 하나님을 갖가지 모습으로 서술하거니와, 이것은 하나님께서 그만큼 다양한 속성들을 갖고 계시기 때문이다. 하나님께서 이처럼 다양한 속성들을 갖고 계신 까닭은 이 속성들 하나하나가 적합하게 사용되고 적용될 대상들이 각기 따로 있기 때문이다. 하나님께서는 자신을 나타내시는 분이시되, 나타나실 때는 반드시 그 대상에 걸맞는 속성을 가지고 나타나시고 또한 그 속성에 걸맞는 대상을 찾아서 나타나신다. 가령, 사랑의 하나님으로 나타나실 경우, 반드시 사랑할 대상을 찾아 그에게 나타나시며, 사랑받을 만한 사람에게는 반드시 사랑의 하나님으로 나타나신다. 진노의 대상이 되는 자에게는 반드시 진노의 하나님으로 나타나시고 진노를 나타내시기 위해 반드시 진노를 받기에 합당한 자를 찾아 그에게 나타나신다.

하나님께서는 아무데서나 사랑의 하나님이 아니시요, 아무에게나 자비의 하나님이 아니시며, 언제나 두렵고 떨리는 진노의 하나님도 아니시다. 또한 하나님께서는 사랑의 대상이 되는 사람에게 증오의 하나님으로 잘못 나타나시는 경우도 절대로 없으며, 진노의 대상이 되는 자들 앞에 용서와 자비의 하나님으로 잘못 나타나시는 법도 절대로 없다.

지옥은 하나님께서 자신의 속성 가운데 한 가지를 나타내고 계신 곳에 불과하다. 『**우리 하나님은 소멸케 하시는 불이심이라.**』(히 12:29)고 성경은 말씀한다. 그러므로 지옥에 들어가 있는 자들은 매우 역설적이기는 하지만 그 나름대로 하나님의 임재를 즐기고(?) 있는 셈이다. 그들은 아주 잘못된 장소에서 전혀 바람직하지 않은 방식으로 하나님의 임재를 아주 잘못되게 누리고 있는 것이다.

『**곧 우리에게니 그가 우리를 부르셨으되 유대인들 중에서뿐만 아니라 이방인들 중에서도 부르셨느니라**』(24절).

하나님께서 심히 오래 참음으로 인내하시며 영광에 이르도록 예비된 자비의 그릇들에게 그의 영광의 풍요함을 알게 하고자 하셨으되, 유대인들 모두가 다 여기에 해당하는 것은 아니라고 선언한다. 이에 대해 바울은 다음 27절에서 이사야의 부르짖음을 인용하여 그 사실성을 한층 부각시킨다. 『**또한 이사야가 이스라엘에 관하여 부르짖기를 "이스라엘 자손의 수가 바다의 모래 같을지라도 남은 자만 구원을 받으리라**』(27절). 이스라엘은 그 전체가 구원받는 게 아니다. 그들 전체가 하나님의 부르심에 응하는 게 아니며, 또 유대인들 모두가 하나님의 자비를 받고자 원하는 게 아니기 때문이다. 예컨대, 바리새인들이 그런 자들이다. 바리새인들은 자비를 바라지 않고 제사를 원한다. 그러나 주님께서는 『**나는 자비를 원하고 희생제를 원치 아니하느니라.**』(마 9:13; 12:7)고 말씀하신다. 유대인들은 오직 『**남은 자**』만이 구원을 받게 될 것이다. 오직 『**남은 자**』들만이 하나님께서 하라고 명하신 일들을 하기로 선택할 것이기 때문이다. 주님께서는 자기 백성에게로 오셨다. 『**나는 이스라엘 집의 잃어버린 양 외에**

는 보냄을 받지 아니하였노라.』(마 15:24)고 말씀하셨다. 그런데도 그의 백성 이스라엘은 그분을 영접하지 않았다(요 1:11). 그러나 성경은 『**그러나 누구든지 그를 영접한 사람들에게는** 하나님의 **아들들이 되는 권세를 주셨으니, 즉 그의 이름을 믿는 사람들에게니라.**』(요 1:12)고 말씀한다.

9:25 호세아의 글에서도 말씀하신 바와 같으니 "내가 내 백성이 아니었던 자들을 내 백성이라, 사랑받지 않았던 그녀를 사랑받는 자라고 부르리라.

26 '너희는 나의 백성이 아니라.'고 그들에게 말한 그곳에서 그들이 '살아 계신 하나님의 **자녀들'이라고 불리리라."고 하셨느니라.**

27 또한 이사야가 이스라엘에 관하여 부르짖기를 "이스라엘 자손의 수가 바다의 모래 같을지라도 남은 자만 구원을 받으리라.

28 그가 그 일을 완수하시고 의 가운데서 속히 이루시리니 이는 주께서 땅 위에서 그 일을 속히 행하실 것임이라." 하였느니라.

29 또 이사야가 미리 말한 바 "만일 만군의 주께서 우리에게 한 씨를 남겨 두시지 아니하셨다면 우리가 소돔과 같이 되고 또 고모라와 같이 되었으리라." 함과 같으니라.

30 그런즉 우리가 무슨 말을 하리요? 의를 따르지 아니하던 이방인들이 의에 이르렀으니 곧 믿음에서 난 의라.

『**호세아의 글에서도 말씀하신 바와 같으니 "내가 내 백성이 아니었던 자들을 내 백성이라, 사랑받지 않았던 그녀를 사랑받는 자라고 부르리라**』(25절). 『**그러나 누구든지 그를 영접한 사람들에게는** 하나님의 **아들들이 되는 권세를 주셨으니**』(요 1:12)라는 말씀에 따라 유대인이건 이방인이건,

『**누구든지**』 주 예수 그리스도를 영접한 사람들은 구원을 받는다. 그리하여 하나님의 백성이 아니었던 우리들 이방인들도 하나님께서 『**내 백성**』이요, 『**사랑받는 자**』라 부르시는 사람들이 될 수가 있게 된 것이다.

『**'너희는 나의 백성이 아니라.'고 그들에게 말한 그곳에서 그들이 '살아 계신 하나님의 자녀들'이라고 불리리라."고 하셨느니라**』(26절).

우리들은 하나님의 백성 이스라엘이 아니었지만, 『**살아 계신 하나님의 자녀들**』이라 불리게 되었다. 하나님의 자비에 호응하여 주 예수 그리스도를 영접하였기 때문이다.

『**또한 이사야가 이스라엘에 관하여 부르짖기를 "이스라엘 자손의 수가 바다의 모래 같을지라도 남은 자만 구원을 받으리라. 그가 그 일을 완수하시고 의 가운데서 속히 이루시리니 이는 주께서 땅 위에서 그 일을 속히 행하실 것임이라." 하였느니라**』(27,28절).

이사야 10:22을 인용하고 있는 이 구절은 교리적으로는 사실상 재림 관련 구절이다. 이스라엘이 하나님의 백성이되, 『**남은 자만**』, 즉 대환란 기간 동안 짐승의 표를 받지 않고 끝까지 견딘 자들만이 구원받게 되는 것은 하나님께서 『**의 가운데서**』 행하시기 때문이다.

『**또 이사야가 미리 말한 바 "만일 만군의 주께서 우리에게 한 씨를 남겨 두시지 아니하셨다면 우리가 소돔과 같이 되고 또 고모라와 같이 되었으리라." 함과 같으니라**』(29절). 이사야 1:9을 인용한 말씀이다.

『**그런즉 우리가 무슨 말을 하리요? 의를 따르지 아니하던 이방인들이 의에 이르렀으니 곧 믿음에서 난 의라**』(30절).

원래는 이방인들이 의를 따랐던 것이 아니라 유대인들이 의를 따랐었다. 그러나 유대인들은 의에 이르지 못하였고 도리어 이방인들이 의에 이르렀다. 왜 그렇게 되었는가? 유대인들은 율법에서 난 의를 따랐기 때문이고 이방인들은 『**믿음에서 난 의**』를 따랐기 때문이다.

9:31 그러나 의의 법을 따르던 이스라엘은 의의 법에 이르지 못하였으니
32 어찌하여 그렇게 되었느냐? 이는 그들이 믿음으로 의를 구하지 아니하고 율법의 행위로 되는 것처럼 구하였기 때문이라. 그들이 그 걸려 넘어지게 하는 돌에 넘어진 것이라.
33 기록된 바와 같으니 "보라, 내가 시온에 그 넘어지게 하는 돌과 거치는 반석을 두노니 누구든지 그를 믿는 자는 부끄러움을 당하지 아니하리라." 하였느니라.

『**그러나 의의 법을 따르던 이스라엘은 의의 법에 이르지 못하였으니**』(31절).

유대인들이 의를 따랐으되, 『**의의 법**』을 따랐고, 그 『**의의 법**』을 성취할 수 없었으므로 결국 의에 이르지 못했다.

『**어찌하여 그렇게 되었느냐? 이는 그들이 믿음으로 의를 구하지 아니하고 율법의 행위로 되는 것처럼 구하였기 때문이라. 그들이 그 걸려 넘어지게 하는 돌에 넘어진 것이라**』(32절).

『**율법의 행위**』에서 난 의는 유대인들이 결코 성취할 수 있는 것이 아니었다. 그런데도 그들은 의가 『**율법의 행위로 되는 것처럼**』 생각하고 의를 믿음으로 구하지 않다가 결국 『**걸려 넘어지게 하는 돌**』, 곧 예수 그리스도에 걸려 넘어졌다.

『**기록된 바와 같으니 "보라, 내가 시온에 그 넘어지게 하는 돌과 거치는 반석을 두노니 누구든지 그를 믿는 자는 부끄러움을 당하지 아니하리라." 하였느니라**』(33절). 이사야 8:14에 기록된 말씀의 인용이다. 『**그는 성소가 되실 것이나 이스라엘 두 집에는 넘어지는 돌과 거침이 되는 반석이 되실 것이며 예루살렘의 거민에게는 함정과 올무가 되시리라.**』고 예언돼 있었는데, 아니나 다를까 유대인들은 의에 이르기는커녕, 『**거침이 되는 반석**』에 걸려 넘어져 목이 부러지고 말았다.

로마서 10장

자, 이제 10장이다. 우리는 여기서 또 다시 성경에서도 대단히 위대한 장에 이르렀다. 내가 기회 있을 때마다 "10은 이방인들의 숫자"라는 사실을 환기시키거니와, 지금 로마서 "10장"에 이르렀으니 또 그리하지 않을 수가 없다. 로마서 10장은 이방인들을 위한 하나님의 구원 계획이 이방인들을 위한 사도 바울의 입을 통하여 집중적으로 다루어지고 있는 장이다. 그리고 특히 그 중에서도 14-18절은 하나님께서 이방인들을 위한 선교사들에 대한 부르심을 언급하는 말씀으로 유명한 문단이다.

10:1 형제들아, 내 마음의 소원과 이스라엘을 위해 하나님께 드리는 기도는 그들이 구원받게 되는 것이라.

2 내가 그들에 대해 증거하노니 그들에게는 하나님께 대한 열성은 있으나 지식을 따라 된 것은 아니니라.

3 이는 그들이 하나님의 의를 모르고 자기들의 의를 세우려 함으로

써 그들 스스로 하나님의 의에 복종치 아니하였음이니라.
4 그리스도께서는 믿는 모든 사람에게 의가 되시고자 율법의 끝이 되
셨느니라.
5 모세도 율법에서 난 의에 대해 기록하기를 "그것들을 행하는 사람
은 그것들로 인하여 살리라."고 하였느니라.

『**형제들아, 내 마음의 소원과 이스라엘을 위해 하나님께 드리는 기도는 그들이 구원받게 되는 것이라**』(1절).

바울은 신약 시대의 유대인들이 갖고 있는 문제가 무엇인지를 정확하게 알고 있었고 유대인들 스스로가 그것을 깨닫고 구원에 이를 수 있기를 간절히 바랐다. 앞서 9장 말미에서 바울은 구원과 관련하여 이스라엘이 안고 있는 문제를 다음과 같이 진단했었다.

『**어찌하여 그렇게 되었느냐? 이는 그들이 믿음으로 의를 구하지 아니하고 율법의 행위로 되는 것처럼 구하였기 때문이라. 그들이 그 걸려 넘어지게 하는 돌에 넘어진 것이라**』(9:32).

이스라엘은 의가 마치 율법의 행위로 되는 것으로 착각하고 율법의 행위로 의를 구하다가 구원받지 못한 채 넘어지고 말았다. 그들이 갖고 있는 문제는 믿음으로 의를 구하지 않는다는 점이다.

『**내가 그들에 대해 증거하노니 그들에게는 하나님께 대한 열성은 있으나 지식을 따라 된 것은 아니니라**』(2절).

바울이 유대인들에 대해 언급한 이 말은 오늘날 한낱 종교 집단으로 전락한 수많은 기독교 교단 교회들에게 그대로 적용되는 언급이다. 하나님께 대한 열성은 있는 듯한데 그 열성이 성경의 진리에 입각한 참된 지식에 따른 것이 아닌지라 하나님과는 전혀 무관한 열성인 것이다. 여호와의 증인들을 보라. 얼마나 열성적인가? 자신들이 발간하는 각종 간행물들을 돌리며 거리를 누비고 다니거나 집집마다 방문해서 전도하는 열성이란 누구도 따르지 못할 만큼 대단하다. 그러나 『**지식을 따라 된 것**』은 물론 아니다. 안식교도들은 또 어떤가? 자전거를 타고 마을마다 찾아다니면서 자기네들의 종교적 신념을 전파하는 데 쏟는 열정은 정말 놀랍다. 그러나 그러한 열성 또한 『**지식을 따라 된 것**』이 아닌 것은 여호와의 증인들과 마찬가지다. 카톨릭의 열성도 이보다 더하면 더했지 결코 뒤지지 않는다. 그들은 자신들의 종교를 지키기 위해서 수많은 사람들을 장작더미 위에서 불태워 죽이면서까지 열성적이었다. 그러나 카톨릭 또한 그 열성이 『**지식을 따라 된 것**』이 아님은 다른 종교 집단들과 어쩌면 그렇게도 닮았는지 모르겠다. 이것은 수많은 개신교 집단들도 마찬가지다. 가령, 짐 존스 같은 사람을 추종했던 사람들은 그 열성이 어찌나 대단했던지 수많은 사람들이 집이고 뭐고 모든 가산을 버리고, 가정이고 직업이고 모든 것을 떠나 그의 집단에 들어가 자신들의 신념을 입증하는 데 모든 열성을 보였다. 그러나 그들 역시 그 열성이 『**지식을 따라 된 것**』은 아니었다.

『**이는 그들이 하나님의 의를 모르고 자기들의 의를 세우려 함으로써 그들 스스로 하나님의 의에 복종치 아니하였음이니라**』(3절).

종교 집단들이 열성은 있으되, 그 열성이 지향하는 바가 무엇인지를 바울은 예리하게 파헤치면서 그들의 문제가 무엇인지를 정확하게 지적한다. 『**자기들의 의를 세우려 함**』, 이것이 모든 종교적 열성분자들의 공통된 주요 관심사요 목표다. 『**하나님의 의**』가 무엇인지, 『**하나님의 의**』에 이르기 위해 어찌해야 하는지, 그런 것은 이들의 관심사가 아니다. 그들의 관심사는 오로지 자신들의 의를 세우는 일이다. 그러니 이들이 하나님의 의에 복종하지 않는 것은 자연스러운 결과요, 그들에게서 발견되는 문제가 바로 이것이다. 『**하나님의 의에 복종치 아니하였음**』이라는 판결을 받는다면 하나님께 대한 열성이 아무리 지극한들 그게 다 무슨 소용이 있는가? 하나님께서 당신에게 요구하는 것은 하나님의 의에 복종하는 것이지 당신의 의를 세우는 데 열성을 다하는 것이 아니다.

『**그리스도께서는 믿는 모든 사람에게 의가 되시고자 율법의 끝이 되셨느니라**』(4절).

그리스도께서는 자기 의를 요구하는 율법에 대하여 『**끝**』이 되셔서 율법에 종지부를 찍으시고 그리스도 자신이 모든 사람에게 의가 되셨다. 그러므로 구원받지 못한 자들에게 하나님께서 제공하시는 것은 다름 아닌 그 온전하신 분, 곧 예수 그리스도 한 분뿐이시다.

구원받지 못한 사람들은 교회가 위선자들로 가득 차 있어 썩은 냄새가 풍긴다고 곧잘 비난한다. 그러나 하나님은 온전한 사람을 찾고 계신 것이 아니다. 하나님께서는 온전하지 못하여 예수 그리스도께 의지할 사람들을 찾고 계신다. 예수 그리스도가 아니더라도 스스로 온전한 사람에 대해서 지옥문이 닫혀 있다고 나는 한 번도 설교해 본 적이 없다. 지옥은 도리어 이런 자들을 위하여 문을 활짝 열어 놓고 있다. 당신이 지옥에 가느냐 안 가느냐 하는 것은 교회가 위선으로 가득 차 있어 썩은 냄새가 풍기느냐 안 풍기느냐가 문제가 아니다. 문제는 당신이다. 문제는 당신이 썩은 냄새를 풍기고 있다는 사실이지, 당신이 알고 있는 어떤 사람이 썩은 냄새를 풍기느냐 여부가 아니다. 중요한 것은 당신이 지옥에 가지 않기 위하여 예수 그리스도, 그 온전하신 분을 필요로 한다는 사실이다. 그래서 하나님께서는 당신에게 온전하신 분을 주셨고 그분의 의를 당신이 갖도록 하셨다. 문제는 하나님께서 당신에게 주신 그 온전하신 분의 의를 당신이 받아들이지 않는다는 사실이다. 당신이 이것을 받아들이지 않는 한 당신에 대하여 지옥문은 결코 닫히지 않는다.

구원받지 못한 자들에게 예수 그리스도에 대하여 증거하다 보면 "아, 예수님, 그분 참 훌륭한 분이시죠. 세상 사람들은 바로 그런 분을 본받아야 해요." 하고 그럴듯하게 말하는 자들을 가끔 보게 된다. "당신은 어떻소? 당신은 도대체 누구냔 말이요?" 하고 그들에게 추궁하면, "아, 나는 예수 그리스도가 아니더라도 충분히 선한 삶을 살고 있어요!" 하고 말한다. 바로 그래서 그들은 지옥에 가게 되는 것이다. 지옥은 이런 자들을 위해서 준비돼 있는 곳이다. 지옥은 하나님보다 자기가 더 훌륭하다고 믿는 자들을 위해서 마련돼 있다.

『**모세도 율법에서 난 의에 대해 기록하기를 "그것들을 행하는 사람은 그것들로 인하여 살리라."고 하였느니라**』(5절).

구약의 구원 계획을 간결하고도 명쾌하게 개진하고 있는 구절이다. 『**행하는 사람은... 살리라.**』 여기에 밑줄을 그어 두라. "행함"은 구약 시대 구원 계획의 핵심이다. 그러나 다음 6절은 『**그러나**』로 시작한다.

10:6 그러나 믿음에서 난 의는 이같이 말하기를 "네 마음에 '누가 하늘에 올라갈 것인가?' 하지 말라." 하였으니 (그것은 그리스도를 위로부터 모셔 내리려는 것이요,)

7 또한 "'누가 깊은 곳으로 내려갈 것인가?' 하지 말라." 하였으니 (그것은 그리스도를 죽은 자들로부터 다시 모셔 올리려는 것이라.)

8 그러나 그것이 무엇을 말하느냐? "말씀이 네게 가까워 네 입에 있으며 네 마음에 있노라." 하였으니 곧 우리가 전파하는 믿음의 말

씀이라.

9 네가 네 입으로 주 예수를 시인하고 또 하나님께서 그를 죽은 자들
로부터 살리신 것을 네 마음에 믿으면 구원을 받으리라.

10 이는 사람이 마음으로 믿어 의에 이르고 입으로 고백하여 구원에
이르기 때문이라.

『그러나 믿음에서 난 의는 이같이 말하기를 "네 마음에 '누가 하늘에 올라갈 것인가?' 하지 말라." 하였으니 (그것은 그리스도를 위로부터 모셔 내리려는 것이요,)』(6절).

이 구절이 『**그러나**』로 시작되어 앞서 5절과는 문장 내용이 전환됨으로써 구약의 구원 계획과는 무엇인가 다른 내용이 언급된다는 것을 알 수 있다. 구약의 구원은 『**율법에서 난 의**』가 핵심 요소였지만, 신약에서는 그렇지가 않은 것이다. 신약 시대의 구원 계획은 『**믿음에서 난 의**』가 핵심 요소다. 율법은 모세를 통하여 왔으나 은혜와 진리는 예수 그리스도를 통하여 왔다. 구약에서는 여호수아가 자기 의로 살았지만, 신약에서는 믿음으로 산다. 구약에서는 구원받은 자들이 아브라함의 품으로 갔으나 신약에서는 구원받은 자들이 하늘나라로 간다. 구약에서는 구원받은 사람이 다시 죄를 짓지 않고 범죄하지 않아야 하였지만, 신약에서는 아예 새롭게 거듭난다. 구약에서는 누구도 거듭나지 못하였고 누구도 그리스도 안으로 들어오지 못했지만, 신약에서는 구원받은 자가 새 사람으로 거듭나고 그리스도의 몸 안으로 들어간다. 이처럼 양자 사이의 차이는 도무지 비슷한 점도 없다. 구약 시대의 구원으로 신약 시대의 구원과 유사했던 사례가 있었다면 그것은 오직 율법이 있기 이전의 아브라함의 구원뿐이었다. 아브라함의 구원은 신약적 구원의 모형으로 제시된 것이었다.

근본주의자들이 나를 공격하면서 〈킹제임스성경〉을 강력하게 옹호하는 점에 대해서는 군말이 없는 듯하면서도 내가 〈킹제임스성경〉을 통하여 제시되고 있는 하나님의 경륜별 구원 계획을 구분하는 데 대해서는 "피터 럭크만은 열 가지도 넘는 구원 계획을 갖고 있다."느니 하면서 나를 비난한다. 성경을 성경대로 믿지 않는 이런 자들이 성경대로 믿는 사람을 비난하는 일이야말로 하나님의 의를 무시하고 자신들의 의를 앞세우는 짓이다.

모세는 율법에서 난 의를 앞세워 이렇게 하라, 저렇게 하라, 거듭거듭 "하라!"를 강조했는데, 율법에서 난 의란 원래 그렇게 행위를 요구한다. 그러나 갈보리 십자가 이후 지금 이 신약 시대에는 율법에서 난 의로 구원받는 게 아니라 믿음에서 난 의로 구원받는다.

『**..."네 마음에 '누가 하늘에 올라갈 것인가?' 하지 말라." 하였으니 (그것은 그리스도를 위로부터 모셔 내리려는 것이요,)**』(6절).

바울은 지금 믿음과 행위에 의한 구약적 구원 계획과 믿음으로 말미암아 은혜로 구원받는 신약의 구원 체계를 대조하여 설명하고 있다. 신명기 30장에서 모세는 이스라엘 백성에게 계명들을 지킬 것을 역설하면서 계명들이 그들에게 가려진 것도 아니고 그리 먼 곳에 있는 것도 아니며 하늘에 있는 것도 아니고 바다 건너 멀리에 있는 것도 아니라(신 30:11-13) 『**오히려 그 말씀은 네게 아주 가까워 네 입에 있고 네 마음에 있으니, 너는 그것을 행할 수 있느니라.**』(신 30:14)고 역설한다. 그런즉, 계명들이 어디 있는지 찾아서 『**누가 하늘에 올라갈 것인가?**』 하고 쓸데없이 궁리하지 말고 믿음으로 계명들을 믿고 행위로 그 계명들을 지키면 된다는 것이다. 이렇게 역설하면서 모세는 『**보라, 내가 오늘 생명과 선, 그리고 죽음과 악을 네 앞에 두어... 너로 주 너의 하나님을 사랑하게 하고 너로 그분의 음성에 복종하게 하며 또 그분께 밀착하게 하려 함이니, 그분은**

너의 생명이시요 네 날들의 기한이시라. 이는 주께서 네 조상, 아브라함과 이삭과 야곱에게 주시기로 맹세하신 그 땅에서 너로 살게 하려 하심이라.』(신 30:15-20)고 말한다. 이 언급에서 하나님을 사랑하고 그분의 음성에 "복종하는 것"은 행위이고, 그분께서 생명이시라는 사실을 "받아들이는 것"은 곧 믿음이다. 이처럼 모세는 행위와 믿음을 역설했던 것이다. 지금 이 신약 시대에 구원받기 위해서는 예수 그리스도를 믿기만 하면 된다. 모세가 지적한 것처럼 그분을 믿기 위해서 "예수 그리스도가 어디 있는지 누가 하늘에 올라가 찾아볼 것인가?" 하고 궁리할 필요가 없다. 이것은『**그리스도를 위로부터 모셔 내리려는 것**』인즉, 실로 어리석고 건방진 모독이라고 바울은 언급하고 있는 것이다. 다시 말하거니와, 이 시대에 있어『**믿음은 바라는 것들에 대한 실상이요, 보이지 않는 것들에 대한 증거**』(히 11:1)다. 그런즉, 믿지는 않으면서 실상을 보여 달라고 앙탈을 부린다든지, 보이지 않는데 어떻게 증명하느냐고 트집을 잡는 것은 단순한 트집이 아니라 마귀들린 자들이『**그리스도를 위로부터 모셔 내리려는 것**』이나 다름없는 건방진 모독 행위다.

그리스도를 위로부터 모셔 내리려는 시도는 하늘 위 어딘가에서 생명을 찾아 이 땅으로 끌어내리려는 것이다. 현대에 들어와 인간이 우주에 로켓을 열심히 쏘아 올리는 것은 우주 어딘가에서 생명을 찾아내 보려는 시도의 일환이다. 그들이 지구가 아닌 다른 천체에서 생명을 찾아내 보려는 이유가 무엇인 줄 아는가? 그들은 성경을 전면적으로 거부하고 성경이 제시하고 있는 진리들을 뒤엎어 버리고 싶어 안달하고 있기 때문이다. 그들은 지금 극적으로 진화론을 증명해 보이고 싶어 여간 초조한 것이 아니다. 이 지상에 생명이 생긴 것은 하나님의 창조에 의한 것이 아니라 우주 어딘가에 있는 생명체가 지구에 날아들어 오늘까지 지상에서 진화해 왔다고 주장하고 싶은 것이다. 그러나 하나님께서는 그들의 시도를 번번이 꺾어 누르시고 일 년에도 수천만 달러에 달하는 돈만 쓸데없이 허공에 날려 보내도록 만드신다. 우주탐험은 20세기, 21세기 최고의 교육을 받은 최고의 인간 천치들이 연출하고 있는 최고의 난센스 해프닝 잔치인 것이다.

『**또한 "'누가 깊은 곳으로 내려갈 것인가?' 하지 말라." 하였으니 (그것은 그리스도를 죽은 자들로부터 다시 모셔 올리려는 것이라.)**』(7절).

구원받지 못한 사람들은 구원이 먼 곳에 있지나 않을까 생각하고 하늘을 올려다보기도 하고 또, 땅 속 깊은 곳이나 바다 속 깊은 곳에 관심을 갖기도 한다. 위를 멀리 올려다보기 위해 인간은 망원경이란 것을 발명했고, 땅에 관계되는 것들을 들여다보기 위해 현미경이란 것을 발명했다. 망원경과 현미경은 인간이 생명을 찾아내려는 시도에서 고안된 수단들이다.

그러나 20세기 과학자들이 땅 속에서 "구세주"를 찾아보려던 시도는 그리 오래 지속되지 않았다. 20세기 중반 이후 그들은 우주 밖에서 자신들의 "구세주"를 찾아내려고 혈안이 돼 있다. 아닌 게 아니라 진짜 구세주는 이미 2천 년 전에 우주 밖으로부터 오셨고 십자가에 처형되신 후 땅의 깊은 곳으로 내려가셨다가 다시 우주 밖 셋째 하늘로 올라가셨으며 이제 머지않아 다시 우주 밖으로부터 찾아오셔서 지상에 나타나실 것이다.

『**그러나 그것이 무엇을 말하느냐? "말씀이 네게 가까워 네 입에 있으며 네 마음에 있노라." 하였으니 곧 우리가 전파하는 믿음의 말씀이라**』(8절).

바울은 계속해서 신명기 30장에서의 모세의 말을 인용하면서 이 시대의 구원 계획에 빗대어 언급하고 있다. 모세가 신명기 30:14에서 언급했던 『**말씀**』은 "계명의 말씀"이었으되, 바울이 언급하고 있는 것은 『**우리가 전파하는 믿음의 말씀**』이다. 이 믿음의 말씀이 『**네게 가까워 네 입에 있**

으며 네 마음에 있노라.』고 바울은 확언한다. 구원받지 못한 자들 그 누구에게도 그들의 마음속에는 우리가 전파하는 대로 예수 그리스도를 믿으면 구원받는다는 믿음의 말씀을 갖고 있다는 선언인 것이다.

『**네가 네 입으로 주 예수를 시인하고 또 하나님께서 그를 죽은 자들로부터 살리신 것을 네 마음에 믿으면 구원을 받으리라**』(9절).

신약적 구원 체계를 설명하고 있는 지극히 간명한 서술이지만, 이것을 지극히 분명하고도 알아듣기 쉽게 천명하고 있는 위대한 말씀이다. 신약 시대에 살고 있는 당신이 구원받기 위해 할 일은 이처럼 간단하고 쉽다. 예수 그리스도께서 당신의 구주이심을 입으로 시인하되 부활의 능력으로 영원한 생명을 주시는 분이심을 마음으로 믿고, 또 마음으로 믿되 입으로 시인하기만 하면 된다.

『**이는 사람이 마음으로 믿어 의에 이르고 입으로 고백하여 구원에 이르기 때문이라**』(10절).

머리가 아닌 『**마음으로 믿어**』 당신은 의롭게 되고 입으로 고백하여 구원받는다. 머리로만 믿으면 어떤 사실을 알고는 있으되 완전히 신뢰하고 자신을 맡기지는 못한다. 그러나 마음으로 믿으면 무엇을 알 뿐만 아니라 그것을 온전히 신뢰하고 의지하며 당신 자신을 맡기게 된다. 당신이 자동차에 안심하고 몸을 싣는 것은 당신이 그 자동차를 마음으로 믿기 때문이다. 당신이 엘리베이터를 마음으로 믿지 않는다면 절대로 그 엘리베이터에 발을 들여놓으려고 하지 않을 것이다. 사람은 누구나 그리스도가 죽으셨음을 믿을 수 있고, 그분이 죽은 자들로부터 일으켜지셨음을 믿을 수 있으며, 그분의 동정녀 탄생과 그분의 재림까지도 얼마든지 믿을 수 있고, 산타클로스가 굴뚝을 타고 온다든지, 그리스도가 말채나무에 매달려 죽으셨다든지, 마리아가 평생 동안 동정녀였다든지, 아무튼 별의별 것들을 다 믿을 수는 있지만, 예수 그리스도가 당신의 구원을 위해 죽으셨음을 마음으로 믿어 그분께 당신 자신을 온전히 맡겨드릴 수가 없다면 당신은 여전히 지옥에 갈 수밖에 없다. 그분을 믿지 않고는 도저히 지옥을 면할 길이 없다는 것을 진정으로 깨닫게 된다면 당신은 그분을 머리로가 아니라 마음으로 믿을 수밖에 없게 될 것이다. 이 세상에 지옥에서 영원토록 불타기를 바라는 자가 어디 있겠는가? 이것은 생각하면 할수록 끔찍한 일이다. 무슨 일이 있어도 이것만은 모면하지 않으면 안 된다. 그런데 이것을 모면할 수 있는 길은 딱 한 가지뿐이다. 그것이 곧 주 예수 그리스도를 믿고 그분을 당신의 구주로 영접하는 일이다. 그렇다면, 그분께 당신을 통째로 맡기지 못할 이유가 뭐란 말인가? 이렇게 생각하는 순간 당신은 그분을 마음으로 믿고 입으로 그분이 당신의 구주이심을 고백하게 된다. 그리고 구원받게 되는 것이다.

입은 마음의 출구다. 입은 당신의 마음을 말한다. 무엇인가를 마음으로 믿는다는 것은 그 무엇이 어떠하다고 여기고 "신뢰하는 것"을 말한다. 누가 그리스도를 "믿는다"(believe)고 하면서 여전히 자기 행위에 미련을 갖고 있다면 그것은 주님을 마음으로 믿는 것, 즉 신뢰하는 것(trust)이 아니다. 그러니까, 이 경우 당신의 믿음은 거짓 믿음이다. 종교는 거짓 믿음에서 나온다.

입의 고백은 마음으로 믿을 때 나타나는 일반적인 현상을 의미할 뿐 반드시 입의 고백이 반드시 믿음의 증거 요소가 되는 것은 아니다. 입으로 고백하지 못하는 벙어리는 마음으로만 믿어도 여전히 구원을 받는다. 말하거나 글로 쓰거나 읽을 수 없더라도 마음으로 믿기만 하면 구원받고 지옥에 가지 않는다. 벙어리가 아니더라도 마음으로 믿는 것을 입으로 말하지 않거나 말할 수 없는 경우도 있다. 마음으로 믿으면서 입으로 고백하지 않는다고 해서 구원받지 못한 것은 아니라는 예가 요한복음 12장에 나온다. 『**그럼에도 불구하고 상급관원 중에서도 많은 자가 주를 믿었으나 바리새인들 때문에 그들이 주를 시인하지 못하였으니, 이는 그들이 회당에서 출회당하지 않기 위함이라**』(요 12:42). 이처럼 마음으로는 믿으면서도 입으로 고백하지 못한 사람들이 한둘이 아니라 『**많은 자**』였다고 성경은 기술하고 있다. 그러나 이것은 어디까지나 특수한 상황이었다. 이들이 입으로 주를 시인하지 못했다고 해서 그들이 구원받지 못했던 것은 아니었으되, 이처럼 마음으로 믿는 바를 일부러 마음속에 꼭꼭 숨겨 둔다는 것은 그리스도인에게 있어 일반적인 현상은 아니다. 그러나 온갖 죄들과 죽음으로부터 벗어나 영원한 생명을 얻고 지옥에 가지 않게 된 사람이 가령, "내가 구원받았다고 해서 무엇 때문에 사람들로부터 온갖 모욕과 비방과 박해를 받아야 한단 말인가? 마음속으로 믿고 있으면 됐지 겉으로 티를 낼 필요가 무엇이란 말인가? 입을 열어 겉으로 드러내지 않고도 장미처럼 은은히 향기를 풍기면 될 것 아닌가?"라고 생각하는 사람이 없으란 법은 없다. 이런 사람들이 입으로 고백하지 않았다고 해서 그가 구원받지 못한 사람이라고 단언할 수는 없지만, 신실한 그리스도인이라면 이래서는 안 되는 것이다.

10:11 성경이 말씀하시기를 "누구든지 그를 믿는 자는 부끄러움을 당하지 아니하리라."고 하였느니라.

12 유대인과 헬라인 사이에 차별이 없으니 이는 만민에게 동일한 주께서 그를 부르는 모든 사람에게 부요하심이라.

13 누구든지 주의 이름을 부르는 자는 구원을 받으리라.

14 그런즉 그들이 믿지 아니한 이를 어찌 부르리요? 듣지도 못한 이

를 어찌 믿으리요? 전파하는 자가 없이 어찌 들으리요?
15 **파송되지 아니하였는데 어찌 전파하리요? 기록된 바와 같으니 "화**
평의 복음을 전하며 좋은 일들의 기쁜 소식을 가져오는 자들의
발이 얼마나 아름다운가!"라고 하였느니라.

『**성경이 말씀하시기를 "누구든지 그를 믿는 자는 부끄러움을 당하지 아니하리라."고 하였느니라**』(11절).

어떤 사람들은 처음 복음을 듣고 예수 그리스도를 믿고 영접하고는 싶은데 주위 사람들에게 부끄러워 머뭇거리기도 한다. 예배 시간 중에 초청에 응하여 손을 들거나 자리에서 일어나 앞으로 나오기를 주저하는 경우는 아주 흔한 경우이고, 개인 구령을 할 때에도 옆에 다른 사람이 있으면 그 사람 눈치를 보면서 머뭇거리는 수가 많다. 그러나 성경은 누구든지 그리스도를 믿는 자는 부끄러움을 당하지 아니하리라고 말씀한다. 바울은 지금 『**나를 기다리는 자들은 수치를 당하지 않을 것임이라.**』(사 49:23)라든지, 『**믿는 자는 다급하게 되지 아니하리라.**』(사 28:16) 같은 말씀들을 인용하고 있다. 진짜 부끄러운 일은 지옥에 떨어지는 것이지 지금 복음에 순종하여 구원받는 일이 아니다.

『**유대인과 헬라인 사이에 차별이 없으니 이는 만민에게 동일한 주께서 그를 부르는 모든 사람에게 부요하심이라**』(12절).

『**만민에게 동일한 주**』라는 말씀에 다시 한 번 주목해 두라. 유대인의 하나님은 헬라인에게도 하나님이시다. 유대인에게 복을 주시는 분은 이방인들에게도 복을 주시는 하나님이시다. 하나님 앞에서는 누구도 차별이 없다.

『**누구든지 주의 이름을 부르는 자는 구원을 받으리라**』(13절).

위대한 약속의 말씀이다. 이 약속은 『**누구든지**』 해당되어 그 혜택을 누구나 누릴 수 있는 하나님의 약속이다. 누구는 구원받고 누구는 못 받고가 정해져 있는 것도 아니요, 차별이 있는 것도 아니며 조건이 다른 것도 결코 아니다. 『**누구든지**』 주의 이름을 부르는 자는 구원을 받을 수 있다.

여기서 "주의 이름을 부른다."는 것은 앞서 9절과 10절의 『**입으로 주 예수를 시인하고**』라든지 『**입으로 고백하여**』라는 말씀과 맥을 같이한다. 당신의 죄들로 인해서 당신을 대신하여 죽으셨고 장사지낸 바 되셨다가 죽은 지 사흘 만에 죽은 자들로부터 다시 일으켜지신 예수 그리스도, 그분을 마음으로 믿고 그분을 당신의 구주로 영접하며 그분의 이름을 부름으로써 그분께서 당신의 구주이심을 입으로 밝힐 때 당신은 구원받는 것이다. 가령, 당신이 구원받는 자리에서 처음 영접 기도를 드릴 때, 당신은 필경 "주님!" 하고 그분을 부를 것이다. 이 부름은 마음으로 믿는 당신의 믿음의 고백이며 구원의 증거가 된다. 설사 입 밖으로 목소리를 내어 "주님!" 하고 부르지 않고 마음속으로 불렀더라도 말이다.

『**그런즉 그들이 믿지 아니한 이를 어찌 부르리요? 듣지도 못한 이를 어찌 믿으리요? 전파하는 자가 없이 어찌 들으리요?**』(14절)

자, 당신이 믿고 구원에 이르는 순서가 역순으로 펼쳐지고 있다. 14절과 15절은 선교사를 세우시고 파송하시는 하나님의 부르심에 대한 말씀으로 유명하다. 다음 15절부터 거꾸로 소급하여 읽으면 믿고 구원에 이르는 순서가 바른 순서로 정연히 드러나게 된다.

『**파송되지 아니하였는데 어찌 전파하리요? 기록된 바와 같으니 "화평**

의 복음을 전하며 좋은 일들의 기쁜 소식을 가져오는 자들의 발이 얼마 나 아름다운가!"라고 하였느니라』(15절).

맨 먼저 주님께서는 『**파송**』하신다. 복음 전도자를 당신에게 보내시는 것이다. 그는 당신에게 화평의 복음, 즉 생명의 기쁜 소식을 들고 찾아온다. 모든 그리스도인들이 복음 전도자들이다. 주님께서는 모든 그리스도인들을 복음 설교자로 내보내신다.

그 다음 14절을 소급해서 읽어 보라. 그리스도인이 보내심을 받으면, 그는 『**전파하는 자**』, 즉 설교자라 불리게 된다. 설교자는 당신이 들을 수 있도록 복음을 외친다. 그러면 당신이 듣는다. 그리고 믿는다. 그리고 믿으면 주 예수 그리스도의 이름을 부르게 된다. 이것이 당신이 믿고 구원받게 되는 순서다. 보냄 → 전파함 → 들음 → 믿음 → 부름의 순서인 것이다.

『**그런즉 그들이 믿지 아니한 이를 어찌 부르리요?**』 부르기 전에 먼저 믿어야 한다. 믿지도 않으면 "주님!"이라고 부를 수도 없고 "하나님!" 하고 그분을 부르더라도 거짓말이다.

『**듣지도 못한 이를 어찌 믿으리요?**』 믿으려면 먼저 들어야 한다. 듣지 못하면 알지도 못할 것인즉, 알지도 못한 채 믿는다는 것은 어불성설이다.

『**전파하는 자가 없이 어찌 들으리요?**』 들으려면 먼저 전하는 자가 있어야 한다. 복음 전파자, 또는 선교사가 필요한 이유가 이것이다.

『**파송되지 아니하였는데 어찌 전파하리요?**』 전하는 자가 있는 것은 먼저 보냄을 받은 자가 있기 때문이다. 모든 복음 전파자와 모든 선교사들은 하나님의 보내심을 받은 사람들이다.

『**"화평의 복음을 전하며 좋은 일들의 기쁜 소식을 가져오는 자들의 발**

이 얼마나 아름다운가!"』 이사야 52:7의 인용이다. 당신이 복음 전파를 위하여 심방을 하며 남의 집 대문 현관 앞에서 초인종을 누를 때 당신의 발이 아름답다고 성경은 말씀한다. 얼마나 많이 걸었던지 발이 부르트고 얼마나 열심히 다녔던지 사흘 동안 양말도 갈아 신지 못했는데도 성경은 당신의 발이 아름답단다! 성경은 에베소서 6:15에서 『**화평의 복음을 준비한 것으로 너희 발에 신고**』라고 말씀한다. 당신의 발이 언제 어느 자리에서 어떤 상황에 처해 있더라도 복음을 전파할 준비가 갖추어져 있을 때, 당신의 발은 실로 아름다운 발이다. 비행기가 고장나서 "메이데이! 메이데이!" 하고 위급 신호를 발신하고 있는 순간, 기내 방송으로 "누구 목사님 안 계신지요?"라고 물을 때, 당신은 "여기 있소!" 하고 얼른 자리에서 일어나야 한다. "목사 안수 받았소?" 하고 묻거든 주저할 것 없이 "그렇소. 요한복음 15장에서 주님께서 나를 복음 전도자로 임명하셨소!" 하고 대답하면 된다. 목사 안수를 정말로 받았는지 안 받았는지가 문제가 아니다. 당신이 그리스도인이라면 당신은 복음 설교자인 것이다. 『**너희가 나를 선택한 것이 아니요 내가 너희를 선택하여 임명하였나니 이는 너희로 가서 열매를 맺게 하고...**』(요 15:16)라고 주님께서 말씀하셨다. 당신은 자리에서 일어나 기내에 있는 모든 사람들에게 이렇게 외쳐야 한다. "여러분! 지금 우리는 죽음에 직면해 있소! 이 비행기가 추락하지 않기를 바라지만, 만약 추락하여 모두 죽게 되더라도 여러분에게 영원히 살 수 있는 방법을 이제 가르쳐 드리겠소. 하나님께서 세상을 이처럼 사랑하셔서 독생자를 주셨으니, 이는 그를 믿는 사람은 누구든지 멸망하지 않고 영생을 얻게 하려 함이라고 성경은 말씀하셨소! 예수 그리스도는 여러분의 죄들로 인하여 여러분을 대신하여 십자가에 달려 죽으셨고 장사한 지 사흘 만에 다시 살아나셨소! 지금 당장 그분을 믿고 그분을 여러분의 구주로 영접하시오! 그리하면 주님께서는 여러분의 혼을 구원하셔서 죽어도 지옥에 가지 않고 영원히 살게 될 것이요! 자, 여러분, 예수 그리스도를 믿겠소? 좋소. 모두들 나를 따라 기도합시다. '주님, 저는 죄인입니다. 그러나 주께서 저의 죄들로 인해 저를 대신하여 죽으셨고 다시 살아나셨음을 이제 알게 되었습니다. 저는 이 사실을 믿으며 예수 그리스도를 저의 구주로 영접합니다. 저를 구원해 주십시오. 주님, 저를 구원해 주신 것을 믿고 감사합니다. 주 예수 그리스도의 이름으로 기도합니다. 아멘!' 자, 여러분은 이제 모두 영원한 생명을 얻었습니다! 오, 여러분, 주님을 찬양합시다!"

여러 해 전 펜실베이니아에서 끔찍한 열차 전복사고가 일어났을 때의 일이다. 열차에 끼여 죽고 부상당하여 신음하고 있는 수많은 사람들 가운데 한 그리스도인 부인이 있었다. 그녀 역시 한쪽 다리가 쇠붙이에 끼여 으스러진 채 빠져나올 수 없는 처지에 있었다. 구급대원들이 언제 당도하고 앰뷸런스가 언제 올지 알 수 없는 상황에서 사람들은 사람 살리라고 비명을 지르고 있을 때, 그녀는 심한 출혈로 의식이 몽롱해지고 있는 가운데서 조용히 찬송가를 부르기 시작했다. "주께로 가까이, 더 가까이, 내 평생 살 동안 더 가까이, 십자가 달린 주 날 구원했으니, 주께로 가까이 나아갑니다." 그러자 신음하고 있던 부상자들 가운데 한 사람이 외치기 시작했다. "나도 그리스도인이 되겠소! 나도 그리스도인처럼 살겠소! 나도 그리스도인으로 죽겠소! 오, 주여! 나를 받아주소서!" 그러자 이곳저곳에서 사람들이 외치기 시작했다. "나도 그리스도인이 되겠소! 나도 그리스도인으로 살겠소! 나도 그리스도인으로 죽겠소! 나를 구원해 주시오! 오, 주여, 나를 구원해 주소서!" 그러자 부인의 찬송 소리는 부서진 기차 안에 더욱 크게 울려 퍼졌다. 나중에 이런 이야기를 전해들은 사람들은 도대체 그런 상황에서 어떻게 연약한 부인이 그럴 수 있었는지 이해할 수 없었지만, 그 부인이야말로 『**화평의 복음을 준비한 것으로... 발에 신고**』 있었던 것이다. 『**화평의 복음을 준비한 것으로... 발에 신고**』 있는 사람들의 발이 실로 얼마나 아름다운가!

10:16 그러나 그들이 모두 복음에 순종한 것은 아니니라. 이사야가 말하기를 "주여, 우리가 전한 말을 누가 믿었나이까?"라고 하였으니
17 그러므로 믿음은 들음에서 나오며 들음은 하나님의 말씀에 의해서니라.
18 그러나 내가 말하노니 그들이 듣지 아니하였느냐? 실로 들었느니라. 그들의 음성이 온 땅에 퍼져 나갔고 그들의 말이 세상 끝까지 이르렀느니라.

『**그러나 그들이 모두 복음에 순종한 것은 아니니라. 이사야가 말하기를 "주여, 우리가 전한 말을 누가 믿었나이까?"라고 하였으니**』(16절).

여기서 『**그들이 모두 복음에 순종한 것은 아니니라.**』고 한 말은 기본적으로 이스라엘을 두고 한 말씀이다. "복음에 순종한다."는 것이 곧 "믿는다."는 것임을 천명하고 있음에 무엇보다도 주목하라. 바울은 이사야 53:1의 말씀을 인용하면서 『**우리의 전한 것을 누가 믿었으며**』라는 말씀을 『**복음에 순종한 것**』에 결부시켜서 언급하고 있다. 다시 말해서, 침례를 받는 것이 『**복음에 순종한 것**』이 아니라 "믿는 것"이 곧 복음에 순종하는 것이란 말이다.

『**그러므로 믿음은 들음에서 나오며 들음은 하나님의 말씀에 의해서니라**』(17절).

무엇보다 먼저 들어야 믿음이 나온다. 들어도 하나님의 말씀을 들어야 믿음이 나온다. 대개는 이 구절을 이렇게 설명하는 것이 보통이지만 사실은 정확한 해석이 아니다. 이 구절의 정확한 의미는 "믿음은 들음에서 나온다. 그리고 들음은 하나님의 말씀에서 나온다."이다. 우선 먼저 들어야 믿음이 생겨도 생긴다는 것이야 누구라도 알 수 있는 일이다. 그런데, 이 구절은 들을 수 있는 능력도 하나님의 말씀에 의해 생긴다고 언급한다.

들어도 하나님의 말씀을 들어야 믿음이 생긴다는 것은 틀린 말은 아니다. 그러나 이 구절의 정확한 의미는 그것이 아니다. 예수 그리스도께서는 도처에서 『**들을 귀 있는 자는 들을지어다.**』(마 11:15; 13:9,43, 막 4:9,23; 7:16, 눅 8:8; 14:35)라고 말씀하신다. 한편 주님께서는 또 『**누구든지 가진 사람은 받게 되어 더 풍성히 가질 것이나, 누구든지 갖지 못한 사람은 가진 것마저도 빼앗기리라.**』(마 13:12; 25:29, 막 4:25)고 말씀하신다. 여기서 가졌다든지 갖지 못하였다든지 하는 것이 무엇을 말하는가? "말씀"을 의미한다. 누가복음 8:18은 이것을 더욱 분명하게 밝힌다. 『**그러므로 너희가 듣는 것에 주의하라. 누구든지 가진 사람은 받게 될 것이요, 누구든지 갖지 못한 사람은 가진 것처럼 보이는 것마저도 빼앗기게 되리라...**』 하나님의 말씀을 가진 사람은 하나님의 말씀을 더 많이 들을 수 있는 능력을 갖게 된다. 반대로 하나님의 말씀을 갖지 못했거나 조금밖에 갖지 못한 사람은 가졌거나 가진 것처럼 보이는 것마저도 빼앗기게 된다고 말씀한다. 따라서 하나님의 말씀은 들으면 들을수록 그만큼 더 들을 수 있는 능력이 자라게 되고, 들을 수 있는 능력이 증가하면 증가할수록 더 많은 하나님의 말씀을 가질 수 있게 된다.

이처럼 하나님의 말씀은 "들음"의 원천이 되고 "들음"은 "믿음"의 근원이 된다. 또한, "들음"은 믿음을 갖게 되는 동기가 되고 믿음을 자라게 하는 활력소가 된다. 그리고 그 "들음"의 능력은 하나님의 말씀에서 나온다. 당신은 하나님의 말씀에 대하여 귀가 열려 있는가? 만약 그렇지 않다면 당신에게는 하나님의 말씀이 별로 없기 때문이다. 당신이 하나님의 말씀을 많이 갖고 있으면 있을수록 당신의 귀는 하나님의 말씀에 대하여 더 욱더 활짝 열리게 될 것이다. 그리고 당신의 귀가 열려 있으면 있을수록 당신의 믿음은 그만큼 더 왕성하게 자랄 수 있을 것이다. 이 고리는 거꾸로 순환하기도 한다. 하나님의 말씀을 들으면 들을수록 당신의 믿음이 자라고, 믿음이 자라면 자랄수록 당신의 귀가 열리며, 귀가 열리면 열릴수록 하나님의 말씀이 그만큼 더 많이 당신에게 들어오는 것이다. 그러나 어느 쪽으로 순환하든 언제나 출발점은 하나님의 말씀이다. 설교자를 통해 전해지는 하나님의 말씀을 당신이 소홀히 듣거나, 반대로 설교한다는 사람이 하나님의 말씀이 아닌 엉뚱한 것을 지껄인다면, 당신의 믿음은 발육부진을 면치 못한다. 하나님의 말씀이 아닌 다른 이야기를 아무리 많이 들어도 당신의 귀는 열리지 않을 것인즉, 당신의 믿음이 도무지 자랄 수가 없는 것이다. 목사의 설교를 들으면서 졸린 사람은 하나님의 말씀을 충분히 갖고 있지 못한 탓이다. 하나님의 말씀을 갖고 있지 못한즉 들을 귀가 없고, 들을 귀가 없으니 믿음이 자라지 않으며, 믿음이 자라지 않으니 목사의 설교를 통해 전해지는 하나님의 말씀에 졸음만 오는 것이다.

『**그러나 내가 말하노니 그들이 듣지 아니하였느냐? 실로 들었느니라. 그들의 음성이 온 땅에 퍼져 나갔고 그들의 말이 세상 끝까지 이르렀느니라**』(18절).

물론 이 구절은 이사야서를 중심으로 구약 상황을 이야기하고 있는 중이다. 이때는 복음을 전파하는 사람도 없었으므로 복음을 아는 사람도 없었다. 앞서 14절에서 『**전파하는 자**』 이야기가 나오지만, 이 사람이 어떤 종류의 『**전파하는 자**』인지에 대해서는 아무 언급이 없으되, 이 전파자가 발을 가지고 있다는 것만은 15절에서 분명히 드러난다. 그러나 여기 18절의 상황에서 등장하는 전파자는 발을 갖고 있는 사람이 아니다.

그렇다면 이 전파자는 과연 누구인가? 시편 19편을 보자. 이 전파자는 실로 오랜 세월 동안 계속해서 전파해 왔다. 그래서 자연인들은 상당히 많은 진리들에 대해 알게 되었고, 하나님의 계시들에 대해서 상당히 많이 알고 있는지라 자기가 무엇을 어떻게 해야 하는지도 충분히 알고 있다. 이 전파자가 전하는 말씀은 세상 끝까지 전파되었다. 시편 19편으로 가 보자.

『**하늘들이 하나님의 영광을 선포하고 창공이 그의 손으로 하신 일을 나타내는도다**』(시 19:1). 자, 그 다음 2,3절의 말씀을 주의해서 들어 보라. 『**낮은 낮에게 말하고...**』, 즉 "전파하고," 『**밤은 밤에게 지식을 보여 주니 말도 없고 언어도 없으며 그들의 음성도 들리지 않으나**』. 역시 누군가가 "전파하고" 있다. 비록 듣지는 않지만 『**그들의 음성**』은 있는 것이다. 『**그들의 음성**』은 분명 있으나 듣는 자가 없는 것이다. 『**믿음은 들음에서 나오며 들음은 하나님의 말씀에 의해서**』(롬 10:17)이건만, 듣는 자가 없다면 하나님의 말씀도 아무 소용이 없다. 하나님의 영광을 "선포하는" 소리가 있고, 낮이 낮에게 "말하는" 소리가 있건만, 그 음성을 듣는 자는 없는 것이다. 그러나 이처럼 듣는 자가 없어도 그 음성은 얼마나 크게 울리는가? 다음 구절을 보라. 『**그들의 선율은 온 땅을 질러 뻗어 나가고 그들의 말은 세상의 끝까지 다다랐으니...**』(시 19:4), 즉 낮과 밤이 꼬리에 꼬리를 물고 끊임없이 교차하며 온 땅을 덮고 지나가고 있으니 낮이 낮에게 말하고 밤이 밤에게 보여 주는 『**그들의 선율**』, 즉 태양과 달의 궤적 자체가 『**그들의 말**』이 되는 즉, 이들 "전파자"가 전하는 말은 세상 끝까지 다다르지 못한 곳이 없다. 아, 『**그들의 선율**』, 『**그들의 말**』, 그 "전파자"의 음성은 분명 들려 왔다! 그러나 그것을 듣는 자는 없었다! 『**그가 그들 가운데 태양을 위하여 장막을 세우셨도다.**』(시 19:4). 하나님께서는 지구 위에 『**장막**』을 세우시고 그 장막 위로 태양과 달이 지나가게 하심으로써 낮과 밤이 서로 교차하면서 땅을 덮고 밤낮으로 하나님의 영광을 선포하게 하시며 그 선포가 인간들에게 똑똑히 들리도록 하셨다. 그런즉, 이 지구상에 사는 모든 이교도들도 하나님만은 다 안다. 하나님께서 계시다는 것과 하나님께서 신격으로 나타나신다는 것을 알며, 하나님께서 세상을 대적하시고 세상은 하나님을 대적한다는 것도 알고, 주님께서 죽으신 것과 부활하신 것을 알며, 그분께서 다시 오신다는 것까지도 이교도들은 알고 있다. 또한 주님께 대응하는 존재가 있어 그것이 주님의 빛을 반사한다는 것 등, 인간은 모든 것을 알고 있는 것이다. 아침 동쪽 하늘을 보면 태양이 솟아오르고 저녁이면 서쪽 하늘에 지더니 그 뒤를 이어 달이 빛을 발한다. 아침에 떠오르는 태양은 아침에 오시는 주님을 나타내는 그림이요, 서쪽에 지는 해는 주님의 죽으심을 나타내는 그림이며, 밤은 주님의 묻히심을 나타내는 그림이다. 그리고 이 밤 동안 달이 태양 빛을 반사하며 세상을 밝힌다. 그리고 다시 떠오르는 해는 그분의 다시 오심을 보여 주는 그림이다. 저녁에 지는 해가 어찌 그리 붉은가? 당신의 죄들로 인하여 피 흘려 죽으신 주님을 보여 주기 위함이다. 이것을 알기에 이교도들은 한결같이 태양을 숭배한다. 로마카톨릭은 제단에 태양을 상징하는 커다란 황금 빛 원반을 모셔놓고 있다. 메이슨단도 마찬가지다. 일루미나티도 태양을 경배한다. 이교도들이 이처럼 태양을 숭배하고 경배하는 이유는 그들이 눈에 보이지 않는 하나님을 상징하는 사물을 찾아 하늘과 땅의 주위 사방을 휘 둘러볼 때 첫눈에 들어오는 것으로 태양만한 것이 또 없기 때문이다. 밤 동안 얼었던 몸을 태양이 따뜻하게 덥혀 준다. 그리고 생물을 자라게 하여 먹을 것을 마련해준다. 그리고 어둠을 환히 밝혀 주어 모든 것을 볼 수 있게 하는지라 맹수들이 함부로 덤벼들어 잡아먹지 못하게 해준다.

10:19 그러나 내가 말하노니 이스라엘이 알지 못하였느냐? 먼저 모세가 말하기를 "내가 백성이 아닌 그들로 인하여 너희로 질투하게 하며 어리석은 민족으로 인하여 너희로 진노하게 하리라." 하였으며,
20 이사야는 매우 담대히 말하기를 "내가 나를 찾지 않은 자들에게 발견되었으며 나에게 묻지 않은 자들에게 나타났느니라." 하였고
21 이스라엘에게 그가 말하기를 "내가 온종일 불순종하며 거역하는 백성에게 내 손을 뻗쳤노라."고 하였느니라.

『**그러나 내가 말하노니 이스라엘이 알지 못하였느냐? 먼저 모세가 말하기를 "내가 백성이 아닌 그들로 인하여 너희로 질투하게 하며 어리석은 민족으로 인하여 너희로 진노하게 하리라." 하였으며**』(19절).

이스라엘이 하나님의 말씀을 알지 못하였던가? 아니다. 그들은 잘 알고 있었다. 그들에게는 하나님의 약속들과 언약이 있었고, 그에 대해 잘 알고 있었다. 모세는 신명기 32:21에서 이스라엘 백성에게 이렇게 말했었다. 『**그들은 하나님이 아닌 것으로 내게 질투를 일으켰으며 그들은 그들의 헛된 것들로 내게 진노를 일으켰으니, 나도 백성이 아닌 자들로 그들에게 질투를 일으키며 나도 어리석은 민족으로 그들에게 진노를 일으키리로다.**』 이스라엘은 하나님의 백성이라 자처하면서도 하나님이 아닌 것에 경배하고 헛된 것들을 섬김으로써 하나님께서 질투를 일으키시고 진노케 했다. 그런즉 하나님께서도 그 보복으로 『**백성이 아닌 자들**』, 즉 이방인들을 하나님의 백성으로 삼으심으로써 이스라엘이 질투를 일으키고 진노하도록 만들겠다고 말씀하셨던 것이다. 바울은 여기서 바로 이 말씀을 인용하고 있는 것이다.

이 구절에서 이방인들을 가리켜 『**어리석은 민족**』("a foolish nation")이라고 단수형 명사로 표기하고 있음에 주목하라. 이방인들이 어디 한두 민족인가? 그런데도 "한 어리석은 민족"이라고 단수로 표현하고 있다. 하나님께서는 수많은 이방인 복수 민족들을 구원받은 일단의 단일 민족으로 만드시겠다고 예고해 두셨던 것이다. 유대인의 눈에는 이방인들이 "어리석은 민족"으로 비쳐진다. 그들은 이방인들을 일컬어 "개들"이라고 비하해서 부른다. 이런 "개들"을 하나님께서 구원하셔서 한 민족으로 삼아 주시니 유대인들로서는 여간 분통이 터지고 시기심이 생기는 일이 아니다. 그러나 잘못은 하나님께 있는 것이 아니라 유대인 자신에게 있었다. 그들이 실족했기 때문에 하나님의 구원이 이방인들에게 이르렀던 것이다. 바울은 이것을 다음 11:11에서 이렇게 진술한다. 『**그러면 내가 말하노니 그들이 실족함으로 넘어졌느냐? 결코 그럴 수 없느니라. 도리어 그들의 실족으로 구원이 이방인들에게 이르렀으니 이는 그들로 시기하게 하려 함이니라.**』

하나님께서 누구를 파멸시키실 때에 먼저 그로 하여금 『**진노**』를 일으키게 하신다는 점을 유의해 둘 일이다. 우리가 분노를 경계해야 하는 이유가 여기에 있다. 특히 우리의 분노가 다른 사람이나 다른 어떤 일에 대하여 일으키는 분노일 때 더욱 그러하다. 하나님께서는 당신이 분통을 터뜨리고 시기심이 불타오르지 않을 수 없는 어떤 일이 당신 눈앞에서 벌어지도록 허용하신다. 당신이 이에 대해 어떤 반응을 일으키는지 보시기 위해서다. 그렇기 때문에 당신은 다른 무엇보다도 분통이 터지는 일과 시기심이 유발되는 일에 대해 아주 조심하지 않으면 안 된다. 이 세상에서 한 사람의 삶을 무너뜨리고 파멸시키는 데 가장 속히 효과를 내는 것들 중에서 분노와 시기심만큼 속효를 내는 것도 드물다. 그렇기 때문에 이 두 가지에 대해서 특별히 조심해야 하는 것이다. 이것은 그리스도인의 사역에 있어서 특히 그러하다. 복음 전파 사역에 종사하는 사람들 사이에 엿보이는 시기심은 실로 상상을 초월한다. 한 가지 예를 들자면, 나는 지금까지 몇몇 목사들이 독자적인 청년 캠프를 설립하여 독자적으로 운영하다가 파산하고 거덜 난 경우를 여러 번 보아 왔다. 어떤 사람은 독자적으로 청년 캠프를 열었다가 파산하면 또 다른 캠프를 시작하고, 그것이 망한 뒤 다시 또 새로운 캠프를 독자적으로 설립하는 등, 이렇게 독자적으로 단체를 만들어 운영하는 일에만 허덕거리며 매달린다. 다른 개인이나 단체가 도움의 손길을 뻗어 오기라도 하면 그들은 자기네들 스스로 문제를 해결할 수 있다고 고집부리면서 뿌리친다. 그러다가 파산하고 망하는 경우를 나는 최소한 열다섯 번은 보았다. 이들은 다른 어떤 목사가 선데이 스쿨 같은 것을 설립하고 수백, 수천 명의 학생들을 가르치고 그리스도의 일꾼들로 양성해내는 것을 보고 시기심에 불탄 나머지 "나도 할 수 있어!" 하고 팔을 걷어붙인 사람들이다. 올랜도에도 그런 것이 생기더니 파산했고, 거기에 다시 새로운 것이 또 생기더니 역시 파산했으며, 잭슨빌에도 이런 청년 캠프가 또 생기더니 얼마 안가 파산했는가 하면, 세인트 피터즈버그에도 유사한 것이 생기더니 그 역시 파산해 버리고 말았다. 자신을 되돌아보고 자기 분수와 능력의 한계를 가늠해 보지 않은 채 다른 사람들이 이룩해 놓은 업적만 쳐다보고 시기심에 불탄 나머지 무리하게 저도 해 보겠다고 덤벼들었다가 거덜나고 만 것이다.

하나님께서 이스라엘로 하여금 스스로 엉망이 되게 하시는 방식은 이방인들을 선택하셔서 하나님의 은혜 안으로 불러들이신 것이었다. 이것은 이방인들 스스로도 믿을 수 없는 일이었다. 그러니 유대인들이야 어떠했겠는가? 유대인들은 "개들"이 하나님의 은혜 안으로 들어가는 것이 분통이 터져 눈뜨고 볼 수가 없었다. 그래서 그들은 즉각 이방인들을 박해했고 이방인들에게 복음을 전하는 사역자들을 잡아 죽이는 일에 혈안이 되었다. 이에 대해 바울은 데살로니가전서 2장에서 이렇게 기술하고 있다. 『**그들은 주 예수와 자기들의 선지자들을 죽였고 우리를 박해하였으며 하**

나님을 기쁘시게 하지 아니하고 모든 사람들을 대적하여 우리가 이방인들의 구원을 위하여 말하는 것을 금지시킴으로써 항상 자신들의 죄들을 채우니, 이는 그들에게 임한 진노가 극에 달하였음이니라』(살전 2:15,16).

하나님께서는 유대인들이 이렇게 이방인들을 시기하고 분노로 대하는 것을 보시자 그들을 죽이기 시작하셨다. 신명기 32:21에서 예고하셨던 것을 실행에 옮기신 것이다. 그렇기 때문에 유대인을 둘러싸고 당신은 양면으로 주의해야 한다. 한편으로는 유대인들의 박해를 조심해야 하고 다른 한편으로는 박해하는 유대인들에게 당신이 성을 내고 그들을 죽이려고 덤비지 않도록 또 조심해야 한다. 그랬다가는 하나님께서 이번에는 당신을 죽이실 것이기 때문이다.

『**이사야는 매우 담대히 말하기를 "내가 나를 찾지 않은 자들에게 발견되었으며 나에게 묻지 않은 자들에게 나타났느니라." 하였고**』(20절).

하나님을 찾지 않던 이방인들에게 하나님께서 발견되신 바 되었고 하나님께 나아가 묻지 않던 그들에게 하나님께서 나타나 주셨다. 이사야 65:1은 이렇게 말씀한다. 『**나를 구하지 아니한 자들이 나를 찾았으며, 나를 찾지 아니한 자들에게 내가 발견되었노라. 내가 나의 이름으로 불리지 않던 민족에게 말하기를 "나를 보라, 나를 보라." 하였노라.**』

『**이스라엘에게 그가 말하기를 "내가 온종일 불순종하며 거역하는 백성에게 내 손을 뻗쳤노라."고 하였느니라**』(21절).

반면에 하나님께 불순종하고 거역한 이스라엘 백성에게는 『**내가 거역하는 백성에게 내 손을 종일 폈나니 그들은 자기 자신의 생각을 좇아 선하지 않은 길에서 행하며... 나를 성내게 하는 백성이니... 내가 잠잠치 아니하고 보응하되 그들의 가슴에까지 보응하고 너희의 죄악들과 너희 조**

상들의 죄악들을 함께 갚으리니... 나를 모독하였음이라.』(사 65:2-7)고 선언하셨다.

『**내가 온종일... 내 손을 뻗쳤노라.**』는 말씀을 영적으로 적용할 때, 주님께서는 아침 일찍부터 인간을 부르시고 한낮에도 사람을 부르시며 밤에도 사람을 부르신다.

아침 일찍 새벽부터 사람을 부르시는 주님의 모습은 예컨대 요한복음 21장의 주님에게서 엿볼 수가 있다. 베드로를 위시한 제자들이 갈릴리 바다에서 밤새도록 고기를 잡았으나 허탕을 쳤을 때 부활하신 주님께서는 어느 새 바닷가에 서서 『**그물을 배 오른편에 던지라. 그러면 찾으리라.**』(요 21:6)고 말씀하신다.

한낮에 사람을 부르시는 주님의 모습은 요한복음 4장에서 야곱의 우물곁에 온 사마리아 여인에게 나타나셨던 주님에게서 엿보인다.

그리고 밤에 사람을 부르시는 모습은 밤에 찾아온 니코데모와 이야기를 나누시는 장면에서 엿보인다. 이처럼 주님께서는 아침, 점심, 저녁을 가리지 않고 온종일 죄인들을 구원해 주신다.

로마서 11장

11:1 그렇다면 내가 말하노니 하나님께서 자기 백성을 버리셨느냐? 결코
그럴 수 없느니라. 나도 이스라엘인이요, 아브라함의 씨에서 났으
며 베냐민 지파라.
2 하나님께서 미리 아신 자기 백성을 버리지 아니하셨느니라. 너희는
성경이 엘리야에 관하여 말한 것을 모르느냐? 그가 하나님께 이스
라엘에 대하여 중보하여 말씀드리기를
3 "주여, 그들이 주의 선지자들을 죽였으며 주의 제단들을 헐어 버렸
고 나만 홀로 남았는데 그들이 나의 생명을 찾고 있나이다." 하니
4 하나님께서 그에게 하신 대답이 무엇이냐? "내가 나를 위하여 바알
의 형상에 무릎을 꿇지 아니한 칠천 명을 남겨 두었노라." 하셨느
니라.
5 그러므로 이와 같이 지금도 은혜의 선택하심을 따라 남은 자가 있
느니라.

『그렇다면 내가 말하노니 하나님께서 자기 백성을 버리셨느냐? 결코 그럴 수 없느니라. 나도 이스라엘인이요, 아브라함의 씨에서 났으며 베냐민 지파라』(1절).

성경에서 하나님의 『**자기 백성**』이라고 말할 때, 이것은 이스라엘을 일컫는 말이지 "교회"를 지칭하는 말이 아니다. 우리 구원받은 그리스도인들, 즉 "교회"는 하나님의 백성인 것이 사실이지만, 성경에서 『**자기 백성**』이라고 특별히 말할 경우, 이것은 "항상" 그렇다고는 말할 수 없을지라도 99%는 이스라엘 백성을 가리키는 것임을 유의해야 한다.

『**하나님께서 자기 백성을 버리셨느냐?**』 결코 그렇지 않다고 바울은 힘주어 말한다. 바울 자신이 아브라함의 후손으로 베냐민 지파에 속하는 이스라엘인이었음이 분명한즉, 이러한 바울만 보더라도 하나님께서 이스라엘 백성을 모두 버리셨다고 말할 수는 결코 없다. 물론 바울이 회심하고 구원받은 것은 이스라엘의 민족적 구원과는 무관하다. 그는 신약적 구원 계획에 따라 개인적으로 구원받았다. 신약 시대에는 유대인이건 이방인이건, 주 예수 그리스도를 믿고 그분을 구주로 영접하면 누구든지 개별적으로 구원받고 더 이상 유대인도 이방인도 아닌 "교회"라는 부류에 합류하게 된다.

하나님께서 결코 『**자기 백성**』을 버리지 않으셨다는 것은 이처럼 유대인의 개인적 구원으로도 연결되지만, 이보다는 이방인의 때가 끝나 감과 함께 있게 될 이스라엘의 민족적 구원과 회복에 더 깊이 관련된다. 이스라엘은 하나님께서 택하신 특별한 민족이었으되, 그들이 하나님을 거역하자 하나님께서는 그들에게서 손을 떼셨다. 그러나 그들과의 관계를 영원히 단절하신 것은 결코 아니다. 이제 하나님께서는 이스라엘의 죄들을 제거하시고 그들을 민족적으로 구원하셔서 그들의 본래 위치를 회복시켜 주실 것이다. 『**하나님께서 자기 백성을 버리셨느냐? 결코 그럴 수 없느니**

라.』는 언급은 바로 이것을 내다보고 한 말이다. 사실상 이것은 20세기에 접어들면서 이미 시작된 일이다.

바울이 자기 자신을 두고 여기서처럼 『**이스라엘인**』이라고 일컫기도 하고, 갈라디아서 2장에서처럼 『**유대인**』(갈 2:15)이라 부르기도 한다는 점에 주목할 필요가 있다. 그러니까, "이스라엘인"은 북왕국 이스라엘 족속 출신을 말하고 "유대인"은 남왕국 유다 족속 출신을 말한다고 주장한 테드 암스트롱은 혼란에 빠져 대단한 혼동을 일으켰던 게 분명하다. 바울은 베드로에게 『**당신은 유대인으로서 유대인처럼 살지 아니하고 이방인들의 방식을 따라 살면서 어떻게 이방인들을 유대인처럼 살도록 강요하느뇨?**』(갈 2:14)라고 말한다. 사마리아 북쪽 갈릴리의 벳새다 출신 베드로를 보고 "이스라엘인"이 아니라 "유대인"이라 부르고 있는 것이다. 그리고 유다의 베냐민 출신인 자신을 가리켜 도리어 『**이스라엘인**』이라 여기 1절에서 부르고 있다. 이렇듯, 북왕국 이스라엘 족속 출신만을 두고 "이스라엘인"이라 부르고 남왕국 유다 출신만을 유독 "유대인"이라 부른다는 주장은 말도 되지 않는 소리다. 성경을 성경으로 풀지 않고 자의적으로 해석하면 이와 같이 당치도 않은 혼란에 빠지게 되므로 주의해야 한다.

『하나님**께서 미리 아신 자기 백성을 버리지 아니하셨느니라. 너희는 성경이 엘리야에 관하여 말한 것을 모르느냐? 그가** 하나님께 **이스라엘에 대하여 중보하여 말씀드리기를**』(2절).

바울이 여기서 언급하고 있는 엘리야의 『**중보**』는 "중보" 치고는 참 이상한 중보다. 왜냐하면, 다음 3절에서 보듯이 이스라엘에 대한 엘리야의 중보는 이스라엘을 위해서 드리는 중보가 아니라 이스라엘을 비난하고 이스라엘에 불리하게 말씀드리는 중보이기 때문이다.

『"주여, 그들이 주의 선지자들을 죽였으며 주의 제단들을 헐어 버렸고 나만 홀로 남았는데 그들이 나의 생명을 찾고 있나이다." 하니』(3절).

바울은 열왕기상 19:10과 19:14에 기록돼 있는 내용을 여기에 인용하고 있다. 엘리야가 아합왕의 아내 이세벨의 협박이 겁나 도망하여 브엘세바에 이르자 거기에 종을 남겨 둔 채 자기는 광야로 하룻길이나 더 가서 향나무 아래에 앉아 하나님께 죽기를 구하며 『**오 주여, 이제 내 생명을 취하소서.**』 하고 부르짖고 절망하다가 잠들자 천사가 나타나 그를 깨우고 물과 먹을 것을 가져다 먹인다. 기운을 차린 엘리야가 40일 밤낮을 더 가서 호렙에 이르렀을 때 『**엘리야야, 네가 여기서 무엇하느냐?**』 하는 하나님의 음성이 그에게 임한다(왕상 19:1-9). 바로 이 때 엘리야는 하나님께 이스라엘을 비난하는 중보의 말씀을 드린다. 『**내가 만군의 주 하나님으로 인하여 심히 질투하였사오니, 이는 이스라엘 자손이 주의 언약을 버리고 주의 제단을 헐었으며 주의 선지자들을 칼로 죽였음이니이다. 나, 오직 나만이 남았는데, 그들이 내 생명도 앗아가려고 찾고 있나이다**』(왕상 19:10). 엘리야는 이스라엘을 비난하는 이 중보를 14절에서도 반복하여 말씀드린다. 이 때 하나님께서 그에게 하신 대답이 무엇이었던가?

『하나님께서 그에게 하신 대답이 무엇이냐? "내가 나를 위하여 바알의 형상에 무릎을 꿇지 아니한 칠천 명을 남겨 두었노라." 하셨느니라』(4절).

하나님께서 엘리야에게 하신 말씀은 『**가라, 네 길을... 광야로 돌이키라.**』였다(왕상 19:15). 그리고 하사엘에게 기름부어 시리아 왕으로 임명하고 예후에게 기름부어 이스라엘 왕이 되게 하며 엘리사에게 기름부어 네 대신 선지자가 되게 하라고 명령하신다. 말하자면, 선지자가 선지자답지 않게 겁에 질려 의기소침해 있지 말고 선지자로서의 직분을 다하라는 명령이었던 것이다. 그러신 다음 하나님께서는 엘리야에게 『**내가 나를 위**

하여 이스라엘에 아직 칠천 명을 남겨 두었나니, 곧 바알에게 꿇지 아니한 모든 무릎과 바알에게 입맞추지 아니한 모든 입이라.』(왕상 19:18)고 말씀하신다. 하나님께서는 결코 이스라엘을 버리신 것이 아니었다. 이스라엘이 비록 하나님께 배반하였으나 하나님께서는 자기 백성을 버리지 않으셨다. 이것이 바로 지금 바울이 1절부터 역설하고 있는 점이다. 그러나 하나님께서 이스라엘을 결코 버리지는 않으셨으되, 하나님을 거역한 그들로 하여금 이방인들에 대하여 시기심이 생기도록 하셨고 그들이 이방인들에게 진노를 일으키게 하심으로써 그들의 시기와 진노에 대하여 이번에는 하나님께서 진노로써 그들에게 보응하셨으며, 이에 따라 이스라엘은 엄청난 곤욕으로 대가를 치르게 되었다. 이것이 앞서 10:19에서 살펴본 내용이었다.

『**그러므로 이와 같이 지금도 은혜의 선택하심을 따라 남은 자가 있느니라**』(5절).

바울은 하나님께서 이스라엘 가운데 바알에게 무릎꿇지 않은 칠천 명을 남겨두셨던 것과 같이 『**지금도**』 이스라엘 중에는 『**남은 자**』가 있다고 확언한다. 물론 여기서 『**지금**』이란 바울이 살고 있던 시대를 말한다. 그런즉 바울 시대의 『**남은 자**』들이라면 주 예수 그리스도를 믿고 그분을 구주로 영접함으로써 하나님의 은혜로 구원받은 유대인들을 말한다. 바울 자신은 그런 『**남은 자**』 가운데 한 사람이었다. 하나님을 거역한 이스라엘 중에 이처럼 『**남은 자**』가 있다는 것은 분명 하나님의 『**은혜의 선택하심**』이 아닐 수 없다.

11:6 은혜로 된 것이면 더 이상 행위가 아니니 그렇지 아니하면 은혜가

더 이상 은혜가 아니니라. 그러나 행위로 된 것이면 그것은 더 이상 은혜가 아니니 그렇지 아니하면 행위는 더 이상 행위가 아니니라.

7 그러면 무엇이냐? 이스라엘이 구하는 그것을 얻지 못하였고 오히려 선택된 자들이 그것을 얻었으며 그 나머지는 오늘까지 완고해졌느니라.

8 (기록된 바와 같으니 "하나님께서 그들에게 혼미한 영과 보지 못할 눈과 듣지 못할 귀를 주셨노라." 하였느니라.)

9 또 다윗이 말하기를 "그들의 식탁이 그들에게 올무와 덫과 거치는 것과 보응이 되게 하시고

10 그들의 눈이 어두워져서 보지 못하게 하시고 그들의 등이 항상 굽혀지게 하소서." 하였느니라.

『**은혜로 된 것이면 더 이상 행위가 아니니 그렇지 아니하면 은혜가 더 이상 은혜가 아니니라. 그러나 행위로 된 것이면 그것은 더 이상 은혜가 아니니 그렇지 아니하면 행위는 더 이상 행위가 아니니라**』(6절).

무엇이든 하나님의 은혜로 되었다면 그것은 어디까지나 은혜로 된 것일 뿐 행위로 된 것일 수가 없다. 반대로 무엇이든 행위의 결과로 된 것이라면, 그것은 어디까지나 행위로 된 것이지 은혜로 된 것일 수가 없다. 예컨대, 당신은 죄인이었음에도 불구하고 오직 하나님의 은혜로 구원받게 되었다. 당신은 단지 예수 그리스도를 믿고 영접했을 뿐 자신의 죄들을 씻기 위하여 당신 스스로가 한 행위는 아무것도 없었다. 설사 당신이 어떤 행위를 하려고 마음먹었다 하더라도 당신의 죄들을 씻기 위해서 당신이 할 수 있는 행위는 사실상 아무것도 없었다. 그런데도 당신은 구원받았다. 이것은 순전히 하나님의 은혜였다. 그런즉 당신의 구원은 어디까지 하나님의 은혜이지 당신이 행한 어떤 행위의 결과일 수가 없다. 당신의 구원이 만약 행위의 결과였다면 하나님의 은혜는 더 이상 은혜일 수가 없다. 은혜는 행위가 행위일 수 없도록 만든다. 반대로 행위는 은혜가 은혜일 수 없도록 만든다. 은혜와 행위는 결코 양립할 수 없는 두 요소다.

『**그러면 무엇이냐? 이스라엘이 구하는 그것을 얻지 못하였고 오히려 선택된 자들이 그것을 얻었으며 그 나머지는 오늘까지 완고해졌느니라**』(7절).

이스라엘이 구하는 것이 무엇이었던가? 당연히 구원이었다. 그러나 그들은 이스라엘이라는 민족 단위로서는 구원을 얻지 못했다. 그리고 하나님의 은혜의 선택하심에 따라 일부 유대인들이 개별적으로 믿음을 갖게 되었고 그 개별적인 유대인들만이 믿음으로 말미암아 하나님의 은혜로 구원받았으며 나머지는 여전히 완고해져 구원받지 못한 민족으로 존속해 왔다. 그리고 유대인으로서 개인적으로 예수 그리스도를 영접하고 개별적으로 구원받은 유대인은 본성으로는 유대인이되, 더 이상 유대인이 아닌 "교회"가 되었다. 그러나 민족 단위로 볼 때 유대인은 여전히 유대인으로 존속해 있을 뿐 교회로 편입된 것은 아니다. 하나님의 백성인 이스라엘이 어째서 그렇게 되었던가? 다음 8절을 보라.

『**(기록된 바와 같으니 "하나님께서 그들에게 혼미한 영과 보지 못할 눈과 듣지 못할 귀를 주셨노라." 하였느니라.)**』(8절).

바울은 이사야 29:10의 말씀을 여기서 인용한다. 『**이는 주께서 깊은 잠의 영을 너희에게 부어 주사 너희의 눈을 감기게 하셨음이니 그가 선지자들과 너희 치리자들과 선견자들을 가리셨느니라.**』 이스라엘이 하나님을 거역하자 하나님께서는 그들을 그냥 내버려 두셨던 것이 아니라 좀 더 적극적으로 행동을 취하셨다. 하나님께서는 유대 민족에게 혼미한 영을 주셔서 깊은 잠에 빠지게 하셨고 눈으로 보고 귀로 듣는 능력을 빼앗아 버리셨던 것이다. 가진 자에게는 더 많은 것을 주시고 갖지 않은 자에게는 있는 것마저 빼앗으시는 분이 하나님이시다.

『**또 다윗이 말하기를 "그들의 식탁이 그들에게 올무와 덫과 거치는 것과 보응이 되게 하시고 그들의 눈이 어두워져서 보지 못하게 하시고 그들의 등이 항상 굽혀지게 하소서." 하였느니라**』(9,10절).

바울은 여기서 또 시편 69:22,23의 말씀을 인용한다. 『**그들의 식탁이 그들 앞에 올무가 되게 하시며 그들의 안녕을 위한 것으로 덫이 되게 하소서. 그들의 눈이 어두워져 보지 못하게 하시고 그들의 허리는 계속해서 떨리게 하소서.**』 다윗의 이 말은 엘리야가 이스라엘에 대하여 하나님께 드렸던 중보 이상으로 이스라엘에 대하여 더 지독하게 대적하는 내용이었다. 이스라엘에 불리하게 말씀드렸던 다윗의 중보는 여기서 끝나지 않는다. 『**주의 분개를 그들 위에 부으시며 주의 불 같은 진노로 그들을 덮치게 하소서. 그들의 처소로 황폐케 하시고 그들의 장막에 거하는 자가 아무도 없게 하소서... 그들의 죄악에 죄악을 더하시어 그들로 주의 의 안으로 들어오지 못하게 하소서. 그들을 산 자들의 책에서 지워 버리시어 의인과 함께 기록되지 못하게 하소서**』(시 69:24-28). 이스라엘에 대한 다윗의 이러한 중보는 중보라기보다 저주라고 해야 걸맞을 것이다.

바울이 로마에 갔을 때 유대인 지도층 인사들을 만나 자기가 로마에 오게 된 연유를 설명하면서 유대인들이 자기를 붙잡아 로마인들 손에 넘겨주었으되 로마인들이 자기를 심문하고 나서 사형에 처할 이유를 발견하지 못해 방면하고자 했지만 유대인들이 반대했기 때문에 자기도 어쩔 수 없이 카이사에게 상소하게 된 것이지 『**내 민족을 걸어 고소하려는 것**

이 아니니라.』고 해명하고 『**이스라엘의 소망 때문에 내가 이 사슬에 묶여**』 있다고 말하는 장면이 사도행전 28장에 나온다. 로마의 유대인들은 바울로부터 좀더 해명을 듣고자 하여 날을 정하고 바울의 숙소에 다시 모이자 바울은 아침 일찍부터 저녁까지 강론하며 『**하나님의 나라를 증거하고 또 모세의 율법과 선지자의 글로써 예수에 관하여 그들을 설득**』시켰는데(행 28:23), 어떤 사람은 그의 말을 믿었고 또 어떤 사람은 믿지 않는 등 의견이 맞지 않는 가운데 자리를 뜰 때 바울이 한마디 부언하여 이렇게 말한다. 『**성령께서 선지자 이사야를 통하여 우리 조상에게 잘 말씀하셨도다. 말씀하시기를 '이 백성에게 가서 말하되 너희가 듣기는 들어도 깨닫지 못할 것이요, 보기는 보아도 알지 못하리라 하라. 이 백성의 마음이 무디어지고, 그들의 귀는 듣는 데 둔하고, 그들은 자기들의 눈을 감았으니, 이는 눈으로 보지도 못하고 귀로 듣지도 못하며 마음으로 깨닫지도 못하고 회심하지도 못하게 되어 나로 그들을 치유하지 못하게 하려 함이라.'고 하셨느니라. 그러므로 하나님의 구원을 이방인들에게 보낸 것과 그들이 그것을 들을 것을 너희가 알라."**』(행 28:25-28).

바울은 선지자 이사야나 다윗도 이스라엘에 대적하여 하나님께 중보했음을 유대인들에게 환기시켰던 것이다. 그러나 바울은 자기도 마찬가지로 이스라엘에 대해 대적하는 입장을 취하기보다는 오히려 이스라엘을 위하여 이방인들에게 복음을 전하고 있음을 변호하고 이것이 하나님의 뜻이었음을 분명히 하였던 것이다. 하나님께서 이스라엘로부터 돌이켜 이방인들에게로 향하셨으되, 이것이 이스라엘을 아주 버리시려는 것이 아니라 오히려 이스라엘로 하여금 구원받을 수 있는 기회를 가질 수 있도록 하시기 위함이었음을 바울은 역설했던 것이다. 사실상 로마서 11장의 핵심 주제가 이것이다.

11:11 그러면 내가 말하노니 그들이 실족함으로 넘어졌느냐? 결코 그럴 수 없느니라. 도리어 그들의 실족으로 구원이 이방인들에게 이르렀으니 이는 그들로 시기하게 하려 함이니라.

12 그들의 실족함이 세상의 부요함이 되고 그들의 쇠퇴가 이방인들의 부요함이 되었다면 하물며 그들의 충만함은 어떠하겠느냐?

『**그러면 내가 말하노니 그들이 실족함으로 넘어졌느냐? 결코 그럴 수 없느니라. 도리어 그들의 실족으로 구원이 이방인들에게 이르렀으니 이는 그들로 시기하게 하려 함이니라**』(11절).

유대인은 하나님의 말씀을 받아들이기를 거부했다. 그러자 하나님께서는 그들로 하여금 말씀을 받아들일 수 있는 능력마저 상실하도록 만드셨다. 성경은 『**들을 귀 있는 자는 들을지어다.**』라고 도처에서 말씀한다(마 11:15; 13:9,43, 막 4:9,23; 7:16, 눅 8:8; 14:35). 그뿐 아니라 하나님의 말씀을 듣지 않고자 하는 사람은 갖고 있는 하나님의 말씀마저 빼앗는다고 말씀한다(마 13:12; 25:29, 막 4:25, 눅 8:18). 이것이 무엇을 말하는가? 당신이 성경을 펼쳐들고 읽는다. 당신은 마음을 활짝 열고 하나님께서 당신에게 하고자 하시는 말씀을 받아먹을 준비를 갖춘다. 더 나아가 당신은 하나님께서 당신에게 하고자 하시는 말씀을 성경을 통하여 들려 달라고 하나님께 더욱 매달린다. 그러면 하나님께서 무엇인가를 당신에게 들려주신다. 당신은 그 말씀을 받고 그 말씀에 순종한다. 그러면 하나님께서는 당신에게 더 많은 말씀을 주신다. 그 말씀에 당신이 또 순종하고 따른다. 그러면 하나님께서는 더 많은 말씀을 주신다. 당신의 순종은 하나님께서 주신 바에 대하여 당신이 하나님께 돌려드리는 것이다. 그리고 당신이 하나님께 순종으로 드리면 드릴수록 하나님께서는 그만큼 더 당신에게 주신다. 여기에는 『**주라, 그리하면 너희가 받으리니, 사람들이 후히 되**

어 꾹꾹 누르고 잘 흔들어서 넘치게 하여 너희 품에 안겨 주리라. 이는 너희가 남에게 되어 주는 그 말로 너희가 되어 받게 될 것이기 때문이라.』(눅 6:38)는 말씀의 원칙이 그대로 적용된다. 이와 반대로 당신이 하나님의 말씀을 받을 준비를 갖추지 않고 말씀을 의심하고 시험하며 성경을 무시하고 말씀에 순종하지 않는다. 그러면 하나님께서는 당신에게 말씀을 들려주지도 않으시려니와 당신이 조금이나마 갖고 있는 말씀마저 도로 빼앗아 가신다. 이렇게 되면 당신은 진리를 듣고도 "나는 생전 그런 말을 들은 적이 없소!"라고 말하면서 진리에서 얼굴을 돌려 버리고 진리를 가르치는 사람들을 향하여 도리어 이단이라고 적반하장격으로 대들게 된다. 주님께서 당신의 텅 빈 두뇌를 들쑤셔 놓으셔서 당신으로 하여금 진리 편에 서 있는 사람들에게 질투를 일으키게 하시고 성경대로 믿는 사람들에게 도리어 분노를 일으키게 만드시는 것이다. 그리고 그 못된 질투와 분노에 대하여 이번에는 하나님께서 진노로 당신에게 보응하시게 된다.

『**그들의 실족으로 구원이 이방인들에게 이르렀으니 이는 그들로 시기하게 하려 함이니라.**』 이 말이 무슨 뜻인지 이해하기가 어렵거든 멀리 구약 시대로 거슬러 올라가 그 당시 이방인들의 처지를 한번 생각해 보는 게 좋겠다. 당신이 이것을 이해하기가 어려운 것은 당신이 이방인의 처지에 대해 제대로 이해하지 못하고 있기 때문이다. 당신이 지금은 이방인으로서 그런 대로 괜찮은 생활을 하고 있는지라 자동차를 몰고 집에 오면 전등불을 켜서 어둠을 밝히고 추우면 히터를 틀고 몸이 찌뿌둥하면 샤워를 하고 옷을 갈아입으며 푹신한 소파에 앉아 TV를 보다가 배고프면 부엌에 가서 냉장고에서 먹을 것을 꺼내먹고 졸리면 푹신한 침대에 들어가 잠을 자면 그만이다. 지금 그런 생활을 하다 보니 짚으로 지붕을 해 덮고 진흙을 처덕처덕 발라 벽을 만든 오두막집에 살며, 밤에 캄캄하면 동물의 기름을 짜서 만든 등잔을 밝히고 검불을 깐 맨바닥에 누워서 잠을 자고, 겨울이나 여름이나 항상 맨발이요, 짐승 가죽 떼기를 걸쳤을 뿐 거의 벌거벗고 살아야 하고, 겨울에 추우면 짐승들처럼 몸에 기름을 바르는 것이 고작인 그런 생활은 상상하지도 못하겠지만, 사실 이방인인 당신의 조상들은 다 이렇게 살았다. 유대인의 관점에서 볼 때 이러한 이방인들은 모두가 개처럼 여겨졌다. 그러다가 하나님께서 유대인들에게 진노하셔서 그들을 제쳐 두시는 바람에 개 같은 이방인들이 하나님의 은혜 가운데 들어오게 되었고 이제는 유대인들이 거꾸로 이방인들로부터 천대를 받게 되었다. 그러니 유대인들이 볼 때, 이 얼마나 분통이 터질 노릇인가! 지금은 이방인들의 눈에 유대인들이 천하게 보이는지라 어떤 유대인들이 그런 대로 잘 살기라도 하면 이방인들이 이것을 두 눈 뜨고 보지 못해 질투를 느끼고 분노를 참지 못한다. 2차 대전 당시 독일이 그러했다. 독일 사람들은 유대인들이 돈에 지독하여 속으로 알짜 부자인 것을 참지 못해 그것을 질투하고 분노를 일으켜 그들을 말살하려고 혈안이 되었었다. 그러자 이번에는 하나님께서 독일 사람들을 망하게 만드셨다. 그런즉, 남이 잘되는 것을 보고 질투하고 그들에게 분노를 일으키다가는 자신도 망하게 된다는 것을 알라. 서로 시기하고 물고 뜯다가 둘 다 멸망하게 되는 것이다. 『**형제들아, 너희가 자유에로 부름을 받았으니 그 자유를 육신을 위한 계기로 삼지 말고 사랑으로 서로 섬기라.**』(갈 5:13)고 성경은 말씀한다.

『**그들의 실족함이 세상의 부요함이 되고 그들의 쇠퇴가 이방인들의 부요함이 되었다면 하물며 그들의 충만함은 어떠하겠느냐?**』(12절)

유대인들이 실족함으로써 이방인들의 세상이 부요하게 되고 유대인들이 쇠퇴하게 됨으로써 이방인들이 흥하게 되었다. 여기서 『**부요함**』은 물론 영적 부요를 말하는 것으로 보는 것이 좋겠지만, 물질적 부요까지 포함해서 생각해도 무리가 없다. 유대인들은 돈과 땅이라는 물질적 부요를 약속 받은 민족이었다. 그러나 그러한 유대인들이 실족하고 쇠퇴하게 되자 그 부요는 이방인들에게로 옮겨갔다. 유대인들이 이방인들에 비해 물질적으로 부유했던 것은 이미 오래전부터의 일이었고 2차 대전 당시만 해도 그러했다. 독일의 나치 수용소에 갇혀 있던 유대인들은 수만, 수십만 달러 어치의 금괴를 어딘가에 감쪽같이 숨겨 두고 있던 자들이 적지 않았다고 한다. 수용소에 갇혀 있던 그들 가운데에는 이러한 부를 소유하고 있으면서도 굶어죽거나 가스실에서 처형되어야 했다. 수용소를 관리하던 독일의 SS대원들은 유대인들이 어딘가에 숨기고 있던 금괴를 어떻게든 들춰내려고 혈안이 되어 회유와 협박을 일삼았고 어떤 자들은 이를 통해 치부한 자들도 많았다고 전한다.

유대인들이 돈에 관한 한 얼마나 지독한지는 유명하다. 당신이 유대인 상점에 가서 물건을 살 때 무엇이라도 좋으니 1달러짜리 물건을 2센트만이라도 깎을 수 있다면 나하고 내기를 하자. 안 팔면 안 팔았지 그들은 물건값을 한 푼이라도 깎아 파는 법이 없을 정도로 돈에 관한 한 벽창호들이다. 반면에 유대인이 당신 가게에 와서 물건을 살 때 1달러짜리 물건을 10센트도 안 깎아주고 팔 수 있는지 나하고 내기하자. 그들은 안 사면 안 샀지 절대로 정가대로 물건을 사는 법이 없는 지독한 깍쟁이들이다. 그러니 유대인들이 부유해질 수밖에 없었다. 그러나 이런 유대인들이 쇠퇴했다. 그 대신 이방인들이 부유해졌다. 이것은 하나님의 계획이었다. 그리고 이제 하나님의 이 계획은 성공적으로 이루어졌다. 그런즉, 이방인들의 부유함이 충만함에 이르게 된 지금이야말로 유대인들은 자신의 위치를 다시 회복할 수 있는 전환점을 맞게 된 것이다. 바울은 지금 이스라엘의 회복을 언급하고 있는 것이다.

11:13 내가 이방인인 너희에게 말하노라. 내가 이방인들의 사도이기에 나의 직분을 영광스럽게 여기나니

14 이는 아무쪼록 내가 나의 동족을 시기나게 하여 그들 가운데 얼마라도 구원하려 함이라.

15 그들을 버리는 것이 세상의 화해가 된다면 그들을 받아들임은 죽은 자들로부터 살아나는 생명이 아니고 무엇이겠느냐?

16 첫열매가 거룩하면 빵덩어리도 거룩하고 또 뿌리가 거룩하면 그 가지도 거룩하니라.

『**내가 이방인인 너희에게 말하노라. 내가 이방인들의 사도이기에 나의 직분을 영광스럽게 여기나니**』(13절).

이 구절을 만약 이렇게 읽는다면 어떨까? "내가 이방인인 너희에게 말하노라. 나 베드로가 이방인들의 사도이기에 나의 직분을 영광스럽게 여기나니..." 당신은 펄쩍 뛸 것이다. 베드로가 어디 『**이방인들의 사도**』였던가? 『**이방인들의 사도**』는 어디까지나 바울이었다. 그러나 로마카톨릭은 베드로가 로마에 있었다고 주장한다. 『**이방인들의 사도**』가 아니었던 베드로가 도대체 무엇 하러 로마에 갔단 말인가? 바울은 『**이방인들의 사도**』였기에 이방인들의 도시 로마에 갈 자격과 권리가 있었지만, 베드로는 전혀 그런 입장이 못 되었다. 그러나 로마카톨릭은 베드로가 로마에 왔었다고 고집스럽게 우겨댄다. 참 이상한 일이다. 바울은 분명하게 말한다. 『**내가 이방인들의 사도**』라고. 로마서 15장으로 가 보자. 『**이제 내가 말하노니** 예수 그리스도께서는 하나님의 **진리를 위하여 할례의 일꾼이 되셨으니 이는 조상들에게 주신 약속들을 확고히 하시고**』(롬 15:8). 예수 그리스도의 주요 임무는 『**할례의 일꾼**』, 즉 이스라엘의 일꾼으로 사역하시는 것이었다고 말씀한다. 그러고 나서 로마서 15:9에서 이렇게 "추신"을 달고 있다. 『**이방**

인들로 하여금 하나님의 자비하심을 인하여 그분께 영광을 돌리게 하려 하심이니 기록된 바 "이로 인하여 내가 이방인들 가운데서 주께 고백하고 주의 이름을 찬송하리이다."라고 함과 같으니라.』 예수 그리스도의 주된 사역은 이스라엘을 위한 것이었고 이방인들을 위한 사역은 부수적인 것이었다. 이 사역, 즉 이방인들을 위한 사역을 위하여 바울은 이방인들의 사도로 부르심을 받았던 것이다. 로마서 15:16은 이것을 다시 한 번 더 명백하게 천명하고 있다. 『**이는 나로 이방인들을 위한 예수 그리스도의 일꾼이 되게 하시어 하나님의 복음을 수행하게 하심으로써 이방인들을 제물로 드리는 일이 성령으로 거룩하게 되어 받으실 수 있도록 하심이라.**』 그런데도 로마카톨릭 측에서 베드로가 이방인들의 사도였다고 얼토당토않게 주장하는 이면에는 엉뚱한 이유가 있다. 『**너는 베드로라. 그리고 이 반석 위에 내가 나의 교회를 세우리니, 지옥의 문들이 그것을 이기지 못하리라.**』(마 16:18)는 말씀을 로마카톨릭은 엉뚱하게 곡해하고 여기서 말씀하는 『**반석**』이 베드로를 일컫는다고 주장하면서 로마카톨릭 교회가 이 베드로라는 "반석" 위에 세워졌다고 우겨대기 위해서 베드로가 이방인들의 사도로서 로마에 왔던 것이라고 괴변을 늘어놓게 된 것이다. 마태복음 16:18에서 겨우 여섯 절 뒤에 가서 베드로가 "사탄"으로 낙인찍히고 있음을 보면 그들의 이런 주장이 얼마나 우스꽝스러운가! 『**주께서 돌아서서 베드로에게 말씀하시기를 "사탄아, 내 뒤로 물러가라. 너는 나에게 걸림이 되는도다. 이는 네가 하나님의 일들을 생각하지 않고 사람의 일들을 생각함이라."고 하시더라**』(마 16:23). 로마카톨릭 측의 주장대로라면, 마태복음 16:23 말씀에 따라 카톨릭이 사탄 위에 세운 교회인 셈이니 이 얼마나 우스꽝스럽고도 놀라운 일인가! 로마카톨릭은 자기네 교회가 베드로의 반석 위에 세워졌다는 주장을 뒷받침한답시고 하필이면 성경에서 자기네들에게 가장 불리한 곳을 짚어 근거 구절로 삼았던 것이다. 마태복음 16:18의 『**이**

반석』은 예수 그리스도를 일컫는 것이었지 결코 베드로를 말하는 게 아니다.

『**...내가 이방인들의 사도이기에 나의 직분을 영광스럽게 여기나니**』(13절). 바울은 지금 자기가 이방인들의 사도라는 사실을 유대인들 앞에서 자랑하고 있는 중이다. 마치 누구를 약 올리기라도 하듯이 말이다. 이방인들의 사도임을 이방인들 앞에서라면 몰라도 이방인들을 싫어하는 유대인들 앞에서 자랑스럽게 말하는 까닭은 무엇인가? 그 이유가 다음 14절에서 언급된다.

『**이는 아무쪼록 내가 나의 동족을 시기나게 하여 그들 가운데 얼마라도 구원하려 함이라**』(14절).

바울이 이방인들의 사도가 된 것을 자랑하는 까닭은 아닌 게 아니라 유대인들을 약 올려서 그들 가운데 다만 『**얼마라도**』 자기가 구원으로 인도할 수 있지 않을까 하는 바람이 있기 때문이었다. 자기가 이방인들을 위하여 사역함으로써 유대인들을 『**시기나게 하여**』 이방인들을 질투한 나머지 자기네들도 구원받으려 할 것이 아니냐는 것이 바울의 생각이었다. 유대인들이 만약 이방인들을 시기하고 미워하여 오히려 구원의 복음을 받아들이지 않는다면, 그들에게는 하나님의 진노가 임하여 멸망이 기다리고 있을 뿐이로되, 그들이 만약 이방인들에 대해 시기하고 질투심이 생긴 나머지 자기네들도 복음을 받아들이고 구원받게 된다면 하나님의 자비가 동일하게 그들에게 베풀어질 것인즉, 이것이야말로 바울이 간절히 바라는 바였다.

그러나 유대인들은 이방인들을 위하여 사역하는 바울에게 도리어 분노하였고 그를 성전 밖으로 끌어내 죽이려고까지 했다. 바울이 예루살렘에 갔을 때 유대인들이 성전에서 그를 보고 온 무리를 선동하여 그를 붙잡고는 사람들에게 이 자가 바로 각처에서 백성과 율법을 거역하여 모든 사람에게 가르친 자인데다가 헬라인들까지 성전으로 데려와서 이 성소를 더럽혔다고 외쳤다. 예루살렘 온 성읍이 소동을 일으키고 사람들이 몰려와서 바울을 붙들어 성전 밖으로 끌어내고 문을 닫아 버렸다. 이런 유대인들이 그에게 린치를 가하여 죽이려고 할 무렵 온 예루살렘에 소요가 일어났다는 소문을 듣고 달려온 로마 군대의 사령관과 병사들을 보고 바울을 치던 것을 그쳤으니 망정이지 그렇지 않았으면 바울은 거기서 영락없이 살해당하고 말았을 터였다(행 21:27-32). 이방인들의 구원을 위하여 보내심을 받았노라고 주장하는 바울이 유대인들의 눈에는 "나쁜 놈"으로 여겨지기만 했고 그러한 그에게 분노를 일으켰던 것이다. 말하자면, 『**동족을 시기나게 하여 그들 가운데 얼마라도 구원하려**』 했던 바울의 시도는 일단 성공을 거두지 못했던 것이다.

『**그들을 버리는 것이 세상의 화해가 된다면 그들을 받아들임은 죽은 자들로부터 살아나는 생명이 아니고 무엇이겠느냐?**』(15절)

이스라엘을 버림으로써 이방인들이 하나님과 화해를 이루는 결과를 가져올진대 유대인들을 버리지 않고 반대로 그들을 받아들인다면 그것은 죽은 자들로부터 다시 살리는 생명이 아니겠느냐고 바울은 말한다. 이것은 이 시대의 끝에 가서 하나님께서 이스라엘을 민족으로서 회복시키시게 될 것을 시사하는 말이며, 이것이 11장의 중심 주제다. 이 장은 유대인들에게 부여된 기회와 함께 이방인들에게 주어진 기회를 함께 다루고 있다. 이방인들은 하나님께서 이스라엘을 일시적으로 버리셨던 틈을 타 하나님과 화해를 이룰 수 있는 기회를 잡았던 것이다. 그렇다고 이스라엘 민족이 하나님께 버림받은 채 그냥 끝나고 마는 것은 절대 아니다. 이스라엘은 하나님의 약속의 백성이므로 반드시 회복될 것이다. 하나님께서 유대인들을 버리셨던 것은 이방인들에게 구원의 기회를 주시기 위함이었다.

『첫열매가 거룩하면 빵덩어리도 거룩하고 또 뿌리가 거룩하면 그 가지도 거룩하니라』(16절).

이 장을 읽으면서 한 가지 유의할 일은 하나님께서 유대인들은 한 민족(a nation) 단위로 다루시듯 이방인들도 "한 백성"(a people)으로 다루신다는 사실이다. 만약 당신이 하나님께서 이 11장에서도 이방인들을 다른 데서처럼 개별적으로 다루고 계신다고 생각했다가는 다음 21절에 이르러 당신은 구원을 상실하고 만다. **『하나님께서 본래의 가지들도 아끼지 아니하셨으니 너도 아끼지 아니하실까 주의하라.』**고 21절은 말씀하기 때문이다. 따라서 여기 11장에서는 하나님께서 유대인을 하나의 집단으로 다루실 뿐만 아니라 이방인도 하나의 집단으로 다루고 계신다는 것을 유의해야 한다. 이것은 앞서 **『그들의 실족으로 구원이 이방인들에게 이르렀으니...』**라는 11절 말씀이나, **『그들의 실족함이 세상의 부요함이 되고 그들의 쇠퇴가 이방인들의 부요함이 되었다면...』**이라는 12절, 그리고 **『내가 이방인인 너희에게 말하노라.』**라든지, **『내가 이방인들의 사도이기에 나의 직분을 영광스럽게 여기나니』**라는 13절의 언급에서도 분명하게 드러난다. 물론 그리스도인은 이방인이 아니다. 그리스도의 몸에 들어가면 더 이상 이방인이 아니다. 그러므로 바울이 지금 로마서 11:13에서 **『내가 이방인인 너희에게 말하노라.』**라고 말하고 있는 것은 그가 그리스도인들을 상대로 이야기하고 있는 것이 아니라 구원받지 못한 로마인들을 집단적으로 겨냥하여 이야기하고 있는 중이다. 우리가 성경을 읽을 때 그 말씀이 유대인에게 하는 말인지, 아니면 이방인들에게 하는 말인지, 또는 교회에게 하는 말인지 구분하는 것은 대단히 중요하다. 같은 이방인들이라 하더라도 여기서처럼 구원받지 못한 사람들을 집단적으로 겨냥하여 말하는 경우와 구원받은 그리스도인 성도들, 즉 "교회"를 집단적으로 겨냥하여 말하는 경우가 다르므로 이것을 구별하는 것은 매우 중요하다.

11:17 또한 만일 가지들 가운데 얼마가 꺾여지고 돌올리브 나무인 네가 그들 가운데 접붙여져서 올리브 나무의 뿌리와 기름진 것을 함께 받게 되었다면

18 그 가지들에게 자랑하지 말라. 네가 자랑하여도 네가 뿌리를 지탱하는 것이 아니요, 뿌리가 너를 지탱하는 것이니라.

19 그러면 네가 말하기를 "가지들이 꺾인 것은 내가 접붙여지기 위한 것이라." 하리라.

20 옳도다. 그들은 믿지 아니함으로 꺾여졌고 너는 믿음으로 섰느니라. 높아지려는 생각을 품지 말고 도리어 두려워하라.

21 하나님께서 본래의 가지들도 아끼지 아니하셨으니 너도 아끼지 아니하실까 주의하라.

『**또한 만일 가지들 가운데 얼마가 꺾여지고 돌올리브 나무인 네가 그들 가운데 접붙여져서 올리브 나무의 뿌리와 기름진 것을 함께 받게 되었다면**』(17절).

이방인 집단은 『**돌올리브 나무**』에 비견된다. 그리고 이스라엘은 『**참올리브 나무**』(롬 11:24)에 비견된다. 구원받은 이방인은 "돌올리브 나무" 가지가 "참올리브 나무"에 접붙여져 마치 이스라엘과 같은 백성의 위치를 차지하게 되었다. 이것은 하나님께서 계획하신 것이다.

『그 가지들에게 자랑하지 말라. 네가 자랑하여도 네가 뿌리를 지탱하는 것이 아니요, 뿌리가 너를 지탱하는 것이니라』(18절).

『그 가지들에게 자랑하지 말라.』는 것은 곧 이스라엘에 대하여 자랑하지 말라는 말이다. 왜냐하면, 올리브 나무에 접붙여진 이방인 가지가 그 나무의 뿌리를 지탱하는 것이 아니라 뿌리가 그 가지를 지탱하기 때문이다. **『뿌리』**는 물론 이스라엘을 말한다. 그러므로 하나님께서는 유대인에게서 손을 떼셨다고 주장하며 이방인들이 뽐내고 우쭐대다가는 큰코다친다. 이것은 역사적으로도 증명된 사실이다. 하나님께서 유대인들과의 관계를 영원히 단절하시고 이제는 이방인들이 유대인이 누리던 자리에 앉게 되었다고 주장하고 우쭐대며 유대인을 천대하고 괴롭히던 이방인 민족이 번영을 누리는 예는 일찍이 없었다.

『그러면 네가 말하기를 "가지들이 꺾인 것은 내가 접붙여지기 위한 것이라." 하리라. 옳도다. 그들은 믿지 아니함으로 꺾여졌고 너는 믿음으로 섰느니라. 높아지려는 생각을 품지 말고 도리어 두려워하라』(19,20절).

유대인들은 믿지 않는 바람에 꺾여졌다. 그리고 이방인들은 믿었기 때문에 설 수 있는 기회를 잡을 수 있었던 것이다. 그렇기 때문에 이방인들은 자만하지 말고 도리어 두려운 마음으로 겸손해야 한다. 이방인 민족이 믿음을 버리면 이스라엘 민족이 그러했듯 꺾이고 말 것이다. 이것은 개인이 구원을 상실하게 된다는 뜻과는 거리가 멀다. 여기서 말하는 **『너』**는 이방인들을 집단적으로 지칭하는 말이다. 이방인 민족이 하나님의 말씀을 무시하고 버리면 멸망을 면치 못할 것이다.

『하나님께서 본래의 가지들도 아끼지 아니하셨으니 너도 아끼지 아니하실까 주의하라』(21절).

유대인 열두 지파들은 『**본래의 가지들**』이었다. 그런데도 하나님께서는 그 『**본래의 가지들**』을 아끼지 않고 꺾으셨다. 그들이 믿지 않았기 때문이다. 그런데 하물며 『**본래의 가지들**』이 아닌 "접붙여진 가지들," 즉 이방인들이야 더 말해서 무엇 하랴? 하나님께서는 이방인들이 자신들에게 주어진 기회를 잡지 않으면 그들 또한 가차 없이 꺾어 버리실 것이다.

11:22 그러므로 하나님의 선하심과 준엄하심을 보라. 넘어지는 자들에게는 준엄하시니 만일 네가 그분의 선하심에 머물면 그 선하심이 너에게 있을 것이나 그렇지 아니하면 너도 꺾이리라.

23 또 그들도 믿지 않는 가운데 계속 머물지 아니하면 접붙임을 받을 것이니라. 이는 하나님께서 그들을 다시 접붙이실 수 있기 때문이라.

24 네가 본래의 돌올리브 나무에서 꺾여 본성을 거슬러 참올리브 나무에 접붙여졌는데 하물며 본래의 가지인 이 사람들이야 본래의 올리브 나무에 얼마나 더 잘 접붙여지겠느냐?

25 형제들아, 너희가 스스로 지혜 있는 체하지 않게 하기 위하여 이 신비를 너희가 모르기를 내가 원치 아니하노니 이는 이방인들의 충만함이 차기까지는 이스라엘의 일부가 완고하게 된 것이라.

『**그러므로 하나님의 선하심과 준엄하심을 보라. 넘어지는 자들에게는 준엄하시니 만일 네가 그분의 선하심에 머물면 그 선하심이 너에게 있을 것이나 그렇지 아니하면 너도 꺾이리라**』(22절).

하나님께서는 『**선하심**』과 『**준엄하심**』의 양면성을 함께 갖고 계신다. 하나님께서는 선하시되 마냥 선하기만 하신 게 아니라 한편으로는 준엄하시다. 하나님께서는 준엄하시되 또 한편으로는 선하시다. 하나님은 사랑이시되 또 한편으로는 소멸케 하시는 불이기도 하시다.

『**넘어지는 자들에게는 준엄하시니...**』 하나님께서는 넘어진 자들, 즉 믿지 않은 이스라엘에 대해서는 준엄하셨다. 그리고 믿은 이방인들에 대해서는 선하셨고 지금도 그러하시다. 그러나 그분의 선하심에 계속 머물지 아니하면 이방인들도 유대인들처럼 그분의 준엄하심에 따라 꺾이게 될 것이라고 경고한다. 물론 여기서 『**너**』라고 지칭되는 이방인들은 21절에서처럼 개별적이 아니라 한 집단으로서의 이방인을 가리키는 말이다.

구원받은 이방인들이 하나님의 선하심 가운데 계속 머물려면 어떻게 해야 하는가? 하나님의 말씀을 가까이 하여 성경을 읽고 성경을 믿으며 하나님의 말씀에 귀를 기울이고 그 말씀에 순종하는 삶을 살아야 한다. 그러면 주님께서는 계속해서 복을 주시고 하나님의 선하심 가운데 계속 머물 수 있도록 해주신다. 그러나 그들이 말씀에서 등을 돌리면 하나님께서는 그들을 꺾어 버리실 것이다.

그런데 이것을 알라. 당신은 지금 이미 하나님께서 이방인들을 꺾어 버리신 시대에 살고 있다! 바울은 여기서 미래를 말하고 있었지만, 형제들이여, 그것은 지금 미래가 아니라 현재가 되었다! 이 현재는 이미 1901년에 시작되었다. 그리고 1918년경에 하나님께서는 이미 이방인들에게서 손을 떼신 후 이스라엘의 회복을 시작하셨다.

『**또 그들도 믿지 않는 가운데 계속 머물지 아니하면 접붙임을 받을 것이니라. 이는 하나님께서 그들을 다시 접붙이실 수 있기 때문이라**』(23절).

이스라엘은 믿지 않았기 때문에 하나님에 의해 꺾여진 바 되었으되, 그들이 『**믿지 않는 가운데 계속 머물지**』 않고 돌이켜 믿게 되면 그들 역시 참올리브 나무에 다시 접붙임을 받을 것이라고 말씀한다. 하나님께서는 꺾여진 가지도 얼마든지 다시 접붙여 소생시키실 수 있는 분이시다.

『네가 본래의 돌올리브 나무에서 꺾여 본성을 거슬러 참올리브 나무에 접붙여졌는데 하물며 본래의 가지인 이 사람들이야 본래의 올리브 나무에 얼마나 더 잘 접붙여지지겠느냐?』(24절)

돌올리브 나무 가지였던 이방인들이 거기서 잘려 나와 참올리브 나무에 접붙여졌거늘, 본래부터 참올리브 나무 가지였던 이스라엘이 거기서 잘려졌다가 다시 본래의 참올리브 나무에 접붙여지는 것은 얼마나 더 쉬운 일이겠는가?

이방인들이 참올리브 나무에 접붙여진 것은 이방인으로서의 본성에 거스르는 것이었다. 이것은 다시 말해서, 이방인의 본래 태생과는 어긋나는 것이었다. 지금 이방인들이 흰 셔츠에 넥타이를 매고 양복에 구두를 신고 존경받는 사람 행세를 하고는 있지만, 그 뿌리를 거슬러 올라가 보면 그 본래의 태생은 실로 보잘것없는 것이었다. 오늘날의 영국이나 독일이나 스코틀랜드 같은 나라들이 문명국이라고 뽐내고 있지만, 이런 나라 사람들의 기원 전 300년이나 400년경 과거를 되돌아보면 그들의 조상들은 흙으로 지은 움막집에 살던 형편없는 원시인들이었다. 그런 뿌리를 갖고 있는 이방인 후손들이 예수 그리스도의 피로 구속받아 하나님의 은혜 안으로 들어오게 되었고 무엇보다도 "성경"이라는 하나님의 말씀을 받게 되었다. 성경이 누구의 책이었던가? 성경은 유대인의 책이었고 유대인들이 쓴 책이다. 형편없는 태생 출신들인 이방인도 이처럼 참올리브 나무에 접붙여졌거늘, 이스라엘 민족이 비록 꺾여졌지만, 본래 태생이 참올리브 나무 가지였던 그들이 다시 접붙여지는 것은 얼마나 용이한 일이겠는가?

『형제들아, 너희가 스스로 지혜 있는 체하지 않게 하기 위하여 이 신비를 너희가 모르기를 내가 원치 아니하노니 이는 이방인들의 충만함이 차기까지는 이스라엘의 일부가 완고하게 된 것이라』(25절).

이스라엘이 꺾여진 사이에 이방인들이 기회를 잡고 참올리브 나무에 접붙여질 수 있는 은혜를 입게 된 것, 그리고 이방인들의 죄들의 충만함이 찰 때까지 이스라엘의 일부가 완고하게 된 것, 이것은 하나의 『**신비**』이다. 바울은 당신이 이 『**신비**』를 알기 원한다고 말한다. 당신이 이 『**신비**』를 알려면 성경을 계속 읽어야 한다. 성경을 읽고 성경을 믿지 않고는 성경의 『**신비**』들을 깨달아 알 수 있는 방도가 달리 없다.

이스라엘에 대해서는 하나님께서 이미 영원히 손을 떼셨다고 당신이 만약 주장한다면, 그것은 두 가지 이유 때문인데, 첫째는 당신이 『**모르기**』("be ignorant") 때문이요, 둘째는 『**지혜 있는 체**』("be wise in your own conceits")하기 때문이다. 하나님께서는 결코 이스라엘에 대하여 끝내지 않으셨다. 그들은 『**이방인들의 충만함이 차기까지... 일부가 완고하게 된 것**』일 뿐이다. 이것은 『**신비**』이기 때문에 당신은 성경을 올바로 읽고 이 진리를 깨달아야 한다. 『**이방인들의 충만함이 차기까지**』란 곧 『**이방인들의 때가 찰 때까지**』(눅 21:24), 즉 바빌론의 느부캇넷살로부터 시작된 이방인들의 시대가 끝날 때까지를 의미한다. 이방인들의 때는 대환란과 함께 끝난다.

성경에서 『**신비**』라고 말씀할 때 이것은 전에는 감추어져 있었으나 이제는 하나님께서 성경을 통하여 밝히 드러내 보여 주신 진리들을 말한다. 성경에는 "천국의 신비들"이 있고(마 13:3-50), 여기 로마서 11:25에서처럼 이방인들의 충만함이 찰 때까지 이스라엘의 일부가 완고하게 된 신비가 있으며, 이 시대 끝에 살아 있는 그리스도인들의 몸이 초자연적으로 변화되는 신비가 있고(고전 15:51,52, 살전 4:14-17), 이방인들이 복음을 통하여 그리스도 안에서 공동 상속자가 되고 한 몸이 되며 그의 약속에 동참하는 자가 되는 복음의 신비, 즉 신약교회의 신비가 또 있다(엡 3:1-11; 6:19, 롬 16:25, 골 4:3). 그런가 하면 또, 그리스도의 신부로서의 교회의 신비가 있고(엡 5:28-32), 구원받은 사람 안에 그리스도께서 들어와 거하시는 신비가 있으며(갈 2:20, 골 1:26,27), 하나님이신 예수 그리스도께서 인간의 몸을 입고 이 땅에 오신 신비도 있다(골 2:2,9, 고전 2:7). 그리고 주님께서 인간으로 이 세상에 오셨다가 하늘로 승천하신 경건의 신비가 있고(딤전 3:16), "불법의 신비"가 있으며(살후 2:7, 마 13:33), 요한계시록에 보면 일곱 별의 신비가 또 있고(계 1:20), 큰 바빌론의 신비라는 것이 또 있다(계 17:5,7).

『**이방인들의 충만함이 차기까지는 이스라엘의 일부가 완고하게 된 것이라.**』 이스라엘이 그 전부가 완고하게 된 것이 아니라 그 『**일부가 완고하게 된 것**』이라고 말씀한다. 일부가 완고하게 된 것이라면 일부는 그렇게 되지 않았다는 말씀이다. 하나님께서는 이스라엘의 일부를 남겨 놓으셨던 것이다. 분명 이스라엘의 일부는 구원받았다. 그러나 민족적으로 볼 때 이스라엘은 아직 구원받은 민족이 아니다. 그들이 민족적으로 구원받아 하나님의 백성으로서의 원래 위치로 원상 복구되는 것은 장래의 일이다. 그러나 그것은 먼 미래가 아니다. 가까운 장래에 그들은 결국 민족 전체가 구원받아 자신들의 원래 위치를 회복하고 자신들의 메시야를 모신 가운데 모든 이방 민족들을 다스리게 될 것이다.

『**너희가 스스로 지혜 있는 체하지 않게 하기 위하여 이 신비를 너희가 모르기를 내가 원치 아니하노니...**』(25절) 아담 클라크, 그는 이미 "아웃"이다. 매튜 헨리, 그 역시 "아웃"이다. 내가 알고 있는 전천년주의 성경 주석자들은 대여섯 명밖에 되지 않는다. 그 가운데 제이머스 포셋 브라운이 있고, 웨인이 또 전천년주의 성경 주석자였다. 그러나 엘리컷이나 아담 클라크, 존 피터랜드, 매튜 헨리 같은 사람들은 모두가 후천년주의 주석자들이다. 하나님께서는 이스라엘을 영영 버리셨다고 이들은 믿는 것이다. 그리고 바티칸의 보좌에 앉아 보았던 교황들치고 전천년주의를 믿었던 사람은 하나도 없었다. 전천년주의를 믿는 사람으로 바티칸의 교황 자리에 오른다는 것부터가 애당초 불가능하다. 그래서 전천년주의를 반대하고 배격하는 자들을 손꼽을 때 맨 먼저 로마카톨릭 교황을 지목하면 절대로 빗나가지 않는다. 그 다음 두 번째로는 변개된 새 역본들을 사용하는 자들을 손꼽으면 된다. 그 자들이 이런 이야기를 들으면 펄펄 뛰며 분노를 표출하겠지만, 그것은 그 자들이 성경에 대하여 분노를 표출하는 것이다.

11:26 그리하여 온 이스라엘이 구원을 받으리라. 기록된 바 "구원자가 시온에서 와서 야곱에게서 경건치 아니한 것을 제거하리라.

27 이는 내가 그들의 죄들을 없앨 때 그들에 대한 나의 언약이 이것임이니라." 함과 같으니라.

28 복음에 관하여는 그들이 너희로 인하여 원수가 되었으나 선택에 있어서는 그들의 조상으로 인하여 사랑을 받는 자들이라.

29 이는 하나님의 은사와 부르심에는 후회가 없으심이니라.

30 너희가 지나간 때에는 하나님을 믿지 아니하더니 이제는 그들이 믿지 아니함으로 인하여 자비를 얻었느니라.

『**그리하여 온 이스라엘이 구원을 받으리라. 기록된 바 "구원자가 시온**

에서 와서 야곱에게서 경건치 아니한 것을 제거하리라』(26절).

이스라엘의 일부가 완고하게 되었으되 장차 『**온 이스라엘**』이 구원받게 되리라고 이 구절은 선언한다. 그 증거로 바울은 이사야 59:20,21 말씀을 인용한다. 『**구속주가 시온에게, 야곱 안에서 허물로부터 떠난 자들에게 오시리라. 주가 말하노라. 나에게는, 이것이 그들과 함께한 나의 언약이라...**』 예수 그리스도의 재림을 알리는 위대한 선언이다. 『**구원자**』가 오셔서 유대인들을 구원하시고 그들의 죄들을 용서하셔서 의롭게 해주시며 그들의 모든 죄를 더 이상 기억하지 않으실 것이다. 예레미야 31장을 보라. 『**주가 말하노라. 그러나 이것이 내가 이스라엘 집과 더불어 맺을 언약이 되리니 그 날들 이후로 나는 내 법을 그들 속에 두며 그들의 마음속에 기록하여 나는 그들의 하나님이 되고 그들은 나의 백성이 되리라. 그러면 그들은 각기 자기 이웃과 각기 자기 형제에게 말하기를 "주를 알라."고 더 이상 가르치지 아니하리니 이는 그들 모두가, 즉 그들 가운데 작은 자로부터 큰 자에 이르기까지 나를 알게 될 것이기 때문이요, 내가 그들의 죄악을 용서할 것이며 그들의 죄를 더 이상 기억하지 아니할 것임이라. 주가 말하노라**』(렘 31: 33,34).

『**그리하여 온 이스라엘이 구원을 받으리라.**』 대환란 기간 동안 끝까지 견딘 끝에 구원받게 될 "환란 성도들"은 요한계시록 14장과 마태복음 25장에서 언급되는 무리들로서 이스라엘 열두 지파에 속하는 144,000명이 그 대부분을 차지할 것이다. 이 무리들은 대환란 기간 동안 끝까지 견뎌내 율법을 지키고 모세의 노래를 부르는 "동정들"(virgins)들로서 대환란 끝에 신랑이 땅을 차지하려고 올 때 그를 맞이하려고 들림 받게 될 처녀들이다(이들은 대환란 직전에 그리스도께서 교회를 위해 공중 재림하실 때 그를 맞기 위해 들림 받는 그리스도의 몸으로서의 "순결한 처녀"(고후

11:1-3)의 구성원들과는 전혀 다른 부류다. 요한계시록 14장에서 유대인 144,000명이 들림 받게 되는 것은 이른바 "대환란 후 휴거"에 따른 들림 받음이다). 대환란 기간 동안에 구원받게 될 유대인들 가운데에는 이들 144,000명 외에도 휴거되지 못하고 지상에 잔류하게 될 사람들이 또 상당수 있다고 나는 추정한다. 나는 비록 그 수가 얼마나 될지 정확히는 모르지만 최소한 2천 명은 넘으리라고 생각한다. 대환란 기간 중 3년 반 동안 에돔의 페트라에서 하나님의 보호를 받게 될(계 12:14) 유대인들을 감안해 볼 때 이러한 추정이 가능하다. 물론 이들 2천 명이 넘는 유대인들이 팔레스타인 땅 본거지에서 생존할 수 있을 가능성은 매우 희박하다. 요한계시록 12:14는 이들이 『**광야에 있는 자기 처소로 날아가서 그곳에서 그 뱀의 낯을 피하여**』 3년 반 동안 부양 받게 된다고 말씀한다. 아돌프 히틀러는 2차 대전 중 무려 6백만 명의 유대인들을 학살했지만 지금 세계 전역에는 팔레스타인을 포함하여 1400만 명의 유대인들이 생존하고 있다. 적그리스도가 대환란 후기 3년 반 동안 아무리 극렬하게 유대인을 학살한다 할지라도 1400만 유대인들 중에서 144,000명을 제외한 나머지를 모두 색출하여 살해한다는 것은 불가능할 것이다.

『**이는 내가 그들의 죄들을 없앨 때 그들에 대한 나의 언약이 이것임이니라." 함과 같으니라**』(27절).

이 구절에 밑줄을 그어 두어라. 『**내가 그들의 죄들을 없앨 때**』, 이스라엘에 대한 하나님의 언약이 마침내 이루어지는 것이다. 이 말씀은 하나님께서 이스라엘로부터 손을 떼셨다고 가르치는 모든 후천년주의자들의 거짓말을 일시에 무너뜨린다. 이것은 아직 성취되지 않았다. 그러나 주 예수 그리스도께서 이 땅에 다시 오실 때 반드시 이루어질 일이다. 이것은 하나님께서 이스라엘과 맺으신 『**언약**』이므로 절대로 취소되거나 파기될 수가 없다. 이것은 본디 갈보리에서 성취될 뻔했던 일이었다. 그러나 이스라엘은 아무도 여기에 관심을 갖지 않았다. 그리하여 그들을 구원하고 그들의 죄들을 없애는 일은 그리스도의 재림 때 성취될 것이다.

사도행전 3장으로 잠시 가 보자. 사도행전이 점진적 사태 전환을 밝히는 과도기적 책이라는 것은 여기를 읽어 보아도 알 수 있을 것이다. 사도행전 3장에서 베드로가 설교한다. 그러나 그는 자신의 설교 가운데서 그리스도께서 고난받으시고 죽으심으로써 이스라엘의 죄들이 제거되었다고는 결코 언급하지 않는다. 『**그러므로 너희는 회개하고 돌이키라. 그러면 주의 임재하심으로부터 새롭게 되는 때가 올 때 너희 죄들이 지워지리라**』(행 3:19). 베드로는 이스라엘의 죄들이 지워지는 때를 언제로 잡고 있는가? 베드로는 그 때를 『**주의 임재하심으로부터 새롭게 되는 때**』라고 못박고 있다. 이스라엘의 죄들이 지워져 민족적 구원이 이루어지는 것은 예수 그리스도께서 재림하실 때이다. 유대인들을 위한 사도였던 베드로는 그 어디에서도 이스라엘의 민족적 죄들이 갈보리에 용서되었다고는 말한 바가 없다. 당신은 에스겔 40장에서 48장까지를 읽으면서 어째서 제사장 직분이라든가 성전에 대해서 그토록 상세히 기록하고 있고 그리스도께서 이미 구속을 완성해 놓으신 터에 어째서 또 죄의 구속에 대해 그토록 상세하게 기록하고 있는 것일까 하고 이상하게 생각하고 의문을 갖게 될 것이다. 그러나 하나님께서 유대인을 개별적으로 상대하실 뿐만 아니라 이스라엘을 민족적으로 다루신다는 것을 유념하면 그러한 의문은 쉽게 해소될 수 있을 것이다. 이스라엘은 민족적 구속을 받도록 돼 있는 민족이다. 이스라엘이 개별적으로도 구속의 대상이 된다는 것은 두말할 나위가 없지만, 또 한편 민족적으로도 구속의 대상이 된다는 사실을 잊지 말아야 한다. 유대인의 개별적인 구속은 물론 갈보리에서 이루어졌다. 유대인도 예수 그리스도를 믿고 구주로 영접하면 개인적으로 구원받아 거듭나게 된다. 유대인들 중에는 이렇게 구원받아 그리스도의 몸 안으로 들어온 사람들이 숱하게 많다. 그러나 유대인들은 민족적으로 구속받아야 할 대상이다. 그리고 이 일은 그리스도의 재림과 함께 성취될 것이다. 그러나 이방인들에게는 개인적 구원만이 있을 뿐 민족적으로 이루어지는 집단적 구속이란 있을 수 없다. 당신의 죄들은 과거 갈보리에서 개별적으로 처리되었다. 그러므로 당신이 지금 구원받고 거듭나면 이 다음 천년왕국에서 다시 한 번 더 민족적으로 죄의 구속을 받을 필요가 없다. 에스겔 40장에서 48장에 이르기까지 성전에서 제사장들이 희생제물을 드리는 것은 갈보리에서 죄를 용서받지 못한 자들을 위한 것으로 유대인의 민족적 죄들을 위한 것이지 당신을 위한 것이 결코 아니다. 이스라엘은 한 민족 집단으로서 구속받지 않으면 안 될 누적된 죄들을 지니고 있는 민족이다.

『**복음에 관하여는 그들이 너희로 인하여 원수가 되었으나 선택에 있어서는 그들의 조상으로 인하여 사랑을 받는 자들이라**』(28절).

이 구절은 당신이 자신의 전화번호를 외우고 있듯이 잘 기억하고 있어야 할 위대한 구절이다. 『**복음에 관하여는**』, 즉 예수 그리스도의 동정녀 탄생과 갈보리에서의 죽으심과 묻히심과 부활하심에 관한 한, 이를 믿지 않는 유대인은 『**원수**』가 되었다. 이방인들이 이것을 믿을 때 그들을 구원하기 위하여 이것을 믿지 않는 이스라엘은 원수가 될 수밖에 없었던 것이다.

이 구절에서 사용되고 있는 『**선택**』이란 용어는 성경에서 문맥에 따라 여러 가지 경우를 의미하는데, 예컨대 사역자로 하나님의 부르심을 받을 경우에도 사용되고, 믿음으로 구원받고 양자로 입양되어 그리스도의 몸 안으로 들어오는 경우에도 사용되며, 구원받은 사람이 그리스도의 형상과 일치하도록 부르심을 받는 경우에도 사용된다. 그러나 여기서처럼 유대인의 경우에는 하나님께서 자신에게 영광을 돌릴 백성으로 특별히 택함 받은 것을 나타낸다.

『**복음에 관하여는 그들이 너희로 인하여 원수가 되었으나...**』에서 『**너희**』란 물론 이방인들을 지칭하되 개별적이 아니라 한 집단으로서의 이방인들을 한 그룹으로 묶어서 가리키는 말이다. 하나님께서는 이스라엘을 하나의 민족 집단으로 다루시듯이 이방인들을 한 집단으로 다루기도 하신다. 신약 시대의 "구원"에 관한 한 이스라엘이나 이방인이나 하나님께서는 모두 개별적으로 다루시므로 집단적 구원이 아니라 개인적 구원만이 가능하지만, 하나님의 경륜에 따라 상대하시는 대상은 이스라엘이나 이방인이나 하나의 집단으로 묶어서 다루신다. 하나님께서는 신약 시대에 한 민족으로서의 이스라엘을 선반에 올려놓으신 동안 이방인들을 한 "백성"으로 다루신다. 하나님께서 이방인들을 상대하고 계시는 동안 선반에 올려놓아진 이스라엘 민족도 신약적 구원 계획에 따라 개인적으로는 얼마든지 구원받을 수가 있다. 반대로 하나님께서 이방인들에게서 손을 떼시고 이스라엘을 상대하고 계시는 동안에는 곁으로 제쳐진 이방인도 개인적으로는 그 시대의 구원 계획에 따라 구원받을 수가 있다. 그 한 예가 할례받은 자들을 위한 사역이 진행되고 있던 마태복음에서 "개" 취급을 받던 이방인 여인이 구원받는 경우에서 잘 드러난다(마 15:21-28). 이처럼 모든 시대에 걸쳐 누구에게나 개인적으로는 열려 있는 분이 우리 주님이시다. 그러나 민족적 집단에 대해서는 시대에 따라 하나님께서 기회를 열어 주기도 하시고 닫기도 하시는데, 특히 경제적·재정적인 면에서 그러하다. 다시 말해서, 하나님께서 이스라엘을 모든 민족들의 꼭대기에 올려놓고 계신 동안 밑바닥에 눌려 있는 이방인 나라들에는 부유하게 될 수 있는 기회를 주지 않으신다. 반대로 이방인 나라들이 상승 기류를 타고 있는 동안 밑바닥으로 전락해 있는 유대인에게 경제적 어려움을 주시는 것이다. 앞에서도 말했듯이 하나님께서는 이미 20세기에 들어오면서부터 이방인들로부터 손을 떼셨다. 이것은 이방인 나라들의 경제적 여건이 점진적으로 기울어져 갈 것을 예고한 것이기도 하다. 한 나라 국민이 하나님의 말씀에 귀를 기울이면 성령께서 그 나라 안에서 어떤 전면적인 움직임들이 일어나도록 역사하셔서 경제적으로 흥하게 하시고 하나님의 말씀을 무시하고 짓밟으면 그 나라 경제를 파국으로 몰고 가신다. 반대로 한 나라 경제가 흥하면 성령께서 역사하시는 움직임들이 그 나라 곳곳에서 발견되고, 한 나라 경제가 침체했을 때 보면 성령의 역사하심이 어디에서도 엿보이지 않는다. 이것은 하나의 엄연한 규칙이다. 그렇기 때문에 하나님을 원망할 수가 없다. 하나님께서는 이렇게 되도록 일찍부터 계획해 놓으셨기 때문에 이것을 인식하지 못했다면 그것은 그 나라 국민의 불찰이다.

『**이는 하나님의 은사와 부르심에는 후회가 없으심이니라**』(29절).

하나님께서는 이스라엘 민족을 선택하시고 그들에게 많은 은사를 주셨다. 그 민족이 비록 하나님을 거역했지만 하나님께서는 그들에게 은사를 베풀어 주셨던 것을 후회하시거나 그들을 택함 받은 백성으로 삼아 주신 것을 후회하지 않으시며 그들에게서 은사들을 도로 회수해가려고도 하지 않으신다. 하나님께서는 도리어 그 민족을 다시 회복시켜 주실 것이다.

이 구절을 영적으로 적용하면 개인적으로도 적용할 수 있는 말씀이다. 가령, 하나님께서 당신을 사역자로 부르셔서 목사가 되게 하시고 목사로서의 직분을 감당하기에 필요한 모든 은사들을 주신다. 그런데 당신이 목사로서의 의무를 적절하고도 성실하게 수행하지 못한다. 그러나 하나님께서는 당신을 목사로 부르셨던 것을 후회하시고 당신에게서 은사들을 거두어 가시지는 않는다. 그런즉, 당신이 하나님께로부터 어떤 은사들과 함께 부르심을 받고 거기에 합당하게 일하느냐 않느냐 여부는 당신에게 달린 문제이지 하나님께서 그런 당신을 왜 부르셨고 왜 은사들을 주셨느냐 하는 것과는 별개의 문제다. 하나님께서는 누구에게 무엇을 일단 주고 나시면 그것을 도로 빼앗지는 않으신다. 받은 것을 어떻게 적절히 활용하느냐 여부는 당신이 알아서 할 일이다.

『**너희가 지나간 때에는 하나님을 믿지 아니하더니 이제는 그들이 믿지 아니함으로 인하여 자비를 얻었느니라**』(30절).

하나님께서는 누구에게나 자비를 베푸시는 분이시다. 예수 그리스도께서는 마태복음 9:13에서 바리새인들에게 이렇게 말씀하셨다. 『**너희는 가서 '나는 자비를 원하고 희생제를 원치 아니하느니라.'는 말씀의 의미를 배우라. 나는 의인들을 부르러 온 것이 아니요, 죄인들을 불러 회개에 이르게 하려고 왔노라.**』 인간들에게서 제사를 받고자 하는 것이 하나님께서 바라시는 바가 아니라 인간에게 자비를 베풀고자 하시는 것이 그분께서 바라시는 바다. 과거에는 이방인들이 하나님을 믿지 않는 바람에 하나님의 자비를 누리지 못하고 유대인들이 누렸지만 정작 메시아께서 이 땅에 오시자 이번에는 유대인들이 그분을 믿지 않음으로써 하나님의 자비를 발로 차 버렸다. 그 결과 이제는 이방인들이 대신 그 자비를 받게 되었다.

11:31 이와 같이 이제 이들이 믿지 아니한 것은 너희의 자비를 통하여 그들도 자비를 얻게 하려 함이라.

32 하나님께서 그들 모두를 믿지 않는 가운데 가두어 두심은 모든 사

람에게 자비를 베풀려 하심이니라.

33 오 깊도다, 하나님의 지혜와 지식의 부요함이여! 그분의 심판을 어찌 헤아리며 그분의 지나간 길을 어찌 찾아내리요?

34 누가 주의 생각을 알았느냐? 누가 그분의 의논자가 되었느냐?

35 누가 먼저 그분께 드려서 되돌려 받겠느냐?

36 이는 만물이 그분께로부터 나와 그분을 통하여 그분께로 돌아감이라. 영광이 그분께 영원히 있으리로다. 아멘.

『**이와 같이 이제 이들이 믿지 아니한 것은 너희의 자비를 통하여 그들도 자비를 얻게 하려 함이라**』(31절).

하나님께서 이방인들에게 자비를 베푸신 것은 그들로 하여금 자비를 누리기만 하라고 주신 것이 아니다. 하나님께로부터 받은 자비를 유대인들에게 보여 주는 것, 이것은 하나님께로부터 자비를 얻은 이방인들이 해야 될 몫이다. 당신이 구원받고 거듭난 그리스도인이라면 당신에게는 하나님의 자비하심을 유대인들에게 가르쳐 줄 기회도 주어진 것이다. 이런 점에서 본다면 수많은 그리스도인들이 하나님께로부터 받은 자비를 오용하고 있는 셈이다.

『**하나님께서 그들 모두를 믿지 않는 가운데 가두어 두심은 모든 사람에게 자비를 베풀려 하심이니라**』(32절).

유대인이건 이방인이건, 어떤 사람이 예수 그리스도를 구주로 영접하기를 거부함으로써 하나님의 자비를 발로 차 버리면 하나님께서는 그를 내던져 버리시고 그에게 갈 자비를 다른 사람에게 옮기신다. 이렇게 함으로써 하나님의 자비는 모든 사람에게 베풀어지게 된다. 따라서 하나님의 자비를 받아들이느냐 안 받아들이느냐 하는 것은 전적으로 그 사람에게 달린 문제다. 하나님께서는 사람들이 받아들이든 안 받아들이든 어쨌든 모든 자들에게 다 자비를 베푸신다. 문제는 당신이 하나님의 자비를 원하느냐 여부이지 하나님께서 당신에게 자비를 베푸시느냐 여부가 아닌 것이다. 어떤 사람들은 이 구절의 후반부 『**모든 사람에게 자비를 베풀려 하심이니라.**』는 부분만 뚝 떼어다가 하나님께서는 이처럼 모든 사람에게 자비를 베푸시기 때문에 누구도 지옥에 가지는 않는다고 엉뚱한 주장을 펼치기도 하지만, 당신이 지옥에 가는 것은 전적으로 당신의 책임이다.

『**오 깊도다, 하나님의 지혜와 지식의 부요함이여! 그분의 심판을 어찌 헤아리며 그분의 지나간 길을 어찌 찾아내리요?**』(33절)

우리는 이 구절을 읽으면서 아멘! 아멘!을 연발하지 않을 수가 없다. 『**하나님의 지혜와 지식의 부요함**』이 그 얼마나 크신가! 『**그분의 심판**』, 즉 그분의 넓고도 깊은 판단력을 어찌 다 헤아려 알 수 있으랴! 『**그분의 지나간 길**』, 즉 하나님께서 행하신 모든 일들을 우리가 어찌 다 일일이 발견할 수 있단 말인가!

우리가 헤아릴 수 없고 우리가 다 발견할 수 없는 것들 가운데 어떤 것들이 있는지 한번 성경에서 잠시 찾아보자.

첫째로 모든 지각을 초월하시는 하나님의 『**평강**』이 있다(빌 4:7).

둘째로 그리스도의 『**풍요함**』이 있다(엡 3:8).

셋째, 말로 표현할 수 없는 하나님의 『**선물**』이 있다(고후 9:15).

넷째, 말할 수 없이 영광으로 가득 찬 『**기쁨**』이 있다(벧전 1:8).

다섯째, 말로 다 설명할 수 없는 『**말**』, 즉 "말씀들"이 있다(고후 12:4). 이 "말씀들"에 대해서는 사람들에게 말하도록 허락되지 않은 것이라고 바울은 말한다.

그는 하나님의 지식을 이루 다 헤아릴 수가 없었고, 그분의 『**풍요함**』

과 그분의 『**선물**』을 말로 다 형언할 수 없었으며, 그 모두가 사람의 생각과 지식을 초월하는 것이었다. 사람이 하나님에 대하여 알 수 있는 것은 단지 한 부분일 뿐이다. 욥의 친구 소팔은 이에 대해 이렇게 말한다. 『**네가 찾는다고 해서 하나님을 찾아낼 수 있겠느냐? 네가 전능하신 분을 완전히 찾아낼 수 있겠느냐? 그것은 하늘만큼 높으니 네가 무엇을 하겠으며 지옥보다 깊으니 네가 어찌 알 수 있겠느냐? 그 크기는 땅보다 길고 바다보다 넓으니라**』(욥 11:7-9). 당신이 하나님을 완전히 찾아낸다는 것은 불가능하다. 박해 속에서 혹독한 고문을 받으면서 믿음을 버리지 않고 성령으로 충만한 가운데 하나님께 밀착해 있었던 순교자들도 하나님의 본질의 일부는 어느 정도 알고 있었으되 하나님에 대하여 그 전부를 헤아리고 있지는 못했다고 나는 생각한다. 그들에게는 자신들을 가두어 두고 있는 하나님의 작은 틀만 해도 그것을 다 더듬어 알기에는 너무나 크고 벅찼다. 그들이 갇혀 있는 작은 틀 속에도 하나님께서는 계셨고, 그 하나님을 다 헤아려 알기에도 힘에 부쳤던 것이다. 하나님은 그런 분이시다. 이 세상에 그 누구도 "오늘 아침 신문 보도에 따르면..." 식으로 하나님에 대하여 이렇다 저렇다 말할 수 있는 사람은 아무도 없다. 하나님께서는 수천 명의 기자들을 거느린 신문사 열 개가 힘을 합쳐도 그 전모의 만 분의 일도 파헤칠 수가 없는 분이시다.

『**누가 주의 생각을 알았느냐? 누가 그분의 의논자가 되었느냐?**』(34절)

아무도 없었다. 『**주의 생각**』을 안다고 우쭐댔던 사람이 없지는 않았다. 존 칼빈이 그런 사람이었다. 그는 자기가 하나님의 생각을 다 아는 것처럼 행세했다. 그러나 칼빈주의자들이야말로 하나님의 생각을 그 누구보다도 더 모르는 자들이다. 이것은 내가 보장한다. 하나님께서는 그 누구도 구원할 자를 창세 이전부터 예정해 놓으신 바가 없고, 그 누구도 "전적 타락"에 영원히 처해 있도록 정해 놓으신 바가 없으며 그 누구도 "무조건적 선택"에 의해서만 선택하지도 않으신다. 이것은 칼빈주의자들이 자기네들 멋대로 만들어 놓은 이단적인 교리일 뿐 하나님과는 아무 상관도 없는 가르침이다. 『**누가 주의 생각을 알았느냐?**』 아무도 없었다.

『**누가 그분의 의논자가 되었느냐?**』 아무도 없었다. 뉘라서 감히 하나님의 의논자가 되어 "하나님, 그건 그렇게 해서 될 일이 아니지요."라든지, "이건 이렇게 처리하는 게 좋겠습니다." 하고 하나님을 감히 "코치"할 수 있단 말인가? 당신은 기도하면서 "하나님, 어째서 일이 이렇게 되도록 가만 놔두셨습니까? 그건 결정적인 실수였어요!" 하고 말할 수 있겠는가? 그러나 사람들은 간혹 이런 식의 기도를 한다. 말은 달리 표현할지 몰라도 사람들이 드리는 기도 가운데에는 "하나님, 그건 너무해요! 어서 그 조치를 철회해 주세요."라는 의미가 다분히 담겨 있는 기도를 거침없이 드리고 있는 것을 우리는 가끔 보게 된다. 『**누가 그분의 의논자가 되었느냐?**』 아무도 없었고 지금도 없으며 앞으로도 있을 수가 없다.

『**누가 먼저 그분께 드려서 되돌려 받겠느냐?**』(35절)

아무도 없다. 이 세상에 그 누가 하나님께로부터 받기 전에 하나님께 먼저 드릴 수 있겠는가? 당신이 만약 무엇인가를 하나님께 드린다면, 당신은 그것을 어디서 났는가? 하나님께서 먼저 당신에게 주셨던 것이 아닌가? 당신이 십일조를 드리고 헌금을 한다. 당신은 그 돈이 어디서 났는가? 그것이 당신의 돈이던가? 하나님께서 주시지 않았다면 그 돈을 어떻게 벌 수 있었겠는가? 당신은 하나님께 당신의 목숨을 드릴 수도 있다. 그러나 그 생명을 누가 먼저 당신에게 주었던가? 당신은 자신의 달란트를 하나님께 드릴 수 있다. 그러나 그 달란트가 어디서 났는가? 당신이 헌금한다 한들 주님께서 당신에게 주신 돈에 비하면 그것이 몇 분의 일이나 되겠으며, 당신이 달란트를 주님께 드린다고 한들 주님께로 받은 은사들에 비하면 그것이 얼마나 되겠으며, 설사 당신이 당신의 생명을 드린다 한들 주님께로부터 받은 모든 복에 비하면 그것이 얼마나 될 것인가? 당신은 이것을 한 번이라도 생각해 보았는가? 하나님께 무엇인가를 드린다고 생각하고 스스로 대견해 하지 말라. 당신에게 먼저 주신 분이 하나님이심을 잊지 말 것이요, 당신이 드리는 것은 하나님께로부터 받은 것에 비하면 아무것도 아니라는 것을 잊지 말라. 당신이 하나님께로부터 받은 것을 한 번 헤아려 보라.

『이는 만물이 그분께로부터 나와 그분을 통하여 그분께로 돌아감이라. 영광이 그분께 영원히 있으리로다. 아멘』(36절).

모든 것이 하나님께로부터 나온다. 그리고 모든 것이 그분께로 돌아간다. 모든 것이 그분께로 돌아가는 것도 당신을 통해서가 아니라 『**그분**』을 통해서다. 이것을 알라. 하나님께서는 예수 그리스도를 통하지 않고서는 당신으로부터 아무것도 받지 않으신다. 만물은 주님께로부터 나와 주님을 통하여 주님께로 돌아간다. 이것이 주님의 영광이다. 영광이 그분께 영원히 있으리로다! 아멘!

로마서 12장

12:1 그러므로 형제들아, 내가 하나님의 모든 자비하심으로 너희에게 권고하노니, 너희 몸을 하나님께서 기뻐하시는 거룩한 산 제물로 드리라. 이것이 너희가 드릴 합당한 예배니라.

2 너희는 이 세상과 일치하지 말고 너희 마음을 새롭게 함으로써 변화를 받아 하나님의 선하시고 기뻐하시고 온전하신 뜻이 무엇인지 입증하도록 하라.

『**그러므로 형제들아, 내가 하나님의 모든 자비하심으로 너희에게 권고하노니, 너희 몸을 하나님께서 기뻐하시는 거룩한 산 제물로 드리라. 이것이 너희가 드릴 합당한 예배니라**』(1절).

『**그러므로...**』, 어떠하므로 말인가? 앞 장 마지막 절에서 읽은 것처럼 『**만물이 그분께로부터 나와 그분을 통하여 그분께로**』 돌아가므로 말이다. 그러므로 이런 관점에서 『**내가... 너희에게 권고하노니**』라고 바울은 말한다. 그러므로 이 구절은 앞의 11:36에서 직접 연결된다.

어느 것 하나 예외 없이 모든 것이 하나님께로부터 나와 하나님을 통하여 하나님께로 돌아간다고 바울은 11:36에서 언급했었다. 그러나 당신은 여기에서 주의해야 한다. 죄는 결코 그분께로부터 나오지 않는다. 또 마귀는 그분으로 말미암지 않는다. 그리고 죄는 그분께로 돌아가지도 않는다. 바울이 11:36에서 말한 『**만물**』이란 11:33에서 언급했던 『**하나님의 지혜와 지식의 부요함**』, 『**그분의 심판**』, 그리고 『**그분의 지나간 길**』, 즉 하나님께서 행하시는 일들의 모든 것을 의미한다. 당신의 지혜와 지식이 아니라 하나님의 부요한 지혜와 지식, 마귀의 지혜와 지식이 아니라 하나님의 부요한 지혜와 지식, 그것이 하나님께로부터 나와 하나님을 통하여 하나님께로 돌아간다. 당신의 판단이나 마귀의 판단이 아니라 하나님의 그 헤아릴 수 없이 정확한 판단들 말이다. 당신의 방식이나 마귀의 방식들이 아니라 그 전모를 이루 다 찾아낼 수 없이 오묘한 하나님의 방식들, 그리고 그 방식들로 행하시는 모든 일들이 그분께로부터 나와 그분을 통하여 그분께로 돌아간다는 말이다.

『**내가 하나님의 모든 자비하심으로 너희에게 권고하노니**』. 지금 바울은 당신에게 간절한 마음으로 『**권고**』하되, 『**하나님의 모든 자비하심**』을 그 권고의 토대로 삼고 있다. 바울이 당신에게 호소하면서 토대 삼고 있는 것으로 이것 말고 다른 것이 또 있다. 이 장을 계속 읽어 내려가다 보면 그것이 무엇인지 알게 될 것이다. 그러니까, 바울은 지금 "내가 너희에게 '첫째로는' 하나님의 자비를 근거로 권고하노니..."라고 말하고 있는 셈이다. 하나님께서는 당신에게 자비를 베푸신다. 우리는 이에 대해 앞서 11장에서 살펴보았다. 그런데, 하나님의 자비는 당신의 "몸"에 베풀어지는 것이지 당신의 "삶"에 베풀어지는 것이 아니다. 당신은 그리스도께서 당신의 삶에 들어오시게 하려고 당신의 삶을 하나님께 내어드렸던 게 아니다. 당신은 그리스도께서 당신의 몸 안으로 들어오시게 하려고 당신의 몸을 하나님께 내어드렸다. 당신이 하나님께 당신의 몸을 몽땅 내어드리자 그리스도께서 당신에게 생명을 주셨다. 당신이 만약 당신의 몸을 몽땅 내어드리지 않았다면 그리스도께서 당신에게 온전한 생명을 주셨다고 할 수가 없다. 왜냐하면 당신은 몸의 일부를 당신 스스로가 두었다 쓰려고 남겨 두었기 때문에 주님께로부터 받은 생명도 그 부분만큼 불완전할 수밖에 없었을 테니 말이다. 당신이 만약 몸을 내어드리지 않고 "삶"을 내어드렸다면 당신은 주님께로부터 온전한 생명은커녕, 생명을 조금도 받지 못한 것이다. 다시 말하거니와, 생명은 몸에 주어지는 것이지 삶에 주어지는 것이 아니다.

"현대 기독교"에서 흔히 사용되는 용어 중에 무엇인가를 "삶을 나눈다."는 말이 크게 유행한다. 이것은 그러나 전혀 성경적인 용어가 아니다. 그리고 "삶 가운데 그리스도를 맞아들인다."는 말이 또 현대 기독교에서 크게 유행하는데, 이 또한 전혀 성경적인 말이 아니다. 사람들은 이게 무엇을 의미하는지도 모르고 함부로 이런 말을 내뱉는다. 당신이 성경대로 믿는 사람이라면 사용하는 말에도 아주 주의해야 한다. 세상은 온통 비성경적인 말들로 범람한다. 자, 여기 당신의 "삶"이란 것이 있다. 당신이 세상에 태어나 그 "삶"을 얼마간 살다가 죽는다. 그런데 그 "삶" 가운데로 그리스도께서 들어오신다. 그러나 도대체 이게 무슨 뜻인가? 나는 여기서 아무 뜻도 발견할 수가 없다. 삶은 실체가 아니다. 실체도 아닌 것에 그리스도께서 어찌 들어가신다는 말인가? 그리스도께서는 영광의 소망으로 당신의 "몸"이라는 실체 안으로 들어오신다. 『**또한, 너희 몸은 너희가 하나님으로부터 받은 바 너희 안에 계신 성령의 전인 것을 알지 못하느냐? 너희는 너희 자신의 것이 아니니라.**』(고전 6:19)고 성경은 말씀한다. 그리고 또 이어서 『**너희는 값을 치르고 산 것이니 그러므로 하나님의 것인 너**

희 몸과 너희 영으로 하나님께 영광을 돌리라.』(고전 6:20)고 말씀한다. 그래서 바울도 여기 1절에서 당신의 『**몸을 하나님께... 드리라.**』고 말하고 있다. 그것도 『**거룩한 산 제물로**』 드리라고 말씀한다. "산 제물"이어야지 "죽은 제물"은 안 된다. "죽은 제물"은 주님께 아무 소용도 없다. 죽어서 땅에 묻혀 썩고 있는 당신 몸이 주님께 무슨 소용이 있겠는가? 당신의 몸이 살아 있어야 무엇인가를 하고 싶을 테고, 당신의 살아 있는 몸이 무엇인가를 하고 싶어해야 주님께서도 무엇인가를 하게 하고 싶어지실 것 아닌가? 당신의 몸이 죽어 있으면 무엇을 하고자 할 생각조차도 못할 것인즉, 주님께서도 그것으로 무엇을 할 수 있도록 하고자 하시겠는가? 『**너희 몸을 하나님께서 기뻐하시는 거룩한 산 제물로 드리라.**』는 것은 바로 이런 뜻으로 한 말씀이다.

여기서 한 가지 주의할 것은 당신의 몸을 거룩한 산 제물로 하나님께 드리는 것은 당신이 구원받기 위해서가 아니라는 점이다. 당신의 몸을 하나님께 거룩한 산 제물로 드리는 것은 주님께서 당신에게 바라시는 대로 당신이 할 수 있도록 해주시기를 바라기 때문에 드리는 것이다. 사람들이 혼동하는 것이 바로 이 점이다. 자신의 몸을 산 제물로 드려서 구원받고자 하는 것은 자신의 행위로 구원받고자 하는 것과 같다. 당신은 자신의 몸을 아무리 산 제물로 하나님께 바쳐도 구원은 받지 못한다. 당신은 구원받았기 때문에 당신의 몸을 산 제물로 하나님께 드려서 하나님께서 바라시는 대로 당신의 몸을 사용하시도록 해드리는 것이다. 자기 행위로 구원받고자 하는 것은 성령운동을 한다는 자들이나 힌두교의 구루들, 로마카톨릭의 수도사들, 무슨 도를 닦는다는 사람들, 이런 자들이나 하는 맹랑한 짓이다. 그런데도 세상 사람들은 어떻게든 자기 의로 무엇인가를 이루어서 어디인가에 도달해 보려는 망상에 사로잡히기를 잘한다. 그리하여 그들은 자기 몸을 쓸데없이 학대한다. 자기 몸을 여러 날 굶기기도 하고,

가부좌를 틀고 벽을 마주 대하고 앉아 고행을 강요하기도 하는가 하면, 엄동설한에 벌거벗고 바위 위에 앉아 괜히 몸을 학대한다. 그들은 그렇게 하는 것이 자기 몸을 누구에게 제물로 바치는 것이고 그 결과 구원을 받거나 구원의 경지에 도달하게 된다고 엉뚱한 망상에 사로잡힌다. 이런 자들을 향하여 성경은 무어라고 말씀하는가? 『**그들의 목구멍은 열린 무덤이요, 그들이 자기 혀로는 속였으며 그들의 입술 아래는 독사의 독이 있고... 그들의 눈 앞에는 하나님을 두려워함이 없도다**』(롬 3:13-18). 이것이 자기 의를 드러내려고 하는 자들에 대한 성경의 평론이다. 『**열린 무덤**』을 들여다보면 거기에는 죽은 시체가 들어 있을 뿐이다. 현대인들은 죽은 시체로 육신적인 행위를 행하고자 시도한다. 그들은 이 육신적인 행위를 행함으로써 그리스도가 자신들의 "삶 가운데로" 들어와 주실 것으로 착각하는 것이다. 이것은 "하나님께 무엇인가를 드려라. 그러면 하나님께서도 당신의 문제를 해결해 주실 것이다."라는 해괴한 발상이다. 그러나 성경에는 어디를 보아도 이런 발상은 찾아볼 수가 없다. "너는 버림받은 존재다. 그래서 너는 지옥에 갈 수밖에 없다. 그러나 하나님을 받아들이면 그분께서 너를 지옥에 가지 않도록 지켜 주실 것이다." 성경이 가르치는 것은 이것이다. 이것이 복음이다. 예수 그리스도께서 죄인들을 위해 죽으셨다. 그분을 믿고 영접하면 지옥에 가지 않는다. 이것이 복음이요, 이것이 "기쁜 소식"이란 말이다.

『**너희 몸을 하나님께서 기뻐하시는 거룩한 산 제물로 드리라.**』 말이 쉽지 이보다 더 어려운 일도 없다. 이 세상에 누가 십자가에 달려 죽기를 바라겠는가? 산 채로 십자가에 달려야 그것이 『**산 제물**』을 드리는 것이다. 산 채로 십자가에 달려야 그것이 『**거룩한**』 제물이요, 하나님께서 기쁘게 받으시는 제물이다. 그리고 이것이 당신이 하나님께 드릴 『**합당한**

예배』다. 어떤 관점에서 그러한가? 어째서 그것이 합당한가? 주님께서 당신을 구원하셨으므로 그러하다. 주님께서 당신에게 자비를 베풀어 주셨으므로 당신 몸을 거룩한 산 제물로 드리는 것은 지극히 당연하다. 주님께서 당신에게 몸을 주시고 생명을 주셨으므로 당신의 몸을 드리는 것이 합당한 것이다. 그리고 주님께서 당신에게 주실 상을 예비해 두셨으므로 당연히 그러하다. 이런 모든 것들을 생각해 볼 때, 당신의 몸을 산 제물로 주님께 드리는 것이야말로 이치에 맞고 도리에 맞는 일이다. 그러므로 구원도 받지 못한 자가 자기 몸을 하나님께 드리려고 한다면, 그것은 결코 이치에 닿지도 않는 제물인즉, 하나님께서 그런 도리에 맞지도 않는 제물을 받으실 턱이 없다. 산 제물로 자기 몸을 드리는 것이 합당한 까닭은 그 몸이 그리스도인으로 거듭난 사람의 것이기 때문이다.

『**너희는 이 세상과 일치하지 말고 너희 마음을 새롭게 함으로써 변화를 받아 하나님의 선하시고 기뻐하시고 온전하신 뜻이 무엇인지 입증하도록 하라**』(2절).

『**이 세상과 일치하지 말고...**』 그리스도인에게 가장 어려운 문제가 이것이다. 그리스도인이 그리스도인답게 되는 데 가장 큰 걸림돌이 바로 세상 문제다. 마귀가 그리스도인에게 제공하는 가장 큰 걸림돌이 이것이고, 여기에 걸려 넘어져 세상과 일치하게 하려는 것이 마귀의 유일한 목표다. 당신이 비록 그리스도인이지만 세상과 일치하려고만 한다면 마귀는 당신에게 거의 모든 것을 제공할 것처럼 유혹해 온다. 당신이 세상에 일치하기만 하면 당신에 대하여 마귀가 할 일은 그것으로 종결되어 임무 끝이다. 그러나 당신이 세상과 일치하지 않고 있는 한 마귀는 당신에 대한 자신의 일이 끝나지 않았기 때문에 당신에 대한 공략을 계속한다. 그렇기 때문에 이것이 그리스도인에게는 최대의 골칫거리인 것이다. 그리스도인으로서 무슨 일이 있어도 세상과 일치하려고 하지 않는 바람에 박해를 받고 고문당하고 끝내는 순교까지 당하고 만 초기 시대의 그리스도인들이 처하였던 갖가지 상황을 책을 통해 읽고 연구하면 할수록 그들이 안고 있던 큰 문제가 무엇이었는지 더욱 여실히 발견되는데, 이른바 "인류에 대한 증오심"이라는 문제가 그것이었다. 초기 시대의 그리스도인들은 어떤 상황에서도 로마 측과는 사이좋게 지내려는 노력을 기울이지 않았는데, 바로 이것 때문에 그들은 죽임을 당했던 것이다.

『**세상과 일치하지**』 않는 문제는 예나 다름없이 이 시대에도 모든 그리스도인들이 현실적으로 안고 있는 최대의 난제다. 내 말이 틀렸는가? 당신이 그리스도인이기 때문에 의도적으로 세상과 일치하지 않으려고 노력하다 보니 세상은 당신더러 인류에 대하여 증오심과 세계에 대한 혐오증에 불타고 있는 이상한 종교 광신주의자라고 비난을 퍼부어 댄다. 이런 풍조 속에서 당신은 막다른 골목으로 몰리지 않을 수가 없다. 구원받지 않으면 지옥에 간다고 외치며 복음을 증거하고 예수 그리스도를 믿으라고 촉구하는 행동은 인류에 대한 증오심의 발로로 간주되고, 자신의 종교를 다른 사람에게 강요하는 행위로 낙인찍고 종교자유정신에 대한 정면 도전으로 받아들인다. 그리하여 당신의 입을 틀어막는다. 종교를 강요하는 것이 아니라 예수 그리스도를 믿지 않으면 지옥의 심판을 면치 못한다는 사실을 사실대로 말했을 뿐이라고 당신이 해명해도 그들은 "우리가 당신의 종교를 존중해 주었으면 당신도 남의 종교를 존중해 주어야 하지 않느냐?"며 막무가내다. 남의 종교를 존중해 주고 아니고가 문제가 아니라 구원받지 않으면 지옥에 가는 게 문제임을 직시하라고 가르쳐 주면 그들은 "아, 너는 또 인류를 저주하는구나!" 하고 당신을 비난한다. 그러다 보니 당신은 결국 입을 다물 수밖에 없다. 그러나 당신이 입을 다물게 된 것은 당신이 세상과 일치하였기 때문이다. 당신을 공략하던 마귀가 드디어 승리를 거둔 것이다. 『**너희는 이 세상과 일치하지 말고...**』, 이 말씀은 그래서 모든 그리스도인들이 현실적으로 당면하고 있는 가장 골치 아픈 최대의 난제일 수밖에 없다.

만약 세상과 일치한다면 어떤 결과가 초래되느냐고 묻고 싶은가? 좋다. 여기 그 대답이 있다. 2절을 다시 한 번 더 읽어 보도록 하라. 『**너희는 이 세상과 일치하지 말고 너희 마음을 새롭게 함으로써 변화를 받아** 하나님의 **선하시고 기뻐하시고 온전하신 뜻이 무엇인지 입증하도록 하라.**』 이것이 무슨 말씀인가? "네가 만약 이 세상과 일치하게 되면 너는 마음을 새롭게 할 수가 없고 따라서 변화될 수가 없으며, 그 결과 너는 너 자신을 향한 하나님의 뜻이 무엇인지 절대로 알 수가 없게 된다."는 뜻 아닌가? 『**하나님의 선하시고 기뻐하시고 온전하신 뜻이 무엇인지 입증**』하려면 『**이 세상과 일치하지 말고 너희 마음을 새롭게 함으로써 변화를 받아**』야만 가능하다는 것이 바로 이 구절의 내용이다.

여기서 『**입증하도록 하라.**』("prove")는 말은 "확실하게 찾아내라, 분명히 밝혀내라."는 뜻이다. 『**마음을 새롭게 함**』("renewing of your mind")이란 "생각을 달리하기 시작함, 새로운 사고를 갖기 시작함, 새로운 관점에서 바라보기 시작함"이라는 뜻이다.

당신이 세상과 일치하지 않는 것, 이것은 당신이 하나님의 뜻을 확실하게 찾아내기 위한 첫걸음이다. 이 첫걸음을 내디뎌야만 당신은 마음을 새롭게 할 수가 있고 변화될 수가 있으며, 마침내 하나님의 뜻이 무엇인지를 발견할 수 있게 되는 것이다. 『**세상과 일치하지 말고...**』 하나님의 뜻을 찾아내기 위한 이 첫걸음 역시 지극히 "부정적"인 태도다. "~하지 말고..."라는 표현 자체가 얼마나 부정적인가? 이처럼 성경은 우리에게 부정적 시각으로 세상을 바라보고 부정적 자세로 세상에 임하며 부정적 사고로 세상일을 다루도록 요구한다.

우리는 앞서 1절에서 우리의 몸을 산 제물로 드려야 하는 정당한 이유를 살펴보았다. 우리가 하나님께 우리의 몸을 산 제물로 드려야 마땅한 이유는 11:36이었다. 만물이 그분께로부터 나온다는 사실, 이것이 헌신해야 하는 첫 번째 합당한 사유였다. 우리의 몸을 산 제물로 드려야 하는 두 번째 이유는 12:1이었다. 하나님께서는 우리에게 자비를 베풀어 주셨다. 이것이 헌신해야 하는 두 번째 정당한 사유다. 그리고 그 세 번째 합당한 이유가 여기 2절이다. 하나님의 선하시고 기뻐하시고 온전하신 뜻, 이것이 당신의 몸을 산 제물로 드려야 하는 정당한 사유인 것이다. 이 세 번째 이유를 분명히 알기 위해서라도 당신에 대한 하나님의 뜻을 당신은 확실하게 찾아내야 할 필요가 있다. 우리 그리스도인들이 자신의 몸을 하나님께 산 제물로 드려야 하는 합당한 이유는 이렇게 세 가지로 집약된다. 만물이 하나님께로부터 나온다는 사실, 하나님께서 당신에게 자비를 베푸셨다는 사실, 그리고 하나님께서는 당신이 어떻게 하기를 원하시는지 분명한 뜻을 갖고 계시다는 사실, 이 세 가지가 당신의 헌신을 요구할 수 있는 정당한 근거인 것이다.

『**하나님의 선하시고 기뻐하시고 온전하신 뜻**』. 이 짤막한 구절 속에 당신을 향하신 하나님의 세 가지 뜻이 모두 개진되고 있다. 선하신 뜻("good will"), 기뻐하시는 뜻("acceptable will"), 그리고 온전하신 뜻("perfect will")이 그것이다. 당신을 향하신 하나님의 뜻 가운데서 첫 번째는 그릇되게 행하여 죄를 짓지 않도록 하라는 것이다. 다시 말해서, "선하라, 선하게 행하라," 이것이 하나님의 첫 번째 뜻이다. 하나님께서는 그 누구도 그릇되게 생각하고 죄 짓는 것을 원치 않으신다. 하나님께서 누구에게 어떤 뜻을 갖고 계실 때, 그 뜻의 첫 번째는 언제나 "선하라."는 것, 이것이다.

당신을 향하신 하나님의 두 번째 뜻에 대해서는 아주 주의해야 한다. 왜냐하면, 당신이 덮어놓고 어떤 "선한 행동"을 했다고 해서 하나님께서 과연 그것을 기뻐하시느냐 하는 것은 완전히 별개 문제이기 때문이다. 하나님의 "기뻐하시는 뜻"은 당신이 생각했던 것과는 얼마든지 다를 수 있다. 그러므로 당신은 어떤 "선한 행동"을 하더라도 그것이 하나님께서 기뻐하시는 것인가를 먼저 정확하게 헤아려 알고 난 다음에 그 선한 일에 착수하지 않으면 안 된다. 당신이 아무리 많은 선행을 했다 하더라도 그것이 하나님의 기뻐하시는 뜻에 부응하는 것이 아니었다면 그리스도의 심판석에서 전혀 평가되지 않을 터인즉, 당연히 그에 대한 상도 없다.

당신을 향하신 하나님의 세 번째 뜻은 『**온전하신 뜻**』이다. 하나님께서는 당신이 선하기를 바라시고 선한 행동을 하기 바라신다. 그래서 당신은 하나님께서 기뻐하시는 선행이 무엇일까에 대하여 깊이 생각하고 선한 일이라도 어떤 선한 일을 해야만 주님께서 기뻐 받으실까를 정확하게 알기 위해 성경을 읽고 하나님의 말씀들을 상고하면서 기도하고 묵상한다. 그런 다음 당신은 마침내 하나님의 기뻐하시는 뜻을 알게 되고 그 뜻에 따라 행동한다. 따라서 당신이 행한 모든 선한 것들이 하나님의 기뻐하시는 뜻에 온전히 부합된다. 이것이 바로 당신을 향하신 하나님의 『**온전하신 뜻**』이다. 당신은 그리스도의 심판석에서 주님께로부터 이에 대해 높은 평가를 받고 푸짐한 상을 받는다. 그러나 당신이 만약 하나님의 이 세 가지 뜻 가운데서 어느 과정 하나만이라도 소홀히 하거나 무시하거나 또는 잘못 파악했다면, 당신은 『**이 세상과 일치하지 말고**』라는 성경 말씀에 순종하지 않은 것이다.

그런데 『**너희는 이 세상과 일치하지 말고...**』라는 말씀을 읽고 무슨 생각이 퍼뜩 떠오르는지 않는가? 수많은 그리스도인들이 세상과 일치하고 있구나 하는 생각이 떠오를 것이다. 그리스도인들이라고 하면서 하나님의 기뻐하시는 뜻은커녕, 선하신 뜻조차 아랑곳하지 않고 행동하며 살고 있는 것이다. 그리스도인들인데도 선하기는커녕, 악한 짓을 하는 사람들이 얼마나 많은가? 설사 선한 일을 한다고 해도 하나님께서 기뻐 받으시는 일과는 거리가 멀고, 비록 하나님의 뜻이라고 해도 그 기뻐 받으시는 뜻과는 정확하게 일치하지 않는 경우가 대부분이다.

12:3 내게 주신 은혜로 인하여 너희 중 각 사람에게 말하노니 자신에 대하여 마땅히 생각할 그 이상의 생각을 품지 말고 다만 하나님께서 각 사람에게 나누어 주신 믿음의 분량에 따라 건전하게 생각하라.

4 우리가 한 몸에 많은 지체를 가졌으나 모든 지체들이 다 같은 기능을 가진 것이 아니니

5 이와 같이 우리 많은 사람이 그리스도 안에서 한 몸이 되어 각 사람이 서로의 지체가 되었느니라.

6 그러므로 우리에게 주어진 은혜에 따라 가진 은사들이 다르니 예언이면 믿음의 분량대로 예언하고

7 또 섬김이면 섬기는 일로, 또 가르치는 자는 가르치는 일로,

8 또 권면하는 자는 권면하는 일로, 구제하는 자는 성실함으로, 지도하는 자는 근면함으로, 자비를 베푸는 자는 즐거움으로 할 것이니라.

『내게 주신 은혜로 인하여 너희 중 각 사람에게 말하노니 자신에 대하여 마땅히 생각할 그 이상의 생각을 품지 말고 다만 하나님께서 각 사람에게 나누어 주신 믿음의 분량에 따라 건전하게 생각하라』(3절).

『자신에 대하여 마땅히 생각할 그 이상의 생각을 품지 말고』. 매우 중요한 충고다. 당신 자신을 스스로 과대평가하지 말라는 경고다. 교만하지 말라는 말이다. 교만은 자신에 대한 과대평가에서 나온다. 해병대 기지에 가 보면 "자부심을 가져라!"고 쓰인 표어들이 곳곳에 나붙어 있지만, 우리들 그리스도인들에게 필요한 것은 자부심이 아니다. 우리들 그리스도인들이 달고 다닐 표어는 "감사가 넘치라!"이다. 감사가 넘치는 생각이야말로 『**건전하게 생각**』하는 것이다.

『**건전하게 생각**』하되, 또 『**믿음의 분량에 따라**』 하라고 말씀한다. 『**믿음의 분량**』이란 당신이 하나님께로부터 얼마나 많은 것을 받았는지에 대한 생각의 정도를 의미한다. 당신이 하나님께로부터 받은 은혜가 그리 많지 않다고 생각한다면, 당신의 『**믿음의 분량**』도 그리 많지 않은 것이고, 당신이 하나님께로부터 받은 은혜가 많다고 생각한다면 당신의 『**믿음의 분량**』도 그만큼 많은 것이다. 하나님께서 당신에게 "믿음"이라는 은혜를 별로 많이 주시지 않았다고 생각된다면, 당신은 별로 안 믿어도 된다. 거꾸로 표현해서 내 말은, 하나님께서 당신에게 "믿음"을 주셨으니, 당신이 무엇을 계획하더라도 받은 바 그 "믿음"을 가지고 그 "믿음"만큼 확고하게 추진하라는 말이다.

『**믿음의 분량**』은 사람에 따라 다르다. 내가 이만한 『**믿음의 분량**』을 가졌다고 해서 다른 사람도 그만한 『**믿음의 분량**』을 가진 것은 아니란 얘기다. 바울은 여기 3절에서 『**내게 주신 은혜로 인하여**』 당신에게 말한다고 언급하고 있다. 그는 받은 은혜가 실로 많았다. 사람에 따라 하나님께로부터 받은 은혜의 분량이 다른 즉, 그 믿음의 분량 또한 사람에 따라 다르다. 바울이 받은 은혜로 말하면, 다른 사람들에게는 철저히 차단돼 있는 셋째 하늘까지 영 안에서 들려 올라가 구경할 수 있는 기회를 누렸을 정도로 엄청난 것이었다. 하나님께서 사람을 차별하셔서 누구에게는 많은 은혜를 주시고 누구에게는 적게 주시는 것은 아니다. 하나님께서는 각자의 필요에 따라 누구에게는 많은 은혜를 주시고 누구에게는 적게 주시는 것이다. 현대 기독교의 특징 중 하나는 하나님의 은혜를 주제넘게 과장한다는 점이다. 라디오를 틀고 기독교 방송을 들어 보면 웬 은혜가 그렇게도 철철 넘쳐흐르는지 날마다 은혜 홍수가 날 지경이다. 걱정하지 말라, 무엇이든 하나님께 요구하라, 당신은 무엇이든 가질 권리가 있다고 선전해대는 그들은 마치 "재테크 길잡이"라도 되는 듯하다. 어떻게 하면 돈을 효율적으로 벌 수 있는가, 어떻게 하면 쉽게 병을 고칠 수 있는가, 어떻게 하면 당신의 권리대로 재산을 확보할 수 있는가, 뭐 이런 따위만 그들은 지껄여댄다. 그들은 부자들의 이야기를 들먹거리면서 이들이 처음에는 집에 날아든 청구서를 지불할 돈도 없어 쩔쩔매던 어려운 처지였지만 믿음을 가져라, 믿음을 가져라, 믿음 가져라 하고 스스로에게 다짐하며 자신들의 혼을 담보로 돈을 추구한 끝에 큰 부자들이 되었다는 사람들을 소개하기도 한다. 이들 부자들은 당신도 부자가 될 수 있다는 증거이며, 하나님께서도 당신이 부자가 되기를 바라신다고 아첨한다. 이런 자들은 자신들이나 당신의 죄들에 대해서는 일언반구도 언급하지 않고 오히려 자신들의 죄를 버젓이 정당화시키고 있다. 모든 사람들이 다 부자가 되어야 한다. 당신도 나처럼 부자가 될 권리가 있다. 이들은 이런 식으로 사람들을 선동한다. 라이스 형제가 쓴 〈구한 대로 받는 기도, *Prayer Asking and Receiving*〉라는 책을 읽어 보면 갖가지로 응답 받았던 기도의 예들이 제시되고 있지만, 사실은 응답 받지 못했던 기도들은 하나도 수록하지 않았다는 사실은 사람들이 생각하지 못한다. 당신의 기도는 당신이 갖고 있는 『**믿음의 분량**』대로 받는다. 그리고 당신의 『**믿음의 분량**』은 하나님께서 당신에게 필요한 만큼씩 주신 은혜의 분량에 따라 달라질 뿐만 아니라, 당신이 하나님께로부터 받은 은혜를 어느 만큼이나 제대로 파악하고 있느냐에 따라 달라진다. 당신이 캐딜락 차를 몰고 다닐 만하고 또 그런 고급 차를 가질 필요가 있다고 판단하신 하나님께서 당신에게 캐딜락 차를 구입할 만한 은혜를 주신다면 모르되, 그렇지 않다면 당신은 결코 캐딜락 차를 구입할 만한 돈을 가질 수가 없다. 한편, 하나님께서 당신에게 캐딜락 차를 타고 다닐 만한 은혜를 주셨는데도 당신이 그런 은혜를 받지 못했다고 생각하면 당신은 그 차를 살 엄두를 내지 못한다. 반면에 하나님께서 캐딜락 차를 살 만한 은혜를 당신에게 주지 않으셨는데도 당신이 버젓이 캐딜락 차를 몰고 다닌다면 당신은 하나님께로부터 받은 은혜 이상으로 무엇인가를 도둑질하고 있는 것이 분명하다. 은사주의자들의 허튼 소리를 믿고 너도나도 캐딜락 차를 타고 다닐 권리가 있다고 믿고 그런 고급 차를 할부로 사들였다가는 모두가 거덜나고 말 것이다. 두어 달 전 펜사콜라 시에 은사주의자들이 나타나 집회를 열고 이런 따위 허튼 소리로 사람들을 들뜨게 했지만, 누구 하나 그 소리를 믿고 캐딜락 차 할부 구입 계약서에 덜컥 서명할 수 있었던 사람은 없었다. "당신은 부자가 될 권리가 있다. 당신은 모두 건강할 권리가 있다. 당신이 가난하다면 그것은 당신이 구하지 않았기 때문이다. 병을 앓고 있다면 그것은 당신이 믿음이 적기 때문이다." 참으로 듣기 좋은 소리지만, 이런 말은 성경에 없다. 그런 자들은 하나님의 말씀을 함부로 사칭하고 다니는 자들이다. 바울은 당신에게 그리스도를 따르는 자신을 따르라고 말한다. 그러나 그가 어떤 삶을 살다가 어떤 죽음을 죽었던가? 아내도 없고 자식도 없고 집도 없고 도와줄 사람도 없고 입을 옷도 없고 자동차도 없이 살았으며, 학교도, 교회도, 단 한 뼘의 사유지도, 단 한 대의 고물 버스도 없었다. 도대체 이런 상황이 무슨 모범이 된다고 그는 당신더러 자기를 따르라고 말하고 있단 말인가? 심지어 그는 『**지금 이 시간까지도 우리는 주리고 목마르며 헐벗고 매맞으며 정처가 없고 우리 손으로 일함으로써 수고하며 욕을 먹으면 축복하고 박해를 받아도 참으며 비방을 받으나 권**

면하고, 세상의 쓰레기같이 되며 지금까지 만물의 찌꺼기가 되었도다.』(고전 4:11-13)라고 말한다. 그런데도 그는 『**그러므로 내가 너희에게 권고하노니 너희는 나를 따르는 자들이 되라.**』(고전 4:16)고 권유한다. 그러나 그는 또 한편 곳곳에서 자기가 하나님의 자비를 입었다고 언급하기를 잊지 않는다. 그가 입은 하나님의 자비가 도대체 무엇이었기에 그토록 자랑하면서 자기를 본받으라고 말하는 것일까? 그렇다. 바울은 하나님의 말씀에 관한 한 당신에게 있어 최상의 모범이 되는 사람이었던 것이다. 『**그러나 내가 자비를 입은 것은 이 때문이니, 곧 먼저 내 안에서 예수 그리스도께서 온전한 오래 참으심을 보여 주셔서 후에 그를 믿고 영생을 얻는 자들에게 본이 되게 하려 하심이니라**』(딤전 1:16).

"믿음을 갖되 무엇인가 위대한 일에 관심을 갖고 하나님께서 그대를 통하여 그 위대한 일을 행하실 것을 기대하라." 이것은 윌리엄 캐리가 한 말이다. 하나님께서는 그를 통하여 위대한 일을 하셨다. 비록 그의 아내가 미쳐 버렸고 그 자신도 해외에서 일하는 동안 줄곧 병을 앓았지만, 그는 11개국 언어로 성경을 번역하는 대업을 수행했다. 그러나 하나님께서는 그 위대한 사역에 대하여 돈으로 갚아 주지는 않으셨다. 당신이 한 젊은이로서 지금 내게 성경을 공부하면서 속으로 생각하기를 럭크만이 한 일보다 더 위대한 일을 장차 수행할 수 있으리라는 믿음을 갖고 있을지도 모른다. 나는 정말이지 당신이 그렇게 되기를 간절히 바라고, 또 아닌게 아니라 당신이 나보다 훨씬 더 위대한 일들을 수행할 수 있으리라고 믿는다.

『**우리가 한 몸에 많은 지체를 가졌으나 모든 지체들이 다 같은 기능을 가진 것이 아니니**』(4절).

더 말할 나위도 없는 진리다. 보라고 있는 눈이 냄새 맡는 기능까지 발휘하려고 덤벼서야 말이 되겠는가? 냄새 맡고 숨 쉬라고 있는 코가 생각하는 두뇌 기능을 대신할 수야 없지 않은가?

앞 장에서도 언급하였듯이 바울은 사도행전 9장에서 벌써 『**한 몸**』에 대해 언급하고 있는 것으로 보아 이 로마서를 기록할 당시에는 『**몸**』에 대해 이미 익히 알고 있는 상태였던 게 분명하다. 그렇기는 하지만 그리스도의 몸이 사도행전 9장에서 처음 형성되었다고 주장하는 사람들은 문제에 봉착하게 되는데, 그 까닭은 바울이 회심한 사람들에게 침례를 행하는 것은 사도행전 16장과 18장에 이르러서부터였기 때문이다. "참된"(real) 세대주의자들은 그리스도의 몸이 형성되기 시작한 시점을 물침례가 이미 일반화된 사도행전 28장 이후로 잡는다. 로마서가 비록 사도행전 기간 동안에 기록되었다 하더라도 바울은 로마서에서 『**한 몸**』에 대해서만 알고 있었을 뿐 "한 침례"에 대해서는 알지 못했다. 바울은 에베소서에서 비로소 "한 침례"에 대해 언급하기 시작한다. 그렇기 때문에 사도행전 기간 동안에 바울이 기록한 것들은 어느 것도 그리스도인들에게 적용되지 않는다. 그렇기 때문에 진짜 극단적 세대주의자가 되려면 신약에서 로마서를 사실상 배제해야만 한다. 뿐만 아니라 그들은 고린도전·후서와 갈라디아서 및 데살로니가전·후서까지 신약에서 배제해야 한다. 그래야만 극단적 세대주의자로서의 입장을 제대로 살릴 수 있기 때문이다. 문제를 더욱 어렵게 만드는 것은 바울이 로마서를 끝맺으면서 16:25에서 에베소서에서 다루어지는 "신비"에 대해 언급하고 있다는 점이다. 이 이유 때문에 벌링거 같은 사람은 로마서 16장이 바울이 에베소서 3장의 계시를 받은 뒤 나중에 첨가된 "추신" 부분이라고 볼 정도였다. 이에 대해서는 뒤에서 다루겠다.

『**이와 같이 우리 많은 사람이 그리스도 안에서 한 몸이 되어 각 사람이 서로의 지체가 되었느니라**』(5절).

그리스도의 몸이 갖가지 『**지체**』("members")로 구성돼 있다는 것을 잊지 말라. 구원받은 모든 그리스도인들은 그리스도의 몸 안에서 각기 지체를 형성하고 각기 제 나름대로의 고유 기능을 발휘한다. 그래서 그리스도의 몸은 관념적인 허구가 아니라 실체적인 유기체임을 명심하라.

『**그러므로 우리에게 주어진 은혜에 따라 가진 은사들이 다르니 예언이면 믿음의 분량대로 예언하고**』(6절).

앞에서 살펴보았듯이 같은 그리스도인들이라 하더라도 각 사람에게 주어진 은혜가 다른즉, 그 믿음의 분량이 다르고, 믿음의 분량이 다른즉, 받은 은사가 또한 다르다. 그리스도인들은 각자 받은 믿음의 분량이 다르고 은혜의 분량과 그 종류가 또한 다르며 따라서 은사의 종류도 다 다르고 은사의 질적 수준도 다 다르다. 그런즉, 다른 사람의 은사들을 탐내지도 말고 흉내내려고 하지도 말며, 자기가 받은 은사대로만 행하면 된다. 여기서는 맨 처음 『**예언**』의 은사에 대해서 언급한다. 당신이 받은 은사가 예언하는 은사라면 장차 어떤 일들이 일어날지에 대해 성경이 말씀하는 바를 『**믿음의 분량대로**』 생각하고 『**믿음의 분량대로**』 사람들에게 알려주어라. 나도 이 책을 통하여 장래에 일어날 일들에 대해 성경에 입각하여 나 자신의 『**믿음의 분량대로**』 당신에게 예언하고 가르쳐 주고 있는 중이다. 그것이 피터 럭크만의 『**믿음의 분량**』에 따른 것이기 때문에 당신의 『**믿음의 분량**』에 미치지 못하거나 넘치거든 나의 예언을 다 믿지 않아도 좋다. 오직 당신의 『**믿음의 분량대로**』만 받아들이라.

『**또 섬김이면 섬기는 일로, 또 가르치는 자는 가르치는 일로**』(7절).

섬긴다는 것은 "밥상을 차려주는 것," 즉 보살피고 시중든다는 뜻이다. 주님께서 당신을 목사로 부르셨다면, 그것은 당신으로 하여금 다른 사람들을 보살피고 시중들라고 부르신 것이다. 『**가르치는 일**』도 마찬가지다. 다른 사람을 가르치되 보살피고 시중들듯이 가르쳐야 한다.

『**또 권면하는 자는 권면하는 일로, 구제하는 자는 성실함으로, 지도하는 자는 근면함으로, 자비를 베푸는 자는 즐거움으로 할 것이니라**』(8절).

『**권면하는 일**』 역시 마찬가지다. 다른 사람에게 진리에 따라 살도록 권면하되, 그들을 보살피고 시중들듯이 권면해야 한다. "권면하는 사람"은 곧 "설교자"를 말한다. 과거 감리교에서는 권면하는 사람과 설교자를 구별해서 설명했다. 그들은 설교자는 교회를 지키고 앉아 있는 사람이고 권면하는 사람은 권면하며 돌아다니는 사람으로 보았다. 아닌 게 아니라 여기저기 돌아다니면서 사람들이 행동하도록 촉구하는 능력이 뛰어난 사람이 따로 있는 것은 사실이다. 이런 사람들을 두고 현대에 와서는 "동기 부여자"(motivator)라고 흔히 부른다. 어떤 사람들은 설교는 잘 하지만 마음을 움직여 행동하도록 하는 데에는 소질이 없는가 하면, 선동하는 데는 능하지만 설교는 잘 못하는 사람들도 있다.

『**자비를 베푸는 자는 즐거움으로**』. 누구를 용서하는 데도 두 가지 방식이 있다. 누구를 용서하면서 "좋아. 그렇다면 내가 용서하지." 하는 경우가 있는데, 이 구절은 그렇게 하지 말고, "응, 나는 벌써 용서했는걸!" 하고 『**즐거움으로**』 하라고 말씀한다.

12:9 사랑에 거짓이 없게 하라. 악을 증오하고 선과 연합하라.
10 형제애로 서로 다정하게 사랑하며 서로 존경하기를 먼저 하라.
11 일에는 게으르지 말고 영 안에서 열심을 내며 주를 섬기라.
12 소망 가운데 즐거워하며 환난 중에 참으며 꾸준히 기도에 진력하

며

13 성도들의 필요에 서로 나눠 주고 대접하기에 힘쓰라.

『**사랑에 거짓이 없게 하라. 악을 증오하고 선과 연합하라**』(9절).

거짓이 없는 사랑은 위선적이지 않은 사랑이면서, 동시에 편파적이지 않은 사랑이다. 말하자면, 사랑하되 누구는 더 사랑하고 누구는 덜 사랑하고 하는 따위의 편애를 하지 말라는 뜻이다.

당신은 무엇보다 먼저 하나님을 사랑해야 한다. 그 다음에는 하나님의 말씀을 사랑해야 한다. 그리고 세 번째로 하나님의 사람들을 사랑해야 한다. 하나님의 사람들에 대한 당신의 사랑에는 물론 당신의 아내나 남편, 그리고 자녀들까지 포함된다. 다음 10절에서도 『**형제애**』("brotherly love")라는 말이 나오지만, 하나님의 사람들은 다 같은 형제들이다. 물론 그들이 모두 같은 형제라고 해서 당신이 모두를 똑같은 정도로 사랑하는 것은 아니겠지만, 그래도 본질적으로는 공평한 『**형제애**』를 갖고 있을 것이다. 어떤 사람들은 자기들의 사역을 후원하는 사람들만을 영적인 사람들이라고 생각하고 그들만을 특별히 사랑하기도 한다.

『**악을 증오하고 선과 연합하라.**』 증오한다는 것은 물론 미워한다는 말이다. 미워하되 아주 강렬하게 미워하는 것을 "증오한다"("abhor")고 말한다. 그리스도인으로서 악을 증오한다는 것은 당연한 일이다. 하나님의 말씀에 배치되는 비성경적, 반성경적인 것은 모두가 『**악**』이다. 이 악은 당신을 구역질나게 한다. 그런즉 증오하지 않을 수가 없다. 그래서 이 구절은 악을 증오하라고 명령하고 있는 것이다. 이것은 아주 부정적인 명령이 아닐 수 없다. 이에 반하여 『**선과 연합하라.**』는 명령은 매우 긍정적이다. 연합하라는 것은 어디에 꼭 달라붙으라는 뜻이다.

『**형제애로 서로 다정하게 사랑하며 서로 존경하기를 먼저 하라**』(10절).

서로 상대방을 먼저 존중하라고 명령한다. 아브라함은 이런 점에서 모범적이었다. 그는 롯에게 마음에 드는 땅을 먼저 선택하도록 양보했다. 조카였지만 『**형제애로 서로 다정하게 사랑**』했을 뿐만 아니라 롯을 먼저 존중하고 선택의 우선권까지 그가 먼저 갖도록 했던 것이다.

『**일에는 게으르지 말고 영 안에서 열심을 내며 주를 섬기라**』(11절).

"게으른"의 뜻으로 사용한 "slothful"이라는 영어 단어는 "sloth"라는 명사에서 파생된 말인데, "sloth"(나무늘보)는 크고 기다란 코에 몸집이 큰 짐승이면서 개미만 잡아먹고 사는 동물로 그 움직임이 어찌나 느리고 둔한지 "아마델라"와 함께 게으른 짐승의 대명사 격이다. 또한 "열심을 내다"의 뜻으로 사용한 "fervent"는 몸의 열을 나타내는 "fever"라는 단어에서 파생된 말로 몸이 뜨겁게 달구어지도록 불을 붙이라는 뜻이다.

열심을 내되, 육신적인 열심이 아니라 『**영 안에서**』 열심을 내라고 명령한다.

『**소망 가운데 즐거워하며 환난 중에 참으며 꾸준히 기도에 진력하며**』(12절).

주님께서 당신을 데리러 다시 오신다는 사실은 생각만 해도 즐겁지 않을 수가 없는 소망이다. 환난 중에 참고 견디며 소망 가운데서 즐거워한다는 것은 그리 쉽지 않은 일이지만, 그래도 즐거워해야 한다고 충고한다. 성경은 『**환난은 인내를 이루고 인내는 연단을, 연단은 소망을**』 이룬다고 말씀한다(롬 5:3,4). 우리가 환난 중에서도 즐거워할 수 있는 것은 이 때문이다. 이 소망 때문에 우리는 환난 중에서도 평강을 누린다. 이를 위해서는 『**꾸준히 기도에 진력**』해야 한다.

『**성도들의 필요에 서로 나눠 주고 대접하기에 힘쓰라**』(13절).

이것은 쓸데없이 사람을 대접한답시고 담배나 권하는 따위를 말하는 게 아니다. 성경에서 말하는 『**대접**』은 파티를 열고 신나게 노는 것 따위를 말하는 것이 아니라, 어려운 성도들이 있으면 그들을 집으로 불러다가 한 끼라도 따뜻한 식사를 대접하고 하룻밤이라도 잠자리를 제공하는 등과 같은 친절을 베푸는 것을 의미한다.

바울이 말하는 바, "성도들의 필요에 서로 나눠 주기"를 힘쓰는 실례는 로마서 15:25,26에서 잘 나타난다. 『**그러나 이제 내가 성도들을 섬기는 일로 예루살렘에 가노니 이는 마케도니아와 아카야 사람들이 예루살렘에 있는 가난한 성도들을 위하여 기쁨으로 얼마를 기부하였음이니라.**』

12:14 너희를 박해하는 자들을 축복하라. 축복하고 저주하지 말라.
15 즐거워하는 자들과 함께 즐거워하고 우는 자들과 함께 울라.
16 서로 같은 생각을 품고 높은 것들을 생각하지 말며 낮은 데 처한 사람들과 같이 하고 스스로 지혜 있는 체하지 말라.

『**너희를 박해하는 자들을 축복하라. 축복하고 저주하지 말라**』(14절).

참으로 실천하기 어려운 구절이 아닐 수 없다. 박해자들을 설사 입으로는 『**축복**』할 수 있을지라도 마음으로는 『**저주**』하게 되는 것이 인지상정이리라. 그러나 한번 이렇게 생각해 보라. 누가 당신을 박해한다. 이때야말로 당신이 이 구절을 실천할 수 있는 절호의 기회가 아닌가! 당신을 박해하는 자들을 향하여 당신은 "주여, 저들에게 복을 주소서! 주여, 저들을 복되게 하소서!" 하고 외칠 수 있는 찬스가 아닌가? 마음속으로는 "하나님의 저주를 받을지어다!" 하고 이를 갈망정 입으로는 『**저주**』하는 말 대신

『**축복**』하는 말로 바꾸어 발설할 수도 있지 않겠는가? 기왕이면 입으로 뿐만 아니라 마음으로도 "그대들을 저주하지 않노라!" 하고 부르짖을 수도 있으리라. 이러할 때 당신은 이 말씀에 순종할 수 있었다는 기쁨을 향유할 것이다. 그리스도인에게 있어서는 욕설을 축복으로 바꾸어 말하는 것이 언제나 최선이다. 박해자들이 당신의 손톱을 쇠망치로 내려친다. 당신은 "으악!" 하고 비명을 내지르지 않을 수 없겠지만, 그 다음에 이어지는 신음 소리는 "할렐루야!"로 대체해서 발음할 수도 있을 것이다. 이게 아니더라도 당신은 무슨 말이든 평소에 늘 입에 올리곤 했던 선한 말들이 많을 것이다. 최악의 고통을 겪으면서 최선의 아름다운 축복의 말들을 쏟아낼 수 있다면, 당신은 썩 훈련이 잘된 그리스도인이다.

『**즐거워하는 자들과 함께 즐거워하고 우는 자들과 함께 울라**』(15절).

이 구절 역시 읽기는 쉬워도 실행하기는 쉽지 않은 말씀이다. 누군가 다른 사람이 즐거운 일을 당하여 행복해 할 때, 당신도 행복해 하고, 반대로 다른 사람이 슬픔을 당했을 때 당신도 슬퍼할 수 있어야 한다는 것이 이 말씀의 본뜻이다. 겉으로가 아니라 진심으로 말이다. 그리스도인들은 그 안에 성령께서 들어와 사시는 사람들이다. 그런 사람들이 속 다르고 겉 다르다면 참 이상하지 않은가? 입으로는 "축하해요. 얼마나 기쁜지 몰라요." 하고 함께 즐거워해 주는 척하면서도 속으로는 남이 잘된 것을 배 아파한다면, 당신 속에 들어와 계신 "성령"께서는 얼마나 고통스러우시겠는가? 슬픔을 당한 형제 앞에서 눈물을 글썽이면서 함께 슬퍼하는 척하면서도 속으로는 "벌 받는 거지 뭐. 싸지 싸." 하고 고소해 한다면, 당신 안에 들어와 계신 성령께서는 얼마나 입맛이 쓰시겠는가?

구 소련 공산당 시절 시베리아 강제 수용소에는 수많은 그리스도인들이 잡혀와 옥고를 치르고 있었다. 그러나 이런 형제들을 생각하며 함께 가슴 아파하고 슬픔을 같이 했던 그리스도인들이 자유 세계에는 그리 많지 않았다. 성경은 『**옥에 갇힌 자들을 함께 갇힌 것처럼 기억하고 너희 자신도 몸을 가졌은즉 학대받는 자들을 기억하라.**』(히 13:3)고 말씀한다. 옥에 갇혀 박해받는 형제 그리스도인들을 생각하며 당신 자신이 옥고를 치르고 있듯이 함께 고통을 나누고 그들의 아픔을 같이 아파하라는 말씀이다. 현재도 당신에게는 같은 교회 회원들 가운데 몇 달째 병상에 누워 신음하고 있는 형제자매들이 있을 것이다. 당신은 비록 건강을 누리지만, 병상에 누워 고통을 겪고 있는 그들을 기억하며 당신도 그들과 함께 마음으로 병고를 치르며 아픔을 함께하고 있는지 당신 자신을 돌아보라. 당신도 『**몸을 가졌은즉**』 언제 그들처럼 병들어 눕게 될지 누가 아는가?

『**서로 같은 생각을 품고 높은 것들을 생각하지 말며 낮은 데 처한 사람들과 같이 하고 스스로 지혜 있는 체하지 말라**』(16절).

『**서로 같은 생각을 품고**』란 누구를 특별히 더 좋아하고 덜 좋아하는 따위의 편애를 하지 말고, 서로에게 같은 마음으로 대하라는 뜻이다.

『**높은 것들을 생각하지 말며**』. 위대한 말씀이다. 자기가 "일류"라든지, "거물급 인사"라든지 하는 따위 생각을 품지 말라는 말씀이다.

『**낮은 데 처한 사람들과 같이 하고**』. 물론 자기를 낮추라는 말씀이되 단순한 겸손만이 아니라, 돈 많은 사람들만 상대하지 말고 가난한 사람들을 따뜻이 대하라는 뜻이다.

『**스스로 지혜 있는 체하지 말라.**』 이것은 당신이 이것저것 모두 다 안다고 생각하지 말라는 뜻이다. 또한, 다른 사람이 모르는 것을 당신이 안다고 해서 당신이 특별히 더 똑똑하다고 생각하지 말라는 뜻이다. 당신이 모르는 것을 그 사람은 알고 있는지 누가 알겠는가?

12:17 아무에게도 악으로 악을 갚지 말고 모든 사람 앞에서 정직한 일을 도모하라.
18 가능한 한 너희 편에서는 모든 사람과 더불어 화목하게 지내라.
19 사랑하는 자들아, 너희 스스로 복수하지 말고 진노하심에 맡기라. 기록되었으되, "원수 갚는 것은 나의 일이니 내가 갚으리라. 주가 말하노라."고 하였느니라.
20 그러므로 네 원수가 주리거든 먹이고 만일 그가 목마르거든 마실 것을 주라. 이렇게 함으로써 네가 그의 머리에 숯불을 쌓을 것이라.
21 악에게 지지 말고 선으로 악을 이기라.

『**아무에게도 악으로 악을 갚지 말고 모든 사람 앞에서 정직한 일을 도모하라**』(17절).

누가 당신에게 나쁜 짓을 했다고 해서 당신도 그에게 나쁜 짓을 해서 앙갚음을 할 수는 없다. 『**모든 사람 앞에서 정직한 일을 도모하라.**』는 것은 끼리끼리만 개인적으로 마음을 터놓고 살지 말고 모든 사람들에게 똑같이 마음을 활짝 열고 대함으로써 거리낌이 남지 않도록 하라는 뜻이다.

『**가능한 한 너희 편에서는 모든 사람과 더불어 화목하게 지내라**』(18절).

"모든 사람"과 화목하게 지내는 것이 가능하다면, 그렇게 하라. 만약 "모든 사람"과 그렇게 지내는 것이 불가능하다면, 가능한 한, 그리고 당신의 역량이 닿는 데까지 최선을 다해서 모든 사람들과 화목하게 지내되, 당신의 역량이 모자라면 기도를 통하여 성령의 도우심을 구하라. 만약 그래도 안 되면 한 발 물러서는 게 좋다. 당신이 잘못한 것도 없고 그 사람에게 책잡힐 만한 일을 한 것도 아닌데 좇아다니면서 당신을 괴롭히는 사람이 있을 수도 있다. 그렇더라도 당신은 맞받아치지 말고 최선을 다하여 입을 다물고 있는 게 좋다. 그래도 그치지 않는다면 당신이 할 일은 오직 한 가지, 기도하는 일이다. 그러면 주님께서는 당신을 다른 데로 떼어 놓든지 그 사람을 당신에게서 떼어 놓든지 하실 것이다. 이것이 최상의 해결책이다. 당신이 나서서 언쟁을 하고 그 사람과 아귀다툼을 하며 혼란을 일으키는 것으로는 문제가 해소되지 않는다.

당신이 화목하게 지내려고 아무리 최선을 다해도 상대가 계속 당신을 괴롭혀 온다면, 그의 이름을 다음 19,20절 언저리에 또박또박 기록해 두어라. 그리고 기도할 때마다 주님께 말씀드려라. "주님, 아무개가 나를 괴롭힙니다. 그러나 복수는 주님께 맡깁니다. 주님께서 알아서 처리해 주십시오. 주님께서 처리해 주시는 한 나는 그의 머리카락 하나도 건드리지 않겠습니다. 만약 내가 잘못이라면 내게 말씀해 주시고 내가 고칠 수 있는 기회를 허락해 주십시오."

『**사랑하는 자들아, 너희 스스로 복수하지 말고 진노하심에 맡기라. 기록되었으되 "원수 갚는 것은 나의 일이니 내가 갚으리라. 주가 말하노라." 고 하였느니라**』(19절).

대단히 위대한 말씀일 뿐만 아니라 대단히 통쾌한 말씀이기도 하다. 당신을 괴롭히고 못살게 구는 자들을 당신이 친히 앙갚음을 하지 않고 하나님의 진노하심에 맡길 수 있다는 것은 얼마나 멋진 일인가! 상대가 아닌 게 아니라 정말 악해서 복수 받을 만할 경우, 복수하기로 말한다면, 사실 하나님의 복수는 당신의 복수보다 몇 갑절 더 가혹하지 않겠는가? 그러니 얼마나 통쾌한가! 만약 당신이 잘못된 경우라면 주님께서 친히 판단하셔서 당신을 바로잡아 주실 것인즉, 이 또한 당신 스스로가 문제를 해결하려고 선불리 덤비다가 곤욕을 치를 필요가 없으니 좋다. 그러므로 하나님께 맡기라. 잘잘못을 가리고 그에 적절히 보응하는 데에 하나님만큼 정확한 재판관이 어디 있겠는가?

때때로 하나님의 판결은 아주 가혹하다 하리만치 엄중한 결과를 초래하기도 한다. 명백하게 잘못한 사람에게 내가 나서서 대응하지 않고 주님께 맡긴 채 잊어버리고 있었는데, 나중에 들려오는 소식은 그 사람이 자살했다든지, 파산했다든지 하는 경우를 나는 여러 번 겪어 보았다. 누가 당신에게 서운한 일을 했다고 해서 당신 스스로가 나서서 진흙탕에 함께 뒤엉켜 싸워 봤자 세월이 지나고 보면 당신만 더 큰 피해를 보았다는 것을 알게 된다. 마음 편히 먹고 주님께 맡겨 드려라. 그것이 최상책이다.

『**그러므로 네 원수가 주리거든 먹이고 만일 그가 목마르거든 마실 것을 주라. 이렇게 함으로써 네가 그의 머리에 숯불을 쌓을 것이라**』(20절).

이 구절을 둘러싸고 사람들은 갖가지 해석들을 내놓지만 성경으로 푸는 사람들은 그리 많지 않다. 『**네가 그의 머리에 숯불을 쌓을 것**』이라는 말은 잠언 25:22에서 따온 것이다. 어떤 사람들은 이 말이 고대 시대에 죄인에게 형벌을 가할 때 사용한 한 방식으로 뜨겁게 달아오른 숯불을 팬에 담아 머리에 올려놓고 뜨거운 불이 다 식을 때까지 머리를 지져서 죄를 다 지져 없애 준 후 방면해 준 데서 유래한 것이라고 설명하기도 하고, 또 어떤 사람들은 숯불이 "뉘우침"과 관계가 있는 말이라고 해석하기도 한다. 꽤 그럴듯한 설명이지만, 성경으로 확인되는 해석이 아니기 때문에 나는 이런 말들을 믿지 않는다.

성경의 구절들을 비교해 가면서 생각해 보건대, 이것은 성도들을 핍박한 자들이 지옥에 가서 받게 될 가장 가혹한 형벌과 관계가 있다는 것을 알 수 있다. 죄인은 모두 지옥에 가서 고통을 겪게 되지만, 그 중에서도 그리스도인들을 박해한 자들은 가장 가혹한 형벌로 다스려진다는 것이 성경 말씀이다. 시편 140:9-10 부분을 보자. 나는 이 부분의 시편 구절들이 누군가 성도들을 핍박한 자들에 대한 형벌을 언급한 것으로 본다. 시편 144편, 145편, 146편, 147편으로 이어지는 내용들이 모두 성도들을 위한 핍박과 환난으로부터의 보호에 관련된다.

『**오 주여, 악인의 욕망들을 허락하지 마시고...**』(시 140:8) 당신이 꿇어앉아 기도한다. "주님, 저 자들이 지금 무슨 짓을 하고 싶어하는지 그 속을 다 아시죠? 저 자들을 혼란시켜 엉망으로 만듦으로써 그 못된 생각을 버리도록 해주십시오."

『**더욱이 그의 악한 꾀는 허락하지 마시사...**』 "그래도 저 자들이 나쁜 짓을 자행하기 시작하거든 더욱더 그들을 혼란시켜서 그 악한 짓을 더 이상 진행하지 못하도록 막아 주십시오."

『**그들로 자고하지 못하게 하소서. 셀라.**』 "주님, 나는(성도들은) 주님께서 높아지시고 주님의 말씀이 높아지기를 원하지, 저 자들이 높아지는 것은 원치 않습니다. 그러니 저 자들을 제발 막아 주십시오."

『**나를 에워싼 자들의 머리에 관하여는 그들 입술의 해악으로 그것들을 덮게 하소서. 불붙은 숯불이 그들 위에 떨어지게 하시고 그들로 불 속 깊은 구덩이에 던져져서 다시 일어나지 못하게 하소서**』(시 140:9,10). "나를(성도들을) 에워싸고 괴롭히는 저 자들의 『**머리**』는 어떻게 처리하는 게 좋을까요? 옳지, 『**불붙은 숯불이 그들 위에 떨어지게**』 하는 게 좋겠군요! 그들을 불 속 깊은 구덩이에 던져서 다시는 일어나지 못하게 해야 되지 않겠습니까? 그러니까 불붙은 숯불이 저 자들의 머리 위에 떨어져야만 해요! 그래야만 저 자들이 다시는 일어나지 못할 것 아니겠습니까?" 말하자면, 당신은 핍박자들을 응징해 달라고 하나님께 이렇게 기도하고 있는 것인데, 지옥에 던져져서 그냥 고통을 겪는 정도가 아니라 지옥의 뜨거운 불 속에서 고통을 겪는 것은 물론, 그 불 속에서도 가장 가혹한 형벌을 받아 옴짝달싹 할 수 없도록 그들의 『**머리에 숯불을 쌓을 것**』을 하나님께 요구하고 있는 것이다. 이렇게 볼 때, 그리스도인들을 박해한 죄는 이처럼 지옥의 형벌 중에서도 가장 무서운 형벌로 다스려질 것임을 서술하고 있는 말이 곧 『**머리에 숯불을 쌓을 것**』이라는 표현이라고 나는 생각한다.

머리에 숯불을 쌓는 형벌은 하나님께서나 하실 수 있는 형벌이지 사람이 가할 수 있는 형벌이 아니다. 『**네 원수**』, 즉 그리스도인의 원수는 곧 하나님의 원수다. 하나님의 원수는 하나님께서 처리하신다. 하나님의 원수는 지옥은 물론 지옥 불 속에서도 가장 가혹한 형벌을 받게 될 것이다. 그러니 당신이 그에게 형벌을 가할 생각은 하지 말라. 도리어 『**네 원수가 주리거든 먹이고 만일 그가 목마르거든 마실 것을 주라.**』고 20절은 당신에게 명령한다. 그래야 그 원수의 악행이 더더욱 대조적으로 부각될 것이 아닌가?

성경에서 『**원수**』라는 말은, 교리적으로는 구원받지 못한 자들을 일컫는 말이다. 구원받지 못한 자들은 누구라도 예외 없이 지옥에 던져진다. 『**악인들을 의인들로부터 가려내어, 그들을 불타는 용광로 속으로 던지리니, 거기서 울며 이를 갈고 있으리라.**』(마 13:49,50)고 예수님께서는 말씀하신다. 당신이 구원받지 못한 자들에게 복음을 전하고 그리스도를 증거하며 선을 행하는데도 그들이 당신을 못살게 굴면 굴수록 그들은 그만큼 더 자신들의 저주를 많이 쌓아가고 있는 것이다.

한편, 『**원수**』가 교리적으로는 구원받지 못한 자들을 일컫지만, 이것을 그리스도인에게도 영적으로 적용할 수 있다. 구원받은 그리스도인이 다른 그리스도인들을 못살게 구는 예는 얼마든지 있다. 이러할 경우 그 못된 그리스도인은 영적으로 『**원수**』에 해당한다. 이것은 다음 21절에서도 알 수 있다.

『**악에게 지지 말고 선으로 악을 이기라**』(21절).

누가 당신에게 성질을 부리고 화를 내는 것은 당신으로 하여금 덩달아 성질을 내고 화를 내도록 유도하려는 것이다. 누가 당신에게 욕설을 퍼붓는 것은 당신도 욕설을 퍼부으라고 그러는 것이다. 어떤 자가 도둑질하고 거짓말을 밥 먹듯 하여 실력자가 되는 것은 당신에게 본보기를 보여서 당신도 도둑질하고 거짓말을 하도록 유인하기 위함이다. 그렇기 때문에 당신은 거기에 말려들어서는 안 된다. 거기에 말려들면 당신은 악에게 진 것이다. 20절의 『**원수**』라는 말을 그리스도인에게 영적으로 적용해 볼 경우, 그리스도인이 기도를 게을리 하는 것은 다른 그리스도인에게서 기도생활을 빼앗으려는 것인즉, 이런 못된 그리스도인은 『**원수**』다. 그리스도인이 복음을 증거하지 않는 것은 다른 그리스도인들도 복음의 증거를 하지 못하도록 만든다. 그러니 이런 그리스도인은 당신의 『**원수**』다. 그런즉, 당신의 형제 그리스도인이 기도를 소홀히 하고 증거를 게을리 하더라도 당신마저 덩달아 그를 닮아서는 안 된다. 만약 당신마저 그를 보고 그 사람처럼 하면 당신은 악한 『**원수**』에게 지고 만 것이다. 『**악에게 지지 말고 선으로 악을 이기라.**』 그리스도인들이든, 구원받지 못한 죄인들이든, 그들이 잘못을 저지르고 그 잘못된 것들이 당신 눈앞에 보이면 보일수록 당신은 옳은 것으로 그에 대응해야 한다. 그래야 당신은 악을 이기고 『**원수**』를 무찌를 수 있다. 당신 눈앞에서 악이 자행되면 될수록 당신은 반대로 선을 행하라. 그래야 당신은 악에게 지지 않는다.

로마서 13장

로마서 13장은 그리스도인들이 바깥 세상에 대해 어떻게 처신해야 좋은가를 잘 다루고 있는 장이다. 앞서 12장에서는 그리스도인들 간에 서로 어떤 관계를 형성하고 유지해야 하는가에 대해 다루었다면, 본 장에서는 그리스도인들이 외부 세계의 체제들에 대해 어떤 태도로 임해야 하는가를 다룬다. 그리고 14장으로 넘어가면서 그리스도인 각자가 서로 어떤 관계를 맺어야 할 것인지에 대해 다시 언급한다.

13:1 각 사람은 위에 있는 권세자들에게 복종하라. 하나님께로부터 나오지 않은 권세는 없나니, 모든 권세는 하나님께서 정하신 것이라.

2 그러므로 누구든지 권세자에게 거역하는 자는 하나님의 율례를 거역함이니 거역하는 그들은 스스로 저주를 받게 되리라.

3 이는 다스리는 자들은 선행에 대해서는 두려움이 되지 아니하고 악행에 대해서만 됨이니 네가 권세자를 두려워하지 아니하기를 원

하느냐? 선을 행하라. 그러면 그에게서 칭찬을 받으리라.

『**각 사람은 위에 있는 권세자들에게 복종하라. 하나님께로부터 나오지 않은 권세는 없나니, 모든 권세는 하나님께서 정하신 것이라**』(1절).

우선 바울이 『**사람**』을 지칭하는 말로 "혼"이라는 뜻의 "soul"이란 단어를 채택해 쓰고 있음에 주목하라. 세상에 살고 있는 사람들은 모두가 "혼들"이다.

『**각 사람은 위에 있는 권세자들에게 복종하라.**』

이 문단은 각 사람 위에 군림하고 있는 "권위"("authority") 문제를 논의의 대상으로 삼고 있기 때문에 마음에 좀 걸릴 수도 있겠지만 『**모든 권세는 하나님께서 정하신 것이라.**』는 이 한마디 간명한 선포 앞에서 우리는 할 말을 잃고 입을 꾹 다물 수밖에 없다. 『**권세자**』, 즉 권력을 쥐고 권위를 행사하는 자가 여하한 경로를 거쳐 국가 권력을 손에 넣게 되었고 여하한 형태로 그 권력을 사용하고 있으며, 그 여파가 백성에게 여하하게 영향을 미치고 있느냐 하는 문제를 떠나 어쨌든 그 권세가 하나님께로부터 나왔고 하나님께서 정하신 것이라면 우리는 그 『**권세자**』에게 복종하는 수밖에 다른 도리가 없다. 권력이 하나님께로부터 나왔고 하나님께서 그 권력을 누군가에게 주기로 정하셔서 그 누군가가 권력을 잡게 되었다면, 그 권위에 저항하는 것은 곧 하나님께 반항하는 것이나 다름없기 때문이다. 하나님께로부터 나온 권세를 받은 권세자는 그러므로 당신에게 복종을 요구할 수 있는 정당한 권리를 갖는다.

로마카톨릭이 지구상의 모든 나라에 교회국가 체제를 확립하고자 하는 까닭이 바로 여기에 있다. 일단 국가와 종교가 손을 잡는 정교일치주의에 입각한 교회국가가 확립되면 종교가 국가 권력의 토대를 이루게 된다. 그러므로 교회국가 체제하에서는 모든 그리스도인들이 국가 권력의 토대가 되고 있는 교회의 법에 복종하지 않을 수 없게 된다. 로마카톨릭은 바로 이 점에 눈독을 들이고 어떻게든 로마카톨릭이라는 종교에 기초한 교회국가를 세워 보려는 야욕을 품고 있는 것이다. 한편, 로마카톨릭은 이탈리아라든가 스페인 같은 나라에서 이미 교회국가 체제를 사실상 수립, 운영하고 있으며, 쿠바와 멕시코 및 남미 제국이 모두 교회국가 체제 확립을 지향하고 그 목표 달성을 위해 사회 전반이 그 방향으로 움직여 가고 있다. 이들 가운데 아르헨티나와 같은 일부 국가에서는 비카톨릭 신자들을 정부에 등록토록 하는 조치를 취했는가 하면, 카톨릭 교회와 카톨릭 관련 단체들에 대해서는 모든 형태의 세금을 면제해 주는 특혜를 베풀고 있는 반면 그로 인한 감세 부분을 다른 분야에 종사하는 국민과 기업들에게 전가하는 법적 장치를 이미 마련했다.

로마카톨릭이 주관하는 교회국가가 수립되면 정부 권력은 당연히 카톨릭의 수중에 고스란히 들어가게 될 것인즉, 모든 그리스도인들은 사실상 로마카톨릭 당국에 복종하지 않을 수 없는 사태가 벌어지게 된다. 침례교가 다른 모든 문제들을 제쳐 두고서라도 정교분리 원칙만은 완강하게 고수하려는 이유들 가운데 하나가 바로 이 때문이다. 만약 당신이 정교분리 원칙을 지지하지 않는다면, 당신은 분명 침례교인이 아니다. 침례교인의 가장 두드러진 특징을 하나 꼽으라고 한다면 그것은 로마카톨릭과는 절대로 가까이 할 수 없다는 점이다. 그러므로 당신이 만약 침례교 신자이면서 카톨릭과 친근하게 지내는 사이라면 당신은 절대로 정상적인 침례교인이라고 할 수가 없다.

우리가 그리스도인으로서 국가에 세금을 바치고 갖가지 의무를 다하며 봉사하는 것은 그리스도인으로서의 우리의 자유를 수호하기 위해서다. 국가는 국민으로부터 세금을 거둬들이고 각종 무료 봉사를 동원할 수 있는 권력을 보유하되, 그 대가로 국민에게 자유를 보장할 의무를 지닌다. 그러나 로마카톨릭이 교회국가를 세우게 되면 사정이 달라진다. 그들은 국가 권력을 수중에 넣고 우리의 세금과 봉사를 마음껏 사취하고 나서, 우리의 자유는 자유대로 짓밟고 우리의 믿음을 말살해 버리려는 야욕을 품고 있기 때문이다.

로마카톨릭이 주축을 이룬 교회국가가 수립되면 국가 권력으로 로마카톨릭의 가르침을 따르도록 국민들에게 요구할 수 있게 된다. 이것은 정교일치주의에 입각한 모든 이슬람 국가들에서 이미 그 사례가 확연히 드러나고 있는 사실이다. 침례교가 정교일치주의를 극력 반대하고 로마카톨릭의 권력 장악을 특히 반대하고 나서는 이유가 여기에 있는 것이다.

가령, 미국에 카톨릭 국가 체제가 수립되었다고 가정하자. 그리고 펜사콜라 시의 카톨릭 당국이 다섯 개의 카톨릭 학교를 세우기로 정책적으로 결정했다고 가정하자. 이들 학교를 운영하는 카톨릭 측이 연방정부에 대해 학교 운영비 보조금조로 연간 2백만 달러의 재정 지원을 요구한다. 카톨릭이 권력을 장악하고 있는 연방정부는 당연히 이 요구에 응하여 보조금을 지급하게 되는데, 물론 그 돈은 국민의 세금으로 충당되어 50만 달러는 침례교 신자들로부터, 50만 달러는 장로교 신자들로부터, 50만 달러는 감리교 신자들로부터, 50만 달러는 루터교 신자들로부터 거둬들인다. 그러니까 이것은 사실상 비카톨릭 교회들로부터 돈을 수탈하여 카톨릭 신자들을 먹여 살리고 카톨릭 세력을 증대시키는 결과를 가져온다. 그런데도 당신은 이러한 정책에 반대할 수가 없다. 당신은 권력 당국에 복종해야 하기 때문이다. 당신은 결국 그들에게 돈을 수탈당하고도 당신이 믿지도 않는 것을 지지하고 믿어야 하며 당신의 신앙을 수호하고 당신이 믿는 바를 믿을 수 있는 자유를 박탈당하고 만다. 그들의 계획은 당신의 돈을 훔친 다음, 당신으로 하여금 카톨릭 미사를 지지하게 하고 신부들과 수녀들을 먹여 살릴 돈을 내게 하고, 유아 세례를 믿도록 만들며, 신부들과 수녀들이 가르치는 것을 받아들이도록 하려는 것이다. 당신은 하나님께로부터 돈을 받았으되, 그 돈을 하나님을 대적하는 자들에게 바쳐야 하는 엄청난 모순에 직면하지 않으면 안 될 입장에 처하는 것이다.

『**각 사람은 위에 있는 권세자들에게 복종하라. 하나님께로부터 나오지 않은 권세는 없나니, 모든 권세는 하나님께서 정하신 것이라**』(1절).

자, 아버지 하나님께서 갖고 계신 이 『**권세**』가 어떻게 다음 단계로 연결돼 흘러가는지 그 연결 고리를 한번 살펴보자. 먼저 마태복음 28장으로 가 보자. 『**하늘과 땅에 있는 모든 권세를 나에게 주셨도다.**』(마 28:18)라고 예수 그리스도께서 말씀하신다. 하나님 아버지께서 갖고 계신 모든 권세가 예수 그리스도께 이관된 것이다. 이것이 최초의 권력 시여(施輿)다. 그 다음 누가복음 24장에서 우리는 이 권세의 두 번째 시여를 또 본다. 『**보라, 내가 나의 아버지께서 약속하신 것을 너희 위에 보내노라. 그러나 높은 곳으로부터 능력을 입을 때까지 예루살렘 도성에서 기다리라**』(눅 24:49). 그리스도께서는 그 권세를 사도들에게 넘겨주셨던 것이다.

사실은 이 두 번째 권력 시여를 빙자하여 카톨릭 집단이 수립되었던 것이다. "예수 그리스도께서 사도들에게 권세를 시여하셨는데, 그 사도들의 우두머리가 누구인가? 베드로이다. 그러므로 카톨릭 교회의 권세는 하나님 아버지께로부터 받은 것이다." 이것이 바로 로마카톨릭이 주장하는 바다. 그들의 주장대로라면 권세의 이양 순서가 「하나님 → 예수 그리스도 → 사도들(베드로) → 교황 → 로마카톨릭」이기 때문에 모든 사람들은 로마카톨릭의 권세하에 놓일 수밖에 없게 된다. 이런 논리에 입각하여 그들은 지구상의 모든 인류가 로마카톨릭 당국에 전가된 권력에 복종할 것을 요구한다.

자, 그럼 이번에는 하나님의 권세의 시여를 성경적으로 바른 각도에서 추적해보자. 「하나님 → 예수 그리스도 → 사도들」로 이어지는 권세의 흐름에서 그리스도께서 사도들에게 준 권세는 영적인 권세였던가 아니면 세상의 권세였던가? 물론 영적인 권세였지 세상의 세속적 권세가 아니었다. 그럼 세상의 권세는 누구에게 넘겨졌는가? 누가복음 4장을 보라. 『**그리고 마귀가 주께 말하기를 "내가 이 모든 권세와 그것들의 영광을 너에게 주리라. 그것이 나에게 넘겨졌으므로 내가 원하는 자에게 줄 수 있느니라. 그러므로 네가 내게 경배하면, 모든 것이 너의 것이 되리라."고 하니**』(눅 4:6,7). 이 말씀에서 우리가 확실하게 알 수 있는 것은 세상의 권세가 사탄에게 이양되었다는 사실이다. 이것은 사실이었다. 마귀는 거짓의 아비이지만 자신에게 세상의 권세를 넘겨주신 하나님의 아들이신 예수 그리스도에게까지 거짓말을 할 수는 없다. 그런데 로마카톨릭은 모든 사람이 카톨릭 정부 권력에 복종하여야 한다고 주장한다. 이 권력은 세상의 세속적 권세이다. 그렇다면 로마카톨릭은 그 권세를 누구에게서 넘겨받은 것인가? 누가복음 4:6 말씀에 따르면 명백하게 마귀에게서 넘겨받은 것이다.

『**세상의 모든 나라들**』(눅 4:5)은 마귀의 수중에 들어가 있다. 고린도후서 4:4을 보자. 『**그들 가운데 이 세상의 신이 믿지 않는 자들의 마음을 어둡게 하여 하나님의 형상이신 그리스도의 영광스러운 복음의 광채가 그들에게 비치지 못하게 하느니라.**』는 말씀에서 『**이 세상의 신**』이란 물론 사탄을 일컫는다. 사탄이 『**이 세상의 신**』이기에 이 세상 나라들의 모든 제도와 체제를 사탄이 주관하고 다스린다. 땅 자체는 주님의 것이다. 그리고 땅 위의 자연으로부터 생성되는 모든 것들, 예컨대 산들과 언덕들과 나무들, 계곡들, 평원들, 구름들, 강들, 시내들, 바다들, 꽃들 등등은 다 주님의 것이다. 그러나 지구 위에 사는 인간 세상의 갖가지 제도와 체제들을 만들고 조직하는 것은 마귀가 하는 일이다. "세상의 권세들"이라고 말할 때 "세상"이란 물론 조직화된 세상 제도와 체제들을 지칭한다. 그러므로 국가와 국가 법령들, 모든 사회 제도들과 그 사회 조직들을 움직이는 모든 규정과 규례와 체제들은 사탄에게 직접 연결된다.

우리가 로마서 13:1을 읽으면서 직면하게 되는 어려운 문제는, 성경은 『**하나님께로부터 나오지 않은 권세는 없나니, 모든 권세는 하나님께서 정하신 것이라.**』고 말씀하지만, 정작 권세자의 말이 하나님의 말씀에 역행하고 상치될 경우 우리는 어찌해야 좋은가 하는 것이다. 그러나 우리는 이미 주님께서 친히 이에 대해 대답하신 일이 있음을 기억한다. 즉 『**카이사의 것은 카이사에게, 하나님의 것은 하나님께 바치라.**』(마 22:21)는 말씀이다. 카이사는 마귀의 예표다. 그런즉, 마귀의 것은 마귀에게, 하나님의 것은 하나님께 드리라는 것이 예수님의 말씀이었다. 이것은 마귀의 것을 하나님께 드려서도 안 되고, 하나님의 것을 마귀에게 주어도 안 된다는 말씀이다.

『**각 사람은 위에 있는 권세자들에게 복종하라.**』 세상 정부의 권세자는 마귀의 대리자이지만, 그 권세자가 당신 "위에" 있다. 그러니 복종해야만 한다.

『**하나님께로부터 나오지 않은 권세는 없나니**』. 마귀가 갖고 있는 권세도 하나님께로부터 나온 권세다. 욥기 1장을 보아도 그렇고, 욥기 2장을 보아도 그렇다. 마귀는 세상 권세를 통하여 당신을 마음대로 처리할 수가 있다.

『**모든 권세는 하나님께서 정하신 것이라.**』 그렇다면 이 "권세들"에는 어떤 것들이 포함되어 있는가? 에베소서 6장을 보라. 『**이는 우리의 싸움**

이 혈과 육에 대항하는 것이 아니라 정사들과 권세들과 이 세상 어두움의 주관자들과 높은 곳들에 있는 영적 악에 대항하는 것이기 때문이니라』(엡 6:12). "정사들"이건, "권세들"이건, 또 "이 세상 어두움의 주관자들"이건, "높은 곳들에 있는 영적 악"이건, 모두가 영적 존재들이다. 그런즉, 정부의 『**권세들**』은 결국 영적 존재들이 주관하고 있다. 이 세상에 군림하고 있는 "권위"("authority")는 영적 존재들의 권위인 것이다. 이것은 항상 그러하였고 앞으로도 그러할 것이다.

그런데, 로마서 13:3과 에베소서 6:12을 비교해 보라. 로마서 13:3은 『**다스리는 자들은 선행에 대해서는 두려움이 되지 아니하고...**』라고 말씀한다. 이것은 에베소서 6:12 말씀과는 상충하지 않는가? 에베소서 6:12에서는 『**주관자들**』, 즉 "다스리는 자들"이 우리가 대항하는 자들이다. 그런즉, 그들은 선행에 대해서도 두려움이 되는 자들인 게 분명하다. 그러나 로마서 13:3에서는 "다스리는 자들," 즉 통치 권력이 선행에 대해서는 두려움이 되지 않는다고 언급한다. 이것은 일반적인 사실을 언급하는 일반적인 규칙이다. 우리가 선행을 행하는 한 우리는 다스리는 자들을 두려워할 필요가 없다. 그러나 에베소서 6:12은 영적 권세들에 대한 말씀이다. 이 말씀은 또한 『**너희는 마귀의 술책에 대항하여 설 수 있도록 하나님의 전신갑옷을 입으라.**』(엡 6:11)는 명령에 이어지고 있는 말씀이다. 즉 그리스도인들은 마귀의 술책에는 대항해야 한다는 것이다. 또 대항해서 이길 수 있도록 하나님의 전신갑옷을 입어야 한다.

이 말씀으로 미루어, 로마서 13장 서두에서 "권세에 복종하라"고 명하고는 있으되, 하나님을 섬기는 그리스도인의 선행에 대해서까지 위협이 되는 마귀의 술책에 의한 권세라면, 그 권세에는 대항할 수밖에 없다는 것이다. 쉽게 말해서, 정부가 로마카톨릭 세력에 장악되어 그리스도인의 올바른 신앙생활에까지 영향을 미칠 경우 그리스도인들은 이에 맞서 싸우지 않으면 안 된다. 맞서 싸운다고 해서 폭력을 동원하여 정부를 전복해야 한다는 말이 아니라, 타협하거나 야합하거나 굴복하지 말라는 뜻이다. 중세 암흑시대에 로마카톨릭에 박해를 받고 순교했던 모든 성경대로 믿는 사람들이 바로 그런 사람들이었다. 순교는 모든 영적 악에 대한 대항의 적극적 표현이다.

『**그러므로 누구든지 권세자에게 거역하는 자는 하나님의 율례를 거역함이니 거역하는 그들은 스스로 저주를 받게 되리라**』(2절).

권세자를 권세의 자리에 앉히시는 분은 하나님이시다. J. F. 케네디는 하나님께서 백악관으로 불러들이셔서 대통령이 될 수 있었다. 린든 존슨도 그러하였고 리처드 닉슨도 그러하였으며 지미 카터도 마찬가지였고 레이건 역시 마찬가지였다. 하나님께서 이들을 대통령 자리에 앉히실 의도가 없으셨다면 이들은 누구도 백악관에 들어가 앉을 수가 없었을 것이다. 그러므로 당신이 미국 시민이라면 이들 대통령이 이끄는 미국 정부의 권세에 복종하지 않으면 안 된다. 이들에게 거역한다면 그것은 『**하나님의 율례를 거역함**』인즉, 『**스스로 저주를 받게 되리라.**』고 단언한다. 대통령이 악행을 자행함으로써 죄를 짓는다면 그에 대한 심판은 그들을 세우신 하나님께서 하실 일이다. 그러나 이것 역시 일반론이요, 일반적인 규칙이다. 다시 말하거니와, 규칙에는 예외가 있다.

이 구절에서 『**저주**』라는 말은 지옥에 보내진다는 뜻이 아니다. 여기서 말씀하는 "저주"는 영원한 저주가 아니라, 세상에서 한때 고통에 처해지는 일시적인 현세적 "저주"를 말한다. 이에 대해서는 8:1의 주석을 참조하라.

『**이는 다스리는 자들은 선행에 대해서는 두려움이 되지 아니하고 악행**

에 대해서만 됨이니 네가 권세자를 두려워하지 아니하기를 원하느냐? 선을 행하라. 그러면 그에게서 칭찬을 받으리라』(3절).

앞에서도 말했듯이 이 구절은 보편적인 사실에 대한 진술로서 일반적인 규칙이다. 그러나 규칙에는 예외가 있기 마련이라고 앞에서 이미 말했다. 예외가 있기 때문에 규칙은 규칙일 수가 있는 것이다. 이것은 곧 다스리는 자들이 선행에 대해서 두려움이 되는 예외적인 경우도 있다는 말이다. 그러나 그 예가 많지는 않다. 많지는 않지만 그래도 역시 선행에 대해서 두려움이 되는 통치자들이 있기 마련이고 과거에는 이런 일들이 비일비재했으며 어떤 통치자들은 그리스도인들에게 엄청난 두려움이 되기도 했다. 로마의 네로가 그 좋은 예이다. 칼리굴라가 또 그러했고, 트레지안이 그러했으며, 데시안, 다이클레이션도 그러했다. 이러한 폭군들은 선을 행하는 사람들을 도리어 적으로 보았고, 선을 행하는 사람들은 그들대로 이들 폭군들이 적이었다. 그러나 대부분의 통치자들은 자신들을 신뢰하는 가운데 자신들에게 충성하고 순종해 주기를 바라는 것이 보통이다. 비록 칼을 등 뒤에 숨기고 있더라도 통치자들이란 대개 그런 법이다. 자신에게 순종하는 국민에게 선의로 대할 줄 모르는 통치자는 없다. 그러나 교회사를 보면 로마카톨릭에 의한 정교일치 시대 동안에 수많은 그리스도인들이 처참하게 죽임을 당했다. 암흑시대에는 통치자들이 로마카톨릭 측과 협약을 맺고 있던 자들이었으므로 이런 악행을 얼마든지 자행할 수 있었다. 현대에 들어와서도 아돌프 히틀러와 무솔리니에 의하여 이런 일들이 자행되었다. 과거 헨리 2세라든가 헨리 3세, 에드워드 3세, 또는 루이 9세라든지 루이 13세 같은 자들은 로마카톨릭 당국과 협정을 맺고 카톨릭 교황이 원하는 것이면 그것이 "자국의 종교적 정책 노선에 일치하는" 것이기 때문에 교황의 의도가 무엇이든지 지지하겠다고 동의를 표했다. 알고 보면 이런 일은 지금 이 시대에도 행해지고 있는 일이고 여기

펜사콜라시만 해도 플로리다 주지사는 마치 왕처럼 권세를 휘두르며 로마카톨릭에 대항하는 기독교 신자들의 모든 선교 행위와 복음 전파 행위들을 이단시하고 신성 모독 행위로 간주하는가 하면, 도시의 평화를 뒤흔들고 소란을 피우는 세력으로 몰아붙인다. 이러다가는 어느 날 갑자기 방위군 병력이 기관총으로 무장하고 교회 안으로 난입해 들어오지 말란 법도 없을 것이다. 알비겐스들과 왈덴시스들은 『**모든 권세는 하나님께서 정하신 것**』이라는 성경 말씀에 따라 국가의 법률과 권세자들에게는 어디까지나 복종하려고 최선을 다하였지만 자신들의 양심까지 더럽힐 수는 없었다. 그러나 국가의 통치자들은 이들에게 "종교적 사항"에 있어서도 정부 권력의 지시에 굴종할 것을 강요하였고, 성경대로 믿는 사람들은 그 강요를 받아들일 수가 없었다. 그리하여 체포 감금당하고 고문과 회유에 시달리며 끝까지 버티다가 끝내는 무참하게 죽임을 당했던 것이다.

『**다스리는 자들은 선행에 대해서는 두려움이 되지 아니하고 악행에 대해서만 됨이니**』라는 말씀은 일반적인 룰이다. 말하자면, 고속도로를 달리면서 속도 제한 규정을 잘 지키고, 잔디밭에 들어가지 말라는 팻말의 경고를 지키며, 또박또박 세금 잘 내고, 근무하는 직장에 시간 맞춰 출퇴근 잘하면 당신은 걱정할 필요가 없다는 일반적인 의미에서의 말씀이라는 얘기다.

『**네가 권세자를 두려워하지 아니하기를 원하느냐? 선을 행하라. 그러면 그에게서 칭찬을 받으리라.**』 이 말씀 역시 보편적으로는 절대로 옳은 말이다. 당신이 만약 군인이라면, 개인 무기들을 항상 깨끗이 닦아 두고 단정한 복장에 규율을 잘 준수하며 상관의 명령에 잘 복종하기만 하면, 당신은 상관을 조금도 두려워할 필요가 없고 오히려 상관에게서 칭찬을 들을 것이다. 이것은 지극히 일반적이고도 보편적인 원칙이다. 당신이 명령대로 잘 움직이고 있는데도 상관에게서 질책과 기합을 받는다면, 이것은 예외적인 일인즉, 모든 원칙에는 이러한 예외가 늘 따르기 마련이다. 그러므로 이 구절들을 읽으면서 그런 예외적인 특수한 경우를 내세워 "선을 행하여도 칭찬은커녕, 욕만 먹고 있는 판인데 권세자를 두려워할 필요가 무엇인가?" 하고 반발하는 것은 온당한 태도가 아니다. 당신은 권위를 권위로 인정할 줄 알아야 하는 것이다. 그러나 사람들은 권위 앞에서 그 권위에 반발하고 싶은 생각이 들기 마련이다. 누가 이렇게 하라 저렇게 해야 된다고 말하면, 괜히 그렇게 하기가 싫어지는 것이다. 고속도로를 달리다가 시속 80km 속도제한 표지판이 눈에 들어오면 사람들은 으레 "뻥 뚫린 길을 어째서 기어간단 말인가?" 하고 도리어 액셀을 더 밟고 싶어진다. "잔디밭에 들어가지 마시오."라는 팻말이 보이면 잔디 위를 밟으면서 그 부드러움을 좀 느껴보는 것이 뭐가 그리 나쁘단 말인가 하고 더 들어가고 싶어지는 법이다. 일상생활에서 느끼는 권위에 대한 이러한 반발심 때문에 하고많은 날 항상 이것저것 권위를 인정하고 그 권위에 따라 준다는 것은 그래서 쉽지 않은 일이다. 하지만 이런 사소한 규칙들도 모두가 질서를 유지하기 위한 방편이요, 권위이고 보면 귀찮아도 그 권위를 인정하고 규칙에 따르지 않을 수 없는 것이 세상이다. 로마서 13장의 이 부분 말씀들은 이러한 맥락에서 당신에게 들려주고 있는 일반적인 충고이다. 당신이 살고 있는 나라가 어떤 정치 체제를 유지하고 있는 여하한 정권이라 할지라도 당신은 그 권위를 인정하지 않으면 안 되는 것이다.

『**이는 다스리는 자들은 선행에 대해서는 두려움이 되지 아니하고 악행에 대해서만 됨이니 네가 권세자를 두려워하지 아니하기를 원하느냐? 선을 행하라. 그러면 그에게서 칭찬을 받으리라.**』 나는 앞에서 이 말씀이 보편적인 사실을 서술하는 일반론이라고 말했다. 그리고 일반적인 규칙에는 반드시 예외가 있다고 말했다. 다시 말해서, 다스리는 자들이 선행에 대해서는 도리어 두려움이 되고 악행에 대해서는 두려움이 되지 않는지라 권세자를 두려워하지 않으려면 거꾸로 악을 행해야 하고 그래야만 오히려 칭찬받는 아주 예외적인 경우도 있다는 말이다. 이러한 상황에 처해 있을 경우 그리스도인은 어떻게 할 것인가? 그래도 모든 권세가 하나님께로부터 나오므로 권세자에게 굴복해야만 하는 것인가? 그런 말은 아니다. 일반적 규칙을 떠나 이런 악한 권세자가 예외적으로 나타난다면, 그 권세에 대한 저항도 예외적으로 허용되지 않으면 안 된다. 통치자가 선행에 대해서 두려움이 되지 않는 것이 일반적 사실이므로, 그렇지 않은 예외적인 경우라면 그런 통치자에게는 저항하는 것이 도리어 선행일 수밖에 없지 않은가? 가령, 미국의 대통령이 헌법에 위배되는 시행령을 만들고 국가 권력을 부당하게 행사했다고 할 때, 미국 시민들은 이러한 대통령에게 굴복해야 하는가, 아니면 헌법에 복종해야 하는가? 대답은 간단하지 않은가? 대통령 자신이 헌법이라는 권세에 복종하지 않는다면 국민은 그를 정당한 권세자로 간주해 줄 수가 없다. 따라서 헌법에 불복하는 대통령에게는 일반적인 권세자에 대해 복종해 주는 것과 같은 복종의 의무를 질 필요가 없는 것이다. 미국의 최고 권세는 헌법이지 대통령이 아니다.

모든 규칙에는 예외가 있기 마련이라고 나는 앞에서 말했다. 그러나 이 예외가 규칙을 입증할 수 있어야지 예외가 규칙을 뒤집어엎으려고 해서는 안 된다. 예컨대, 수백 명의 젊은이들이 예수 그리스도를 알고 의롭게 되는 데 방해가 된다면 대여섯 명의 젊은이들이 죽임을 당하는 것쯤은 문제가 되지 않는 경우와 같다. 비록 대여섯 명일지라도 그들이 죽임 당하는 것은 잔인하고 딱한 일이로되, 전체를 살리기 위해서라면 조금도 잘못된 일이 아니다. 가령, 전쟁터에서 부상당한 병사를 살리기 위해 병원에서 다리를 하나 잘라낸다든지 하는 것과 하나도 다를 바가 없는 것이다. 썩어 가는 다리를 잘라내는 것은 잔학한 일이지만 생명을 건지기 위해서라면 불가피한 일이고 정당한 일이다. 어떤 사람은 생명을 건지기 위해 사지를 다 잘라내야 하는 경우도 없지 않다. 이것이 바로 모든 규칙에는 예외가 있기 마련이되, 그 예외는 규칙이 규칙임을 입증하는 기능만을 가져야지 규칙 전체를 무효로 만들어서는 안 된다는 말이다.

13:4 그는 너에게 선을 이루기 위한 하나님의 일꾼이라. 그러나 네가 악을 행하면 두려워하라. 이는 그가 헛되이 칼을 가지고 다니지 아니하기 때문이라. 그는 하나님의 일꾼이요, 악을 행하는 자에게 진노를 행하는 보응자니라.

5 그러므로 너희가 반드시 복종해야 하나니 진노 때문만이 아니라 양심 때문이기도 하니라.

6 이러한 연유로 너희가 세금도 내는 것이니 이는 그들이 하나님의 일꾼들로서 바로 이 일에 전념하게 하려 함이니라.

7 그러므로 모든 사람에게 의무를 다하되 국세를 낼 자에게 국세를 내고 관세를 낼 자에게 관세를 내며 두려워할 자를 두려워하고 존경할 자를 존경하라.

『**그는 너에게 선을 이루기 위한 하나님의 일꾼이라. 그러나 네가 악을 행하면 두려워하라. 이는 그가 헛되이 칼을 가지고 다니지 아니하기 때문이라. 그는 하나님의 일꾼이요, 악을 행하는 자에게 진노를 행하는 보응자니라**』(4절).

예컨대, 경찰은 『**하나님의 일꾼**』인 셈이다. 경찰 자신은 이것을 모를지라도 성경은 그렇다고 말씀한다. 길에서 수고하는 순경을 만나거든 "아, 하나님의 일꾼이시군요. 수고가 많으십니다." 하고 인사해 보라. 그들은 어리둥절해 할 것이다. 그러면 성경을 펼쳐 보이며 증거해 주라. "자, 여기 로마서 13:4을 보십시오. 당신은 우리에게 선을 이루기 위한 하나님의 일꾼이라고 쓰여 있지 않습니까? 그러니까 악을 행하는 자들은 당신을 보고 두려워하지요." 그 순경은 당신이 증거하는 성경 말씀을 듣고 꽤 흐뭇해 할 것이다.

국가의 권력을 위임받은 자들이 『**칼**』을 가지고 다니는 것은 악을 행하는 자들을 참형하기 위함이다. 성경은 사형 제도를 지지한다. 성경은 당신더러 하나님의 일꾼들을 두려워하라고 말씀하고 당신이 악행을 자행하면 그 일꾼이 당신의 목을 벨 수 있는 권세를 부여받았다고 말씀한다. 끔찍한 범죄자를 전기 의자에 앉히는 것은 하나님의 일을 집행하는 행위다. 살인자를 가스실에 넣고 가스 밸브를 열어 사형을 집행하는 것 역시 하나님의 일꾼들에게 부여된 권세에 따른 것이다. 하나님의 일꾼들은 하나님께로부터 권세를 받았고 받은 권세를 집행하고 있으며, 이를 통해 하나님의 일을 수행하고 있는 것이다.

요즘 사형제도 존폐 여부를 놓고 세상이 한창 시끄럽지만, 하나님께서 범죄자를 사형에 처하라고 말씀하시면 그리스도인은 이유 불문하고 사형 제도를 찬성해야 한다. 그리스도인들이 쓸데없이 사형 제도의 존폐 여부를 놓고 고심할 필요가 없는 것이다. 당신이 범죄를 저지르지 않는다면 사형 제도를 걱정할 필요가 없지만, 만약 범죄에 연루된다면 『**칼**』을 갖고 있는 『**하나님의 일꾼**』이 당신을 처리할 것이다. 『**하나님의 일꾼**』은 범죄자들을 처리할 권리를 갖고 있으며, 그들이 『**헛되이 칼을 가지고 다니지 아니**』한다고 성경은 말씀하고 있다. 그러나 당신이 만약 실수로 범죄를 저지르게 되었다면 얘기가 달라진다. 명백한 살해 의도가 없었다면 민수기 35장에 따라 사형 당할 걱정을 안 해도 된다. 당신이 군인이기 때문에 전장에서 적군을 살해할 수밖에 없었다면 당신은 사무엘상 15장, 16장과 여호수아 1-5장, 그리고 신명기 1-6장 및 그 밖의 20여 군데 성경 말씀들에 따라 사형 당할 염려가 없다. 그러나 이런 상황이 아니라 당신 마음속에 누군가를 살해할 의도를 품고 있다면 당연히 사형 제도를 두려워해야 하고 그 살해 의도에 따라 사람을 죽였다면 당신은 마땅히 사형대에 서야 한다. 성경은 살인한 자를 사형에 처하라고 말씀하고 있기 때문이다. 바울도 사도행전 25:11에서 이렇게 말한다. 『**만일 내가 무엇을 위반했거나 죽을 만한 일을 했다면 죽기를 사양치 아니하리이다.**』 이것이 당신의 입장이다. 당신이 죽을 만한 일을 하지 않는다면 사형 당할 것을 조금도 걱정할 필요가 없다. 당신이 할 일은 사형 제도를 두려워하는 대신 자신이 옳은 일을 할 수 있도록 하나님께 늘 기도하는 일이다. 당신이 옳은 일을 하고도 혹시 누명을 쓰고 억울한 일을 당하는 수도 있으리라. 이것을 위해서도 당신은 하나님께 늘 기도해야 한다.

『**그는 너에게 선을 이루기 위한 하나님의 일꾼이라.**』 국가 권력 기관은 기본적으로 『**선을 이루기 위한**』 일꾼들이다. 그들이 사형 제도를 도입하고 칼을 가지고 다니는 것은 악을 행하지 못하도록 하기 위한 사전 조치다. "두려움"은 옳은 행위를 행하기 위한 가장 적절한 "동기"다. 그리고 옳은 행동을 할 수 있도록 유도하는 진짜 최선의 동기는 바로 하나님에 대한 "두려움"이다. 네거리 정지 신호등이 어째서 빨간색인 줄 아는가? 당신으로 하여금 하나님을 두려워하도록 하기 위해서다. 두려움은 당신의 생명을 건져준다. 가령, 당신의 집에 불이 나면 당신은 불길을 두려워해야 한다. 그리고 촌각을 다투어 그 불길로부터 빠져나와야 한다.

사형 제도 폐지 캠페인을 벌이고 있는 신문들이 사형 제도를 폐지한 나라에 사는 자들이 보내온 편지들을 게재한 것들을 보면 실로 조소를 금하기가 어렵다. 그들은 자기네들이 죽음의 공포에서 벗어나 있기 때문에 모든 시민들이 범죄 여부를 떠나 사형 당해 죽는 죽음을 두려워할 필요 없는 사회에서 행복하게 살고 있다고 말하고 그렇기 때문에 살인 범죄가 오히려 감소하고 있다고 말하지만 그런 자들이 생명보험이니 화재보험이니 상해보험이니 사회보장 제도니 연금보험이니 하는 것들은 누구보다도 먼저 들고 있다. 죽음을 두려워하지 않는 자들이 보험은 왜 든단 말인가? 그 자들은 분명 죽음을 두려워하고 있다. 미국에서 사형 제도가 만약 폐지된다면 살인 범죄는 폭발적으로 증가하고 말 것이다. 범죄 행위에 대해서 미국보다도 몇 갑절 엄격한 러시아의 살인 범죄율은 미국의 절반도 안 된다. 사형 제도를 폐지한 유럽의 몇몇 나라의 통계를 보면 살인 범죄율이 미국보다 훨씬 높은 것을 알 수 있다. 살인자를 극형에 처하던 법의 심판이 점점 더 느슨해진 미국에서 요즘 살인 사건의 발생 건수는 예전에 비해 몇 갑절 증가했다. 이것은 객관적인 통계가 증명하고 있는 사실이다.

『**그는 하나님의 일꾼이요, 악을 행하는 자에게 진노를 행하는 보응자니라.**』 악을 자행하는 범죄자에 대한 복수는 하나님의 몫이다. 국가의 권세는 악을 행하는 자에게 법을 집행함으로써 악에 대한 하나님의 진노를 대행하는 사람들이다. 이런 점에서 그들은 『**하나님의 일꾼**』들인 것이다. 『**하나님의 일꾼**』이라면 하나님의 진노도 하나님의 명령대로 집행함으로써 악에 대한 보응을 대행하지 않으면 안 된다. 그들이 만약 범죄자들을 법으로 합당하게 처리하지 않는다면 그들은 『**하나님의 일꾼**』으로서의 의무를 소홀히 한 탓으로 하나님의 진노가 오히려 그들에게로 떨어질 것을 각오해야 한다. 우리는 이러한 예를 성경에서 심심찮게 발견한다. 사무엘상 28장을 보라. 『**사무엘이 말하기를 "주께서 너를 떠나 너의 원수가 되셨거늘, 어찌하여 네가 나에게 묻느냐? 주께서 나를 통하여 말씀하신 대로 그에게 행하셨나니, 주께서 네 손에서 왕국을 떼어내시어 그 왕국을**

네 이웃 다윗에게 주셨느니라』(삼상 28:16,17). 왜? 『**네가 주의 음성에 복종하지 아니하고 그의 맹렬한 진노를 아말렉에게 집행하지 아니하였으므로, 주께서 오늘날 이 일을 네게 행하셨느니라**』(삼상 28:18). 하나님께서는 사울을 이스라엘 왕으로 세우시고 그에게 권세를 주셔서 악에 대하여 하나님의 진노를 행하는 보응자 역할을 하도록 하셨다. 그런데 사울이 아말렉을 죽이라는 하나님의 명령을 어기고 그를 살려 주었다. 그러자 하나님께서는 그에게서 왕국을 거두시고 그에게 주었던 모든 권세를 빼앗아 버리셨다.

하나님께서는 국가가 사형 제도를 유지하는 것을 마다하지 않으신다. 쓸데없이 관용을 베푼답시고 살인자를 사형시키지 않는다면 오히려 하나님께서는 용서하지 않으신다. 이러한 예는 열왕기상 20장에서도 볼 수 있다. 『**그때 선지자들의 아들들 중 한 사람이 주의 말씀으로 그의 이웃에게 말하기를 "내가 청하노니, 나를 치라." 하였으나 그 사람이 그를 치기를 거절하는지라 그가 그 이웃에게 말하기를 "네가 주의 음성에 복종하지 아니하였으니, 보라, 네가 나를 떠나자마자 사자가 너를 죽이리라." 하더라. 그가 그를 떠나자마자 사자가 그를 만나 죽였더라**』(왕상 20:35,36). 하나님의 의도에도 불구하고 쓸데없이 관용을 남용하게 되면 나라 안에는 범죄자들의 수가 급증하게 되고 그 결과 경찰 병력을 증가시켜야 하며 그것도 모자라 군대까지 동원해야 할 사태가 벌어지는 것은 시간문제요 필연적인 결과다. 그리고 그 다음 결과는 국가 전체가 경찰국가로 변하게 되고 종국에는 그것도 모자라 외국 군대를 불러들여야 하는 사태가 벌어지며 끝내는 외국 군대가 국가의 통치 권력을 접수하게 된다. 그러면 어떻게 되는가? 사형 제도가 없는 나라에서 외국 군대에 의한 집단 살인 범죄가 자행되기에 이른다. 오늘날 미국은 정확하게 이런 노선을 걷고 있는 중이다.

이만하면, 오늘날 미국에 대하여 사형 제도를 폐지하라고 압력을 가하고 있는 세력이 어떤 세력인지 당신은 능히 짐작이 갈 것이다. 범죄자를 법으로 처리하고 사형까지 시키는 것은 하나님의 명령이다. 사형 제도를 폐지하는 것은 하나님의 음성에 거역한 것이다. 그런즉, 하나님께서 그 나라 권세를 다른 자에게 넘기는 것은 성경에서 이미 그 사례가 발견되고 있는 실제적인 일이다. 위에서 인용한 열왕기상 20:35,36은 이스라엘의 아합왕이 하나님의 명령을 거역하고 시리아 왕 벤하닷을 살려준 데 대한 하나님의 징벌을 나타낸 명백한 역사적 사례다. 선지자가 치라면 불문곡직하고 쳐야 한다. 선지자의 말은 하나님의 말씀을 대변하는 것이기 때문에 이유를 따질 것 없이 그대로 했어야만 했다. 죄 없는 선지자를 무엇 때문에 친단 말이냐고 생각한 나머지 관용을 베푸는 것은 당신의 생각이지 하나님의 생각이 아니다. 당신이 하나님의 생각을 무시하고 자신의 생각을 따르면 사자에게 물려 죽는 벌을 받는다. 자, 그 다음 어떤 일이 벌어졌는지를 더 보자.

『**그리고 나서 그가 또 한 사람을 만나 말하기를 "내가 청하노니, 나를 치라." 하자 그 사람이 그를 치되 상처를 입도록 치니라**』(왕상 20:37). 두 번째 사람은 선지자가 자기를 때리라고 청하자 불문곡직하고 때려눕혔다. 그 바람에 이 사람은 하나님의 징벌을 면할 수 있었다. 상처를 입도록 얻어맞은 선지자는 이제 얼굴에 재를 발라 변장하고 길옆에 서서 아합왕이 지나가기를 기다리고 있는데, 마침 그 왕이 지나간다. 이때 변장하고 길목에서 기다리고 있던 선지자가 왕에게 소리지르며 큰 소리로 말한다.

"폐하, 내가 싸움터에 나갔는데 어떤 병사가 적군 포로를 잡아오더니 내게 맡겼습니다." 이것은 실제 있었던 일이 아니라 선지자가 어떤 상황을 비유해서 만들어낸 말이었다.

"그래서?" 왕이 물었다.

"그러면서 하는 말이 만약 내가 포로를 놓쳤다가는 그 죄로 내 생명을 대신 내놓던지 아니면 벌금으로 은 한 달란트를 내야 한다지 뭡니까?"

"오, 그래? 그렇다면 너는 그 포로를 잘 지켰겠구나. 안 그러냐?" 왕이 물었다.

"웬 걸요. 제가 그만 이것저것 바쁜 일이 있어 한눈을 팔다 보니 그만 그 포로를 놓치고 말았지 뭡니까?"

"그래? 그렇다면 당연히 네 목숨을 대신 내놓던지 벌금을 물던지 해야겠구나. 그것은 네 스스로 결정한 일이 아니더냐?" 왕이 냉정하게 말했다. 왕은 상대가 선지자인 줄도 몰랐고 사실은 자기가 저지른 잘못을 비유로 꾸며서 지적한 것인 줄도 눈치 채지 못했다. 그러자 선지자가 변장을 지우고 왕 앞에 본색을 드러내며 왕에게 말한다.

『**주가 이같이 말하노라. 내가 완전한 멸망으로 정해 놓은 사람을 네 손으로 놓아주었으니 네 목숨으로 그의 목숨을 대신하고, 네 백성으로 그의 백성을 대신하리라**』(왕상 20:42). 이 말을 듣자 아합왕은 낯빛이 백지장처럼 창백해지지 않을 수가 없다. 『**이스라엘 왕이 무겁고 불쾌한 마음으로 집을 향하여 사마리아로 가더라**』(왕상 20:43). 아합왕은 결국 시리아와의 전투에서 화살에 맞아 죽고 말았다. 자기가 목숨을 살려준 벤하닷왕의 시리아군에게 보기 좋게 당했던 것이다. 하나님께서 『**완전한 멸망으로 정해 놓은 사람**』을 당신 손에 맡기셨다면, 당신은 그 자를 완전히 멸망시켜야 한다. 그렇지 않고 쓸데없이 관용을 베풀어 당신 손으로 놓아주면 당신의 『**목숨으로 그의 목숨을 대신**』해야 하는 것이다.

범죄에 대한 관용이 또 다른 범죄를 가져온다는 것은 통계적으로 입증된 사실이다. 현재 미국의 모든 형무소에 수감돼 있는 범죄자 전체의 75%가 재범 이상의 전과자들이라는 놀라운 통계가 있다. 지난 번 저질렀던 범죄에 대한 법의 심판이 회초리로 종아리 맞는 것보다도 더 가벼웠

던지라 그들은 아무 두려움 없이 또 범죄를 자행했던 것이다. 그들은 우리가 낸 세금으로 감옥에서 편히 먹고 푹 쉬는 동안 더 교묘하고 악랄한 범죄 수법을 연구하고 익히고 모의실험을 한 뒤 '이번에는 완전무결하게 해치울 수 있다'는 확신을 갖고 감옥 문을 나선다. 그들은 가벼운 형벌로 점점 더 악랄한 범죄 기술을 발전시키고 있는 것이며, 그 돈은 정부가 대주고 있다. 우리가 낸 세금으로 말이다. 이것은 말도 되지 않는 짓이다. 그렇기 때문에 하나님께서는 범죄를 반드시 응징하시고 죽일 자를 반드시 죽이신다. 그러므로 당신이 성경대로 믿는 그리스도인이라면 사형 제도 폐지를 공개적으로 반대하고 나서야 한다. 『**누구든지 사람을 죽인 자는 그 살인자를 증인들의 입을 통해 죽일 것이나, 한 증인의 증거로 그를 죽이지 말 것이요, 또한 너희는 살인죄를 범한 살인자의 생명의 속전을 받지 말고 그를 반드시 죽일지니라.**』(민 35:30,31)고 성경은 단호하게 말씀한다. 살인자에게서는 보석금이니 뭐니 하는 속전도 받지 말고 『**반드시 죽일지니라.**』고 말이다. 이렇게 하지 않을 경우 어떻게 된다고 성경은 또 말씀하는가? 살인자를 살려주면 우리가 사는 땅을 더럽히게 된다고 말씀한다. 『**그러므로 너희는 너희가 거하는 땅을 더럽히지 말라. 이는 피로 인해 그 보복이 그 땅을 더럽힘이니, 그 땅은 피를 흘린 사람의 피에 의하지 아니하고는, 그곳에 흘려진 피에 대해 깨끗해질 수 없느니라. 그러므로 너희가 거할 땅, 곧 내가 거하는 땅을 더럽히지 말라. 이는 나 주가 이스라엘 자손 가운데 거함이라**』(민 35:33,34). 미국 땅은 다른 사람의 피를 흘린 살인자들의 피를 아끼고 있는 바람에 점점 더 그 땅이 피살자들의 피에 의해 더럽혀져 가고 있는 것이다.

미국이 그토록 살인자들의 피를 아끼는 것은 언론의 압력 때문이다. 미국의 언론들은 미국 땅이 점점 더 더럽혀지기를 바라는 자들의 집단이다. 신문들이 이따금씩 사형에 처해지는 극악범들의 사진을 낼 때 보면 처형을 앞둔 자들의 가련한 모습만을 보여 준다거나 사형당한 자의 미망인과 자녀들의 슬퍼하는 광경만을 게재함으로써 일부러 사람들의 쓸데없는 동정과 연민을 불러일으키려고 할 뿐, 전기의자나 가스실 같은 처형 장소는 절대로 신문에 내지 않는다. 범죄자들의 마음속에 처형의 두려움에 대한 공포감을 불러일으키고 싶지가 않기 때문이다. 사형을 두려워하게 만들어 범죄자들이 잔뜩 위축되도록 하였다가는 살인 범죄가 격감하게 될 것이고, 이렇게 되면 신문들은 뉴스거리를 놓치고 말 터인즉, 결국 신문사들이 파산하고 말 게 아니냐고 걱정하는 모양이다. 범죄자들이 두려움을 갖지 않도록 배려하는 것은 범죄를 더욱 조장하는 결과를 가져올 뿐이다.

『**그러므로 너희가 반드시 복종해야 하나니 진노 때문만이 아니라 양심 때문이기도 하니라**』(5절).

악에 대한 하나님의 진노를 행하는 하나님의 일꾼들에게 복종하여 범죄를 자제하게 되는 것은 비단 그 진노가 두렵기 때문만은 아니다. 사람이 범죄를 자제하는 것은 『**진노 때문만이 아니라 양심 때문이기도**』 하다고 이 구절은 말씀한다. 사실 당신이 범죄를 자제하게 되는 이유는 법의 심판에 대한 두려움에 앞서 당신의 양심이 먼저 당신을 가로막기 때문이다. 그런데도 불구하고 당신이 범죄를 자행하고 마는 것은 당신을 가로막았던 양심을 이미 저버렸기 때문이다. 사람이 양심을 저버리고 나면 넘지 말아야 할 선을 이미 한 가지는 넘은 것이다. 양심의 선을 넘고 나면 그 다음에는 법의 심판에 대한 두려움이 다시 앞을 가로막게 된다. 이처럼 범죄 행위에는 이중의 방벽이 앞을 가로막는다. 그런데 미국은 제2의 방벽 높이를 불과 1피트도 안 되게 남기고 모두 다 허물어뜨려 버렸다. 사형 제도를 철폐하고 나면 나머지 1피트 높이의 이 방벽마저도 말끔히 제거될 것이다. 그러면 범죄자들은 자신의 양심을 저버리는 순간 곧바로 범죄를 실행에 옮길 수 있게 된다. 범죄를 자행코자 하는 자들이 자신의 양심을 저버리기는 누워서 떡 먹기다. 그러므로 사회 평화와 당신의 안전을 악한 범죄자들의 양심에만 맡겨 버린다는 것은 그지없이 위험천만하다. 그러나 미국은 결국 나라 전체를 범죄자들의 손에 맡겨 버리고 말 것이다. 이것은 성경이 보장하는 필연적인 코스다. 하나님께서 처벌토록 명하신 자들을 놓아주었으니 『**네 목숨으로 그의 목숨을 대신하고, 네 백성으로 그의 백성을 대신하리라.**』는 하나님의 명령대로 될 수밖에 없지 않은가?

『**이러한 연유로 너희가 세금도 내는 것이니 이는 그들이 하나님의 일꾼들로서 바로 이 일에 전념하게 하려 함이니라**』(6절).

우리가 국가에 세금을 내는 것은 정부 당국자들이 『**하나님의 일꾼들로서**』『**악을 행하는 자에게 진노를 행하는 보응자**』(4절) 역할을 잘 수행할 수 있도록 하기 위함이다. 미국 국민치고 IRS(국세청) 사람들이라면 이를 갈지 않는 사람이 없지만, 세금을 거둬들이는 그 얄미운 자들이 『**하나님의 일꾼들**』이라고 이 구절은 말씀한다. 문제는 『**그들이 하나님의 일꾼들**』임에도 불구하고 『**악을 행하는 자에게 진노를 행하는**』『**이 일에 전념**』하지 않는다는 점이지만, 그래도 그것을 당신이 문제 삼을 수가 없다. 그러나 이 문제는 하나님께서 적절히 처리하실 테니까 크게 걱정할 필요는 없다. 당신은 그저 다음 7절에서 말씀하는 충고에 따르기만 하면 된다.

『**그러므로 모든 사람에게 의무를 다하되 국세를 낼 자에게 국세를 내고 관세를 낼 자에게 관세를 내며 두려워할 자를 두려워하고 존경할 자를 존경하라**』(7절).

당신은 IRS 직원들이 밉더라도 고분고분 세금을 내는 게 좋다. 외국에서 물건을 들여올 때도 투덜대지 말고 규정된 관세를 납부하는 게 좋다. 그리고 평소에도 당신이 죄를 지으면 체포 영장을 들고 당신을 잡으러 들이닥칠 경찰을 두려워하고 있는 것이 좋다. 정부 관리들과 권력자들은 어디까지나 『**하나님의 일꾼들로서**』 그들의 직책을 수행하는 자들이기 때문에 그들의 직분과 입장을 존중해 주는 것이 잘하는 일이다.

그러나 그들이 『**하나님의 일꾼들**』도 아니고 따라서 『**하나님의 일꾼들로서**』의 역할도 수행하는 자들이 아니라면 어찌해야 하는가? 그야 대답은 간단하다. 여기 7절은 『**국세를 낼 자에게**』 국세를 내고 『**관세를 낼 자에게**』 관세를 내며, 『**두려워할 자**』를 두려워하고 『**존경할 자**』를 존경하라고 말씀한다. 이것을 뒤집어 말하면 이렇다. 『**국세를 낼 자**』가 아니라면 국세를 낼 필요가 없고, 『**관세를 낼 자**』가 아니라면 관세를 낼 필요가 없으며, 『**두려워할 자**』도 아닌데 두려워하는 것은 바보짓이고, 『**존경할 자**』도 아닌데 존경하는 것은 멍청이다. 당신은 적그리스도에게 세금을 갖다 바칠 필요도 없고 그래서도 안 되며, 적그리스도를 두려워하거나 존경할 필요도 없고 그래서도 안 된다.

프랑스 혁명이니, 미국의 시민 혁명이니 하는 "혁명"의 경우, 이것은 정부가 정의롭지 못하고 부패했기 때문에, 또는 부패했다는 주장에 따라 정부 권력의 정당성을 인정하지 않고 정부를 전복하고 그 통치 권력을 접수하는 행위를 말하는데, 아닌 게 아니라 정부가 불의를 행하고 부패하였다면 혁명의 정당성을 인정해 주는 것이 일반적인 경향이다. 진짜로 그 정당성을 인정받을 만한 혁명다운 혁명을 일으키려면 적어도 이탈리아 같은 나라에서 로마카톨릭 교황에 반기를 들고 봉기하는 혁명 같은 정도가 되어야 할 것이다. 이런 혁명이 만약 이탈리아에서 일어난다면 나는 "하나님의 은총이 함께하기를!" 하고 그들을 격려할 뿐 그 외에는 아무

소리도 하지 않으련다. 남미나 아프리카 나라들에서 빈번하게 일어나는 혁명들을 볼 때, 어느 경우에나 어떤 "종교" 세력이 배후에서 조종하는 썩어빠지고 탐욕을 가진 자들의 권력찬탈 행위에 지나지 않는지라, 이것은 혁명이라는 단어를 사용할 수 없는 정치적 야욕을 가진 불순분자들의 반란 행위에 지나지 않는다.

『**존경할 자를 존경하라.**』 "로마에 가면 로마인들의 방식대로 하라."는 격언이 있지만, 당신이 로마에 가서 보았더니 로마인들이 하는 짓들이 도무지 하나님의 말씀과는 거리가 멀다고 판단될 경우 그들이 하는 방식대로 하지 않아도 되고 그래서도 안 된다. 반면, 만약 그들이 하는 방식들이 반성경적이 아니고 하나님의 말씀에 배치되지 않는다면 당연히 당신은 그들의 관습에 따라야 한다. 가령, 당신이 일본에 갔더니 일본인들이 인사할 때마다 서너 번씩 연신 고개를 숙여가며 절을 한다. 그러면 당신도 그렇게 하라. 고개 숙여 인사하는 것이 반성경적인 관습은 절대 아니니까 말이다. 또 일본 사람들은 현관에 신발을 가지런히 벗어놓고 방으로 들어간다. 당신이 일본인 가정에 초대받았을 때 미국식대로 구두를 신은 채 안으로 들어가는 것은 무례한 짓이다. 신발 벗고 안에 들어가는 것은 반성경적인 관습이 아니다. 그러므로 당신은 그들대로 따라해야 한다. 『**존경할 자를 존경하라.**』는 말씀은 존중해 줄 만한 것이면 존중해 주도록 하라는 말씀이다. 모든 그리스도인들은 반성경적·비성경적 관습과 풍습이 아닌 한 무엇이나 존중해 줄 줄 아는 예의를 갖추어야 한다.

13:8 서로 사랑하는 것 외에는 아무에게도 어떤 빚도 지지 말라. 다른 사람을 사랑하는 사람은 율법을 이룬 것이니라.

9 이는 이것, 즉 "너는 간음하지 말지니라, 너는 살인하지 말지니라,
너는 도둑질하지 말지니라, 너는 거짓 증거하지 말지니라, 너는 탐
내지 말지니라." 한 것과 그 외에 다른 계명이 있을지라도 이 말씀
으로 모두 요약될 수 있음이니, 즉 "너는 네 이웃을 네 자신과 같
이 사랑하라."는 것이라.
10 사랑은 자기 이웃에게 악을 행치 아니하느니라. 그러므로 사랑은
율법의 완성이니라.

『**서로 사랑하는 것 외에는 아무에게도 어떤 빚도 지지 말라. 다른 사람을 사랑하는 사람은 율법을 이룬 것이니라**』(8절).

아무리 성경이라고는 하지만, 현대인에게 있어서 『**아무에게도 어떤 빚도 지지 말라.**』는 말은 잠꼬대 같은 잔소리 정도가 아니라 사람 약 올리는 아주 짜증나는 소리가 아닐 수 없다. 이만하면 현대인들이 성경을 안 읽는 이유가 무엇인지 가히 짐작하고도 남으리라. 그러나 현대인들이 성경을 읽거나 말거나 하나님께는 아무 문제가 되지 않는다. 걱정거리는 사람들에게 있지 하나님께 있는 게 아니니까 말이다. 현대인들이 『**아무에게도 어떤 빚도 지지 말라.**』는 말씀 앞에서 짜증을 낼 수밖에 없는 것은 그들이 "누구에게든 어떤 빚인가 몇 푼이라도 반드시 빚지고" 살고 있기 때문이다. 그래서 성경이 하지 말라는 것 중에서 가장 지켜지지 않고 있는 금기 사항이 바로 『**아무에게도 어떤 빚도 지지 말라.**』는 이 말씀인 것이다.

성경은 말씀한다. 『**서로 사랑하는 것 외에는 아무에게도 어떤 빚도 지지 말라.**』 하나님께서는 당신에게 사랑을 쏟아 부으신다. 당신은 하나님께로부터 사랑 받을 만한 가치가 있어서 사랑을 받고 있는 게 아니다. 당신이나 나나 하나님께로부터 사랑을 받고 있다는 것은 정말이지 분수에 넘치는 일이지만, 그럼에도 불구하고 하나님께서는 사랑을 부어 주신다. 그래서 당신이나 나는 하나님께 엄청난 사랑의 빚을 지고 있다. 우리는 이 사랑의 빚을 갚을 길이 없다. 하나님께서는 자신이 우리에게 부어 주신 사랑을 자신에게 되갚으라고 요구하지는 않으신다. 그렇기 때문에 우리가 하나님께로부터 받은 사랑의 빚을 갚으려면 당신과 내가 서로 사랑하는 것으로 갚는 길밖에는 없다. 나는 당신에게 사랑을 빚졌고 당신은 나에게 사랑의 빚을 지고 있으며, 따라서 나는 당신에게 사랑의 빚을 갚고 당신은 나에게 사랑의 빚을 갚아야 하는 것이다. 이 사랑의 빚 말고는 어떤 빚도 당신과 내가 서로 빚지지 말라고 이 구절은 말씀한다.

『**다른 사람을 사랑하는 사람은 율법을 이룬 것이니라.**』 이 말씀으로 미루어 이 부분의 문단은 그리스도인들을 향한 말씀임을 분명히 알 수 있다. 『**율법을 이룬 것**』이라든지 다음 9절에서 언급하는 『**너는 네 이웃을 네 자신과 같이 사랑하라.**』라든지, 10절의 『**사랑은 자기 이웃에게 악을 행치 아니하느니라.**』와 같은 말씀들 자체는 구약에 적용되는 내용들이지만, 그리스도의 몸 안에서는 그리스도인들끼리의 관계에 대해 적용할 수 있는 말씀들이다. 흔히들 그리스도인들에게 구원받지 못한 사람들을 사랑하라고 말하지만, 이것은 그리스도인들이 구원받지 못한 사람들의 혼에 대해 부담을 지라는 뜻으로 하는 말이지 그들을 정말로 사랑하라고 하는 말은 아니다. 구원받지 못한 사람들은 마귀의 자식들이다. 그리스도인들이 마귀의 자식들을 어떻게 사랑할 수 있단 말인가? 그러나 그리스도인들은 구원받지 못한 혼들을 그리스도께로 이겨오는 부담을 안고 있다. 그리스도인들이 사랑할 수 있는 대상은 하나님과 하나님께서 사랑하시는 하나님의 사람들뿐이다. 그리스도인들은 구원받지 못한 사람들과 교제하는 것조차도 금지돼 있다. 『**믿지 않는 자들과 멍에를 같이 메지 말라. 의**

가 불의와 어찌 관계를 맺으며 빛이 어두움과 어찌 사귀겠느냐? 그리스도가 벨리알과 어찌 조화를 이루며 또한 믿는 자가 믿지 않는 자와 어떤 부분을 같이하겠느냐? 하나님의 성전과 우상들이 어찌 일치되겠느냐? 이는 너희가 살아 계신 하나님의 성전임이라... 너희는 그들에게서 나와 따로 있고 더러운 것을 만지지 말라...』(고후 6:14-17)

『**이는 이것, 즉 "너는 간음하지 말지니라, 너는 살인하지 말지니라, 너는 도둑질하지 말지니라, 너는 거짓 증거하지 말지니라, 너는 탐내지 말지니라." 한 것과 그 외에 다른 계명이 있을지라도 이 말씀으로 모두 요약될 수 있음이니, 즉 "너는 네 이웃을 네 자신과 같이 사랑하라."는 것이라**』(9절).

세상에는 ASV라는 역본도 있고 NASV라는 역본도 있으며 RSV니 뭐니 하는 별의별 역본들이 다 있지만, 〈킹제임스성경〉을 제외한 이런 현대판 역본들은 한결같이 이 구설에서 『**너는 거짓 증거하지 말지니라**』는 말씀을 이 구절에서 삭제해 버렸다

『**그 외에 다른 계명이 있을지라도 이 말씀으로 모두 요약될 수 있음이니...**』 안식교도들은 이 구절 다음에 이어지는 『**즉 "너는 네 이웃을 네 자신과 같이 사랑하라."는 것이라.**』를 "즉, '너는 안식일을 지킬지니라.'는 것이라."로 바꾸어 읽는다. 당신이 안식교도들을 상대하고 있으면서 그들에게 보여 주고 싶은 성경 구절을 고를 때 로마서 13:9을 빼놓지 말라. 로마서 13:9은 돌판에 새겨진 계명들 중에서 도덕법에 관한 것만을 언급하고 있다. 한편, 안식교도들은 자기네들이 의식법이 아니라 도덕법을 준수하고 있다고 주장한다. 왜냐하면, 의식법은 모두 갈보리에서 폐기되었고 도덕법은 폐기되지 않았기 때문이라는 것이다. 그러나 안식일을 지키라는 계명은 돌판에 새겨졌던 십계명 중 대표적인 의식법이지 도덕법이 아니

다. 그런데도 그들은 이 의식법을 버리기는커녕 금과옥조로 여기고 지킨다. 그런즉 안식교도들은 자기네들이 내세우는 말도 제대로 지키지 못하는 자들이다. 그렇지 않다면 저들은 자기네들이 무슨 말을 하고 있는지도 모르고 지껄이고 있는 것이다. "의식법은 갈보리에서 모두 해제되었다. 그러나 도덕법은 갈보리에서 폐기되지 않았다. 그러므로 모든 그리스도인들은 의식법인 안식일을 지켜야 한다." 이상하지 않은가? 그들 말대로 의식법은 갈보리에서 모두 폐기되었다. 그러므로 그리스도인들은 의식법을 지킬 필요가 없게 되었다. 안식일을 지키라는 계명은 의식법이었다. 그러므로 그리스도인들은 안식일을 지킬 필요가 없다. 그런즉, 『**그 외에 다른 계명이 있을지라도**』 그것은 결코 "안식일을 지킬지니라."는 아닌 것이다. 안식일을 지키라는 계명은 신약 시대에 들어와 폐기되었다. 『**다른 계명**』이란 안식일을 지키라는 계명을 말한다. 이 계명은 폐기되고 간음하지 말라, 살인하지 말라, 도둑질하지 말라, 거짓 증거하지 말라, 탐내지 말라는 이 다섯 가지 계명만이 남았으되, 이 계명들은 『**사랑하라.**』는 계명 하나로 『**모두 요약될 수**』 있게 되었다. 그러나 안식교도들은 의식법이 갈보리에서 모두 폐기되었다고 말하면서도 안식일은 지키고 있고, 자신들은 도덕법을 지키는 자들이지 의식법을 지키는 자들이 아니라고 공언하면서도 안식일을 고집하고 있는 것이다.

『**사랑은 자기 이웃에게 악을 행치 아니하느니라. 그러므로 사랑은 율법의 완성이니라**』(10절).

자기 이웃을 사랑하면 그들에게 악을 행치 않게 된다. 악을 행치 않는 것은 율법이 요구하는 바다. 그러므로 자기 이웃을 사랑함은 율법을 완성하는 일이되, 우리들 그리스도인으로서는 그리스도인다움을 완성하는 일이 된다. 그렇다고 해서 십계명을 완성한답시고 모든 사람을 좇아다니면서 사랑하라고 가르치고 있는 말씀은 아니라는 사실에 주의를 기울일 필요가 있다. 당신이 아무리 쫓아다녀도 모든 사람들을 다 사랑할 수는 도저히 없다. 다시 말해서 당신은 절대로 율법을 완성할 수가 없다. 왜 그런지 아는가? 당신의 육신이 연약하기 때문이다. 당신의 육신이 연약하여 도저히 율법을 완성할 수 없다는 것을 아셨기 때문에 하나님께서는 자기 아들을 이 땅에 보내셔서 당신 대신으로 그 육신에 죄를 선고하시고 십자가에 달려 죽게 하셨던 것이다. 이것은 이미 로마서 8장을 공부할 때 살펴본 바다. 로마서 8:3,4로 되돌아가 다시 한 번 더 읽어 보라. 『**율법이 육신을 통하여서는 연약하여 할 수 없는 것이므로 하나님께서 죄 때문에 자신의 아들을 죄 있는 육신의 모양으로 보내 그 육신에 죄를 선고하셨으니 이는 율법의 의가 우리 안에서 이루어지게 하려 함이라. 우리는 육신을 따라 행하지 않고 성령을 따라 행하는 자들이라.**』고 말씀한다. 그리스도인들은 성령을 따라 행함으로써 그분 안에서 율법이 완성되도록 함에 따라 율법을 완성하는 사람들이다. 물론 성령께서 율법을 행하시는 것은 아니다. 율법의 완성은 그리스도께서 이미 이루어 놓으신 일이다. 그리고 그리스도인들은 단지 그분 안에 거하고 그분의 의 안에 거함으로써 율법의 완성을 마치 자신이 이루어놓은 것처럼 혜택을 누리는 것이다. 당신이 그리스도인으로서 성령을 따라 행하는 사람이기에 당신은 이웃을 사랑하고 악을 행치 않게 된다. 당신이 남을 사랑한다면 당신은 살인을 하지 않을 것이다. 당신이 남을 사랑한다면 간음하지 않을 것이다. 당신이 남을 사랑한다면 도둑질도 하지 않을 것이요, 거짓 증거하지도 않을 것이다. 그러니까 결국 당신은 사랑함으로써 율법을 완성할 수밖에 없다.

당신이 만약 하나님을 사랑한다면 그것이 첫째 계명을 지킨 것이요, 첫째 계명을 지킨다면 둘째 계명을 지키게 되는 것은 자동적이다. 당신이 첫째와 둘째 계명을 지킨다면 십계명의 나머지들을 지키는 것도 자동적이다.

『**마음을 다하고, 혼을 다하고, 생각을 다하고, 힘을 다하여**』(막 12:30) 주 하나님을 사랑한다면, 자기 이웃과도 온전한 관계를 유지하고 산다는 것은 자동적으로 이루어지는 일일 것이다. 그리고 자기 이웃을 사랑한다면, 십계명의 나머지 계명들을 지키는 것도 자동적으로 이루어질 것이다. 그래서 바울은 『**그러므로 사랑은 율법의 완성이니라.**』고 여기 10절에서 선언하고 있는 것이다.

13:11 뿐만 아니라 우리가 그 때를 아노니 지금은 바로 잠에서 깨어나야 할 시간이로다. 이는 지금이 우리가 믿었던 때보다 우리의 구원이 더 가까워졌음이라.

12 밤이 많이 지났고 낮이 가까웠느니라. 그러므로 어두움의 행위를 벗어 버리고 빛의 갑옷을 입자.

13 낮에와 같이 단정히 행하고 흥청거리거나 술 취하지 말며 음란하거나 방탕하지 말며 다투거나 시기하지 말고

14 오직 주 예수 그리스도로 옷입고 정욕을 채우려고 육신을 위해 계획하지 말라.

『**뿐만 아니라 우리가 그 때를 아노니 지금은 바로 잠에서 깨어나야 할 시간이로다. 이는 지금이 우리가 믿었던 때보다 우리의 구원이 더 가까워졌음이라**』(11절). 바울은 『**그 때**』를 알고 있었다. 그런 그가 『**지금은 바로 잠에서 깨어나야 할 시간**』이라고 선언한다. 이 말은 물론 그리스도인들을 겨냥해서 하고 있는 말이다. 바울은 수차에 걸쳐 그리스도인들을 향하여 잠에서 깨어나라고 촉구했다. 『**그러므로 그가 말씀하시기를 "잠자는 자여 깨어라. 그리고 죽은 자들로부터 일어나라. 그러면 그리스도께서 네**

게 빛을 주시리라."고 하셨느니라』(엡 5:14). 이 구절 역시 구원받지 못한 자들이 아니라 그리스도인들을 향한 그의 부르짖음이었다.

『**지금은 바로 잠에서 깨어나야 할 시간**』이다. "~해야 할 시간"을 〈킹제임스성경〉은 "high time"("높은 때"라는 뜻)으로 표기하고 있다. 이것은 모래시계를 보고 서술한 말이다. 호리병 같이 생긴 모래시계는 위에 있는 모래가 잘록한 허리 부분의 관을 타고 조금씩 쏟아져 아래 주머니에 쌓인다. 모래가 위에서 아래로 다 쏟아지면 아래 주머니의 모래 높이가 가장 높아진 때다. 이렇게 위에 있는 모래가 다 쏟아지고 아래의 모래 높이가 가장 높아지면 그것을 다시 거꾸로 세우기 전에는 시계로서의 기능이 끝난다. 따라서 "high time"이 되면 때가 다 된 것이다. "high time"이 되면 새 역사가 시작되는 것이다. 이 시대가 다 끝나가고 이제 새 시대가 시작될 찰나에 있으니 『**지금은 바로 잠에서 깨어나야 할 시간**』이라고 바울은 말하고 있는 것이다. 지금 현대 영어에서 "지금은 ~할 때다," "지금은 ~해야 할 최적기다," "지금은 ~하지 않으면 안 될 때다."라고 말할 때 "high time"이라고 표현하는 것은 모두 이처럼 〈킹제임스성경〉에서 나온 말이다.

지금이 어째서 잠에서 깨어나야 할 시간인가? 『**이는 지금이 우리가 믿었던 때보다 우리의 구원이 더 가까워졌음이라.**』고 말씀한다. 이것은 물론 예수 그리스도의 재림을 언급한 말씀이다.

『**밤이 많이 지났고 낮이 가까웠느니라. 그러므로 어두움의 행위를 벗어 버리고 빛의 갑옷을 입자**』(12절).

바울은 지금 그리스도의 재림을 내다보고 이런 말을 하고 있는 것이다. 『**밤이 많이 지났고 낮이 가까웠느니라.**』는 말씀은 교회 시대의 종말을 바울이 얼마나 절박하게 유념하고 있었는가를 보여 준다. 바울이 이 말씀을 기록하던 때는 교회 시대가 막 시작되던 때였다. 그러므로 그의 이 말은 교리적으로 교회 시대의 종말이 바울의 때였다는 것이 아니라 바울이 자신의 때에 이미 교회시대가 종말을 향하여 치닫고 있음을 절실하게 느끼고 있었다는 뜻이다. 밤이 많이 지났다는 것은 밤의 제1경점, 제2경점, 제3경점, 제4경점이 다 지나고 이제 해가 뜰 때가 되었다는 말씀이다. 다시 말해서, 예수 그리스도께서 재림하실 때가 가까이 이르렀다는 말씀이다.

『**낮에와 같이 단정히 행하고 홍청거리거나 술 취하지 말며 음란하거나 방탕하지 말며 다투거나 시기하지 말고**』(13절).

〈킹제임스성경〉에서 "홍청거리다"의 의미로 사용하고 있는 "rioting"이라는 단어는 "폭동을 일으키다, 소요를 일으키다." 등의 뜻도 가지고 있는 말이다. 따라서 이 말은 NAACP(전미 흑인 지위향상 협회)라든가, 남부 기독교 지도자 대회 같은 소란을 피우지 말라는 명령이다. 그리스도인들은 이 명령에 따라 이런 따위 소요에 가담할 수가 없다. 난동을 일으키고 가전제품 가게를 털어 TV 수상기를 탈취해 가는 따위의 폭도들의 대열에 그리스도인이 낄 수야 없지 않은가? 이것은 그리스도인이 술에 취하고 음란한 짓을 자행하며 방탕하고 다투고 시기하는 일을 할 수 없는 것이나 마찬가지다.

『**오직 주 예수 그리스도로 옷입고 정욕을 채우려고 육신을 위해 계획하지 말라**』(14절).

『**주 예수 그리스도로 옷**』입는다는 것은 하나의 서술적 묘사이지 교리적인 표현은 아니다. 교리적으로는 그리스도께서 이미 당신 안에 계시고 당신은 그분 안에 들어가 있다. 이것은 에베소서 4장의 『**옛 사람을 벗어 버리고... 새 사람을 입으라.**』(엡 4:22-24)는 말씀과 같은 맥락이다. 예수 그리스도께서는 마치 옷과 같아서 당신이 구원받는 순간 예수 그리스도라는 새 옷으로 갈아입는 것처럼 된다. 그 새 옷은 곧 전신갑옷이다. 당신이 구원받으면 전신갑옷으로 갈아입게 된다. 그리스도인들은 모두가 하나님의 전신갑옷을 입은 사람들이다.

『**정욕을 채우려고 육신을 위해 계획하지 말라.**』 그리스도인으로 거듭난 사람이 죄 가운데 행하지 않으려고 노력할 때 다른 어느 구절들보다도 더 큰 힘이 되어 주는 구절이 로마서 6:11과 함께 바로 여기 로마서 13:14이다. 『**이와 같이 너희도 너희 자신을 정녕 죄에게는 죽은 자요, 예수 그리스도 우리 주로 말미암아 하나님께는 산 자로 여기라**』(롬 6:11).

당신이 그리스도인으로서 어떻게든 죄에는 연루되지 않으려는 각오가 돼 있다면 당신의 『**정욕을 채우려고 육신을 위해 계획하지 말라.**』는 이 말씀을 늘 기억하고 있으라. 그리고 당신 자신은 이미 『**정녕 죄에게는 죽은 자요, ...하나님께는 산 자로**』 여겨라.

"계획하지 말자."는 의미의 "make not provision"이라는 말은 "준비해 두지 말자, 마련해 놓지 말자." 등의 뜻이다. 예컨대, 일요일에 교회 가면서 자동차 트렁크에 낚싯대부터 챙겨 넣는다든지 하는 짓거리 말이다. 집안에 혹시 술병이 있거든 수채에 쏟아버려라. 그러면 술이 마시고 싶을 때 술을 마시고 싶어도 마실 수 없게 될 것이다. 이렇게 하는 것이 준비해 두지 않음으로써 죄를 지을 뻔한 기회를 피해갈 수 있는 방법이 되고 『**육신을 위해 계획하지 말라.**』는 말씀에 충실히 따르는 것이 된다. 어린 아들이 위험한 강에 나가 수영하는 것을 막으려는 어머니는 그 아들에게 팬티를 입히고 싶지 않은 법이다. 다리 위에서 벌거벗고 강물에 뛰어들지는 않을 테니까 말이다. 이런 어머니는 팬티까지는 몰라도 최소한 수영복을 입혀 바깥으로 아이들을 내보내지는 않을 것이다. 위험한 일은 아예 처음부터 그 기회를 사전에 봉쇄해 두는 게 좋다. 『**육신을 위해 계획하지 말라.**』는 말씀은 이런 의도로 한 말씀이다.

로마서 14장

로마서 14장은 그리스도인들 사이에서 개인적으로 각자가 어떻게 처신해야 마땅한가를 다루고 있는 장이다. 같은 그리스도인이라 할지라도 당신이 믿고 있는 것과 다른 사람이 믿고 있는 바가 다를 수 있거니와, 다른 형제가 당신의 생각과 다를 때 당신은 그를 어떻게 대하는 것이 올바른 태도이며, 당신은 이에 대해 어떻게 행동하는 것이 옳은가에 대해 살펴보기로 하자.

14:1 믿음이 연약한 자를 너희가 받아들이되 의심스러운 쟁점을 피하라.
2 어떤 사람은 모든 것을 먹을 믿음이 있지만 연약한 사람은 채소만 먹느니라.
3 먹는 자는 먹지 못하는 자를 업신여기지 말고 또 먹지 못하는 자는 먹는 자를 판단하지 말라. 이는 하나님께서 그를 받으셨음이라.
4 남의 종을 판단하는 너는 누구냐? 그가 서거나 넘어지는 것이 자

기 주인에게 있느니라. 실로 그가 서게 되리라. 이는 하나님께서 그를 서게 하실 수 있기 때문이라.

『**믿음이 연약한 자를 너희가 받아들이되 의심스러운 쟁점을 피하라**』(1절).

당신은 같은 그리스도인들 사이에서도 당신보다 믿음이 연약한 사람을 발견하게 되는 수가 많다. 당신보다 믿음이 연약한 형제 앞에서는 그 동안 기독교계에서 많은 논쟁이 있었음에도 불구하고 합의점에 도달할 수 없었던 까다로운 쟁점에 대하여 이러쿵저러쿵 함부로 논하지 말라고 이 구절은 말씀한다. 성경의 교리를 이야기하되 당신이 성경으로 확실하게 입증할 수 없거나 상대방이 알아듣지 못하는 주제를 놓고 믿음이 연약한 사람에게 아무리 이야기해 보았자 득이 되지 않으므로 피하는 것이 좋다는 것이다.

『**믿음이 연약한 자**』의 대표적인 케이스가 은사주의자들이다. 소위 성령 운동을 한다는 오순절파 은사주의자들이야말로 젖먹이들이다. 그들은 표적과 이적만을 구할 뿐 아무 믿음도 갖지 못한 대단히 연약한 철부지들이다. 그렇기 때문에 당신은 은사주의들 앞에서 주의해야 한다. 그들은 입만 열면 자기 이야기로 일관한다. 그들은 자기 이야기를 하는 재미로 시간을 보내며 살아가는 사람들이다. 이것은 젖먹이 그리스도인의 특징이다. 당신도 만약 어린 자녀들이 있으면 잘 한번 관찰해 보라. 엄마, "나" 더워. 엄마, "나" 추워. 엄마, "나" 목말라. 엄마, "나" 배고파. "나" 졸립단 말야. "난" 싫단 말야! "난" 먹고 싶단 말야! "난" 안보여. 창문 열어 줘. 어린이들은 그저 입만 열면 "나," "나," "나"로 일관한다. 은사주의자들이 바로 이러하다. 그들은 젖먹이들인 것이다. 그들은 입만 열면 "나"는 이렇게 했다. "나"는 저렇게 했다. "나"는 느낌을 받았다. "나"는 주님의 음성을 들었다. "나"는 하나님의 계시를 받았다. "나"는 성령께서 역사하시는 것을 체험했다. "나"는 당신을 사랑한다. "내"가 믿음으로 행했더니 "내"가 이러저러한 일을 할 수 있었다. "나"는 놀라운 체험을 했다 등등 그저 말끝마다 "내가, 나는, 나를, 나의, 나, 나, 나"뿐이다. 영락없는 어린아이 그대로인 것이다. 그들은 믿음이 형편없이 연약하기 때문에 자기의 믿음 이야기를 항상 내세우지만, 그러면서 자신의 믿음 없음을 스스로 노출한다. 그러면서도 자기는 믿음이 많다고 생각하고 또 그렇게 말하기를 좋아한다. 믿음이 얼마나 형편없었으면 입만 열면 믿음 이야기로 계속 수다 떠는 것일까?

『**어떤 사람은 모든 것을 먹을 믿음이 있지만 연약한 사람은 채소만 먹느니라**』(2절).

솔직히 나 같은 사람이야말로 이 구절에서 말씀하는 그 『**어떤 사람**』이다. 하루는 유리컵에 우유가 담겨 있는 것을 보고 내가 얼른 그걸 마시려고 했더니 아내가 "안 돼요! 그건 토끼 새끼용 음료라구요!" 하고 펄쩍 뛰는 것이었다. "그래? 그렇다면 내가 마셔도 상관없겠군!" 하고 나는 꿀꺽꿀꺽 맛있게 마셔버렸다. 나는 음식이라면 아무것이나 가리지 않고 다 먹는다. 내가 크게 감사하는 것은 하나님께서 내게 튼튼한 위장을 주셨다는 사실이지 내 맘에 드는 것만 먹게 해주신다는 사실이 아니다. 하긴, 맥도널드 가게에 가서 얼마나 많은 사람들이 개 먹이와 고양이 먹이를 사먹고 즐기는가! 패스트 푸드 가게에서 파는 햄버거니 킹 버거니 하는 음식들이 개 먹이나 고양이 먹이보다 더 나을 게 없지 않은가?

어떤 사람은 고기는 먹지 못하고 야채만 먹는 것을 보는데, 위장이 약해서 그런지 아니면, 오히려 위장이 튼튼해서 그런지는 잘 모르겠지만, 여기 2절에 따르면 믿음이 『**연약한 사람은 채소만 먹느니라.**』고 말씀한다. 레스터 롤로프는 채식주의자였다. 그는 실로 위대한 하나님의 사람이었지만, 먹는 버릇에 관한 한 아주 약점이 많았었다. 입에 넣는 음식 때문에 고민하게 된다는 것이야말로 보통 큰 문제가 아닌데, 레스터 롤로프가 바로 이런 문제를 안고 있었다. 그러나 그리스도인이라면 무슨 음식이나 입에 넣으면서 하나님께 감사할 수 있어야 한다. 레스터 롤로프의 경우는 체질적으로 까다로운 식습관 때문이었지만, 만약 돼지고기를 먹어도 되는지 여부를 놓고 어찌할 바 몰라 쩔쩔 매는 따위와 같은 "믿음"의 문제라면 당신은 하루 빨리 그 문제를 해결해 놓는 것이 좋다. 나는 이 문제만큼은 완전히 해결해 놓았다. 그래서 나는 복이 있는 사람이다. 22절을 보라. 『**네게 믿음이 있느냐? 그 믿음을 하나님 앞에서 스스로 가지고 있으라. 자신이 승인하는 일로 자신을 정죄하지 아니하는 자는 복이 있도다.**』 진정 복 있는 사람은 음식을 믿음으로 먹는다. 그는 음식을 입에 넣기 전에 그 음식에 복을 주시고 성결케 해달라고 기도하며 하나님께 감사하는 것이다.

만약 어떤 음식을 먹어도 좋은지 안 먹는 게 좋은지 당신의 믿음으로는 확신이 서지 않는다면 이 역시 조금도 고민할 필요가 없다. 의심스러우면 안 먹으면 그만이다. 의심하면서도 억지로 먹으면 『**먹을지라도 정죄되었나니... 믿음으로 아니하는 모든 것이 죄니라.**』(23절)고 성경은 말씀한다. 믿음의 문제를 떠나 영양학적으로 어떤 음식이 당신의 건강에 문제가 된다면, 그것도 억지로 먹을 필요가 없다. 레스터 롤로프가 고기를 먹지 않았던 것은 그의 몸이 육류 식품을 잘 받아들이지 않는 체질이었기 때문이다. 게다가 그는 채소만 먹고도 하나님의 사역을 감당하는 데 필요한 충분한 에너지를 섭취할 수 있었다. 당신도 그럴는지 모른다. 그렇다면 구태여 고기를 먹으려고 애쓸 필요가 없다.

『먹는 자는 먹지 못하는 자를 업신여기지 말고 또 먹지 못하는 자는 먹는 자를 판단하지 말라. 이는 하나님께서 그를 받으셨음이라』(3절).

『**먹는 자**』는 가령 나 같은 사람이고 『**먹지 못하는 자**』란 예컨대 레스터 롤로프 같은 사람인데, 나는 결코 레스터 롤로프를 업신여기지는 않는다. 그러니까 이 구절 말씀에 비추어 내게는 문제가 없다. 레스터 롤로프도 아무것이나 가리지 않고 다 먹는 나를 판단하지 않을 테니 그에게도 아무 문제가 없다. 하나님께서는 나도 받으셨고 레스터 롤로프도 받으셨다. 그러니 우리 두 사람은 서로 업신여기지도 않고 이러쿵저러쿵 먹는 것을 가지고 서로를 판단하지도 않는다.

『남의 종을 판단하는 너는 누구냐? 그가 서거나 넘어지는 것이 자기 주인에게 있느니라. 실로 그가 서게 되리라. 이는 하나님께서 그를 서게 하실 수 있기 때문이라』(4절).

실로 위대한 말씀이다. 남의 종이 서든지 넘어지든지 당신이 상관할 문제가 아니다. 그 종의 문제는 그 주인이 알아서 처리할 문제다. 어떤 목사가 너무 뚱뚱하다고 흉볼 필요도 없고, 너무 가냘파서 30분 넘게 설교도 못할 것 같다고 동정할 필요도 없다. 그 목사를 사용하시는 주인이신 그리스도께서 알아서 하실 테니 그분께 맡기고 당신은 잊어버리면 그만이다.

어떤 사람들은 빌리 그래함이 요즘 이상한 말을 하고 다니는데도 피터 럭크만이 이에 대해 이렇다저렇다 말 한마디 없이 판단을 유보하고 있다고 걱정을 한다. 그들은 빌리 그래함이 천주교의 연옥을 받아들인다고 비난하면서 나더러 어찌 생각하느냐고 물어 오기도 한다. 내가 알게 뭔가? 남의 종이 서든지 넘어지든지 그의 주인이 알아서 처리할 터인즉 내가 걱정할 문제가 아니다. 그가 지껄이고 다니는 이야기가 비성경적이어서 듣기가 거북하다면 그의 이야기에 귀를 기울이지 않으면 그만이다. 존 R. 라이스가 어떻고, 휴 파일이 어떻고, 잭 벤히프가 어떻고, 잭 하일즈가 어떻더라도 마찬가지다. 그들이 무슨 짓을 하고 다니건 그들의 주인이 알아서 할 일이지 당신이 판단할 일이 아니다. 그들이 주님께서 하라 하시는 대로 일을 하면 좋은 일이요, 그렇지 않으면 주님께서 적절히 처분하실 것이니 당신이 그들을 어떻게 처리해 보려고 나설 필요가 없다. 그들이 넘어지더라도 주님께서 필요하다고 생각하시면 얼마든지 다시 일으켜 세워 주실 수가 있을 테니 당신이 나서서 일으켜 세우려고 섣불리 덤빌 필요도 없다.

내가 상관하고 판단하는 것은 오직 하나님의 말씀인 성경을 엉망으로 만드는 자들이다. 성경을 엉망으로 만드는 자들은 내가 사역하는 영역을 건드리는 자들이기 때문에 나는 그들을 반드시 판단한다. 성경은 나의 보따리다. 다른 일은 몰라도 성경을 수호하는 일만은 하나님께서 나에게 맡기셨다. 그러므로 나는 내 임무를 다해야 한다. 성경을 훼손하는 자들은 내 영역에 들어와 있는 자들이다. 내 영역에 들어온 자들을 내가 다루는 것은 내가 당연히 할 일이며, 또 나의 엄연한 권리이기도 하다. 성경적으로 행하지 않고 성경 말씀과 반대 방향으로 나가고 있는 지역 교회들 문제는 내 보따리와는 상관이 없다. 내 보따리는 위대한 성경 교사가 된다든지, 위대한 복음 전파자가 되는 일과도 무관하다. 나의 보따리는 큰 신학교나 신학대학을 세우는 사역과도 상관이 없고 영향력 있는 기독교 신문을 발간하는 일과도 거리가 멀다. 내 보따리는 오로지 "그 책"을 지키는 일, 나의 "이 책," 성경을 지키는 일뿐이다. 성경은 하나님께서 내게 맡기신 내 밥줄이란 얘기다. 나는 싫건 좋건 성경을 먹고 살아야 하는 사람이고 또 실제로 그렇게 사는 사람이다. 그래서 나는 다른 누가 내 밥에 독약을 섞는 것을 원치 않는다. 누구든지 내 음식에 독을 뿌리는 자가 있다면, 나는 절대로 그를 그냥 놔둘 수가 없다. 내 밥에 독을 뿌리는 자가 있다면, 그가 누구든 나는 가리지 않고 그에게 덤벼들어 그의 목 줄기를 물어뜯어야 한다. 그가 아무리 기독교계의 거물일지라도 나는 절대로 겁내지 않고 그에게 덤벼들어 죽을힘을 다해 물고 늘어져 숨통을 끊어놓고 말 것이다. 성경을 훼손하는 자들이 사방에서 나를 에워싸고 있고 나를 공격하는 자들이 아무리 많더라도 나는 결코 내 보따리를 포기할 수가 없다. 그들이 『**서거나 넘어지는 것이 자기 주인에게**』 있으니 그들이 나의 보따리를 건드리지 않는 한 나도 그들의 보따리를 건드릴 생각은 추호도 없다. 나는 다만 내가 서거나 넘어지는 것이 내 주인에게 있기 때문에 그들이 나서서 나를 세우고 넘어지게 하는 것을 용납할 수가 없는 것이다. 만약 그들이 서거나 넘어지는 것이 내가 서거나 넘어지는 것에 어떤 영향을 미친다면 그들의 서거나 넘어지는 것을 예의 주시하는 것은 나로서는 불가피하다. 그렇지 않은 다음에야 그들의 서거나 넘어지는 것에 내가 신경 쓸 이유가 없다. 나는 단지 내 밥에 오물을 뿌리는 자들에게만 덤벼들 뿐이다. 이것은 하나님께서 나에게 맡기신 보따리다. 나는 성경을 지키는 내 영역에 들어와 성경을 훼손하고 더럽히며 엉망으로 헝클어 놓으려는 자들을 죽여 없애 달라고 하나님께 늘 기도하는 사람이다. 나는 그런 자들의 혼을 멸망시켜 달라고 당당히 주님께 기도한다. 당신도 만약 나와 동일한 일을 하고 있다면, 성경을 훼손하는 자들을 제거해 달라고 하나님께 기도해야 하리라. 생각만 하고 기도하지 않으면 자신의 보따리도 챙길 줄 모르는 근무 태만자다. 자신의 보따리가 적들에게 약탈당하고 있는데도 가만히 있다면, 당신의 주인은 도리어 당신을 그냥 두지 않으신다는 것을 알라.

『...실로 그가 서게 되리라. 이는 하나님께서 그를 서게 하실 수 있기

때문이라』(4절).

여기에 밑줄을 그어두어라. 여기서 『**그**』란 다름 아닌 당신이다. 당신이 난관에 봉착하여 좌절하고 주저앉고 싶을 때 이 말씀을 꼭 기억해내도록 하라. 하나님께서는 얼마든지 당신을 서게 하실 수가 있다. 넘어지고 쓰러진 정도가 아니라 아예 죽어 버렸다 하더라도 필요하다면 하나님께서는 당신을 다시 일으켜 세우실 수가 있다. 당신이 기운을 잃고 비틀거리더라도 하나님께서 당신을 지탱하시는 한 누가 흔들어도 당신은 굳건히 설 수 있다는 것을 잊지 말라. 밥 존스 1세는 "혼자라도 하나님과 함께라면 다수를 이겨낼 수 있다."고 늘 말하곤 했다. 하나님께서 당신에게 명하신 것을 하나님께서 가르쳐 주신 방법대로 행하기만 한다면 설사 50만 명이나 되는 다수가 당신을 대적해 오더라도 당신은 능히 그들과 당당히 맞서 싸워 이길 수가 있다. 하나님께서 당신에게 바라시는 바를 하나님께서 바라시는 방법대로 당신이 하고 있기만 하다면 어떤 다수도 당신을 건드릴 수가 없는 것이다. 하나님께서 함께하시면 나 혼자서 50억 인구를 상대하는 것쯤 아무 문제도 되지 않는다. 당신이 만약 로마 교황청에 가서 교황을 만날 기회가 있다면 하나님께서 당신이 전파하기 바라시는 말씀을 교황에게 그대로 전할 수 있도록 하나님께 기도하라. 하나님께서 함께하시므로 다수는 당신이고 당신의 설교를 듣고 있는 상대는 소수다.

14:5 어떤 사람은 이 날을 저 날보다 낫게 여기고 또 어떤 사람은 모든
날을 같게 여기니 각자 자기 생각에 확정해야 하리라.
6 날을 소중히 여기는 자는 주를 위하여 소중히 여기고 날을 소중히
여기지 아니하는 자도 주를 위하여 소중히 여기지 아니하며, 먹는
자도 주를 위하여 먹으며 하나님께 감사하고 또 먹지 않는 자도 주

를 위하여 먹지 않고 하나님께 감사하느니라.

7 이는 우리 중에는 아무도 자신을 위해 사는 사람이 없고 자신을 위해 죽는 사람도 없기 때문이라.

8 우리가 살아도 주를 위하여 살고 죽어도 주를 위하여 죽나니 그러므로 우리가 살든지 죽든지 우리는 주의 것이라.

9 이 일을 위하여 그리스도께서 죽으시고 일어나사 다시 사셨으니 이는 죽은 자들과 산 자들의 주가 되려 하심이라.

『**어떤 사람은 이날을 저날보다 낫게 여기고 또 어떤 사람은 모든 날을 같게 여기니 각자 자기 생각에 확정해야 하리라**』(5절).

앞서 1절에서 『**의심스러운 쟁점을 피하라.**』는 말씀은 그리스도인들 사이에서 의견이 엇갈리고 곧잘 논쟁의 대상이 되면서도 그 합일점을 찾기 어려운 까다로운 문제들을 놓고 이러쿵저러쿵 언쟁하기를 삼가는 것이 그리스도인들이 원칙적으로 취할 바 온당한 태도라는 말씀이다. 그리스도인들이 일상생활을 영위하면서 때때로 어떻게 처신해야 좋은지 이것저것 의문이 제기되는 경우가 많은데, 그리스도인들은 율법 아래에 있지 않고 은혜 아래에 있는 사람들이기에 율법에 얽매일 필요가 없지만 그리스도인으로서 지켜야 할 몇 가지 원칙들이 있다.

그 원칙들이란 무엇인가? 여기 로마서 14장에 그 원칙들이 제시되고 있다. 무엇보다도 먼저 7절에서 우리 중에는 아무도 자신을 위해 사는 사람이 없고 자신을 위해 죽는 사람도 없다고 말씀하는 데 주목하라. 자신을 위해 살지 않는다는 것, 이것이 그리스도인이 지켜야 할 첫째 원칙이다.

두 번째 원칙은 16절에 나온다. 『**너희의 선한 것이 비방받지 않게**』 하는 것, 즉 당신이 전파하는 그리스도의 증거가 비방 받지 않도록 하는 것, 이것이 두 번째 원칙이다. 그리스도인들은 자신들이 전파하는 증거가 비방 받지 않게 하기 위해 주의하지 않으면 안 된다.

그 다음 세 번째 원칙은 21절 말씀처럼 그리스도 안에 있는 형제를 연약하게 만들지 않는 것이다. 『**무엇으로든지 네 형제를 넘어지게도 아니하고 실족하게도 아니하며 연약하게 하지 아니하는 것이 좋으니라.**』라고 21절은 말씀한다.

그리고 마지막으로 『**믿음으로 아니하는 모든 것이 죄**』(23절)라는 말씀에서 보듯이 그리스도인들이 무엇을 하든지 믿음으로 해야 한다는 것, 이것이 네 번째 원칙이다. 여기 14장에는 이처럼 그리스도인들이 일상적인 삶 가운데서 지켜야 할 네 가지 원칙적 지침들이 언급되고 있다.

그리고 여기 5절에서는 이러한 원칙들에 입각하여 『**날**』들에 대해서 그리스도인들이 어떤 태도를 견지해야 좋은지를 언급하고 있다. 어떤 사람은 어떤 특정한 날을 다른 날보다 중시하고, 또 어떤 사람은 이 날보다 다른 날을 중시하여 꼭 지켜야 한다고 생각한다. 그러나 실제로는 어느 날을 중시해야 하는가에 대한 어떤 확고한 규칙이 정해져 있는 것은 아니다. 어떤 사람은 토요일을 특히 소중히 여기라는 권고에 따라 토요일을 소중히 여기고 어떤 사람은 일요일을 소중히 여기라는 권고에 따라 일요일을 소중히 여기는가 하면, 또 어떤 사람은 토요일이건 일요일이건 특별히 구별하지 않고 모든 날들을 다 소중히 여기기도 한다. 어느 날을 소중히 여기든 자기 확신에 따라 해야지 다른 사람의 권고에 눌려 어떤 특정한 날을 소중히 여기는 척하면서 자신을 속이려고 하지는 말아야 한다. 자기 확신을 세우는 데 있어서 첫째는 23절에 제시된 원칙처럼 『**믿음으로**』 할 것이요, 16절 말씀처럼 그 확신이 『**비방받지 않게**』 해야 할 것이며, 7절의 권고대로 자신을 위해 사는 것처럼 생각하지 말고 다른 사람에게 미칠 영향을 고려해서 결정하면 된다. 다른 그리스도인들이 일요일에 낚시하러 간다고 해서 당신이 걱정할 필요도 없고, 당신이 일요일에 골프 치러 간다고 해서 떳떳치 못하게 여길 필요도 없다. 중요한 것은 위에 열거한 원칙에 맞느냐 하는 점이지 어느 날이 더 소중하다고 획일적으로 생각할 문제가 아니다. 구원받지 못한 사람들이 지옥에 가는 이유가 일요일에 고기 잡으러 가기 때문도 아니요 골프 치러 가기 때문도 아니지 않는가? 일부 교파에서는 그리스도인들이 일요일 오후에 배구 놀이를 하며 그리스도인들끼리 교제를 한다든지 하는 것은 잘못이라고 백안시하고 심지어는 교회 건물 내에서 음식을 먹는 것조차 금기시하는 사람들도 있지만, 이런 것은 조금도 왈가왈부할 사안이 아니다. 문제는 위에서 살펴본 원칙에 따라 합당하게 결정할 문제인 것이다.

개인 사정에 따라 다를 수도 있겠지만, 이러한 원칙들에 입각하여 객관적으로 생각해 볼 때, 그리스도인이라면 다른 날도 아닌 일요일에 구태여 놀러 갈 필요는 없겠다. 나는 하키를 즐기지만 일요일에는 하지 않는다. 남들의 눈이 있기 때문이다. 토요일에 하키를 즐겨도 얼마든지 즐길 수 있는데 무엇 하러 일요일에 운동하고 놀면서 다른 사람들의 눈살을 찌푸리게 한단 말인가? 『**너희의 선한 것이 비방받지 않게 하라**.』고 성경은 말씀하지 않는가? 내 양심을 전혀 속이지 않고도 나는 일요일에 자제하고 토요일에 얼마든지 운동을 하고 즐길 수가 있다. 내 오랜 친구인 빌 샤프는 모든 날을 다 소중히 여기고 일요일이라고 해서 특별한 날로 생각지 않았다. 그에게는 일요일도 토요일이나 마찬가지였다. 그는 주로 주말을 고기잡이로 즐겼다. 그러던 그가 결혼하고 나서 토요일에 교회에서 주보를 만드는 책임을 맡게 되면서부터 문제가 생겼다. 주보를 만들어야 하기 때문에 그는 토요일에 낚시하러 갈 수가 없게 되었던 것이다. 그러자 그는 주보 만드는 일이 성경에도 없는 일이라고 주장하기 시작했다. 주보에 예배 순서를 싣고 기도할 사람을 지정하는 것도 성경적으로 온당한 일이 아니라는 결론을 내렸고 나중에는 예배 때 부를 찬송가를 미리부터 지정해 놓는 것도 우스운 일이라고 주장하더니 급기야는 교회가 교회 건물을 소유하고 그 장소에서만 예배를 드리는 것도 비성경적이라는 주장을 펼치기에 이르렀고 이 때문에 사람들과 논쟁을 불러일으키게 되었다. 어느 날 내가 그를 만나 토요일에 낚시할 수 없게 되었다면 월요일에 하면 될게 아니냐고 타일렀더니 월요일에 해도 되고 화요일에 해도 된다면 일요일에 고기 잡으러 놀러가도 상관없지 않느냐는 논리로 내게 맞섰다. 자기는 다른 날에 다른 일로 바쁘기 때문에 월요일 같은 평일에는 고기잡이가 불가능하다면서 말을 듣지 않더니 마침내 일요일에 낚시하러 다니기 시작하는 것이었다. 공교롭게도 그런지 얼마 안 되어 어느 일요일 그의 보트에 큰 파도가 덮치는 바람에 배가 뒤집혀 버렸고 그도 익사할 뻔했는데 배에서 떨어져 나온 문짝을 붙잡을 수가 있어 간신히 목숨만은 건질 수가 있었다. 나는 이러한 사건이 일요일에 고기잡이를 나갔기 때문에 벌받은 것이라고는 절대 생각하지 않는다. 그가 토요일에 나갔더라도 그런 일은 얼마든지 벌어질 수 있었을 테니까 말이다. 일요일에 고기잡이하러 나가지 말란 법은 없다. 다만 그리스도인들이 일요일에 교회에 모여 하나님께 경배를 드리는 것이 관례라면 그 관례에 따라 행동함으로써 다른 사람들로부터 손가락질 당하지 않는 것이 좋을 뿐이다. 그리스도인이 남의 눈을 아랑곳하지 않고 제 좋을 대로만 행동하는 것은 가능한 한 삼가야 한다. 그리스도인은 7절에서 말씀하듯이 자신을 위해 사는 것처럼 행동해서는 안 되기 때문이다. 그러나 만일 일요일에 일을 나가지 않으면 먹고 살 수 없는 형편이라면 일요일에 일을 나가도 말릴 수는 없는 일이다. 당신이 일요일에 일을 하지 않아도 되고 교회에 나와 형제들과 함께 모여 하나님께 예배드릴 수 있다면 당신은 이에 대해 하나님께 감사해야 한다.

『날을 소중히 여기는 자는 주를 위하여 소중히 여기고 날을 소중히 여기지 아니하는 자도 주를 위하여 소중히 여기지 아니하며 먹는 자도 주를 위하여 먹으며 하나님께 **감사하고 또 먹지 않는 자도 주를 위하여 먹지 않고** 하나님께 **감사하느니라』**(6절).

어느 날을 다른 날보다 특별히 더 소중하게 여길 것인가를 어떤 정해진 규칙에 따라 결정하는 것이 중요한 게 아니라 『**주를 위하여**』 어떤 날을 소중히 여길 것이냐 여부를 결정하는 것이 중요하다. 이것은 음식도 마찬가지다. 무슨 음식을 먹건 『**주를 위하여**』 먹고 하나님께 감사하면 될 일이요, 설사 무슨 음식을 먹지 않는다 할지라도 그것이 『**주를 위하여**』 먹지 않는 것이요, 먹지 않고도 하나님께 감사하면 그만이다. 음식이든, 무엇이든 정해진 규칙이 있는 것이 아니요, 무엇이나 『**믿음으로**』(14:23) 하되 감사하며 『**주를 위하여**』 하기만 한다면 그것으로 족하다. 성경이 말씀하는 원칙들을 무시하고 사람이 인위적으로 규칙들을 만들어 놓고는 그 규칙대로 하지 않는다고 비난하고 사람들을 부질없이 속박하는 것은 잘못이다. 한편, 『**믿음으로**』 그러는 것도 아니고 『**주를 위하여**』 그러는 것도 아니면서 그러한 규칙에 속박 당하는 당신도 잘못이다.

『이는 우리 중에는 아무도 자신을 위해 사는 사람이 없고 자신을 위해 죽는 사람도 없기 때문이라』(7절).

이 말씀은 진리이되, 체득하기는 가장 어려운 진리이다. 여기서 『**자신을 위해**』 살고 자신을 위해 죽는다("liveth to himself," "dieth to himself")는 표현은 남이야 뭐라 하든 자기 생각대로 살고 죽는다는 뜻이다. 마치 이 세상에 자기 혼자만 있는 것처럼 생각하고 남을 의식하지 않고 사는 것 말이다. 그러나 이 구절은 『**우리 중에는**』, 즉 그리스도인들 중에는 이런 사람들이 없다고 말씀한다. 그리스도인들은 살아도 『**주를 위하여**』

("unto the Lord") 죽어도 『**주를 위해**』 사는 사람들인 동시에 남에게 미칠 영향을 생각하는 가운데 남을 의식하고 살아가는 사람들이다. 문제는 이 시대에 이렇게 살고 있는 사람들이 과연 몇 사람이나 되느냐 하는 것이다. 이 시대에 남이야 뭐라든 자신을 위해 살고 자신을 위해 죽는 사람들 가운데 가장 대표적인 부류가 운동선수들이다. 가령, 캐시어스 클레이 같은 권투선수 말이다. 그들은 누가 뭐라고 해도 자신들이 좋아서 운동을 하고 자신들이 원하는 대로 행동하며 자신들의 생각대로 살아가는 사람들이다. 그러나 실은 그 속내를 들여다보면 운동선수들이야말로 자신을 위해 살지 못하고 자신을 위해 죽지 못하는 대표적인 부류들이다. 그들은 대중의 재미를 위해 살고 대중의 재미를 충족시키며 대중의 눈치를 살피며 살다가 죽는다. 문제는 그들이 이 사실을 깨닫지 못한다는 데 있다. 이 시대에 스포츠는 정치하는 자들이 대중을 우민화시키는 데 이용되는 가장 강력한 수단이다. 대중의 이목을 운동장으로 돌리게 만들고 스포츠 스타에게 한 눈 팔도록 만드는 것이다. 운동선수들 중에는 그렇지 않은 사람들도 물론 있다. 어떤 운동선수들은 높은 기준에 따라 살아가는 훌륭한 사람들도 있다. 한번은 신문기자가 존 브래드롭에게 "작은 시저"라는 권투 영화를 보았느냐고 묻자 자기는 보지 않았다고 대답했다. 그럼 자녀들이 이 영화를 보러 가겠다고 하면 허락하겠느냐고 묻자 자기는 아이들이 그 영화를 보러가는 것도 승낙하지 않겠다고 대답했다. 그 이유를 묻자 그 영화 포스터를 보니까 주인공 역을 맡은 배우 리 로버트슨이 담배를 입에 물고 있더라면서 아이들이 그것을 보는 것을 원치 않기 때문이라고 대답했다. 존 브래드롭은 구원받은 그리스도인이었다. 야구 선수 베이브 루드는 한때 맥주를 상자로 마시던 사람이었다. 그리고 신문들은 이것을 대단한 뉴스거리라도 되는 듯이 떠들어대는 바람에 젊은이들로 하여금 너도나도 대낮에 맥주를 들이키게 만들었다. 대중의 시선을 끄는 스

타들은 자신들의 생활에 대해서 많은 주의를 기울여야 한다. 영화배우들은 자신들의 생활에 대해 수많은 사람들이 주시하고 있기 때문에 일거수 일투족에 여간 조심하지 않으면 안 된다. 비단 영화배우나 운동선수들 같은 스타들만이 아니다. 보통 사람들도 누군가는 자신의 삶을 주시하고 있음을 알아야 한다. 내 삶을 내가 살아가는데 누가 상관하겠느냐고 생각하는 것은 아주 잘못이다. 하다못해 자식들이 보고 있고 손자들이 보고 있으며 부모들이 보고 있고 동생들이 보고 있으며 친척들이 보고 있고 이웃 사람들이 보고 있으며, 아무튼 누군가가 당신을 보고 있음을 알아야 한다. 나는 나고 너는 너라고 생각하지 말라. 어느 죄수가 감옥에 갇혀 있다가 출감한 뒤 이런 증언을 했다. "나는 5년 동안 아무도 보지 않는 독방에 갇혀 있었지만, 누군가가 나를 보고 있다는 생각 때문에 도저히 편히 잠을 잘 수가 없었다. 간수가 유독 나를 감시하고 있었던 것도 아니고 다른 죄수들이 나를 주시하고 있었던 것도 아니다. 그러나 누군가가 계속 나를 주시하고 있었다. 나중에 안 사실이지만, 감방에 앉아 있는 나를 24시간 눈을 떼지 않고 감시하던 사람은 하나님이셨다. 나는 끝내 굴복하고 감옥에서 예수 그리스도를 영접하고 구원받았다."

『**이는 우리 중에는 아무도 자신을 위해 사는 사람이 없고 자신을 위해 죽는 사람도 없기 때문이라.**』 이 말을 들으면 너무 불공평하다는 생각이 들겠지만, 당신이 이기적이기 때문에 그런 생각이 드는 것이다. 당신은 자신이 바라는 대로 하고 싶고 자신이 원하는 대로 살고 싶겠지만, 그것은 당신이 이기적이기 때문이다. 당신의 삶은 어떤 형태로든 누구인가 다른 사람에게 영향을 미친다는 것을 알아야 한다. 그러므로 어떻게 하든 다른 사람들에게 나쁜 영향을 끼치지 않도록 노력하며 사는 것은 그리스도인으로서 대단히 중요한 일이다.

당신이 자신을 위해 살지 않고 자신을 위해 죽지 않은 삶을 살아가고

자 한다면 다음과 같은 몇 가지 룰을 지키면 된다. 그 가운데 한 가지는, 아니 한 가지라기보다 첫째로 으뜸가는 규칙은, "이것이 하나님을 기쁘시게 하는가?"를 깊이 고려해 보는 것이다. 이 질문에 "예스"라고 대답할 수 없다면 그 어느 것도 당신이 행하기에 합당한 것이 못 된다. 두 번째 룰은 "주님께서 다시 오실 때 나는 그분께 어떤 사람으로 발견되기를 원하는가?"를 깊이 고려하는 일이다. 그 다음 세 번째 룰은 "내가 지금 하고 있는 일을 복되게 해 달라고 주님께 요청할 수 있는가?"를 생각하는 일이다. 당신이 어떤 일을 하고 있는데, 그에 대해 하나님께 복을 달라고 감히 요청할 염치가 없는 일이라면, 그 일은 절대 해서는 안 되는 일이다. 이 세 가지가 당신의 일상생활에서 자신만을 위해 살지 않을 수 있게 해 주는 필수 규칙들이다. 그 밖에 다른 어떤 규칙들이 있을지라도 이 세 가지 룰에 합당치 않다면 다른 어떤 규칙에도 위배될 수밖에 없고 따라서 옳지 않은 일이다. 이 세 가지 규칙을 지킨 다음 다시 고려해 보아야 될 룰은 "이것이 다른 그리스도인들을 실족하게 하지는 않는가?"를 고려하는 일이다. 그 다음 다섯 번째가 "이것으로 인하여 구원받지 못한 사람들이 복음을 거부하게 되지나 않을까?"를 생각해 보는 일이다. 이상의 다섯 가지 규칙에 합격하는 일이라면 여하한 것이든 그것은 옳은 일이고 그 일을 통하여 다른 사람들에게 좋은 영향을 미칠 수 있으며 따라서 당신은 자신만을 위하여 살지 않을 수 있게 된다.

『우리가 살아도 주를 위하여 살고 죽어도 주를 위하여 죽나니 그러므로 우리가 살든지 죽든지 우리는 주의 것이라』(8절).

당신이 자신을 위해 살지 않고 다른 사람을 의식하면서 산다면 다른 사람들이 당신을 주시하고 당신으로부터 좋은 영향을 받을 수가 있겠지만, 주님께서 값을 주고 사신 바 된 당신이 살아도 주를 위하여 살고 죽어도 주를 위하여 죽는다면 다른 사람들이 당신을 주시하지 않을지도 모른다. 그러나 그럴지언정 주님께서는 당신을 주시하신다. 그런즉, 당신이 주를 위해 살고 주를 위해 죽는 것이 설사 다른 사람들에게 어떤 영향을 미치지 않을지라도 당신은 걱정할 필요가 없다. 주님께서 당신을 보고 계시기 때문이다. 『**주를 위하여**』 하는 일이라면 다른 사람들의 눈치를 살필 필요가 없고 무슨 일이나 『**주를 위하여**』 하는 일이라면 그것으로 족하다.

『이 일을 위하여 그리스도께서 죽으시고 일어나사 다시 사셨으니 이는 죽은 자들과 산 자들의 주가 되려 하심이라』(9절).

당신을 값 주고 사시려고 그리스도께서는 죽으시고 또다시 살아나셨다. 그런즉, 당신의 주인은 곧 그리스도시다. 그리스도인으로 거듭나 그리스도인으로 죽은 사람들은 그들의 주인 품으로 돌아갔고, 당신도 살아 있는 동안 주님의 것으로 살다가 죽어도 당신의 주인이신 그분께로 돌아갈 것이다. 그리스도께서 당신을 값 주고 사셨기 때문에 당신은 더 이상 당신 자신의 것이 아니라 그분의 것이다. 당신은 그리스도의 소유물이기 때문에 살든지 죽든지 그분을 보고 살고 죽을 수밖에 없다.

14:10 그런데 너는 어찌하여 네 형제를 판단하느냐? 어찌하여 네 형제를 업신여기느냐? 우리가 모두 그리스도의 심판석 앞에 서리라.

11 이는 기록된 바 "주가 말하노라. 내가 살아 있으니 모든 무릎이 내게 꿇을 것이요, 모든 혀가 하나님께 자백하리라."고 하였음이라.

12 그러므로 우리 각 사람이 하나님께 자신에 관해 설명하리라.

13 그런즉 우리가 더 이상 서로를 판단하지 말고 도리어 형제들 앞에 거치는 것이나 방해물을 놓지 아니하였는지 판단해야 하리라.

『그런데 너는 어찌하여 네 형제를 판단하느냐? 어찌하여 네 형제를 업신여기느냐? 우리가 모두 그리스도의 심판석 앞에 서리라』(10절).

그런데 어찌하여 어느 특정한 날을 소중히 여긴다든지 여기지 않는다든지, 무슨 특정한 음식을 먹는다든지 안 먹는다든지 하는 이유로 다른 그리스도인들을 판단할 수 있겠는가? 1절에서 6절에 걸쳐 언급하고 있듯이 이런 이유들로 『**형제**』들을 판단하는 것은 그들을 구원도 받지 못한 사람들처럼 업신여기는 것과 같다. 당신이 하는 대로 똑같이 따라 하지 않는다고 해서 그들이 모두 구원도 받지 못한 사람들이라고 섣불리 판단하는 것은 형제를 업신여기는 짓이다.

그리스도인들은 반드시 그리스도의 심판석 앞에 나아가 선이든 악이든 자기가 한 일들에 대해 설명을 드리게 될 것인즉, 당신이 지금 다른 형제들에 대해 이러쿵저러쿵 판단하지 않아도 주님께서 모든 것을 판단해 주실 것이다. 판단은 주님께서 하실 일이지 당신이 할 일이 아니다.

『이는 기록된 바 "주가 말하노라. 내가 살아 있으니 모든 무릎이 내게 꿇을 것이요, 모든 혀가 하나님께 자백하리라."고 하였음이라. 그러므로 우리 각 사람이 하나님께 자신에 관해 설명하리라』(11,12절).

얼마나 위대한 말씀인가? 당신이 성경에서 요한복음 3:16과 요한일서 5:12 다음으로 한 구절만 더 배우고자 한다면 바로 여기 로마서 14:12을 배워야 할 것이다. 당신이 지금 눈앞에 두고 있는 문제가 어떤 문제인지 알 수 없지만, 당신이 장차 『**하나님께 자신에 관해 설명**』해야 한다는 문제만큼 심각한 문제는 아닐 것이요, 장차 아무리 난감한 문제에 봉착하게 되더라도 이보다 더 힘들지는 않을 것이다. 지금 당신이 하고 있는 일이 당신 자신의 일인즉 당신이 알아서 할 테니 남이야 무슨 일을 어찌하건 상관하지 말라는 식으로 생각하다가는 당신은 필경 그리스도의 심판석에서 엄청나게 진땀을 흘리지 않으면 안 될 것이다. 그리스도인들은 무슨 일을 하든지 그 모든 일들에 대해 장차 누군가에게 반드시 해명해야 한다는 점을 항상 유념하고 살아야 하는 사람들이다. 당신이 한 가정의 아버지라면 당신의 아내와 자녀들이 하는 일들에 대해서 책임을 져야 하되, 그 책임이란 가장으로서 자신의 가족들에게 제대로 가르치고 올바로 감독했느냐 하는 의미에서의 책임만 다했으면 된다. 당신의 가족 한 사람 한 사람이 저지른 과오들과 실수들, 그리고 그들의 허물들과 죄들에 대해 일일이 당신이 나서서 해명할 필요가 없다. 그러나 당신 자신이 가족들에 대해 지고 있는 책임을 완수했느냐 여부에 대해서는 전적으로 당신 스스로가 해명하지 않으면 안 된다. 당신이 자신의 책임을 다했느냐에 대해 해명한 다음 그들은 그들대로 자신들의 책임을 다했느냐에 대해 또 해명하게 될 것이다. 세상에서는 당신에게 자신의 책임 이상으로 무엇인가를 요구하지만, 하나님께서는 다르시다. 하나님께서는 당신에게 당신 자신의 책임에 대해서만 해명을 요구하신다. 성경은 야고보서에서 『**많은 선생들이 되지 말라.**』(약 3:1)고 말씀한다. 자신이 지고 있는 책임 이상으로 이것저것 많은 일에 쓸데없이 끼어들면 그만큼 당신 스스로가 변명해야 될 일들이 많아지고 그러다 보면 당신이 실수하거나 제대로 하지 못한 일들이 많아지기 때문에 그것을 경고한 말씀이다. 책임의 분량이 많으면 많을수록 그만큼 더 많은 과오를 범하기 쉬운 법이다.

『**그런즉 우리가 더 이상 서로를 판단하지 말고 도리어 형제들 앞에 거치는 것이나 방해물을 놓지 아니하였는지 판단해야 하리라**』(13절).

『**우리가... 서로를 판단하지 말고 ...것이나 ...아니하였는지**』, 그 일을 판단해야 한다고 말씀한다. 쉽게 말해서, 사람을 판단하지 말고 어떤 "것," 즉 "일"을 판단하라는 말씀이다. 우리가 판단해야 할 "것"으로는 가령, 『**형제들 앞에 거치는 것이나 방해물을 놓지 아니하였는지**』 하는 것들이다. 형제들 앞에 방해물을 놓아 그들이 실족하기라도 한다면 당신은 이에 대해 반드시 그리스도의 심판석에서 해명해야 할 것이고 이로 인해서 진땀을 흘려야 할 뿐더러 당신에게 돌아오는 상은 없다. 당신은 이것을 결코 가볍게 생각해서는 안 된다.

14:14 내가 주 예수 안에서 알고 또 확신하는 것은 아무것도 그 자체가 부정한 것은 없으나 어떤 것을 부정하다고 생각하는 그 사람에게는 부정한 것이니라.

15 그러나 만일 네 음식 때문에 네 형제가 슬퍼하게 되면 네가 이제 사랑을 따라 행한 것이 아니니 네 음식으로 그를 망치지 말라. 그리스도께서 그를 위하여 죽으셨느니라.

16 그러므로 너희의 선한 것이 비방받지 않게 하라.

『**내가 주 예수 안에서 알고 또 확신하는 것은 아무것도 그 자체가 부정한 것은 없으나 어떤 것을 부정하다고 생각하는 그 사람에게는 부정한 것이니라**』(14절).

20절에서도 『**모든 것이 깨끗**』하다고 말씀하듯이 『**아무것도 그 자체가 부정한 것**』은 없다는 것이 바울의 확신이었고 그 확신은 『**주 예수 안에서 알고**』 있는 바였다. 그렇다면, 위스키도 깨끗하고 담배도 깨끗하고 TV도 부정하지 않고 모든 게 다 정결하다는 말인가? 문제는 바로 이것이다. 모든 것이 깨끗하고 아무것도 그 자체가 부정한 것은 없다는 것은 진실이로되, 문제는 이 구절이 모든 진실한 "스토리"를 다 이야기하고 있는 게 아니라는 것을 알아야 한다. 담배가 나쁘다면 어째서 하나님께서 담배가 자라도록 내버려 두시느냐고 의문을 제기하는 사람들이 있다. 이에 대해 나는 하나님께서 궐련이나 시가를 만들어 피우라고 담배라는 풀을 창조하셨던 게 아니라고 대답해 준다. 하나님께서는 들에 쥐가 너무 많이 들끓지 말라고 담배라는 풀이 자라도록 하셨다. 쥐는 담배 잎을 먹으면 죽는다. 하나님께서는 사람들이 연기를 마시라고 담배를 만드신 게 아니라 쥐에게 독이 되라고 만드셨다는 얘기다. 그런 것을 사람들이 하나님의 의도와는 전혀 다르게 담배 잎을 가지고 괴상한 것을 만들어내는 몹쓸 짓을 발명해냈던 것이다. 그럼 TV는 어떠냐고 묻고 싶은가? TV 자체가 뭐가 나쁜가? 브라운관 유리에 튜너와 각종 전자 부품들, 그리고 수신 안테나와 케이스 자체에 문제가 있는 것은 아니지 않는가? 문제는 이런 것들을 교묘하게 조립하여 교묘한 기계를 만든 다음 그 기계를 통하여 온갖 고약한 짓들을 영상으로 방송해 내보낸다는 데 있지 않는가? 빌리 그래함도 TV에 나온다고? 팔웰도 TV에 나온다고? 아, 그래? 그럼 당신은 TV를 틀어놓고 빌리 그래함과 팔웰만 쳐다보고 있단 말인가? TV를 틀어놓고 절대로 다른 데로는 채널을 돌리지 않고 빌리 그래함이나 팔웰의 설교만 듣고 있을 자신이 있는가? 그렇다면, 좋다. 그러나 벨리 댄스라든가 삼각관계를 주로 다루는 애정 드라마라든가 폭력으로 시작하여 폭력으로 끝나는 범죄 영화처럼 당신 혼을 썩게 만드는 악한 프로들을 보고 싶어 안달하지는 말라. 이것은 스탠리 존스가 늘 하던 말이었다.

『**아무것도 그 자체가 부정한 것은 없으나**』 그래도 주의해야 하는 까닭은 살을 썩게 만드는 탄저균도 그 자체는 절대로 더러운 것이 아니지만 탄저균에 오염된 살은 여지없이 썩어 들어가기 때문이다. 그 자체가 더러운 것은 없다고 바울이 말하고 있는 것은 그리스도인들이 일반적으로 행하는 일들이 그러하다는 뜻으로 한 말이지 이 세상 모든 것들이 그러하다는 뜻은 아니다. 어떤 것들은 그 자체가 문제가 아니라 그것과 관계하다 보면 거기서 부패가 파생되어 나오게 된다는 데에 문제가 있는 것이다. 지난날 감리교 목사들은 흔히 〈킹제임스성경〉과 브랜디가 담긴 납작한 수통을 뒷주머니에 넣고 다녔다. 그들이 갖고 다닌 브랜디가 술은 술이었지만 실은 약으로 갖고 다닌 것이었다. 감기에 걸리거나 몸살이 난다든지, 날씨가 춥다든지 할 때 그들은 브랜디를 한 모금씩 마셨고, 칼에 베어 상처가 난다든지, 넘어져 찰과상을 입었을 때 그들은 브랜디를 상처에 발라 소독약으로 썼다. 그래서 그 당시 감리교도들치고 인디언 마을을 찾아다니거나 벌목 현장을 찾아다니며 순회 설교하러 다니는 자기네들 목사가 브랜디 병을 꿰어 차고 다니는 것을 나무랐던 사람은 아무도 없었다. 그러던 것이 나중에는 순회 설교하려 다니는 목사들이라면 누구나 술주정뱅이로 사람들 눈에 비쳐지게 되었다. 감기 몸살에 걸린 것도 아닌데 심심하면 수통 마개를 열고 브랜디를 홀짝홀짝 마셔대는 바람에 나중에는 아예 알콜 중독이 되어 코끝이 빨개 갖고 다녔기 때문이다. 그래도 사람들은 흉을 보지 않았고 으레 목사라면 그러려니 하고 받아들였다. 그러다 보니 나중에는 신자들까지 덩달아서 술 마시는 것을 보통으로 여기게 되었고, 술도 마시는 판에 담배는 어떠랴 싶었던지 "평생 동안 옥수수 담뱃대를 손에 들고 다녔던 우리 할머니는 아주 당당하면서도 인자한 그리스도인이셨답니다." 하고 자랑스럽게 말하는 사람들까지 생겨나게 되었다. 이게 무엇을 말하는가? 처음에는 목사가 약으로 갖고 다니던 브랜디가 나중에는 이렇게 사람들을 타락시키기에 이르렀고, 그러고도 하나도 부끄럽지 않게 여기게 만들었다. 무엇이나 그 자체는 부정하거나 더러운 것이 아니로되 거기서 부정하고 더러운 것들이 생겨나게 되는 법이다. 이처럼 그 자체는 문제가 아니더라도 그 파급효과가 언제나 문제를 일으키는 것이다.

게다가 예전과 지금을 같다고 생각한다면 그것은 큰 오산이다. 옛날에는 목사들도 담배를 피우는 사람들이 숱했지만, 그게 별로 나쁘다는 인상을 풍기지 않았지만, 지금은 시대가 그때와는 달라서 목사가 담배를 피었다가는 당장 교회에서 추방당하고 만다. 옛날에는 담배가 그렇게 나쁜 줄을 사람들이 몰랐지만, 당신은 담배가 나쁘다는 것을 모르는 사람이 없는 시대에 살고 있다. 그래서 담배 자체가 더러운 것은 아닐망정 사람들은 그것이 더럽다고 생각하고 있는데도 당신은 담배를 피우고 있다는 데에 문제가 있는 것이다. TV 자체가 부정한 것은 아니로되 사람들은 그것이 부정하다고 생각하고 있는데도 당신이 TV를 치워 버리지 못한다는 데에 문제가 있다는 말이다. 당신은 생각이 다를지도 모르지만 사람들은 담배나 TV가 나쁘다는 것을 알고 있기 때문에 담배는 그들에게 더럽고 TV 역시 그들에게 부정하다. 『**어떤 것을 부정하다고 생각하는 그 사람에게는 부정한 것이니라.**』고 말씀한다. 그런데도 당신이 담배를 피워대고 거실에 앉기만 하면 TV 앞에서 떠날 줄을 모른 다면 그런 당신이 사람들 눈에 어떻게 비쳐질 것인가를 생각해 보라는 말씀이다. 그래도 당신은 여전히 "나는 담배가 더럽다고 생각하지 않는데요."라든지 "TV가 부정하다고 생각하지 않는데요."라고 주장하고 싶은가? 그러니까, 담배가 더러운 것이 아니고 TV가 부정한 것도 아니라 이 말인가? 그러나 당신의 아내나 자녀들 가운데 누군가는 담배가 더럽고 TV가 부정하다고 생각하는 사람이 있을 것이요, 식구 중에 그런 사람이 없다면 당신의 이웃이나 같은 교회 다니는 형제들 중에 그렇다고 생각하는 사람들이 분명 있을 터인즉, 그 사람들에게는 분명 담배는 더럽고 TV도 부정한 것일 수밖에 없다는 것을 알라. 그렇기 때문에 당신의 행동이 그들에게 미치는 파급효과가 어떨지 생각해 보지 않으면 안 된다는 말이다. 『**아무것도 그 자체가 부정한 것은 없으나**』라는 말만을 내세워 이것을 움직일 수 없는 규칙으로 삼을 수 없는 까닭은 『**부정하다고 생각하는 그 사람에게는 부정한 것**』이기 때문이다.

당신은 자신만 생각하고 남을 생각하지 않는 바람에 얼마나 방해물과 거치는 것들을 형제들 앞에 놓고 있는지 모른다. 당신은 이 사실을 판단할 줄 알아야 하는 것이다. 『**그런즉 우리가 더 이상 서로를 판단하지 말고 도리어 형제들 앞에 거치는 것이나 방해물을 놓지 아니하였는지 판단해야 하리라**』(13절). 그래도 모르겠는가? TV를 아무리 보아도 당신만은 더러운 것들에 조금도 영적 영향을 받지 않을 자신이 있다고 억지 부리지 말라. "난 정말이지 그까짓 것들에게 혼을 뺏기지는 않아요. 그건 불가능해요!" 아, 그래? 그렇다면 당신은 어지간히 둔한 사람이라는 뜻이다. 하지만 문제는 당신 주변에 있는 사람들은 당신처럼 그렇게 둔해빠지지 않다는 사실이다. 당신은 원체 둔감해서 TV를 통해 아무리 야한 것을 보더라도 아무렇지 않을는지 모르지만, 당신 식구들 가운데는 혼을 몽땅 뺏겨 버릴 만큼 민감한 사람들도 있다는 것을 왜 모르는가? 영적으로 뿐만 아니라 혼적으로 악한 것밖에는 아무것도 좋은 영향을 미치지 못하는 갖가지 더러운 TV 프로그램에 정신을 뺐기다 보면 당신은 죄로 오염될 뿐만 아니라 육체적으로도 피로해지고 무기력해질 뿐이다. 음악 프로든, 스포츠 중계든, 드라마든, 상품 광고든, 뉴스든, 토크쇼든, 코미디 프로든, 아무튼 무엇이든 TV 프로그램은 당신의 혼을 병들게 만드는 더러운 병균들임을 알라. 이런 것에 시간을 쓴다는 것은 얼마나 어리석은 낭비인가? 당신도 이것을 충분히 알고 있을 것이다. 그런데도 TV를 치워 버리지 못한다면 당신은 양심이 마비되었거나 마귀에게 단단히 사로잡혀 있기 때문이다. 당신의 양심이 건강하게 살아 있고 마귀의 장난을 금세 눈치 챌 수 있을 만큼 영이 민감하다면 당신은 그 시간에 잠을 자거나 좋은 책을 읽거나 하다못해 고기라도 잡으러 나갈 것이다. 잠을 자면 휴식을 취할 수 있어 좋고, 좋은 책을 읽으면 유익한 것을 배울 수 있어 좋고, 고기 잡아다 먹으면 생활비를 절약할 수 있어 좋지 않은가? 당신이 하루 종일 TV

앞에서 얻는 게 도대체 무엇이란 말인가? 재미가 있다고? 재미가 당신을 먹여 살린단 말인가? 그 재미가 당신의 혼을 부패시키고 있는 줄을 왜 모르는가? 시간을 보낼 수 있어 좋다고? 그것이 낭비인 것을 왜 모른단 말인가? 사람 사는 게 다 그런 것 아니냐고? 그게 도대체 무슨 소린가? 사람 사는 게 어째서 다 그렇단 말인가? 당신은 삶의 가치가 그 정도 싸구려로밖에는 계산되지 않는단 말인가?

내가 밥 존스 대학에 다닐 때, 학생들의 교양 교육을 위하여 학교 측에서 한 달에 한 번씩 예술 감상 시리즈 강좌를 열고 실내악이나 교향악 같은 고전 음악을 감상하거나 발레를 보거나 오페라를 감상하게 했었는데, 거기에 한 번도 참석하지 않았던 학생은 나 하나뿐이었다. 그 바람에 나는 학생 기율 위원회에 불려나가 심문을 받기도 했다. 그 위원회에서 결국 나는 예전에 그런 것들을 충분히 즐겨 봤기 때문에 더 이상 즐기고 싶지 않다는 합당한 논리로 판정승을 거두고 풀려났지만, 그렇다고 해서 내가 모든 예술 감상을 백안시하는 것은 절대로 아니다. 우리가 예술 작품들을 통해 우리의 혼을 순화시키고 양질의 교양을 넓혀나가는 데 도움이 된다면 음악이든, 문학이든, 그림이든 얼마든지 가까이 하는 것이 좋다. 이런 것들은 우리의 삶에 필요한 정신적 양식이 된다. 문제는 우리의 혼을 병들게 하는 요소들이 음악이나 문학을 매개체로 우리들에게 병균처럼 전염되어 우리를 병들게 하기 때문에 우리가 경계하지 않을 수 없다는 데에 있다.

어떤 것이 부정한가 아닌가를 판가름할 때 당신은 두 가지 기준을 적용해 보아야 한다. 그 한 가지는 성경에 비추어 합당한가를 재보는 것이고 다른 한 가지는 여기 14절의 말씀처럼 『**아무것도 그 자체가 부정한 것은 없으나 어떤 것을 부정하다고 생각하는 그 사람에게는 부정한 것**』이라는 규칙이다. 다시 말해서, 당신이 어떤 일에 연루되면서 "나는 이것을 부정하다고 생각하지 않으므로 이것은 부정한 것이 아니다."라고 결론을 내리는 것만으로 끝내지 말고 "그렇다면 성경에 비추어 볼 때는 어떠한가?" 하고 한 번 더 생각해 본 다음 결론을 내려야 한다는 말이다. 당신은 7절을 고려해 보아야 하고 22절을 고려해 보아야 하며 또 23절을 고려해 보지 않으면 안 된다. 그리고 16절도 고려해 보아야 한다. 7절, 22절, 23절, 그리고 16절을 고려해 볼 때, 어느 것 한 가지라도 그 기준에 맞지 않는다면 당신은 그 일이 부정한 것이 아니라는 확신을 가질 수가 없다. 예컨대, 당신이 은사주의가 젖먹이들에게 파고들어 성경의 진리들로 성장하지 못하도록 한다는 것을 알면서도 그들도 그리스도인들이라는 점을 두둔해 주기 위해 "은사주의자들도 믿음은 있다."고 말한다면, 그것은 당신 자신을 속이는 일인즉, 그런 짓은 하지 않는 게 좋다는 얘기다. 은사주의는 믿음이 없기 때문에 생긴 풍조다.

『**그러나 만일 네 음식 때문에 네 형제가 슬퍼하게 되면 네가 이제 사랑을 따라 행한 것이 아니니 네 음식으로 그를 망치지 말라. 그리스도께서 그를 위하여 죽으셨느니라**』(15절).

그리스도인 형제를 "망친다."는 말은 그를 지옥으로 보낸다는 뜻이 아니라 그 사람과 다른 그리스도인들 간의 교제를 훼손함으로써 결과적으로 그의 그리스도와의 교제에 악영향을 미친다는 뜻이다. 당신이 어떤 특정한 음식을 먹는 것을 보고 다른 형제가 깜짝 놀라 당신에게 화를 벌컥 내게 되었다고 할 때, 당신은 그를 망친 격이 된다. 망치려면 그리스도인 형제를 망치지 말고 기왕이면 자기가 기독교 신자라고 잘못 알고 있는 카톨릭 신자를 망치는 게 어떤가? 가령, 당신이 금요일 저녁에 카톨릭 신자를 대접할 일이 생겼을 때 생선이나 고기 요리 전문 식당으로 초대하는 것 따위 말이다. 그 카톨릭 신자는 자기가 그리스도인이라고 생각할는지도 모르지만, 당신이 볼 때는 형제가 아니다. 카톨릭 신자들은 금요일에 생선이나 고기를 먹지 말도록 카톨릭 학교나 교회에서 배웠다. 그런데도 당신의 접대를 받아들여 너그럽게 당신이 데리고 들어간 식당에서 나오는 음식에 대해 별로 반감을 갖지 않고 먹는다면, 설사 그의 교회 사람들이 모른다 할지라도 그와 자기 교회 당국과의 교제는 사실상 금이 가고 마는 것이다.

그는 아마 주문 받으러 온 웨이터에게 이렇게 물을 것이다.

"여긴 낙지 요리도 하오?" 웨이터가 "아니오." 하고 대답한다.

"고래 요리는 어떻소?" 그는 카톨릭에서 금기시하는 음식 종류를 나열해가면서 하나하나 확인해 본다.

"고래 요리도 안 되는데요."

"그럼 상어 요리는?"

"상어 요리도 안 되는데요."

웨이터의 대답에 마음이 놓인 그 카톨릭 신자는 안심이 된다는 듯 이렇게 말할 것이다.

"좋소. 그렇다면 비프스테이크로 하겠소."

이쯤 되면 당신은 카톨릭 "형제"를 멋지게 망쳐 버린 셈이다.

『**그러므로 너희의 선한 것이 비방받지 않게 하라**』(16절).

앞에서 이미 언급한 것처럼 이 구절은 그리스도인의 행동 지침들 중 한 가지를 제시한다. 성경 말씀에 비추어 근거가 떳떳하고 기준이 올바르며 동기가 순수하고 목표가 정당하다면 아무도 당신이 행하는 일을 비방하지 못할 것인즉, 당신은 무슨 일을 하든 옳은 일을 하되, 그 일이 옳기 때문에 아무도 감히 당신을 정당하게 욕하지 못할 그런 일을 당신은 해야 할 것이다.

그러나 당신이 옳은 일을 하는데도 그 일을 비방하는 자는 언제나 있기 마련이다. 그런즉 아무에게도 비방 받지 않을 만한 옳은 일을 찾아내기란 사실상 불가능하다. 그러나 그들이 뭐라고 욕하고 험담하고 비방할지라도 자신들의 비방과 험담과 욕을 결코 정당화할 수 없는 일은 얼마든지 있는 법이다. 그런즉 당신이 하는 일을 누가 비방하더라도 절대로 자신들의 비방을 정당화시킬 수는 없는 그런 일을 당신은 해야 한다는 것이 이 구절 말씀의 요체다. 『**그러므로 너희의 선한 것이 비방받지 않게 하라.**』는 말씀은 "그러므로 너희는 누가 비방하더라도 그 비방이 정당한 비방일 수가 없는 그런 선한 일을 하라."는 뜻인 것이다. 당신이 하는 일이 선하고 옳은 한, 그들이 뭐라고 비방하더라도 하나님께서는 결코 그들의 손을 들어주지는 않으신다. 정당한 비방이 아닌 한 그들의 비방은 무고요, 거짓 고소이기 때문이다.

한편, 당신이 비록 옳은 일을 한다 하더라도 당신이 진리에 대해 알고 있는 것보다 열성이 앞서는 것은 주의할 일이다. 이것은 특히 갓 구원받은 사람의 경우에 그러하다. 갓 구원받은 사람은 거듭난 사람답게 무엇인가를 하고자 하는 열성이 앞서기가 쉽다. 그러나 하나님의 말씀에 관한 한 알고 있는 지식이 형편없이 빈약해서 그야말로 젖먹이에 불과하다. 아는 것도 없으면서 열성부터 내는 것은 경거망동하기 쉬워 매우 위험하다. 지식이 없으면 열성도 자제할 줄 알아야 한다. 진리로 양육되어 성숙한 그리스도인으로 성장해 감에 따라 진리의 지식이 많아지면 많아질수록 오히려 사람이 침착해지고 냉철해지는 법이다. 오히려 구원받은 지 얼마 안되어 충분히 성장하지 못한 사람들이 오히려 열성을 내며 자칫 경거망동하는 수가 많다. 그러므로 처음 구원받은 사람은 가급적 행동을 자제하고 언행에 세심한 주의를 기울이는 법부터 배워야 한다. 예컨대, 구원받은 지 얼마 안되는 사람이 그리스도의 증거를 들고 거리 설교와 구령 활동에 참여할 경우, 어떻게 하는 것이 더 효율적으로 그리스도를 증거할 수 있는지 하나님께 지혜를 달라고 기도하고 성숙한 그리스도인들로부터 먼저 열심히 배우도록 해야 한다. 전도지 한 장을 나누어 주더라도 사람들이 선뜻 받게 할 수 있고, 받은 전도지를 곧장 쓰레기통에 버리지 않도록 할 수 있는 좀 더 지혜로운 방법이 있고 좀 더 효율적인 요령이 있는 법이다. 가령, 당신이 기차를 타고 가다가 옆자리에 앉은 사람에게 복음을 전해야겠다고 생각하고 있는데 그 사람이 눈을 감고 내내 잠만 잘 경우, 전도해야겠다는 열성이 끓어올라 견딜 수 없게 된 당신이 잠자는 옆 사람을 흔들어 깨우고는 "당신 구원받았소?" 하고 불쑥 물어보다가는 따귀 한 대 얻어맞기가 십상이고 이런 당신이야말로 따귀를 맞아도 싸다. 당신은 자신의 선한 것이 여지없이 비방을 받게 만드는 실수를 저지르고 만 것이다. 이런 경우 당신의 열성은 열성이 아니라 참을성 없고 무례하고 게을러빠진 성격을 반영한 것뿐이다. 당신이 주의 깊고 침착하며 정말로 복음 전도의 열성을 가지고 있다면 옆 사람이 충분히 자고 깰 때까지 조용히 기다릴 것이다.

바쁜 길거리에서 행인들에게 전도지를 돌리고 거리 설교를 하는 경우에도 마찬가지다. 어떤 극단적인 근본주의 그리스도인 설교자가 거리에서 설교하면서 짧은 스커트나 바지를 입은 여자들만 지나가면 큰 소리로 비난을 퍼붓다가 체포되어 감옥에 갇히는 것을 보았다. 이게 도대체 무슨 망신인가? 당신이 행하는 『**선한 것이 비방받지 않게 하라.**』

14:17 하나님의 나라는 먹고 마시는 것이 아니라 다만 성령 안에서 의와 화평과 기쁨이라.

18 이러한 것들로 그리스도를 섬기는 자는 하나님께 기쁨이요, 사람들

에게는 인정을 받느니라.

19 그러므로 화평을 위한 일과 서로를 세워 주는 일들을 따라야 할 지니라.

20 음식 때문에 하나님의 일을 망치지 말라. 사실은 모든 것이 깨끗 하지만 남을 실족케 하며 먹는 그 사람에게는 그것이 악이니라.

21 고기도 먹지 아니하고 포도주도 마시지 아니하며 무엇으로든지 네 형제를 넘어지게도 아니하고 실족하게도 아니하며 연약하게 하지 아니하는 것이 좋으니라.

『**하나님의 나라는 먹고 마시는 것이 아니라 다만 성령 안에서 의와 화평과 기쁨이라**』(17절).

이구절은 『**하나님의 나라**』(“the kingdom of God”)에 대하여 명쾌하게 정의를 내린다. 『**하나님의 나라**』는 물리적, 문자적인 “나라”가 아니다. 『**하나님의 나라**』는 『**먹고 마시는**』 따위와 같은 물질적인 나라가 아니라고 “부정적으로” 서술한다. 그러니까 『**하나님의 나라**』는 “천국”(“the kingdom of heaven”)과는 다르다. “천국”은 물리적인 나라요, 문자 그대로 물질적, 현실적인 왕국이다. “천국”은 지상의 나라요, 눈에 보이는 메시야의 왕국이며, 실질적 권력이 행사되는 국가다. “천국”은 장차 재림하신 예수 그리스도께서 지상에 세우셔서 현실적으로 군림하게 될 국가이지 신비적 형태의 국가가 아니라는 말이다. 지금 존재하는 비가시적인 신비적 형태의 국가는 『**하나님의 나라**』다. 이 나라는 『**먹고 마시는**』 물질적 형태의 국가가 아니다. 하나님을 믿는다는 사람들이 이 땅 어딘가에 집단 마을을 형성하고 공동체를 이루어 살면서 세금을 안 내도 된다든지, 모범적인 시민들만 이민을 받는다든지, 평화 유지를 위해 공동 토론을 한다든지, 공해가 없는 깨끗한 환경을 유지한다든지, 전쟁도 없고 범죄도 없는 이상향을 건설한다든지 하는 따위가 『**하나님의 나라**』를 세우는 것이라고 떠들어대는 자들도 있지만, 이런 자들은 모두 정신 나간 자들이다. 『**하나님의 나라**』는 인간들이 세우는 나라가 아니요, 하늘에서 내려오는 나라도 아니다. 『**하나님의 나라**』는 『**먹고 마시는**』 나라도 아니요, 고린도전서 15:50의 말씀처럼 혈과 육은 상속받을 수 없는 나라가 곧 『**하나님의 나라**』다. 혈과 육이 상속받을 수 없는 나라를 인간이 어떻게 건설할 수 있단 말인가? 어떤 자들은 "하나님의 나라를 확장하자."라든지, "하나님의 나라를 앞당기자."라든지 하는 구호를 예사롭게 외치기도 하지만, 인간이 세울 수도 없는 『**하나님의 나라**』를 어떻게 확장하고 어떻게 앞당긴다는 말인가?

『**하나님의 나라는 먹고 마시는 것**』에 대해서는 부정적이지만 『**성령 안에서 의와 화평과 기쁨**』에 대해서는 긍정적으로 서술하여 『**하나님의 나라는... 성령 안에서 의와 화평과 기쁨이라.**』고 말씀한다. 『**하나님의 나라**』는 "천국"과는 달리 가시적인 물리적, 물질적, 현실적 국가가 아니라 『**성령 안에서**』 형성되는 "영적인 나라"이다. 『**하나님의 나라**』는 성령 밖에서는 결코 형성되지 않는다. 이것은 내적인 나라다. 『**하나님의 나라**』는 『**성령 안에서**』 내적 의와 내적 평화, 그리고 내적 기쁨을 누리는 내적인 나라이다. 『**하나님의 나라는 볼 수 있게 오는 것이 아니니라. 또 사람들이 '보라, 여기 있다!' 또는 '보라, 저기 있다!'고도 말하지 못하리니, 보라, 이는 하나님의 나라가 너희 안에 있기 때문이라.**』(눅 17:20,21)고 예수 그리스도께서는 말씀하셨다. 하나님의 나라가 외부적으로 나타나리라고 생각하는 사람들은 성경을 한 번도 읽지 않은 자들이다.

『**이러한 것들로 그리스도를 섬기는 자는 하나님께 기쁨이요, 사람들에게는 인정을 받느니라**』(18절).

『**이러한 것들로**』, 즉 『**성령 안에서 의와 화평과 기쁨**』 등으로 그리스도를 섬기는 사람을 하나님께서는 그리스도 안에서 기뻐 받으시고 또 『**사람들**』도 이런 사람을 인정하고 존경한다. 물론 어떤 자들은 이런 사람을 시기하기도 한다. 그러나 화평과 기쁨을 가진 사람은 그런 것을 염려할 필요가 없다. 그들이 내심으로는 당신을 면밀히 바라다보며 부러워하기 때문이다. 당신이 이렇게 되기 위해서는 생각해 보아야 할 일들이 숱하게 많다. 그리스도인의 간증 가운데서 자기가 가장 힘들다고 고백하는 것이 있다면, 그것은 모든 사람들이 자신에게 대적하고 있다는 사실일 것이다. 그러나 그럼에도 불구하고 화평과 기쁨으로 그 간증을 유지해야 하는 것이 그리스도인이다. 이것이야말로 그리스도인으로서는 가장 힘든 일이다. 목사가 설교할 때도 "의와 화평과 기쁨"이라는 주제는 가장 진땀나는 주제가 아닐 수 없다. 주위의 모든 사람들과 주위의 모든 환경들이 자신을 대적하고 괴롭히며 화평치 못하게 하고 있는데 어떻게 기쁨을 유지할 수 있단 말인가? 당신이 아무리 성숙하고 신실한 그리스도인이라 할지라도 슬프고 괴로운 일을 당하면 기쁨을 상실할 수밖에 없다. 당신이 기쁨을 상실하고 있는 것을 보고 구원받지 못한 사람들은 또 "옳지, 저 친구도 나와 똑같구먼." 하고 생각하게 된다. 그래서 그리스도인들은 구원받지 못한 이웃 사람들의 눈치가 두려워서라도 슬프고 괴로운 것을 함부로 내색하기가 어려운 법이다. 나는 우리 교회에 다니는 자매 한 사람이 몇 년 전 어린 아들을 잃고 말할 수 없는 슬픔에 빠져 있는 가운데서도 전혀 슬픈 기색을 보이지 않고 묘지에 아들을 묻고 와서도 이렇게 기도하는 것을 들었다. "주님, 저로 하여금 이 엄청난 슬픔에도 불구하고 그리스도인의 간증을 잃지 않도록 도와주십시오. 비록 몇 해밖에 안되는 짧은 기간이었지만 그 아들을 훌륭하게 키울 수 있도록 도와주셨고 일찍 주님의 품으로 데려가신 은혜에 대해 감사합니다." 이런 그녀를 보고 교육을 받았다는 사람들은 그녀가 미쳤다고 생각했을 것이다. 교육받은 사람들은 정서가 우리들과는 완전히 달라서 이런 것을 도무지 이해하지 못한다. 오히려 무식한 사람들은 이러한 광경을 보고 크게 감동을 받고 깊이 이해할 줄 안다.

『**그러므로 화평을 위한 일과 서로를 세워 주는 일들을 따라야 할지니라**』(19절). 다른 사람들과 화평을 유지하고 서로를 세워 주는 일들을 따라 하라고 충고하고 있는 이 말씀은 물론 그리스도인들 안에서 행하는 그리스도인 형제들끼리의 행동 지침이지 그리스도인이 구원도 받지 못한 세상들과 지내면서 지켜야 할 지침을 말씀하고 있는 것은 아니다. 의와 화평과 기쁨이 『**성령 안에서**』라고 바울은 17절에서 못 박고 있다. 에베소서 4:3에서는 『**화평의 띠 안에서 성령의 하나 됨을 지키도록 열심히 노력하라.**』고 바울은 말한다. "성령 안에서"라면, 또 "성령의 하나 됨"이라면 이것은 당연히 그리스도인들끼리의 교제권을 말한다.

『**음식 때문에 하나님의 일을 망치지 말라. 사실은 모든 것이 깨끗하지만 남을 실족케 하며 먹는 그 사람에게는 그것이 악이니라**』(20절).

먹는 음식 따위와 같은 사소한 일 때문에 분쟁을 일으켜 형제를 망치고 더 나아가 『**하나님의 일**』을 망친다는 것은 말도 안 되는 소리다. "찻잔 속의 태풍"이라는 말도 있다. 이것은 먹는 음식과 같은 사소한 일은 사소한 일로 끝내고 넘어가야지 그 작은 일이 무슨 큰 일이나 되는 것처럼 호들갑을 떨 필요가 없다는 뜻이다. 아무것도 아닌 사소한 일을 문제 삼다 보면 큰 일로 번져 부질없이 평지풍파를 일으키기가 쉽다. 무슨 음식을 먹으면 안 되느니 먹어도 상관없느니 하면서 한 교회 내에서 분쟁을 일으켜 교회 내에 분열을 일으키는 사태가 벌어진다면 이 다음 그리스도의 심판석에서 무어라고 설명할 텐가? 『**아무것도 그 자체가 부정한**

것은 없으나 어떤 것을 부정하다고 생각하는 그 사람에게는 부정한 것』처럼 『**모든 것이 깨끗하지만**』 그러나 견해를 달리하는 다른 형제가 있을 수도 있을 것인즉, 그런데도 불구하고 구태여 상대방의 의견을 무시하면서까지 여봐란듯이 그 음식을 먹는다면 『**그 사람에게는 그것이 악이니라.**』고 말씀한다. 당신이 생각할 때 어떤 음식을 먹어도 양심에 조금도 찔리지 않더라도 다른 형제에게는 그것이 거침이 될 경우에는 그것을 먹지 말라는 충고인 것이다.

『**고기도 먹지 아니하고 포도주도 마시지 아니하며 무엇으로든지 네 형제를 넘어지게도 아니하고 실족하게도 아니하며 연약하게 하지 아니하는 것이 좋으니라**』(21절).

자, 여기에 한 가지 규칙이 또 제시된다. 고기를 먹는 것이 만약 『**네 형제를 넘어지게**』 하는 일이라면, 고기를 먹지 말라. 포도주를 마시는 것이 만약 『**네 형제를... 실족하게**』 하는 일이라면 포도주를 마시지 말라. 『**무엇**』이 만약 『**네 형제를... 연약하게**』 하는 일이라면 그 『**무엇**』도 하지 않는 것이 잘하는 일이다. 이것이 규칙이다. 문제는 그 『**무엇**』("any thing")이 당신의 인생에서 "무엇"이냐 하는 점이다. 그 『**무엇**』이 당신의 인생에서 별 의미가 없는 사소한 일이라면 구태여 그것으로 인하여 『**네 형제를 넘어지게도 아니하고 실족하게도 아니하며 연약하게 하지 아니하는 것이 좋으니라.**』고 말씀한다.

이 구절에서 형제를 『**넘어지게**』("stumbleth") 한다는 것은 당신과의 교제에 금이 가게 하여 서로 마음을 열고 지내지 못하는 사이가 됨으로써 결과적으로 그 형제가 하나님과의 교제마저 단절하게 만든다는 뜻이다. 특히 아직 성숙치 못한 연약한 형제가 당신의 행위에 대해 실망하거나 분노를 느낀 나머지 당신과의 교제를 끊는 선에서 머무르지 않고 그리스도인 전체를 증오하고 위선시한 나머지 나중에는 하나님과의 관계마저 금이 가서 주님과 온전한 교제를 갖지 못하게 되는 수가 많다. 이런 경우를 두고 이 구절에서는 형제를 『**넘어지게**』 하였다고 언급하고 있다.

형제를 『**실족하게**』("offended") 한다는 것은 상대방이 당신을 마치 마귀나 되는 것처럼 악한 사람으로 보게 만든다는 뜻이며, 형제를 『**연약하게**』("made weak") 한다는 것은 형제가 당신과는 생각이 전혀 다른데도 불구하고 당신을 따라 행동하도록 강요함으로써 그의 선한 양심이 무시당한 수준에서 머무르지 않고 자신의 양심이 그 스스로에게 짓밟히도록 만든다는 뜻이다. 그 반면, 다른 형제가 그리스도인으로서 마땅치 않은 당신의 언행을 보고 실망한 나머지 당신과의 교제를 끊는 선에서 머무르지 않고 그리스도인 형제들 전체를 백안시하게 만들고 혼자 고립되어 자기 자신만 옳고 깨끗하고 성별되었다고 자만하도록 만드는 것 역시 그 형제를 『**연약하게**』 만든 것이다. 연약한 그리스도인일수록 바리새적 특성을 나타내기가 쉬운 법이다 거꾸로 말해서, 그리스도인이 바리새인 같은 특성을 나타내면 그는 연약한 그리스도인이다.

14:22 네게 믿음이 있느냐? 그 믿음을 하나님 앞에서 스스로 가지고 있으라. 자신이 승인하는 일로 자신을 정죄하지 아니하는 자는 복이 있도다.

23 그러나 의심하는 자는 그가 먹을지라도 정죄되었나니 이는 믿음으로 먹지 아니하였기 때문이니라. 믿음으로 아니하는 모든 것이 죄니라.

『네게 믿음이 있느냐? 그 믿음을 하나님 앞에서 스스로 가지고 있으라.

자신이 승인하는 일로 자신을 정죄하지 아니하는 자는 복이 있도다』(22절).

당신에게 『**믿음이 있느냐?**』고 묻는다. 당신이 무슨 일을 하든 믿음으로 행하고 있느냐고 묻고 있는 것이다. 그렇다면 그 믿음으로 계속 행하되 그 믿음으로 남에게 영향을 끼치려고 애쓸 필요 없이 그 믿음을 『**하나님 앞에서 스스로 가지고 있으라.**』고 충고한다. 하나님께서는 당신의 믿음을 아실 테니까 구태여 다른 사람에게 당신의 믿음을 의도적으로 과시하고 영향을 미치려고 하지 말라는 것이다.

『**자신이 승인하는 일로 자신을 정죄하지 아니하는 자...**』 당신이 갖고 있는 믿음의 양심에 비추어 볼 때 다른 형제가 행하는 어떤 일이 옳지 않다고 판단되는데도 그 형제는 또 자기 나름대로 자신의 양심에 비추어 옳다고 생각하고 그 일을 행한다. 그렇다면 그 형제가 자기 양심대로 하도록 내버려두고 그것을 문제 삼지 말라. 그러나 그렇다고 해서 당신도 덩달아서 그 일을 행할 필요는 없다. 당신은 당신 자신의 믿음대로 행하면 된다. 당신 자신의 믿음에 비추어 양심이 허락하지 않는데도 어떤 이유로든 그 일을 행한다면, 『**자신이 승인하는 일로 자신을 정죄**』하는 꼴이 된다. 그러면 당신은 하나님의 복을 누리지 못하는 사람이다.

『**그러나 의심하는 자는 그가 먹을지라도 정죄되었나니 이는 믿음으로 먹지 아니하였기 때문이니라. 믿음으로 아니하는 모든 것이 죄니라**』(23절).

당신 자신의 양심에 비추어 옳다는 확신이 서지 않은 채 『**의심하는 자**』의 입장에 서 있으면서도 다른 형제를 위한답시고 당신의 양심에 반하여 어떤 음식을 먹거나 어떤 일을 행한다면 당신은 그것으로 당신 스스로를 『**정죄**』한 것이 된다. 왜냐하면, 당신은 『**믿음으로**』 먹거나 행한 것이 아니기 때문이다. 자신의 믿음에 반하는 행동을 하는 것은 자신의 믿음을 스스로 짓밟는 행위인즉, 이것은 『**믿음으로... 아니하였기 때문**』에 죄를 짓는 것이요, 따라서 당신 스스로를 정죄한 것일 수밖에 없다. 『**믿음으로 아니하는 모든 것이 죄**』라고 이 구절은 말씀한다. 믿음의 양심에 비추어 조금이라도 의심스럽다면 손대지 않는 것이 좋다. 무엇이든지 당신이 믿는 바대로 하는 것이 가장 안전하다. 그러나 당신이 이러할진대 다른 형제도 그러하리라는 것을 망각하지 말라. 당신이 당신의 믿음에 따라 행동하면서 다른 형제가 그의 믿음에 따라 행하는 것을 어찌 비난할 수 있겠는가? 창세기 27장에 보면, 늙어서 눈이 침침하여 자기 아들들도 누가 누구인지 눈으로 잘 식별할 수 없었던 이삭은 큰 아들 에서에게 사냥한 고기로 자기가 좋아하는 별미를 만들어 달라고 부탁한다. 그러면 죽기 전에 축복해 주겠노라는 것이었다. 이 말은 엿들은 야곱은 아버지의 축복이 탐나서 에서가 사냥 나간 사이에 자기가 염소 새끼를 잡아 별미를 만들어 이삭에게 갖다 준다. 이삭은 아무래도 의심스러웠다. 그래서 『**내 아들아, 네가 누구냐?**』(창 27:18) 하고 묻는다. 야곱이 "에서입니다." 하고 아비를 속인다. 그러자 이삭은 『**내 아들아, 네가 어떻게 그처럼 빨리 잡았더냐?**』(20절) 하고 두 번째로 의심을 표명한다. 야곱은 "아버지의 하나님께서 내게 사냥감을 빨리 보내주셨답니다." 하고 또 거짓말을 한다. 이삭은 그래도 의심스러워 『**내 아들아 내게 좀 가까이 오너라. 네가 과연 내 아들 에서인지 아닌지를 만져 보리라.**』(21절)고 말하면서 극도의 의심을 나타낸다. 그가 야곱의 손을 만지면서도 여전히 의심을 늦추지 않는다. 『**목소리는 야곱의 목소리인데 손은 에서의 손이로다**』(22절). 그리고는 다시 한 번 더 『**네가 정말 내 아들 에서냐?**』(24절) 하고 묻는다. 그러고도 이삭은 속는다. 그리고 에서에게 해줄 축복을 야곱에게 해주고 만다. 이것은 물론 하나님의 섭리였지만, 이삭의 인간적 입장에서 보면 명백한 실수를 범하고 만 것이었다. 이삭은 『**의심하는 자**』의 입장이었으면서도 믿음으로 하지 않았기 때문에 실수를 범하고 말았던 것이다.

앞에서도 언급하였듯이 여기서 "정죄되었다"("is damned")는 말은 15절의 "망치다."("destroy")라는 단어와 마찬가지로 지옥에 떨어지는 영원한 정죄가 아니라 현세에서 어려움에 봉착하는 일시적인 정죄를 의미한다. 15절에서의 "망치다."라는 말은 그리스도인다운 삶을 파괴시킨다는 뜻이고 여기 23절에서의 『**정죄**』는 그리스도인다운 삶이 파괴됨으로써 현실적으로 환난에 직면하게 된다는 뜻이다. 이것은 『**주의 몸을 분별하지 못하고 합당치 않게 먹고 마시는 자는 자신의 저주를 먹고 마시는 것**』(고전 11:29)이라는 말씀에서의 『**저주**』("damnation")와 맥을 같이하는 말이다. 이 『**저주**』로 인하여 당신이 직면하게 되는 현실적인 환난은 『**이 때문에 너희 가운데 많은 사람이 약하고 병들었으며 상당수가 잠들었느니라.**』(고전 11:30)는 말씀에서 보듯이 질병과 죽음까지도 포함된다. 그러나 지옥 가는 것은 아니다. 디모데전서 4:16에서 『**네 자신과 교리에 주의하고 이 일들을 계속하라. 이것을 행함으로써 네 자신과 네 말을 듣는 사람들을 구원하리라.**』는 바울의 언급에서 『**구원**』이라는 말은 지옥으로부터 구원되어 하늘나라에 간다는 의미에서의 구원이 아니라 이 현세에서 당하는 『**저주**』로부터의 구원을 말한다. 이것은 앞서 13:2을 공부할 때 이미 설명했던 바다.

『**믿음으로 아니하는 모든 것이 죄니라.**』 이것은 하나의 규칙이다.

이런 우스갯소리가 있다. 목사가 놀음판에 앉아 있는 형제를 발견하고 그에게 말한다.

"형제님은 포커 놀음을 하는 것이 죄짓는 일인 줄을 모르오?"

그러자 그 사람이 대뜸 이렇게 대답한다.

"알고 말고요, 목사님! 그래서 나는 지금 그 죄에 대한 대가를 톡톡히 치르고 있는 걸요."

그 사람은 포커 판에서 계속 돈을 잃고 있는 중이다. 나쁜 짓을 하고 있으면서 그게 나쁜 짓이란 걸 알고 있고 그 죄의 대가를 치르고 있으니 괜찮지 않느냐고 억지를 부리는 것이었다.

당신이 하고 있는 일이 죄인지 여부를 판단하는 기준은 아주 간단하다. 당신의 머리로 생각해 볼 때, 지금 하고 있는 일에 복을 달라고 하나님께 요청할 수 있는가? 이것이 기준이다. 당신이 하고 있는 일이 하나님의 영광을 위한 일인가? 그래서 하나님께서 당신에게 그 일을 하도록 허용하고 계신가? 당신이 하고 있는 일은 정녕 하나님의 말씀이 인정하고 있는 일인가? 그렇다면 그 일을 하라. 당신은 옳은 궤도를 달리고 있는 중이다. 다른 사람들이야 뭐라고 아우성을 치든 말든 상관하지 말라. 그러나 그 일을 복되게 하시고 은총을 내려 달라고 당신이 하나님께 요청할 수 없다면, 그 일은 무엇인가 잘못된 일이다. 이러할 때 당신은 그 일에서 손을 떼야 한다. 하나님께 영광을 돌린다는 것은 이처럼 알고 보면 아주 간단하다.

로마서 15장

15:1 그러므로 우리 강한 자들이 마땅히 연약한 자들의 약함을 담당하고 우리 자신을 기쁘게 하지 말아야 할 것이라.

2 우리 가운데 각 사람은 선을 위하여 자기 이웃을 기쁘게 하고 세워 주자.

3 그리스도께서도 자신을 기쁘게 하지 아니하셨으니 기록된 바 "주를 비방하는 자들의 비방이 내게 임하였나이다." 함과 같으니라.

『**그러므로 우리 강한 자들이 마땅히 연약한 자들의 약함을 담당하고 우리 자신을 기쁘게 하지 말아야 할 것이라**』(1절).

여기서 『**우리**』란 앞서 14장에서 언급한 원칙들에 입각하여 행동할 줄 아는 성숙한 그리스도인들을 말한다. 이러한 『**우리**』들은 언행에 있어 성경이 가르치는 바대로 갖가지 규범들에 따라 생각하고 말하고 행동하기 때문에 그리스도인으로서 성숙한 사람들이요, 따라서 『**강한 자들**』이다. 이런 그리스도인들은 성경 말씀에 입각하여 살아오는 동안 갖가지 많은 일들을 겪는 가운데 많은 훈련을 쌓았기 때문에 경험이 풍부하여 사물의 옳고 그름을 판단하는 분별력이 뛰어나고 자기 능력의 한계 내에서 자기가 능히 할 수 있는 것과 할 수 없는 것을 가릴 줄 알기에 자기 분수를 지키며 경거망동하지 않는 사람들이다. 이런 사람들이 바로 그리스도인으로서 『**강한 자들**』에 속한다.

이런 『**강한 자들**』에 대하여 그리스도인으로서 『**연약한 자들**』은 어떤 사람들을 말하는 것일까? 처음 구원받은 사람이 하나님의 말씀 가운데 들어와 말씀을 듣고 읽고 공부하기 시작하면서 맨 처음 인식하게 되는 것이 무엇인가? 그것은 세상이 온통 죄로 더럽혀져 있다는 사실이다. 그리고 세상뿐만 아니라 구원받은 자기 자신 속에도 여전히 죄가 도사리고 있다는 사실이다. 세상은 온통 마귀들이 우글거리는 곳으로 그의 눈에 비쳐지는 것이다. 물론 이것은 잘못 생각한 게 아니다. 그는 처음 구원받고 나서 성경 말씀을 통하여 세상에 대하여 정확하게 배워가고 있는 중이다. 세상은 죄악으로 가득 차 있는 게 사실이다. 그리하여 구원받은 자기도 자칫하다가는 다시 죄의 수렁 속에 빠져 허우적거리게 되지나 않을까 걱정하게 된다. 그는 삶의 주변에서 일어나는 온갖 악한 일들에 연루되고 세상 사람들이 자기를 건드려서 자신의 양심을 더럽히도록 하지나 않을까 잔뜩 긴장한 나머지 양심을 더럽힐 만한 일들에 맞서 싸워 극도로 경건해지고자 애를 쓰게 된다. 여기까지는 아무 문제가 없다. 그러나 여기서부터 문제가 생긴다. 이 사람 눈에는 세상이 온통 썩어빠지고 다른 사람들은 모두 더럽다고 여기는 반면 언제부터인가 오직 자기만은 깨끗하다고 여기기 시작하게 된다. 요컨대 이 사람은 자기도 모르는 사이에 바리새인다운 특성을 나타내기 시작하는 것이다. 처음 구원받았을 때는 세상 사람들뿐만 아니라 자신 속에도 여전히 죄가 도사리고 있다는 것을 인식하고 있던 사람이 어느새 자신의 죄는 눈에 띄지 않고 다른 사람의 허물만 눈에 들어오는 것이다. 다른 사람의 허물만 눈에 들어오는 것이 아니라 이 사람은 어느덧 다른 사람을 판단하고 비난하기 시작한다. 전형적인 바리새인으로 변모해 있는 것이다. 이 사람은 구원받은 지도 얼마 안 되어 어느새 문제를 일으키고 있는 것이다. 남의 눈에 경건해 보이는 어느 목사가 『**모든 육체는 풀과 같고 사람의 모든 영광은 풀의 꽃과 같으며...**』(벧전 1:24)라는 말씀을 인용하며 설교를 했더니 한 형제가 그 목사더러 "참으로 옳으신 말씀입니다. 그러나 이 말씀은 이 말씀을 인용하신 목사님에게도 해당되는 진리지요." 하고 한마디 충고를 하더란다. 당신이 다른 사람에게 "모든 육체는 풀과 같이 허무하지요. 인생의 영광 또한 풀의 꽃과 같이 무상하답니다."라고 말할 때, 이것은 분명 성경이 말씀하는 진리지만, 이 진리는 다른 사람들뿐만 아니라 당신 자신의 모습도 비쳐보아야 하는 진리의 거울이란 것을 알고 있어야 한다. 구원받고 처음 성경을 읽을 때마다 말씀들이 계시하고 있는 진리 앞에서 자신의 모습을 비쳐보고 자신 속에 숨겨져 있는 죄악들을 들춰내 그것들을 하나하나 벗겨내면서 "오, 주님! 주님을 찬양합니다. 주님을 찬양합니다.!" 하고 외치며 말씀에서 얻는 기쁨을 느낄 때마다 "오, 주님, 주님을 찬양합니다!" 하고 외쳐대기를 한참 거듭하는 것까지는 좋은데, 그러다가 어느새 자기는 완전히 깨끗하고 거룩하게 되었다고 여겨지는 반면, 다른 사람들은 전혀 그렇지 못하다는 자만에 빠진다면 이것은 큰일이다. 이런 사람은 자기 자신은 돌아보지 않고 다른 사람들만 생각하고 그들이 어떻게 해야 하는지 골똘히 생각하면서 방안을 혼자 거닐고 있다가 다른 사람이 들어와 "아, 묵상하고 계셨군요. 참 경건도 하셔라!" 하고 칭찬해 주기를 은근히 바라게 된다. 그렇다고 해서 그런 칭찬을 호의로 받아들이는 것도 아니다. 이 사람은 도리어 화를 벌컥 내면서 "그런 정신 나간 소리하려면 다시는 오지도 마시오!" 하고 고함쳐 쫓아버린다. 이것이 바로 바리새적 위선이라는 것이다. 그리스도인으로 갓 거듭난 사람이 이처럼 바리새적 특성을 띠게 되면 세상 사람들은 모두 죄로 얼룩져 더럽고 허물 덩어리로 보이고 오로지 자기만 깨끗하고 거룩하게 성별되어 있다고 스스로 생각한 나머지 나중에는 심지어 자기 자녀들이나 아내까지도 백안시하고 사람 취급을 하지도 않는 아주 괴상한 사람으로 변모하는 수도 없지 않다. 이런 사람은 그리스도인들 안에서도 자기만 주님과 함께 있고 자기만 온전히 주님께 헌신되어 있으며 자기만 성령 충만하다고 여기게 되는 것이다. 이렇게 되면 자기와 조금이라도 다르게 말하고 행동하는 모든 사람들이 다 죄를 짓고 있는 것으로 오산한다. 이런 사람은 오산만 하는 것으로 그치는 게 아니라 다른 그리스도인 형제들에 대한 판단과 정죄를 일삼으며 시간을 보내게 된다. 이런 사람이 동료 그리스도인들 사이에서 걸핏하면 문제를 일으키고 부질없는 분쟁을 유발하게 되는 것은 당연하다. 그래서 이런 사람은 그리스도인들 사이에서 아주 위험한 존재로 전락하고 만다.

『**연약한 자들**』이란 이런 그리스도인들을 두고 하는 말이다. 구원받고 갓 거듭난 당신이 이런 위험한 존재로 전락하지 않으려면 다른 사람들을 보지 말고 항상 당신 자신을 돌아보는 훈련을 쌓아야 한다. 다른 사람들이 어떤 행동을 했을 때 그것을 보고 판단하는 데 시간을 쓰지 말고 그 일에 대하여 당신 자신이 어떻게 반응하고 있는가를 스스로 관찰하고 이러저러할 때 당신이 어떻게 반응하고 대처하는 것이 온당한가를 생각하는 데 시간을 쓰라는 말이다. 아무리 갓 거듭난 그리스도인이라 할지라도 당신은 그리스도인이 다른 사람에 대하여 어떻게 반응해야 마땅한가를 어느 정도는 알고 있을 것이다. 당신이 설사 이것을 모른다 할지라도 서두를 필요는 없다. 서둘지 말고 충분히 성숙할 때까지 시간을 갖고 인내하며 훈련을 쌓는 것이 잘하는 일이다. 이것은 단 5분 만에 되는 것도 아니고 닷새 만에 되는 일도 아니며 다섯 주일이면 충분한 것도 아니다. 그러니까 시간을 갖고 느긋하게 스스로를 단련하도록 노력해야 한다. 당신은 당신의 지난날을 생각해서라도 다른 사람들의 마땅치 않은 언행을 문제 삼지 말고 대수롭지 않게 여길 줄 아는 관대함을 배워야 한다. 그리고 틈나는 대로 당신 자신을 돌아보고 자신의 균형을 바르게 유지하는 법을 배우며 훈련을 쌓아야 한다. 이렇게 하려면 무엇보다도 자신이 아직은 젖을 빠는 아기에 지나지 않는다는 것을 스스로 인식해야 한다. 당신이 아직은 젖먹이 아기인지라 양심이 연약한 상태에 있다는 것을 겸손히 유의하고, 성경을 열심히 읽는 가운데 다른 성숙한 그리스도인 형제들로부터 성경 말씀의 기초 원리들을 배우려고 노력해야하며, 그 말씀으로 자신의 감정을 다스리는 법을 터득해 나가야 한다. 이것은 당신 스스로가 해나가야지 다른 사람이 가르쳐 주어서 되는 일이 아니다. 이것은 나도 당신에게 가르쳐줄 수가 없다. 이것은 내가 가르쳐준다고 해서 되는 일도 아니다. 이것은 당신 스스로가 말씀을 통해서, 그리고 자기 단련을 통해서 스스로 터득해야만 한다. 성경 말씀의 기초 원리들이라면 나는 당신에게 무엇인가를 가르쳐줄 수가 있을지도 모른다. 그러나 그 기초 원리에 따라 선악을 분별하는 능력을 길러 당신의 양심을 강화하는 일까지 내가 담당할 수는 없다. 이것은 당신 자신의 몫이지 결코 내 몫이 아니다. 히브리서 5장에서 성경은 당신에게 다음과 같이 충고한다.

『**그 때로 보면 너희가 마땅히 선생들이 되었어야 할 터인데 이제 다시 하나님의 말씀의 기초 원리들이 무엇인지를 누군가가 너희에게 가르쳐 주어야 하니, 젖이 필요한 사람들이지 단단한 음식을 필요로 하는 사람들은 되지 못하는도다. 젖을 사용하는 자는 누구나 의의 말씀에 능숙하지 못하나니, 이는 그가 아기이기 때문이요 단단한 음식은 장성한 사람들의 것이니, 그들은** *그 말씀을* **사용함으로 감각들을 단련하여 선악을 분별하는 사람들이라**』(히 5:12-14). 당신은 구원받은 지 얼마 안 되는 젖먹이 그리스도인인가? 그렇다면 당신은 아직 『**의의 말씀에 능숙하지**』 못하다는 것을 인식하고 겸손해야 한다.

『**우리**』가 만약 그리스도인으로서 많은 경험을 쌓고 그리스도인다운 삶의 훈련을 많이 쌓아 『**말씀을 사용함으로 감각들을 단련하여 선악을 분별하는 사람들**』, 요컨대 그리스도인으로서 『**강한 자들**』이 되었다고 할 때, 우리는 아직 그렇지 못한 형제들의 『**약함**』을 『**담당**』("bear")해야 한다고 여기 1절은 말씀한다. 연약한 사람들의 약함을 담당한다는 것은 무엇보다도 그들의 미숙함을 비난하지 말고 관대하게 용납할 줄 알아야 한다는 뜻이고, 그 다음에는 성숙한 태도로 그들에게 대함으로써 그들도 『**강한 자들**』의 대열에 끼일 수 있을 때까지 말씀으로 잘 양육해야 한다는 뜻이다.

『**우리 가운데 각 사람은 선을 위하여 자기 이웃을 기쁘게 하고 세워 주자**』(2절).

갈라디아서 1:10에서 『**내가 아직도 사람들을 기쁘게 하려고 한다면 나는 그리스도의 종이 아니니라.**』고 말하고 있는 바울이 여기 로마서 15:2에서는 『**자기 이웃을 기쁘게 하고 세워 주자.**』고 말한다. 이것을 피상적으로만 본다면 상반되는 이야기로 들리겠지만, 문제는 『**사람들을 기쁘게**』 하지 말아야 하는 곳에서 어떻게 하는 것이 사람들을 기쁘게 하는 것이고, 『**자기 이웃을 기쁘게**』 해주어야 하는 곳에서는 사람들을 기쁘게 해주지 않는 것이 어떤 것이냐 하는 것을 분간할 줄 아느냐 하는 것이다. 그 해답은 이들 구절이 들어 있는 문맥 속에서 찾아야 한다. 갈라디아서 1장에서 바울이 사람들을 기쁘게 하려고 하지 않는다고 한 말은 자기가 전한 복음이 사람들을 따른 것이 아니라는 내용을 담고 있는 문맥에서 하고 있는 언급이다. 『**나는 그것을 사람에게서 받지도 않았고 배우지도 않았으며 오직 예수 그리스도의 계시를 통하여 된 것이라.**』(갈 1:12)고 말하고 있는 바울은 자기가 복음을 사람에게서 받은 게 아니라 예수 그리스도의 계시를 통하여 받았기 때문에 자기가 이 복음을 전하는 것은 사람들을 기쁘게 하려는 목적에서가 아님을 밝히고 있다. 그는 사람을 기쁘게 하려는 것이 아니라 하나님을 기쁘시게 하려고 복음을 전했던 것이다.

그러나 여기 로마서 15장은 당신이 다른 그리스도인에 대해 개인적으로 어떤 태도를 견지해야 할 것인가를 다루고 있는 문맥이다. 따라서 여기서는 당신이 자신의 믿음을 버리고 옳지 않은 것과 타협하지 않는 한 당신 자신을 낮추고 다른 그리스도인 형제들을 세워 주며 『**자기 이웃을 기쁘게**』 하여 그리스도 안에서 의좋게 지내야 한다는 말은 갈라디아서 1장에서의 언급과 조금도 상반되지 않는다. 특히 다른 그리스도인 형제가 아직은 양심이 연약한 상태에 머무르고 있어 당신이 하고 있는 일들에 대해 옳고 그름을 제대로 분별할 줄 몰라 때로는 자신의 양심에 반하여 무조건 당신을 추종한다든지, 반대로 자신만이 옳고 당신은 잘못되었다고 함부로 판단하는 『**연약한 자들**』의 특징적인 『**약함**』을 드러내고 있을 때, 그를 성나게 하고 더욱 연약하게 함으로써 결국 『**넘어지게**』(롬 14:21) 해서는 안될 일이다.

이러한 사례들은 하도 많아서 그것들을 일일이 열거할 수 없을 정도지만, 가령, 미국의 남부지방 사람들 사이에서 흔히 제기되듯이 일요일에는 반드시 교회에 가야하느냐, 아니면 형편대로 하는 게 좋으냐 하는 문제라든가, 그리스도인이라면 담배를 피워서는 안 된다든지 깨끗한 양심만 갖고 있다면 담배를 피우는 것쯤은 문제 될 게 없지 않느냐는 등의 문제들이 그런 사례들이다. 남부 사람들이 이러할 경우 『**자기 이웃을 기쁘게**』 하기 위하여 서로 어떻게들 처신하고 있는지 나는 잘 모르지만, 어쨌든 사소한 문제로 다른 사람들의 일에 간섭하거나 사소한 일을 놓고 무슨 큰일이나 되는 것처럼 뒤에서 쑥덕거린다든지, 이것이 확대되어 나중에는 서로 삿대질까지 하는 등과 같은 큰일로 번지는 예는 우리가 얼마든지 주위에서 보고 있는 일들이다. 이것은 마치 물 마시는 데에도 규칙을 정해놓고 병째로 입에 대고 마시지 말고 반드시 컵에 따라 마셔야 한다는 등 하면서 시비를 거는 것처럼 부질없는 일이다. 물 마시고 싶은 사람이 물을 마시는 데 무슨 잘잘못이 있을 수 있단 말인가? 물병을 입에 대고 먹은들 그것이 뭐 그리 큰 잘못이란 말인가? 컵이 없으면 물병을 입에 대고 마시는 것은 누구라도 하는 일이 아닌가? 여기에 무슨 규칙이 필요하단 말인가? 그리스도인이 술을 마시는 것이라면 눈살 찌푸릴 일이긴 하지만, 술을 잔에 따라 마시면 괜찮고 병째 입에 대고 마시면 안 괜찮단 말인가? 여기에 차이가 있단 말인가? 여기에 무슨 규칙 따위가 있는 것도 아니지 않는가? 문제는 어떤 그리스도인들이 사소한 일을 대수롭지 않게 여길 줄 아는 대범함과 관대함을 결핍하고 있다는 사실이 아닌가?

『그리스도께서도 자신을 기쁘게 하지 아니하셨으니 기록된 바 "주를 비방하는 자들의 비방이 내게 임하였나이다." 함과 같으니라』(3절).

예수 그리스도께서 지상에 와 계시는 동안 그분은 늘 다른 사람에게 양보하는 삶을 사셨다. 그분께서는 지상에서의 생애동안 철두철미 아버지 하나님의 뜻에 따라 사셨기 때문에 한 번도 자신의 뜻에 따라 『**자신을 기쁘게**』 하실 수 있는 여지가 없으셨다. 온전히 하나님 아버지의 뜻에 따라 사셨던 그분의 삶 자체가 사실은 그분 자신의 삶이 아니었다. 그분께서는 아버지께로부터 오셨고 아버지를 위하여 일하셨으며 아버지께로 가기 위해 사셨다. 그분께서는 자신의 삶을 사신 것이 아니었다. 그런즉, 그분의 삶은 『**자신을 기쁘게**』 하는 일과는 애당초 거리가 먼 삶일 수밖에 없었다.

『**주를 비방하는 자들의 비방이 내게 임하였나이다.**』라는 말씀은 시편 69:9을 인용한 것으로 아버지 하나님을 비방하는 자들의 비방이 예수 그리스도께 임하였다는 뜻이다. 예수 그리스도께서는 하나님을 기쁘시게 하는 일의 모범을 보이시는 가운데 하나님을 대표하여 이 땅에 오셨기 때문에 하나님을 비방하는 자들의 비방이 예수 그리스도께로 향했던 것이다. 그리스도께서는 『**나는 아무것도 스스로 할 수 없노라. 나는 듣는 대로 심판하노라. 또 나의 심판이 의로운 것은 내가 나의 뜻을 구하지 아니하고 나를 보내신 아버지의 뜻을 구하기 때문이라.**』(요 5:30)고 말씀하셨다. 그분께서는 십자가 처형을 눈앞에 두시고도 이렇게 기도하셨다. 『**내 뜻대로 하지 마옵시고 아버지의 뜻대로 하옵소서**』(눅 22:42). 주 하나님을 기쁘시게 해드리기 위해 무엇 한 가지라도 자기 뜻대로 하지 않으시고 아버지 하나님의 뜻대로 하셨던 예수 그리스도와 마찬가지로 당신도 주님을 기쁘시게 하기 위해 당신의 뜻대로 살지 않고 주님의 뜻에 따라 살 때, 당신도 『**주를 비방하는 자들의 비방이 내게 임하였나이다.**』 하고 주님께 하소연하지 않을 수 없게 될 것이다. 당신이 하나님을 기쁘시게 하기 위해 하나님의 뜻대로 살 때, 이런 당신을 보고 세상 사람들은 하나님을 비방하던 자신들의 비방을 당신에게로 돌리기 마련이다. 그들에게는 하나님은 멀리 있고 당신은 아주 가깝게 있는지라 비방의 화살을 당신에게 돌리는 것이 손쉬운 것이다.

세상 사람들은 누구보다도 특히 하나님의 말씀 편에 서서 하나님의 말씀을 수호하고 있는 당신을 보고 화를 내고 욕설을 퍼부으며 비방의 화살을 집중적으로 퍼부어 온다. 그들은 무엇보다도 하나님의 말씀에 동의하지 않을 뿐만 아니라 말씀이라면 적개심마저 갖고 있기 때문에 하나님의 말씀 편에 서 있는 당신을 하나님의 대변자로 간주하고 당신에게 대들고 하나님의 말씀을 지키고자 하는 당신에 대하여 적개심에 불타 공격해 오는 것은 당연하다. 이 때 당신은 "주의 말씀을 비방하는 자들의 비방이 나에게 임하였나이다." 하고 하나님께 하소연하지 않을 수가 없게 될 것이다.

15:4 무엇이든지 전에 기록된 것은 우리의 교훈을 위하여 기록된 것이니 이는 성경이 주는 인내와 위로로써 소망을 지니게 하려 함이니라.

5 이제 인내와 위로의 하나님께서 너희에게 그리스도 예수를 따라서 서로 같은 생각을 갖게 하사

6 한 생각과 한 입으로 하나님, 곧 우리 주 예수 그리스도의 아버지께 영광을 돌리게 하시길 원하노라.

7 그러므로 그리스도께서도 하나님의 영광에 이르도록 우리를 받아들이신 것같이 너희도 서로를 받아들이라.

『**무엇이든지 전에 기록된 것은 우리의 교훈을 위하여 기록된 것이니 이는 성경이 주는 인내와 위로로써 소망을 지니게 하려 함이니라**』(4절).

3절에서 시편 69:9을 인용한 직후 바울은 여기 4절에서 『**무엇이든지 전에 기록된 것은 우리의 교훈을 위하여 기록된 것이니...**』라고 기술한다. 여기서 『**전에 기록된 것**』("things... written aforetime")이란 두말할 것도 없이 구약을 말한다. 여기에 밑줄을 그어두고 암송해 두도록 하라. 당신이 성경 말씀을 올바로 나눌 줄 아는 그리스도인이라고 해서 성경을 쪼개어 칼로 벤 듯이 획을 그어 바울 서신서에만 매달려 있을 수 없는 이유가 여기에 설명되고 있다. 『**무엇이든지 전에 기록된 것은 우리의 교훈을 위하여 기록된 것**』이라고 이 구절은 말씀한다. 다시 말해서, 구약은 다른 누구도 아닌 바로 당신이 배우라고 기록된 것이다. 신약 시대에 사는 그리스도인, 바로 당신 말이다.

뿐만 아니라 구약은 당신에게 본보기를 보여주고 무엇인가 권면하기 위해 기록되었다고 성경은 말씀한다. 고린도전서 10:11을 보라. 『**이제 그들에게 일어난 이 모든 일이 본보기가 되고 또 세상의 끝날들을 당한 우리에게 권면으로 기록되었느니라.**』 구약은 또 당신에게 위로를 주기 위해 기록되었다. 『**이는 성경이 주는 인내와 위로로써 소망을 지니게 하려 함이니라.**』고 여기 로마서 15:4은 또 말씀한다. 이처럼 구약은 그리스도인인 당신에게 『**교훈**』과 『**본보기**』, 그리고 『**인내**』와 『**권면**』과 『**위로**』를 통하여 『**소망을 지니게**』 하기 위해 기록되었음을 잊지 말라.

바울이 시편의 한 구절을 인용한 다음에 이런 말을 하고 있다는 것은 당신이 시편을 처음부터 끝까지 읽고 공부한 뒤 거기에 기술된 모든 내용들을 당신 자신에게 적용시킬 때 당신이 하나님의 말씀에 순종한 것임을 뜻한다. 구약은 당신에게 교훈이 되고 또 위로가 되라고 기록된 것인즉, 당신은 그 교훈과 위로로 말미암아 인내할 수 있게 되고 그 결과 소망을 지닐 수 있게 된다. 당신이 시편을 읽는 데에 많은 시간을 할애하는 까닭이 여기에 있고, 이것은 하나님의 말씀에 순종하는 일이다. 그리스도의 몸의 신비라든가 성령으로 하나 됨의 신비 같은 교리적인 것들을 배우기 위해서라면 에베소서라든가 갈라디아서 같은 서신서들을 읽어야 하겠지만, 이런 교리들을 완전히 이해하지 못했더라도 당신은 시편을 읽어야 하고 이런 교리들을 더 잘 이해하기 위해서라도 당신은 시편을 읽어야 한다. 시편은 "솔터리," 즉 "노래 책"이다. 시편에 수록되어 있는 내용들은 대부분 기도로 이루어진 찬송가들이다. 당신은 시편을 읽으면서 자동적으로 하나님께 기도를 드릴 수 있고 자동적으로 하나님께 찬양을 드릴 수 있게 된다. 이런 점에서도 당신이 시편을 읽는 데에 시간을 할애하는 것은 아주 잘하는 일이다.

『**이제 인내와 위로의 하나님께서 너희에게 그리스도 예수를 따라서 서로 같은 생각을 갖게 하사**』(5절).

앞서 14장에서 언급된 내용들이나 그에 이어 15장 서두에 언급된 말씀들처럼 그리스도인들이 서로를 위하고 서로를 세워 주며 우의를 두텁게 해야 하는 것은 예수 그리스도께서 그러하셨듯이 그리스도인 형제들이 분열하지 않고 『**서로 같은 생각**』으로 한 몸을 이루기 위함이다. 그리스도인들이 『**서로 같은 생각**』을 갖는 것은 예수 그리스도를 따르는 아름다운 일이다.

『**한 생각과 한 입으로 하나님, 곧 우리 주 예수 그리스도의 아버지께 영광을 돌리게 하시길 원하노라**』(6절).

모든 그리스도인들이 생각을 같이하고 한 입으로 같은 말을 하여 하나님께 영광을 돌릴 수 있도록 하나님께서 역사해 주시기를 바울은 소원하고 기도한다. 그러나 내가 알기로는 바울의 이러한 기도는 아직 이루어지지 않았다. 바울은 여기서 로마에 있는 그리스도인들이 "의심스러운 일들"을 놓고 이러쿵저러쿵 논쟁하는 가운데 분열하지 말고 『**한 생각과 한 입**』을 갖게 되기를 바랐고, 어떻게 행동하는 것이 합당하고 어떻게 행동하는 것이 합당치 않은가에 대해서도 『**한 생각과 한 입**』을 갖게 되기를 소원했다. 갈기갈기 찢어져 있는 현재의 기독교계를 생각해볼 때 바울의 이런 바람은 실로 원대한 희망이었던 셈이다. 오늘날 기독교계는 사소한 일들을 쟁점으로 삼고 심각하게 대립하고 분열되어 있기 때문에 애석하게도 바울의 소원이 성취되기란 불가능해 보인다.

『**그러므로 그리스도께서도 하나님의 영광에 이르도록 우리를 받아들이신 것같이 너희도 서로를 받아들이라**』(7절).

이 구절은 『**믿음이 연약한 자를 너희가 받아들이되 의심스러운 쟁점을 피하라.**』는 말씀으로 시작되고 있는 14장의 내용과 맥을 같이 하면서 『**서로를 받아들이라.**』고 권고한다. 이 말은, 어떤 그리스도인이 고기를 먹으므로 버림받은 바 되었다든지, 토요일에 교회에 가지 않으므로 버림받은 바 되었다든지, 크리스마스를 지키지 않으므로 버림받은 바 되었다든지, 부활절을 지키지 않으므로 버림받은 바 되었든지 하면서 서로를 비방하고 배척하지 말고 『**그리스도께서도... 우리를 받아들이신 것같이**』 그리스도인 형제들이 그리스도 안에서 서로 용납하고 품에 안으라는 뜻이다. 당신이 정말로 구원받고 거듭난 사람이라면 다른 것은 몰라도 그리스도께서 당신을 받아들이셨다는 것만은 틀림없이 확신하고 있을 것이다. 그리고 또, 다른 것은 몰라도 당신이 정말로 받아들여질 만해서 그리스도께 받아들여진 게 아니라는 것도 분명히 알고 있을 것이다. 당신이나 나나 어디 받아들여질 만한 자격이 있어서 그분께 받아들여진 것은 아니지 않는가? 당신은 단지 그분을 믿었을 뿐 그 외에는 어떤 점에서도 받아들여질 수 있는 조건을 갖추지 못했었다. 그런데도 그리스도께서는 당신의 믿음만을 보시고 당신을 받아들이시고 『**하나님의 영광에 이르도록**』 해주셨다. 그런즉, 이것을 생각해서라도 당신은 다른 형제들을 용납하고 받아들여야 한다고 바울은 권고하고 있는 것이다.

15:8 이제 내가 말하노니 예수 그리스도께서는 하나님의 **진리를 위하여**

할례의 일꾼이 되셨으니 이는 조상들에게 주신 약속들을 확고히 하시고

9 이방인들로 하여금 하나님의 자비하심을 인하여 그분께 영광을 돌리게 하려 하심이니 기록된 바 "이로 인하여 내가 이방인들 가운데서 주께 고백하고 주의 이름을 찬송하리이다."라고 함과 같으니라.

10 또다시 말하되 "너희 이방인들아, 그분의 백성과 함께 즐거워하라." 하였으며

11 또다시 "너희 모든 이방인들아, 주를 찬양하라. 너희 모든 백성들아, 그분을 찬양하라." 하였느니라.

12 또다시 이사야가 말하기를 "이새의 뿌리 곧 이방인들을 다스리기 위하여 일어나시는 이가 있으리니 이방인들이 그를 신뢰하리라."고 하였느니라.

13 이제 소망의 하나님께서 너희를 모든 기쁨과 평강으로 믿음 안에서 충만케 하시어 성령의 능력으로 소망이 넘치게 하시기를 원하노라.

『**이제 내가 말하노니 예수 그리스도께서는 하나님의 진리를 위하여 할례의 일꾼이 되셨으니 이는 조상들에게 주신 약속들을 확고히 하시고**』(8절).

바울은 여기 8절에서 말머리를 돌려 예수 그리스도의 사역에 대해서 언급하기 시작한다. 예수 그리스도께서 『**할례의 일꾼**』이 되셨다는 사실은 반드시 알아두어야 할 매우 중요한 사실이다. 이것은 마태, 마가, 누가, 요한복음이 기본적으로는 유대인들을 위한 그리스도의 사역을 기록한 책들임을 시사한다. 그러나 그렇다고 해서 이들 복음서들이 유대인들만을 제한적으로 다룬 것이냐 하면 결코 그렇지 않다는 것을 우리는 또 다음 9절을 통해서 알 수 있다. 이것은 벌링거, 베이커, 스탬, 오헤어 등 극단적 세대주의자들이 당신에게 잘못 가르쳤음을 명백하게 입증한다. 하나님께서 유대인에게 주신 약속들을 확고히 하시고자 예수 그리스도께서 『**할례의 일꾼**』이 되셨다고 8절에서 언급하고 있는 바울은 다음 9절에서 또 『**이방인들로 하여금 하나님의 자비하심을 인하여 그분께 영광을 돌리게 하려 하심**』이라고 분명히 언급하고 있기 때문이다. 바울은 이어서 다음 10절에서 『**"너희 이방인들아, 그분의 백성과 함께 즐거워하라."**』는 신명기 32:43을 인용하고 있다. 신명기 32:43은 이방인들을 향하여 하나님의 백성인 "유대인들과 함께" 즐거워하라고 촉구한다.

『**이방인들로 하여금 하나님의 자비하심을 인하여 그분께 영광을 돌리게 하려 하심이니 기록된 바 "이로 인하여 내가 이방인들 가운데서 주께 고백하고 주의 이름을 찬송하리이다."라고 함과 같으니라**』(9절).

바울은 이 구절에서 또 시편 18:49을 인용한다. 이 구절은 교리적으로는 재림 관련 구절이다. 『**내가 주의 이름을 내 형제들에게 선포하고 교회 가운데서 주를 찬송하리이다.**』(히 2:12)라고 하시던 그리스도께서 시편 18:49에서는 『**이방 가운데**』 주의 이름을 찬송하고 계신다. 그래서 이 구절은 교리적으로 재림에 관련된다. 그러나 바울은 이 구절을 여기서 인용하여 교회시대에 영적으로 적용하고 있다. 이 역시 구약의 성경 구절을 칼로 벤 듯이 획을 긋는 극단적 세대주의자들과는 다른 자세다.

『**또다시 말하되 "너희 이방인들아, 그분의 백성과 함께 즐거워하라." 하였으며**』(10절).

앞서 언급하였듯이 바울은 여기서 신명기 32:43을 또 인용하여 자유자재로 교회시대에 영적으로 적용하기를 주저하지 않는다.

『또다시 "너희 모든 이방인들아, 주를 찬양하라. 너희 모든 백성들아, 그분을 찬양하라." 하였느니라』(11절).

바울은 9절, 10절에 이어 여기서 또 시편 117:1을 제시하며 유대인뿐만 아니라 『**모든 민족들**』, 『**모든 백성들**』을 향하여 『**주를 찬양하라.**』고 촉구하고 있는 구약의 말씀을 인용한다.

『또다시 이사야가 말하기를 "이새의 뿌리 곧 이방인들을 다스리기 위하여 일어나시는 이가 있으리니 이방인들이 그를 신뢰하리라."고 하였느니라』(12절). 바울은 신명기와 시편에서뿐만 아니라 이사야 11:1,10을 또 인용하고 있다. 『**이새의 줄기에서 한 막대기가 나오며 그의 뿌리들에서 한 가지가 자랄 것이라**』(사 11:1). 『**그 날에 이새에게서 한 뿌리가 있어 백성의 깃발로 서리니 이방인들이 그것을 찾을 것이며 그의 머무는 자리가 영화로우리라**』(사 11:10).

이러한 모든 말씀들로 미루어 예수 그리스도의 사역은 비단 이스라엘에만 국한된 것이 아님이 명백하게 입증된다. 예컨대, 요한복음 12장에 보면 명절에 경배하러 온 사람들 중에 헬라인들도 섞여 있었고 그들이 빌립에게 청하여 말하기를 『**"선생님, 우리가 예수를 뵙고자 하나이다."**』라고 말한다. 빌립이 안드레와 함께 이를 예수님께 고하자 주님께서는 『**인자가 영광받을 시간이 왔도다. 진실로 진실로 내가 너희에게 말하노니, 한 알의 밀이 땅에 떨어져 죽지 아니하면 한 알 그대로 남아 있지만 죽으면 많은 열매를 맺느니라.**』고 말씀하신다(요 12:20-23). 또 다른 예로 마태복음 15장에 보면, 카나안 여인이 주님께 찾아와 병든 딸을 고쳐 달라고 부르짖자 『**"나는 이스라엘 집의 잃어버린 양 외에는 보냄을 받지 아니하였노라... 자녀들의 빵을 가져다가 개들에게 던져 주는 것이 옳지 않도다."**』고 하시면서 거절하신다. 주님께서는 그 여인이 유대인이 아니기 때문에 상대하실 수 없다는 것이었다. 이때 카나안 여인은 개들도 주인의 식탁에서 떨어지는 부스러기를 먹지 않느냐면서 비록 자기가 유대인이 아닌 이방인인지라 주님의 사역의 주 대상은 아닐지언정 유대인 주변에서 부수적인 대상은 될 수 있지 않겠느냐면서 주님께 간청하기를 계속한다. 그러자 주님께서는 『**네 믿음이 크도다. 네가 바라는 대로 될지어다.**』 하고 그 여인의 간청을 들어주시는 장면이 나온다(마 15:21-28). 이러한 사례에서 보듯이 주님께서는 비록 『**할례의 일꾼**』으로 오셨지만, 베이커나 벌링거, 스탬, 오헤어 등이 주장한 것처럼 그 사역의 시혜를 유대인에게만 엄격히 국한시킴으로써 하나님의 경륜의 세대적 구분을 칼로 벤 듯이 구획을 그어놓으셨던 것은 결코 아니었다. 따라서 성경 말씀을 하나님의 경륜에 따라 시대별로 나누어 적용 세대를 구분하는 것은 좋은 일이지만 그렇다고 해서 이처럼 인위적으로 구획을 딱 그어놓고 그 적용 한계를 제한하는 것은 옳지 않은 일이다. 당신은 지구상에 살았던 가장 위대한 선교사들 중 한 사람이었던 존 페이튼 이야기를 들었을 것이다. 원주민들이 날만 새면 벌거벗고 카니발을 즐기는 남태평양 뉴헤브리디스 섬에 가서 복음을 전하던 그는 몇 년 지나지 않아 아내를 잃고 또 몇 년 지나지 않아 자녀들까지 모두 잃고 또 그로부터 2년이 지나자 갖고 있던 성경마저 불에 태워지는 수난을 겪었다. 그가 그 섬을 떠나 나왔을 때 그에게는 한 사람의 가족도 없는 혈혈단신이었고 성경도 없는 빈손뿐이었다. 그런 그가 3년 뒤 그 섬으로 되돌아가 죽을 때까지 30년 동안 복음을 전한 결과 그 섬의 주민들 중 성인으로서 그리스도인이 아닌 사람은 단 한 사람도 남아 있지 않았다. 그 섬에서는 더 이상 카니발 같은 이교도적 축제를 벌이지 않았고 벌거벗고 다니는 사람이 더 이상 없었으며 한 사람의 노예도 존재하지 않게 되었다. 섬 전체를 이처럼 변모시켜 놓았던 존 페이튼이 굳게 붙잡고 있던 성경 구절이 무엇이었는지 아는가? 『**내게 구하라.**

그러면 내가 너에게 이방을 네 유업으로, 땅의 맨 끝을 네 소유로 주리라.』는 시편 2:8 말씀이었다. 이 구절은 세대적 경륜으로 구분하자면 천년왕국 시대에 해당하는 말씀이다. 이것은 하나님께서 예수 그리스도께 천년왕국 통치를 약속하고 계신 말씀이다. 그러나 존 페이튼은 이 구절을 내세워 주님께 약속을 지키라고 완강하게 기도로 요구했고 주님께서는 그의 기도에 응답하셔서 한 섬 전체를 복음화시키는 데 성공을 거두도록 해주셨던 것이다.

다시 말하거니와, 8절 말씀처럼 『**예수 그리스도께서는 하나님의 진리를 위하여 할례의 일꾼이 되셨으니**』 이것은 할례의 백성 유대인의 조상, 즉 아브라함과 이삭과 야곱에게 주신 약속들을 확고히 하시기 위함인즉, 예수 그리스도께서 기본적으로는 유대인을 위한 사역자로 오셨다. 마태, 마가, 누가, 요한복음의 대부분이 교리적으로는 유대인에게 적용되는 이유가 여기에 있다. 그러나 우리는 여기서 아주 주의하지 않으면 안 된다. 유대 백성은 예수 그리스도를 거부했다. 유대인은 민족 단위로 볼 때 그리스도의 몸에 들어오기를 거부했다. 유대인은 그분의 "산 돌"이심을 인정하지 않았다. 이 결과 유대인은 마태복음 24장에서 언급되는 비극적인 사태를 피할 수 없게 되었다. 또한 9절 말씀처럼 이방인들을 위해서도 부수적으로 사역하심으로써 이방인들도 하나님께 영광을 돌릴 수 있도록 하셨던 것이다. 그런즉, 바울이 앞서 9절, 10절, 11절, 12절에서 인용했던 시편과 이사야의 구절들은 실제적, 교리적 관점에서는 천년왕국 시대 관련 구절들로서 재림하신 그리스도께서 예루살렘의 보좌에 앉아 통치하실 천년왕국 시대 동안 그리스도 앞으로 나아오게 될 이방인들에 대해 언급하고 있는 말씀들이다. 그러나 그리스도께서 『**하나님의 진리를 위하여 할례의 일꾼**』으로 지상에 초림하셨을 때 그 사역의 주 대상은 유대인들이었음에도 불구하고 이방인들을 위해서도 사역하셨듯이 바울이 천년왕국 시대에 관련되는 이들 구절들을 지금의 교회 시대에 적용하지 못할 이유가 없다. 가령, 12절에서 『**"이새의 뿌리 곧 이방인들을 다스리기 위하여 일어나시는 이가 있으리니..."**』라고 한 이사야 11:1의 인용구 역시 천년왕국 관련 구절이다. 그러나 이것이 천년왕국 관련 구절이라고 해서 『**이방인들이 그를 신뢰하리라.**』는 말씀이 지금 이 교회시대에 실현되기를 바울이 추구하지 못할 이유가 없고 따라서 그가 이 말씀을 교회시대의 그리스도의 몸에 적용하여 인용하지 못할 이유가 없다. 벌링거와 베이커, 스탬, 및 오헤어 등과 같은 극단적 세대주의자들은 바로 이 점을 이해하지 못했기 때문에 끝없는 혼란에 빠지고 말았던 것이다.

우리가 이 부분에서 궁극적으로 배우고자 하는 것은 극단적 세대주의자들의 오류가 아니라 구약을 교리적인 측면에서는 구약에 적용하고 천년왕국 관련 구절들을 교리적인 측면에서는 천년왕국 시대에 적용하더라도 영적인 측면에서는 얼마든지 교회시대에 적용할 수 있다는 사실이다. 구약의 교리적 적용과 영적 적용은 별개 문제다. 그렇지 않다면, 이 시대에 성경을 설교하면서 구약은 손도 대지 말아야 할 것이다. 교리적으로는 구약이 그리스도의 몸과 아무 상관이 없으니까 말이다. 그러나 사실상 이 시대의 많은 사람들이 구약을 설교한다. 사무엘하 19:10에 보면 『**이제 어찌하여 너희는 왕을 다시 모셔오는 일에 대해 한마디도 말하지 아니하느냐?**』는 언급이 나온다. 이 시대에 많은 설교자들이 이 구절을 본문으로 하여 "너희는 어찌하여 왕을 모셔오는 일에 대해 한마디도 말하지 않느냐?"고 외친다. 어찌하여 그리스도의 재림에 대해서는 한마디도 말하지 않느냐고 추궁하고 있는 것이다. 이 시대 너희 신학교들이여, 너희는 어찌하여 『**왕을 다시 모셔오는 일에 대해 한마디도 말하지 아니하느냐?**』 이 시대의 설교자들이여, 너희는 어찌하여 『**왕을 다시 모셔오는 일에 대해 한마디도 말하지 아니하느냐?**』 이 시대의 그리스도인들이여, 너희는 어찌하여 『**왕을 다시 모셔오는 일에 대해 한마디도 말하지 아니하느냐?**』 로마카톨릭의 교황이여, 너는 어찌하여 『**왕을 다시 모셔오는 일에 대해 한마디도 말하지 아니하느냐?**』 이 시대의 구원받지 못한 죄인들이여, 너희는 통치자를 요구하면서 어찌하여 『**왕을 다시 모셔오는 일에 대해 한마디도 말하지 아니하느냐?**』 성경대로 믿는 설교자들은 이렇게 외친다. 이들이 어째서 이 구절을 들먹거리는가? 이 구절은 예수 그리스도의 재림과는 아무 상관도 없는 말씀이다. 이 구절은 나룻배를 타고 요단강을 건너오고 있는 다윗에 관한 언급이다. 그런데 어찌하여 이 구절을 그리스도의 재림을 설교하는 데 사용하고 있단 말인가? 설마 이들이 성경 말씀을 올바로 나누지 못한 탓이라고 우겨대지는 못하리라.

『**이제 소망의 하나님께서 너희를 모든 기쁨과 평강으로 믿음 안에서 충만케 하시어 성령의 능력으로 소망이 넘치게 하시기를 원하노라**』(13절).

15장 서두에서 연약한 형제들을 보살피고 그리스도 안에서 선을 위하여 이웃 형제들을 기쁘게 하고 세워 주라고 로마의 이방인 그리스도인들에게 촉구하였던 바울은 『**우리의 교훈을 위하여 기록된**』(4절) 구약 말씀들을 인용하면서 그리스도께서 『**할례의 일꾼**』으로 오셨을 뿐만 아니라 『**이방인들로 하여금 하나님의 자비하심을 인하여 그분께 영광을 돌리게**』 하셨음을 분명히 환기시키고 나서 그들이 『**성령의 능력으로 소망이 넘치게**』 되기를 기원하고 있다.

15:14 나의 형제들아, 내가 너희에 관하여 내 스스로 확신하는 바는 너희도 선으로 충만하고 모든 지식으로 가득 차서 서로를 권고할

수 있으리라는 것이니라.
15 그러나 형제들아, 내가 너희에게 어떤 부분은 아주 담대하게 썼으
니 이는 하나님께서 내게 주신 은혜로 인하여 너희로 생각나게 하
려 함이라.
16 이는 나로 이방인들을 위한 예수 그리스도의 일꾼이 되게 하시어
하나님의 복음을 수행하게 하심으로써 이방인들을 제물로 드리는
일이 성령으로 거룩하게 되어 받으실 수 있도록 하심이라.

『**나의 형제들아, 내가 너희에 관하여 내 스스로 확신하는 바는 너희도 선으로 충만하고 모든 지식으로 가득 차서 서로를 권고할 수 있으리라는 것이니라**』(14절).

바울은 여기서 로마의 이방인 그리스도인 형제들이 서로를 세워 주고 기쁘게 해주는 등, 5,6,7절에서 당부한 것처럼 모든 점에서 잘 해나갈 것을 자기가 확신하고 있다고 말하면서 그들을 격려하며 등을 두드려주고 있다. 앞서 5,6,7절에서 바울은 하나님께서 그들로 하여금 『**그리스도 예수를 따라서 서로 같은 생각을 갖게**』 하시기를 기원했고 『**한 생각과 한 입으로**』 하나님께 영광을 돌리며 『**서로를 받아들이라.**』고 당부했었다. 그런 그가 여기서는 로마의 그리스도인들이 이를 위해 『**선으로 충만하고 모든 지식으로 가득 차서 서로를 권고할 수 있으리라**』는 것을 확신한다고 말함으로써 그들의 힘을 북돋아주고 있는 것이다. 이러한 확신이 있었기에 바울은 이들과 교제할 수 있는 기회를 갖고자 열망했고 로마에 방문하여 이들을 만나보고 자신이 이들로부터 새 힘을 얻을 수 있기를 고대하고 있었다. 『**또 내가 하나님의 뜻에 따라 기쁨으로 너희에게 나아가 너희와 더불어 새 힘을 얻도록 기도하라.**』고 바울은 32절에서 당부하고 있다.

『**그러나 형제들아, 내가 너희에게 어떤 부분은 아주 담대하게 썼으니 이는 하나님께서 내게 주신 은혜로 인하여 너희로 생각나게 하려 함이라**』(15절).

바울은 그들에게 무엇인가를 환기시켜주기 위하여 이 서신서에서 그들에게 『**어떤 부분은 아주 담대하게**』 썼다고 말한다. 무엇을 환기시키고자 하였기에 무엇을 그렇게 담대하게 썼다는 것일까? 다음 16절을 보라.

『**이는 나로 이방인들을 위한 예수 그리스도의 일꾼이 되게 하시어 하나님의 복음을 수행하게 하심으로써 이방인들을 제물로 드리는 일이 성령으로 거룩하게 되어 받으실 수 있도록 하심이라**』(16절).

바울이 『**아주 담대하게**』 썼다는 『**어떤 부분**』이 무엇인지는 바로 이 구절에서 개진되고 있다. 이것을 8절과 비교해 보라. 16절과 8절은 각기 다른 사역을 다루고 있다. 여기 16절은 『**나로... 예수 그리스도의 일꾼이 되게**』 하셨다는 사실인데, 다름 아닌 『**이방인들을 위한**』 일꾼이 되게 하셨다는 것이다. 그러나 하나님께서 바울로 하여금 『**이방인들을 위한 예수 그리스도의 일꾼이 되게**』 하신 사실을 상기시켜주고 있는 것이 무에 그리 『**아주 담대하게**』 썼다는 것일까? 그것은 바울이 이스라엘 자손에게도 복음을 전하도록 부르심을 받았다는 사실 때문이다. 사도행전 9:15을 보라. 『**그러나 주께서 그에게 말씀하시기를 "네 길을 가라, 이는 그가 이방인들과 왕들과 또 이스라엘 자손들 앞에서 내 이름을 증거하기 위하여 내가 선택한 그릇임이라.**』 따라서 바울이 이방인들을 위한 하나님의 일꾼이었으되, 이방인들만을 위한 사역자였다고 생각하는 것은 옳지 못하다. 또 이와는 반대로 바울이 유대인만을 위한 사역자였다고 생각한다면 이것은 더욱더 옳지 못하다. 로마의 이방인들이 볼 때 바울은 유대인 사역자였다. 그러나 그는 또 『**이방인들을 위한 예수 그리스도의 일꾼**』이었다. 바울은 이 사실을 선언하면서 자기가 『**아주 담대하게**』 썼다고 말한다. 바울이 이방인을 위한 사역자였다는 것은 움직일 수 없는 사실이다. 그러나 그렇다고 해서 그가 이방인들만을 위한 사역자였다고 칼로 베듯이 선을 그어 놓고 그의 사명을 제한하는 것은 옳지 못하다.

그럼 베드로는 어떤가? 그는 이방인들을 위한 사역자가 아니었다. 이방인들을 위한 사역자는 바울이었다. 바울은 이방인들을 위한 예수 그리스도의 일꾼을 손꼽자면 그것은 다른 누구도 아닌 "나여야 한다."고 선언하고 있다. 그러나 베드로는 자기가 이방인들을 위한 사역자였다고는 한 번도 언급하지 않았다. 로마카톨릭 측은 베드로가 로마카톨릭이라는 이방인들의 "거룩한 사도 교회"의 창설자요 "반석"이었다고 주장하지만, 정작 베드로 자신은 한 번도 자기가 이방인들을 위한 일꾼이었다고 말한 적이 없다. 베드로는 아닌 게 아니라 이방인들을 위한 사역자가 아니었다.

바울은 이방인들을 위한 사역자로서의 자신의 임무가 『**이방인들을 제물로 드리는 일이 성령으로 거룩하게 되어 받으실 수 있도록**』 하는 일이라고 말한다. 이것은 재미있는 표현이 아닐 수 없다. 당신이 구원받았다는 것은 당신이 『**제물로**』 드려졌다는 것을 의미한다. 당신이 구원받았다는 것은 죄와 사망으로부터 놓임을 받았을 뿐만 아니라 다시 묶여서 제단 위에 올려졌고 불에 태워져 번제가 되었다는 것을 말한다. 바울은 이미 앞서 12:1에서 그리스도인들에게 이렇게 언급한 바 있다. 『**그러므로 형제들아, 내가 하나님의 모든 자비하심으로 너희에게 권고하노니, 너희 몸을 하나님께서 기뻐하시는 거룩한 산 제물로 드리라. 이것이 너희가 드릴 합당한 예배니라.**』

15:17 그러므로 내가 예수 그리스도를 통하여 하나님께 속한 그 일들에

대해 자랑할 것이 있느니라.
18 그리스도께서 이방인들을 순종하게 하시려고 나를 통하여 이룩하
신 것들 외에는 어떤 것도 내가 감히 말하지 아니하겠노라. 그것
들은 말과 행위로,
19 능력있는 표적들과 이적들을 통하여, 하나님의 영의 능력으로 이
룩하신 것이라. 그리하여 내가 예루살렘으로부터 일루리쿰 근방
까지 그리스도의 복음을 온전히 전파하였노라.
20 또 나는 그리스도의 이름이 불려지지 아니한 곳에서만 복음을 전
파하려고 노력하였으니 이는 다른 사람의 기초 위에다 짓지 아니
하려 함이라.
21 기록된 바와 같으니 "그에 관한 소식을 접하지 못한 자들이 볼
것이요, 듣지 못한 자들이 깨닫게 되리라."고 하였느니라.
22 이로 인하여 내가 너희에게 가려던 것도 여러 번 방해를 받았느
니라.

『**그러므로 내가 예수 그리스도를 통하여 하나님께 속한 그 일들에 대해 자랑할 것이 있느니라**』(17절).

이방인들을 위한 일꾼으로 부르심을 받은 바울은 그것을 자랑스럽게 생각했다. 물론 이것은 인간적인 자랑이 아니라 『**예수 그리스도를 통하여**』 자랑스러운 것이었고 『**하나님께 속한 일**』이었기에 자랑스러운 것이었다. 다른 서신서들 가운데서도 그렇듯이 바울은 언제나 이 사실만을 자랑했을 뿐 자기 자신의 어떤 면도 인간적으로 자랑한 일이 없었다.

『**그리스도께서 이방인들을 순종하게 하시려고 나를 통하여 이룩하신 것들 외에는 어떤 것도 내가 감히 말하지 아니하겠노라. 그것들은 말과 행**

위로』(18절).

바울이 자랑스럽게 말하고자 하는 것은 자기가 한 일이 아니라 오직 『**그리스도께서... 이룩하신 것들**』, 즉 그리스도께서 자기를 통하여 행하신 『**말과 행위**』, 그리고 『**하나님의 영의 능력으로 이룩하신 것**』뿐이었다. 그는 이 외에는 아무것도 자랑하고 싶지 않았다. 그리스도께서 바울을 통하여 행하신 이 모든 것들은 『**이방인들을 순종하게 하시려**』는 데에 그 목적이 있었다. 물론 바울이 여기서 언급하고 있는 "능력 있는"("mighty") 『**표적들과 이적들**』이란 이스라엘에게 주어진 표적들과 이적들로서 바울이 비록 이방인들을 위하여 부르심을 받았지만 그의 사역 초기에는 유대인 사도로서 이러한 표적들과 이적들을 행하였다. 적어도 사도행전 기간 중에는 하나님께서 이스라엘을 다루고 계셨기 때문에 유대인 사도들에게는 표적들과 이적들이 주어졌던 것이다. 바울 역시 유대인 사도였으므로 이러한 표적들과 이적들을 행할 수 있었다. 그러나 하나님께서 유대인을 더 이상 상대하시지 않게 되었을 때 유대인 사도들에게 주어졌던 표적들과 이적들은 모두 철회되고 말았다. 그렇기 때문에 오늘날 은사주의자들이 "성령의 능력을 힘입어 표적들과 이적들을 행한다."고 떠벌리는 것은 여간 우스꽝스러운 작태가 아니다. 표적과 이적들은 이스라엘에게만 주어졌었고, 유대인 사도들만이 한시적으로 그 권능을 행할 수 있었다.

『**능력있는 표적들과 이적들을 통하여, 하나님의 영의 능력으로 이룩하신 것이라. 그리하여 내가 예루살렘으로부터 일루리쿰 근방까지 그리스도의 복음을 온전히 전파하였노라. 또 나는 그리스도의 이름이 불려지지 아니한 곳에서만 복음을 전파하려고 노력하였으니 이는 다른 사람의 기초 위에다 짓지 아니하려 함이라**』(19,20절).

그렇다면 바울은 어째서 로마에 복음을 전파하였단 말인가? 로마카톨릭 측의 주장대로라면, 로마는 베드로가 이미 복음 전파를 담당했던 곳이요, 그 결과 로마 교회의 기초가 베드로에 의하여 세워졌던 곳이 아닌가? 그런데 어찌하여 바울은 베드로의 기초 위에다 또 지으려고 했단 말인가? 그는 분명 『**다른 사람의 기초 위에다 짓지 아니하려**』고 했고 『**그리스도의 이름이 불려지지 아니한 곳에서만 복음을 전파하려고 노력**』했다고 언급하고 있지 않은가? 바울이 거짓말을 했는가, 아니면 로마카톨릭 측이 거짓말을 하고 있는가?

『**기록된 바와 같으니 "그에 관한 소식을 접하지 못한 자들이 볼 것이요, 듣지 못한 자들이 깨닫게 되리라."고 하였느니라. 이로 인하여 내가 너희에게 가려던 것도 여러 번 방해를 받았느니라**』(21,22절).

바울은 이사야 52:15을 인용하면서 이 예언대로 자기가 『**그리스도의 이름이 불려지지 아니한 곳**』에서 복음을 전파함으로써 그리스도에 관해서 듣지도 보지도 못한 사람들이 그리스도에 관하여 깨닫게 하려고 노력하였음을 천명하고 있고, 그러다 보니 먼저 『**예루살렘으로부터 일루리쿰 근방까지 그리스도의 복음을 온전히 전파**』하느라고 바쁜 나머지 『**너희에게 가려던 것**』, 즉 로마로 가려던 계획이 여러 번 지장을 받아 연기되었다고 말한다. 바울이 로마에 가려던 까닭은 그곳 역시 다른 사람이 복음 전파의 기초를 쌓았던 곳이 아니기 때문이었다. 다시 말해서, 베드로는 로마에 간 적이 없었던 것이다. 그게 아니라면 베드로는 로마에 가긴 갔으되, 복음을 전파한 것이 아니라 아마도 믿음에서 떨어져 나와 뒤로 나자빠진 채 본래의 직업으로 돌아가 물고기나 잡는 어부 생활을 하면서 세월을 보냈던 모양이다. 베드로가 로마에서 복음을 전파했다는 증거나 흔적은 그 어디에도 없다. 로마에는 다른 누구의 기초도 세워져 있지 아니한 곳이었다. 그렇기 때문에 바울은 그곳에 가고자 했고 실제로 갔으며 거기서 복음을 전파했고 거기서 죽임을 당했다.

이런 점에서 여기 로마서 15:20 부분은 베드로가 로마에 있지도 가지도 않았음을 입증하는 가장 중요한 증거 구절이다. 로마서 15장의 기록 연대는 A.D. 60년경이다. 그런즉 적어도 A.D. 60년까지는 베드로가 아직 로마에 간 적이 없었음이 분명하다. 말하자면, 그리스도께서 처형되신 후 27년이 지나기까지는 베드로가 로마에 가지 않았던 것이 확실하다는 얘기다. 그렇다면, 베드로가 로마카톨릭의 반석이 될 수 있는 기회는 영영 없었다는 얘기가 된다. 설사 베드로가 로마에 갔다하더라도 그것은 바울이 로마에 다녀간 이후였을 테니 말이다. 이로써 베드로가 로마카톨릭의 기초가 되었다는 얘기는 거짓말임이 분명하게 드러난다.

15:23 이제는 이 지방에 일할 곳이 더 이상 없고 또 수년 동안 너희에게
가고 싶은 큰 소원이 있었으니
24 스페인으로 갈 때에 너희에게로 가겠노라. 이는 내가 지나가는 길
에 너희를 보고 싶고 우선 너희와 잠시 교제로 기쁨을 나눈 후에
너희의 전송을 받아 그곳으로 보내어지기를 바람이니라.
25 그러나 이제 내가 성도들을 섬기는 일로 예루살렘에 가노니
26 이는 마케도니아와 아카야 사람들이 예루살렘에 있는 가난한 성도
들을 위하여 기쁨으로 얼마를 기부하였음이니라.
27 그들은 진실로 기뻐하였으며 또한 저들에게 빚진 자니 이는 이방
인들이 저들의 영적인 것에 참여하였으면 그들의 의무는 또한 물
질적인 것으로 그들을 섬기는 것임이라.
28 그러므로 내가 이 일을 마치고 이 열매를 그들에게 확증한 후에
너희를 거쳐 스페인으로 가리라.

29 내가 너희에게 갈 때에 그리스도의 복음의 충만한 복으로 갈 것을 확신하노라.

『**이제는 이 지방에 일할 곳이 더 이상 없고 또 수년 동안 너희에게 가고 싶은 큰 소원이 있었으니**』(23절).

바울은 로마에 가고 싶어 오랫동안 그 기회가 오기를 기다렸다. 그러나 『**그리스도의 이름이 불려지지 아니한 곳**』이 다른 곳에도 너무 많았고 『**다른 사람의 기초**』가 놓이지 않았던 다른 곳이 여기저기 널려 있었던지라 그곳들에서 먼저 복음을 전파하기에 바빠 좀처럼 로마에 갈 수 있는 기회를 잡을 수가 없었다. 그러던 중 이 로마서 15장을 기록할 즈음에 와서는 『**이제는 이 지방에 일할 곳이 더 이상 없**』게 되었으므로 드디어 로마에 갈 수 있는 여유가 생겼다고 천명하고 있는 것이다. 바울이 로마에 가고 싶어 했던 것은 『**수년 동안**』 계속된 『**큰 소원**』이었다.

『**스페인으로 갈 때에 너희에게로 가겠노라. 이는 내가 지나가는 길에 너희를 보고 싶고 우선 너희와 잠시 교제로 기쁨을 나눈 후에 너희의 전송을 받아 그곳으로 보내어지기를 바람이니라**』(24절).

바울은 여기서 스페인으로 갈 계획을 세우고 있음을 천명한다. 그러나 그가 실제로 스페인에 갔었다는 기록은 성경에 나타나지 않는다. 사도행전 28장에서 바울은 감옥에 투옥돼 있었다. 이것은 그의 일차 투옥이었다. 그리고 바울은 또 디모데후서 4장에서 2차로 투옥된다. 그러니까 사도행전 28장에서 출감한 후 디모데후서 4장에서 다시 투옥될 때까지는 감옥에서 나와 있던 자유로운 기간이었다. 사도행전 28장에서 출감하던 시기는 대략 A.D. 62년 이후였다. 그는 아마도 A.D. 62년이나 63년, 또는 64년경에 출감했을 것이다. 그리고 약 3,4년 동안은 감옥에서 풀려 나와 있던 자유로운 기간이었을 것이다. 그리고 바울은 A.D. 68년경 디모데후서 4장에서 다시 투옥되어 참수 당한다. 이 3,4년에 걸친 자유로운 기간 동안 그가 어디 있었는지는 기록상으로 확실치 않다. 그런데 여기 로마서 15장에서 스페인으로의 여행 계획을 밝힌다. 그렇다면, 바울은 아마도 이 기간 동안에 스페인에 갔을 것이고, 여기 언급된 계획대로 스페인으로 가는 길에 로마에 들렀을 것으로 보는 것이 가장 타당할 것이다. 나는 여기서 한 걸음 더 나아가 그가 스페인을 경유하여 이 기간 동안에 영국까지 갔을 가능성이 높다고 본다. 이에 대한 확실한 증거는 물론 갖고 있지 못하지만, 니케아 공회가 열렸을 때 영국으로부터 여섯 명의 감독들이 참석했고 니케아 공회가 열리기 10년 전인 A.D. 314년에 소집되었던 회의에도 세 명의 영국 감독들이 참석했던 것으로 미루어 A.D. 300년 이전에 영국에는 누군가에 의해 교회가 이미 설립되어 있었음이 확실하다는 점에서 나는 이렇게 추측하고 있을 뿐이다. 영국이 최초의 공식 교회 건물을 짓고 그것을 무어라고 명명했는지 아는가? 그들은 이 교회를 "세인트 폴," 즉 "성 바울 교회"라고 이름 붙였다.

바울이 로마에 가고자 계획했던 것은 그곳에서 눌러 있고자 함이 아니라 『**내가 지나가는 길에 너희를 보고 싶고 우선 너희와 잠시 교제로 기쁨을 나눈 후에...**』라는 언급처럼 로마에 잠시 머물다가 다시 그곳을 떠나 스페인과 다른 곳으로 향하고자 했음이 분명하다.

『**그러나 이제 내가 성도들을 섬기는 일로 예루살렘이 가노니 이는 마케도니아와 아카야 사람들이 예루살렘에 있는 가난한 성도들을 위하여 기쁨으로 얼마를 기부하였음이니라**』(25,26절).

이 구절의 내용으로 미루어 로마서의 기록 연대가 꽤 이르다는 것을 알 수 있는데, 아무리 늦게 잡아도 사도행전 19장에서 24장 사이의 어느 시점이었을 것으로 보인다. 사도행전 19:21을 보라. 『**이 일들이 이루어진**

뒤에 바울이 영 안에서 마케도니아와 아카야를 경유하여 예루살렘으로 가려는 계획을 세우고 말하기를 "내가 그곳에 들른 뒤 로마도 보아야 하리라."고 하더라.』

이것은 또한 바울이 그리스도의 몸의 신비에 대하여 얼마나 일찍 알고 있었던가를 능히 짐작케 하는 대목이다. 바울은 늦어도 사도행전 19장 이전에 벌써 그리스도의 몸의 신비에 대해 알고 있었음이 분명하다. 따라서 벌링거와 베이커, 스탬, 오헤어 등이 사도행전 기간 동안에는 바울이 그리스도의 몸의 신비에 대해 알지 못했다고 주장하는 것은 근거가 없다.

『**그러나 이제 내가 성도들을 섬기는 일로 예루살렘에 가노니 이는 마케도니아와 아카야 사람들이 예루살렘에 있는 가난한 성도들을 위하여 기쁨으로 얼마를 기부하였음이니라.**』는 언급에서 우리는 신약적 의미에서 헌금이 갖는 목적 두 가지 중 한 가지에 대해 확실한 정보를 얻는다. 신약에서 헌금을 걷는 목적은 고린도전서 9장에서 보듯이 사역자들을 보살피기 위함이요, 여기 로마서 15장과 사도행전 11장 및 고린도전서 16장에서처럼 가난한 성도들을 돕기 위함이다. 신약 어디를 보아도 교회 건축을 위한 헌금 따위는 나와 있지 않다.

고린도전서 9:11에서 『**만일 우리가 너희에게 영적인 것들을 뿌렸다면 우리가 너희의 물질적인 것을 거둔다 해서 그것이 대단한 일이겠느냐?**』고 말하고 있는 바울은 이어서 13절에서 이렇게 언급한다. 『**성전의 일을 하는 사람들은 성전에서 나오는 것을 먹고 제단을 섬기는 사람들은 제단에 있는 것으로 나누어 가진다는 것을 너희가 알지 못하느냐?**』 바울은 고린도전서 9:12에서 사역자들이 성도들로부터 거둔 헌금으로 먹고사는 것을 『**권리**』라고 표현한다. 한편 사도행전 11:27-30에 보면 흉년이 들자 안티옥에 있는 교회가 예루살렘의 성도들에게 구호금을 거둬 보내는 이야기가 기록되어 있고, 고린도전서 16:1-3에 보면, 『**성도들을 위한 모금**』이라든지, 『**너희의 위로금을 예루살렘에 보내리라.**』 등과 같은 언급이 나온다. 그러나 성경 어디를 보아도 교회 건물을 짓기 위해서 소위 "건축헌금"을 걷는다든지 하는 이야기는 나오지 않는다. 신약에서 밝히는 헌금의 목적은 사역자의 생계를 돕는 일과 가난한 성도들을 돕는 일, 이 두 가지밖에는 보이지 않는다.

『**그러나 이제 내가 성도들을 섬기는 일로 예루살렘에 가노니...**』 앞에서도 이미 언급한 것처럼 신약에서 성도들이 헌금을 하는 목적은 복음 사역을 돕고 가난한 성도들을 돕기 위함이다. 이 당시 예루살렘에는 기근이 들어 끼니를 잇지 못하는 성도들이 많았기에 마케도니아와 아카야 등 소아시아 지역의 이방인 성도들이 구호금을 거두었던 모양인데, 이것을 바울이 예루살렘에 전달하게 되었던 것이다. 물론 이때 바울의 예루살렘 방문 목적이 비단 구호금을 전달하는 것에만 그쳤던 것은 아니었다. 사도행전 20장에 보면 바울이 자신의 예루살렘 방문 계획에 대하여 이렇게 서술하고 있다. 『**이제 보라, 내가 영 안에 매인 바 되어 예루살렘으로 가노니 거기에서 내게 무슨 일이 일어날는지 알 수 없지만 다만 성령께서 각 성읍에서 증거하여 말씀하시기를 결박과 고난이 나를 기다리고 있다고 하시니라. 그러나 나의 달려갈 길을 기쁨으로 끝마치고 내가 주 예수로부터 받은 사역, 곧 하나님의 은혜의 복음을 증거하기 위해서라면 이런 일을 전혀 개의치 아니할 뿐 아니라 나의 생명을 조금도 아끼지 아니하노라**』(행 20:22-24). 바울은 은혜의 복음을 전하기 위하여 예루살렘 방문을 계획했고 그 길에 이방인 성도들이 거두어 준 구호금을 갖고 가게 된 것이었다.

지금 이 시대에 교회나 기독교 단체가 신약에서 가르치는 대로 복음 전파 사역과 가난한 성도들을 도울 목적으로만 헌금을 걷는다 할지라도 당신은 그 사역의 구체적인 내역과 구호의 대상이 누구인지 구체적으로 알아봄으로써 당신이 낸 헌금이 헛되이 사용되지 않도록 주의할 필요가 있다. 특히 이 시대에는 "가난한 성도들"이라고 할 때 그들이 엉뚱한 사람들일 경우가 흔할 뿐만 아니라 당신이 정말로 돕고자 했던 가난한 성도들에게로 당신의 구호금이 제대로 전달되었는지 확인해 볼 수 있는 장치가 제대로 마련돼 있지 않기 때문에 당신이 낸 돈이 쓸데없는 곳에 낭비되지 않도록 특히 더 주의해야 한다. 당신은 길거리에 나와 앉은 거지라고 해서 누구에게나 다 동냥할 수는 없는 노릇이다. 어떤 거지는 맹인 행색을 하고 있지만 검은 안경을 벗기면 멀쩡한 사람인 경우도 허다하고, 어떤 자들은 담배 값을 벌고 심지어는 마약을 사먹으려고 구걸 행각을 하기도 하니까 말이다.

『그들은 진실로 기뻐하였으며 또한 저들에게 빚진 자니 이는 이방인들이 저들의 영적인 것에 참여하였으면 그들의 의무는 또한 물질적인 것으로 그들을 섬기는 것임이라』(27절).

이방인들은 예루살렘의 유대인에게 영적으로 『**빚진 자**』라고 바울은 말한다. 따라서 이 빚을 『**물질적인 것**』으로 갚는 것이 하나도 이상하지 않다는 것이 바울의 생각이었다. 이방인 교회들이 선교지역 교회들이라면, 예루살렘 교회는 본부 교회라고 할 수 있다. 이렇게 볼 때, 선교지역 교회들이 본부 교회에 대하여 어떤 자세를 지녀야 할 것인가를 시사한다는 점에서 이 구절을 유의해 둘 필요가 있다. 선교지역 교회들은 본부 교회에 대하여 영적으로 빚진 자에 해당한다. 따라서 선교지역 교회들이 모금하여 본부 교회에 물질적 지원을 아끼지 않는 것은 지당한 일이라는 것이다. 복음은 유대인에게서 나왔다. 그런즉 이방인들은 유대인에게 영적으로 빚을 지고 있다. 이방인들이 물질적인 것으로 유대인을 돕는 일은 이 영적인 빚을 갚는 한 방법이 된다.

『**그러므로 내가 이 일을 마치고 이 열매를 그들에게 확증한 후에 너희를 거쳐 스페인으로 가리라**』(28절).

바울이 헌금을 『**열매**』로 간주하고 있음에 주목하라. 헌금은 마치 성령의 열매처럼 하나의 열매인 것이다. 헌금은 성령의 역사하심으로 맺게 되는 열매들 가운데 하나인 것이다. 포도나무가 제대로 자랐다면 좋은 열매를 맺기 마련이다.

『**너희를 거쳐 스페인으로 가리라.**』 바울은 24절에 이어서 다시 한 번 더 스페인 여행 계획을 다짐한다. 이것으로 미루어 그가 스페인을 방문했으리라는 것은 확실하고 그 북쪽 지방까지 여행 범위를 넓혔을 가능성이 매우 높으며 그 길에 영국까지 여행했고 그것도 아일랜드 지방을 포함하여 영국의 서부 해안 지역까지 여행했을 가능성이 높다. 우리는 이 사실을 교회사를 통해서도 엿볼 수가 있는데, 수많은 복음 전파자들이 영국 서부 해안지역과 아일랜드 지방에서 끊임없이 일어나 활동하였음을 우리는 교회사에서 엿본다.

『**내가 너희에게 갈 때에 그리스도의 복음의 충만한 복으로 갈 것을 확신하노라**』(29절).

물론 바울이 로마에 가고자 했던 목적은 그곳에 있는 그리스도인 형제들을 만나 교제하는 가운데 그들을 격려하고 그들의 복음전파 사역을 한층 활성화하기 위함일 터인즉, 이러한 사명을 띤 그가 『**그리스도의 복음의 충만한 복으로**』 그들에게 가게 되리라고 그들에게 알리고 있는 것은 지극히 자연스런 서술이다.

15:30 형제들아, 내가 주 예수 그리스도와 성령의 사랑으로 너희에게 권고하노니 나를 위하여 하나님께 드리는 너희의 기도로 나와 함께 분투하되
31 나로 유대에 있는 믿지 아니하는 자들로부터 구출되게 하며 또 예루살렘을 위한 나의 섬김이 성도들에게 받아들여지도록 하고
32 또 내가 하나님의 뜻에 따라 기쁨으로 너희에게 나아가 너희와 더불어 새 힘을 얻도록 기도하라.
33 이제 평강의 하나님께서 너희 모두와 함께하시기를 바라노라. 아멘.

『**형제들아, 내가 주 예수 그리스도와 성령의 사랑으로 너희에게 권고하노니 나를 위하여 하나님께 드리는 너희의 기도로 나와 함께 분투하되**』(30절).

바울은 로마의 그리스도인 형제들에게 기도를 부탁한다. 바울은 기도에 힘쓰는 일을 『**분투**』라는 말로 표현한다. 기도가 『**분투**』인 까닭은 그리스도인들이 행하는 모든 일들이 영적인 일들이기 때문이요, 그렇기 때문에 항상 마귀의 방해를 받고 있기 때문이다.

『**나로 유대에 있는 믿지 아니하는 자들로부터 구출되게 하며 또 예루살렘을 위한 나의 섬김이 성도들에게 받아들여지도록 하고**』(31절).

바울의 예루살렘 방문은 구원받지 못한 유대인들로부터의 『**결박과 고난**』(행 20:23)이 기다리고 있는 위험한 여행 계획이었다. 『**복음을 증거하기 위해서라면... 나의 생명을 조금도 아끼지 아니하노라.**』(행 20:24)고 말하고 있는 바울은 물론 이러한 위험을 각오하고 있었지만, 가능한 한 그런 고난을 피하기 위하여 성도들에게 기도를 부탁했고, 이 기도는 실제로 응답되었다. 예상했던 대로 그의 생명을 노리는 자들이 작당하여 바울을 공회로 유인하고 거기서 살해하기로 음모를 꾸몄지만, 바울은 이 위기를 모면할 수 있었다(행 23장). 이런 일이 있기 전날 밤 주님께서 바울 곁에 서서 『**바울아, 기운을 내라. 네가 예루살렘에서 나에 관한 일들을 증거한 것과 같이 로마에서도 증거해야 하느니라.**』(행 23:11)고 격려해 주셨다. 이처럼 기도가 응답되어 위기를 모면할 수 있었고 예루살렘의 『**성도들에게 받아들여지도록**』 하는 기도 역시 사도행전 21장에서 응답되었다. 그러나 바울은 『**유대에 있는 믿지 아니하는 자들**』을 구령하는 데에는 실패하였다.

『**또 내가 하나님의 뜻에 따라 기쁨으로 너희에게 나아가 너희와 더불어 새 힘을 얻도록 기도하라. 이제 평강의 하나님께서 너희 모두와 함께 하시기를 바라노라. 아멘**』(32,33절).

바울이 로마에 가서 형제들을 만나 교제하는 가운데 그들을 격려하고 그들에게 힘을 불어넣을 뿐만 아니라 자기 자신도 그들로부터 『**새 힘**』을 얻게 되기를 갈망했다.

이 서신서는 일단 여기서 끝을 맺는다. 그리고 다음 16장 부분은 "추신"으로서 개인적인 내용을 담고 있다. 16장은 "추신 1," "추신 2," "추신 3" 식으로 모두 두세 개 항목의 추신으로 되어 있다.

로마서 16장

16:1 내가 켄크레아에 있는 교회의 일꾼 된 우리의 자매 페베를 너희에
게 추천하노니,
2 너희가 주 안에서 성도답게 그녀를 영접하고 그녀가 너희에게 어
떤 도움을 필요로 하든지 도와주라. 그녀는 여러 사람과 또한 나
자신의 후원자가 되었음이니라.
3 그리스도 예수 안에서 나의 동역자인 프리스킬라와 아퀼라에게 문
안하라.
4 그들은 나의 생명을 위하여 자기들의 목을 내어 놓은 사람들이라.
나뿐만 아니라 이방인들의 모든 교회들도 그들에게 감사하느니라.
5 또 그들의 집에 있는 교회에도 문안하라. 나의 지극히 사랑하는 에
파네토에게도 문안하라. 그는 아카야에서 그리스도께 얻은 첫열매
들이니라.

『내가 켄크레아에 있는 교회의 일꾼 된 우리의 자매 페베를 너희에게

추천하노니』(1절).

일부 부패한 현대판 역본들은 이 구절에서 『**교회의 일꾼**』(“a servant of the church”)을 “여집사”(“deaconess”)로 고쳐놓았다. 그러나 원문 헬라어 “디아카논”이라는 명사는 그 어미로 미루어 볼 때 여성 명사가 아니라 중성 명사다. 이것만 보아도 이것을 “여집사”로 옮겨놓은 것은 옳지 못하다는 것을 알 수 있으며, 이것을 『**일꾼**』(“a servant”)으로 번역한 〈킹제임스성경〉이 정확하게 옮겨놓은 것이다.

이것을 “여집사”로 번역한 역본은 로크만 재단이 〈새 미국 표준 역본, *NASV*〉을 내놓기 이전에 내놓았던 〈확대역본, *Amplified Version*〉이 처음이었다. 로마카톨릭 “성서” 역시 이것을 “여집사”로 해 놓았는데, 자신들의 교회 직분에 여자들을 서임하여 수녀들로 삼고 있는 그들로서는 이 단어를 “여집사”로 바꾸어 놓는 것이 제격일 것이다. 이렇게 함으로써 여자들을 교회의 사역자로 서임하는 일을 공공연히 조장하는 데 일조를 하고 있거니와, 이것은 물론 “집사”로 서임될 수 있는 사람이 어떠해야 하는가에 대해 기술하고 있는 디모데전서 3장의 자격 요건에 정면으로 배치된다. 『**집사들은 한 아내의 남편으로서 자신의 자녀와 집안을 잘 다스려야 할지니라.**』(딤전 3:12)고 말씀하고 있기 때문이다. 성경 어디를 보아도 “여집사”가 되기 위한 여자들의 자격 요건에 대해서는 일체 언급이 없다. 그런즉, 여자들이 “여집사”로 서임되기 위해서는 뭐니뭐니 해도 먼저 『**한 아내의 남편**』이라는 우스꽝스럽고 이상한 자격 요건을 갖추어야 한다. 그런즉, 여자들이 집사가 될 수 있는 가능성은 적어도 성경에서는 발견되지 않는다. 요컨대, 여자가 집사의 직분에 임명되려면 모두 “레즈비언”이 되어야 할 판이다. 따라서 『**켄크레아에 있는 교회의 일꾼 된 우리의 자매 페베**』라는 여자는 그저 『**교회의 일꾼**』이었을 뿐 공식적으로 서임된 직분자로서의 “여집사”가 아니었다. “집사”는 지역 교회가 공식적으로 임명하는 직분이다. 신약 교회의 직분자로 서임되는 모든 사람들은 남성으로서 장로들도 그렇고 사도들도 모두 그러하며 집사들도 남성이고 감독("bishop")들도 모두가 남성이다. 이처럼 직분자들은 모두 남성들 가운데서 서임되어야 하고 지역 교회에는 이 네 직분 외에는 다른 직분이 없다. 장로들도 서임되었고 그중에서 의장 격인 사람을 "감독"이라 부른다. 집사들도 서임되는 직분이다. 사도들은 물론 그리스도께 부르심을 받은 사람들이었고 모두가 남성이었다. 그리스도께서는 그 누구도 여자를 사도로 불러내지 않으셨다. 여성 감독들도 없었다. 여성 장로들도 없었다. 이런 처지에 느닷없이 "여집사"가 튀어나오는 이유가 무엇이란 말인가? 대답은 간단하다. 『**페베**』는 "여집사"가 아니었다. 그녀는 집사라는 직분을 가진 사람들 못지않게 교회 일을 도왔던 『**켄크레아에 있는 교회의 일꾼**』이었다.

『**켄크레아에 있는 교회**』란 바울이 고린도 동쪽 약 10마일 지점에 위치한 항구 도시 켄크레아에 이방인 출신 그리스도인들을 모아 설립한 지역 교회를 말한다. 켄크레아는 에베소, 안티옥, 알렉산드리아로 연결되는 무역항으로 온갖 이방신들을 섬기는 신전들이 곳곳에 있던 도시였지만 바울이 복음을 전함으로써 이방인들이 구원받게 되었고 마침내 지역 교회가 형성되기에 이르렀다.

『**너희가 주 안에서 성도답게 그녀를 영접하고 그녀가 너희에게 어떤 도움을 필요로 하든지 도와주라. 그녀는 여러 사람과 또한 나 자신의 후원자가 되었음이니라**』(2절).

앞에서 언급했듯이 『**페베**』는 공식적으로 서임 받은 "집사"가 아니라 단순히 교회 일을 돕는 일꾼이었다. 또 한편 바울을 돕는 『**후원자**』, 즉 조력자였다. 이 정도라면 이 여자는 필경 "집사" 못지않게 교회 일을 보살피고 도왔던 사람이었음이 분명하지만, 역시 여자였기 때문에 "집사"의 직분에 서임될 수는 없었으리라. 그래서 〈킹제임스성경〉은 그녀를 "deaconess"가 아니라 "servant"로 표기해 놓았던 것이다.

『그리스도 예수 안에서 나의 동역자인 프리스킬라와 아퀼라에게 문안하라. 그들은 나의 생명을 위하여 자기들의 목을 내어 놓은 사람들이라. 나뿐만 아니라 이방인들의 모든 교회들도 그들에게 감사하느니라』(3,4절).

바울의 동역자 프리스킬라와 아퀼라가 바울을 위해 『**자기들의 목을 내어 놓은 사람들이라.**』는 서술은 이들이 실제로 바울 때문에 참수 당했던 것은 아니었으므로 하나의 비유적인 표현에 불과하다. 아퀼라는 폰토 태생의 유대인이었고 프리스킬라는 아퀼라의 부인이었다(행 18:2). 이들은 평소에 자신들의 생명이라도 아낌없이 내어 놓을 정도로 바울의 사역을 열심히 도왔다는 뜻에서 바울을 이렇게 『**나의 생명을 위하여 자기들의 목을 내어 놓은 사람들**』이라고 서술한 것이다.

바울이 아카야에서 유대인들에게 붙들려 재판석에 끌려나갔다가 갈리오 총독이 고소를 기각하는 바람에 석방된다. 그 뒤 그곳 형제들과 작별하고 시리아로 떠날 때 프리스킬라와 아퀼라도 동행하였다는 기록이 사도행전 18장에 나와 있다. 배를 타고 시리아로 향하는 이 항해 도중 바울은 켄크레아에 들렀고 거기서 하나님께 서원하고 머리를 깎았다는 기록이 사도행전 18:18에 나온다.

『또 그들의 집에 있는 교회에도 문안하라. 나의 지극히 사랑하는 에파네토에게도 문안하라. 그는 아카야에서 그리스도께 얻은 첫열매들이니라』(5절).

『**집에 있는 교회**』라는 서술에서 우리는 로마 교회가 당시 어떤 모습이었는지 교회의 정의를 여기서 엿볼 수 있다. 로마 교회는 한 때 개인 『**집**』이었다. 『**교회**』라면 많은 사람들이 모인 집단이다. 이 많은 사람들이 개인 『**집**』에 모였던 것이다. 이 『**집**』은 그 주인만이 구원받은 사람이었다기보다 주인 외에도 그 밖의 구원받은 많은 사람들이 모여 예배를 드렸던 장소였을 것이다. 이것은 지금도 마찬가지다. 구원받은 사람이 자기 집을 개방하여 다른 그리스도인들을 맞아들이고 거기서 예배를 드리기 시작한다. 모이는 사람들이 점점 수가 많아져 개인 집이 더 이상 모든 사람들을 수용할 수 없게 되었을 때 좀 더 넓은 장소를 물색하게 되고 거기서 모임을 갖는다. 이것이 지역 교회의 출발이다.

교회란 이런 식으로 작게 출발하여 시간이 흐름에 따라 점점 커가는 법이다. 교회란 어느 날 하루아침에 하늘에서 떨어지는 게 아니다. 그렇다고 해서 100명, 150명으로 식구가 늘어나 큰 교회가 되는 데에 10년, 20년이 걸릴 만큼 더딘 것도 아니다. 성경 공부를 이끌고 있는 형제들을 만날 때마다 "요즘 어떤가?" 하고 내가 물으면 "글쎄요, 한 열 명쯤 모입니다." 하고 대답하는 게 보통이다. 그러면 나는 "좋아! 아주 좋아! 훌륭해!" 하고 그들의 등을 두드려준다. 그러고 나서 한두 해 뒤 그런 형제들을 다시 만나 같은 질문을 던지노라면 그들의 대답은 영락없이 "글쎄요, 한 5,60명 모이지요."로 발전되어 있기 마련이다. 그것이 어찌나 대견한지 나는 "아! 훌륭해요, 훌륭해!" 하고 감탄하며 주님께 감사하고 그 형제를 우러러보게 보게 된다. 이것은 어느 경우에나 그러하다. 교회란 이런 법이다. 4,50명만 모이면 교회로서 더할 수 없을 만큼 훌륭한 면모를 갖춘 규모다. 트래블리의 킬크리스 형제도 얼마 전에 만나 물어보았더니 벌써 60명쯤이 모인다고 한다. 그가 성경 공부 모임을 시작한 지 이제 겨우 2년밖에 되지 않았는데 말이다. 이런 규모라면 150명, 200명으로 불어나는 데 3, 4년이면 족하다. 그리고 150명, 200명 규모의 교회라면 더 바랄 것이 없다. 신약 교회란 늘 이런 법이다. 신약 교회는 문자 그대로 신약적이어서 처음에는 무에서 출발한다. 어떤 친구는 신학교를 나온 뒤 먼저 이 사람 저 사람을 접촉하고 다니면서 많은 사람을 포섭하고 여러 해 동안 이것저것 필요한 것들을 모두 갖춘 뒤에 시작해야 큰 교회로 발전할 수 있다고 생각한다. 웃기지 말라. 어떤 친구는 피터 럭크만이 운영하는 신학원에 들어와 공부하면서 어떻게 하면 큰 교회를 세울 수 있는지 배워야 한다고 생각한다. 웃기지 말라. 이런 식으로 만든 교회는 알고 보면 "눈뭉치"에 지나지 않아 몇 년 지나면 녹아 없어지고 만다. 교회란 처음 성경만 들고 무에서 시작하는 것이다. 가족이 없으면 당신 혼자서 먼저 성경 공부 모임을 시작하라. 그리고 성경을 들고 거리로 뛰쳐나가 열심히 복음을 전파하고 잃어버린 혼들을 열심히 그리스도께 이겨 오라. 장가들어 아내가 생기면 교회 식구가 한 사람 더 늘어난 데 대해 하나님께 감사하라. 자녀가 하나씩 생길 때마다 그만큼 교회 식구가 불어난 데 대해 하나님께 감사하라. 그러다 보노라면 한 가정이 더 붙고 두 가정이 더 합류하며 열 가정, 스무 가정으로 교회 식구가 착실히 늘어가게 된다. 교회가 커지는 것은 아주 천천히 진행되되 그렇다고 느려터지지도 않아서 한두 해, 두서너 해 지나고 보면 어느새 이렇게 되었는지 실로 몰라볼 만큼 빠르게 성장해 있음을 보고 스스로 놀라게 되는 법이다.

주님께서는 당신이 성경을 들고 있는 한 당신의 교회를 언제까지나 쓸쓸하게 내버려두지 않으신다. 주님께서는 당신이 성경 지식에서 성장하는 만큼 당신의 역량껏 식구를 늘려주신다. 그렇다고 당신의 역량을 스스로 과대평가하지는 말라. 주님께서는 당신의 역량을 잘 알고 계신다. 힘에 부치도록 식구 수를 늘리느라 욕심내다가는 반드시 문제에 부딪히게 된다. 당신이 제 아무리 역량이 있다한들 사람의 역량이란 보잘 게 없는 법이다. 당신이 아무리 좋은 신학교를 나왔다 하더라도 신학교가 성경의 역량보다 더 우위에 있는 게 절대 아니다. 당신의 역량이나 신학교의 역량은 성경에 비하면 아무것도 아니다. 당신의 역량이나 당신이 나온 신학교의 역량만 믿고 교회를 세우려고 하다가는 당신은 필경 성경의 권위보다 교회의 권위가 위에 있는 교회를 만들어 교회도 아닌 이상한 교회를 세워 놓게 되기가 십상이다. 성경의 권위보다 교회의 권위가 위에 있으면, 그것은 교회가 아니다. 하나님께서는 그런 교회를 쳐다보지도 않으신다는 것을 알라. 하나님께서 쳐다보지도 않으시는 교회가 어떻게 하나님의 교회가 될 수 있단 말인가?

『**나의 지극히 사랑하는 에파네토에게도 문안하라. 그는 아카야에서 그리스도께 얻은 첫열매들이니라.**』 에파네토라는 인물은 아카야에서 구원받고 거듭난 최초의 그리스도인이었다. 그러나 에파네토에 관한 다른 기록은 성경에서 더 이상 발견되지 않는다.

16:6 우리를 위하여 수고를 많이 한 마리아에게 문안하라.
7 내 친척이며, 나와 함께 갇힌 안드로니코와 유니아에게 문안하라. 그들은 사도들 중에서 이름 있는 자들이요, 또한 나보다 먼저 그리스도 안에 있었느니라.
8 주 안에 있는 나의 사랑하는 암플리아에게 문안하라.
9 그리스도 안에서 우리의 동역자인 울바노와 내가 사랑하는 스타쿠에게 문안하라.
10 그리스도 안에서 인정받은 아펠레에게 문안하라. 아리스토불로의 집안에 속한 자들에게 문안하라.

『**우리를 위하여 수고를 많이 한 마리아에게 문안하라**』(6절).

여기 언급되는 마리아는 물론 사복음서에 등장하는 몇 사람의 마리아와는 전혀 다른 여자다.

『**내 친척이며, 나와 함께 갇힌 안드로니코와 유니아에게 문안하라. 그들은 사도들 중에서 이름 있는 자들이요, 또한 나보다 먼저 그리스도 안에 있었느니라**』(7절).

안드로니코와 유니아가 『**사도들 중에서 이름 있는 자들**』이라는 바울의 말은 좀 특이한 언급이다. 이 두 사람이 사도들에게 환영받고 있던 사람들이라는 뜻인지 아니면 사도들 가운데 끼는 사람들이었는지, 이 언급만으로는 확실치가 않다. 이들은 로마에 있는 사람들이다. 그러나 로마에는 "사도들"이라고 복수형으로 나타낼 만큼 여러 명의 사도들은 없었다. 로마카톨릭의 주장을 받아들인다 해도 로마에는 "사도들"이 아니라 "한 사람"의 사도가 있었을 뿐이다. 하지만, 『**그들은 사도들 중에서 이름 있는 자들**』이라는 언급으로 미루어 안드로니코와 유니아는 열두 사도 다음으로 추가된 사도들 중의 두 사람이었을 가능성도 없지 않다. 사도행전 14장을 통하여 우리는 열두 사도 외에도 몇 명의 "사도들"이 추가로 더 있었음을 확실히 안다. 사도행전 14:14에서 우리는 『**그때 사도 바나바와 바울이 그 말을 듣고...**』라는 언급을 본다. 이로써 바나바도 『**사도**』였음이 분명하다. 바나바는 열두 사도 중에는 끼이지 않았던 사람이다. 이것은 바울도 마찬가지였다. 바울은 『**사도**』였음이 분명하되, 열두 사도 중 한 사람은 아니었다. 그러니까, 여기 7절의 안드로니코도 열두 사도 중 한 사람은 아니었지만 역시 사도는 사도였다. 유니아도 열두 사도 중에는 끼이지 않았지만 사도는 역시 사도였다. 여기서 "열두 사도"란 예수 그리스도를 따랐던 열두 제자들 중 마가복음 16장에서 언급되는 제자들, 즉 유다 이스카리웃을 제외한 열한 사도들과 사도행전 1장에서 선출되어 열한 사도와 함께 계수되었던 맛디아(행 1:26)를 포함해서 하는 말이다. 열두 사도는 이것으로 확정된 이후로는 결원이 생겨도 더 이상 다른 사람을 뽑아 충원해 넣지 않았다. 가령, 야고보가 사도행전 12장에서 참수되었지만, 그 자리에 다른 사람을 사도로 뽑아 채워 넣지는 않았다.

안드로니코와 유니아가 비록 『**사도들 중에서 이름 있는 자들**』로 거명되고는 있으나 이들에 대해서 성경은 더 이상의 기록을 남기고 있지 않기 때문에 이들의 활동에 대해 상세한 정보를 얻을 수가 없다.

『**또한 나보다 먼저 그리스도 안에 있었느니라.**』

이런! 사도행전 9장 이전에 벌써 『**그리스도 안에**』 들어와 있던 사람이 있었다는 얘기가 아닌가? 바울은 사도행전 9장에서 비로소 『**그리스도 안에**』 들어왔다. 그런데 안드로니코와 유니아는 그보다 먼저 『**그리스도 안에 있었느니라.**』고 바울은 천명한다. 그 바람에 벌링거와 베이커, 스탬, 오헤어 등 일단의 극단적 세대주의자들은 여기서 풍비박산이 나고 말았다. 그래서 이들은 여기 로마서 16장의 『**그리스도 안**』이라는 표현이 고린도전서 12장과 에베소서 3장에서 언급되는 『**그리스도 안**』(엡 3:6)이나 『**그리스도의 몸**』(고전 12:27)이라는 표현과는 의미가 다른 것이라고 주장하기에 이르렀다. 말하자면, 이들은 그리스도의 몸과는 상관없이, 즉 그리스도의 몸 안으로 들어가지 않더라도 『**그리스도 안에**』 있을 수 있다는 괴상한 주장을 들고 나왔던 것이다. 이거야말로 정말 재미있는 논리가 아닐 수 없다. 누가 그리스도의 몸 안에 들어가지 않고도 『**그리스도 안에**』 있다면, 도대체 그리스도의 어느 부분에 들어가 있다는 말인가? 그가 그리스도의 머리 속에 들어가 있다는 말인가? 그리스도는 몸의 머리이시다. 그리스도인들은 한 몸의 지체들이다. 그런즉, 바울 이전에 『**그리스도 안에**

있었』던 사람들이 있었다면, 이것은 그리스도의 몸이 바울 이전에 벌써 형성되어 있었다는 얘기다. 성경을 성경대로 믿으면 어려울 게 하나도 없는데도 쓸데없이 이리저리 둘러 가려고 기를 쓰는 사람들을 보면 정말 이상하기 짝이 없다. 에베소서 3:1-6에서 계시되고 있는 "신비"가 무엇인가? 그것은 그리스도의 몸에 관한 신비다. 유대인이나 이방인들이나 구원받으면 그리스도의 한 몸 안으로 들어오게 된다는 신비 말이다. 지난 1,900년 이상 동안 이 신비를 뒤엎을 만한 무슨 새로운 진리가 발견되었던가? 이것은 신약이 처음 기록되었을 때부터 성경에 나와 있던 하나도 새로울 게 없는 계시요, 바울 이래로 아주 오래전부터 알려져 왔고 믿어져 왔던 진리다.

『**주 안에 있는 나의 사랑하는 암플리아에게 문안하라. 그리스도 안에서 우리의 동역자인 울바노와 내가 사랑하는 스타쿠에게 문안하라. 그리스도 안에서 인정받은 아펠레에게 문안하라. 아리스토불로의 집안에 속한 자들에게 문안하라**』(8-10절).

누구는 『**나의 사랑하는**』 아무개라고 지칭하고 누구는 『**우리의 동역자인**』 아무개요, 또 누구는 『**인정받은**』 아무개라고 부르지만, 암플리아나 울바노나 스타쿠, 그리고 아펠레나 아리스토불로 집안사람들이 모두 『**주 안**』에 있고 『**그리스도 안**』에 있는 그리스도인 형제들이고 보면 모두가 사랑하는 사람들이요, 동역자들일 테지만, 바울이 이들의 이름을 특별히 거명하며 문안하는 것은 이들이 다른 사람들에 비해 그리스도의 일꾼으로서 한결 더 활약이 컸던 까닭이리라.

16:11 나의 친척 헤로디온에게 문안하라. 주 안에 있는 날킷소의 집안에

속한 자들에게 문안하라.

12 주 안에서 수고하는 트루페나와 트루포사에게 문안하라. 주 안에서 많이 수고하는 사랑하는 펄시에게 문안하라.

13 주 안에서 선택된 루포와 그의 모친, 곧 내 모친에게 문안하라.

14 아순크리토, 플레곤, 헤마, 파트로바, 헤메와 그들과 함께 있는 형제들에게 문안하라.

15 필롤로고와 율리아, 네레오와 그의 자매와 올룸파와 그들과 함께 있는 모든 성도에게 문안하라.

16 거룩한 입맞춤으로 서로 문안하라. 그리스도의 교회들이 너희에게 문안하느니라.

『**나의 친척 헤로디온에게 문안하라. 주 안에 있는 날깃소의 집안에 속한 자들에게 문안하라**』(11절).

7절의 안드로니고와 유니아도 바울의 친척이었고 여기 헤로디온도 바울의 친척이었다. 사도행전에 보면 바울에게는 조카도 있었다.

『**주 안에서 수고하는 트루페나와 트루포사에게 문안하라. 주 안에서 많이 수고하는 사랑하는 펄시에게 문안하라. 주 안에서 선택된 루포와 그의 모친, 곧 내 모친에게 문안하라. 아순크리토, 플레곤, 헤마, 파트로바, 헤메와 그들과 함께 있는 형제들에게 문안하라. 필롤로고와 율리아, 네레오와 그의 자매와 올룸파와 그들과 함께 있는 모든 성도에게 문안하라**』(12-15절).

이 부분에서 거명되는 숱한 이름들이 모두 로마 식 라틴어 이름들이다. 루포니, 헤메니, 트루페나니, 율리아니 네레오니 하는 이름들은 구약에서는 찾아볼 수 없는 이름들로서 모두가 로마의 이방인들이다.

『거룩한 입맞춤으로 서로 문안하라. 그리스도의 교회들이 너희에게 문안하느니라』(16절).

이 구절은 캠벨주의 〈그리스도의 교회〉 사람들이 "그리스도의 교회"라는 이름이 성경적으로 옳다는 자기네 주장이 정당함을 입증하는 데 이용하는 유일한 증거 구절로 삼는 구절인데, 성경에서 이 구절을 발견하자 그들은 마치 고속도로를 내닫다가 빠져나갈 길을 드디어 발견한 사람들처럼 환호성을 올리며 좋아한다. 그러나 이 구절에서 서술되는 『**그리스도의 교회들**』이란 그들이 생각하는 그런 교파를 의미하는 게 아니다. 이것은 그리스도께서 세우신 한 조직체 이름이 결코 아니란 말이다. 여기서 언급되는 『**그리스도의 교회들**』이란 그리스도께서 머리가 되신 한 몸의 지체들이 모여 이루어진 일단의 지역 교회들을 묶어서 하는 말이다. 캠벨주의자들에게 성경 말씀대로 순종하라고 촉구하면 그들은 자기네 교파 이름까지 성경에 따를 만큼 성경 말씀에 순종한다고 주장하지만, 이들이 정말로 성경 말씀에 순종할 뜻이 그렇게 확고하다면 자기네 교파 이름부터 제일 먼저 고쳐야 마땅하다. "그리스도의 교회"라는 말은 성경 어디에서도 찾아볼 수 없는 이름이기 때문이다. "우리는 성경이 입을 다물고 있는 것에 대해서는 입을 열지 않는다. 우리는 성경이 말씀하고 있는 것만을 말한다."고 그들은 곧잘 주장한다. 그런즉, 당신은 그들에게 이렇게 말해 주는 게 어떤가? "오, 그래? 그렇다면 〈그리스도의 교회〉란 간판부터 당장 떼어라. 성경에 '그리스도의 교회'란 말은 어디에도 나오지 않으니까."

성경은 "그리스도의 교회"란 말에 대해서는 입을 다물고 있다. 교회 조직체의 이름을 나타내는 말로 유일하게 『**하나님의 교회**』라는 말은 신약에서 모두 여덟 번 나온다(행 20:28, 고전 1:2; 10:32; 11:22; 15:9, 고후 1:1, 갈 1:13, 딤전 3:5). 그리고 『**살아 계신 하나님의 교회**』란 말은 디모데전서 3:15에서 한 번 나온다. 그러나 "그리스도의 교회"란 말은 한 번도 나오지 않는다. 여기 로마서 16:16의 『**그리스도의 교회들**』이란 어느 교파 또는 조직체 이름으로서 사용된 말이 아니라 그리스도의 몸 된 지역 "교회들"을 이렇게 표현했을 뿐이다. 캠벨주의자들이 정말로 성경대로만 하는 사람들이란 게 사실이라면 그들의 교파 이름부터 고쳐야 한다고 내가 충고하는 까닭이 여기에 있다.

교회나 교파 이름 이야기가 나왔으니까 하는 말인데, 흑인 교회들은 참 그럴듯한 이름들을 잘도 갖다 붙인다. "하나의 참된 교회"라든지, "거룩한 사도 교회" 같은 것은 그렇다 치더라도 어떤 흑인 교회는 이 두 가지를 합쳐 "하나의 사도적 참되고 거룩한 교회"라고 이름 붙이기도 하는가 하면, 어떤 것은 심지어 "사도적 오순절 믿음의 하나 된 침례교회"란 것까지 있는 걸 나는 보았다.

여기 16절에서 『**문안**』 인사가 일단락되는 것으로 보아 이 서신서의 첫 번째 추신은 여기까지인 것으로 보인다. 그리고 다음 17절부터 20절까지 두 번째 추신이 이어진다.

16:17 이제 형제들아, 내가 너희에게 권고하노니 너희가 배운 교리에 역행하여 분열을 일으키고 공박하는 자들을 주의하고 그들에게서 떠나라.

18 그러한 자들은 우리 주 예수 그리스도를 섬기는 것이 아니라 자기들의 배를 섬기는 것이니 정중한 말과 그럴듯한 언변으로 순진한 사람들의 마음을 미혹하느니라.

19 너희의 순종이 모든 사람에게 알려졌느니라. 그러므로 나도 너희로 인하여 기쁘도다. 그러나 나는 여전히 너희가 선한 데 현명하

고 악한 데 어리석기를 원하노라.

20 평강의 하나님께서 사탄을 속히 너희의 발 아래서 부수실 것이니
라. 우리 주 예수 그리스도의 은혜가 너희와 함께 있을지어다. 아
멘.

『**이제 형제들아, 내가 너희에게 권고하노니 너희가 배운 교리에 역행하여 분열을 일으키고 공박하는 자들을 주의하고 그들에게서 떠나라**』(17절).

이 구절은 위대한 경고를 담고 있는 참으로 위대한 구절이다.

『**너희가 배운 교리**』란 바로 이 로마서 1장부터 15장까지를 통하여 배운 교리를 말한다. 바울이 로마서 1장부터 15장까지에 걸쳐 언급하지 않은 것이라면 또 모르되, 분명히 언급하고 밝혀 놓은 교리라면 반드시 그대로 따라야지 이에 『**역행**』함으로써 『**분열을 일으키고**』 배운 교리대로 행하는 사람들을 도리어 『**공박**』하는 자들을 『**주의하고… 떠나라.**』고 그는 충고한다. 배운 교리에 역행한다는 것은 곧 거짓 교리를 퍼뜨리는 것을 말한다. 이런 자들이 거짓 교리를 가르치는 것은 그 동기가 자신들의 배를 채우는 데 있음을 우리는 다음 18절에서 본다. 로마카톨릭 미사에서 종이 울리면 신부가 빵 한 조각을 높이 들어올리고 “나의 주, 나의 하나님이시여!” 하고 읊조린 뒤 그 빵을 위장 속에 집어넣는다. 이것이 그들이 말하는 소위 “성체 거양”이라는 것인데, 하나님을 자기들의 뱃속에 집어넣는 이런 괴상한 의식이야말로 거짓 교리의 표본이다.

바울은 지금 당신에게 구원받지 못한 자들을 주의하고 그들로부터 떠나라고 충고하고 있는 것이 아니다. 그는 지금 잘못된 그리스도인 형제들을 경계하라고 충고하고 있는 것이다.

『그러한 자들은 우리 주 예수 그리스도를 섬기는 것이 아니라 자기들의 배를 섬기는 것이니 정중한 말과 그럴듯한 언변으로 순진한 사람들의 마음을 미혹하느니라』(18절).

주님을 섬기지 않고 『**자기들의 배를 섬기는**』 자들이 어디 구원받지 못한 자들뿐이랴? 『**사람의 모든 수고는 자기 입을 위한 것이지만 식욕은 채워지지 않는도다.**』(전 6:7)고 성경은 말씀한다. 배를 채우려고 그토록 탐욕스럽게 입으로 쳐 넣지만 아무리 쳐 넣어도 채워지지 않는 게 사람의 뱃속이라고 풍자하는 말씀이다. 구원받지 못한 사람이건, 구원받은 그리스도인이건 자기 배를 섬기는 자들은 벌어들이는 수입에만 관심을 갖고 돈벌이에만 열중한다. 『**그러한 자들**』, 즉 그리스도인이면서도 『**배운 교리에 역행하여**』 그리스도인들 사이에 『**분열을 일으키고**』 다른 형제 그리스도인들을 『**공박하는 자들**』은 그리스도를 섬기는 것이 아니라 『**자기들의 배를 섬기는**』 자들인즉, 이런 자들은 자기 옹호, 자기 이익, 자기 감정, 자기 생사 등등, 모든 것이 자기, 자기, 자기의 이득만을 챙기려는 이기심이 행동 동기가 되는 자들이다.

이런 자들이야말로 정말 무서운 자들이므로 『**주의하고... 떠나라.**』는 경고를 절대로 가볍게 받아들이지 말라. 이런 자들을 무서워하고 경계해야 하는 까닭은 『**그러한 자들은... 정중한 말과 그럴듯한 언변으로 순진한 사람들의 마음을 미혹**』하는 자들이기 때문이라고 경고하고 있다. 이 부분에 밑줄을 그어놓고 절대로 망각하지 않도록 주의하라. 이런 자들은 못된 말이나 상스러운 말, 얼토당토않거나 듣기 거북하거나 거친 말로 당신을 미혹하는 게 아니라 『**정중한 말**』("good words")과 『**그럴듯한 언변**』("fair speeches"), 즉 좋은 말, 점잖은 말, 고상한 말, 한껏 품위를 갖춘 신사적인 말, 아름답고 곱고 매력적이고 부드러운 데다가 합리적이고 이치에 닿는 말로 당신의 『**마음**』을 사로잡기 때문에 무섭다.

성경은 『**건전한 말을 하여 정죄받지 않도록 하라.**』(딛 2:8)고 가르친다. 그러나 이 시대의 그리스도인들은 대부분 『**정중한 말과 그럴듯한 언변**』이 곧 『**건전한 말**』인 것으로 오해하고 『**건전한 말을 하여 정죄받지 않도록 하라.**』는 말을 "정중한 말과 그럴듯한 언변으로 말을 하여 정죄받지 않도록 하라."는 말로 잘못 이해하고 『**정중한 말과 그럴듯한 언변**』을 구사하기를 좋아한다. 그리고는 다른 누구도 자신들의 『**정중한 말**』을 비난해서도 절대 안되고 자신들의 『**그럴듯한 언변**』을 공격해서도 절대 안되며 자신들의 말을 판단하는 것은 성경의 가르침을 역행하는 것이라고 들고 나온다. 그들이 주절대는 『**정중한 말과 그럴듯한 언변**』이 절대로 『**건전한 말**』이 아니요, 『**순진한 사람들의 마음을 미혹**』하는 대단히 불건전한 말이라는 것을 누가 알아채고 이것을 비난하고 공격하면서 사람들에게 이런 자들을 주의하라고 경고를 보내기라도 하면, 그들은 펄펄 뛰면서 무례한 태도를 중단하라고 역공해 온다.

『**너희의 순종이 모든 사람에게 알려졌느니라. 그러므로 나도 너희로 인하여 기쁘도다. 그러나 나는 여전히 너희가 선한 데 현명하고 악한 데 어리석기를 원하노라**』(19절).

이 역시 위대한 충고를 담고 있는 구절이다. 『**너희가 선한 데 현명하고 악한 데 어리석기를 원하노라.**』 선한데 현명하라는 것은 당신이 어떻게 하면 선할 수 있는지를 열심히 연구하고 공부하되, 악한 일을 위해서는 머리를 쓰지 말라는 뜻이다. 요즘 사람들이 가장 싫어하는 것이 바로 『**선한 데 현명하고 악한 데 어리석기**』다. 그들은 선한 데 머리를 쓰지 않고 어떻게 하면 조금이라도 더 악한 데 통달한 전문가가 될 수 있을까 하고 골똘히 연구하기를 좋아한다. 그러나 성경은 당신에게 악한 일에 대해서는 어리석으라고 충고한다. 어떻게 하면 될까? 문제는 간단하다. 무슨 일을 놓고 옳은가 옳지 않은가를 먼저 생각하기만 하면 된다. 일단 옳지 않다고 판단되면 더 이상 머리를 굴리며 생각하고 자시고 할 것 없이 당장 거기서 고개를 돌리기만 하면 된다. 구원받은 지 얼마 되지 않는 사람이 이러저러할 경우 자기는 어떻게 해야 할지 판단하기 어렵다고 하소연하는 수가 많다. 그러나 악한 일을 눈앞에 두고 그것이 악한 일인지 아닌지는 누구라도 금방 알기 마련이다. 악한 일을 눈앞에 두었을 때 그것에 대해 복잡하게 생각하지 않는 것이 가장 간단한 처신 방법이다. 어느 연못을 보고 거기에 들어가 멱을 감아도 괜찮은지 여부를 알아보려면 연못가에 서서 잠시 물 빛깔을 관찰하고 물 냄새를 맡아본 후 멱을 감을 만큼 물이 충분히 깨끗한지 알아보기만 하면 된다. 당신은 연못에 들어갔다 나온 뒤 몸에 오물이 묻어 있고 몸에서 썩은 냄새가 나는지 여부를 실험해볼 필요가 없다. 만약 물이 깨끗한지 더러운지 얼른 식별하기가 어렵다면 안 들어가는 것이 상책이다. 조금이라도 의심스럽고 확신이 가지 않는 것은 피하는 것이 가장 안전한 것이다.

『**평강의 하나님께서 사탄을 속히 너희의 발 아래서 부수실 것이니라. 우리 주 예수 그리스도의 은혜가 너희와 함께 있을지어다. 아멘**』(20절).

이 구절은 『**사탄을... 부수실 것이니라.**』고 말씀한다. 이 말씀으로 미루어 마귀는 아직 부수어지지 않은 것이 분명하다. 여기서 말씀하는 사탄의 부수어짐은 저 멀리 창세기 3:15에서 예고되었던 부수어짐을 말한다. 인간으로 하여금 하나님께 불순종의 죄를 범하도록 미혹했던 뱀에게 하나님께서는 이렇게 선고하신다. 『**내가 너와 여자 사이에, 또 네 씨와 그녀의 씨 사이에 적의를 두리니, 그녀의 씨는 너의 머리를 부술 것이요, 너는 그의 발꿈치를 부술 것이라.**』

이 부수어짐과 관련하여 예수 그리스도께서 십자가에 달려 죽으셨을 때 사탄의 머리가 부수어졌다는 것이 성경 주석자들 대부분의 공통된 가르침이지만, 나는 그렇게 생각하지 않는다. 그 증거로 여기 로마서 16:20만 보아도 충분하다. 이 구절은 하나님께서 사탄을 『**부수실 것이니라.**』("shall bruise")라고 미래형으로 서술하고 있지 "부수셨느니라."고 과거형이나 완료형으로 기술하고 있지 않다. 바울이 로마서를 기록했던 때는 사도행전 끝 무렵이었으므로 예수 그리스도께서 십자가에 처형되신 뒤가 분명하다. 그런데도 바울은 그 시점에서 과거가 아니라 미래형으로 기술하고 있는 것이다. 마귀가 그리스도의 발꿈치를 부수는 일은 갈보리 십자가에서 이루어졌지만, 사탄의 머리는 그리스도의 십자가 처형 때 부수어지지 않았다. 장차 예수 그리스도의 재림과 함께 사탄의 화신인 "짐승"의 머리가 아마겟돈에서 부수어짐으로서 사탄의 머리가 부수어지리라는 예언이 성취될 것이다.

하나님께서 사탄을 부수실 것이로되 『**너희의 발 아래서**』 부수실 것이라는 표현은 성도들이 마귀의 머리를 짓밟아 부순다는 뜻이 아니라 그리스도께서 부수어 버리신 마귀의 머리가 성도들의 발밑에 깔리게 되리라는 서술이다.

마귀의 머리가 예수 그리스도에 의해 부수어진다는 것은 대부분의 주석자들이 주장하는 것처럼 은유적이거나 영적인 사건 묘사가 아니라 장차 현실적으로 일어나게 될 사건이요, 문자 그대로 여실하게 연출될 실제적인 사건이 될 것이다.

"머리의 부수어짐"에 관련된 성경적 교리를 알기 위해 몇 군데 성경 구절들을 살펴보기로 하자.

시편 68:18부터 읽어 보라. 『**주께서 높은 곳으로 오르시고 주께서 사로잡힌 자들을 잡아가셨으며 주께서는 사람들을 위해서 은사들을 받으셨**

고 정녕, 거역하는 자들을 위해서도 은사들을 받으셨으니 이는 주 하나님 **께서 그들 가운데 거하려 하심이니이다.**』 이 부분의 문맥으로 보아 이 구절이 예수 그리스도의 재림 관련 구절이라는 것을 알기는 어렵지 않으리라. 그 다음 68:21절을 읽어 보라. 『**그러나** 하나님**께서는 그의 원수들의 머리를 상하게 하시리니 여전히 자기 죄과를 행하는 자의 정수리에 하시리라.**』 자, 머리를 상하게 한다는 서술이 재림 관련 구절에서 나오고 있다. 머리를 상한다는 말은 머리가 부서진다는 말이다. 그 다음 23절을 보라. 『**네 발이 네 원수들의 피에 잠기고...**』라고 기술하고 있다. 발이 피에 잠긴다는 것은 무엇인가가 그 발에 짓밟혀 으스러졌기 때문임이 분명하다.

이번에는 시편 110편으로 가 보자. 『**주의 오른편에 계신 주께서 그의 진노의 날에 왕들을 쳐부수시리라**』(시 110:5). 이 역시 재림 관련 구절이라는 것을 알기는 어렵지 않다. 이 구절은 요엘 2장과 요한계시록 19장에서 서술하고 있는 바로 그 상황이다. 여기서 『**왕들**』이 누구를 말하는지는 요한계시록 17:12에서 최소한 열 명의 신원을 확인해볼 수가 있다. 그 다음 110:6을 보라. 『**그가 이방 가운데서 심판하실 것이요, 시체들로 그 곳들을 가득 채우시며 여러 나라의 머리들을 상하게 하시리라.**』 자, 머리를 상하게 한다는 서술이 또 재림 관련 구절에서 나오고 있다.

이번에는 하박국 3장으로 가 보자. 여기서도 문맥은 재림에 관련되지 결코 갈보리 십자가 처형에 관련되지 않는다는 것이 확인된다. 먼저 3절을 보라. 『하나님은 **테만으로부터 오시며** 거룩하신 분은 **파란 산으로부터 오셨도다. 셀라. 그의 영광이 하늘들을 덮으며 그를 찬양함이 땅에 가득 찼도다.**』 분명히 재림에 관련된다. 4절도 그렇고 5절도 마찬가지로 재림 관련 구절이다. 이것은 8절에서도 마찬가지로 분명하게 확인된다. 『**주께서 강들에 대하여 불쾌하셨나이까? 강들에 대하여 주의 분노가 있으셨나**

이까? 바다에 대하여 주의 분노가 있으므로 주께서 주의 말들과 주의 구원의 병거들을 타셨나이까?』 11절을 보면 재림 관련 문맥임이 더더욱 분명하게 드러난다. 『**해와 달이 아직도 그들의 처소에 멈춰 섰으니...**』 자, 그런데 13절에 가서 무어라고 언급돼 있는지 보라. 『**주께서는 주의 백성의 구원을 위하여, 곧 주의 기름부음받은 자와 함께하는 구원을 위하여 나가시어 그 기초를 끝까지 드러내심으로써 악인의 집에서 그 머리에 상처를 입히셨나이다. 셀라**』(합 3:13). 머리에 상처를 입는다는 서술이 예외 없이 재림 관련에서 나오고 있다.

이처럼 "머리에 상처 입힘"은 어디서나 재림 관련 구절에서만 언급된다. 주님께서는 이 땅에 재림하실 때 적그리스도의 머리 위에 실제로 발을 짚으시고 그의 머리를 짓밟아 으깨어버리실 것이다. 실제적으로, 물리적으로, 가시적으로 말이다. 아비멜렉은 그 예표가 되는 인물이었다. 아비멜렉은 데베스를 공략하고 망대 문에 접근하였을 때 어떤 여인이 망대 위에서 던진 맷돌 한 짝을 머리에 정통으로 맞아 두개골이 깨져 중상을 입었다. 여자가 던진 맷돌에 머리를 맞아 중상을 입고 죽게 된 것을 수치로 여긴 아비멜렉은 부하 한 사람에게 칼로 찔러 자기를 어서 죽여달라고 당부하고 죽었다(판 9:51-54).

시스라 역시 머리가 상해서 죽는 마귀의 예표가 되는 인물이다. 시스라는 철병거 900대를 거느리고 있던 카나안 왕 야빈의 군대대장으로 20년 동안 이스라엘 자손을 심히 압제하였던 인물이었는데, 드보라와 바락이 이끄는 이스라엘 군대에게 패하여 도보로 도망하다가 켄인 헤벨의 아내 야엘의 장막에 들어가 숨었다. 그가 잠든 사이에 야엘이 망치로 그의 관자놀이에 못을 박았다. 시스라는 머리에 상처를 입고 죽었다(판 4장).

다윗이 던진 물맷돌이 이마에 깊숙이 박혀 죽은 골리앗 역시 머리가 부수어져 죽게 될 마귀의 예표가 되는 인물이었다(삼상 17:50). 이처럼 성경에서 머리에 상처를 입고 죽은 인물들은 모두가 하나님의 원수 적그리스도의 예표가 되는 인물들이다. 그런즉, 사탄의 머리가 부수어지는 일은 아직 이루어지지 않았고 장차 그리스도께서 재림하실 때 이루어질 미래의 사건이다. 사탄의 머리가 갈보리 십자가에서 부수어졌다는 것은 그래서 거짓말이다. 성경을 기록된 대로 믿지 않는 사람들은 자꾸만 자기 생각대로 은유적으로만 생각하려고 하기 때문에 이런 실수를 범한다.

16장의 두 번째 추신은 여기 20절에서 일단락된다. 그리고 계속해서 세 번째 내지 네 번째 추신이 추가로 이어진다.

16:21 나의 동역자 디모데와 나의 친척 루키오와 야손과 소시파트로가 너희에게 문안하노라.

22 이 편지를 쓴 나 터티오가 주 안에서 너희에게 문안하노라.

23 나와 온 교회의 집주인인 가이오가 너희에게 문안하고 이 도시의 재무관인 에라스토와 형제 쿠알토가 너희에게 문안하노라.

24 우리 주 예수 그리스도의 은혜가 너희 모두와 함께 있을지어다. 아멘.

『**나의 동역자 디모데와 나의 친척 루키오와 야손과 소시파트로가 너희에게 문안하노라. 이 편지를 쓴 나 터티오가 주 안에서 너희에게 문안하노라**』(21,22절).

지금 바울은 기록하고 있지 않고 말하고 있다. 하나님의 거룩한 사람들은 성령의 감동을 받아 말했다(벧후 1:21). 이처럼 바울이 말한 것을 터티오가 기록한 것이다. 예레미야서에서도 이런 사례를 확인할 수 있는데,

예레미야가 말하고 바룩은 그것을 기록했다(렘 36:4,27,32).

그런데 모든 성경이 영감받은 것이라고 말하는데, 그것은 모두 이와 같은 방식으로 되었다는 것은 아니다. 영감받은 것이란 누군가는 직접 기록하고, 또 하나님께서 사람들의 입을 통해 말씀한 것을 누군가가 기록한 것을 말한다. 모든 성경은 하나님의 영감으로 "주어진" 것이다. 주목할 사실은 모든 성경이 하나님의 영감으로 "주어진" 것이라는 점이다. 하나님께서 사람들의 입을 통해 말씀하신 것을 기록했든지, 아니면 기록자가 하나님께로부터 받은 말씀을 직접 기록했든지 하나님의 영감으로 주어진 것이다.

『**나와 온 교회의 집주인인 가이오가 너희에게 문안하고 이 도시의 재무관인 에라스토와 형제 쿠알토가 너희에게 문안하노라**』(23절).

앞서 5절에서 살펴보았듯이 『**집**』에서 모임을 가졌던 것은 이 당시 교회의 일반적인 모습이었다.

여기 그 가운데 하나가 『**가이오**』라는 인물이 주인으로 있는 『**집**』이다. 이 『**가이오**』가 고린도전서 1:4에서 언급되는 『**가이오**』와 동일 인물이라면 그는 바울에게서 유일하게 침례를 받았던 두 사람 가운데 하나였다.

『**에라스토**』라는 이름을 가진 인물은 바울이 머물고 있는 도시의 『**재무관**』으로서 바울과 함께 하고 있었던 모양이다. 사도행전 19:22에도 바울의 동역자로서 디모데와 함께 마케도니아로 파견되었던 『**에라스토**』라는 인물이 등장하는데, 동일 인물일 가능성이 높다.

『**우리 주 예수 그리스도의 은혜가 너희 모두와 함께 있을지어다. 아멘**』(24절).

세 번째 추신이 여기서 일단락되고 다음 25절부터 이 서신서의 마지막 추신이 이어진다.

16:25 이제는 이 신비의 계시대로 나의 복음과 예수 그리스도를 전파함에 따라 너희를 견고케 하실 능력 있는 그분께, 이 신비의 계시는 세상이 시작된 이래로 감추어졌다가
26 이제 나타났으며 영원하신 하나님의 명령에 따라 선지자들의 성경을 통하여 믿음으로 순종하게 하고자 모든 민족에게 알려진 것이니
27 곧 홀로 지혜로우신 하나님께 예수 그리스도를 통하여 영광이 영원토록 있을지어다. 아멘.

『**이제는 이 신비의 계시대로 나의 복음과 예수 그리스도를 전파함에 따라 너희를 견고케 하실 능력 있는 그분께, 이 신비의 계시는 세상이 시작된 이래로 감추어졌다가**』(25절).

『**나의 복음**』. 신약에는 모두 네 가지 복음이 나온다. 그 첫 번째는 하나님께서 이 땅에 왕국을 세우시리라는 "좋은 소식"("good news")이다. 이것이 이른바 "왕국 복음"("the gospel of the kingdom")이라는 것이다. 하나님께서는 이 지상에 실질적이고도 현실적이며 문자 그대로 가시적으로 존재하는 메시야의 왕국을 천년 동안 예루살렘에 세우실 것이다. 이 소식을 전하는 복음이 바로 "왕국 복음"이다. 이것이 바로 켄 암스트롱이 자기가 무슨 말을 하고 있는지도 모르는 채 지금 이 시대에 전파하고 있는 그 복음이다. "왕국 복음"은 복음은 복음이되, 지금 이 시대에 적용되는 복음이 아니라 천년왕국 시대에 적용되는 복음이다. 그러므로 지금 이 시대를 위한 "기쁜 소식"인 것처럼 전파하는 것은 잘못이다.

그 다음 두 번째가 바울이 말하는 이른바 "은혜의 복음"("the gospel of the grace of God")이라는 것이다. 바울은 이것을 사도행전 20장에서 처음 밝힌다. 『**이제 보라, 내가 영 안에 매인 바 되어 예루살렘으로 가노니 거기에서 내게 무슨 일이 일어날는지 알 수 없지만 다만 성령께서 각 성읍에서 증거하여 말씀하시기를 결박과 고난이 나를 기다리고 있다고 하시니라. 그러나 나의 달려갈 길을 기쁨으로 끝마치고 내가 주 예수로부터 받은 사역, 곧 하나님의 은혜의 복음을 증거하기 위해서라면 이런 일을 전혀 개의치 아니할 뿐 아니라 나의 생명을 조금도 아끼지 아니하노라**』(행 20:22-24). 이 은혜의 복음은 예수 그리스도께서 죄인들의 죄들을 위하여 죽으셨고 장사지낸 바 되셨다가 사흘 만에 죽은 자들로부터 일으켜 세워지셨다는 "좋은 소식"으로서 갈라디아서 1장이 전하는 소식이 곧 이것이요, 고린도전서 15:1-5이 밝혀 주는 복음이 이것이다. 『**내가 받은 것을 먼저 너희에게 전달하였나니 이는 성경대로 그리스도께서 우리의 죄들로 인하여 죽으시고 장사되셨다가 성경대로 셋째 날에 다시 살아나셔서 게바에게 보이시고 그후에 열두** *사도*에게 **보이신 것이라**』(고전 15:3-5). 이 복음이 바로 『**누구든지 너희가 받은 것 외에 어떤 다른 복음을 전한다면 그는 저주를 받으리라.**』(갈 1:9)고 했을 때 허락했던 그 복음이다. 따라서 지금 이 시대에 적용되는 유일한 복음이 바로 이것이고 지금 이 시대에 전파해야 할 복음이 이 은혜의 복음인즉, 이것 이외에 다른 복음을 전파하면 저주를 받을 것이라고 바울은 단호하게 말한다.

그 다음 세 번째로 "영원한 복음"이 있다. 이 복음은 대환란 기간 중 천사에 의하여 전파되는 복음이다. 『**또 내가 보니, 다른 천사가 하늘 한 가운데로 날아가는데 그가 땅에 사는 자들과 모든 민족과 족속과 언어와 백성에게 전할 영원한 복음을 가지고 큰 음성으로 말하기를 "하나님을 두**

려워하며 그분께 영광을 돌리라. 이는 그분의 심판의 때가 이르렀음이라. 하늘과 땅과 바다와 물의 원천들을 지으신 그분께 경배드리라."고 하더라』(계 14:6-8). 이 "영원한 복음"은 지금 이 시대에 전파되어서는 안될 복음이다. 왜 그런지 아는가? 『**그러나 우리뿐만 아니라 하늘에서 온 천사라도 우리가 너희에게 전한 것 외에 어떤 다른 복음을 전한다면 그는 저주를 받으리라.**』(갈 1:8)고 경고하고 있는 복음이기 때문이다. 어리석은 캠벨주의자들이 소위 "그리스도의 복음"이라고 떠들어대는 복음이 바로 이것으로서, 그들은 이 『**영원한 복음**』을 두고 "그리스도의 복음"이라고 떠들어댄다. "그리스도의 복음"이란 "그리스도에 관한 복음"이지 요한계시록 14장에 나오는 『**영원한 복음**』이 아니다. 캠벨주의주의자들은 『**우리뿐만 아니라 하늘에서 온 천사라도... 다른 복음을 전한다면 그는 저주를 받으리라.**』고 엄중히 경고하고 있는 그 『**다른 복음**』을 지금 이 시대에 전파하고 있는 것이다. 그들은 일요일마다 소위 "복음 집회"라는 것을 열고 이 "그리스도의 복음"이 무엇인지도 모르고 언필칭 "그리스도의 복음"을 계속 뇌까려대는 정신 나간 자들이다. 그들이 말하는 "그리스도의 복음"이란 "예수 그리스도에 관한 좋은 소식"으로서의 복음이 아니라 하늘에서 온 천사가 『**심판의 때가 이르렀음**』을 알리면서 전해주는 소식이다. 그러므로 누구라도 이 복음을 지금 이 시대에 적용하여 전파하면 저주받고 지옥에 떨어질 수밖에 없는 소식이다. 그러므로 이 복음은 "복음"은 "복음"이되 지금 이 시대에는 적용될 수 없는 "복음"이다. 갈라디아서 1:8,9을 다시 읽어 보라.

진리의 왜곡 행위는 어느 경우에나 진리의 그릇된 시대 적용에서 나온 것이다. 이 시대에 자행되는 모든 이단은 성경의 진리들을 잘못된 시대에 잘못된 곳에 적용하는 데서 비롯된 것이다. 『**네가 진리의 말씀을 올바로 나누어 자신이 하나님 앞에 부끄럽지 않은 일꾼으로 인정받도록 공부하**

라.』(딤후 2:15)고 성경이 경고하고 있는 까닭이 여기에 있다. 진리의 말씀을 올바로 나누지 못하면 그 진리를 올바른 시대에 올바른 곳에 적용할 수가 없게 된다. 그래서 진리를 올바로 적용하지 못하면 진리가 왜곡된다. 진리를 왜곡하는 것이 곧 이단이다.

성경에 나오는 네 번째 복음은 바울이 여기 로마서 16:25에서 언급하고 있는 『**나의 복음**』이다. 바울이 말하고 있는 『**나의 복음**』이란 로마서 2:16에서 『**이런 일은 하나님께서 나의 복음대로 예수 그리스도를 통하여 사람들의 은밀한 것들을 심판하실 그 날에 있으리라.**』고 했던 바로 그 복음을 말한다. 이 복음은 물론 "은혜의 복음"을 말하지만, 바울이 말하는 『**나의 복음**』이란 "은혜의 복음"에만 그치지 않고 "은혜의 복음"에 따르는 그 이상의 복음까지 포함한 복음이다. 바울이 『**나의 복음**』이라고 말할 때 이것은 예수 그리스도의 선한 청지기로서의 그에게 하나님께서 계시해주셨던 신비들을 말한다. 이 신비는 유대인이나 이방인이나 한 성령에 의하여 한 몸 안으로 침례를 받아 한 몸을 이루는 그리스도의 몸의 신비(고전 12:13)와 그리스도께서 다시 오실 때 마지막 나팔에 눈깜짝하는 순간에 죽은 자들이 썩지 아니하는 몸으로 일으켜지고 우리도 이 썩을 몸이 썩지 아니할 몸을 입게 되는 신비(고전 15:51-54) 등이 모두 포함되는 신비들을 말한다. 다시 말해서 바울이 『**나의 복음**』이라고 말할 때, 그는 하나님께서 그에게 보여주셨던 특별 계시들을 일컫고 있는 것이다. 이런 점에서 그가 말하고 있는 『**나의 복음**』은 매우 특별한 것으로서 그는 이 특별 계시에 대하여 『**내가 너희에게 알게 하노니 내가 전한 복음은 사람을 따른 것이 아니니라. 나는 그것을 사람에게서 받지 않았고 배우지도 않았으며 오직 예수 그리스도의 계시를 통하여 된 것이라.**』(갈 1:11,12)고 밝히고 있다. 이처럼 바울이 밝히고 있는 『**나의 복음**』은 그가 하나님께로부터 받았던 특별 계시들 전체를 포괄하여 일컫는 것이다.

이처럼 복음은 네 가지 형태의 "기쁜 소식"들로 구성돼 있으되, 그 시기와 대상이 각기 다르다. 그러므로 이 시대를 위하여 "기쁜 소식"이 되는 복음 외에 『**만일 누가 와서... 또 다른 복음을 전파하면**』(고후 11:4) 그것은 복음이 아니다. 바울은 왕국 복음에 대하여 잘 알고 있었고 또 이에 대해 언급도 하였지만, 이 복음을 이 시대에 적용하여 전파한 일은 결코 없었다. 왕국 복음은 천년왕국 시대에 적용되는 복음이다. 왕국 복음이 지금 적용될 수 없는 것은 지금이 왕국 시대가 아니기 때문이다. 이 시대에 왕국 복음을 전하는 자들은 "천국"과 "하나님의 나라"를 구별하지 못하기 때문이다. "천국"은 하나님께서 이 땅에 실제적이고도 물리적으로 건설하실 가시적인 왕국이다. "하나님의 나라"는 구원받은 우리가 지금 이미 들어가 있는 영적인 나라다. 천년왕국 시대에는 "천국"과 "하나님의 나라"가 동시에 이 땅에 임한다. 그러나 "천국"은 지금 이 땅에 아직 존재하지 않는 미래의 왕국이다. 지금은 구원받은 사람들이 들어가는 영적인 "하나님의 나라"가 있을 뿐이다.

『**이제는 이 신비의 계시대로 나의 복음과 예수 그리스도를 전파함에 따라...**』 바울에게 주어졌던 『**나의 복음**』은 『**신비의 계시**』로 주어졌었고, 그 목적은 『**예수 그리스도를 전파함**』에 있었다. 예수 그리스도를 전파하는 이 복음의 핵심은 구원받은 모든 사람들이 그리스도 안에서 한 몸을 이룬다는 사실이다. 이 신비의 계시는 『**세상이 시작된 이래로 감추어졌다가**』 바울을 통해서 비로소 그 신비가 드러나게 된 계시다. 그래서 바울은 이것을 『**나의 복음**』에 포함시키고 있는 것이다.

『**이제 나타났으며 영원하신 하나님의 명령에 따라 선지자들의 성경을 통하여 믿음으로 순종하게 하고자 모든 민족에게 알려진 것이니**』(26절).

바울은 그리스도의 몸에 대한 신비의 계시가 『**이제 나타났으며**』라고 말한다. 『**세상이 시작된 이래로 감추어졌다가**』 바울을 통해서 비로소 드러나게 된 신비의 계시는 사도행전 22장 이전에 바울에게 주어졌던 것으로 바울은 이것을 로마서에 담아 놓았다.

『**선지자들의 성경**』이란 이사야, 예레미야, 스카랴 등등의 구약 성경을 말한다.

벌링거 일파는 『**선지자들의 성경을 통하여... 알려진 것이니**』라는 언급 앞에서 다시 한 번 쩔쩔 매지 않을 수가 없다. 그에게 있어서는 그리스도의 몸이 『**선지자들의 성경을 통하여**』서도 도무지 눈에 띄지 않는 신비였으니까 말이다. 벌링거, 베이커, 스탬, 오헤어 등은 구약 어디에서도 교회를 찾아볼 수가 없었다. 그러나 교회는 구약 전체를 통하여 발견되고 있다. 단지 그것은 신비의 계시였을 뿐이었다. 다시 말해서, 구약 시대에도 저 멀리 내다보이기는 하였으되 그것이 무엇인지는 누구도 알지 못하는 신비일 뿐이었다. 비록 누구도 알지는 못했을망정 그리스도의 몸은 구약 도처에서 찾아볼 수가 있다. 『**세상이 시작된 이래로 감추어졌다가 이제 나타났으며**』라는 언급은 "세상이 시작된 이래로 보여졌으되 사람들이 모르고 있었다가 이제 알게 되었으며"라는 뜻이다. 사람들이 몰랐다고 해서 없었던 것은 아니라는 얘기다. 선지자들은 그리스도의 몸을 보고 있었다. 그러나 그것이 무엇인지 알지 못했다. 그래서 그것은 신비의 계시였다. 이 신비의 계시가 바울에 이르러 비로소 알려지게 되었던 것이다.

『**이 신비의 계시는 세상이 시작된 이래로 감추어졌다가**』(25절), 『**이제 나타났으며... 믿음으로 순종하게 하고자 모든 민족에게 알려진 것이니**』

(26절).

이 구절은 "침례로 순종하게 하고자"가 아니라 『**믿음으로 순종하게 하고자**』라고 말씀한다. 요컨대, 침례를 받도록 하고자 이 계시가 알려진 것이 아니라 주 예수 그리스도를 믿도록 하고자 알려졌다는 얘기다. 그러므로 물침례로 구원받는다고 가르치는 것은 캠벨주의자들이 범하고 있는 최대의 과오가 아닐 수 없다.

『**물은 예수 그리스도의 부활하심으로 인하여 이제 우리를 구원하는 모형이니, 곧 침례라. (이것은 육체의 더러움을 제거하는 것이 아니라 하나님을 향한 선한 양심의 응답이라.)**』(벧전 3:21)고 성경은 말씀하고 있다. 구원받은 우리가 하나님을 향한 선한 양심의 응답으로 받는 구원의 모형이 침례라는 말씀이다. 로마서 1:3-5을 보라. 『**이 복음은 그의 아들 예수 그리스도 우리 주에 관한 것으로 그는 육신으로는 다윗의 씨에서 나셨으며 거룩의 영으로는 죽은 자들로부터 부활하여 능력으로 하나님의 아들로 선포되셨으니 그를 통하여 우리가 은혜와 사도의 직분을 받아 그의 이름을 위하여 모든 민족 가운데서 믿음으로 순종케 하나니**』라고 말씀하고 있다. 다시 말하거니와, 복음에 순종하는 것은 복음을 믿고 그 믿음을 실행, 실습하는 것이다.

『**곧 홀로 지혜로우신 하나님께 예수 그리스도를 통하여 영광이 영원토록 있을지어다. 아멘**』(27절).

이로써 로마서라는 서신이 대단원의 막을 내린다. 로마서는 고린도에서 기록되어 『**겐크레아에 있는 교회의 일꾼 된**』(1절) 페베에 의해 전달되었다.

피터 럭크만의 주석서

로마서

1997년 4월 5일 초판발행
2021년 9월 17일 개정증보판 4쇄
지은이 피터 S. 럭크만
옮긴이 편 집 부
펴낸이 이 송 오
펴낸곳 말씀보존학회

서울시 강서우체국 사서함 제90호
전화 (02) 2665-3743 / 팩스 (02) 2665-3302
인터넷 / www.biblemaster.co.kr
출판등록 1988. 12. 12. 제16-223호

ⓒ Word Of God Preservation Society
잘못된 책은 구입하신 서점에서 교환해 드립니다.

값 30,000 원